谨以此书献给

中国共产党成立100周年

百年铁路与中国道路

张雪永 郑澎 ◎ 主编

西南交通大学出版社
·成都·

图书在版编目（CIP）数据

百年铁路与中国道路. 1，逐梦卷 / 张雪永，郑澎主编. 一成都：西南交通大学出版社，2021.12
ISBN 978-7-5643-8404-3

Ⅰ.①百… Ⅱ.①张… ②郑… Ⅲ.①铁路运输建设－概况－中国 Ⅳ.①F532.3

中国版本图书馆 CIP 数据核字（2021）第 245136 号

Bainian Tielu yu Zhongguo Daolu
(Zhumeng Juan, Zhulu Juan, Zhuhun Juan)

百年铁路与中国道路

（逐梦卷，筑路卷，铸魂卷）

逐梦卷：张雪永　郑　澎　主编
筑路卷：田永秀　崔　罡　主编
铸魂卷：胡子祥　　　　　主编

责 任 编 辑	左凌涛
助 理 编 辑	李 欣
封 面 设 计	曹天擎
出 版 发 行	西南交通大学出版社
	（四川省成都市金牛区二环路北一段 111 号
	西南交通大学创新大厦 21 楼）
发 行 部 电 话	028-87600564　028-87600533
邮 政 编 码	610031
网　　　　址	http://www.xnjdcbs.com
印　　　　刷	成都蜀通印务有限责任公司
成 品 尺 寸	170 mm×230 mm
总 印 张	55.75
总 字 数	664 千
版　　　次	2021 年 12 月第 1 版
印　　　次	2021 年 12 月第 1 次
书　　　号	ISBN 978-7-5643-8404-3
套　　　价	160.00 元

图书如有印装质量问题　本社负责退换
版权所有　盗版必究　举报电话：028-87600562

百年铁路与中国道路

编写委员会

桂富强　沈火明　冯晓云　周仲荣
韩旭东　汪　铮　张雪永　崔　凯
周先礼　林伯海　张军琪　王建琼
阳　晓　易伯伦　吴　迪　罗爱林
郑丽娟

百年铁路与中国道路

（逐梦卷）

主编　张雪永　郑　澎
编委　李　茂　曹文翰　刘雨丝　邱铁鑫

目 录

序 章

第一章 百年梦想

第一节	梦想起步	020
第二节	支撑站起来	077
第三节	支撑富起来	101
第四节	支撑强起来	122

第二章 理论依据

| 第一节 | 经典作家论铁路 | 138 |
| 第二节 | 中国共产党的铁路思想 | 162 |

第三章 交通强国

第一节	战略要义	206
第二节	战略目标	223
第三节	战略路径	228
第四节	战略保障	245

序　章

习近平总书记在参观《复兴之路》展览时指出："实现中华民族伟大复兴，就是中华民族近代以来最伟大的梦想。这个梦想，凝聚了几代中国人的夙愿，体现了中华民族和中国人民的整体利益，是每一个中华儿女的共同期盼。"

被马克思誉为"实业之冠"的铁路，既与第一次工业革命相得益彰，又与西方列强全球扩张互为表里，也与近代中国"救亡图存，实业兴国"一体同构。铁路梦想，伴随着近代中国"接触世界、走向世界、融入世界"的全过程，这段历史并不是悲情的、沉沦的，而是奋发的、向上的。铁路梦想，更是支撑现代中国"站起来、富起来、强起来"从而实现民族伟大复兴的必由之路，这条路必定走得坚韧、挺拔、有力量。

1825年9月，世界上第一条铁路在英国斯托克顿与达灵顿之间开通。仅十年后，1835年7月，德国传教士郭实腊在其编纂的《东西洋考每月统记传》上就刊载题为《火蒸车》的文章："利圭普海口，隔曼者士特邑，一百三十里路，因两邑交易甚多，其运货之事不止……故用火蒸车，即蒸推其车之轮，将火蒸机，缚车舆，载几千担货，而那火蒸车自然拉之……倘造恁般陆路，自大英国至大清国，两月之间可往来，运货经营，终不

吃波浪之亏。"①从此,铁路知识开始在中国传播。百年铁路也与中国道路结下不解之缘。

自1842年清王朝被迫"开国"以来,中国的叙事主题除了逐渐从"封建叙事"转向从"半殖民地半封建"、从"反帝反封建"构建"独立国家"达成民族解放之外,还萌动着实现从"农业文明"走向"工业文明"构建"现代文明"的国家意义。构建"独立国家"与构建"现代文明"并行不悖,正是由于"工业制造"这条最强健的"生命线"贯穿其中。资本与技术推动"工业制造"上下运转,贸易与人口推动"工业制造"左右扩散,而"涉路、涉海、涉空"的工业运输动脉又推动"上下运转"转化为"左右扩散",并实现"招商集股,货通天下"。那么,对于"陆路之多,倍于沿海"的中国,要实现"独立国家"与"现代文明"的双重国家社会大转型,建造铁路应为第一要义。

铁路之于中国,意义重大。

中国铁路,从"梦之新生"到"梦之初茂"再到"梦之繁盛",这既是时间上的延伸,又是空间上的升维。这场近代中国与现代中国"御风而行"的"逐梦筑路"之实践:起初艰辛,中盘澎湃,终归惊人。中国铁路,一方面沿着"关键心态——少数行动——集体行动——社会行动"产业革命的轨迹逐一展开,另一方面又随着"结构性怨怼——共同性观念——触发性社会运动——有效性社会认同"的社会运动轨迹渐次升级,"产业革命"与"社会运动"这两道伴生轨迹共同浇筑成了一条从近代化向现代化工业迈进,从救亡图存向民族复兴奋进的"中国铁路"。

"中国铁路"是中国人从民族觉醒走向民族解放、民族复兴的代表作。

第一,"断不能允,贻害无穷":结构性怨怼下的关键心态。

---

① 爱汉者等:《东西洋考每月统纪传·北京》,中华书局1997年版,第186页。

序 章

考察中国铁路史不难发现两个事实：传播较早，认知较早。其一，传教士对铁路知识的传播。1835年，传教士郭实腊将铁路知识传入中国不久，传教士息力也在其《英国论略》中介绍道："英国广推贸易之法，有火轮船航河驶海不待风水，又造（车力）辘路，用火车往来，一时可行百有八十里。"① 其二，中国士林对铁路知识的认知。1839年，林则徐在其编纂的《四洲志》中描述了火车车速："其不通河道者，即用火烟车陆运货物，一点钟可行二三十里。"② 魏源在其编纂的《海国图志》中描述了火车载量："国内运载货物，陆则有大车小车藉马力以行走，又有火轮车，中可住千人，一时能行百八十里，故国内多造铁轨辘之路。"③ 张德彝在其撰写的《航海述奇》中描述了火车运营："车之速者日行五千余里，平时则日行二三千里而已。凡火轮车皆绅富捐资制造，每年获利，一半入官，一半自分。趋使一切夫役，多系官派，此举洵乃一劳永逸……不但无害于商农，且裨益于家国。西国之富强日盛，良有以也。"④ 由上可见，铁路知识在中国的传播是畅通无阻的，中国人对铁路的认知越发深入。

然而，清廷对于建造铁路的初期态度则呈现"结构性怨怼"偏狭特征。

其一，满汉督抚对建造铁路的怨怼态度。两江总督曾国藩认为："听其创办电线、铁路，则车驴任辇旅店脚夫之生路穷矣……轮船、铁路等事，自洋人行之，则以外国而占内地之利；自华人之附和洋人者行之，亦以豪强而占夺贫民之利，皆不可行。"两广总督毛鸿宾认为："开铁路

---

① 杨勇刚编著：《中国近代铁路史》，上海书店出版社1997年版，第5页。
② 林则徐全集编辑委员会：《林则徐全集》第十册 译编卷，海峡文艺出版社2002年版，第141页。
③ （清）魏源：《海国图志》（上、中、下），岳麓书院1998年版，第1676-1677页。
④ 钟叔河编著：《走向世界丛书》（第1辑），长沙岳麓社2008年版，第486-487页。

则必用火轮车,方可驰骋如飞,无论凿山塞水,占人田业,毁人庐墓,沿途骚扰,苦累无穷,而此路一开,遂专为外国火车独行之路,中国车马既难与之并驾齐驱,更不堪其横冲直撞,势将断绝往来,商民交困,诚如指示,于中国地方大局种种关碍,实属断难准行。"湖广总督官文认为:"至轮车电机等事,论者不一。其显而易见者,则垄断牟利也,其隐而难窥者,则包藏祸心也。"江苏巡抚李鸿章认为:"凿我山川,害我田庐,碍我风水,占我商民生计,百姓必群起抗争拆毁,官不能治其罪,亦不能责令赔偿,致激民变。"江西巡抚沈葆桢认为:"铁路一节,窒碍尤多,平天险之山川,固为将来巨患,而伤民间之庐墓,即起目下争端。"江西巡抚刘坤一认为:"轮车电机,益令彼之声息易通,我之碍阻尽失,以中国之贸迁骚传,固无须此,而地势物力均所不能。"三口通商大臣崇厚认为:"与中国毫无所益,而徒贻害于无穷。"①

其二,朝廷中枢对建造铁路的怨怼态度。总理衙门认为:"查开筑铁路,为中国未有之事,而为洋人久蓄之谋,利害固应通筹,行止尤应自主。"②恭亲王奕䜣认为:"开设铁路一事,屡经各国公使晤时提及,均经本衙门理阻各在案,原因中国地势与外洋不同……如开设铁路,洋人可任便往来,较之尽东其亩,于大局更有关系,是以叠经本处力为拒绝……嗣后各国领事如有向地方官请立铜线暨开铁路等事,须查照本处办法,力为设法阻止以弭衅端而杜后患。"③1868年,清廷派出了中国近代第一个官方外交使团访问美国,海关道志刚在其撰写的《初使泰西记》中明言:"若使因修铁路而可以毁天主堂,亦不可滥毁其祖父之坟茔。若以朝廷之势力灭中华孝敬之天性,曰将以牟利也,恐中国之人性未易概

---

① 宓汝成主编:《中国近代铁路史资料》(第一册),中华书局 1963 年版,第 3-25 页。
② 宓汝成主编:《中国近代铁路史资料》(第一册),中华书局 1963 年版,第 19 页。
③ 宓汝成主编:《中国近代铁路史资料》(第一册),中华书局 1963 年版,第 20 页。

行灭绝也……故此事或当相机而缓商，中国不急办铁路也。"①

满汉督抚与朝廷中枢对于修造铁路的怨怼，究其原因就是尽管清王朝经历了两次鸦片战争的失败，然而"天朝上国"的心态犹在，"华夷秩序"的优越感犹存。因此，他们在早期讨论修造铁路时，普遍表现出洋人欲"专吾利以毒吾民"的态度怨怼和心理反感，并且理由"充分"：一则"资敌"，担心"铁路若开，恐转便敌人来犯之途"；二则"扰民"，担心"占人田业，毁人庐墓，沿途骚扰，民商交困"；三则"失业"，担心"沿线舟车挑夫、行栈铺房无以为生，必将聚为流寇"。事实上，这种由"东方中心"语境生发出的"断不能允，贻害无穷"的偏狭，也在所难免，情有可原。只是，此种自锢心态必将随着"开国"的深入而土崩瓦解，也必将随着城市化和工业化的兴起而烟消云散。

第二，"权自我操，利国利民"：共同性观念下的少数行动。

促成清廷由"断不能允，贻害无穷"到"权自我操，利国利民"观念扭转的动因，似乎并非来自同治十三年（1874年）李鸿章的《筹议海防折》，此奏折也许只是诸多共同观念下的必然结果，而究其实际原因，可能更多来自强烈的外部刺激。这种来自外部陌生世界的强烈刺激，起初或许是交往的疑惑，之后必然是融入的兴奋，因为没有哪个国家会自甘落后，清王朝也是。

第一，强烈刺激来自洋人对建造铁路的执念不舍。

早在1847年，英国商人就通过英国外交部向清廷建议修造基隆港铁路和缅甸至云南的铁路，清廷不予理睬。1863年，英国铁路工程师斯蒂文生爵士向清廷提出建造北京至天津、上海至苏州、广州至佛山的铁路主线，并建议以汉口为中心，以铁路干线连接天津、上海、广州，以铁

---

① 蒋廷黻编著：《近代中国外交史资料辑要》（上），东方出版社2014年版，第365页。

路支线连接宁波、苏州、福州、佛山的铁路组网计划①,清廷未做回应。同年,27家上海洋行联合成立"苏沪铁路公司"并上书江苏巡抚李鸿章,提出公司自筹经费214万两白银,申请承办苏州至上海80英里铁路,李鸿章严词回绝。1865年,"英人杜兰德,以小铁路一条,长可里许,敷于京师永宁门外平地,以小汽车驶其上,迅疾如飞。京师人诧所未闻,骇为妖物,举国若狂,几至大变。旋经步军统领衙门饬令拆卸,群疑始息"②。1866年年初,清国总税务司赫德与署理英国驻华公使威妥玛分别向总理衙门提交了《局外旁观论》和《新议论略》,并劝告"中国自主之要,在借法兴利除弊,凡有外国可教之善法,应学应办。即如铸银钱以便民用,做轮车以利行人,造船以便涉险,电机以速通信"③,清廷不为所动。同年,英国驻华公使阿礼国向总理衙门提出"上海黄浦江地方,洋商起货不便,请由海口至该处,于各商业经租就之地,创修铁路一条,计三十里,由外国捐资,不必中国相助"④,清廷断然拒绝。1872年,美国驻上海领事馆副领事布拉特福发起组织"吴淞道路公司",并以建设"马路"为名,购买土地、机车和设备。1873年12月"吴淞铁路"正式动工,1876年12月全线贯通,铁路全长15公里。1877年,清廷特支官帑28万5000两购买"吴淞铁路",旋即下令拆除。

从1847年到1877年三十年间,洋人请修清国铁路的诉求纷至沓来,遭遇的却是清廷"不予理睬、未作回应、严词回绝、饬令拆卸、不为所动、断然拒绝、购买拆除"的冷眼冷遇。然而,也就是在这三十年间,朝廷似乎也解读出了洋人修铁路的实在意图:追逐商业利益而非侵蚀主

---

① 宓汝成主编:《中国近代铁路史资料》(第一册),中华书局1963年版,第6-7页。
② 宓汝成主编:《中国近代铁路史资料》(第一册),中华书局1963年版,第17页。
③ 宓汝成主编:《中国近代铁路史资料》(第一册),中华书局1963年版,第50页。
④ 宓汝成主编:《中国近代铁路史资料》(第一册),中华书局1963年版,第50-51页。

权。于是,"或用洋法雇洋人,自我兴办,彼所得之利,我先得之"的想法,呼之欲出,跃跃欲试。

第二,强烈刺激来自洋务派的观念升级。

19世纪60—70年代,建造铁路的观念在"想法层面"逐步转变。时任总理船政大臣的沈葆桢提出:"铜线、铁路,如其有成,亦中国将来之利也。"①时任湖广总督的李鸿章提出:"电报、铁路、轮船和机器,外洋强力之所在,中国亦可采用……旅行海外的中国人得到证明,这些事物,并非有害,而是有益的。"②郑观应认为:"往者议造轮船、电报,群疑众谤,几废半途。既而毅然群行,至今日而天下之人异口同声共知其利。矧铁路之利,倍于轮船,而中国陆路之多,倍于沿海,何可迟疑顾虑,坐误机宜,致他日受制敌人,悔之已晚耶!"③此时,"权自我操"修造铁路观念已经悄然浮出水面,即在"铁路只有由中国人自办,自行管理,才会对中国有利"④的大前提下,争取"中国将来之利""中国亦可采用""不致他日受制于敌"的妙宗,何乐而不为?

19世纪70—80年代,修造铁路的观念在"利益层面"逐步转变。李鸿章首倡自筑铁路:"南北洋滨海七省自须联为一气,方能呼应联通……何况有事之际,军情瞬息变更,倘如西国办法……有内地火车铁路,屯兵于旁,闻警驰援,可以一日数百里。"⑤刘铭传在《筹造铁路以图自强折》中也提出:"自强之道,练兵、造器固宜次第举行,然其机括,

---

① 路伟东,王大学,霍仁龙主编:《中华大典 交通运输典 交通工具与设施分典》,上海交通大学出版社2017年版,第633页。
② [美]马士:《中华帝国对外关系史 第3卷 1894—1991年被制服时期》,上海书店出版社2000年版,第79页。
③ 宓汝成主编:《中国近代铁路史资料》(第一册),中华书局1963年版,第178页。
④ [美]马士:《中华帝国对外关系史 第3卷 1894—1991年被制服时期》,上海书店出版社2000年版,第79页。
⑤ 崔卓力编:《李鸿章全集》,时代文艺出版社1998年版,第1073页。

则在于急造铁路。铁路之利于漕务、赈务、商务、矿务、厘捐、行旅者,不可弹述。而于用兵一道,尤其急不可缓之图。"①总理海军事务的奕譞也认为:"铁路为今日利国利民之大端,经臣衙门与各疆臣反复推求,实已无义不搜,无微不至……果能内外一心,官商合力,十年之内,成效可期,以开中国万世之利,以杜四裔环伺之谋,大局幸甚!"②1880年12月,李鸿章在《妥议铁路事宜折》中再次强调:"盖处今日各国皆有铁路之时,而中国独无,譬犹居中古以后而屏弃舟车,其动辄后于人也必矣。"③李鸿章还从军政、经济、民生三方面言明了建造铁路的"九大利益",并勾勒出了铁路主要线路:"查中国要道,南路宜修二条,一由清江经山东,一由汉口经河南,俱达京师。北路二条,宜由京师东通奉天,西通甘肃。诚得此四路以为根本,则傍路繁要之区,虽相去或数百里,而地段较短,需费较省,即招商集股亦舆情所乐,就从此由干达枝,纵横交错,不患铁路之不振兴。"④

随着"朝野上下""中西内外""洋商国商"对建造铁路共同性观念的转变并统一,"少数行动"也终于登场。1881年,在醇亲王奕譞的支持下,李鸿章以解决开平煤矿运输为由,启动自建"唐胥铁路"(唐山—胥各庄),同年建成通车。1886年,李鸿章成立"开平铁路公司",请奏朝廷将"唐胥铁路"西展至芦台。1887年,李鸿章又以"利海防"为由,将铁路再展至天津。三段铁路合称"北洋铁路"。

中国第一条自建铁路"唐胥铁路"的完工通车,不仅意味着近代中国人从"断不能允,贻害无穷"到"权自我操,利国利民"思想观念的

---

① (清)刘铭传:《刘铭传文集》,马昌华、翁飞点校,黄山书社2014年版,第43-44页。
② 宓汝成主编:《中国近代铁路史资料》(第一册),中华书局1963年版,第25-26页。
③ 崔卓力编:《李鸿章全集》,时代文艺出版社1998年版,第1554页。
④ 崔卓力编:《李鸿章全集》,时代文艺出版社1998年版,第1555页。

彻底解放，更标志着近代中国终于校准了"工业时钟"。

第三，"自强要策，通筹天下"：集体行动推升触发性社会运动实现。

随着近代中国第一条自建铁路的竣工通车，建造铁路不仅从"不允"过渡到"试办"，再发展到"惟铁路为第一枢纽"，修造铁路还从"少数行动"上升为"集体行动"，而"集体行动"推动产业格局的转变也顺势触发了两次社会大变革。

第一次"集体筑路"行动（甲午战败—辛亥革命）触发"保路护国"运动。

1895年7月19日，光绪帝明发上谕："况当国事艰难，尤应上下一心，图自强而弭隐患……力行实政为先。叠据中外臣工条陈时务，详加披览，采择施行。如修铁路，铸钞币，造机器……皆应及时举办。"至此，建造铁路终成国策。1907年，邮传部尚书陈璧上书《奏邮传部筹划全国铁路轨线并缮呈图说由》，计划将京汉铁路与粤汉铁路接轨，形成南干——再将正在修筑的京张铁路北展至库伦（今蒙古乌兰巴托）、恰克图，形成北干——再计划修筑一条连接新民、洮南、齐齐哈尔、瑷珲的铁路与京奉铁路相连接，形成东干——并将正太铁路西展，连接同蒲，再往西连接潼关、兰州、伊犁，形成西干。据统计，从甲午战败到辛亥革命，清廷共主持建造了包括京奉铁路、京张铁路、京汉铁路、汴洛铁路、正太铁路、沪宁铁路、津浦铁路、广九铁路、张绥铁路、吉长铁路、开徐—海清铁路、粤汉铁路等国有铁路，总里程达到5000公里。

对于既要支付甲午赔款又要收拢人心的清廷而言，能在"新政期间"主持建造5000公里国有铁路，实属难得。然而，面对国库空虚的现实，清廷不得不"举洋债修铁路"。但是，本应是正常的"商务债权合同"却被帝国主义列强蛮横地附加了一系列行政和经济条款，诸如线路规划权、人事权、铁路经营权、经费使用权、物料采购权、沿线矿产开发权等，严重侵蚀和剥夺主权国利益。面对来势汹汹的"洋债"危机，1903年12月，清廷颁布《铁路简明章程》：准许"各省官商，自集股本请办何省干路或枝路，须绘图贴说，呈明集有的实股本若千万，详细具禀"[1]，试图通过向民间开放筑路权来对抗"洋债"缓解财政危机。随着全国各地铁路的兴建与延伸，铁路把农村与城市、内地与沿海甚至是中国与世界联系了起来，带动了近代工商业的发展和资本市场的形成，也促成了民族资产阶级的兴起和民族国家观念的传播。同时，一场自下而上的"吾辈为爱国而来，今爱吾国必破约以保路"的"保路护国"运动正在萌发。

1904年，川督锡良以"辟利源而保主权"为由，在成都创办"川汉铁路公司"。铁路公司采取招股形式，广泛向社会集资筑路，并明确宣布不募外债，不招洋股。1905年，浙江成立"浙江省铁路有限公司"，创建"浙江兴业银行"投资沪杭铁路建设，并通告各府县："铁路以谋交通便利，启发富源为目的，而实有国家性质。路权所在，即国权所在。他国铁路但存有国有民有之问题，不起内国外国之问题（铁路主权问题）。盖铁路所有权应属于内国，为吾国民之特有权。参用外款，路权不完，国权损失。"[2]1906年，江苏成立"江苏省铁路股份有限公司"，提出"保全路权非拒外款不可"口号，并发起"拒用英款运动"。据统计，在全国上下商办铁路的风潮中，有广东、湖北、安徽、山西、福建、山东、直隶等15个省以商办、官督商办或官办名义组成了18个铁路公司，号召商民入股铁路，自筹自办，抵制洋股，确保利权。

---

[1] 宓汝成：《中国近代铁路史资料》（1863—1911），中华书局1963年版，第926页。
[2] 宓汝成：《中国近代铁路史资料》（第二册），中华书局1963年版，第794页。

清廷因势利导，积极回应各省的"保路护国"运动，于1908年10月收回粤汉铁路管辖权，又于1909年1月收回京汉铁路管辖权。

第二次"集体筑路"行动（北洋政府—南京政府）触发"铁路救国"运动。

辛亥革命后，中国依然内忧外患，孙中山提出："今日我国，如欲立足于世界，惟有速修铁路，以立富强之基。不然，外人之势力日益伸张，而铁路政策，实足以亡人家国。"①可见，在孙中山心中已将"保路护国"升华到"筑路以达救国"的新高度。此后，孙中山担任"全国铁路督办"，在上海成立了中国铁路总公司，并亲自实地考察全国30余地，在《建国方略》中重点规划了包括西北铁路系统、西南铁路系统、中央铁路系统、东南铁路系统、东北铁路系统以及高原铁路系统在内的铁路系统建设蓝图。

1912年至1927年北洋政府时期，北洋政府在关内建造了京绥铁路（阳高—包头）、陇海铁路西段［洛阳—陕州（灵宝）］和东段［开封—徐州（大浦）］、粤汉铁路武长段（武昌—长沙）和广韶段（广州—韶关）；在关外建造了吉长铁路（吉林—长春）、四洮铁路、郑通铁路［郑家屯（今双辽）—通辽］、洮昂铁路。同时，通过民商集资建造了南浔铁路（德安—牛行）、个碧石铁路和新宁铁路新宁—白沙段。此外，在张作霖主政东北的1923年到1927年间，以官商合办、官督商办的方式建造了奉海铁路（奉天—海龙）、吉海铁路（吉林—海龙）、呼海铁路（呼兰—海伦）、京奉路大通段（大虎山—通辽）及数条支路。

国民党建立南京政府后，面对日本帝国主义加剧对中国的扩张与侵

---

① 中国社会科学院近代史研究所中华民国史研究室编：《孙中山全集（第二卷）》，中华书局1982年版，第436页。

略，加速建造铁路以加强国防。从1927年至1945年抗战胜利，南京政府修筑了浙赣铁路、粤汉铁路株韶段（株洲—韶关）、湘黔铁路（株洲—蓝田）、沪杭甬铁路（肖山—百官）、苏嘉铁路（苏州—嘉兴）、淮南铁路、湘桂铁路、黔桂铁路、叙昆铁路昆明—曲靖段等路线，并使粤汉和广九铁路接轨，进一步延展了陇海铁路。阎锡山在山西建造了同蒲铁路，张静江在江浙建造了江南铁路（南京—孙家埠），张学良在东北建造了葫芦岛—敦化、葫芦岛—拉哈、葫芦岛—多伦三条干路以及数条支路。其中，专为抗战建造的铁路有：苏嘉铁路、沪杭甬铁路、湘黔铁路、陇海铁路的宝鸡至天水段以及修缮浙赣铁路、接轨粤汉—广九铁路等。

据统计，抗战期间铁路共运送军队2743万人次，军需品543万吨。1937年淞沪会战时期，仅北京到上海之间就开行1346次，运送军队50个师，载重5万吨。在桂南会战中，利用铁路从近1000公里外调集10余师救援战场，夺回昆仑关。同时，铁路还在调拨钱粮、运送伤病员、远程运输物资、联通国际交通线等诸多方面发挥着不可替代的作用。这一场"铁路救国"运动支撑和动员着中华民族从痛击日寇走向伟大胜利。

从晚清到民国，中国依靠以铁路为代表的近代工业步履蹒跚地从"半殖民地半封建"向"反帝反封建"迈进，从"农业文明"向"工业文明"靠拢，而构建"独立国家"达成民族解放和构建"现代文明"达成民族复兴大业，最终必然落在了代表着先进生产力的中国共产党人肩上。

第四，"支撑站起来、支撑富起来、支撑强起来"：社会行动推动有效性社会认同的实现。

中华人民共和国成立时，中国铁路里程仅2.78万公里。毛泽东指出："在旧中国铁路建设主要是服从于帝国主义侵略的需要，现在新中国成立了，我们不再受帝国主义统治，应该很好地恢复铁路并发展铁路，但是目前中国的铁路太少了,还需要建设几十万公里的铁路。"①毛泽东还强调铁路应是"先行官",要为国民经济的恢复和发展开道。周恩来也明确指出:"政府的经济投资将着重用在发展工业所首先需要的水利事业、铁道事业和交通事业。"②在经济恢复和第一个"五年计划"期间,国家用于铁路建设资金达11.34亿元和62.89亿元,占国家基建投资总额14.47%和11.44%。

1952年,中华人民共和国自行建造的第一条铁路成渝铁路完工通车。成渝铁路全长505公里,成都端连接宝成、成昆铁路;重庆端与川黔、襄渝铁路接轨;中段内江站连接内昆铁路;成渝铁路全线与通往出川的主要公路及长江、嘉陵江航运衔接。成渝铁路拉开了中华人民共和国大规模进行经济建设的序幕,改变了四川交通的格局,对中华人民共和国成立初期重庆乃至整个西南地区国民经济的恢复都有重大的历史意义。

1950年5月,天兰铁路开工建设,1952年10月建成通车,成为继成渝铁路通车之后又一条崭新的铁路。天兰铁路成为西北与中东部沟通的重要通道,成为甘肃社会文化传播的重要途径之一,促进了边疆地区的贸易繁荣,推动了甘肃和西北工业的发展。在建造天兰铁路的同时,兰新、川黔、贵昆等多条铁路相继开工,形成了中华人民共和国铁路建设的一个高潮。1959年以兰州为中心的四大铁路干线(陇海线、兰新线、包兰线和兰青线)相继通车,西北铁路网由此基本形成。

1955年2月,鹰厦铁路开建,1956年12月竣工通车,1957年12月交付运营,次年11月鹰厦线连通福州的外福线也相继通车。鹰厦铁路

---

① 逄先知主编:《毛泽东年谱(1893—1949)》,中央文献出版社2005年第2版,第528页。
②《周恩来选集》(下卷),人民出版社1984年版,第46页。

全长694公里，横跨福建全省，是中国东南沿海重要的铁路干线。它结束了福建没有铁路的历史，将厦门与其他地区连接起来，不仅从根本上改善了福建境内的交通运输条件，促进了福建省经济的发展，而且在政治和军事上也具有重大意义。

据统计，第一个五年计划期间，中华人民共和国先后建成了铁路干支线6100多公里，新增加的营业里程占全部营业里程的18%以上。中华人民共和国在"一穷二白"条件下，勇于建造铁路新线并取得重大成就，凸显了社会主义集中力量办大事的制度优势，极大地提升了新生政权的威信，增强了人民对中国共产党的认同与信赖。

1949年至1978年，铁路事业在党的领导下迅速发展，全国铁路营业里程达48 618公里；双线铁路7630公里，双线率15.7%；电气化铁路从无到有，建成1030公里，电气化率2.1%；1978年铁路客运量达到8.1亿人，货运量达到11亿吨，是1949年的7.9倍和19.7倍。1980年"五五"计划末期，全国铁路营业里程达到49 950公里，双线里程8119公里，双线率提高到16.3%，电气化里程1667公里；旅客发送量9.12亿人，旅客周转量1383.16亿人公里，货物发送量10.86亿吨，货物周转量51 717.53吨公里。

1980年，铁道部发起建设铁路的"三大战役"："北战大秦，南攻衡广，中取华东。"北战大秦，建成了中国第一条双线电气化重载铁路——大秦铁路。南攻衡广，建成北起衡阳南至广州的衡广铁路复线，全长526公里，1986年1月开始动工，1988年11月全线提前通车。中取华东，在华东地区实施铁路基本建设大中型项目共17项，其中兴建铁路5项、双线工程6项、枢纽3项、电气化工程1项、京沪铁路改造1项等，总投资达70多亿元，经过五年建设，建成新线473公里、双线620公里、电气化铁路513公里，为华东经济的发展增添了动能。

1990年，铁道部响应中共中央、国务院关于加快铁路发展的决策，做出"强攻京九、兰新，速战宝中、侯月，再取华东、西南，配套完善大秦"的战略部署，围绕京九、兰新、宝中、侯月、浙赣、南昆、大秦1亿吨配套、京广扩能、成昆电气化改造、西康线、广深准高速铁路和北京西站12项重点工程，集中人力、物力、财力，组织了铁路建设大会战。在"八五"期间，铁路总计完成基建投资1244亿元，交付运营铁路新线4356公里，复线3848公里，分别是"七五"时期的3.6倍、2.4倍和1.6倍。投产电气化铁路2742公里。1995年年末，全国营运铁路里程达到62 389公里，其中双线里程16 909公里，双线率达30.9%；电气化铁路9703公里，电气化率达17.7%。

1998年铁道部做出"决战西南，强攻煤运，扩大路网，突破七万"的跨世纪五年铁路建设部署，制定了《西部铁路"十五"建设计划》，开启了世纪之交铁路大会战的序幕。决战西南，相继建成投产内昆铁路、水柏铁路、西安安康铁路、渝怀铁路，建成开通株六铁路二线、宝成铁路二线、西南北通路、东通路能力成倍增加。强攻煤运，铁道部开工修建朔黄铁路、邯济铁路、神延铁路、新菏兖日铁路等煤运通道，煤运能力增强了近亿吨。扩展路网，建成投产了南疆、梅坎、秦沈等铁路以及粤海铁路通道，芜湖长江大桥，成昆、武广、哈大、包兰电气化等一大批对国民经济和社会发展有重大影响的项目。突破七万，铁路全行业完成基本建设投资2872亿元，比五年前增长55%；完成新线投产5943公里，复线投产4603公里，电气化投产5703公里。截至2002年底，全国铁路总营业里程达71 898公里，居世界第三，亚洲第一。

1997年4月1日，中国铁路实施第一次大面积提速，京沪、京广、京哈三大干线全面提速。1998年10月1日，实施第二次大面积提速，京广、京沪、京哈三大干线的提速区段最高时速达到了140~160公里，广深线最高时速达到200公里。2000年10月21日，实施第三次大面积提速，主要集中在陇海（江苏连云港—甘肃兰州）、兰新（甘肃兰州—新疆乌鲁木齐）、京九（北京—香港九龙）、浙赣（浙江杭州—湖南株洲）线。2001年10月21日第四次大面积提速，提速线路增加3000公里，达到平均时速61.6公里。经过四次大提速，铁路基本形成了"四纵两横"的提速网络。第五次、第六次大提速确定继续以主要干线为重点，向时速200~250公里进军。这六次大提速不仅实现了中国铁路百年发展历史上时速200公里动车组、时速120公里5000吨货物重载列车零的突破，而且创造了世界铁路既有线整体性、系统性提速改造客货共线运行的新模式，极大地推动了我国铁路运输生产力的发展。

2004年国务院审议通过国家《中长期铁路网规划》，同年开始了我国高速铁路网建设。2008年8月1日京津城际铁路正式通车运营，京津两地实现30分钟通达。京津城际铁路是我国第一条自主设计建造的运行时速达350公里的高速铁路，其修建技术不仅达到了世界先进水平，形成了一套完备的高速铁路"中国标准"，成为我国铁路建设史上的又一座里程碑。以京津城际高速铁路的建设和通车为标志，我国铁路建设进入了高速时代。2008年4月18日京沪高铁正式开工，新建设的高速铁路规模8000余公里。2009年12月26日武广高速铁路客运新干线全面投入运营，标志着我国已在机车制造、铁路设计、施工建设以及列车运行控制、铁路运营管理等方面全面掌握高速铁路技术，率先步入高速铁路新时代。2010年12月3日在京沪高铁枣庄至蚌埠间的先导段联调联试和综合试验中，由中国南车集团研制的"和谐号"380A新一代高速动车组在上午11时28分最高时速达到486.1公里。按照国家中长期铁路网规划和铁路"十一五""十二五"规划，以"四纵四横"快速客运网为主骨架的高速铁路建设全面推进，建成了京津、沪宁、京沪、京广、哈大等一批设计时速350公里、具有世界先进水平的高速铁路，形成了相对完善的高铁网络体系。2011年6月，全长1318公里，世界上一次建成线路里程最长的京沪高铁开通并投入使用。2011年12月26日，广深港高速铁路广深段正式开通。2012年12月，世界上第一条穿越高寒季节性冻土地区的哈尔滨至大连高速铁路建成运营。2012年12月，北京经武汉、广州至香港，由京石客运专线、石武客运专线、武广客运专线、广深港客运专线组成，全长2298千米，世界上运营里程最长，跨越温带亚热带、多种地形地质区域和众多水系的北京至香港的高速铁路全线通车。

从20世纪80年代建设铁路的"三大战役"到20世纪90年代铁路大建设，从新世纪铁路建设大会战到六次铁路大提速再到中国进入高铁时代，中国共产党领导的"中国铁路"完成了从"电气时代"到"高铁时代"质的飞跃，中国铁路的产业革命不仅支撑着中国从"站起来"到"富起来"的改革开放伟大事业，还践行着"国家富强、民族振兴、人民幸福"的伟大誓言。

党的十八大以来，中国铁路建设坚持以习近平新时代中国特色社会主义思想为指导，坚持以人民为中心，贯彻新发展理念，深入推进铁路供给侧结构性改革，努力推动铁路高质量发展，为建设交通强国、服务国家战略、促进经济社会发展发挥了先行作用，为中华民族强起来提供了有力支撑。

中国进入新时代，铁路发展也进入黄金期。中国铁路在高速铁路、

提速铁路、高原铁路、重载铁路等领域取得了系统性创新成果，建立了完备的铁路技术系统，建成了世界上类型最全的铁路网，形成了具有独立自主知识产权的高铁建设和装备制造技术体系。"四纵四横"高速铁路主骨架全面建成，"八纵八横"高速铁路主通道和普速干线铁路加快建设。预计截至2021年年底，中国铁路营业里程将达到15万公里，其中高铁总里程达到3.96万公里。

党的十八大以来，中国铁路建设积极推进铁路设施国际互联互通。截至2020年，中欧班列累计开行1.24列，单月开行均稳定在1000列以上，到达欧洲21个国家、92个城市，强有力地推动我国全方位对外开放新格局的形成，成为"一带一路"建设的重要成果和突出亮点。中国铁路标准国际化也取得积极成效，中老铁路标志性工程和雅万高铁标志性项目有序推进，亚吉铁路、蒙内铁路等一批项目建成投产，铁路技术装备出口全球100多个国家和地区。

扶贫攻坚，铁路先行。在脱贫攻坚的主战场，铁路一如既往地发挥"火车头"的作用。"十三五"以来，贫困地区铁路建设快速发展，14个集中连片特困地区、革命老区、少数民族地区、边疆地区结束不通铁路的历史，部分贫困地区直接迈入高铁时代。81对公益性"慢火车"不断提高服务品质，154个无轨站精心服务贫困和不通铁路地区，持续加大贫困地区货运保障力度，保障重点物资供给和农产品外运需求；12306、快运商城等电商扶贫平台推动铁路消费扶贫实现新突破。铁路部门多点发力，推动脱贫攻坚和乡村振兴有机衔接，让百姓日子过得更红火、更幸福。

2020年以来，面对新冠肺炎疫情影响，中国铁路坚决贯彻落实中央"六稳""六保"决策部署，全力以赴推动复工复产，努力克服各种困难，确保了铁路建设加快推进，全力服务扩大内需战略，优质高效推进铁路建设，充分发挥铁路投资拉动作用；实施客运提质计划，保开通、保在建、保开工，大力推行刷脸进站、Wi-Fi覆盖、无感安检、验检合一、互联网订餐等一系列服务，让旅客出行更舒适、更便捷、更智能。

以中国第一条自建铁路"唐胥铁路"为发端，中国铁路始终以向上的身姿伴随着中国从"近代化"走入"现代化"，从"农业文明"走入"工业文明"，从"一穷二白"走入"小康社会"。以中华人民共和国第一条自建铁路"成渝铁路"为发端，中国铁路始终以奋进的力量支撑着中国"站起来、富起来、强起来"，时刻见证着社会主义制度的优越性，永远实践着"为人民服务"。

第一章

百年梦想

第一节 梦想起步

一、师夷筑路

铁路,具有载量大、速度快、成本低、受环境和气候影响小等优势,对国家的综合国力有着至关重要的影响。19世纪中叶,随着蒸汽能源的出现,世界主要资本主义国家都开始大力发展铁路,铁路建设随即成为一股世界潮流。而自鸦片战争以来,曾经具有辉煌历史的中华民族遭遇一次又一次民族危机,昔日泱泱大国到了亡国的边缘,为救亡图存、民族复兴,有识之士不断探求救亡图存的出路。在这一历程中,先进的中国人当然也意识到了铁路的重要价值,为启动铁路事业奔走忙碌,近代中国人逐梦铁路的征程由此开始。

事实上,铁路知识传入中国的时间并不算晚。自19世纪40年代起,以魏源、林则徐、徐继畬为代表的启蒙思想家就在其编纂的著作中提到了与铁路有关的信息与知识。19世纪60年代,随着中西交流的推进,一部分中国人走出国门,在开眼看世界的过程中亲自乘坐了火车,纷纷感叹"列子御风而行，或不如也"。与此同时，由于西方列强多次要求在中国筑路，清廷的官员对铁路也不再陌生了。但他们基本上都认为，在中国筑路的时机还没有成熟。可见，从此时开始，已经有一部分国人认识到铁路的优点与价值。但其中大都反对西方列强在中国筑路，一是担心铁路的主权问题，害怕铁路成为列强侵略中国的工具；二是因为铁路的贯通会带来破坏传统、夺人生计以及影响社会稳定等不良后果。

直到19世纪70年代初，伴随着愈演愈烈的边疆危机，在对铁路利弊进行反复权衡后，以维护国防安全为重，李鸿章、刘铭传等疆臣率先提出要在中国筑路，由此开启了与反对筑路的保守派长达三十年的论争。也正是从此时起，这些开明官员及一些早期维新派思想家，开始从社会舆论等多方面为筑路造势；并不断上书清廷、分析局势，意图影响清廷的决策；还拟定了"导以先路"等推进策略，并付诸实践，取得了不错的效果。最终，1895年7月，光绪帝发出上谕，将修筑铁路定为国策，为铁路在中国的发展扫除了政治障碍。

1. 铁路，中国将来之利也

1825年，英国建成了世界上第一条铁路。而后，铁路凭借迅速、便利、经济等优势展现出极大优越性，逐渐在欧美各国兴起，成为具有垄断地位的交通工具。据统计，到1870年，全世界共计有铁路19万余公里。[1]尽管在整体上对西方了解甚少，自19世纪40年代起，有小部分中国人在了解西方的过程中逐渐获得关于铁路的信息，并在相关著作中对铁路及其原理和功效进行了简略叙述。

1839年，为明了世界形势，林则徐组织人员基于英国人慕瑞《地理

---

[1] [英]安格斯·麦迪森：《世界经济二百年回顾》，改革出版社1997年版，第36页。

大全》，于1841年编纂而成《四洲志》。其中多处对铁路进行了描述，例如"其不通河道者，即用火烟车陆运货物，一点钟可行二三十里"①。鸦片战争失败后，作为亲身经历者的魏源，以忧国忧时的心情提出"师夷长技以制夷"，以《四洲志》为基础，广泛收集西方史地资料，编纂而成《海国图志》。该书涉及西方历史、地理、科技、文化，其中也简要介绍了美国铁路的运输情况："国内运载货物，陆则有大车小车藉马力以行走，又有火轮车，中可住千人，一时能行百八十里，故国内多造铁轱辘之路……"②与魏源同时代的徐继畲，在《海国图志》基础上，结合曾参与对外工作的国人见闻，于1848年编成《瀛环志略》，叙述了美国各州铁路分布及运营情况，简述了铁路修建的工序和功能，例如"内地通衢，多用铁汁冶成以利火轮车之行"③。

19世纪60年代，一部分国人开始走出国门，亲自体验火车，通过他们的游记可知其对铁路的真实感受。1866年，总理衙门接受总税务司赫德的邀请，派出由斌椿父子率领的同文馆师生张德彝、凤仪、彦慧等五人，组成中国近代第一批游历西方的代表团，到欧洲游历考察。斌椿著有游记《乘槎笔记》，诗稿《海国胜游草》与《天外归帆草》。他在诗中详细记录了其对火车的感受："六轮自具千牛力，百乘何劳八骏驱；若使穆王知此法，定教车辙遍寰区。"④张德彝在其游记《航海述奇》中记载了西方运营铁路的情况，"车之速者日行五千余里，平时则日行二三千里而已。凡火轮车皆绅富捐资制造，每年获利，一半入官，一半自分。

---

① 林则徐全集编辑委员会：《林则徐全集 第十册 译编卷》，海峡文艺出版社2002年版，第141页。
② （清）魏源：《海国图志》（上、中、下），岳麓书社1998年版，第1676-1677页。
③ （清）徐继畲：《瀛环志略》，上海书店出版社2001年版，第280页。
④ 陈三井：《四分溪畔论史》，九州出版社2013年版，第5页。

趋使一切夫役，多系官派"，以及自己对铁路的态度，"此举洵乃一劳永逸，不但无害于商农，且裨益于家国。西国之富强日盛，良有以也"①。

早期维新派思想家王韬也曾于1867年去过欧洲，有游记《漫游随录》传世。王韬在书中详细地记录了初乘火车的感觉："始行犹缓，继则如迅鸟之投林，狂飙之过隙，林树庐舍，瞥眼即逝，不能注睛细辨也。"并感叹"火轮车之迅捷，真如飙飞电迈矣！"②

1868年，清廷派出中国近代第一个官方外交使团访问美国。成员之一的海关道志刚在《初使泰西记》中明确了其对铁路功用的看法："而客问使者火轮车之利益何如？答曰：公私皆便，而利益无穷。以公事言之，地方偶有变乱，虽数千百里，军卒器械刍荄可朝发夕至，可及时戡定，而免蔓延之患。或水旱偏灾，均平转输，可及时补救，而免逃亡之虞。至于税课无涓滴之漏，商贩无后时之悔，行旅忘驰驱之劳，免盗贼之劫，其利益未可一二数也。"③然而，尽管于公于私皆有便利，志刚还是认为此时"中国不急办（铁路）也"。原因之一是中国传统重视"其祖父之坟茔"，担心"若使因修铁路而可以毁天主堂，亦不可滥毁其祖父之坟茔。若以朝廷之势力灭中华孝敬之天性，曰将以牟利也，恐中国之人性未易概行灭绝也"。而如果在"并无坟墓"的"官塘大路"筑路，又会影响官路本来的通行。所以得出结论："此事或当相机而缓商也。"④

在当时的传播条件下，铁路知识传入中国的时间并不算晚。19世纪60年代，比较先进和开明的国人已经认识到铁路开创了交通运输的新时

---

① 钟叔河编著：《走向世界丛书》（第1辑），岳麓书社2008年版，第486-487页。
② 陈三井：《四分溪畔论史》，九州出版社2013年版，第7页。
③ 蒋廷黻编著：《近代中国外交史资料辑要》（上），东方出版社2014年版，第364-365页。
④ 蒋廷黻编著：《近代中国外交史资料辑要》（上），东方出版社2014年版，第365页。

代,中国将来也是要筑路的,正如时任总理船政大臣的沈葆桢所言:"铜线、铁路,如其有成,亦中国将来之利也。"①时任湖广总督的李鸿章在1867年也明确指出:"电报、铁路、轮船和机器——外洋强力之所在——中国也可以采用……旅行海外的中国人得到证明,这些事物,并非有害,而是有益的。"②然而,他们大都认为中国不需要立即引进和利用铁路。这固然受当时社会经济发展水平和传统思想的影响。然而,最重要的是人们十分担心铁路的主权问题。1963年,李鸿章在回应西方列强在中国筑路的请求时,强调修筑铁路必须要"权自我操":"铁路只有由中国人自办,自行管理,才会对中国有利;在内地雇用许多外国人,却有重重障碍;而且人民对于因筑路而被夺去土地,也一定非常反对。"③

值得一提的是,19世纪70年代前,有一人明确将铁路建设纳入国家发展之中,那就是太平天国的领导人洪仁玕。1858年,他在《资政新篇》中高度评价铁路,认为"如火船、火车……皆有夺造化之巧,足以广闻见之精,此堂堂正正之技……"④并认为要"兴车马之利",进而提出一个构建中国近代化交通网的设想:"倘有能造如外邦火轮车,一日夜能行七八千里者,准自专其利,限满准他人仿做。若彼愿公于世,亦禀准遵行,免生别弊……先于二十一省通二十一条大路,以为全国之脉络,通则国家无病焉……虽三四千里之途,亦可朝发夕至……"⑤

---

① 路伟东,王大学,霍仁龙主编:《中华大典 交通运输典 交通工具与设施分典》,上海交通大学出版社2017年版,第633页。
② [美]马士:《中华帝国对外关系史 第2卷 1861—1893年屈从时期》,上海书店出版社2000年版,第229页。
③ [美]马士:《中华帝国对外关系史 第3卷 1894—1991年被制服时期》,上海书店出版社2000年版,第79页。
④ 罗尔纲:《太平天国文选》,上海人民出版社1956年版,第119页。
⑤ 罗尔纲:《太平天国文选》,上海人民出版社1956年版,第124-125页。

2. 自强之道，在于急造铁路

尽管反对铁路的态度仍占据主流，随着中国内外危机的不断加深，国人"求变"的欲望愈发强烈，也意识到在中国筑路的重要性与必要性。特别是19世纪70年代末到80年代初，随着中国的陆疆和海疆危机进一步加深，出于对快速转运部队和物资的需要，铁路的重要性愈发凸显。也就是从这一时期起，部分开明官员和早期改良派思想家转变了对铁路的态度，以发挥铁路在军事国防方面的价值为由，提出要在中国修筑铁路。其中的代表人物有李鸿章、刘铭传、丁日昌等，他们都曾多次上书清廷请求修建铁路。

1874年，李鸿章上《筹议海防折》，尽管整篇奏折以筹议海防为重，但也提到了铁路，并肯定了铁路在军事国防方面的价值。李鸿章提出，为提高调兵效率，中国将来也应自筑铁路配合北洋海防："饷权疆政，非其所操，不过徒拥空名，而各督抚仍不能有问兵事，畛域分则情形易隔，号令歧则将士难从，是欲一事权而反棼也。何况有事之际，军情瞬息变更，倘如西国办法，有电线通冒泾径达各处海边，可以一刻千里；有内地火车铁路屯兵于旁，闻警驰援，可以一日千数百里，则统帅尚不至于误事，而中国固急切办不到者也。"并认为清廷之所以不久前在台湾与日本不战而败，主要原因也是缺乏铁路导致转运部队过慢，如"今年台湾之役，臣与沈葆桢函商调兵，月余而始定；及调轮船分起装送，又三月而始竣，而倭事业经定议矣。设有紧急，诚恐缓不及事。故臣尝谓办洋务制洋兵，若不变法而徒鹜空文绝无实济，臣不敢明知而不言也"①。

1880年，刘铭传上书《筹造铁路以图自强折》，以国防为出发点恳请清廷修筑铁路。在奏折中，他先分析了沙俄和日本对中国北方的威胁，

---

① 崔卓力编：《李鸿章全集》，时代文艺出版社1998年版，第1073页。

直言沙俄是"腹心之患"——"中国自与外洋通商以来，门户洞开，藩篱尽撤，自古敌国外患，未有如此之多且强也。彼族遇事风生，欺凌挟制，一国有事，各国环窥。而俄地横亘东西，北与我接壤交错，拊背扼吭。尤为腹心之患。"并直言沙俄筑路野心不小，其后果更是不堪设想："今论者动曰用兵矣。窃谓用兵之道，贵审敌情。俄自欧洲起造铁路，渐近浩罕，又将由海参崴开路，以达珲春。此时之持满不发者，非畏我兵力，以铁路未成故也，不出十年，祸且不测。"之后便以筑路自强为由请造铁路："自强之道，练兵造器，固宜次第举行，然其机括，则在于急造铁路。铁路之利，于漕务、赈务、商务、矿务，以及行旅、厘捐者，不可殚述，而于用兵一道，尤为急不可缓之图。"而后继续论述了建造铁路在御侮图强中的重要性与紧迫性："中国幅员辽阔，北边绵亘万里，毗连俄界。通商各海口，又与中国共之，画疆而守，则防不胜防，驰逐往来，则鞭长莫及，惟铁路一开，则东西南北呼吸相通，视敌所驱，相机策应，虽万里之遥，数日而至；虽百万之众，一呼而集……若铁路造成，则声势联络，血脉贯通，节饷裁兵，并成劲旅，防边防海，转运枪炮，朝发夕至。驻防之兵，即可为游击之旅。十八省合为一气，一兵可抵十数兵之用。将来兵权、饷权，俱在朝廷，内重外轻，不为疆臣所牵制矣。"①

至于筑路的资金来源，刘铭传建议借洋债，并认为将洋债用于可以盈利的事业，是可以尝试的，"借洋债以济国用，则断不可。若以之开利源，则款归有著。洋商乐于称贷，国家有所取偿，息可从轻，期可从缓"；并且，在他看来，借洋债还可以获得西方的技术支持，"且彼国惯修铁路之匠自愿效能于天朝，此诚不可失之机会也。"②他还规划了三条铁路主

---

① （清）刘铭传：《刘铭传文集》，马昌华、翁飞点校，黄山书社2014年版，第43-44页。
② （清）刘铭传：《刘铭传文集》，马昌华、翁飞点校，黄山书社2014年版，第45页。

干线,并认为北京—清江浦一路最为重要:"查中国要道,南路宜修二条:一由清江经山东,一由汉口经河南,俱达京师;北路宜由京师东通盛京,西通甘肃。虽工费浩繁,急切未能并举,拟请先修清江至京一路,与本年议修之电线相表里。"①

这一请求受到左宗棠等人的支持,他们还计划先在北方修筑防俄铁路。然而在清廷内部,刘铭传的筑路诉求遭到保守派的激烈反对,除了担心铁路成为列强侵略中国的工具外,筑路经费也是另一大问题——刘铭传提出的借洋债的方法显然未能得到清廷的肯定,但国库不裕,并无足够财力修筑铁路。因此,由于反对观点占据了主流,清廷否决了刘铭传的筑路请求。

3. 铁路利国利民,可大可久

国人的筑路梦想并未中断。1880年12月31日,李鸿章向清廷又上了一道《妥议铁路事宜折》,概述了其当时关于铁路的所有思考。在奏折中,他强调建设铁路是当今世界的必然趋势,并指出不建铁路将日益拉大中国与他国的差距:"盖处今日各国皆有铁路之时,而中国独无,譬犹居中古以后而屏弃舟车,其动辄后于人也必矣。"②接着,他总结了铁路对中国在军政、经济、民生三个方面的九大利益(见表1-1):

表1-1 铁路对中国的利益

涉及方面	铁路的利处	具体内容
军政	便于军政	铁路有利于加强边防海防
	便于京师	铁路有利于巩固京师安全
	便于转运	铁路有利于转运军队的物资

---

① (清)刘铭传:《刘铭传文集》,马昌华、翁飞点校,黄山书社2014年版,第45页。
② 崔卓力编:《李鸿章全集》,时代文艺出版社1998年版,第1554页。

续表

涉及方面	铁路的利处	具体内容
经济	便于国计	铁路有利于增加税收
	便于矿务	铁路有利于开发矿产
	便于招商轮船	铁路有利于扩充轮船运输
民生	便于民生	铁路有利于运粮赈灾
	便于邮政	铁路有利于发展邮政
	便于行旅	铁路有利于官兵民商往来旅行

并且,他也规划了四条主要的干路路线:"查中国要道,南路宜修二条,一由清江经山东,一由汉口经河南,俱达京师。北路二条,宜由京师东通奉天,西通甘肃。诚得此四路以为根本,则傍路繁要之区,虽相去或数百里,而地段较短,需费较省,即招商集股亦舆情所乐,就从此由干达枝,纵横交错,不患铁路之不振兴。"①

对于反对者的质疑,李鸿章进行了回应(见表1-2):

表1-2 对反对者的回应

质疑	回应
一旦战争爆发,铁路是否资敌?	坏其一段,全路皆废,不会资敌
西方国家会不会趁机要求在中国筑路?	洋人要求与否,不取决于中国是否自建铁路,而取决于中国国力的强弱
铁路是否夺民生计?	铁路会创造更多生计
铁路是否有碍于民间庐墓、行人和桥梁?	可以赔钱、绕道

可见,与反对者一样,李鸿章对列强有着很大的担忧。但他认为若不建铁路,中国就会失去变强的机会。因此,对于当时的中国而言,与

---

① 崔卓力编:《李鸿章全集》,时代文艺出版社1998年版,第1555页。

其担忧，不如先变"被动"为主动，自行筑路。并且，他还深化了之前刘铭传关于借债问题的探讨，称"刘铭传所拟暂借洋债亦系不得已之办法"。他也认为"顾借债以兴大利与借债以济军饷不同，盖铁路既开，则本息有所取偿，而国家所获之利又在久远也"。为避免"铁路不能自主也"，提出在借债之前，必须和洋人明确"宜与明立禁约不得干预吾事，但使息银有著期限无误，一切招工、购料与经理铁路事宜由我自主，借债之人毋得过问，不如是则勿借也"。为避免洋人强占借款所修之路，他提出"宜仿招商局之例，不准洋人附股设立铁路公司，以后可由华商承办，而其政令须官为督理，所借之债，议定章程由该公司分年抽缴，期于本利不至亏短万一，偶有亏短，由官著追，只准以铁路为质信，不得将铁路抵交洋人。界限既明，弊端自绝。不如是则勿借也"。最后，为避免洋人因借款把持中国财政，他提出要"宜议明借款与各海关无涉，但由国家指定，日后所收铁路之利，陆续分还，可迟至一二十年缴清。庶于各项财用无所牵掣，不如是则勿借也"①。

19世纪70年代，部分早期维新派思想家对铁路的认识十分深刻，例如薛福成、马建忠、郭嵩焘等人。现将其对铁路的主要观点整理如表1-3。

表1-3 对铁路的主要观点

人物	代表著作	主要观点
薛福成	《创开中国铁路议》	铁路具有便于商务、转运、调兵的作用
马建忠	《铁道论》《借债以开铁道说》	铁路为富强之基，具有征调军旅、转输粮食、为边圉觊觎、为国家设保障、节用开源、救患的作用

---

① 崔卓力编:《李鸿章全集》，时代文艺出版社1998年版，第1557页。

续表

人物	代表著作	主要观点
郭嵩焘	《条议海防事宜折》《铁路议》《铁路后议》	主张商办铁路，实行由商民渐次推广的战略；主张铁路只可以小规模试办，认为此时在中国建设铁路时机还不够成熟，因为中国不具备修铁路的"本"，即人心风俗，也不具备修铁路的"末"，即通工商之业、立富强之机
王韬	《兴利》《建铁路》	铁路可以把疆域辽阔的中国变成一个军事统一体；铁路建设是世界一体化的必然要求

19世纪70年代末80年代初，《申报》与倾向保守的《汇报》展开了一场关于铁路利弊的论战，并结合时事刊载了大量呼吁修筑铁路的文章，对启动铁路事业创设了较好的舆论氛围。现将其中具有代表性的篇目及其主要观点整理如表1-4所示。

表1-4 代表性的篇目及主要内容

文章名及发表时间	主要内容
《论世务》1874年12月12日	铁路利于国家富强、开发及保卫边疆；当今中国的人心风气不利于推进铁路事业；根据中国已经开办炼铁矿等学习西法的现状推论中国必然修筑铁路
《论日本转售铁路事》1875年12月27日	铁路利于边防、调兵、商贾；从财政角度分析中国铁路迟迟未建的原因
《又论铁路火车》1877年10月27日	火车是"天下利事济人之事"
《再论铁路火车》1877年10月29日	铁路"利征调"，是民商之大幸；以印度闹饥荒时铁路沿线的灾民受灾轻为例，说明铁路对于赈灾的意义
《论转运莫善于筑火车马路》1878年6月29日	以1877—1878年北方各省爆发大饥荒为例，提出建设铁路有利于赈灾粮的运输；回答了铁路是否资敌、夺民生计的问题；讨论了铁路建设如何筹款

续表

文章名及发表时间	主要内容
《论中国不可不建轮车铁路》 1879年1月7日	铁路对赈灾、军事的意义； 回答了铁路是否破坏风水、夺民生计的问题； 铁路建设的资金筹集与人才问题
《论俄人专意铁路，中国不可不备》 1879年1月10日	报道了俄国计划东进建设铁路的动态，并揭露其背后的政治野心，警示中国应当防俄
《借洋债以筑铁路说》 1881年1月16日	中国铁路迟迟未启动的原因在于经费； 借洋债筑路是利之所在，但应在慎重对待洋债
《铁路闲评》 1881年1月18日	铁路要顺利进行，政治方面的改革必须同时进行
《论铁路择地之要》 1881年1月20日	探讨在规划铁路路线时，选取政治原则还是经济原则； 铁路具有速达军报、联合军谋的作用
《论铁路筹款之难》 1881年1月22日	军事借债与铁路借债不同； 借债建筑西北铁路将促进西北地区的开发及其与内地的联系，并加强边防力量
《建铁路宜先开铁矿说》 1881年2月7日	造铁路与开铁矿属于同一事； 呼吁中国人不要迷信风水
《铁路有益于民俗说》 1881年3月25日	火车有利于开放民间风气，建成后将带动移民、减少南方游民，有利于社会治安

分析早期维新派思想家的观点以及申报刊载的文章，不难发现，除了把铁路视为自强之道，从19世纪80年代开始，国人也大力强调铁路对改善中国的经济民生大有裨益，认为铁路是求富利器。铁路贯通，利于商贾，一在于"节用"，即节约运销成本，二在于"开源"，即扩大市场、促进商品流通，而后便可增加税收，便于筹饷。如果中国仿行铁路，则"遐者可迩，滞者可通，费者可省，散者可聚"。并且，由于1877到1878年，北方发生特大旱灾和饥荒，于是人们开始从赈灾粮食的运输情况来谈建设铁路的意义，认为其具有补充漕运，达到赈饥民、筹荒政的救患之利。此外，在这一时期，人们还认为铁路具有便行旅，以及减少南方游民从而维护社会治安等方面的价值。

4. 一切新政，惟铁路为第一枢纽

尽管部分廷臣对铁路仍有质疑，在醇亲王奕譞的支持下，1881年，作为一种"导以先路"的试办策略，李鸿章等人以解决开平煤矿运输问题为由，启动了唐胥铁路（唐山—胥各庄）的建设，并于同年建成通车。唐胥铁路极大增加了煤炭运量，保证其可在胥各庄经水运不断销往各地，大大减少了洋煤需求。这使清廷真切感受到了铁路的功效，筑路态度也由反对变为"试办"。在这之后，社会环境对筑路的支持变得更为明显了，一些考试开始出现有关铁路的题目。为进一步优化煤炭外运条件，清廷批准将唐胥铁路西展至芦台。为此，李鸿章还创办了中国第一个铁路公司——开平铁路公司，并以官督商办的模式召集商股份。1887年，李鸿章等人又以"利海防"为由将铁路从芦台展筑至天津。三段铁路合称唐津铁路，亦称北洋铁路，于1888年建成通车。唐津铁路不仅在北洋防务体系中扮演着重要角色，也带动了天津、唐山一代工商业发展。

清朝官员正在巡视唐旭铁路

图片来源：贾润贤，刘昌岭：《档案记忆：中国铁路建设从这里开启》，《档案天地》，2015年第5期。

1888年，醇亲王奕譞上书《请许造津通铁路折》，要求接造铁路至通州，又遭到了30多名廷臣抵制，引发了关于铁路最激烈的一次争论。不过，此时铁路的支持者已逐渐壮大，张之洞、刘铭传、黄彭年的奏折因各有见地颇受慈禧赏识，特别是张之洞在1889年4月上书的《请缓造津通铁路改建腹省干线折》。他在奏折中将推动经济发展作为铁路的首要目标，提出"窃以为今日铁路之用，尤以开通土货为急"，并强调"铁路之利，首在利民。民之利既见，而国之利因之。利国之大端，则征兵、转饷是矣……夫守国即所以卫民，故利国之与利民实相表里"。为此，他认为应按照由干达支的方式，先修筑一条主干道，"似宜先择四达之衢，首建干路以为经营全局之计，以立循序渐进之基"①。即先修筑最具有经济价值的卢汉铁路："臣愚以为宜自京城外之卢沟桥起，经行河南达于湖北之汉口镇，此则铁路之枢纽，干路之始基，而中国大利之所萃也。"②为此，慈禧懿旨回复："而张之洞所议，自卢沟桥起经行河南达于湖北之汉口镇，划入四段分作八年造办等语，尤为详尽。此事为自强要策，必应通筹天下全局，海军衙门原奏意在开拓风气，次第推行，本不限定津通一路，但冀有益于国，无损于民，定一至当不易之策，即可毅然兴办，毋庸筑室道谋。"翁同龢、孙家鼐等反对者的态度也发生了较大变化，相比于之前的坚决拒绝，他们肯定了铁路的军事作用，考虑在边地试办铁路。通过这次争论，清廷终于将建筑铁路的举措定位"自强要策"。

甲午战争失败后，中华民族陷入了空前的危机，对铁路的需求已变得十分迫切。1895年7月19日，光绪帝发出上谕："况当国事艰难，尤

---

① 苑书义、孙华峰、李秉新主编：《张之洞全集 第一册 奏议》，河北人民出版社1998年版，第662-663页。
② 苑书义、孙华峰、李秉新主编：《张之洞全集 第一册 奏议》，河北人民出版社1998年版，第665页。

应上下一心,图自强而弭隐患……力行实政为先。叠据中外臣工条陈时务,详加披览,采择施行。如修铁路,铸钞币,造机器……皆应及时举办。"至此,修筑铁路终成国策。铁路迅速成为"力行新政"的六大措施之首,成为整个国家的梦想,正如李鸿章所说:"中国今欲整顿一切新政,惟铁路为第一枢纽。"[1]于是,铁路建设就在晚清如火如荼地展开了。

1907年,邮传部尚书陈璧上奏清廷《奏邮传部筹划全国铁路轨线并缮呈图说由》。这是晚清最为详细和全面的筑路规划蓝图,其以北京为中枢,细致地罗列了全国南北东西四大干线及其支线布局。[2]在具体路线的规划上,它计划将京汉铁路与粤汉铁路接轨,形成南干;再将正在修筑的京张铁路北展至库伦(今蒙古乌兰巴托)、恰克图[3],形成北干;再计划修筑一条连接新民、洮南、齐齐哈尔、瑷珲的铁路,与京奉铁路连接,形成东干;并将正太铁路西展,连接同蒲,再往西连接潼关、兰州、伊犁,形成西干。

此外,他还规划了各路支线,其中,南路支线大致有9条:

支线1:郑州—开封,入安徽;

支线2:信阳—江浦,入江苏;

支线3:汉口—西安;

支线4:武昌向东江西;

支线5:从湖南分支向西入贵州;

支线6:广九支线(广州—九龙);

---

[1] 钟叔河编:《走向世界丛书》第1辑(9),岳麓书社2008年版,第221页。
[2] 寇兴军:《百年之前的清代全国铁路建设规划(奏折)解读》,《世界轨道交通》,2006年第6期。
[3] 恰克图为清朝中俄边境城市。1727年中俄《恰克图条约》规定,两国以恰克图为界,旧市街划归沙俄,清政府于旧市以南另建恰克图新市。

支线 7：广澳支线（广州—澳门）；

支线 8：广州—惠州—潮州—厦门；

支线 9：广州—梧州—桂林。

北路支线大致有 2 条：

支线 1：张家口—热河；

支线 2：张家口—绥远（今呼和浩特）—库伦（今蒙古乌兰巴托），达内外蒙。

东路支线大致有 3 条：

支线 1：津镇铁路，连接天津与胶济；

支线 2：沟帮子—旅顺（今大连）；

支线 3：奉天（今沈阳）与东三省俄承铁路相连。

西路支线大致有 6 条：

支线 1：太原—大同，连张绥；

支线 2：平阳—泽州（今晋城），连泽道；

支线 3：潼关—洛阳，连洛汴；

支线 4：西安—平凉，达宁夏；

支线 5：汉中—成都，东连川汉，南连滇蜀以与滇越、滇缅接；

支线 6：经兰州过青海而连印度。

奏折还明确了晚清规划路线的几大原则：一是以北京为枢纽，四条干线皆从北京向四面展开；二是由干达支，先修干路，再修支路；最后还提到铁路应先修在商贾繁盛之地和军事地位重要的地区。这份铁路规划蓝图基本代表了晚清对铁路的全部规划，之后清廷的筑路也基本按照这一规划展开。

二、保路护权

甲午战争后,清廷将筑路定为国策,并开始兴办铁路。然而,与此同时,西方列强掀起了在中国划分"势力范围"的狂潮,并以掠夺铁路权益为主要手段。由此,清廷完全丧失了东清、胶济、滇越三条铁路的路权。此外,尽管清廷主持修建了京奉、京张、京汉、正太、汴洛、沪宁、津浦、广九等国有铁路①,然而战败后的清廷不仅国库空虚,还需偿还沉重的战争借款和战败赔款,并无修筑铁路的巨额经费,加上技术、人才等限制,不得不向列强借债筑路。对于后发国家而言,在本国资源有限的情况下,要快速启动现代化,选择利用外债筑路本身无可厚非。然而,在主权不独立的情况下,列强在借款给清廷时,常常索要高额利息,并且趁机染指铁路的路权和利权,不同程度地夺取了路线规划权、用人权、经营权、资金调拨权、购料和设备权及铁路沿线诸多行政权力。为此,自1903年清廷准许民间商办铁路起,爱国民众在全国各省展开了轰轰烈烈的收回利权运动,反对帝国主义控制中国铁路和矿山,要求清廷收回被列强侵占的铁路和矿场,并且纷纷筹资自办。这一运动在1911年清廷出台"铁道干线收归国有"政策后达到最高潮,以四川为中心爆发了声势浩大的保路运动,成为辛亥革命的导火索。可以说,这一时期,中华民族的铁路梦已经深入到百姓的心中,并且集中体现在保护路权、维护主权上。爱国民众皆以保路护权为奋斗目标,发出"吾辈为爱国而来,今爱吾国必破约以保路"②的时代强音。

---

① 晚清凡属于官办铁路,都带有国有性质,统称为国有铁路。
② 鲜于浩,张雪永:《保路风潮 辛亥革命在四川》,四川人民出版社2011年版,第142页。

1. 晚清路权的丧失与国有铁路的兴筑

从1981年唐胥铁路通车到1911年辛亥革命爆发的三十年间，清廷在铁路的修筑上可谓举步维艰。首先，清廷完全丧失了东清、胶济、滇越铁路的路权，这3条铁路分别由沙俄、德国和法国持有。其次，清廷在修筑国有铁路时，又因与列强签订不合理的借、垫款合同，导致铁路的路权和利权受到不同程度的损害，造成借债筑路成为帝国主义列强侵略中国主权、划分势力范围的途径。据统计，晚清时期，中国的土地上总共建起了9000多公里的铁路。其中，由沙俄修筑的东清铁路、由德国修筑的胶济铁路、由法国修筑的滇越铁路滇段共计约2500多公里的铁路路权完全由列强持有。

甲午战争后，沙俄以将会与清廷共同防日为由，于1896年威逼利诱李鸿章签订了《中俄密约》，获得了在黑龙江和吉林两省修筑铁路的权力。而后于1897年8月动工修建东清铁路。1901年7月，南段纵线（哈尔滨—大连）完工，长度为974.9公里；1901年10月由满洲里至绥芬河的横向主线完工，长度为1514.4公里；另外还修建了7条支线，长度合计约66.7公里。1904年，日本因不满沙俄势力扩张而发起日俄战争，获得了东清铁路哈尔滨至大连段的路权，将其改名为南满铁路。

1897年11月，德国以两名德国传教士在山东被杀为借口，派军舰强占胶州湾，并于1898年逼迫清廷同意其修筑一条由胶州湾经沂州（今临沂）至济南的铁路，同年与清廷签订《中德胶澳租界条约》，获得在山东修筑铁路的特权。胶济铁路于1899年9月动工，至1904年6月青岛至济南的干线以及两条支线建成通车，共计440.7公里。

中法战争后，法国于1898年4月获得从越南修筑一条铁路通往云南昆明的权益，并与清廷在1903年10月签订《滇越铁路章程》。滇越铁路由越段和滇段构成，其中滇段于 1904 年开工，由越南老开（今老街）入境，经河口沿南溪河，过碧色寨、阿密州（今开远）达昆明，全长近 500 公里，于 1910 年竣工通车。

清廷将这 3 条铁路的路权拱手让人，给当地的民众带来了深重的苦难。在东清铁路的修建过程中，沙俄曾雇用了近 17 万中国工人，在包工头的层层剥削下，每人每天只能拿到 10 戈比的生活费。不仅如此，沙俄还以侵占沿线土地、掠夺林矿资源、经营工商企业、挖制河川航运等方式对中国东北地区的资源进行疯狂掠夺，攫取了铁路沿线的土地、矿山、森林、邮电、航运、税务、司法、军政、警政权。在山东，自德国人筹备胶济铁路起，铁路公司就不断与沿线农民发生矛盾，并发生多次冲突事件，山东民众曾遭到德国军队的血腥镇压。滇越铁路的情况更为严重，由于沿线地形险峻、气候恶劣、疟疾流行，从 1903 年到 1910 年，至少有 12 000 名中国工人因此失去生命，当地曾流传着"一根枕木一条命"的说法。①铁路建成后，法国还对经铁路进出口的货物收取高额运输费及关税。然而，铁路的贯通在事实上也改变了当地风貌，促进了当地贸易收入的大幅增长。仅以胶济铁路为例，据胶州关报曾记载："本年（1905年）土货出口，比去年加增三倍……实因火车，海口利便，受惠良多也。"

在国有铁路方面，尽管因借债筑路而不同程度地受到西方控制，由清廷主持修建的国有铁路总里程 5000 公里左右，其中成规模的长线铁路主要有京奉铁路、京张铁路、京汉铁路、汴洛铁路、正太铁路、沪宁铁路、津浦铁路、广九铁路。另有张绥铁路、吉长铁路、开徐—海清铁路、粤汉铁路，但直到 1911 年辛亥革命爆发之前仍未竣工。

京奉铁路（北京—沈阳）的前身为 1888 年建成通车的唐津铁路，而

---

① 李远富：《铁路规划与建设》，西南交通大学出版社 2011 年版，第 49 页。

后在李鸿章、奕譞等人以"能控制海防、兼顾边防，于大局深有裨益"①为由，推动该路不断向山海关外延伸，曾被称为关内外铁路。1911年，自北京经山海关通往沈阳段的铁路通车，关内外铁路更名为京奉铁路，干线全长843.1公里。京奉铁路还有3条支线，包括京通支线（北京东便门—通县）、营口支线（沟帮子—营口），葫芦岛支线（锦西—葫芦岛）。另有日俄战争期间日军擅自修筑的新奉铁路（新民厅—奉天），于1907年由清政府收回，成为京奉铁路的另一条支线。

京张铁路（北京—张家口）在近代史上具有非常特别的地位，因为它是由中国人自行设计、建造的第一条铁路。北京至张家口的地理环境十分复杂，全是高山峻岭，需要修筑的桥梁数量十分庞大。在筹划期间，国内外都认为此项工程将会十分艰巨。为打消英国和沙俄对京张铁路修筑权的觊觎，清廷宣布中国人将自办铁路，外人不得干预。然而，英俄却认为中国并无能力修造京张路，甚至讥讽"中国修京张路的工程师恐怕还未出世"。1905年，詹天佑受举成为京张铁路总工程师兼会办。同年，铁路开始动工，于1909年9月通车，全长170多公里。詹天佑为京张铁路呕心沥血，克服了许多难以想象的障碍。特别是居庸关到八达岭一段，地形复杂、施工困难。为此，詹天佑采用两端对凿、中间开竖井向两头开凿的方法，获得成功。如何使铁路在青龙桥一带的坡陡运行，是另一技术难点。詹天佑创造性地以"之"形线路②代替螺旋式线路，使列车爬上八达岭山岭，最终圆满地解决了这一问题。詹天佑曾在信中写道："如果京张工程失败的话，不但是我的不幸，中国工程师的不幸，同时带给中国很大损失。在我接受这一任务前后，许多外国人露骨地宣

---

① 中国史学会主编：《洋务运动》（六），上海人民出版社2000年版，第273页。
② 也称"人"字形。

称中国工程师不能担当京张线的石方和山洞的艰巨工程,但是我坚持我工程。"[1]排除千难万险,1909年9月中国自建的第一条铁路终于通车,打破了外国人的预言,振奋了国人的信心,彰显了近代铁路人的艰苦奋斗精神与爱国主义情怀。

1909年建设中的居庸关站

图片来源:张振军:《百年京张 百年辉煌——纪念京张铁路开通一百周年》,2010年第1期。

京汉铁路(北京—汉口)的前身是张之洞一直呼吁建造的芦汉铁路。这条纵贯中国腹地的铁路干线于1898年动工,1906年4月正式通车,改称京汉铁路,干线全长1214.5公里。另有坨里煤矿支线(良乡—坨里石子山)、保定南关支线(保定—保定南关)、临城煤矿支线(鸭鸽营站—临城煤矿)、周口店支线(琉璃河—周口店煤矿石灰矿区)、新易支线(高碑店站—易县梁各庄清西陵)。同一时期,一条垂直于京汉铁路的短途铁路汴洛铁路(开封—洛阳)也在清廷的规划中,它东起开封,往西

---

[1] 张振军:《百年京张 百年辉煌——纪念京张铁路开通一百周年》,《中国品牌与防伪》,2010年第1期,第73页。

经京汉线上的郑州到达洛阳,该线路于 1904 年 10 月动工,1910 年 1 月 1 日正式通车,全长 183.8 公里。

正太铁路(石家庄—太原)东起京汉线上的石家庄,向西经井陉、平定、榆次抵达太原,全线长 250 公里,是山西境内修筑的第一条铁路。该线路于 1904 年 5 月动工,1908 年通车,全长 243 公里。

1895 年,张之洞赴南京莅任后,以"有益商务、筹款、海防三端"为由向总理衙门提出修筑沪宁铁路的建议。清廷于 1897 年 12 月到 1898 年 11 月修筑了沪淞铁路(上海—吴淞炮台),全长 16.9 公里。之后,于 1905 年动工修筑沪宁铁路(上海—南京),于 1908 年 4 月通车,全线自上海起经苏州、无锡、常州、镇江至南京江边,全线 311 公里,前述沪淞铁路则成为其支线。

津浦铁路(天津—浦口)是晚清国有铁中建得最快的一条路线,它采用了两段同时动工修筑的方式,于 1909 年前后在天津和南京对岸的浦口分别动工,至 1911 年 9 月铺轨完毕,全长 1009.5 公里,北起京奉铁路上的天津站,经过沧州、德州、济南、兖州、徐州、蚌埠、滁州至南京对岸的浦口。

广九铁路分华英两段。华段由清廷修筑,自广州东郊的大沙头车站起,至深圳车站止,长 142.8 公里,于 1907 年 8 月动工,1911 年 3 月竣工。英段则属于英国,由英国自修,自深圳车站起,至九龙海港止,长 35.8 公里。

清廷虽然在一定程度上丧失了铁路的权益,但在清末的最后 20 年,国有铁路的修筑客观上增加了中国铁路的总里程,并初步在东北、华北和华东地区形成铁路网。其中,京奉铁路作为联通关内外的大道,与诸多国有干线相通,是贯通华北和东北的大动脉。京张铁路的通车不仅提振了中华民族的士气,还带动了沿线贸易的发展和华北人口向西北的流动,并且推动了塞上第一重镇——张家口的发展。京汉铁路作为中原人口稠密区的南北交通要道,客货运务十分发达。正太铁路在将山西煤铁等资源外运的同时,也将省外的工业品运入相对封闭的山西。津浦铁路作为另一条南北交通干线,不仅沟通了海河、黄河、淮河、长江流域,还与京奉、胶济、沪宁、沪杭等线联运,大大加强了沿海地区的运输能力,客货运十分繁忙。可以说,铁路这一新式交通运输方式改变了晚清的交通运输格局,把农村与城市、内地与沿海、甚至是中国与世界联系了起来,带动了近代工商业的发展和资本市场形成,促成了许多新型城镇的兴起,也促成了人口的流动与现代观念的传播。回顾这一段历史,我们需要明确这一过程的曲折与艰辛——无论是资金的筹措、各方势力的斡旋、路线的勘查、技术的攻克,还是艰难的筑路,都彰显了近代中国第一批铁路人的勇气与智慧,凝结着他们的汗水与鲜血。

2. 争回路权与商办铁路

然而,正如上文所说,除去京张铁路,剩下的国有铁路几乎都有向英、德、俄、法、比、美、日等国借债。据统计,在清末20多年时间里,清廷共举铁路外债37笔,总额约为3.18亿银两。[①]其中,向英国借款总额最大,京奉铁路、沪宁铁路、广九铁路华段都是借英款所修。此外,京汉、汴洛铁路是借比利时款所修,正太铁路是借法款所修,津浦铁路是借英国和德国款所修。借债筑路带来的后果是,清廷要偿还较高的年息,以铁路本身及进项为担保。与此同时,借债国还享有部分铁路管理权,有的还享有在沿线开采矿产、架设电线和铺设支路等权益,获得了间接控制铁路的权利。

---

① 王国华:《外债与社会经济发展》,经济科学出版社2003年版,第259-260页。

路权的丧失使人们日益关注国家的前途与命运，并激发了人们收回路权、维护国家主权的积极性。当时，国人把列强对中国的经济侵略称为"列强之灭国新法"，称"铁道者，兴国之捷径，亦灭国之利刃也"①。为此，在中国社会半殖民地化程度逐步加深、国将不国的情况下，为避免列强进一步侵害中国主权，中国人民在20世纪初强烈要求从帝国主义手中收回路权，掀起了一场收回路矿利权运动，并筹资自办铁路和矿场。

这场浩浩荡荡的收回路矿利权运动以湘、鄂、粤三省人民强烈要求废约自办粤汉铁路为导火索，而后在全国上下蔓延开来。自清廷筹备粤汉铁路以来，英、俄、法、比四国都在觊觎粤汉铁路，因为它具有重要的战略地位，北端与芦汉铁路衔接可贯通南北，南端直达南部出海口；沿线为经济发达地区，经济收益也非常丰厚。为打消四国野心，1900年，负责铁路总公司的盛宣怀试图用以夷制夷的均势手段破解此局，与美国合兴公司签订了粤汉铁路借款合同，并订约如果12个月内不开工，"则续约作为废纸"，以及"不能将此合同转与他国及他国之人"。然而合兴公司并未守信，直到1901年12月才动工，而且搁置了主线，以经济收益为主要考量，先修了从广州至三水的支线。至于主线，仅完成广州至高塘20公里轨道路基，和广州至棠溪10公里钢轨铺设。不仅如此，合兴公司还违反合同，暗中将三分之二的股权转售给比利时。1903年12月，清廷颁布了《铁路简明章程》，向民间开放筑路权，并要求"各省官商，自集股本请办何省干路或枝路，须绘图贴说，呈明集有的实股本若干万，详细具禀"②。在清廷向民间开放筑路权的背景下，以湘、鄂、粤三省绅商为首，掀起废约自办粤汉铁路运动。此举得到了各方民众的

---

① 鲜于浩，张雪永：《保路风潮 辛亥革命在四川》，四川人民出版社2011年版，第5页。
② 宓汝成：《中国近代铁路史资料》(1863—1911)，中华书局1963年版，第926页。

大力支持，很快就在全国各地蓬勃兴起。从1904年先后到1911年，全国爆发了一场轰轰烈烈的群众性运动——"收回路矿利权运动"，爱国群众纷纷要求收回被帝国主义侵占的铁路与矿山，并筹资自办铁路和矿场。

在民间拒款自办铁路的热潮中，以四川人民筹办川汉铁路与江浙人民发起"拒用英款运动"最具有代表性。川汉铁路采用的招股模式将铁路的前途与广大人民深深联系了起来，为收回利权运动带来了广泛的群众基础；而江浙人民发起"拒用英款运动"声势十分浩大，其影响之大连清廷都始料未及。

1904年1月24日，川督锡良以"辟利源而保主权"为由，在成都创办川汉铁路公司。铁路公司采取招股形式，广泛向社会集资筑路，并明确宣布不募外债，不招洋股。为此，爱国群众进行了卓有成效的舆论建设。其中，以在日本的四川留学生最为活跃，他们拟定了《为川汉铁路本敬告全蜀父老书》《为修川汉铁道告蜀中父老书》《致四川总督锡良愿倡导集股的电报》《四川留日学生同乡会上川督锡良开办川汉铁路公司意见书》等一系列宣传文章。在文中详呈路权丧失对主权带来的危害，"夫列强之待中国，各以铁路政策而定其势力范围，路权所及之地，即政权所及之地，中国失一省之路，即失一省之权……路若失，则全蜀危，而全国随之"[①]；并号召全川民众积极入股，从而"救国以存种""保身家以谋生计"。1905年1月，锡良在《川汉铁总公司集股章程》中明确了川汉铁路的招股来源：认购之股、抽租之股、官本之股和公利之股。在之后的实际操作中，官本之股和公利之股所获不大，川路股款的主要来源是认购之股和抽租之股，其中，抽租之股完成了绝大多数股份的认

---

① 鲜于浩，张雪永：《保路风潮 辛亥革命在四川》，四川人民出版社2011年版，第54页。

购。认购之股本意是指"凡官绅商民自愿入股冀获铁路利益者",但是实际征收中却又巧妙地变成了盐商股、茶股、土药股等,实际成为向商人摊派所得的股份。而抽租之股则涉及广大农村的各个阶层,对不同类型的农民应缴的税额做了不同规定,但股金数目很大,超过此前的其他捐税。因此,在四川,官员、农民、商人等各个身份的民众几乎都缴纳了不同额度的路股,也就造就铁路回收运动广泛的群众基础。

江苏和浙江两省自古以来为富庶之地,在晚清商品经济逐渐发展的过程中又积累了更多的资金。于是,回收铁路运动伊始,两地就于1905年和1906年先后成立了浙江全省铁路有限公司与江苏省铁路股份有限公司,号召群众集资入股,筹办沪杭铁路。1906年10月,浙江全省铁路有限公司还投资100万元创立了浙江兴业银行,在资金周转和间接融资方面效果显著。沪杭铁路浙段于1906年10月动工,苏段于1907年3月动工。1908年3月,沪杭铁路已经完成了部分路段的通车,正在筹备全线通车。英国政府突然强迫清廷签订沪杭甬铁路借款合同,激起了江浙两地人民的强烈反对。江浙各城市纷纷成立拒款会,在群众中发起"拒用英款运动",提出"保全路权非拒外款不可",形成了通过扩大招股来进行拒款的斗争方针。江浙两省的商人、学生、工人、妇女以及海外侨胞等各个群体纷纷加入了拒款斗争,并自愿融资入股。据报纸记载,11月6日,在江苏曾发起女界保路会,呼吁妇女入股抵制借款,到会人士"有脱簪珥以买股者,有愿典质所有以买股者"。之后,江浙两地的学生也相继召开学界拒款大会,向都察院呈递意见书,反对借款。工人阶级也积极参与,上请愿书说明:"拒绝外人,担承义务,各尽国民之天职。"①这些

---

① 黄铁琮:《1907—1908年间江浙人民反对苏杭甬铁路借款的斗争》,《史学集刊》,1957年第1期。

工人尽管工资微薄仍自愿认领股份,令人动容。在这种形势下,两家公司共筹集了1500多万银圆,比英国在合同中预计借款数目超出一倍有余。斗争最终也取得了胜利,英国不得不做出让步。

据统计,在全国上下商办铁路的风潮中,有15个省以商办、官督商办或官办名义,组成了18个铁路公司,号召商民以入股的形式筹资筑路(见表1-5)。各省官绅和爱国人士不惜付出巨额赎金,也要争回路权、自办铁路。

表1-5 清末各省铁路公司一览表

清末各省铁路公司(1903—1911年)			
省份	创设时间	公司名称	公司性质
四川	1903年7月	川汉铁路有限公司	先官办后商办
广东	1903年11月	潮汕铁路有限公司	商办
	1904年7月	新宁铁路公司	商办
	1905年8月	广东粤汉铁路有限总公司	商办
江西	1904年11月	江西全省铁路公司	商办
安徽	1905年7月	安徽全省铁路有限公司	商办
山西	1905年8月	同蒲铁路公司	商办
浙江	1905年8月	浙江全省铁路有限公司	商办
福建	1905年9月	福建全省铁路有限公司	商办
陕西	1906年2月	西潼铁路公司	官办
湖北	1906年2月	湖北粤汉川汉铁路股份有限公司	官督商办
云南	1906年5月	滇蜀铁路公司	先官绅合办后官督商办
江苏	1906年5月	江苏省铁路股份有限公司	商办
湖南	1906年7月	湖南粤汉铁路公司	商办
	1906年8月	湖南全省铁路有限公司	官督商办
广西	1906年9月	广西全省铁路有限公司	商办
黑龙江	1907年4月	黑龙江省铁路公司	官办
河南	1907年9月	河南铁路公司	商办

在各省中成路较多的有广东省和浙江省。其中，广东省的成绩较为突出。由潮汕铁路有限公司筹办的潮汕铁路（潮安—汕头）于1903年动工，1908年9月竣工，全路393公里。由新宁铁路公司筹办的新宁铁路（新宁—广州）在辛亥革命前通车至59.3公里。由广东粤汉铁路有限总公司筹办的粤汉铁路广东段（广州—黎洞）于1911年竣工，全长106公里。由浙江全省铁路公司筹办的沪杭铁路（杭州—枫泾）于1909年7月竣工，全长105公里。此外，还有由江西全省铁路公司筹办的南浔铁路（九江—德安）于1911年通车，全长53公里。由湖南全省铁路有限公司筹办的粤汉铁路湖南段（长沙—株洲）于1908年开工，1911年1月竣工，全长51公里。由四川川汉铁路有限公司筹办的川汉铁路于1909年12月开工，在辛亥革命前只有宜昌—秭归段通车，约15公里。由福建全省铁路有限公司筹办的漳厦铁路嵩屿—江东桥段于1907年7月动工，1911年竣工，全长28公里。由江苏省铁路有限公司筹办的上海南站—枫泾段于1908年11月竣工，全长61公里，而后清江浦—杨庄段于1911年4月通车，全长17公里。

面对来势汹汹的"收回路矿利权运动"，清廷为顺应民心、稳定局势，便开展了一系列赎回铁路事宜。率先开展了赎回粤汉铁路的事宜。由于粤汉铁路利润优厚，美国合兴公司不愿交还，在交涉过程中多方刁难。此外，赎款来源也是一大问题。为此，清廷按照"以债还债"原则，以浙江、江苏、湖北、直隶（今河北）四省盐斤、房捐、酒捐等为担保，于1908年10月向英国汇丰银行和法国汇理银行各借250万英镑，借款期限30年。之后，又着手京汉铁路的回收，于1909年1月收回了京汉全路的管理权。尽管耗资巨大，并且借了新债，但所幸当时受收回路权运动影响，帝国主义有所顾忌，新债的贷款条件还是较为合理的。这也说明，在晚清，铁路的政治意义远远大于其经济意义。

这场全国性的收回铁路利权运动显示了广大人民激昂的爱国热情。曾经参与过京汉铁路回收的刘一锋在他的《京汉铁路二十五年见闻录》中回忆："该时我国管理铁路确实缺少经验，记得收回路权前，梁士诒、叶恭绰为此召集李大受和我等负责职员十余人，谆谆相嘱，勉励大家要在我方接收后，做出胜过外国人所能做出的成绩。当时大家因为从外国人手里将路权争了回来，亦极为振奋。"①

3. 反借款，保铁路

就在全国上下收回路矿利权运动如火如荼地进行时，清廷于1911年5月9日发布上谕，宣布"铁道干线收归国有"政策，并于5月11日批准邮传部取消商办铁路前案的奏折。清廷罗列了商办铁路的诸种弊端，要求"除支路仍准商民量力酌行外，其从前批准干路各案，一律取消"。而在同月20日，邮传部大臣盛宣怀与英、德、美、法四国银行团签订了《湖北、湖南两省境内粤汉、湖北省境内川汉铁路借款合同》，借款金额为600万英镑。随即，清廷又于5月18日授端方为督办川、粤汉铁路大臣，准备强行接收鄂、湘、粤、川四省铁路公司。5月22日，清廷又发布停收川、湘两省租股上谕，称继续在民间招股"恐旷时愈久，民累愈深，上下交受其害，殆误何堪设想"，川、湘租股"系巧取诸民"，故"一律停止"。

清廷"铁道干线收归国有"及相关政策与湘、川、鄂、粤四省人民利益密切相关，一经出台立刻激起了四省人民的抗争。在四省民众看来，晚清要求将商办铁路收归国有，并同时与列强继续签订借债筑路合同，

---

① 全国政协文史资料委员会编：《文史资料存稿选编 22 经济 下》，中国文史出版社2002年版，第695页。

无疑是要抢走人民辛苦筹集的铁路股资，并且将铁路路权出卖给西方列强。为此，湘、鄂两省人民率先进行了抗争，拒不交路，反对清廷继续借款，展开了反劫款、保路权的保路运动。

在湖南，湖南谘议局、教育会、商会等团体先后呈文请湘抚代奏，要求拒借外债，商办筑路。1911年5月，万余名株洲铁路工人停工进城，声援保路斗争。6月，长沙城内数十所学校师生暗中罢课，声援斗争。然而，湖南当局采取了严厉的防范与镇压措施，每日派巡防队持枪械巡逻，防止游行；并"禁止开会，取缔印刷店"，要求"凡有广告等事，皆须巡警道派人核阅，方准付印"，又"取缔信行邮局"，并要求学堂监督检查学生的信札。于是，湖南保路运动在地方当局的高压下逐渐沉寂。5月11日，湖北谘议局、铁路公司及军商学界千余人集会讨论抵制借款和铁路国有的办法，"诸议员演说路权损失之利害，听者莫不悲愤交集，谓非设法对付不可"，会场情绪空前激昂。6月初，湖北谘议局复电湖南谘议局，建议"与川粤两省谘议局互相连络，再行据理直争"，并倡议发起"全国铁路拒款联合会"，推进各省的斗争。然而，这种迅猛的势头没能持久。7月，湖北绅商各界反而呈现"热念却消""甘心路亡而不再置议"的情景，甚至张罗着开欢迎会，准备为即将抵鄂的督办大臣端方接风洗尘。①6月11日，广东粤汉铁路公司召开股东大会，与会者千余人一致决议，要"万众一心，保持商办之局；联合湘、鄂、川三省同志，坚持到底"。然而，此举遭到两广总督张鸣岐的压制，发出告示称要取消股东会。为此，香港华商纷纷持官发纸币向官办银行挤兑，表示抗议。粤汉铁路股东们逃到香港，继续开展斗争，并于9月11日在香港召开广东保

---

① 吴剑杰：《清末湖北拒款保路斗争述略》，《武汉大学学报》（社会科学版），1986年第5期。

路会成立大会。众人在会上坚决表示:"粤路国有,誓死不从……泰山可移,商办之局,断难摇撼。"①

与此同时,四川人民保护川汉铁路的斗争愈演愈烈,最终演进成为声势浩大的保路运动,成为压垮清王朝的最后一根稻草,也揭开了辛亥革命的序幕。自川汉铁路招股以来,四川人民共筹集了约2000万银圆的铁路股款。由于几乎全省人民都参与了川汉铁路的集资,四川"拒借路款"斗争的群众基础十分深厚。全川民众坚决反对清廷"铁道干线收归国有"政策以及向四国银行团借债筑路计划,认为这是一项把全川民众的心血拱手让与列强的卖国行径,感叹"我们四川人的生命财产——拿给盛宣怀给我们出卖了,卖给外国人去了!川汉铁路完了!四川也完了!中国也完了!"②眼见与清廷的商议没有任何效果,四川各界义愤填膺,在四川立宪派的带领下成立保路同志会,发动全川民众奋起保路。

保路同志会在组织民众、宣传动员等方面做了大量卓有成效的工作。首先,他们组织群众在省内外建立分会,与省城呼应。据不完全统计,当时共计成立了120余处保路同志分会,在川内的少数民族地区也设立了分会,连省外川籍人士也在当地组织成立了分会。与会人员往往有数百人或数千人之多,包括工人、军人、商人、学生、妇女等各界人士。在保路同志会的带领下,"民情之踊跃""万众皆泪不可抑"。其次,在宣传动员方面,四川保路同志会的成绩更是有目共睹。他们非常注重报刊和书面宣传品的作用,于1911年6月27日发行刊物《四川保路同志会报告》,略收工本费,在登载特别重大新闻时免费送出。《报告》非常受

---

① 金士宣、徐文述:《中国铁路发展史(1876—1949)》,中国铁道出版社1986年版,第269页。
② 鲜于浩、张雪永:《保路风潮 辛亥革命在四川》,四川人民出版社2011年版,第117页。

民众欢迎，在发行量巨大的情况下仍供不应求。7月5日，在第9号《四川保路同志会报告》中，全文刊载了《四川保路同志会宣言书》，正式提出四川保路运动的宗旨口号——"破约保路"——"保路者，保中国之路不为外人所有，非保四川商路不为国家所有。破约者，破六百万镑认息送路之约，并不破交院议违反法律之约"①。很明显，这条口号及其解释是在明确诉求的情况下，又不给当局以任何取缔和镇压的口实。保路同志会又于同年7月26日创办《西顾报》，专门发表一些更为激进的文章。此外，保路同志会还组织成员在成都附近展开演讲，动员民众积极参与"破约保路"运动。

在四川保路同志会发挥作用的同时，从1911年5月底到8月，四川的立宪派筹划并召开了川汉铁路总公司特别股东会，主要用于筹划并实施激进的保路方略。特别股东会通过了四项抗争议案②，并带领民众逐步付诸实践。其中两件事情发挥了十分关键的作用。第一件是特别股东会策划和组织了全川民众进行了罢市、罢课斗争，以抵制邮传部违法丧权的专横政策。第二件是特别股东会号召全省人民不纳正粮，将田赋充做铁路股款，而后以股款利息抵扣正粮；并且不纳捐输，将原本的常捐和新捐也充做铁路股款，以便继续筑路；以及不再担任外债分厘以及不买卖田地和房产，从而断绝清廷的交易税。罢市、罢课和抗粮、抗捐斗争把四川保路运动推进到了新阶段，给清廷以极大震动。为此，清廷多次要求四川总督赵尔丰拿办保路运动领导人，"切实弹压"保路运动。1911年9月7日，赵尔丰逮捕了蒲殿俊、罗纶、邓孝可等十余名保路运动的

---

① 鲜于浩，张雪永：《保路风潮 辛亥革命在四川》，四川人民出版社2011年版，第125-126页。
② 分别是《遵先朝谕旨保四川川汉铁路仍归商办案》《请勿庸展办新常捐输以便宽筹路款案》《创办一文捐以筹路款案》以及《设立清算机关案》。

领导人。当天下午,数以万计的成都市民在总督衙门外请求释放保路运动领导人。为驱赶民众,赵尔丰下令开枪,致使众多民众伤亡。当晚,成都城外的民众又集结在一起,要求释放保路运动领导人,又惨遭射杀。据不完全统计,当天死亡的民众至少有 26 人,受伤的民众更是不计其数。这就是震惊中外的"成都血案"。"成都血案"发生后,各地保路同志会纷纷揭竿而起,组成保路同志军,四川保路运动就此进入武装斗争阶段。9 月 7 日当晚起,保路同志军展开了持续十多天的围攻成都的战斗,虽以失败结束,但产生了巨大的政治影响。而后,清军和保路军的斗争又扩散到了全川各地,持续了长达两个月的时间。正在清廷专注解决四川的保路运动之际,1911 年 10 月 10 日,武昌起义爆发,革命态势在全国蔓延开来,清王朝最终倾覆。朱德曾高度评价四川保路运动,称"群众争修铁路权,志同道合会全川。排山倒海人民力,引起中华革命先"①。

四川保路运动浮雕

图片来源:网络。https://www.sohu.com/a/236061075_686800.

---

① 鲜于浩,张雪永:《保路风潮 辛亥革命在四川》,四川人民出版社 2011 年版,第 4 页。

回顾四川民众发起保路运动的初衷，正是为了维护路权和路款。清王朝被推倒了，那川汉铁路的命运又何去何从呢？1912年5月，由于财力窘困，四川铁路公司开始与北洋政府交通部协商国有事宜。同年12月，交通部制定了通过赎买将商办各路收归国有的政策。首先收回的是川汉铁路，随后其他各省主要商办铁路也逐步收归国有。在这一次国有化浪潮中，北洋政府并未遇到太大的阻力，但收归国有之后的川汉铁路仍完全陷于停滞状态，直到南京国民政府为防范日本、建设大后方之际，川汉铁路成渝段才开始动工修筑。然而，由于战争期间"外来器材断绝""材料运输受阻""预算超出甚巨"等诸多因素，成渝铁路很快停工，最终只完成了部分路段的路基工程，以及部分桥梁、隧道、涵洞、码头车站的修筑。川汉铁路自晚清筹建招股开始，就将四川人民的命运与国家前途紧密联结，只可惜在整个近代，四川的民众都没能看到其建成通车的样子。

三、铁道救国

辛亥革命后，中国人民终于推翻了清王朝的专制统治，但中国依然积贫积弱，列强也并未放弃对中国的侵略。在民族危机不断加深的背景下，社会舆论中"铁路救亡"的言论频频出现，发挥救国功效成为民国时期国人对铁路的最大期待，铁路逐渐成为国人心中用来救国的重要选择。为挽救近代中国积贫积弱的现状，伟大的民主主义革命者孙中山将精力从政治转移到经济，开始全身心投入到铁路事业，希望以筑路达到救国目的，提出"今日我国，如欲立足于世界，惟有速修铁路，以立富强之基。不然，外人之势力日益伸张，而铁路政策，实足以亡人家国"①。为此，孙中山在实地考察了全国各地后又潜心研究数年，终于在1919年完成了《实业计划》，并在其中的《建国方略》中提出要十年内在中国大地上建成十万英里（合16万公里）铁路。可以说，这份以铁路为重点的近代中国交通建设蓝图是整个近代最宏大的铁路梦想。

然而，与美好的铁路蓝图形成鲜明对比的是残酷的现实。进入民国后，列强又开启了第二轮对中国的经济侵略。从1912年至1916年5月，他们相继获得了十余条铁路的贷款权。日本野心更大，于1914年年底强占了胶州湾，并暗中与北洋政府订立合约，要求其将德国在山东的一切权利转让给日本，其中也包括胶济铁路。1918年年底至1919年年初，以英美为首的西方列强以解决胶济铁路的归属权为借口，提出由国际银行团共同管理中国铁路，企图垄断中国铁路的借贷权。为此，爱国民众纷纷强烈反对，发起铁路救亡运动，最终打消了列强的念头。然而，几年后，列强卷土重来，于1923年抓住临城劫车案大做文章，试图推出新一轮共管中国铁路计划，要求"组建由外国武官统率的路警队伍，并扩大外国管理中国铁路的行政及财政权"。为此，中国共产党人领导中国民众发起了反对帝国主义的风潮，再次粉碎列强的共管计划。

国民党建立南京政府后，决定整顿路务，并开始新一轮筑路热潮。随着日本对中国侵略的加剧，铁路的救国价值愈发凸显。铁路建设在大后方如火如荼地开展起来，铁路在正面战场也发挥了重要作用。广大筑路民工与铁路员工为抗战做出了艰苦卓绝的牺牲和不可磨灭的贡献。

---

① 中国社会科学院近代史研究所中华民国史研究室编：《孙中山全集（第二卷）》，中华书局1982年版，第436页。

1. 振兴中华，筑路救国

在近代史上，有一位政治家非常重视铁路建设，并亲自绘制了一幅中国铁路十万英里蓝图，这个人就是孙中山。多年后，曾任袁世凯政治顾问的乔·厄·莫理循回忆起当年孙中山向他展示蓝图的情形，依然记得当时自己讶异的心情，称"这幅地图堪称为孙逸仙之梦"。[①]孙中山为何如此重视铁路建设？这是因为近代中国积贫积弱的现实促使孙中山"对于中国之经济发展深具热诚"，提出要"以实业与商务重建我们的国家"。而在一切的实业建设中，他最重视交通建设，认为交通建设是一切实业发展的前提，也是实业建设的百年大计，"而建设之大计，当远测于十百年后，将能立国基于永久，建设最要之一件，则为交通"[②]。而在世界铁路建设潮流的强烈冲击下，孙中山深切地感受到了铁路给美国等国带来的巨大转变，感叹"照美国发达资本的门径，第一是铁路"，认为铁路对国家强盛起着关键性的作用，故提出"国家贫富，可以铁道之多少定之""交通为实业之母，铁道又为交通之母"的论断。除去经济效益，孙中山还敏锐地察觉到铁路在维护边疆安全、增强中华民族凝聚力和向心力、巩固国家统一等方面具有重要价值，能使中国立于"世界大国之林，不复受各国之欺侮与宰割"，因此产生了民族复兴应先兴铁路的认识，坚信中华民族的富强"必随铁路与俱来矣"。

1912年4月，孙中山在辞去中华民国临时大总统职务后，将精力从政治转移到经济，开始将全身心投入到铁路事业。6月，他在上海宣布其十年铁路建设的设想。8月，他在与宋教仁的通信中更加明确了自己

---

① [澳]骆惠敏编：《清末民初政情内幕——〈泰晤士报〉驻北京记者袁世凯政治顾问乔·厄·莫理循书信集》（上卷），知识出版社1986年版，第969—970页。
② 张汉静、邢润川：《论孙中山交通建设的科学构想》，《科学技术与辩证法》，2003年第3期。

的铁路计划——"弟刻欲舍政事,而专心致志于铁路之建筑,于十年之中,筑二十万里之线,纵横于五大部之间"。为何孙中山要选择这个时机来启动自己的铁路计划?在他看来,此时中国人民终于推翻了清王朝的专制统治,而西方列强又正忙于第一次世界大战,因此此时正是全面建设中国的好时机;并且,适逢民初面临巨大的财政危机,这也使孙中山振兴中华、挽救中国积贫积弱现状的愿望更加迫切,提出"民国今日贫困极矣,开辟富源,振兴实业,非铁路不为功"[1]。

孙中山在张家口视察京张铁路

图片来源:罗家伦编著:《辛亥革命人物画传》,百花文艺出版社2011年版,第69页。

下定决心后,孙中山接受了袁世凯给他的"全国铁路督办"头衔,在上海成立了中国铁路总公司,启程亲自实地考察全国30余地,北至张家口、山海关,南至福建、广东,探查其开发铁路及实业的条件,还视察了京张、正太、北宁、津浦、胶济、沪宁、沪杭、南浔等铁路线。每

---

[1] 王丰:《孙中山大传》,现代出版社2017年版,第194页。

到一处，他都会在当地开展宣传铁路的演说，产生了广泛的影响。在实地勘察后，他又不断请教詹天佑、马君武、徐谦等专家，潜心研究数年，终于在1919年完成了《实业计划》的编纂，并在其中《建国方略》部分提出要建设一个综合的现代交通网络系统。这个系统以北方大港、南方大港、东方大港为交通枢纽，将铁路、公路、河道运输都串联了起来。而铁路系统是这一现代综合交通网络的重要组成部分，也是被认为亟须马上开发、先行打造的部分。在《建国方略》中，孙中山重点规划了包括西北铁路系统、西南铁路系统、中央铁路系统、东南铁路系统、东北铁路系统、扩张的西北铁路系统以及高原铁路系统在内的铁路系统建设蓝图。这份以铁路为重点的近代中国交通建设蓝图可以说是国人在整个近代最宏大的铁路梦想。

在具体路线规划上，西北铁路系统由孙中山规划的北方大港直隶湾（今渤海湾）起，一共由8条主干线构成，分别是：

第1线：北方大港—多伦诺尔—海拉尔—漠河；

第2线：北方大港—多伦诺尔—克鲁伦（今苏木即乡）—中俄边境，与赤塔城（今俄罗斯城市）附近的西伯利亚铁路相接；

第3线：北方大港—多伦诺尔—迪化（今乌鲁木齐）；

第4线：迪化—伊犁；

第5线：迪化—喀什噶尔（今喀什）—于阗（今于田县）；

第6线：甲接合点—库伦（今蒙古乌兰巴托）—恰克图；

第7线：乙接合点—乌里雅苏台（属外蒙古）—边境；

第8线：从丙接合点①出发，往西北走到达边境。②

---

① 甲、乙、丙接合点分别是多伦诺尔—迪化线上三个不同的地点。
② 黄彦编：《孙文选集》（上册），广东人民出版社2006年版，第123-124页。

西南铁路系统由7条干线和4条联络线构成：

第1线自广州经湖南而达重庆；

第2线自广州经湖南、贵州到达重庆；

第3线自广州经桂林、泸州而达成都；

第4线自广州经梧州、叙府（今四川宜宾）而达成都；

第5线自广州经昆明、大理、腾冲至缅甸边界；

第6线自广州经云南、广西至思茅抵达缅甸边界澜沧江；

第7线自广州经化州、石城、廉州、钦州，到达安南界东兴，有两条支线。

另有4条联络线：

第1联络线成都至重庆；

第2联络线以遵义为起点，向南经瓮安，沟通第2线与第3线；

第3联络线连接平越和都匀，沟通第3线与第4线；

第4联络线由第4线上的贵州界出发，经南丹、那地到达第5线的东兰，再经泗城到达第6线的百色。①

中央铁路系统是规划中最为密集的一个铁路系统，也是最核心的区域，由24条线路构成。

第1线自孙中山规划的东方大港出发，向西北延伸至与俄国交界的塔城，其中，孙中山对东方大港的具体位置还不确定，初步规划是上海港，或者是位于乍浦岬与澉浦岬之间的地带；

第2线为东方大港—库伦线；

第3线为东方大港—乌里雅苏台线；

第4线为南京—洛阳线；

---

① 黄彦编：《孙文选集》（上册），广东人民出版社2006年版，第191-196页。

第 5 线为南京—汉口线；

第 6 线为西安—大同线；

第 7 线为西安—宁夏线；

第 8 线为西安—汉口线；

第 9 线为西安—重庆线；

第 10 线为兰州—重庆线；

第 11 线为安西州（安西县）—于阗线；

第 12 线为婼羌（若羌县）—库尔勒线；

第 13 线为北方大港—哈密线；

第 14 线为北方大港—西安线；

第 15 线为北方大港—汉口线；

第 16 线为黄河港—汉口线；

第 17 线为芝罘—汉口线；

第 18 线为海州—济南线；

第 19 线为海州—汉口线；

第 20 线为海州—南京线；

第 21 线为新洋港—南京线；

第 22 线为吕四港—南京线；

第 23 线为一海岸线；

第 24 线为霍山—嘉兴线。①

东南铁路系统由 13 条线路构成：

第 1 线为东方大港—重庆线；

第 2 线为东方大港—广州线；

---

① 黄彦编：《孙文选集》（上册），广东人民出版社 2006 年版，第 213-214 页。

第 3 线为福州—镇江线；

第 4 线为福州—武昌线；

第 5 线为福州—桂林线；

第 6 线为温州—辰州线；

第 7 线为厦门—建昌线；

第 8 线为厦门—广州线；

第 9 线为汕头—常德线；

第 10 线为南京—韶州线；

第 11 线为南京—嘉应线；

第 12 线为东方和南方两大港之间的海岸线；

第 13 线为建昌—沅州线。①

东北铁路系统也是一个比较繁密的铁路系统，共有 20 条干线，其中前 9 条都是从孙中山规划的东北铁路系统中心"东镇"出发的。在他的规划中，东镇应位于哈尔滨西南部，具体位置为嫩江与松花江交汇处的西南部，待辽河与松花江间的运河修好后，将成为水陆交通要地。这 20 条干线分别为：

第 1 线东镇—葫芦岛线；

第 2 线东镇—北方大港线；

第 3 线东镇—多伦线；

第 4 线东镇—克鲁伦线；

第 5 线东镇—漠河线；

第 6 线东镇—科尔芬线；

第 7 线东镇—饶河线；

---

① 黄彦编：《孙文选集》（上册），广东人民出版社 2006 年版，第 227 页。

第 8 线东镇—延吉线；

第 9 线东镇—长白线；

第 10 线葫芦岛—热河—北京线；

第 11 线葫芦岛—克鲁伦线；

第 12 线葫芦岛—呼伦线；

第 13 线葫芦岛—安东线；

第 14 线漠河—绥远线；

第 15 线呼玛—室韦线；

第 16 线乌苏里—图们—鸭绿沿海线；

第 17 线临江—多伦线；

第 18 线节克多博—依兰线；

第 19 线依兰—吉林线；

第 20 线吉林—多伦线。①

在原有西北铁路系统的基础上，孙中山进一步完善了对西北铁路的规划，形成了"扩张的西北铁路系统"，由 18 条线路构成：

第 1 线为多伦—恰克图线；

第 2 线为张家口—库伦—乌梁海线；

第 3 线为绥远—乌里雅苏台—科布多线；

第 4 线为靖边—乌梁海线；

第 5 线为肃州—科布多线；

第 6 线为西北边界线；

第 7 线为迪化—乌兰固穆线；

第 8 线为戛什温—乌梁海线；

---

① 黄彦编：《孙文选集》（上册），广东人民出版社 2006 年版，第 235-236 页。

第 9 线为乌里雅苏台—恰克图线;

第 10 线为镇西—库伦线;

第 11 线为肃州—库伦线;

第 12 线为沙漠联站—克鲁伦线;

第 13 线为格合—克鲁伦—节克多博线;

第 14 线为五原—洮南线;

第 15 线为五原—多伦线;

第 16 线为焉耆—伊犁线;

第 17 线为伊犁—和阗线;

第 18 线为镇西—喀什噶尔线与其支线。①

最后,孙中山甚至还规划了地理环境十分复杂的高原铁路系统,一共由 16 条线路构成:

第 1 线为拉萨—兰州线;

第 2 线为拉萨—成都线;

第 3 线为拉萨—大理—车里线;

第 4 线为拉萨—提郎宗线;

第 5 线为拉萨亚东线;

第 6 线为拉萨—来吉雅令及其支线;

第 7 线为拉萨—诺和线;

第 8 线为拉萨—于阗线;

第 9 线为兰州—婼羌线;

第 10 线为成都—宗札萨克线;

第 11 线为宁远—车城线;

---

① 黄彦编:《孙文选集》(上册),广东人民出版社 2006 年版,第 246-247 页。

第 12 线为成都—门公线；

第 13 线为成都—元江线；

第 14 线为叙府—大理线；

第 15 线为叙府—孟定线；

第 16 线为于阗—噶尔渡线。①

通过分析孙中山的《实业计划》以及他在 20 世纪 20 年代的其他文论，不难发现他的铁路规划及其背后的政治主张具有三个明显的特征。首先，铁路建设是践行民生主义的重要举措。在孙中山看来，铁路不仅是"国家兴盛之先驱"，还应是"人民幸福之源泉"。他以美国为例，提出在铁路建设中，如果处理不好资本与土地问题，很有可能会造成资本家对土地的投机行为，导致沿线地价不断上涨，少数土地所有者一夜暴富，加大社会贫富差距，产生新的社会矛盾。"倘或不归国有，譬如一省出一大资本家，将一省铁路买回，大权独揽，垄断商业，彼时国民受其影响，岂不大哉！"②为杜绝资本家垄断国家经济，使铁路创造的红利落实到人民身上，而不仅仅是资本家身上，孙中山认为可以分两步解决这一问题。一是在大规模筑路前，先平均地权。如此，"如国家欲修一铁路，人民不能抬价，则收买土地自易"③。二是将铁路收归国有——"国家一切大实业，如铁道、电气、水道等事务皆归国有，不使一私人独享其利"④。

---

① 黄彦编：《孙文选集》（上册），广东人民出版社 2006 年版，第 257-258 页。
② 中国社会科学院近代史研究所中华民国史研究室编：《孙中山全集（第二卷）》，中华书局 1982 年版，第 552 页。
③ 中国社会科学院近代史研究所中华民国史研究室编：《孙中山全集（第二卷）》，中华书局 1982 年版，第 321 页。
④ 中国社会科学院近代史研究所中华民国史研究室编：《孙中山全集（第二卷）》，中华书局 1982 年版，第 323 页。

其次,孙中山还率先认识到铁路在统一多民族国家层面的作用,认为大筑铁路有利于国家统一和民族团结。"因铁路能使人民交接日密,祛除省见,消弭一切地方观念之相嫉妒与反对,使不复阻碍吾人之共同进步,以达到吾人之最终目的。"①今后铁路线"横贯全国",将"使伊犁与山东恍如毗邻,沈阳与广州语言相通,云南视太原将亲如兄弟焉。迨中国同胞发生强烈之民族意识"②,由此"保障统一之真实",有利于"形成民族公同自觉之统一的国语"。由此可见,在孙中山看来,铁路具有开发边疆、加强地方与中央联系的功效,从而有利于各民族的融合、增强国家凝聚力,促进统一的多民族国家的形成。因此,在他的铁路路线规划原则中,他提出铁路路线要经过民族地区,从而促进民族融合;还有一条垦荒移民原则,要求铁路的贯通要达到移民实边的效果。

最后,此时的孙中山的铁路观念中也融入了开放发展的理念。他认为,在"我无资本""我无人材""我无良好办法"背景下,中国要振兴经济,必须打开国门,实行"开放主义"政策。具体来说,就是利用一战后有利的国际环境,充分利用外国资金、技术和人才服务于中国的建设,使中国尽快进入世界先进行列。这种态度首先体现在他对铁路外债的看法上。不同于清末民众一致反对借债的观点,在孙中山看来,清廷借债筑路,"其弊在条约之不善,并非外资即不可借"。因此,他认为,清末以来民众反对的不是借债本身,而是政府借债时所签订的不平等条款。因此,他提出"借债之有益无害",并支持借债。然而,敞开中国大门并不意味着让外国政府和商人为所欲为,而是要使其遵守法律程序和

---

① 中国社会科学院近代史研究所中华民国史研究室编:《孙中山全集(第二卷)》,中华书局1982年版,第488页。
② 中国社会科学院近代史研究所中华民国史研究室编:《孙中山全集(第二卷)》,中华书局1982年版,第490页。

共同的协定。"寓于通商口岸以外之外人，应服从中国之治权。"他也明确提出，要将路权和主权区分开来，主权是必须要誓死捍卫的——要"同心协力，保全领土；拥护主权"，但路权可以暂授予人，只要处理得当，则不影响主权——"当争者主权也，非路权也，尚主权不失，路权虽授与人，不失其利也；尚主权旁落，路权争回，不能免其害也"①。那么，如何能做到开放路权的同时维护主权，在孙中山看来，这就需要中国人牢牢掌握铁路的"发展之权"。为此，集资筑路的方式尤为关键。他提出三种集资筑路方式：一是借债修路；二是中外合资修路；三是批给外人承办。孙中山认为第三种最为适宜。筑路事宜由政府授权铁路公司，以民间名义与外国公司签订合同。但是，包办途径必须满足三个前提：一是此为纯商业性质，不得含有政治意味；二是中国铁路公司有随时监察权；三是中国可随时补足赎金，收回铁路。其次，他认为铁路也要通向国外。他在规划西北铁路系统时就提出，西北铁路系统将成为"欧亚铁路统"主干，可以将"中、欧两陆人口中心"联结起来，"实居支配世界的重要位置"。并规划了一条由伊犁出发，经过印度、伯达（今伊拉克巴格达）、马斯加斯（叙利亚大马士革）、海楼府（埃及开罗），可以直达好望角的铁路。可见，他在规划铁路时，还有将中国与世界联通起来的构想。

孙中山的铁路计划规模宏大，对国家建设有着重要的启发价值和长远的指导意义，反映了中国人民迫切希望实现民族复兴的美好愿望与爱国主义热忱。在深受民族主义影响的近代，他的开拓胸襟和战略眼光，把维护国家主权和对外开放有机统一，提出"欲使外国之资本主义以造

---

① 沈渭滨：《"交通为实业之母"——孙中山交通思想初探》，《近代中国》，1991年第1期。

成中国之社会主义",是十分难得的。然而,不得不承认,在中国尚未完全独立自主的情况下,他的目标确实充满着理想甚至是空想的色彩。这是由于他对帝国主义侵略的本质认识不足,因而他想借助外国力量进行中国建设只是一厢情愿。此外,他在强调"开放"的同时,相对忽略了"自力更生",而后者才是建设中国的重中之重。可以说,离开了"自力更生"讲"开放",他的蓝图必将是空中楼阁。也只有真正做到"自力更生",中国人才能真正牢牢掌握铁路以及整个中国的"发展之权"。

2. 两次反对铁路共管运动

与美好的铁路蓝图形成鲜明对比的是残酷的现实。进入民国后,西方列强为改变国内金融停滞的颓势,又开启了第二轮对中国的经济侵略,希望继续在中国发展实业,特别是铁路相关产业。从1912年至1916年5月,比利时、法国、英国、德国、日本、沙俄、美国以独立或联合的方式,相继获得了陇海铁路、同成铁路、浦信铁路、钦渝铁路、叙成铁路、宁湘铁路、沙兴铁路、顺济铁路、高韩铁路、滨黑铁路、满蒙五路①、株钦铁路、周襄铁路的贷款权。日本野心更大,趁一战期间其他列强无暇东顾,于1914年底强占胶州湾,进一步与北洋政府签订了《中日民四条约》②,要求中国将德国在山东的一切权利转让给日本,其中也包括胶济铁路。条约激起极大民愤,胶济铁路也成为国人关注的焦点。

1918年12月至1919年2月,中英银公司代表梅尔斯和时任北洋政府交通部铁路会计顾问的美国人贝克,以解决胶济铁路的归属权为借口,

---

① 包括四洮铁路、开海铁路、长洮铁路、海吉铁路、洮热铁路。
② 日本先提出了"二十一条",后在与袁世凯政府交涉下在内容上做了略微让步,即《中日民四条约》。

相继发表《统一中国铁路管理条陈》与《共同管理中国铁路计划书》。二者虽然在具体内容上有所差异,但本质一致:先打破目前各国对中国铁路分别借款的格局,把所有债权转移到由英、美、法、日、中五国政府组成的新银行团,由其统一发行债票;而后组织各国代表成立专门机构,共同管理中国铁路。他们的提议被国人称为"铁路共管案"。为此,北洋政府的外交委员会对英美"铁路共管案"做出回应,提出了自己的"铁路统一案":"凡以外资外债建造已成或未成或已订合同而尚未开工之各铁路概统一之。其资本及债务合为一总债,以各路为共同抵押品,由中国政府沿用外国专门家辅助中国人员经理之,俟中国还清该总债之日为止,各路行政及运输事宜,仍须遵守中国法律,概由交通部指挥之。"[1]

由于这两份提案涉及中国所有已修、在修、将修的铁路的归属问题,所以引起了中国社会舆论的高度关注。在时人看来,列强提出"铁路共管案"的真实目的在于垄断中国的政治和经济贷款权,"实为亡国攻略"。而外交委员会提出的"铁路统一案",虽不以"亡国"为初衷,却中了西方列强的圈套,如果施行,亦会造成"亡国"之结局。于是,为打消上述两项计划,国人在思想界展开了大规模的铁路救亡运动,通过社会舆论宣传,以"尤望国人之觉悟"为目的,增强了知识分子和广大人民的凝聚力,并进一步激发了民众的爱国热情。当时,他们以铁路协会为阵地,创立铁路救亡会、路权维持会等组织,四处演说,还创办《铁路救亡会刊》《铁路协会会报》等刊物,在1919年累计登载了170多篇文章,并将这些报刊分送至京城内外市各级官署、学校、教育会、商会、报馆及其他民意团体。此外,国内外各大报纸杂志都加入了讨论,涉及《申

---

[1] 林长民:《铁路统一问题:全案源委之披露》,《晨报》,1919年。

报》《京报》《时报》《参议院公报》《中美新闻社》《大陆报》《泰晤士报》《北京新闻》《顺天时报》等多家报社。例如,在民国时期影响较大的《京报》曾连载了吕庭瑞《铁路救亡篇》十余日。半年之内,在各报纸杂志上发表涉及这一论争的相关文章合计两百余篇,不可不谓是铁路救亡的高潮。这些宣传用极具动员力并易为普通人民所接受的话语体系,或者敲响警钟,用"外交迫切,路权将失"来警告人民我国路权已至岌岌可危之势;或者鞭辟入里,梳理路权丧失的历史过程以及列强提出"五国共管"的真实目的,激起人民对西方的愤怒。或者鼓动煽情,呼唤人民对国家强烈的责任感。这些努力得到了一些地方政府和社会组织的广泛赞同,包括山西都督等在内的二十余省来函表示支持。最终,由于国内并未就"铁路统一案"达成共识,巴黎专使陆征祥称不会在巴黎和会提出这项议案。

然而,几年后西方列强卷土重来,于1923年抓住临城劫车案大做文章,试图推出新一轮共管中国铁路计划。1923年5月6日,一列火车在津浦铁路山东临城段行驶时,被土匪孙美瑶毁路劫车,车上的25名中国乘客与16名外籍乘客成为人质。以英国为首的列强以临城劫车案为借口,试图推出新一轮共管中国铁路的计划,要求"组建由外国武官统率的路警队伍,并扩大外国管理中国铁路的行政及财政权"。

列强企图再次共管铁路的计划一经公布,国内的共产党人就率先以中央机关报《向导》周刊为阵地,展开了反共管斗争。5月23日,陈独秀发表《临城掳案中之中国现象》,一针见血地指出列强以临城劫案大做文章,暴露了"帝国主义者在半殖民地的中国之阴谋与骄横",并号召民众应该先抓主要矛盾,一致对外,"我们固然要打倒军阀,我们断然不可借洋大人来打倒军阀,因为洋大人比军阀是我们更大的仇敌"①。5月30日,蔡和森发表《英人中国协会主席之演说》,文章批判了北洋政府的无能,痛斥了帝国主义的野心,以及其已给中国带来的伤害。6月20日,张太雷发表《英国对中国的好意!》,指出外国"管理铁路就是无形的外国共管中国财政",并在文末大声疾呼:"土匪的军阀固然不好,去扛到的列强尤其可怕。让我们人民自己处置自己的事吧!"②

而后,身处巴黎的中共旅欧党团组织的成员也以《少年》月刊为阵地,组织筹划一系列斗争运动。他们在1923年7月5日至7月20日,相继发表了《为国际共管中国铁路事告旅欧华人》、数篇《旅法华人反对列强共管中国铁路纪事》,还有《旅法各团体敬告国人书》以及《国际共管与国民运动》,提出"铁路共管,等于亡国",并号召"旅法华人,全体反对,望农工商各界,速起力争。现政府不足恃,应另组国民政府,以除内奸,而抵御外患,同人誓为后盾"。除了发表文章,他们还采取了召开会议、新闻发布会、游行等多种抗争方式。7月8日,旅法各团体联合会正式会议在巴黎召开。会议结束后,旅法各团体联合会向国内外各界发布公电,表达其坚决反对铁路共管的决心。7月15日,数百名旅法华人齐集巴黎召开旅法华人救国大会。周恩来在大会上发表了演讲,号召所有爱国人士联合起来,用"罢工、罢税、罢市、罢教的方法来动摇北京政府及其所倚赖的军阀的根本存在"。经过中共旅欧党团组织和旅法各团体的共同努力,旅法华人招待法国新闻记者会于7月31日顺利举行,他们向到场的24家法国报社记者解释了临城劫车案背后的原因以及列强的野心,并表明了旅法华人誓死反对共管的决心。法国的舆论随即

---

① 陈独秀:《临城掳案中之中国现象》,《向导》,1923年第26期。
② 张太雷:《英国对中国的好意!》,《向导》,1923年第30期。

向着有利于中国的方向发展，多家媒体肯定了这场爱国运动，并对旅法华人表示同情和支持。终于，在各方面力量的共同作用下，英国撤回了共管主张。1923年8月10日，在葡萄牙驻华公使符礼德代表十六国外交使团向北洋政府提出的照会中，并未正式提出共管铁路要求。

然而，外交使团并没有彻底打消自己的野心，这份照会依然充满了无理要求——要求北洋政府对"临城劫案"中的外国人赔礼，并规定了惊天的赔偿款额；要求惩办山东省各级官员；甚至还要求改组中国特别警察以保护铁路。显然，这场爱国斗争还不能结束。1923年8月15日，蔡和森和罗章龙发表《外交团正式提出之临案通牒》和《护路阴谋中之曼德计划》，并对外交使团所提的"护路案"将带来的恶劣后果进行了详细分析，号召国人抵抗到底。果然，不出半月，英国又于8月20日提出，要将全国铁路路警交由英国人管理。

于是，从8月22日至9月30日，国内的共产党人继续以《向导》为阵地，向警予、罗章龙、毛泽东、陈独秀、罗章龙等人相继发表了《国人还不急起抵制英国亡我的侵略吗？》《护路案与各国间之厉害冲突》《"自动处置"声中之共管案》《英国人与梁如浩》《护路提案与美日》《外国帝国主义国家及中国军阀可以救中国么！》《试看英人护路的又一论证》《丧权辱国的临案复牒，重要部分予以承认——万恶的自动处置》等多篇文章。一篇篇文章传达出一个明确的信息——依靠列强与军阀救国是"空中楼阁之幻想"，中国民众应团结起来以"合力攻倒军阀而抵抗外国资本主义国家"。他们的努力带动了国内其他媒体，开始将矛头直指英国。旅法各团体联合会也在积极配合国内的斗争，于8月底再次发表宣言，鼓励全国民众奋起反抗。10月，安庆的学生们也在纪念辛亥革命的游行中进行示威，反对铁路共管等问题。①10月底，中共旅欧党团组织又在巴黎筹划召开了第二次华人大会，再次重申反对"护路案"。

最终，在国内外舆论压力之下，由于外交团内部、英国国内、北洋政府内部的意见不一，这一次共管问题以中方自行护路告终。中国共产党在这一次反共管浪潮中发挥了重要作用。他们以笔为器，并配合实践活动，揭露了帝国主义重造在华势力的野心、打破了时人寄希望于外交手段和平解决矛盾的幻想，明确了反帝反封建是中国的唯一出路，成功地激发了民众的爱国情怀，掀起了国内反英浪潮。

3. 铁路与抗战

尽管内外部环境十分复杂，在1912—1927年北洋政府时期，北洋政府通过借款主要建成了京绥铁路（阳高—包头）、陇海铁路西段（洛阳—陕州〈灵宝〉）和东段（开封—徐州〈大浦〉、粤汉铁路武长段（武昌—长沙）和广韶段（广州—韶关）；并在关外建筑了吉长铁路、四洮铁路、郑通铁路（郑家屯〈今双辽〉—通辽）、洮昂铁路，但这几条铁路实际上被日本控制。此外，由民间筹资建筑的商办铁路有南浔铁路（德安—牛行）、个碧石铁路、新宁铁路新宁—白沙段等。张作霖主政东北的1923年到1927年间，以官商合办、官督商办等方式修筑的奉海铁路（奉天—海龙）、吉海铁路（吉林—海龙）、呼海铁路（呼兰—海伦）、京奉路大通段（大虎山—通辽）与数条支路。

国民党建立南京政府后，决定整顿路务，并开始新一轮筑路热潮。随着日本对中国侵略扩张的加剧，铁路的修筑更加侧重国防战备的考虑。正如1938年交通部部长的张嘉璈在《抗战与交通》中说："'抗战'与'交

---

① 《安庆电》，《申报》，1923年10月9日。

通'，相为表里，不可或分"，"抗战固以交通为命脉，而交通的维系，更以抗战的前途为依归"。①特别是当抗战进入相持阶段后，维持交通运输的重要性就愈发凸显了。从1927年至抗战结束的1945年，国民政府修筑了浙赣铁路、粤汉铁路株韶段（株洲—韶关）、湘黔铁路（株洲—蓝田）、沪杭甬铁路（肖山—百官）、苏嘉铁路（苏州—嘉兴）、淮南铁路、湘桂铁路、黔桂铁路、叙昆铁路昆明—曲靖段等路线，并使粤汉和广九铁路接轨，以及进一步延展了陇海铁路。阎锡山在山西修筑了同蒲铁路，张静江在江浙修筑江南铁路（南京—孙家埠），张学良在东北建筑了葫芦岛—敦化、葫芦岛—拉哈、葫芦岛—多伦三条干路，以及数条支路。其中，苏嘉铁路、沪杭甬铁路、湘黔铁路、陇海铁路的宝鸡至天水段、浙赣铁路的整理，以及粤汉—广九铁路接轨，是专门为抗战修筑的。

时任粤汉铁路株韶段工程局局长的凌鸿勋打下最后一颗道钉

图片来源：网络，https://www.163.com/dy/article/FS029HPC0514T3N6.html。

---

① 张嘉璈：《"抗战"与"交通"》，《抗战与交通》，1938年第1期。

铁路在抗战中发挥了极其重要的作用，主要表现在以下几个方面：

首先，铁路保证了向前线快速运送兵力和军需品。据统计从1937年到抗战胜利，铁路共运送军队2743万人次，军需品543万吨。在1937年淞沪会战时期，仅北京到上海之间就开行1346次，运送军队50个师，载重5万吨。在桂南会战中，中方利用铁路从500~900公里外调集了10余个师赶赴战场，夺回被日军占领的交通要冲昆仑关，给敌人以歼灭性打击。自1937年七七事变至1939年南昌沦陷，浙赣铁路运送部队约有200万人次，补给运输近百万吨。

其次，铁路保证了伤兵、平民的后撤。其中最典型的就是浙赣铁路，曾被称为"抗战成败的关键"。这条横越浙赣湘三省的铁路是长江以南唯一的东西向跨省铁路，1937年12月10日，创造了一夜之间将1000多名重伤兵撤退到两百里外的后方的奇迹。一些短途铁路也发挥了极其重要的作用，例如1937年淞沪会战时，苏嘉铁路作为一条全长74公里的联络线，发挥了极大的作用，特别是在11月从淞沪后撤时，许多铁路机车车辆都经由此线撤往嘉兴的沪杭线，再转至浙赣线。

再次，铁路在调拨物资、保证老百姓的物资供给方面也发挥了重要作用。在抗日战争期间内地缺盐、沿海缺粮、航运中断的情况下，铁路在调剂物资方面发挥了重要的作用，避免了各省出现饥荒盐难。仅以浙赣铁路为例，它将浙盐运到江西、湖南，将湖北粮食运到浙江，曾调拨十余万吨的物资，稳住民生。金士宣感慨道："在此时期，浙赣无疑乃为全国最重要之铁路。"

最后，国际铁路通道畅通也十分重要。1937年，粤汉和广九铁路的接轨，形成了抗日前期中国国际交通的最主要的干线，保证中国可利用香港这一转运军械和物资。然而，抗战进入相持阶段后，粤汉—广九大动脉被切断，西南地区的国际交通线的重要性更加凸显，这之后，滇越铁路成为当时中国最为重要的国际通道。

此外，国民政府还在前线动工修筑了京赣铁路（南京—贵溪）、湘黔铁路，但都因为种种原因未能通车。为开辟西南和西北地区联通国际的交通线，国民政府也在抓紧对西北、西南大后方①进行铁路建设。为此，国民政府筹划并动工了湘桂铁路，因 1939 年 11 月日军占领南宁而不得不停工，一共通车了 600 多公里。全线采取建成一段通车一段的方式，在军运和民运方面发挥了巨大作用。此外，还动工修筑了成渝铁路，但由于战争导致的设备和材料供应不足而停工。准备修筑的贵昆、广梅、贵梅、三梧、浦襄等铁路，均未能施工。抗战进入相持阶段后，粤汉—广九大动脉被切断，西南地区的国际交通线的重要性更加凸显，为提升运量，适应战时国际运输的需要。因此，国民政府规划并动工修筑黔桂铁路、滇缅铁路、叙昆铁路，并计划继续西展陇海铁路。其中，黔桂铁路计划自柳州通车至贵阳，于 1939 年 9 月开工，1941 年 2 月 1 日柳州到都匀一线通车，并与粤汉、湘桂两路联运。黔桂铁路为抗日战争时期的军事运输发挥了重要作用，特别是保证了中国空军美国志愿军援华航空队的燃油等物资的补给。滇缅铁路原计划是从云南昆明通至缅甸腊戍，由于资金材料供应困难而进展缓慢，而后被迫停工。叙昆铁路原计划从云南昆明通至四川宜宾叙昆，由于修路器材供应困难，仅完成昆明至曲靖段，于 1941 年 3 月通车，对抗战后期转运盟军用品起了一定作用。陇海铁路咸同支线及宝鸡—天水段分别于 1941 年及 1945 年通车，在军事调遣上发挥了一定的作用。

---

① 包括四川、贵州、云南、广西、西藏的西南 5 省，陕西、甘肃、宁夏、青海、新疆的西北 5 省。

广大筑路民工和铁路员工也积极支援抗战,在工具器材极度缺乏、随时会遭受战争破坏的险境中,做出了艰苦卓绝的牺牲和不可磨灭的贡献。例如1935年夏天,筑路工人在修筑浙赣铁路玉南段时,爆发了恶性疟疾,千余名工人不幸牺牲。铁路员工更是在抗战期间坚守岗位、抢修线路和机车车辆,保证了军事运输,以及人口、设备和物资的撤退。仅以津浦铁路南段为例,从七七事变至徐州失陷的10个月里,该路段遭到敌机轰炸1433次,为抢修线路、桥梁、水塔,有150多名铁路员工被炸死炸伤。为保证铁路救国,普通民众也积极参与其中。尽管国民政府已将战时交通建设经费增加至原来的4倍,但仍不足所需之半。为此,大后方各阶层人民群众充分发扬了爱国主义精神,将国民政府发行的2000多万美元公债券认领完毕。有时为了不让铁路落入敌手,国人也会选择自行破坏线路。例如在1939年,曾自行破坏浙赣铁路南萍、株萍段,并将钢轨运往柳州,以供修建黔桂铁路。1940年,共产党发动的百团大战,通过破袭正太铁路给日本华北方面军以有力打击,对全国局势好转发挥了重要作用。

日军飞机轰炸铁路后,铁路员工及时抢修

图片来源:中共中央党史研究室第一研究部,中国人民抗日战争纪念馆编:《中国抗日战争图鉴 下》,湖南人民出版社2005年版,第723页。

可见，铁路在抗战时期确实发挥了重要的作用，而民众为了保证铁路救国，更是做出了巨大的牺牲。然而，不得不说，当时的铁路运输仍有一定的局限性，主要体现在设备简陋、机车陈旧、轨距规格不统一等方面，这也在一定程度上限制了铁路在抗战时期国防功能的发挥。

自清末起，中国铁路就艰难起步了，然而直到中华人民共和国成立前，在中国大陆上的铁路里程大约有2万公里，近代中国铁路的发展不可不谓缓慢。官方和民间曾动议了无数条铁路，但大多都未能付诸实践。各地民众对铁路都有很大的期待，他们当中，有人盼到了铁路，但更多人拥有的仅仅是美好的设想。

但是，国人的铁路梦想不曾熄灭。从一开始的师夷筑路梦，到后来的保路护权梦，再到最后的铁路救国梦，国人对于铁路的期待从未停止。在这几十年间，涌现了无数仁人志士，为近代中国铁路事业发展上下奔走、殚精竭虑，贡献了巨大的力量。他们中间，有以李鸿章、奕譞、孙中山、叶恭绰等人为代表的政治精英；有以詹天佑、凌鸿勋、杜镇远等人为代表的铁路建筑师；有爱国商人、学生以及普通民众，更有成千上万默默无闻的筑路工人与铁路员工。

一百年前，当孙中山向他的美籍顾问端纳（William Henry Donald）展示他的铁路蓝图时，端纳曾反问他："博士，那条绕过西藏的铁路永远也没法建成。你可以用毛笔和墨水来建一仅此而已。你的线路要经过的一些通道有15 000英尺高。"而孙中山则回应道："只要有路的地方，铁路就可以建。"①一百年后的今天，青藏铁路早已建起，川藏铁路也正在动工。中国人民在中国共产党的带领下，用实践证明了——"只要有路的地方，铁路就可以建。"

第二节　支撑站起来

中华人民共和国成立以后，在三年国民经济恢复时期中国政府修复了被破坏的交通运输设备设施，恢复了水陆空运输。从1953年开始，有计划地进行交通运输建设。国家投资向交通运输倾斜，进行了大规模的新线建设和旧线改造，改造和修建了一批公路、港口码头等，提高了西部和边远地区的交通运输基础设施的覆盖程度，积极推动了国民经济的恢复和发展、人民生活条件的改善，修建了青藏公路、成昆铁路等一批标志性交通工程，解决了"有没有"的问题。尽管在"文化大革命"时期以铁路为首的交通运输发展受到严重干扰，但是铁路设施、运输线路仍在增加，为支撑中华民族"站起来"做出了重要贡献。

一、交通运输要现代化

交通运输是国民经济发展与社会建设的重要基础。以毛泽东为核心的中国共产党第一代领导集体在长期革命和中华人民共和国的建设实践中把发展交通事业提到战略高度，高度重视交通运输在恢复和发展中华人民共和国经济、促进社会进步、维护国家主权、维护边疆稳定、加强民族团结等方面的特殊作用，提出要实现交通运输业的现代化。

---

① 易惠莉：《有关孙中山早期铁路建设规划的一条重要资料》，《近代中国》（第十九辑），上海社会科学院出版社2009年版。

1. 将交通运输业提到战略高度，提出交通运输业现代化，重视它在经济社会发展中带动全局的重要作用

解放战争时期毛泽东把交通运输视为关系党的工作重心能否实现从农村向城市转移的关键一环，强调恢复和发展经济"首先要解决交通运输"，"必须尽一切可能修理和掌握铁路、公路、轮船等近代交通工具"[1]。中华人民共和国成立之后毛泽东对交通建设极为重视。1949年中华人民共和国成立之初，中国铁路里程仅2万余公里且分布极不平衡，"缺乏东西干线，西北、西南与中原、中南没有铁路联系"[2]。铁路作为重要交通基础设施、国民经济的大动脉，与国计民生息息相关，在经济社会发展中扮演着重要的角色。在1949年7月召开的全国铁路职工临时代表大会和全路机务会议即将结束的前夕，毛泽东亲切接见了与会代表并发表了重要的讲话，指出：在旧中国铁路建设主要是服从帝国主义侵略的需要；现在中华人民共和国成立了，我们不再受帝国主义统治，"应该很好地恢复铁路并发展铁路"；但是目前中国的铁路"太少了"，还需要建设"几十万公里的铁路"[3]。这是毛泽东第一次对中华人民共和国铁路建设所做的一次非常重要的专题讲话。此外，中华人民共和国成立初期公路仅8.07万公里、内河航道7.36万公里，沿海主要港口泊位61个，内河港口泊位数很少。中华人民共和国交通运输体系与同期西方国家已经基本形成的综合性运输体系相比显得十分落后。

中华人民共和国经济状况要真正得到全面改变，需要全国实现交通运输的现代化。中华人民共和国成立之后，中国共产党的交通战略重点

---

[1]《毛泽东选集》（第4卷），人民出版社1991年版，第1347-1348页。
[2] 中国社会科学院、中央档案馆：《中华人民共和国经济档案资料选编（1949-1952）：交通通讯卷》，中国物资出版社1996年版，第6-7页。
[3] 逄先知：《毛泽东年谱（1893—1949）》（下），中央文献出版社2005年版，第528页。

主要是经济和国防战备，铁道部也成为中华人民共和国政府最早成立的部门之一。毛泽东强调铁路先行官的重要作用；主管经济的陈云也多次强调没有交通运输业的发展，工业也不可能实现大规模发展。1954年，周恩来在第一届全国人大第一次会议所做的《政府工作报告》中，第一次明确提出了交通运输业现代化的问题。周恩来指出："如果我们不建设起强大的现代化的工业，现代化的农业，现代化的交通运输业和现代化的国防，我们就不能摆脱落后贫困，我们的革命就不能达到目的。"[①]这是中国共产党对四个现代化的最早表述，从中可以看出交通运输业被党和政府放在关系全国经济发展、实现党的初心使命的战略高度。

2. 以铁路建设为中心，全面规划交通系统

交通运输是经济的大动脉，铁路作为现代化的交通方式具有载运量大、速度快、全天候等优点，对于恢复和发展国民经济来说意义重大。中国地广人众，在中华人民共和国成立初期交通很不发达。这样的国家要实现经济的恢复和发展，必须首先解决交通问题。在国家财力十分有限的情况下，国民经济的发展和社会建设必须要有所侧重，不能平均使力。时任副总理兼财经委员会主任的陈云指出，要恢复和发展全国规模的工业所需要的基本条件，"第一是恢复交通，尤其是铁路交通"；这既"是革命战争的需要"，"也是沟通全国城市与农村的需要"，"阻塞的交通，将永远使全国城乡经济处于瘫痪的局面，根本不可能进行工业的恢复和发展"。[②]陈云力主集中主要力量通铁路，有了铁路，工业就能够得到恢复和发展；西南、西北的铁路通了，能够将西南粮食等农产品运出来，把工业品运进去，"无论从经济来讲，还是从国防来讲，把……铁路搞起

[①]《周恩来选集》(下卷)，人民出版社1984年版，第132页。
[②]《陈云文选》第2卷，人民出版社1995年版，第175页。

来，是一件大事情"①。

中华人民共和国成立初期尽管面临着财政经济的极大困难，但还是给予了铁路建设巨大的支持。中华人民共和国成立伊始，中央政府即设立了交通部和铁道部负责指导全国交通的恢复和发展。毛泽东多次强调铁路是"先行官"，要为国民经济的恢复和发展开道。既然铁路是国民经济的先行部门，那么就要将兴办铁路作为经济恢复和经济建设的重点。在经济恢复时期周恩来明确指出政府的经济投资"将着重用在发展工业所首先需要的水利事业、铁道事业和交通事业"②等方面。在中华人民共和国制定的第一个五年计划中对交通运输进行了长远规划。

1952年，中华人民共和国自行修建的第一条铁路——成渝铁路通车。成渝铁路全长505公里，西起成都，向东南行进，迈出成都平原，穿越龙泉山，沿沱江右岸经简阳、资阳、资中到内江，横跨沱江，经隆昌、荣昌、大足、永川到朱杨溪，沿长江经巴县（今巴南区），抵达重庆。成渝铁路的成都端连接宝成、成昆铁路；重庆端与川黔、襄渝铁路接轨；中段内江站连接内昆铁路；成渝铁路全线与通往出川的主要公路及长江、嘉陵江航运衔接。成渝铁路在中国铁路发展史上具有极其重要的意义，因为它是中华人民共和国自行修建的第一条铁路，拉开了中华人民共和国大规模进行经济建设的序幕，改变了四川交通的格局，对中华人民共和国成立初期重庆乃至整个西南地区国民经济的恢复都有着重大的历史意义。成渝铁路通车后，沿线丰富的物产源源不断地被运往全国各地，沿线经济得到飞速发展，有力地促进西南地区物资流通，对于发展工业，繁荣经济，改善西南人民的生活，起到了非常重要的作用。

---

① 《陈云文选》第2卷，人民出版社1995年版，第142页。
② 《周恩来选集》（下卷），人民出版社1984年版，第46页。

1951年，党中央决定修筑鹰厦铁路。鹰厦铁路是华东地区出海的一条铁路干线。连接江西省鹰潭与福建省厦门的鹰厦铁路于1956年12月竣工通车，1957年12月交付运营；次年11月鹰厦线连通福州的外福线也相继通车。鹰厦铁路全长694公里，横跨福建全省，是中国东南沿海重要的铁路干线。它改变了福建没有铁路的历史，将厦门与大陆连接起来，不仅根本改善了福建境内的交通运输条件，促进了福建省经济的发展，而且在政治和军事上也具有重大意义。北起于四川成都，南抵云南昆明，行经四川盆地、横断山脉、云贵高原，穿越复杂地形的成昆铁路从1958年开工，在经历了近12年的多次停工、复工，终于在1970年7月1日全线竣工运营。成昆铁路的建成通车突破当时多项中国铁路乃至世界铁路之最，创造了世界铁路建设史上的奇迹。成昆铁路的建成标志着西南地区铁路网络构建成型。

中华人民共和国成立之后中央人民政府为了建设大西北，动用大量的人力物力修建了天兰铁路。1950年5月天兰铁路开工建设，经过两年多的施工建设，于1952年10月建成通车，成为继成渝铁路通车之后又一条崭新的铁路在西北高原上完工并通车。天兰铁路成为西北与中东部沟通的重要门户，成为甘肃社会文化交流传播的重要途径之一，促进了边疆地区对外贸易的繁荣，推动了甘肃和西北工业的发展。在修建天兰铁路的同时，兰新、川黔、贵昆等多条铁路相继开工，形成了中华人民共和国铁路建设的一个高潮。在1959年以兰州为中心的四大铁路干线（陇海线、兰新线、包兰线和兰青线）相继通车，西北铁路网由此基本形成。

此外，作为交通运输体系重要组成部分的还有公路运输和水路运输。由于多年战乱的影响，中华人民共和国成立之初公路交通设施状况很差，运输水平十分落后，全国约有三分之一的公路不通，公路运输几乎处于停滞状态。1949年底能通车的公路还不到原有线路总长的80%。国民党劫走300多艘船舶60多万吨的运力，并在内河沉没430多艘大小船舶。原民航所有的飞机、驾驶员、器材全部被劫往香港。①1950年政务院制定《关于1950年公路工作的决定》，"决定"对公路交通管理体制、民工建勤、公路养务的组织与领导等进行了规定，为中华人民共和国公路交通的发展指明了方向。在"二五"计划的制定中虽然周恩来提出要增强运输能力必须以铁路为重点，但是同时也强调"相应地进行全国运输网和通讯网的建设"，加强"西北和西南两个地区的铁路、公路的建设"，加强"沿海、长江的港口建设"；要求运输部门要根据上述要求"分别轻重缓急，进行全面规划"以保证完成"二五"计划中关于运输等方面的各项任务。②

在党和政府的高度重视和统筹安排之下，以川藏公路和青藏公路的修建完成为标志，中华人民共和国的公路建设得到突破性的发展。川藏公路和青藏公路是我国公路建设史上的两大奇迹，结束西藏没有现代公路交通的历史。川藏公路、青藏公路的修筑改变了西藏长期封闭的状况，大大促进了西藏人民生活的改善和经济社会的发展，对西藏经济建设和国防建设都具有极为重要的意义。这两条公路在西藏经济发展和社会稳定中发挥着重要作用，是西藏的"生命线"，开创了西藏发展的新纪元。"一五"计划期间，对公路交通投资达6.5亿元，各大省市自治区投资5亿元。到1957年底公路通车里程25.6公里。公路建设打通了几个重要交通线路，建成了康藏公路、青藏公路、新藏公路，还有翻越横断山脉

---

① 苏星：《新中国经济史》，中共中央党校出版社1999年版，第98-99页。
② 中共中央文献研究室：《周恩来经济文选》，中央文献出版社1993年版，第307-308页。

的东俄洛巴塘公路、滇西南公路、海南公路、柴达木沙漠公路等，在广大农村和中小城市间还修筑了大量不同等级的公路。在水运方面，经过建设，加强了青岛二码头、安徽裕溪口港、新港北防波堤等建设，整理了川江航道和险滩，改善了航行条件。

至此，经过中华人民共和国成立初期的统筹发展，交通业初步形成了合理的产业布局，在中部、东部和西部奠定了一定的基础。

尽管在1964年12月三届人大一次会议上周恩来所做的《政府工作报告》中将交通运输业的现代化改为科学技术的现代化，但是这并不意味着对交通运输业在国民经济发展中重要性认识的改变。实际从中华人民共和国建立开始，中国共产党的最高领导人一直重视交通运输业的恢复、发展和建设。从"一五"计划到"五五"计划时期，交通运输投资占全国基建投资的比重维持在12%~18%，占GDP的比重在1.5%~2.5%。中华人民共和国成立初期交通运输的战略取得了显著成效，初步地改善了我国交通业的结构和布局，较好地服务国民经济的恢复和发展。

3. 广纳与培养相结合，造就交通建设人才

交通业的建设和发展离不开交通人才的培养和造就，交通工具的现代化，必须有技术和知识的支撑。中华人民共和国成立初期全国高校在校学生仅11.5万人，难以满足国家经济建设的需要。为此，党中央采取了两个方面举措解决人才的问题。一方面是利用已有人才，支持交通建设。陈云针对交通人才匮乏的状况主张党内人士向党外有经验的人学习，在人民政权下发挥每个人的才能，党外党内人士通力合作共同促进交通事业的发展。另一方面，是培养新的人才。毛泽东在八大预备会议上提

出,在"三个五年计划之内造就一百万到一百五十万高级知识分子",培养"很多的科学家和很多的工程师"①的宏伟计划。党中央指示铁道部门和交通部门自己创办学校培养人才。在党中央的直接关怀下,全国各省几乎都建立了交通院校,成立了交通科学研究院。1949 年北京组建中国交通大学,次年更名为北方交通大学,毛泽东亲自为其题写校名。在上海,创办了华东交通专科学校;在重庆,创办西南交通专科学校等。为了加强对地方交通院校的指导、加快人才的培养,中央还抽调军事院校干部担任地方院校领导。交通院校的大批成立为中华人民共和国交通建设的发展培养了大量人才。

二、人民铁路为人民

铁路作为国民经济的大动脉,对一个国家的经济发展、社会建设具有重要作用,对于一个新生的政权来说尤为重要。我国地广人多,资源分布不均、经济发展不平衡,导致大量物质需要全国进行长途调配。铁路由于其运输能力强、消耗少、成本低、污染小等特点在各种交通运输方式中独具优势。中华人民共和国成立之后,国家百废待兴、财政困难,亟须发展经济,迫切需要铁路快速发展为国民经济助力。另一方面,在中华人民共和国成立之后,面临着国内外敌对势力的威胁,铁路的恢复和建设具有重要的军事意义。周恩来在中华人民共和国成立前夕召开的全国工会工作会议上就曾明确指出:建设中华人民共和国恢复生产,"必须靠交通运输畅通","首要的是恢复铁路……而且还要有新的发展"②。1949 年 9 月 29 日,中国人民政治协商会议全体会议一致通过了《中国

---

① 《毛泽东文集》(第 7 卷),人民出版社 1999 年版,第 101-102 页。
② 《周恩来选集》(上卷),人民出版社 1980 年版,第 361 页。

人民政治协商会议共同纲领》。在经济政策方面,"纲领"明确提出"必须迅速恢复并逐步增建铁路"①,为中华人民共和国铁路的建设指明了方向。

在中华人民共和国成立之前,伴随着解放战争的胜利推进,党的工作重心从农村转移到城市后,人民政权接管、修复和管理的铁路越来越多,从东北到华北到华东再到中南,直至大陆上几乎所有的铁路。为了迅速顺利地完成铁路的接管与修复以配合人民解放军南进的运输和供应,1949年1月中国人民革命军事委员会铁道部(以下简称军委铁道部)成立,滕代远任部长。军委铁道部创建伊始,滕代远在主持召开的铁路工作会议中就明确指出军委铁道部有三大任务,一是统一铁路的组织和领导,以适应战争和生产的需要;二是统一材料的调配和使用,以加快铁路修建的进度;三是统一铁路管理的主要规章制度和铁路修建的规格标准,以实现铁路安全、迅速、成本低的原则。②同时会议确定"解放军打到哪里,铁路就修到哪里"作为全国铁路职工的行动口号,号召广大铁路职工大力支援人民解放战争。同年7月1日,滕代远在全国铁路职工临时代表大会上,明确提出了铁路的办路方针是"依靠工人阶级,团结一切愿为人民服务的铁路从业人员,恢复与建设人民铁路的铁路网,为最后消灭反动残余力量,加强中国工业化而斗争",提出要"建设一个准确、迅速、安全、经济、效率高、成本低"的新型人民铁路的奋斗目标。③

---

① 《中国人民政治协商会议共同纲领》,中华书局1952年版,第31页。
② 中国铁路史编辑研究中心:《中国铁路大事记 1876—1995》,中国铁道出版社1996年版,第172页。
③ 中国铁路史编辑研究中心:《中国铁路大事记 1876—1995》,中国铁道出版社1996年版,第177页。

中华人民共和国成立之后，在军委铁道部的基础上建立了中央人民政府铁道部（以下简称铁道部）。铁道部在军委铁道部的基础上为实现新型人民铁路建设的目标而继续奋斗，至1949年底原有铁路基本被铁道部接管，主要干线基本被修复并连接成一个整体；截至1950年底，全国主要铁路干线的桥梁基本修复。从1950年开始，中华人民共和国开始有重点地修建铁路新线，在中部和西部地区兴建了多条铁路，到1952年初步奠定了中华人民共和国铁路的基础。在1953年至1957年第一个五年计划时期，国家对铁路投资62.89亿元，其中用于新线建设达29.57元，占总投资的47%，推动了铁路新线的建设。

1. 全面接管与改造

铁路对于新生政权迅速恢复经济、发展生产十分关键，对铁路的接管并令其迅速恢复运转，对新生政权也是一个巨大的考验。随着解放战争的胜利推进，对铁路的接管工作随即展开。在铁路接管的过程中，各地军管会或交通接管组，按照"自上而下，按照系统，原封不动，整套接收的办法。同时必须严格地注意到不要打乱企业组织的原来机构……对企业中的各种组织及制度应照旧保持，不应任意改变或废除"[1]的指示开始接管铁路。比如在上海铁路的接管工作中，就按照原封不动、整套接收的办法进行接管。在接管中注意保证整个铁路运输机构的完整性，在不打碎原有组织的基础上完成机构性质的转变，为铁路运输的迅速恢复及运行奠定了组织基础；铁路机构原有工作人员，只要有一技之长且无反动或是劣迹昭著者一概予以接受并设法安置，为铁路的安全运行提供了技术保证；在接管过程中还接受了众多物资器材，为及时恢复铁路

---

[1] 中国人民解放军政治学院党史教研室：《中共党史参考资料》（第18册），内部资料发行，第507页。

运营提供了物质基础。在接管后，采取了多项举措对接管过来的人员和机构进行管理和改造。一是安抚情绪、稳定人心，肯定铁路员工是工人阶级的一部分，慎重进行人事调整；二是开展革命政策宣传和阶级教育，将部分旧有人员送至职工学校进行学习；三是对铁路管理机构进行适度的调整和变革；四是建立基层党团组织和工会组织等。应该说在对铁路的接管中"原封不动、整套接受"的基本办法对于保证铁路系统的正常运转是切实有效的；在接管之后，按照建设人民铁路的要求对人员、机构、管理方式等进行调整，为建设人民铁路奠定了基础。①

2. 修复与新建

1950年，全国铁路统一进行了桥梁、隧道、路基的永久性修复，以京汉、粤汉、陇海和同蒲铁路为重点，并对其他线路做了普遍的维修与补强。至1950年底，全国主要干线的桥梁大部分恢复，通信信号、给水装置及车站等设施得到加强，铁路营业里程达到22 161公里。对一些旧有线路进行改造，如宝天、石太、同浦、京包、沈吉、沪宁等，或是更换钢轨或是建成双线铁路；改扩建铁路枢纽哈尔滨、沈阳、锦州、天津、北京、石家庄、太原、大同、徐州、郑州、武汉、西安、成都等14个；有计划有步骤地对原有机车车辆厂进行调整、技术改造和扩建，新建了成都、长春、大同、兰州等机车车辆厂。在对旧有线路修复改造的同时又开始修建新线。新线的修建着眼于改变全国铁路布局不平衡的问题，为把西北、西南建成新的工业基地和战略后方奠定基础。据统计，从1952年建成中华人民共和国第一条铁路——成渝铁路算起，到1957年第一个五年计划完成为止，中华人民共和国先后建成了干支线6100多公里，新

---

① 田永秀，曲成举：《上海解放后的铁路接管工作研究》，《当代中国史研究》，2019年第1期，第79-90页，第158页。

增加的营业里程占全部营业里程的18%以上。在成渝、天兰、湘桂铁路来睦段建成的基础上，还新建成了宝成、兰新、包兰、丰沙、黎湛、蓝烟、鹰厦、萧甬、集二等干线。①该时期还修建了以武汉长江大桥和潼关黄河便桥为代表的特大桥梁，解决了列车轮渡之苦，提高了铁路的运能。

在资金不足、物质匮乏、技术薄弱的条件下，中华人民共和国初期铁路新线的建设仍然取得了重大的成就，凸显了社会主义集中力量办大事的制度优势，极大地提升了新生政权的威信、增强了人民对新生政权的认同。②西南、西北新线的建设改善了中华人民共和国铁路的布局不均衡的状况，大大地加强了西北、西南与全国的联系，改变了一些海防重镇和海运港口不能通过铁路与内地沟通的状况，对西南、西北资源的开发与利用、国民经济的发展和国防建设都具有重要的意义。

三、当好先行官

中华人民共和国成立初期铁路建设取得骄人的成绩，但是从1958年开始的"大跃进"以及1966年爆发的"文化大革命"却极大地阻碍了铁路建设的良性发展，阻碍了铁路作为国民经济"先行官"作用的发挥。中共中央从1961年开始纠正"大跃进"的错误，执行"调整、巩固、充实、提高"的方针，对铁路工作进行了整顿和调整，铁路开始出现稳步发展的良好趋势。在"文化大革命"时期，党中央组建交通部，全力整顿铁路，对铁路运输的正常化和国民经济的发展发挥了重要作用。

---

① 王斌：《"新线第一"：中华人民共和国初期的铁路建设（1949~1957）》，《自然科学史研究》，2019年第3期，第278-289页。
② 田永秀：《成渝铁路建成通车与民众认同》，《西南交通大学学报》（社会科学版），2016年第6期，第7-13页。

1. "大跃进"影响了铁路"先行官"作用的发挥

"大跃进"开始之后,国民经济各部门不顾实际,盲目追求高指标、高速度,伴随而来的运量激增给铁路运输带来极大的压力。同时铁路部门在"大跃进"中也不甘落后,提出多修路、多造车、多拉快跑的各种高指标。高指标、浮夸风、乱指挥打乱了铁路事业的健康发展秩序。

如全国货运量在1959年要达到8亿吨、1972年达到30亿吨,而1958年仅有2.74吨;在15年内新建12万公里的铁路,实际上在1958年3月才确定15年内新建铁路8万公里;没有事先进行牵引实验,就将哈大、京山、沈山、京广、津浦、沪宁6条干线货物列车的牵引定数由2700吨提高到3200吨,后又提高到3600吨,导致列车停坡、运缓增多。1958年9月铁道部在全国铁路工作会议上,决定大力加快机车车辆周转以应对运量激增情况下的运输任务,提出以现有4000台机车、90 000辆货车,争取每天装车35 000到40 000辆,年底达到45 000到50 000辆;在今冬和明年新造机车4200台、货车130 000辆,新建铁路5万公里(其中复线7800公里),达到铺轨程度25 000公里;在1959年全路要自产铁300万吨、钢200万吨、水泥200万吨、轧制钢铁40万吨等。结果却是,"会议规定的各项指标均未完成"[①]。

1958年10月铁道部发出《今冬明春工作纲要草案》,要求全路边执行、边讨论、边总结、边补充。其主要内容有:大大压缩全路货车周转时间、停留时间、中转时间,提高车辆载重量10%～30%,以机车队为单位实行大包乘制(队内实行轮乘),棚车去车顶以代替敞车等。结果由于车辆过度超载,多次发生压断弹簧和车梁等事故,造成两万多辆货车

---

① 中国铁路史编辑研究中心:《中国铁路大事记(1876—1995)》,中国铁道出版社1996年版,第254页。

不能使用；许多地方没有经过充分准备就把机车包乘制改为轮乘制，一些机车乘务员在作业中大开炉门、大开送风器、大放水、大上水等损害了机车质量，甚至出现"白水表"行车，造成锅炉爆炸。①尽管1958年铁路事业出现了行车事故增多、列车正点率下降，第四季度重大、大事故发生率比1957年增加了一倍。但是次年3月铁道部召开的全国铁路工作会议上又进一步将各项指标大大提高，货运量从 1958 年实际完成的 38 109 万吨提高到了 62 000 万吨，新建铁路和既有铁路改造从1958年完成的 2376 公里提高到 7579 公里，新造机车从1958年实际完成的342台，货车 11 611 辆分别提高到 850 台和 52 000 辆。在 1960 年铁路部又提出新的"跃进"，提出在 1960 年要实现"八八二一四"，即是完成 8 亿吨货运量、修建 8000 公里铁路和 20 000 公里"土铁路"、新造 1000 台机车和货车 40 000 辆，提出"县县通火车，社社有铁路"的口号。实践证明了这是根本完不成的。

"大跃进"给铁路事业带来了重大损失。一是违背客观规律的高指标根本实现不了，使各项工作陷入混乱，使铁路运输、基建、工业陷入困境，伤害广大群众的积极性。二是违背科学，盲目提高牵引定数，造成机车质量下降、破损严重。三是盲目下放权力和废除规章制度，管理水平下降，损失浪费严重。四是浮夸假报，破坏了实事求是的优良传统。

2. 贯彻"八字"方针，扭转"大跃进"中铁路工作的失误

在1960年下半年，"大跃进"造成的问题开始集中暴露出来。中共中央在1960年9月首次对国民经济提出实行"调整、巩固、充实、提高"的方针。同年11月铁道部在下发的《铁路工作纲要十七条（初稿）》中

---

① 中国铁路史编辑研究中心：《中国铁路大事记（1876—1995）》，中国铁道出版社1996年版，第254-256页。

第一次提出在铁路工作中贯彻"调整、巩固、充实、提高"的八字方针，启动铁路系统的调整。1961年1月中共八届九中全会正式通过"八字"方针，邓小平亲自抓铁路整顿。1月24日邓小平听取了吕正操关于铁路工作的汇报之后，指出：恢复所有的经济秩序要"从铁路做起"，"大动脉好了，其他就好办"；对整顿铁路提出了要大力整顿铁路秩序、加强铁路集中统一管理、恢复和建立规章制度等十二点具体要求。①在邓小平的领导下，铁道部改正了"大跃进"以来工作中的失误，铁路工作焕发勃勃生机。

3. "文化大革命"时期，组建交通部与全力整顿铁路

"文化大革命"给稳定发展的铁路建设事业造成了极大的破坏，铁道交通经历了一场世界交通史上前所未有的大劫难。

五千万师生通过铁路大串联使铁道部门疲于奔命，给运力本就严重短缺的铁路交通造成了极大的压力和困难。突发猛涨的客运量使得有限的交通工具——汽车、船只尤其是火车的超载达到了惊人的程度。严重的超载使运输秩序失控，交通工具遭到破坏。大串联还波及了铁道交通部门，一些铁路职工也外出串联、停业"闹革命"，导致铁路交通运输陷入混乱。客运量的猛增导致货物运载量骤降，不得不压缩货物列车运行线，货物运输受到严重影响。尤其是以煤炭等代表的生产物质的运输受到严重阻滞，导致广东、上海、湖南等地工业生产受到严重影响。

为了维系铁路运输的正常运转，避免铁路由于内乱陷入瘫痪，周恩来、邓小平等党和国家领导人始终给予铁路事业极大的关怀，做出了诸多工作和努力，对铁路运输的正常化和国民经济的发展发挥了重要作用。

---

① 中共中央文献研究室：《邓小平年谱（1904—1974）》（下），中央文献出版社2009年版，第1615页。

第一,铁路实行全面军事管制。

铁路正常运输生产受到极大破坏的情况下,周恩来认为要制止铁路交通的混乱状况,非采取强有力的军管措施不可。周恩来将他手中关于齐齐哈尔铁路局反映该局内纪律涣散、指挥不灵,调度员、扳道员随性不上班,几十台机车开不出去;局内派别众多,打派仗影响业务;随意破坏规章制度,险些造成国际列车碰撞的报告送给了毛泽东。毛泽东阅后批示,一切秩序混乱的铁路局都应该实行军事接管,以便尽快恢复正常秩序,汽车、轮船、港口装卸也都要管起来;只管工业,不管交通是不对的。周恩来在毛泽东批示之后,立即组织人员研究拟出对铁道部、交通部、邮电部等实行军管的文件。1967年5月31日中共中央、国务院发出《关于铁道部实行军事管制的决定(试行草案)》,决定即日起对铁道部实行军事管制,并成立了铁道部军事管制委员会。6月12日中共中央、国务院又对全国铁路实行全面军事管制。铁路是国民经济的交通命脉,稳定铁路有利于稳定全局。对铁路的军事管制,以及其后中共中央下发系列关于维护铁路、维护铁路交通革命秩序、坚决打击破坏铁路运输的反革命分子的命令和采取的相应措施,包括推动造反的各派组织联合、加强对运输的集中统一指挥、抓重点工程的建设、在铁路系统开展整党建党工作等,对稳定铁路局势、促进铁路运输生产的发展发挥了积极作用。

第二,组建交通部。

1970年7月1日,根据中共中央和国务院的决定,铁道部、交通部和邮电部所属邮政部分三部合并组建交通部。三部按照以下原则和要求进行合并:工作性质相同的、业务联系较为密切的进行合并,专业性质较强的分设;在管理体制上,能够下放的尽量下放,机构设置层次尽量减少，便于直接领导；在编制上保证重点、求精简，分工不要太细，人员力求一人多用、一专多能等。合并之后人员精简了78%，由原来三部3403人合并精简为750人，其原有68个司局合并为15个组。

交通部组建之后，面临着严峻的形势。一方面，"文化大革命"的冲击影响了铁路的集中统一指挥；另一方面，西南三线建设致使铁路新线规模过于膨胀，影响到了旧有铁路的技术改造，从而对铁路的运输能力造成严重制约。交通部着眼整顿企业管理、提高运输效率；压缩新线建设，调整铁路发展比例失衡的问题。

一是整顿企业管理。"文化大革命"中"政治可以冲击一切"的极左思潮以及"阶级斗争为纲"的错误路线给铁路的运输生产管理、运输设备的维修、工业生产的技术管理乃至铁路新线的施工都造成了严重影响。尊重科学、掌握技术被说成是"走白专道路"；集中统一的运输生产指挥被污蔑为"削弱党的领导"；执行必要的规则制度被批判为"不相信群众的管、卡、压"等。铁路运营生产管理的系列规章遭到破坏。干部不敢管理，工人不愿学习技术，新工人又不懂技术。大量的技术工人和维修人员被抽调去搞运动，参加工宣队，严重影响了运输设备的维修。损坏的钢轨和失效的枕木得不到更换，线路质量无法保障。维修保养制度被破坏，检修技术标准、检修工艺、验收制度等得不到认真执行。在新线的修建过程中，批判所谓的"条条专政""专家路线""大打人民战争"，实际导致在修建的过程中不讲科学、瞎指挥，工程质量差。这些问题都是企业管理的问题，汇聚一起在行车安全的问题上暴露出来。1970年铁路行车事故严重、重大、大事故高达876件。周恩来严肃指出，1970年是中华人民共和国成立以来事故数量最多、最严重的一年，无论如何，今后不许再发生这么多事故。

交通部以行车安全为抓手，着力整顿企业管理，提高铁路运输生产水平。一方面加强领导干部的班子配备，重用"文化大革命"前已经在领导岗位任职的局级、处级干部和技术干部。另一方面以《中共中央关于加强安全生产的通知》为指导，在交通运输部门发动群众批判极左思潮和无政府主义倾向，要求各级干部改正不敢管、不认真管的错误；要求每个职工、每个班组将安全生产切实落到实处，确保生产安全；加强设备维修、提高行车人员的业务素质，保证行车安全；对新进工作人员加强业务培训，对行车相关人员进行技术业务考核等。经过整顿，1971年铁路运输水平得到提升，行车事故总数和重大、大事故都有所减少，但是仍有货物列车与旅客列车、货物列车之间相撞的恶性事故发生，如1971年12月京广线琉璃河站发生追尾重大事故，死伤36人。为了进一步地改变这种情况，交通部在1972年1月印发了《关于加强安全运输生产的紧急通知》，随后在全路开展了群众性运输安全生产大检查，查思想、查制度、查领导、查一年来执行中共中央关于加强安全生产通知的情况，总结经验教训，并要求被抽调参加非本职工作的机车乘务员和工务、电务、车辆维修工人返回生产第一线。经过整顿之后，安全形势下滑的状况得到初步遏制。

二是压缩基本建设规模。自1964年起国家在立足备战的背景之下，开始在中西部地区13个省、自治区进行了大规模的国防、科技、工业和交通的基本设施建设，为增强我国的国防实力、改善生产力布局以及中西部地区工业化做出了极大贡献。但是，这些建设不可避免地导致铁路新线建设过快。在1966—1969年间，铁路新线建设占全部基本建设投资的比重达到了66.2%，用于改造既有铁路的投资仅占12.4%。1970年在交通部提出了第四个五年计划（1971—1975）中，规划未来五年要修

12 000公里新线。在此庞大规划的指导下,新线建设的规模逐渐攀升。1970年施工的铁路多达26条,动用资金占全路基建投资的76.7%;1971年新线建设投资所占比例达到77.4%。既有线路的改造投资比重从1970年的6.6%下降到1971年的2.8%,导致运输繁忙的既有线路得不到必要的改造;与此同时,新线的建设工期长且复杂,难以保证按时保质交付并投入使用,由此铁路建设的内部失调严重影响了铁路运输能力的提高。从1972年开始,交通部压缩新线建设规模,保证重点工程、重点项目的建设,同时增加对既有铁路的技术改造,较大程度上缓解了运输紧张的局面。

"文化大革命"时期政治运动接连不断,铁路领域再次受到严重冲击,铁路运输的劳动纪律、规章制度等都没有得到全面恢复,安全形势再次逆转、铁路运输生产全面下降。

第三,全面整顿铁路。

1974年全国"批林批孔"运动的展开,使得在铁路领域曾经一度出现过的跨行业、跨地区的联络站再次出现,借"批林批孔"为名不上班、不劳动、打派仗,围攻批斗打倒干部领导。许多领导机构陷入瘫痪,运输生产无法正常进行,对已经调整初见成效的铁路运输造成了严重影响。一是生产下降。1974年铁路货运量仅完成了计划的92%,比1973年少运货物4321万吨,下降5.3%;1975年前两个月未见好转,全国20个铁路局中就有15个未完成运输计划,煤炭等生产重要物质积压,难以及时运出,严重影响到了钢铁、电力等工业生产和一些城市的正常生活。二是铁路重要干线堵塞,运输严重不畅。京广、津浦、陇海、浙赣四大干线堵塞,其中陇海、浙赣两条线和徐州、南京、南昌向塘、太原等四点情况特别严重。其中徐州地处京沪、陇海两条铁路大干线的交汇点,

由于武斗的影响导致其处于半瘫痪状态,直接影响华东乃至全国铁路干线。三是规章制度不严、劳动纪律松弛、事故高发、治安问题严重。

铁路是国民经济的大动脉,在发展国民经济中具有重要战略地位。铁路运输不畅,会严重影响钢铁、煤炭、电力、化肥等生产的正常进行,进而对国民经济的发展造成严重影响。如果不解决铁路运输问题,就难以顺利完成国民经济计划。铁路问题成为整顿全国经济的关键。鉴于铁路在国民经济发展中的重要性及当时面临的严重问题,1975年全国人大四届一次会议决定铁道、交通分家,重设铁道部,万里任部长。

1975年1月,邓小平主持国务院日常工作,遂将铁路整顿作为全面整顿工作的突破口。首先,研究制定整顿铁路工作的纲领性文件——《中共中央关于加强铁路工作的决定》。邓小平指出铁路运输问题是当前国民经济的"薄弱环节",必须解决这个问题,否则"生产部署统统打乱,整个计划都会落空"①。邓小平指示铁道部代中央迅速起草一份整顿铁路问题的文件,并口授了文件的主要内容,强调要集中管理铁路,实行军事化管理。3月5日,经邓小平审阅并报中央、毛泽东圈阅同意的9号文件《中共中央关于加强铁路工作的决定》正式发出。文件明确指出:铁路运输是当前国民经济的一个突出的薄弱关节,不能适应工农业生产发展和加强战备的需要,需要对铁路运输的管理体制进行重要改变。②该文件是邓小平整顿铁路工作的纲领性文件。据此,邓小平采取了一系列措施改变"文化大革命"以来铁路运营、管理混乱的局面。其次,重申集中统一领导的重要性。邓小平沿用20世纪60年代整顿铁路的正确经

---

① 冷溶,汪作玲:《邓小平年谱(1975—1997)》(上),中央文献出版社2004年版,第25页。
② 中国二十世纪通鉴编辑委员会:《中国二十世纪通鉴:第15卷》,线装书局2002年版,第5023页。

验，再次强调集中统一管理的重要性，要求实行"以铁道部领导为主的管理体制"，由铁道部统一管理全国铁路、集中指挥铁路运输、统一调配铁路职工等。再次，建章立制，增强组织纪律性。由于铁路系统原有的规章制度被破坏，组织纪律涣散，导致问题频发。因此，邓小平强调一定要健全和恢复规章制度，加强组织纪律性。①在邓小平的指示要求下，铁道部随即恢复建立了岗位责任制、技术操作规程、质量检验制度、设备管理制度、维修制度等，为铁路运营走上正轨提供了制度保障。最后，邓小平发表重要讲话，明确反对"派性"，整顿相关领导班子。邓小平严肃指出"闹派性已经严重地妨碍"工作大局，派性的问题必须解决，反对派性是一个"大是大非"的问题；提出必须把铁路系统里"闹派性"的人同地方上"闹派性"的人的"联系割断"，态度要坚决，"要敢字当头，横下一条心"，彻底解决问题。②

在邓小平整顿铁路思想的指导下，铁道部决定狠抓典型和薄弱环节，首先集中解决徐州问题。3月9日，万里来到徐州，着手解决徐州问题。一是连日召开万人动员大会、誓师大会和群众座谈会，亲自宣讲、贯彻中央9号文件，将中央整顿铁路的决定和整顿铁路的方针告知群众，使9号文件规定的方针政策成为判断是非、选择去从的标准。二是采取区别对待的对策解决派性问题。对于盲目跟从的视其程度轻重或教育或处理，对于为首的分子则集中主要力量坚决打击。三是在群众中开展广泛的教育、座谈等活动，消除派性。四是落实政策、检查错误、公开平反，整顿干部队伍和领导班子。经过12天的整顿，徐州铁路状况得到极大改观，运输形势迅速改善，日装车由700多辆增加到1400多辆，保障了煤

---

① 邓小平文选：《第2卷》，人民出版社1994年版，第5-6页。
② 邓小平文选：《第2卷》，人民出版社1994年版，第6页。

炭等重点物质的运输。

津浦、陇海两大干线交汇的徐州枢纽经过整顿之后，得以畅通无阻。随后，邓小平以点带面将徐州经验推广至其他省市以及工业交通系统的各行各业，以此推动全铁路系统和全方面工作的整顿。经过整顿，全国铁路形势有了显著的改变。一是一些派性严重和"软、懒、散"的班子被整顿；徐州、南京、郑州、向塘、长沙、昆明等地运输堵塞的局面基本改观，京广、津浦、陇海、浙赣等干线堵塞情况解决，干线保持畅通。二是铁路运输生产大幅度提高。1975年上半年货运量完成年度计划的48.95%，比上年同期增长8.6%，创造了历史最高纪录。其中煤炭运量完成了年计划的50.5%，扭转了连续58个月完不成煤炭转车计划的状况。三是铁路基本建设步伐加快，机车车辆工作开始出现大幅度增长；四是铁路治安秩序有所好转，犯罪案件减少。

4. 铁路建设新成就

尽管在社会主义建设的探索时期出现了"大跃进""文化大革命"这样的错误，给铁路事业的发展造成了严重的影响，但是在党中央领导的整顿、建设和人民群众的广泛支持之下，这一时期铁路的建设取得了一定的成就。

一是新线建设与旧线改造有了发展，路网状况得到改善。在"大跃进"的三年中，新建了兰青、干武等干线2800多公里；修建支线58条，已铺轨的有33条共1420公里；还修建了各种专用线4500公里。到了1960年，全路营业里程达33 890公里，全国除了西藏外，大陆各省、自治区都有了铁路。西北、西南营业线路在全国的占比由之前的11%提高到19.4%，改善了铁路分布不均的状况。改造了大量的营业线路，其投资达到了 33.4 亿元，超过了新建铁路的投资；新建了陇海、津浦、京广线的第二线工程 2761 公里，使得复线铁路比"一五"期末增加 1.4 倍；新建和扩建编组站 18 个，延长股道 698 公里；修建自动闭塞 1132 公里，半自动闭塞 4899 公里。①

1964 年起，中共中央根据国际形势开始在中西部 13 个省、自治区进行一场以战备为指导思想的大规模国防、科技、工业和交通基本设施建设，史称"三线建设"。在三线建设中，进行了西南"三线"大会战。"三线"指的是三条铁路——成昆铁路、川黔铁路和贵昆铁路。成昆铁路全长 1090.9 公里，北起成都，与宝成、成渝两线连接；南止于昆明，与贵昆、昆河两线相连。川黔铁路全长 423.6 公里，北端入重庆枢纽与成渝、襄渝铁路（计划中）衔接；南端入贵阳枢纽与贵昆、湘黔铁路相连。贵昆铁路，全长 639 公里，贵阳端与湘黔、黔桂、川黔线相接，昆明端与成昆、昆河线相接。川黔铁路于 1965 年 7 月 8 日修通；贵昆铁路于 1966 年 3 月 4 日修通；成昆铁路于 1958 年开工，1959 年至 1969 年间由于受到"文化大革命"的影响多次停工复工，直到 1970 年 7 月 1 日才全线竣工运营。这三条铁路构成西南铁路网中的主要干线，对于开发云贵川三省资源、促进三省经济发展，巩固国防和加强民族团结均具有重大的意义。在隧道建设上，20 世纪 60 年代组织西南铁路建设大会战，建成一批隧道较多的山区铁路，相继建成贵昆、成昆、京原、东川、镜铁山、嫩林、盘西、水大、渡口等干支线，这一时期共修建隧道 1113 座，总延长 660 公里，是 20 世纪 50 年代的两倍多。20 世纪 70 年代，由于铁路路网迅速扩展，进行大规模铁路建设，完成了较多的隧道工程。这一时期，主要是会战焦枝、枝柳、襄渝、京通、阳安、湘黔等线，这都

---

① 铁道部档案史志中心：《新中国铁路 50 年》，中国铁道出版社 1999 年版，第 70-71 页。

是路网中隧道较多的山区铁路干线，工程非常艰巨。这一时期共建成隧道1954座，总延长1035公里，在规模、速度和数量上，都大大超过50—60年代，是中国铁路隧道建设史上建成隧道较多的时期。"文化大革命"时期全面整顿铁路之后，铁路建设又有一定的发展。1975年，新建铁路邯长（邯郸至长治北）、太焦、南疆（吐鲁番至库尔勒）等部分铺轨通车，焦枝铁路经整治后于7月正式验交。坦赞铁路——中国最大的对外援建项目，也于1975年基本建成。坦赞铁路的建成，是对外经济技术援助的重大成果，在非洲以至全世界产生了巨大反响。

二是铁路工业的生产能力得到增强，技术装备和科技水平有了提高。机车车辆的生产在"大跃进"时期被国务院列为必须确保的机械产品之一，在材料、设备供应等方面受到优先保障。在"大跃进"的三年中，新造机车1678台、货车57 097辆、客车2210辆。该时期，随着铁路科研、教育的发展，培养了大量的铁路相关技术人员和科研人员，推动了技术装备和科技水平不断提高与发展。1959年12月中华人民共和国第一个三级四场机械化驼峰编组站——苏家屯站建成，安装24钩预排进路的驼峰道岔集中控制设备，实现了车辆溜放间隔制动的机械化。自行设计并制造成功了起重能力达130吨，悬臂长26米的强大架桥机；集装箱开始成批制造使用，通信信号水平有了发展，内燃机车大会战取得胜利，电力机车的研制和生产获得进展；可以独立解决一些比较复杂的科学技术问题，在长隧、大型建筑、沙漠、高寒、冻土、软土、盐湖区等地区的设计、施工、筑路等水平都有突破。在此期间，建成了中国第一条电气化铁路区段——宝成铁路的宝鸡至凤州段；中国自己设计、自己修建，用自己的技术力量装备起来的第一条内燃化铁路——成昆铁路。

十年动乱中，尽管许多地区铁路枢纽阻塞，行车中断，但全国铁路的全面瘫痪局面始终没有发生。这避免了给国民经济和人民生活造成更大损失。1976年铁路货运仍然比1965年增加了69.8%，为工农业生产和人民生活的需要提供了运输条件，同时有力支援了援越抗美的斗争。"文化大革命"期间，先后有贵昆、成昆、湘黔、襄渝、太焦、京原、阳安、通坨等9条干线建成通车。营业里程从1965年的每百平方公里0.38公里提高到0.48公里。路网布局也有较大改善，西南、西北铁路长度占全国铁路长度的比重，由1965年的20.8%提高到24.5%。成昆铁路、南京长江大桥建成，把中国筑路建桥技术提高到新的水平。铁路运输技术装备有了较大改善。内燃机车由1965年的66台增加到1976年的1478台，增加21.4倍；电力机车由1965年的39台，增加到1976年的191台、增加5.4倍；电气化铁路从91公里增加到741公里，增加7.1倍。货车、客车数量，1976年比1965年分别增加64.6%和29.6%；铁路正线铺设的50公斤以上的重轨，从1965年的7087公里增加到1976年17 905公里，增加1.53倍；重轨线路占线路总延长的比重，由1965年的17.7%提高到34.3%；自动闭塞里程11年间增加62%，东风4型内燃机车、北京型内燃机车、韶山型电力机车以及一批新型车辆正式投入生产。资阳、眉山、贵阳、永济、洛阳、铜陵等新建的工厂投产，大大增加了机车车辆制造的能力。

第三节 支撑富起来

1978年，改革开放的总设计师邓小平在日本考察时，坐在新干线列车上感慨地说："像风一样快，新干线推着人们跑，我们现在很需要跑！"

这是邓小平对国家实现腾飞的期盼，也是对铁路加速发展的期待。面对与发达国家的差距，中国确实需要跑起来。党的十一届三中全会实现了党和国家工作重心转移到经济建设上来，做出了实行改革开放的重大决策。改革开放的日益推进，市场经济体制的逐步确立和完善，中国经济开始快速增长。铁路事业的发展与经济快速发展的不适应性日益突出，成为制约国民经济发展的薄弱环节。中国铁路面对改革开放带来的重大机遇与前所未有的严峻挑战，着力于解决"多不多""快不快""好不好"的问题，在改革开放的浪潮中不断改革创新、加快发展，扭转了铁路发展严重滞后的局面，较好地适应了经济社会发展的需要，有力地支撑中华民族"富起来"。

一、建设更多的铁路

中华人民共和国成立之后，铁路事业在中国共产党的领导下迅速重建并发展起来。1949 年至 1978 年间，全国铁路营业里程达 48 618 公里；双线铁路 7630 公里，双线率 15.7%；电气化铁路从无到有，建成 1030 公里，电气化率 2.1%；1978 年铁路客货运量分别达到 8.1 亿人、11 亿吨，是 1949 年的 7.9 倍和 19.7 倍。1980 年"五五"计划末期，全国铁路营业里程达到 49 950 公里，双线里程 8119 公里，双线率提高到 16.3%，电气化里程 1667 公里；旅客发送量 9.12 亿人，旅客周转量 1383.16 亿人公里，货物发送量 10.86 亿吨，货物周转量 51 717.53 吨公里。但是由于铁路建设资金紧缺，除了国民经济恢复时期和"三五"时期分别达到 14.5%和 12.3%外，其他年份总是徘徊在 6%左右，既有铁路得不到及时改造，铁路的发展速度赶不上运量增长的需要，运能与运量的矛盾越来越突出。

从 20 世纪 80 年代开始，中国铁路运力十分紧张。在货运上，全社会需要铁路运输的物资每天有 30 多万车，而实际只能运 14 万车，大量货物不能及时承运。客运上，全国每天能提供座席仅 240 万，但是实际上日均运输旅客达 300 万人。许多列车常年拥挤，尤其是春运、暑假、寒假、五一、十一期间，铁路部门甚至不得不用以货运棚车代替旅客客车的办法缓解运输压力。随着国民经济持续发展，铁路运输生产力不适应经济社会日益增长的运输需求的矛盾越来越突出，对国民经济和社会发展的制约越来越严重。国民经济和社会发展的需要，要求铁路必须尽快改变路网规模不够、运输能力不足的状况。

1. 20 世纪 80 年代，建设铁路的"三大战役"

为了增强铁路运能、满足改革开放发展的需要，20 世纪 80 年代，铁道部发起建设铁路的三大战役："北战大秦，南攻衡广，中取华东。"北战大秦，建成了中国第一条双线电气化重载铁路——大秦铁路。大秦铁路西起大同，东至秦皇岛，全长 652 公里，1985 年 1 月开工，1992 年 12 月全线开通运营。大秦铁路打通了晋煤外运的战略通道，担负着我国主要四大电网、五大发电集团、十大钢铁公司和上万家工矿企业的生产用煤，以及 26 个省市自治区的生产生活用煤。大秦铁路煤炭运量占全国铁路煤运总量的 25%，创造了世界单条铁路重载列车密度最高、运输能力最大、增运幅度最快、运输效率最好、运输效益最佳等多项纪录。

南攻衡广，建成北起衡阳南至广州的衡广铁路复线，全长 526 公里，1986 年 1 月开始，1988 年 11 月全线提前通车。衡广铁路复线打通京广大动脉的"卡脖子"区段，增强了铁路进出广东的运力。

中取华东,在华东地区实施铁路基本建设大中型项目共 17 项,其中兴建铁路 5 项、双线工程 6 项、枢纽 3 项电、气化工程 1 项、京沪铁路改造 1 项等,总投资达 70 多亿元,涉及上海、江苏、浙江、安徽、江西、福建等五省一市。经过五年建设,建成新线 473 公里、双线 620 公里、电气化铁路 513 公里,改造了一些干线、改建了一批枢纽站,初步缓解了华东地区铁路运输的紧张局面,为华东经济的发展增添了动能。

2. 20 世纪 90 年代,铁路大建设

20 世纪 90 年代,铁道部响应中共中央、国务院关于加快铁路发展的决策,做出"强攻京九、兰新,速战宝中、侯月,再取华东、西南,配套完善大秦"的战略部署,围绕京九、兰新、宝中、侯月、浙赣、南昆、大秦 1 亿吨配套、京广扩能、成昆电气化改造、西康线、广深准高速铁路和北京西站 12 项重点工程,集中人力物力财力,组织了铁路建设大会战。

京九铁路是当时中国铁路建设史上规模最大、投资最多、一次建成里程最长的铁路大干线。它自北京到深圳,连接九龙,纵贯京、津、冀、鲁、豫、皖、鄂、赣、粤九省市,全长 2397 公里,1993 年全面开工,1996 年 9 月提前开通运营。京九铁路是一条南北干线,加强了内地与港澳地区的联系,对于缓解南北铁路运输的紧张状况起到了重要作用。京九沿线资源丰富,有粮、棉、油产区,有众多的矿产资源和旅游资源,铁路的建设带动了沿线地方资源的开发、推动了沿线地区的经济发展。

南昆铁路建设是这一时期西南铁路建设中最光彩夺目的篇章。南昆铁路(南宁—昆明)1990 年 12 月开工,1997 年 11 月开通运营,全长 828 公里,是南方铁路网的一条东西向运输大干线。南昆铁路的建成改

善了路网布局，不仅是西南与华南沿海间最便捷的通道，而且将地域辽阔、发展潜力巨大但无出海口的西南内陆，与有绵长海岸、交通发达的华南地区连接起来，形成背靠大西南，面向东南亚的格局，对大西南的资源开发和从根本上改变贫困落后面貌起到促进作用。大秦线1亿吨配套工程从1994年11月开工，历时四年完成。大秦铁路的运输能力由原来的5500万吨提高到近1亿吨。

截至1990年底，中国西北铁路营业里程仅6812公里，占全国营业里程的12.8%；路网密度每万平方公里平均23公里，不足全国平均数55.6公里的一半。虽然与中华人民共和国成立前夕相比已经是巨大的飞跃，但是远不能满足改革开放以来西部经济发展的要求。西部铁路不仅通路能力小，而且铁路网骨架薄弱，成为制约西北经济发展的瓶颈。因此要发展西北，必须加快西北铁路建设。1993年1月时任国务院副总理的朱镕基提出了90年代铁路建设的十大重点工程，西北占三项，分别是兰新复线、宝（鸡）中（卫）线、西（安）安（康）线。"八五"期间西北铁路建设以强化亚欧大桥为目标，新增东通道，会战宝中线。宝中线纵贯陕甘宁三省区十四个县市，全长498.19公里，全线为国家一级电气化铁路干线，设计能力、年运输量近期为1200万吨，中期为1800万吨，扩能后单线可达2500万吨。宝中线从1990年开工，1995年6月1日建成通车。宝中线成为欧亚大陆桥的重要组成部分，成为联通平凉与固原、银川的快捷客运通道，有助于促进沿线地区客货交流，对促进品联合沿线地区经济社会发展、加强沿线区域与关中、华东、中南等地间的客货交流具有重要作用。兰新铁路全长1901公里，东自兰州西站，西至乌鲁木齐西站，东接陇海线、西接南疆线，是当时新疆通往内地各省唯一的一条铁路干线，是中华人民共和国成立以后修建的最长的铁路干线，是构成中国西北部地区铁路网络的重要组成部分。

在"八五"计划（1991—1995）期间，中国改革开放和现代化建设进入新的阶段，确立了社会主义市场经济目标，形成了总体开放的格局，中国铁路建设也迎来的春天。在"八五"期间，铁路总计完成基建投资1244亿元，交付运营铁路新线4356公里，复线3848公里，分别是"七五"时期的3.6倍、2.4倍和1.6倍。投产电气化铁路2742公里。1995年末，全国营运铁路里程达到62 389公里，其中双线里程16 909公里，双线率达30.9%；电气化铁路9703公里，电气化率达17.7%。

3. 新世纪铁路建设大会战

1998年东南亚爆发金融危机，波及整个亚洲及世界各地。为了抵御危机对中国经济的冲击，中共中央、国务院做出加强基础设施建设、扩大内需等系列重大决策。铁路作为综合交通运输体系的骨干，是国民经济的重要基础设施，迎来了又一次新的发展机遇。

1998年铁道部做出"决战西南，强攻煤运，扩大路网，突破七万"的跨世纪五年铁路建设部署，集中力量建设一批对国民经济全局有重要影响，在路网中起骨干作用的大能力干线以及对完善路网布局、加快区域发展有重要影响的工程项目。由此，开启了世纪之交铁路大会战的序幕。在此期间，2000年国家将西部大开发作为一项重大战略任务摆在更加突出的问题，铁道部在"十五"计划中突出西部铁路建设，专门制定了《西部铁路"十五"建设计划》，加强西部铁路建设。一是决战大西南。相继建成投产内昆铁路、水柏铁路、西安安康铁路、渝怀铁路，建成开通株六铁路二线、宝成铁路二线，西南北通路、东通路能力成倍增加。二是强攻煤运。为了增强铁路对煤炭的运力，铁道部开工修建朔黄铁路、邯济铁路、神延铁路、新菏兖日铁路等煤运通道，煤运增强了近亿吨。三是扩展路网。建成投产了南疆、梅坎、秦沈等铁路以及粤海铁路通道，芜湖长江大桥，成昆、武广、哈大、包兰电气化等一大批对国民经济和社会发展有重大影响的项目。四是突破七万。这五年是铁路建设大发展时期，铁路全行业完成基本建设投资 2872 亿元，比五年前增长 55%；完成新线投产 5943 公里，复线投产 4603 公里，电气化投产 5703 公里，是中华人民共和国成立以来投资规模最大、新开工及建成投产项目最多的五年。截至 2002 年年底，全国铁路总营业里程突破 7 万公里，达到 71 898 公里，居世界第三，亚洲第一。其中复线里程达 23 800 公里，占营业里程的 33.3%，电气化里程达 18 300 公里，占营业里程的 25.6%；西部铁路营业里程达 26 660 公里，比 1997 年增长 13.3%。经过这五年建设，铁路干线配套设施进一步完善，主要通道能力得到提高，路网规模得到扩展、路网骨架得到加强、路网结构得到优化，铁路运输紧张状况得到一定缓解。

"十五"计划期间，全国铁路基本建设投资 3145.26 亿元，比"九五"期间投资增加了 706.45 亿元，渝怀线、武九线、赣龙线、宁西线西合段等项目建成投产。2005 年年底，全国铁路总营业里程达到了 75 438 公里，比"九五"末期增加了 7688 公里；其中复线 25 566 公里，电气化线路 20 150 公里，分别比"九五"末期增长 19.4%和 35.6%。

"十一五"规划时期，中国的铁路建设投资大大增加，达到 1.98 万亿元；新线投产 1.47 万公里，复线投产 1.12 万公里、电气化投产 2.13 万公里，全路复线率、电气化率分别达到 41%和 46%。开工建设沪汉蓉、太中银、向莆、兰渝、贵广、南广、包西等一批跨区域通道与西部大开发项目，形成贯通全国的网络系统，实现各区域间客货运输的大出大入。

区域干线建设取得重大进展，太原—中卫、永州—茂名、铜陵—九江、宜昌—万州、包头—西安等区际干线建成投产。

"十二五"规划时期，中共中央和国务院强调要发挥铁路建设对稳增长、调结构、惠民生的重要作用，加大了对铁路建设的支持力度，铁路的基本建设投资有了大增长，达到 2.7 万亿元，是"十一五"的 1.4 倍。新线投产 3.05 万公里，是"十一五"的 2 倍；复线投产 2.63 万公里，电气化投产 3.12 万公里，分别为"十一五"的 2.2 倍和 1.5 倍；全路复线率、电气化率分别达到 53.5%、61.8%。在这一时期，开工建设了宝兰、郑徐、西成、京沈、哈牡、哈佳、杭黄、济青、武十、商合杭、大张、郑万、京张等客运专线和城际铁路。

至 2012 年，我国铁路营业里程达到 97 625 公里，是改革开放初期 1980 年营业里程的近两倍，改变了运能紧张的局面，运输能力大大增强。

二、跑出更快的速度

速度是交通运输的灵魂，速度是衡量一个国家铁路现代化程度的重要标志。速度落后是一代铁路的落后，速度提升是一代铁路的进步。中国铁路在异常复杂情况下在技术装备开发、安全管理控制和运输组织模式上进行大胆创新，既成功实施了繁忙干线大面积提速，又有效提高了客货运量，走出了一条符合我国国情、路情的提速创新之路。

1. 提速前的战略抉择与实验

改革开放以来中国经济迅猛发展，中国铁路的速度成为货物、人员流通的瓶颈。在 20 世纪 80 年代大规模铁路建设基础上，提速已经具备基础的物质条件和技术条件。西欧国家在 20 世纪 60 年代，用先进的科技手段对运输繁忙的既有干线进行电气化改造,将列车时速提高到 140~160 公里;瑞典、德国、意大利等国采用摆式列车技术,将时速提到 200 公里。1994 年,世界上有 25 个国家的旅客列车的最高时速达到或超过 140 公里。各国既有铁路的提速,为我国的铁路提速提供了一些参考经验。但是我国情况复杂,铁路提速的主攻方向是在既有繁忙干线上,战略重点是京沪、京广、京哈。这三大干线总里程 5046 公里,占中国铁路营业里程 9.5%,但完成的客货周转量却占中国铁路的 39.4%和 34.4%。日本铁路客运很繁忙,但货运比重很小;北美、南非等国铁路货运重载技术发达,但客运量不大;西欧各国有客货混跑铁路,但以高速客运和快捷货运为主。中国铁路是客、货一条线运行,不同等级列车混跑,运输强度高居世界之首。在这样的运输中,速度、密度、重量三者相互影响、相互制约。它们对运输组织、轨道结构、信号系统和牵引动力等技术要求相互矛盾,甚至截然相反。

破解铁路提速瓶颈,有两种思路。一是加快推进大规模铁路建设,扩大路网规模,提高路网质量,实现主要运输通道的客货分线;兴建高速铁路,加快推进铁路技术装备现代化。二是充分运用先进的技术手段和科学的管理方法,在既有线上大力开展提速改造,广泛实行重载运输;积极改革运输管理体制,全面优化运输组织,充分挖潜扩能提效,以较少的投资解决运输生产力的快速释放和运输能力的快速扩充问题。受当时的资金、技术等条件所限,中国还不可能马上兴建高速铁路。中国铁路选择了最直接最现实的第二种思路。

1994 年 6 月,铁道部提出"大力提高列车质量,积极增加行车密度,努力提高行车速度"的技术政策。在中国特殊、复杂的运输条件下实施大面积提速,必须从技术改造与提速试验入手,在立足自主创新的基础

上开拓出一条既有线实现列车速度、密度、重量最佳匹配的提速挖潜改造之路。有专家将这称之为"中国式铁路大提速"。

1995年，铁路大提速的实验开始了。当年9月至10月，铁道部在沪宁线（上海—南京）首次进行客、货列车提速试验，中国铁道科学研究院100多名科技人员参与了列车、地面的测试工作，采集了10亿个以上数据，圆满完成了首次提速试验任务。1996年4月1日，沪宁线上首次开出了时速达140公里的上海至南京快速客车"先行号"，全程运行2小时48分，比原运行时间缩短了1小时11分，深受旅客青睐。3个月后，北京站开出时速达140公里的"北戴河号"列车飞驰在京秦线上，从北京至秦皇岛全程只用2.5小时，比原运行时间缩短了1小时8分。1996年10月8日，北京至大连间开行了中国首列长距离快速旅客列车，最高时速达到140公里。1996年11月，郑州铁路局组织在郑州至漯河间进行了既有电气化铁路上的提速，最高试验时速达到185公里。四大战场提速实验，为繁忙干线的全面提速提供了科学依据，坚定了中国铁路大提速的信心。

2. 既有线路开出了新速度：改革开放以来的六次大提速

1997年4月1日0时是一个历史性的时刻。中国铁路第一次大面积提速调图全面实施，铁路大提速的历程正式开始。

第一次提速在京沪、京广、京哈三大干线上。4月1日这一天，以沈阳、北京、上海、广州、武汉等大城市为中心，开行了40对最高时速达140公里、旅行速度达90公里以上的快速列车和64列夕发朝至列车，以及一大批运行客运化的货运五定班列。第一次大提速是对中国铁路传统运输组织方式的一次深刻变革，不仅列车运行速度实现了飞跃，运行图编制发生了根本变化,而且对全国铁路运输组织、经营理念等都产生了深远的影响。中国铁路为提高运输质量,适应经济和社会发展迈出了重要一步。

1998年10月1日,中国铁路实施第二次大面积提速。这次提速仍以京广、京沪、京哈三大干线为重点,进一步扩大了提速范围,提高了列车速度,增加了提速列车的数量,优化了运输产品结构和运力资源配置。快速列车最高时速达到了140~160公里,广深线(广州—深圳)最高时速达到200公里。

2000年10月21日,中国铁路实施第三次大面积提速。其亮点是将提速的重点放在中西部地区,主要集中在陇海(江苏连云港—甘肃兰州)、兰新(甘肃兰州—新疆乌鲁木齐)、京九(北京—香港九龙)、浙赣(浙江杭州—湖南株洲)线。这几条干线提速后,大大缩短了东西部时空上的距离,更方便中国东西部地区人员往来和物资交流,对加快西部大开发具有重要的作用。随着陇海、兰新线、浙赣线两条横跨东西大干线的全面提速,它们与京广、京沪、京哈、京九线四条纵贯南北的大动脉一起,初步形成了覆盖全国主要地区的"四纵四横"提速网络。

2001年10月21日0时中国铁路实施第四次大面积提速调图,全路旅客列车平均时速达到61.92公里。这次提速的重点区段为京九线、武昌—成都(汉丹、襄渝、达成)、京广线南段、浙赣线和哈大线,提速线路增加3000公里,铁路提速延展里程达到13 000公里,提速网络覆盖全国大部分省区。中国铁路提速网络进一步完善。

经过前四次大提速,铁路基本形成了"四纵两横"的提速网络,在扩充运输能力上取得了较好的成绩,也为以后的大提速积累了经验。第五次、第六次大提速确定继续以主要干线为重点,向时速200~250公里进军，与未来客运专线、城际铁路等结合起来，形成中国铁路快速客运网络，使我国既有线列车速度达到发达国家水平。

2004年4月18日0时，第五次大面积提速调图全面实施，提速线路增加3500公里，快速线路里程超过16 500公里，增开19对最高时速160公里的直达特快列车，几大干线的部分地段线路基础达到时速200公里的要求，即升级为中级快速铁路。同时，引进外国动车组，货车系统大改革，平均时速65.7公里，直达特快列车平均速度达到每小时119公里，特快列车达到每小时92.8公里。

2007年4月18日零时，第六次大提速调图全面实施。在这次铁路大提速中时速120公里及以上线路，其延展里程达2.2万公里，比第五次提速增加了6000公里。时速160公里及以上提速线路延展里程达1.4万公里，时速200公里线路延展里程达6003公里。2008年底，全国已经拥有480列时速200公里以上国产动车组列车，运行于全国17个省和直辖市。根据国际铁路联盟定义，时速超过200公里，是公认的高速列车与普通列车的分界点。第六次大提速调图规模之大、技术标准之高，前所未有。时速达到200公里及以上线路一次达到了6227公里，相当于同时期欧洲九国200公里及以上既有线路提速线路的总和。第六次大提速表明，中国铁路已经掌握了既有线路提速时速200公里至250公里设计、施工、制造、试验、运营、管理和维修等成套技术和技术标准体系，实现了时速200~250公里动车组、时速80~120公里5500吨货物列车、双层集装箱列车等各种速度差较大的客货列车在既有线路上共线运行的目标。

经过六次大提速后,中国铁路跨入世界铁路既有线路提速先进行列。250公里的最高时速超过发达国家既有线路最高时速240公里。当时中国铁路总营业里程排名世界第三和亚洲第一，客货运量世界第二、运输效率世界第一。六次大提速不仅实现了中国铁路百年发展历史上时速200公里动车组、时速120公里5000吨货物重载列车零的突破，而且创造了世界铁路既有线整体性、系统性提速改造客货共线运行的新模式，极大地推动了我国铁路运输生产力的发展。

六次大提速是铁路现代化的重要标志，给铁路运输带来了质的飞跃，不仅客运质量不断提升，老百姓从大提速中获得了切实的利益；而且在关系国计民生、关系经济社会发展全局的货运方面，成效显著，为经济社会发展提供了运力支撑。

3. 大提速后，中国进入高铁时代

在旧有线路改造提速的同时，我国加快了高速铁路的研发与建设。高铁以快速、准时、良好的服务实现了"千里江陵一日还"的梦想。

20世纪80年代，我国就要不要建设高速铁路、如何建设高速铁路、以什么样的标准建设高速铁路等问题初步达成了共识，并于1990年底完成了《京沪高速铁路线路方案构想报告》，开启了建设京沪高铁的预研。

1994年，我国第一条准高速铁路广州—深圳铁路建成并投入运营，其旅客列车速度为160～200公里/小时，不仅在技术上实现了新的突破，而且通过科研与试验、引进和开发，为建设我国高速铁路做了前期准备，可以称之为我国高速铁路的起点。2003年，我国第一条快速客运专线秦皇岛—沈阳客运专线建成并投入运营，通过秦沈线的建设和运营实践，进一步探索了适合中国国情的高速客运专线的技术标准、施工方法、运营管理及维护等一系列经验。

2004年国务院审议通过国家《中长期铁路网规划》，同年开始了我

国高速铁路网建设。2008年8月1日京津城际铁路正式通车运营，京津两地实现30分钟通达。京津城际铁路是我国第一条自主设计建造的运行时速达350公里的高速铁路，其修建技术不仅达到了世界先进水平，而且在实践过程中采用了很多具有自主知识产权的新材料、新设备和新技术，形成了一套完备的高速铁路"中国标准"，成为我国铁路建设史上的又一座里程碑。以京津城际高速铁路的建设和通车为标志，我国铁路建设进入了高速时代。

武汉到广州、郑州到西安等20多条时速200～350公里的客运专线和城际铁路相继开工建设，2008年4月18日京沪高铁正式开工，新建设的高速铁路规模达到8000余公里。2009年12月26日武广高速铁路客运新干线全面投入运营，这标志着我国已从机车制造，到铁路设计、施工建设、列车运行控制、铁路运营管理等方面全面掌握高速铁路技术，率先步入高速铁路新时代。2010年12月3日在京沪高铁枣庄至蚌埠间的先导段联调联试和综合试验中，由中国南车集团研制的"和谐号"380A新一代高速动车组在上午11时28分最高时速达到486.1公里。

按照国家《中长期铁路网规划》和铁路"十一五""十二五"规划，近几年来以"四纵四横"快速客运网为主骨架的高速铁路建设全面推进，建成了京津、沪宁、京沪、京广、哈大等一批设计时速350公里、具有世界先进水平的高速铁路，并陆续投入运营，形成了相对完善的高铁网络体系。2011年6月，全长1318公里，世界上一次建成线路里程最长的北京到上海高速铁路开通并投入使用，从而开创了我国两个特大型城市的生活新时空，使我国2011年高速铁路客运量达到4.1亿人，占铁路客运量的22%。2011年12月26日，广深港高速铁路广深段正式开通，根据停站不同，广州南站到深圳北站只需29～50分钟。2015年数据显示，该段高铁成为我国旅客往返最频繁的高铁线路。

2012年12月，世界上第一条穿越高寒季节性冻土地区的哈尔滨至大连高速铁路建成运营。由京沈客运专线、哈大客运专线、盘营客运专线组成京哈客运专线的重要组成部分，全长约1700公里。使中国北端的冬季有了银色巨龙。2012年12月，北京经武汉、广州至香港，由京石客运专线、石武客运专线、武广客运专线、广深港客运专线组成，全长2298公里，世界上运营里程最长，跨越温带亚热带、多种地形地质区域和众多水系的北京至香港的高速铁路全线通车。让旅客在8小时里感受到窗外北京至广州的季节色彩变换。

三、提供更好的服务

铁路提速更"提素"，伴随着铁路提速而来的是铁路服务质量的不断提升。铁路服务质量的不断提升，又推动着铁路市场的不断开拓。

1. 提速以市场需求为导向，积极开发多样化的运输产品

1997年4月1日，铁路开始第一次大面积提速并全面调整列车运行图。这次提速调图受到了广大旅客的普遍欢迎，取得了良好的社会效益和经济效益。"火车提速不提价，安全快捷行天下！""坐火车夕发朝至，胜过住宾馆饭店！"铁路第一次提速后，由于旅行时间缩短，客流开始回升，客票收入大大增加。"夕发朝至"列车被旅客赞誉为"移动宾馆"。当年铁路旅客周转量完成3543亿人公里，为年计划的107.4%，比1996年增加了223亿人公里，增长6.7%。客运收入完成261亿元，比1996年增长10.1%。铁路第一次大提速在社会上引起强烈反响，快速列车、"夕发朝至"列车几乎趟趟满员，广大旅客对铁路进一步提高列车速度、

增加快速列车开行数量的期待更高。铁路锋芒初露，尝到甜头，又发起新一轮的冲击。

1998年10月1日0时，中国铁路第二次大面积提速调图开始实施。这次提速调图，使提速线路进一步延长，列车速度进一步提高。这次提速面向市场，扩大了快速旅客列车、夕发朝至旅客列车的数量和范围，快速列车增至80对，增加了40对。"夕发朝至"列车由64列增加到228列，提高了2.5倍。根据需要，还适当安排了短途列车、假日列车、民工专列等客车，首次开行北京—厦门、哈尔滨—武昌等旅游热线直达列车；根据行包运输需求不断增长的实际情况，首次开行了8对行包专列等。铁路新一轮提速，进一步适应了旅客对运输快捷的要求，扩大了客货运输品牌效应，赢得了社会各界的广泛赞誉，铁路提速被64家产业报评为1998年十件大事之一。

2000年10月21日0时，中国铁路第三次大面积提速在陇海、兰新、京九、浙赣线顺利实施。第三次大面积提速调图进一步优化了运输产品结构，在夕发朝至、快慢速列车、城际列车、旅游列车、行包专列、"五定"班列、大宗货物直达列车等客货运输品牌数量进一步增加，质量不断提高、产品结构更加合理，基本上满足了广大旅客客货主不同层次的运输需求，初步形成了中国铁路适应市场的产品系列。

2001年11月21日，铁路第四次大提速，提速范围基本覆盖全国较大城市和大部分地区，包括武昌至成都、京广线南段、京九线、浙赣线、沪杭线和哈大线等线路。第四次提速调图进一步增开特快列车；为了更好地满足游客需要、拓展铁路旅游市场，增设跨局旅游专列运行新至28对；行包专列、"五定"班列、大宗货物直达列车等都在原有班列数上进一步增加。

2004年4月18日，铁路第五次大提速，京沪、京广、京哈等干线部分地段线路基础达到时速200公里的要求。提速网络总里程将达到16 500多公里，其中，时速160公里及以上的提速线路超过7700公里。主要城市之间客车运行速度进一步提高，旅行时间大幅度压缩。铁路部门在这次提速调图中精心设计并推出了一系列客货运输新产品。在客运方面，针对客流量较大的北京至上海、杭州、扬州、南京、苏州、合肥、武汉、长沙、哈尔滨、长春、西安、天津、上海等方向新增开19对直达特快列车，列车最高运行速度可达每小时160公里；货运方面，新增北京—哈尔滨、上海、广州3对特快行邮专列，新增北京—乌鲁木齐、广州—上海两对快速行邮专列；新增加固定车底的冷藏快运专列和集装箱快运专列，最大限度提高铁路在货运市场的竞争力。夕发朝至列车、旅游专列、跨局旅游专列、"五定"班列、冷藏快运专列等进一步增加，初步形成了覆盖全国80个主要货物集散地的班列运输网络。

2007年4月18日，铁路第六次大面积提速，包括京哈、京广、浙赣、沪杭、京沪、陇海、胶济等干线，覆盖全国17个省、直辖市。列车运行图、编组计划和车流路径进一步优化；运输产品更加丰富"和谐号"动车组在部分区段已经实现公交化，主要城市间旅客列车运行时间总体压缩了20%以上，客运一站直达、夕发朝至和货运大宗直达、快运班列数量大幅增加。

在提速战略实施的过程中，铁道部一是坚持以市场为导向，开行列车充分考虑市场需求，增强对旅客、货主的吸引力，提高市场竞争能力。二是坚持扬长避短，充分发挥铁路中长距离和能力强大的运输优势。三是坚持优化存量，科学安排增量，根据运输市场变化情况，对原有的旅客列车逐趟进行审核确定，做到有流开车，无流停运。四是坚持降低消

耗，提高经济效益，改变重投入轻产出的资源配置方式，最大限度地提高各种生产要素的使用效率，减少损失浪费。五是坚持挖潜提效，扩大运输能力，从国民经济发展的需要出发，充分发挥新投产项目的作用，统筹安排主要干线的客货运输能力，缓解和打通限制口，使全路运输能力有较大的提高。

伴随着速度的提高，铁路以市场需求为导向积极开发运输产品，努力使列车品种结构满足不同层次旅客货主的运输需求。在客运方面，大量开行"夕发朝至""朝发夕归"列车；增加了直通特快、直通快车、管内特快、管内快车数量，减少了直通慢车、管内慢车、市郊列车数量；增加了卧铺数量，适当减少了座位数量。"夕发朝至"列车等产品适应了现代社会高效率、快节奏的要求，成为铁路客运的拳头产品；行包专列的开行，有效提高了行包送达速度，满足了小商品物资运输快捷、安全的要求。为了进一步树立"夕发朝至"列车等客货运输品牌的形象，对"夕发朝至"列车时间段进行了优化，将始发时间段定为 17:00～23:00，终时时间段定为 5:00～10:00。开行数量也不断增加，更加方便了旅客出行。在货运方面，开行了发到站直达、运行线全程贯通、车次全程不变、发到时间固定、以车或以箱为单位报价的"五定"货运班列；开行货运"五定"班列提高了货物运到期限的准确度，压缩了货物运到期限，适应了现代社会物流发展需求。提高了直达列车比重，取消了沿零摘挂列车，减少了货物列车改编作业，加快了车辆周转，提高了作业效率。通过提速调图，促进了铁路客货运输结构的优化，中长途客运量大幅度增长，运力资源配置更加合理，铁路运输质量得到较大提升。

六次大面积提速调图，增强了铁路的市场竞争能力，取得了良好的经济效益。各铁路局以提速为契机，进一步加大市场营销力度，使经营状况不断好转,实现了全行业扭亏增盈。一是客货运量持续大幅度增长。2007年全国铁路旅客发送量达到 13.57 亿人,比 1996 年增加 4.09 亿人,增长 43.1%;旅客周转量达到 7250 亿人公里,比 1996 年增加 3902 亿人公里,增长 1.2 倍。全国铁路货物发送量达到 31.01 亿吨,比 1996 年增加 13.92 亿吨,增长 81.5%;货物周转量达到 23 450 亿吨公里,比 1996 年增加 10 357 亿吨公里,增长 79.1%。二是铁路运输产品全面创新。2007 年,夕发朝至列车增加 259 列,增长 3.3 倍;一站直达列车达到 52 列;新开行了大量动车组列车;普通旅客列车增加 129 列,增长 13.6%。大宗货物直达列车增加到 406 列;"五定"班列运行线增加到 121 条;行包专列增加到 28 列;新增"一站装、一站卸"的快运直达班列线 45 条,基本形成铁路快捷货运网络。三是运输收入在 1997、1998 连续两年大幅度减亏后,1999 年铁路提前年实现 3 年扭亏目标,此后连续保持盈利水平。

2. 提速更"提素",铁路服务质量不断提高

铁路长期受计划经济影响,注重完成运输生产计划,而对旅客货主的服务质量要求却不够重视,"门难进、脸难看、事难办"的现象比较普遍,群众意见较多,严重损害了铁路形象。随着运输市场竞争的日益加剧,铁路部门对提高服务质量的重要性、紧迫性认识不断提高。特别是实施提速战略以后,全路把提高服务质量作为适应社会先进生产力发展要求、增强企业竞争能力的重要基础工作,采取各种有效措施,狠抓了服务质量的提高,取得了明显成效。

一是广泛进行市场调查,了解旅客货主意见,收集问题,进行整改。比如在 1999 年,铁道部汇总了 100 条客货服务质量中最突出的问题,制

定了《1999年提高铁路客货运输质量的百点计划》，要求全路以解决这100个突出问题为突破口，集中时间，集中力量，查找不足，整改问题，使铁路服务质量有较大提高。2000年1月铁道部又制定《铁路货物运输服务质量监督监察办法》，查找货运工作中违规违章违法问题，提升货运服务质量。

二是积极作为，提升车站、列车服务质量。2000年8月，铁道部制定《较大车站和特快列车质量要求》，对全路44个特大车站和43对特快列车提出包括设备设施、站容车容卫生、人员素质、服务质量、餐饮供应、运输组织、管理工作等7个方面30条具体内容的服务质量要求，以着力解决重点车站和列车服务质量上存在的突出问题。各铁路局对较大客运站普遍进行了不同程度的修缮和改造，各项服务功能不断完善，为旅客提供了良好的候车环境。在努力提高重点列车服务质量的同时，从2001年开始全面整治普通旅客列车质量。各单位安排专项整治资金，集中对普通旅客列车给排水系统、空调、电器、茶炉、照明、供水、门窗、厕所等进行了全面整修，认真解决服务中存在的问题，普通旅客列车脏、乱、差的状况得到较大改观，服务质量有了较大提高。在硬件设备设施深入整治的同时，各单位学从机制和规章制度建设入手，积极研究建立和完善普通旅客列车整治成果的巩固机制，防止出现反弹和滑坡，使普通旅客列车整治工作不断深入。这次普通旅客列车质量整治力度之大，范围之广，效果之明显，是历年来所没有的，对全面提高铁路客运服务质量起到了重要的推动作用。

三是推进铁路信息化建设，改进营销手段，便利广大旅客货主。自1975年铁道部电子中心开始筹备以来，经过30多年的历程，中国铁路信息化从无到有，逐步发展，特别是TMIS、客票预订与发售等系统建设以来,财会管理与资金清算、铁路运输统计、机务管理、车辆管理、办公自动化等许多应用项目已经投入使用,应用涵盖了铁路运输组织、客货营销、经营管理的各主要环节。这些系统的陆续建成投产,使铁路客货物运输现代化水平得到了大幅提升。建立覆盖全路的计算机网络,为铁路信息化建设提供了基本的网络平台,在国内处于领先水平。其中与客货运密切相关的就是铁路客票发售与预订系统(TRS)与铁路运输管理信息系统(TMIS)。

铁路客票发售与预订系统(TRS)的建设和运用彻底改变了我国铁路客票近百年的手工作业方式,使硬版票成为历史。客票系统的建成,不仅大大提高了售票速度,减少了旅客排队购票时间;而且通过全国铁路联网售票,使旅客在全路任何一个快车停车站均可以买到全国各线始发的列车车票,大大缓解了长期以来困扰旅客的"买票难"问题,提高了铁路客运经营水平和服务质量,受到广大旅客的欢迎,改善了铁路的企业形象,取得了良好的社会和经济效益。

铁路运输管理信息系统(TMIS)从 1994 年开始实施,历经十年,至 2004 年底 TMIS 各子系统全面建成。整个信息系统在 TMIS 网络平台上主要架构货票制票、列车预确报、车站综合管理、货运营销与生产管理、集装箱管理、大节点追踪、运输调度 7 大系统,基本上覆盖了铁路货运生产的全过程。以 TMIS 各联网点为信息源点,从货主提出要车申请,到铁路运输计划安排、合同签订、装车实际、分析考核等,实行了一整套全新的管理办法和运作方式。这一系统不仅连接着铁道部、铁路局、分局、站段,而且与大型企业货主直接联网,货主足不出户,就可以提报要车计划,查询货运信息,受到了运输企业和广大货主的普遍欢迎。

第四节 支撑强起来

党的十八大以来,我国铁路建设坚持新发展理念,以刀刃向内的决心和勇气大胆改革,解决了多年来想解决而未能解决的问题。进入新时代以来,铁路建设贯彻新发展理念、筑牢强国基础,着力解决"好不好"的问题,奋力建设世界交通强国,为中华民族强起来提供有力支撑。

一、新发展理念助推铁路高质量发展

新时代铁路建设坚持以习近平新时代中国特色社会主义思想为指导,坚持以人民为中心,贯彻新发展理念,深入推进铁路供给侧结构性改革,努力推动铁路高质量发展,为建设交通强国、服务国家战略、促进经济社会发展发挥了先行作用。

一是路网建设创新与铁路装备创新。党的十八大以来铁路建设进入了发展的"黄金时期",在铁路运营里程和铁路发展的质量上都飞速发展。我国在高速铁路、高原铁路、重载铁路等领域取得了系统性创新成果,建立了完备的铁路技术系统,建成了世界上类型最全的铁路网。2019年年底,我国铁路营业总里程达到 13.9 万公里,位居世界各国铁路里程数第二位;其中高铁里程 3.5 万公里,居世界第一。"十三五"期间我国铁路规划建设新线 2.3 万公里。基于一些重大长干线在"十二五"期间已经基本建成的局面,"十三五"期间国家铁路建设主要侧重城际铁路网及中西部尤其是西部地区铁路网的完善。这一时期新建铁路主要有京沪高铁、京广高铁、哈大高铁、兰新高铁、宝兰高铁、西成高铁、石济高铁、九景衢铁路。2017 年年底,高铁"四纵四横"主干线全部贯通通车。这

一时期,形成了具有独立自主知识产权的高铁建设和装备制造技术体系。复兴号中国标准动车组实现了时速350公里商业运营,系列化产品谱系基本形成。智能型动车组在世界上首次实现了时速350公里自动驾驶。铁路大功率机车、重载车辆、通信信号、牵引供电、养护维修检测设备以及施工机械装备水平大幅提升,智能化新技术应用不断创新。

二是路网协调发展与量质协调发展。"四纵四横"高速铁路主骨架全面建成,"八纵八横"高速铁路主通道和普速干线铁路加快建设,重点区域城际铁路快速推进。智能京张高铁、北煤南运重载通道浩吉铁路等一大批新线开通运营。全国路网布局持续优化,路网质量显著提高,中西部地区铁路网不断完善,枢纽及配套设施不断强化。截至2019年年末,全国铁路基本形成布局合理、覆盖广泛、层次分明、安全高效的铁路网络。铁路行业着眼满足人民群众不断增长的铁路运输需求,大力实施铁路供给侧结构性改革,运输供给能力、服务品质、安全水平持续提升。2015年到2019年,全国铁路旅客发送量年均增长9.6%,货物发送量年均增长6.9%,客货运输能力大幅提升,旅客出行更加便捷,能源、资源等重点物资运输得到有力保障。铁路运输服务水平显著提高,旅客客票和货运票据实现了"电子化"。应急保障能力显著增强,运输安全持续稳定,特别是高铁运营安全世界领先。

三是绿色发展。人因自然而生,人与自然应该是一种和谐共生关系。人类应树立尊重自然、顺应自然、保护自然的生态文明理念。铁路建设也要坚持绿色发展理念。中国铁路一直以来致力绿色发展,如建立环境保护目标责任书制度,加强铁路建设环保管理,逐步完善环境法规,建立环保信息数据库等。党的十八大以来,铁路电气化程度持续提升,优化了铁路能源结构,降低了铁路对石油的依赖。同时,铁路新设施、新装备的应用和推广则为运输生产节能减排提供了有力的支撑。数据表明，2016年，国家铁路绿化里程为4.61万公里；2017年增至4.71万公里，增幅为2.1%，而2018年，国家铁路绿化里程更是达到了4.89万公里，增长率提升至3.6%，逐步形成了"车在林中行，人在画中游"的优美环境。2019年铁路绿色发展成效明显，国家铁路单位运输工作量综合能耗比上年下降3.2%；化学需氧量排放量比上年降低6.1%；二氧化硫排放量比上年降低44.7%，为持续推进污染防治、打赢蓝天保卫战发挥了重要作用。

四是开放发展。开放带来进步，封闭必然落后。行业对内开放，行业监管体系逐步完善，政府职能转变和简政放权成效明显。铁路投融资体制改革不断深化，地方政府、社会资本投资铁路比例大幅提升。国铁企业建立现代企业制度，京沪高铁公司等成功上市。铁路运输法治化、市场化改革进一步深化，营商环境进一步改善。党的十八大以来，我国铁路建设积极推进铁路设施国际互联互通以支撑我国对外贸易发展。截至2020年，中欧班列累计开行1.24列，单月开行均稳定在1000列以上，到达欧洲21个国家、92个城市，强有力地推动我国全方位对外开放新格局的形成。铁路建设服务于"一带一路"建设，中国铁路标准国际化取得积极成效，铁路互联互通取得新突破。中老铁路标志性工程和雅万高铁标志性项目有序推进，亚吉铁路、蒙内铁路等一批项目建成投产。铁路技术装备出口全球100多个国家和地区。中欧班列快速发展，成为"一带一路"倡议的重要成果和突出亮点。

五是共享发展。"治天下也，必先公，公则天下平矣。"让广大人民群众共享改革发展成果是社会主义的本质要求，是社会主义制度优越性的集中体现，是我们党坚持全心全意为人民服务根本宗旨的重要体现。

"十三五"以来，全国铁路固定资产投资连续保持在每年8000亿元以上。2020年，面对新冠肺炎疫情影响，铁路坚决贯彻落实中央"六稳""六保"决策部署，全力以赴推动复工复产，努力克服各种困难，确保了铁路建设加快推进，全力服务扩大内需战略，优质高效推进铁路建设，充分发挥铁路投资拉动作用；保开通、保在建、保开工，铁路建设科学有序、步履铿锵。实施客运提质计划，让旅客出行更舒适、更便捷、更智能。刷脸进站、Wi-Fi覆盖、无感安检、验检合一、互联网订餐、车站大屏等一系列高科技技术成为乘坐高铁的专属名词，功能齐备、智能便捷的客运服务让出行成为一种享受。高铁全面实施"一日一图"，全国近2700个车站实行电子客票，实现运力和旅客需求精准匹配。"十三五"期间，从高铁到普铁，电子客票已覆盖99%以上铁路出行人群，复兴号已通达全国28个省区市和香港特别行政区。2019年底，在世界首条智能高铁京张高铁上，增加了智能模块、性能更优的复兴号"贴地飞行"，树起中国智能高铁的新标杆。扶贫攻坚，铁路先行。发挥铁路行业优势，助力百姓脱贫奔小康。在脱贫攻坚的主战场，铁路一如既往地发挥"火车头"的作用，率先垂范，冲锋在前。"十三五"以来，贫困地区铁路建设快速发展，14个集中连片特困地区、革命老区、少数民族地区、边疆地区结束不通铁路的历史，部分贫困地区直接迈入高铁时代。81对公益性"慢火车"不断提高服务品质，154个无轨站精心服务贫困和不通铁路地区，持续加大贫困地区货运保障力度，保障重点物资供给和农产品外运需求；12306、快运商城等电商扶贫平台推动铁路消费扶贫实现新突破。铁路部门多点发力，推动脱贫攻坚和乡村振兴有机衔接，让百姓日子过得更红火、更幸福。

二、体制改革促进铁路良性发展

2013年,铁道部实行铁路政企分开,拟定铁路发展规划和政策的行政职责划入交通运输部;组建国家铁路局,由交通运输部管理;组建中国铁路总公司,承担铁道部的企业职责;不再保留铁道部。铁道部的撤销打通了中国铁路"政企分开"的"最后一公里",改革开放以来困扰铁路多年的"政企不分"问题开始进入实质性解决与实施阶段,铁路改革的重点逐步转向"深化运输供给侧结构性改革,提升铁路对经济社会发展的服务保障能力"。①

过去,中国铁路无疑是"小社会",工农商学都有,政企不分、社企不分、事企不分。有独立的、遍布全国铁路沿线的铁路公检法系统,有独立的通信网——"路网"(即后来的中国铁通),曾是中国电信三大网(邮电网、路网、军网)之一;有独立的从幼儿园到大中小学的教育系统,有独立的卫生医疗系统,铁路医院遍布全国。中华人民共和国成立时,1949年铁路职工人数是41万,10年后的1959年达到205万,最高时的1991年为342万。不可否认,这一体制在相当长的历史时期内发挥过积极作用。但是,铁路的这种管理体制与社会主义市场经济的要求是相悖的,与建立现代企业制度格格不入,与党中央、国务院要求铁路的"政企分开、社企分开、事企分开"的要求是不相符的。这种体制造成铁路劳动生产率低下、企业负担过重、冗员过多,使中国铁路不堪重负。

---

① 张雪永:《外部影响与内在理路:百年变局视野下的中国铁路改革开放历程》,《西南交通大学学报》(社会科学版),2018年第6期,第1-8页。

改革开放以来,铁道部的改革从未停止。2002年,铁道部向国务院上报了铁路改革总体方案。2003年6月28日,铁道部确定了主辅分离、辅业改制的总体目标:按政企分开的要求,将企业承担的政府职能回归政府;按社企分开的要求,将企业承担的社会职能回归社会;以产权制度改革为核心,进行辅业改制,实现辅业与运输主业的彻底分离。2003年10月7日至2004年1月20日,在中国铁路工程总公司、中国铁道建筑总公司、中国铁路机车车辆工业总公司、中国铁路通信信号总公司、中国土木工程集团公司与铁道部脱钩之后,铁路进一步推进主辅分离,部属4个勘察设计院、铁路局所属38家设计施工企业和中国铁路物资总公司、铁道通信信息有限责任公司由铁道部移交国资委管理。2004年12月31日,铁路所属826所中小学、208所医院全部移交地方政府管理。改革之后,铁路职工人数从320多万减至148.7万人。2009年3月国务院办公厅发布《铁道部主要职责内设机构和人员编制规定》,提出推进铁路体制改革,"既要有利于铁路发展、保持路网完整性、维护运输集中统一指挥、确保运输安全、提高运输效率和效益,又要实行政企分开、政资分开,建立健全现代企业制度,完善法人治理结构,实现投资主体多元化"[1],并把"研究提出铁路体制改革方案及有关配套政策建议"[2]确定为铁道部的职责,使铁路改革的原则、目标和职责主体更加明确。

铁路是国民经济大动脉,在综合交通运输体系中举足轻重。党十八

---

[1] 孙前进:《中国现代流通体系规划与建设政策文献汇编:第十八辑》,中国财富出版社2012年版,第6页。
[2] 孙前进:《中国现代流通体系规划与建设政策文献汇编:第十八辑》,中国财富出版社2012年版,第7页。

大以来，面对经济新常态，铁路建设必须进行根本体制改革。2013年3月14日，十二届全国人大一次会议第四次全体会议表决通过《关于国务院机构改革和职能转变方案的决定（草案）》，批准《国务院机构改革和职能转变方案》。方案明确，为推动铁路建设和运营健康可持续发展，保障铁路运营秩序和安全，促进各种交通方式相互衔接，实行铁路政企分开，完善综合交通运输体系。将铁道部拟定铁路发展规划和政策的行政职责划入交通运输部，不再保留铁道部。交通运输部统筹规划铁路、公路、水路、民航发展，加快推进综合交通运输体系建设。组建国家铁路局，由交通运输部管理，承担铁道部的其他行政职责，负责拟定铁路技术标准，监督管理铁路安全生产、运输服务质量和铁路工程质量等。组建中国铁路总公司，承担原铁道部的企业职责，负责铁路运输统一调度指挥，经营铁路客货运输业务，承担专运、特运任务，负责铁路建设，承担铁路安全生产主体责任等。国家继续支持铁路建设发展，加快推进铁路投融资体制改革和运价改革，建立健全规范的公益性线路和运输补贴机制，继续深化铁路企业改革。

这一重大体制的改革，一是有利于形成政府依法管理、企业自主经营、社会广泛参与的铁路发展新格局。中国铁路总公司成为市场主体，可以落实经营自主权，促进企业内部改革，提高发展内生动力，增强铁路发展后劲，推动铁路建设和运营健康可持续发展。改革后，中国铁路总公司继续保留全路集中统一的管理模式，继续承担相关专运、特运任务，不改变现行铁路运输统一调度指挥机制，不改变现有铁路生产运营体系，有利于保持和发挥中国铁路的优势。二是明确了中国铁路总公司的安全生产主体责任和国家铁路局的安全监管责任，有利于厘清企业和政府角色，有利于从体制上保障铁路运营秩序和安全。三是有利于充分发挥各种交通运输方式的整体优势和组合效率。由交通运输部统筹规划铁路、公路、水路、民航发展，可以加快推进综合交通运输体系建设，推动各种运输方式协调发展和有机衔接，优化布局结构，形成真正意义上的大交通格局。

2013年铁道部撤销之后，围绕机构改革和职能转变，铁路总公司继续开展了一系列持续性的改革。为在新的管理体系下理顺现有内部机构关系，铁路总公司即下发了《中国铁路总公司关于明确两级企业管理关系的规定》，并推进"1+23+N"管理制度体系建设，要求根据构建新体制下运行机制的基本要求，按照"1+23+N"管理制度体系框架加快制度建设。"1"即《中国铁路总公司关于明确两级企业管理关系的规定》，是管理制度体系的母文件，文件界定总公司和铁路局的职能定位，确定两级企业法人管理权责划分的基本原则，明确总公司对所属企业的管理方式。"23"文件是各业务领域的基本管理制度。"N"文件是与相关业务领域基本管理制度配套衔接的若干实施办法。

铁路总公司以全新制度体系建设的方式，明确铁路总公司与铁路局的职能定位和权责划分，来加强铁总对铁路局的运行管理。2015年5月24日，铁路总公司出台《中国铁路总公司关于深化铁路企业改革的意见》，提出主要在6个方面深化铁路企业改革："全面加强运行机制建设，增强企业发展活力；深化铁路运输组织改革，提升市场竞争力和运输服务水平；加强资产经营开发，提高铁路资源利用效率和效益；落实铁路投融资体制改革政策措施，为优质高效完成铁路建设提供保障；深化合资铁路管理改革，促进合资铁路规范有序运行；实施铁路'走出

去'战略,提高铁路企业国际竞争力。"①《意见》总体上确立了铁路企业改革的基本方向和主要方式,为现代企业制度的构建奠定了重要的政策基础。

2018年12月5日,中国国家铁路集团有限公司正式完成更名登记,中国铁路企业改革进一步深化,标志着中国铁路总公司及其下属机构的一次市场化的系统升级。这一改革酝酿已久,先是铁路总公司所属中国铁路建设投资公司、铁道科学研究院、《人民铁道》报社等17家非运输企业进行改制;而后是2017年11月,中国铁路总公司所属18个铁路局正式完成公司制改革工商变更登记,各铁路局相继更名为铁路局集团有限公司,各铁路运输主体正式走向市场;最后,铁路总公司自身进行公司制改革,成立中国国家铁路集团有限公司。长远来看,实行公司化的治理结构,是铁路构建现代企业制度、与传统发展模式彻底"脱钩"的重大战略决策;公司制改革也是中国铁路企业从传统运输生产型企业向现代运输经营型企业转型发展的必然选择。

铁道部撤销后中国铁路改革取得了长足进步,特别是十八大以来的改革成效显著。以2018年为例,8月份铁总披露的集团2018年半年报显示,上半年,铁总收入合计4988.31亿元,税后亏损3.68亿元,较去年同期29.68亿元的税后亏损额减少了87.6%。虽然仍在亏损,但亏损额却在大幅减少,收入也在持续增加。

路网纵横、四通八达;人便其行、物畅其流;中国高铁、领跑世界。中国铁路以奋斗者的姿态,创造了举世瞩目的成就,一批批铁路新线投入运营,路网越织越密,为经济社会发展和建设社会主义现代化强国提供有力支撑,为实现中华民族伟大复兴的中国梦贡献了重要力量。

---

① 中国铁路总公司档案史志中心主办:《中国铁道年鉴2015》,第67页。

三、开放合作贡献中国方案与中国力量

中华民族的伟大复兴是近代百年以来无数仁人志士的奋斗目标,也是今天中国人民的伟大梦想。高速铁路为代表的中国铁路"走出去",为中国在未来发展提供了全新、广阔的地缘空间,中国铁路就是升级版的现代丝绸之路。铁路不断改写着中国版图的时空格局,也提供了助力世界发展的中国方案和中国力量。随着"一带一路"倡议深入推进,中国铁路"走出去"步伐加快,铁路合作项目在世界五大洲的数十个国家遍地开花,与各国人民一道书写互利共赢、美美与共的新篇章。

进入新时代,在人类命运共同体的理念指导和"一带一路"倡议下,中国铁路走出去的步伐有了质的飞跃。中国铁路从最初的劳务与简单设备输出,发展为方案设计、技术支持、施工建设、装备制造、运营维护的全产业链"走出去",为世界的共同发展、共同繁荣发挥了重要的作用。在"一带一路"的大背景下,中国铁路"走出去"具有了前所未有的重要意义。据估算,"一带一路"沿线国家基础设施的改善可以使东亚至中东的货物装运时间从 15 天减少到 13 天,贸易成本下降 10%。[①]"一带一路"倡议,要将亚洲、欧洲与非洲的广大地区联系在一起,这意味着要彻底解决"世界岛"的陆地交通运输问题。习近平总书记曾指出:"'一带一路'和互联互通是相融相近、相辅相成的。如果将'一带一路'比

---

① Michele Ruta: BELT AND ROAD ECONOMICS: Opportunities and risks of transport corridors, Report of World Bank, 2019, P54. https://www.worldbank.org/en/topic/regional-integration/publication/belt-and-road-economics-opportunities-and-risks-of-transport-corridors

喻为亚洲腾飞的两只翅膀,那么互联互通就是两只翅膀的血脉经络。"①中国是近20年来世界上唯一能够超大规模、多种地域、多种气候条件下修筑铁路的国家,不论铁路修建经验还是铁路技术水平都有了突飞猛进的提高。因此,"一带一路"沿线的设施联通工程一旦全面展开,中国无疑将成为铁路建设的主力军。

1. 铁路走出去,助推亚非经济发展

随着近年来中国铁路技术的进步,中国铁路企业以"丝绸之路经济带"为重点,以跨地域、长距离的铁路建设为主,兼顾具体国家的需要、区域特点进行走出去的战略,助力世界的和平发展。

首先,非洲是中国铁路"走出去"的基础与重点。目前中国企业在非洲大陆一半以上的国家有在建或规划中的铁路项目,其中又以西非的尼日利亚,东非的肯尼亚、埃塞俄比亚、坦桑尼亚,北非的阿尔及利亚、利比亚,南非的赞比亚、安哥拉等国为重点。全球在非洲经营的十大承包商中,中国中铁、中国铁建、中国交建、中国电建都名列其中。更重要的是,中国企业承建的非洲铁路通常都采用"中国标准",从设计、施工、设备供应基本使用中国产品,甚至在建成后由中国企业负责运营。在可以预见的未来,非洲大陆必然是中国企业承建海外铁路项目的主要区域。

其次,中国周边经济走廊建设是中国铁路"走出去"的新热点。从铁路网的分布来看,中国周边国家基本上铁路密度不高,而且有些国家

---

① 习近平:《联通引领发展 伙伴聚焦合作——在"加强互联互通伙伴关系"东道主伙伴对话会上的讲话》,《人民日报》,2014年11月9日。

同时存在人口密度大的问题。例如，吉尔吉斯斯坦、老挝、阿富汗、尼泊尔、蒙古、菲律宾、不丹等国平均每平方公里国土的铁路里程不足 2 米。而巴基斯坦、印度、印度尼西亚、越南、泰国、柬埔寨、约旦、斯里兰卡、老挝与尼泊尔等国虽有铁路，但平均每公里铁路所承载的人口达 15 000 人。而中国"一带一路"倡议提出的建设中蒙俄经济走廊、新亚欧大陆桥、中国—中亚—西亚经济走廊、中巴经济走廊、孟中印缅经济走廊、中国—东南亚半岛经济走廊等六大经济走廊就与这些国家密切相关。中国与俄罗斯、蒙古以及中亚五国的国际铁路联运已有长期的合作基础，而且中国较早地着手帮助中亚五国修建铁路。目前我国中欧班列及其所经过的"三通道""五口岸"，全都是经过北方两个亚欧大陆桥走廊。①这些经济走廊铁路的互联互通，发挥经济集聚和辐射带动作用，从而形成了一条点状密集、以点带面辐射、线状延伸的生产、流通一体化的走廊状经济区域。欧亚非大陆紧密相连，世界上大约90%的人口都生活在这些地方，在历史上的古丝绸之路，实际已经形成了一些经济走廊，后来由于西方殖民及海洋经济的发展而衰落。现在，随着全球经济化的不断发展，交通通信技术的不断进步，可以利用新技术新形势来创新引领行动，推进三大洲的基础设施互联互通，优化整合各自区域的资源禀赋、优化产能等要素，激发区域经济活力和市场潜力，打造大产业大物流格局，实现以点带面、从线到片的联动发展。所以，这六大经济走廊发展得好，就很可能会再次复兴古丝绸之路经济带，实现共同发展。当前中欧班列国际物流品牌效应逐步显现。从无到有、由点及面，随着"一带一路"合作画卷渐次铺展，"六廊六路多国多港"主骨架基本成形，

---

① "三通道"指我国目前铁路运输出境的西、中、东三条通道，分别在新疆、内蒙古与东北。"五口岸"指霍尔果斯、阿拉山口、二连浩特、满洲里、绥芬河。

中欧班列、陆海新通道等大通道建设成效显著，跨国经济走廊合作日益深化。

目前，中欧班列初步形成了多国协作的国际班列运行机制。中国、白俄罗斯、德国、哈萨克斯坦、蒙古、波兰和俄罗斯7国铁路公司签署了《关于深化中欧班列合作协议》。经由阿拉山口、二连浩特、满洲里等口岸和欧亚大陆桥等跨境铁路通道，中欧班列从2011年的17列逐年递增至2018年的6300列。

2. 铁路走出去，在挑战中彰显中国力量

虽然中国铁路企业近年来在全球市场异军突起，但委内瑞拉迪阿高速铁路项目、美国西部快线项目、墨西哥高速铁路项目等也未能成功中标或修建工作半途中止，这说明中国铁路企业远没有在全球市场占据绝对优势。目前，中国铁路走出去可以说是机遇与挑战并存。

第一，其他铁路强国的有力竞争。中国铁路目前积累了非常丰富的建设与运营经验，从高寒地带到湿热地带，从沙漠地形到高原地形，应对各种复杂地质与气候的能力非常突出。但是，中国铁路在世界上仍然要面对若干强有力的竞争对手。日本、法国、德国等国技术成熟、经验丰富，是铁路技术的主要输出国。加拿大与西班牙虽发展略晚，但也拥有强大的建设能力。

第二，项目所在国缺乏建设资金。铁路的前期投资非常庞大，普通铁路造价每公里需数百万美元，而高速铁路每公里则需2000万美元以上。中国企业在海外所修建的铁路项目总金额往往达数十亿美元，甚至上百亿美元，但计划修建铁路的国家大多数并不富裕。

第三，外国合作伙伴协调能力不足。中国企业在海外开展项目时，不可避免要与当地企业进行合作。有些国家的政府在发包铁路项目时，甚至要求中国企业必须与当地企业组成联合体，才允许进行投标。大多数情况下，外国企业能够帮助中国企业熟悉当地的社会环境，并充当中国企业与外国政府之间的协调人。但是，有些外国企业的协调能力较弱，不能推动项目的开展，甚至会起到反作用。

第四，难以预料的政治经济风险。中国在海外建设与经营的铁路项目还面临难以预料的国际政治与经济风险，例如政府垮台、金融危机、战争爆发等。

但是中国铁路走向世界是不可阻挡的，而且对中国和广大发展中国家的具有重要的意义。2016年1月，中国高铁全产业链走出去的第一单——印尼雅加达至万隆高铁线路破土动工。雅万高铁线路一期工程全长142公里，最高设计时速350公里，计划2020年年底前完成建设，2021年开始试运营。届时，两地车程将由现在的3个多小时缩短至40分钟，雅万高铁也将成为东南亚第一条高铁。2016年12月全线开工的中老铁路起于中老边境磨憨—磨丁口岸，南到老挝首都万象，长400余公里，全线采用中国管理标准和技术标准建设。2021年12月建成通车后，中老铁路使老挝实现"陆锁国"到"陆联国"的转变。疾驰的中国高铁受到世界广泛瞩目，"中国方案"叩开了欧洲市场大门。匈塞铁路自匈牙利首都布达佩斯至塞尔维亚首都贝尔格莱德，全长350公里。该项目为电气化客货混线铁路，设计最高时速200公里。中国铁路国际有限公司代表与匈牙利铁路公司代表举行会谈，双方就项目合作进一步达成共识，将加快推进各项工作。

俄罗斯莫斯科至喀山高铁是俄罗斯《2030年运输发展战略规划》中的重大项目，线路全长770公里，最高设计时速400公里。现阶段，中俄双方铁路企业已签署合作意向书。

除此之外，中—吉—乌铁路项目、中国—老挝铁路项目、中国—泰国铁路项目、以色列特维夫轻轨项目、肯尼亚内马铁路项目、中国—巴基斯坦铁路构想、伊朗铁路改造项目、尼日利亚拉卡铁路改造项目正在进行中；在利比亚、塞拉利昂、乍得、苏丹、柬埔寨、塞内加尔也承建了一些铁路项目；并计划在新加坡、马来西亚开展新的铁路项目。如果将中国企业参与的各类轨道交通建设项目计算在内，目前有超过100个在建的海外项目。在未来五年，中国海外修建铁路的里程预计将超过1万公里，全球新开工的铁路一大半都将由中国企业来建造。

总之，中国铁路"走出去"从发展中国家起步，近年来随着技术水平的提高，市场竞争优势非常明显，产品已经能够充分满足发展中国家的需要，中国企业在非洲通过承建线路为龙头，基本上包揽了从设计、施工直到装备出口、后期运营的大部分业务。随着中国周边经济走廊建设的推进，中国铁路企业在东南亚、南亚与中亚也会有较大的发展空间。

中国铁路"走出去"不仅有利于我国经济结构调整，有利于大量发展中国家基础设施的改善，也将成为中国和平崛起的有力支撑与缩小"南北差距"的重要推手。从近期的情况来看，在"一带一路"倡议的框架下，中国将与多国携手共建贯穿亚欧非大陆的铁路网通道，而中国铁路企业将会是这一长期建设过程中的主力军。从更长远的目标来看，中国铁路"走出去"将帮助发展中国家缩短与发达国家的技术差距，撼动发达国家与发展中国家之间的"中心—依附模式",促进"人类命运共同体"的建设。

  七十多年春华秋实,中国铁路用速度改写历史,以先行姿态冲顶高峰,为民生织就了幸福网,为国家铺就了强盛路,为世界贡献了中国智慧,成就显著,未来可期!

第二章
理论依据

作为工业时代的产物,铁路因工业文明而生,又极大地推动了工业文明的发展。它不仅颠覆性地改变了人类社会传统交通运输的方式,推动了全球经济的大发展和整个社会的大变革,更深层次地改变了人类的生活方式和思想观念,从而彻底改变了整个世界。由此,受到了马克思主义经典作家的关注。

第一节 经典作家论铁路

一、独立的生产部门

在马克思的诸多著作中,关于铁路的直接论述相对较少,更多是将铁路归于交通运输业,从整个运输行业来进行论述,这为交通运输理论的形成奠定了基础。事实上,在马克思生活的19世纪,铁路在资本主义国家正处于蓬勃发展的阶段,从某种意义上讲,那是铁路引领世界交通发展的时代,那时的铁路是世界上最先进且最具代表性的交通运输工具。因此,马克思关于交通运输业的相关论述,在很大程度上主要是针对铁路而言的。

1. 交通运输业的性质是社会生产的"第四个物质生产领域"

长期以来,交通运输一直被人们视为一种工具,即把人或物品从一个地方运往另一个地方的工具,仅此而已,很少讨论其性质问题。直到马克思在分析剩余价值理论时敏锐地发现,交通运输使被运输的商品的使用价值发生了变化,这就引发了他对交通运输业性质问题的思考。经过考察和分析,马克思在《经济学手稿》中考察"资本的生产性"时指出:"除了采掘工业、农业和加工工业以外,还存在着第四个物质生产领域,这个领域在自己的发展中,也经历了几个不同的生产阶段:手工业生产阶段、工场手工业生产阶段、机器生产阶段。这就是运输业,不论它是客运还是货运。"①也就是说,在马克思看来,交通运输业属于社会生产的"第四个物质生产领域"。因为在进行交通运输的过程中,被运输对象——商品发生了变化,这种变化具体表现为商品的位置发生了改变,进而使得其使用价值也随之改变,商品的交换价值在这个过程中增加了,商品也就变贵了。因此,马克思认为,虽然在这个过程中,"实在劳动在使用价值上没有留下一点痕迹,可是这个劳动已经实现在这个物质产品的交换价值中。可见,凡是适用于其他一切物质生产领域的,同样适用于运输业:在这个领域里,劳动也体现在商品中,虽然它在商品的使用价值上并不留下任何可见的痕迹。"②

---

① 中共中央马克思恩格斯列宁斯大林著作编译局:《马克思恩格斯文集》(第八卷),人民出版社2009年版,第419页。
②《马克思恩格斯文集》(第八卷),人民出版社2009年版,第419-420页。

此外,马克思还在《资本论》中指出,以航运、铁路、电报等为代表的交通运输业是一种适应了大工业的生产方式。他在分析"相对剩余价值的生产"的过程中认为,一个工业部门的生产方式发生变革会引起其他部门的生产方式也发生变革,因此,"工农业生产方式的革命,尤其使社会生产过程的一般条件即交通运输手段的革命成为必要"①。同样,随着工业社会的不断发展,为了满足大工业生产方式的需要,交通运输业不断改良和创新,开始出现内河和远洋航运、铁路、电报等一系列适合大工业生产的交通运输方式,从而进一步推动了大工业的发展,并从空间和时间两个维度拉近了世界各国的距离,为世界市场的形成创造了条件。显然,从这个角度来看,正如马克思所言:"交通运输业是逐渐地靠内河轮船、铁路、远洋轮船和电报的体系而适应了大工业的生产方式。"②

2. 交通运输业的特征是生产过程在流通过程中的继续

如前所述,在马克思看来,交通运输业属于社会生产的"第四个物质生产领域"。那么,在这个特殊的生产领域里,交通运输业有什么特征呢?关于这一点,马克思在其《资本论》的第二卷中,通过分析"资本的流通过程",指出了交通运输业的特征,他说:"运输业一方面形成一个独立的生产部门,从而形成生产资本的一个特殊的投资领域。另一方面,它又具有如下的特征:它表现为生产过程在流通过程内的继续,并且为了流通过程而继续。"③马克思认为,交通运输业比较特殊,不同于

---

① 《马克思恩格斯文集》(第四十四卷),人民出版社2001年版,第441页。
② 《马克思恩格斯文集》(第四十四卷),人民出版社2001年版,第441页。
③ 《马克思恩格斯文集》(第四十五卷),人民出版社2003年版,第170页。

其他产业部门,其原因就在于它创造使用价值的过程,对于其自身而言是一种生产过程,而对于被运输的产品而言又是一种流通过程,它在流通过程中进行生产,因此是生产过程在流通过程内的继续。对于这一观点,马克思以当时最先进的交通工具——铁路为例进行了具体说明,他分析道:铁路与棉纺业等产业不同,棉纺业产品的生产过程和流通过程是完全分开的,要么原料在生产过程中,要么成品在流通的市场里。而铁路的产品,即它协助完成运输的运动,还处在生产过程中的同时就被出售,这个生产过程对于被运送的商品而言就是流通过程。因此,马克思最后总结道:"运输业是特种产业,它不同于其他的产业,因为它的产品,它创造的使用价值,不能同它的生产过程分离,因而不能像商品那样在这个生产过程之外流通。"①

既然交通运输业表现为生产过程在流通过程内的继续,那么,就不可避免要讨论另一个问题,即因为运输而产生的运输费用的属性问题如何分析。关于这一点,逻辑严密的马克思同样也想到了。他在分析运输业的特征之前就对这个问题进行了探究,他认为:"物品的使用价值只是在物品的消费中实现,而物品的消费可以使物品的位置变化成为必要,从而使运输业的追加生产过程成为必要。因此,投在运输业上的生产资本,会部分地由于运输工具的价值转移,部分地由于运输劳动的价值追加,把价值追加到所运输的产品中去。"②显然,运输费用就成了被运输商品的价值所追加的部分。从这个角度分析,更进一步验证了交通运输业不同于其他产业的特征,即其生产过程发生在商品流通过程之内,是商品生产过程在生产领域之外的延长。

---

① 《马克思恩格斯文集》(第八卷),人民出版社2009年版,第570页。
② 《马克思恩格斯全集》(第四十五卷),人民出版社2003年版,第167-168页。

3. 铁路作为交通运输业的先进代表在推动社会经济发展方面发挥着重要作用

关于这方面的相关论述，马克思主要从以下几点展开。

首先，以铁路为代表的交通运输业是现代工业的先驱，推动了现代工业社会的发展。毫不夸张地说，在马克思生活的年代，铁路无论是从思想观念上还是在实际生活中都对当时的人们产生了深远的影响。作为当时在交通运输方面最先进的科技成果，铁路的出现，意味着一个新的时代到来，这个时代就是以大机器生产为标志的工业时代。正如马克思在《不列颠在印度统治的未来结果》一书中所分析的那样："你一旦把机器应用于一个有铁有煤的国家的交通运输，你就无法阻止这个国家自己去制造这些机器了。如果你想要在一个幅员广大的国家里维持一个铁路网，那你就不能不把铁路交通日常急需的各种必要的生产过程都建立起来，而这样一来，也必然要在那些与铁路没有直接关系的工业部门应用机器。所以，铁路系统在印度将真正成为现代工业的先驱。"①此后，马克思在分析奥地利的海外贸易情况时，又再一次说到以铁路为代表的先进交通运输对于推动工业时代贸易发展的重要性。他说："只要奥地利本国交通的发达哪怕是像德意志各邦已经达到的水平，的里雅斯特的贸易就会迅速而有力地为自己铺平通向帝国心脏的道路。从的里雅斯特到维也纳的铁路连同从戚利到佩斯的支线的建成，将引起奥地利贸易的全盘变革，从这场变革获益最大的中心城市莫过于的里雅斯特。"②由此可见，在马克思的思想中，尽管铁路被资产阶级所掌握，但其始终是一种社会先进生产力的代表，对于推动现代工业社会的发展起着重要作用。

---

① 《马克思恩格斯选集》（第一卷），人民出版社2012年版，第860页。
② 《马克思恩格斯选集》（第十二卷），人民出版社1962年版，第94-95页。

其次,以铁路为代表的交通运输业是打破封建农业社会壁垒的武器,加强了世界各国各地区的联系。马克思认为,铁路作为一种先进生产力的代表,其必然对传统的封建农业社会的诸多壁垒产生强烈的冲击。对此,马克思再次以印度为例进行了详细的论证,他指出:"我们知道,农村公社的自治制组织和经济基础已经被破坏了,但是,农村公社的最坏的一个特点,即社会分解为许多固定不变、互不联系的原子的现象,却残留下来。村庄的孤立状态在印度造成了道路的缺少,而道路的缺少又使村庄的孤立状态长久存在下去。在这种情况下,公社就一直处在既有的很低的生活水平上,同其他村庄几乎没有来往,没有推动社会进步所必需的愿望和行动。现在,不列颠人把村庄的这种自给自足的惰性打破了,铁路将造成互相交往和来往的新的需要。"①紧接着,他又说:"由铁路系统产生的现代工业,必然会瓦解印度种姓制度所凭借的传统的分工,而种姓制度则是印度进步和强盛的基本障碍。"②正是由于以铁路为代表的交通运输业打破了印度传统的封建农业社会壁垒,使得印度各地区之间乃至印度与世界其他国家之间加强了联系,尽管这种联系在当时看来是被迫进行的,但客观来讲,还是从一定程度上推动了印度朝着现代工业社会发展。

当然,仅从印度一国的情况来看,还不足以验证以铁路为代表的交通运输业对于加强世界各国各地区联系的重要性。因此,马克思又指出:"南北美洲和印度的铁路,使一些十分特别的地带能够参加欧洲谷物市场上的竞争。"③随着美国加利福尼亚金矿的发现,美国修建的铁路、大公路、开凿的运河等交通方式使得纬度30度上的漫长海岸成为世界上最美

---

① 《马克思恩格斯选集》(第一卷),人民出版社2012年版,第859页。
② 《马克思恩格斯选集》(第一卷),人民出版社2012年版,第860-861页。
③ 《马克思恩格斯选集》(第四十六卷),人民出版社2003年版,第820页。

丽最富饶的地区之一。对此,马克思与恩格斯这样论述道:"以前它几乎是荒无人迹的地方,而现在它在我们眼前正变成一个富足的文明区域,聚集着一切种族和民族的代表:从美国佬到中国人,从黑人到印第安人和马来亚人,从克里奥洛和美司代佐到欧洲人。加利福尼亚的黄金源源流入美洲和亚洲的太平洋沿岸地区,甚至把最倔强的野蛮民族也拖进了世界贸易——文明世界。"①从以上这些论述可以看出,马克思确实认为以铁路为代表的交通运输业加强了世界各国各地区的联系。这里,用马克思自己的话来做总结最为合适,即"如果从一方面说,随着资本主义生产的进步,交通运输工具的发展会缩短一定量商品的流通时间,那么反过来说,这种进步以及由于交通运输工具发展而提供的可能性,又引起了开拓越来越远的市场,简言之,开拓世界市场的必要性。"②

再次,以铁路为代表的交通运输业是传播资本主义社会制度的工具,加速了资本主义世界经济体系的形成。铁路诞生于资本主义社会,又反过来向世界传播了资本主义社会制度,促进了资本主义经济的大发展。这一历史事实告诉我们,以铁路为代表的交通运输业对于推动资本主义社会的发展是多么的重要。事实上,这一点早在世界铁路还处于发展的起步阶段时,马克思就已经注意到了,他与恩格斯在《共产党宣言》中就曾精辟地指出:"随着工业、商业、航海业和铁路的扩展,资产阶级也在同一程度上发展起来,增加自己的资本,把中世纪遗留下来的一切阶级排挤到后面去。"③从某种意义来说,马克思在这里就已经把以铁路为代表的交通运输业视为了传播资本主义社会制度的工具。此后,晚年时期的马克思在致尼古拉·弗兰策维奇·丹尼尔逊的信中又再一次表明了

---

① 《马克思恩格斯选集》(第七卷),人民出版社1959年版,第263页。
② 马克思:《资本论》(第二卷),人民出版社2004年版,第279页。
③ 马克思、恩格斯:《共产党宣言》,人民出版社2014年版,第29页。

这一观点,他说:"铁路网在主要资本主义国家的出现,促使甚至迫使那些资本主义还只是社会的少数局部现象的国家在最短期间建立起它们的资本主义的上层建筑,并把这种上层建筑扩大到同主要生产仍以传统方式进行的社会机体的躯干完全不相称的地步。因此,毫无疑问,铁路的铺设在这些国家里加速了社会的和政治的解体,就像在比较先进的国家中加速了资本主义生产的最终发展,从而加速了资本主义生产的彻底变革一样。"①

同样是在这封信中,马克思还认为,以铁路为代表的交通运输业加速了资本主义世界经济体系的形成。他明确地指出:"铁路首先是作为'实业之冠'出现在那些现代化工业最发达的国家英国、美国、比利时和法国等。我把它叫作'实业之冠',不仅是因为它终于(同远洋轮船和电报一起)成了和现代生产资料相适应的交通联络工具,而且也因为它是巨大的股份公司的基础,同时形成了从股份银行开始的其他各种股份公司的一个新的起点。总之,它给资本的积聚以一种从未预料到的推动力,而且也加速了和大大扩大了借贷资本的世界性活动,从而使整个世界陷入财政欺骗和相互借贷——资本主义形式的'国际'博爱——的罗网之中。"②此外,马克思还多次从资本的角度分析了以铁路为代表的交通运输业为什么能够加速资本主义世界经济体系的形成。总之,此处马克思是将铁路行业视为了一种资本主义的巨型企业,且这种类型的企业能够利用资本的手段,对资本主义社会的发展产生巨大的影响。正如马克思在分析法国一家广泛投资世界各国铁路建设的大股份银行时所言:"它通

---

① 马克思、恩格斯著,马逸若等译:《马克思恩格斯与俄国政治活动家通信集》,人民出版社1987年版,第314页。
② 马克思、恩格斯著,马逸若等译:《马克思恩格斯与俄国政治活动家通信集》,人民出版社1987年版,第314页。

过自己的债券来决定和平与战争的问题,建立新的铁路和支持老的铁路,为城市装设照明,刺激工业的发展和商业的投机,最后,把自己的势力扩充到国外,把这类机关的能结丰硕果实的种子撒遍整个欧洲大陆。"①

最后,以铁路为代表的交通运输业是加深资本主义基本矛盾的助推器,为社会革命的爆发创造了条件。马克思之所以对以铁路为代表的交通运输业进行深入的探究,除了铁路、电报、航运等先进的交通运输方式在他生活的时代对社会发展产生了许多积极的推动作用外,主要是想以诞生于资本主义社会的铁路、航运等先进的交通运输方式为研究视角揭示一个深刻的道理,即资产阶级在创造伟大的社会生产力的同时,也创造了加深资本主义基本矛盾的助推器。这应该是马克思深入探究铁路等交通运输业的主要原因。马克思晚年在写给俄国政治活动家的书信中这样谈道:"英国的铁路系统和欧洲的国债制度一样,都在同一个斜面上滚动。各个铁路公司的董事中当权的巨头们不仅举借数额越来越大的新债,来扩大他们的铁路网,即扩大他们像君主专制一样进行统治的'领土',而且扩大他们的铁路网,以便获得新的借口举借新债,从而有可能向债券、优先股票等等的持有者支付利息,以及间或以稍稍提高红利的形式给那些受骗的普通股票持有者一点小恩小惠。这种巧妙的办法迟早会导致一场可怕的灾祸。"②显然,马克思口中"可怕的灾祸"在很大程度上就是指资本主义的经济危机,这是资本主义社会基本矛盾激化而导致的不可避免的结果。

在此之前,马克思在分析法国经济危机爆发的原因时也发现了类似的情况,他说:"只要看一看法国铁路网的发展情况,就能了解到,撇开

---

① 《马克思恩格斯全集》(第十二卷),人民出版社1962年版,第26页。
② 马克思、恩格斯著,马逸若等译:《马克思恩格斯与俄国政治活动家通信集》,人民出版社1987年版,第382页。

一切国外的影响不谈,这种对法国游资的压力一定会日益增加。……而现在特许修建的线路至迟必须在六年内建成,并且在商业周期最危急的阶段开始通车。陷于财政困难的公司都纷纷要求政府准许它们通过发行新的股票和债券来筹集资金。政府知道这样做只能使市场上旧有的证券更加贬值,同时使交易所的业务更加混乱,因此不敢让步。而另一方面,钱又必须弄到手;停止工程,不仅将意味着破产,而且还将意味着革命。"[1]此外,马克思还指出,铁路在奥地利,特别是在意大利,成了难以负担的国债和压榨群众的一个新的根源。随后,他解释道:"一般说来,铁路当然有力地推动了对外贸易的发展,但是这种贸易在主要出口原料的国家里却加深了群众的贫困。不仅是政府为了发展铁路而借的新债务增加了压在群众身上的赋税,而且从一切土产能够变成世界主义的黄金的时候起,许多以前因为没有广阔的销售市场而很便宜的东西,如水果、酒、鱼、野味等等,都变得昂贵起来,从而被从人民的消费中夺走了;另一方面,生产本身(我指的是特殊种类的产品)也都按其对出口用途的大小而有所变化,而它在过去主要是适应当地的消费的。"[2]显然,这必然会引起群众的不满,从而加深社会的矛盾。因此,马克思认为,以铁路为代表的交通运输业是加深资本主义基本矛盾的助推器,为社会革命的爆发创造了条件。

二、前所未有的重大意义

作为马克思一生的挚友,恩格斯关于铁路的相关论述相比于马克思

---

[1]《马克思恩格斯全集》(第十二卷),人民出版社1962年版,第82页。
[2] 马克思、恩格斯著,马逸若等译:《马克思恩格斯与俄国政治活动家通信集》,人民出版社1987年版,第315页。

而言要多一些,但其核心思想在很大程度上与马克思保持一致。尽管如此,两位伟大的思想家关注铁路的侧重点还是存在差异,马克思关注的主要是以铁路为先进代表的交通运输业的性质、特征以及作用等理论问题,而在恩格斯的著作中,则主要关注的是铁路的产生和发展给现实社会带来了哪些影响。马克思侧重于对整个行业的理论分析,恩格斯侧重于直接关注铁路带来的现实问题,两者相得益彰,相辅相成,促成了理论与现实的完美结合。具体说来,恩格斯关于铁路的相关论述主要体现在以下几个方面。

1. 铁路建设对社会经济的发展有着巨大的推动作用

这一点,同马克思一样,恩格斯也注意到了。铁路作为当时世界上最先进的交通运输方式,在推动社会经济发展方面给经常与商业经济打交道的恩格斯带来了最直观的感受。他在19世纪40年代考察奥地利时就曾指出:"过去,崇山峻岭使奥地利君主国同外界隔绝,……现在,这种屏障在铁路面前粉碎了。……大工业即机器生产的产品飞快地而且几乎不花运费便侵入到君主国的穷乡僻壤,摧毁了古老的手工劳动,铲除了封建的野蛮。各地相互间的贸易,和其他文明国家的贸易,具有了前所未有的重大意义。"①也就是说,铁路建设打通了奥地利各地区乃至奥地利与其他国家的贸易交往渠道,促进了奥地利的贸易发展。随后不久,恩格斯在分析德国的革命与反革命问题时,针对奥地利的这一情况又再一次重申了这一观点,他说:"因业务关系日益频繁地去国外旅行的资产阶级,把关于帝国关税壁垒以外的各文明国家的某些神话般的知识介绍

---

① 《马克思恩格斯全集》(第四卷),人民出版社1958年版,第520-521页。

给国内；最后，铁路的建设加速了国内工业和智力的发展。"①此后，当恩格斯回顾德国经济发展的情况时也始终坚持这一观点，他认为，德国经济的发展得益于工商业的高涨、铁路的加速建设以及电报和海洋航运业的发展，"尽管这些进步还赶不上英国以至法国在同一时期所取得的进步，但它们对于德国说来却是空前未有的，它们在20年中带来的成果比以前整整一个世纪还要多。只有到这时，德国才真正地、不可逆转地被卷入了世界贸易。"②总之，在恩格斯看来，铁路建设一方面为原本隔绝的地区相互间的贸易交往创造了条件；另一方面，铁路本身的建设需要一个完整的工业体系作为支撑。因此，在建设铁路的同时，也促进了本国工业体系的完善，进而加速了社会经济的发展。

当然，这里需要指出的是，恩格斯除了关注欧洲大陆的铁路建设外，也将目光转向了东方，在他看来，尽管帝国主义对古老中国发动的战争给中华民族带来了极大的伤害，但不可否认的是，伴随着帝国主义入侵而来的铁路将打破中国的传统农业社会生产模式，在一定程度上助力小农经济的瓦解和工业经济的发展。因此，恩格斯预测："中日战争意味着古老中国的终结,意味着它的整个经济基础全盘的但却是逐渐的革命化，意味着大工业和铁路等等的发展使农业和农村工业之间的旧有联系瓦解，因而中国苦力大批流入欧洲。"③同年，恩格斯又在给弗里德里希·阿道夫·左尔格的信中继续说道："在中国进行的战争给古老的中国以致命的打击。闭关自守已经不可能了；即使是为了军事防御的目的，也必须敷设铁路，使用蒸汽机和电力以及创办大工业。这样一来，旧有的小农经济的经济制度（在这种制度下，农户自己也制造自己使用的工业品），

---

① 《马克思恩格斯全集》（第一卷），人民出版社2012年版，第592页。
② 《马克思恩格斯全集》（第三卷），人民出版社2012年版，第26页。
③ 《马克思恩格斯全集》（第三十九卷），人民出版社1974年版，第288页。

以及可以容纳比较稠密的人口的整个陈旧的社会制度也都在逐渐瓦解。千百万人将被迫离乡背井,移居国外;他们甚至会移居到欧洲,而且是大批的。"①尽管从后来的历史发展事实来看,恩格斯关于中国社会小农经济瓦解后将会出现大批移民潮的现象并未出现,但实事求是地讲,铁路在中国大地的出现和发展,确实推动了中国近现代工业化的进程。因此,我们需要明确一点,即学习马克思主义并不是教条式地背经典作家的条文,而应该学习掌握马克思主义看待问题、分析问题、解决问题的立场、观点和方法。

2. 铁路发展对于资本主义而言是一把双刃剑

一方面,恩格斯认为,铁路发展从政治和经济等方面推动了资本主义的大发展。他曾在1847年借用《北极星报》批判路易·勃朗的演讲所用的评语说道:"英国发明了蒸汽机,英国修筑了铁路,而这两件东西,我们认为,却抵得上一大堆思想。……法国人自吹他们到处传播文明,尤其是在阿尔及尔。那末,在美洲、亚洲、非洲和澳洲传播文明的不是英国,又是谁呢?法国曾经为解放一个共和国而参加了一定的斗争,可是为这个共和国奠定基础的又是谁呢?是英国,就是这个英国。"②由此可见,在恩格斯看来,英国的铁路发展,推动了资本主义文明在世界范围内的传播,从而为其他国家资本主义制度的确立奠定了基础。而后,恩格斯指出:"资本家中等阶级的确是履行了如下的经济职能:创立现代蒸汽工业和蒸汽交通的体系,打破一切延缓或妨碍这个体系发展的经济和政治障碍。"③更是进一步表明了这一观点。

---

① 《马克思恩格斯全集》(第四卷),人民出版社2012年版,第655页。
② 《马克思恩格斯全集》(第四卷),人民出版社1958年版,第424-425页。
③ 《马克思恩格斯全集》(第二十五卷),人民出版社2001年版,第535页。

那么，铁路发展是如何为资本主义发展奠定基础的呢？恩格斯以俄国为例进行了分析，他认为："随着铁路和工厂的建立，已有的银行扩大了而且建立了新的银行；由于农民从农奴地位下解放出来，有了迁徙自由，而且可以预期，在这之后，这些农民中的很大部分自然而然也将从占有土地的状况中解放出来。这样，俄国在短短的时间里就奠定了资本主义生产方式的全部基础。"①正是基于对这些问题的分析，晚年的恩格斯根据资本主义社会发展的历史事实，具有总结性地指出："前一时期末开始使用的新的交通工具——铁路和海船——现在已经在国际范围内应用起来；它们事实上创造了以前只是潜在着的世界市场。"②

另一方面，恩格斯也指出，铁路发展将进一步激化资本主义的社会矛盾。这一观点，也正是马克思论述铁路的核心思想。恩格斯曾批判英国铁路公司的占有者为了自己的利益而使整个铁路行业陷入了恶性竞争，从而为经济危机的爆发埋下了伏笔。他说："甚至在英国这里我们也看到过各个铁路公司为了划分地盘而进行的长达数十年之久的斗争，这种斗争耗费了巨额资金，它并不是为了生产和运输的利益，而完全是由于竞争造成的，这种竞争往往只有一个目的，即让握有股票的金融家便于经营交易所业务。"③这样的竞争，最终将会对社会生产产生极大的反作用，使得经济发展出现危机，从而激化社会矛盾。

而从另外一个角度来看，恩格斯还认为，正是由于铁路等先进交通运输业的发展，"许多工人迁徙不定的生活使他们的智力有了发展，于是便形成了一个强有力的核心，这个核心关于本阶级解放的思想更加明确

---

① 《马克思恩格斯全集》（第四卷），人民出版社2012年版，第318页。
② 《马克思恩格斯全集》（第一卷），人民出版社2012年版，第66页。
③ 《马克思恩格斯全集》（第四卷），人民出版社2012年版，第609页。

得多，而且更加符合现存的事实和历史的需要"①。也就是说，铁路等先进交通运输业的发展，加强了人与人之间的沟通交流，使得工人阶级能够获得更多的思想信息，进而逐渐开始了阶级意识的觉醒，这就为两大阶级的斗争奠定了基调。

此外，恩格斯还分析到：由于铁路的大发展，大工业生产背景下的铁路公司排斥任何其他的资本主义经营形式，并在金融家的操纵下逐渐发展为"托拉斯"，形成行业垄断，这就使得行业剥削行为越来越明显。因此，他认为："任何一个民族都不会容忍由托拉斯领导的生产，不会容忍由一小撮专靠剪息票为生的人对全社会进行如此露骨的剥削。"②由此可见，这必然导致资本主义社会矛盾的激化。

3. 铁路运输在战争中的地位至关重要

铁路运输在战争中的地位至关重要是恩格斯在现实生活中分析各国战争时得出的结论。在恩格斯看来，铁路运输对19世纪的战局起着决定性作用。他曾在分析法兰克福的起义时明确指出："用铁路迅速运来的军队的力量超过了缓慢地步行前去支援的农民，这一切决定了以后的战局。"③随后，他又在分析神圣同盟对法战争的可能性与展望中认为，铁路和电报的发展给指挥战争的将军们创造了一个在战争中采取完全新的战争策略的机会，为征集和调动数量庞大的军队提供了可能，而这将决定战争的走势。④后来，恩格斯以法国与奥地利的战争为例再次验证了他的这一观点，他说："使拿破仑时代以来的作战方法发生极大变化的第二个因素是蒸汽。法军就因为掌握有铁路和轮船，才得以在奥地利发出

---

① 《马克思恩格斯全集》(第一卷)，人民出版社2012年版，第571页。
② 《马克思恩格斯全集》(第二十六卷)，人民出版社2014年版，第450页。
③ 《马克思恩格斯全集》(第五卷)，人民出版社1958年版，第487页。
④ 《马克思恩格斯全集》(第七卷)，人民出版社1959年版，第562页。

最后通牒到他们入侵的五天内把相当数量的兵力运到皮蒙特,使奥军对皮蒙特阵地的一切攻击毫无结果。"①由此可见,作为 19 世纪最先进的交通运输方式,铁路运输在一定程度上确实对当时的战局发挥着决定性作用。

此外,恩格斯还认为,对铁路的控制在战争防御中至关重要。他在分析莱茵河和塞纳河之间的铁路布局时指出:"在欧洲任何地区的铁路,都不能像在莱茵河和塞纳河之间这块地区的铁路那样,可以迅速集中大批兵力来大力支援防御。……无论敌人最大的兵力在什么地方出现,到处都会遇到由巴黎沿铁路开来的全部后备军的迎击。塞纳河流域的内部防御能力特别是由于在这一地区内的所有作为半径的铁路都沿河谷(瓦瑟河、马尔纳河、塞纳河、奥布河、部分云纳河)通过而更为加强。"②因此,只要控制住这一地区的铁路,将对德军形成有效的防御。同样,在评论德法战争时,恩格斯也始终认为铁路在战争防御中有着重要作用,他分析道:"破坏法耳斯布尔附近的铁路隧道就可以长期封锁通往斯特拉斯堡的铁路线,破坏弗鲁阿尔的铁路枢纽站就可以使萨尔布吕肯和麦茨的铁路交通中断,甚至还能够派游动队到提翁维耳去破坏该地附近的铁路,以便切断德军的最后一条直达铁路线。"③这样将切断德国到巴黎的交通线,从而解除巴黎的危机。当然,除了上述这些论述,恩格斯还曾在其他著述中多次谈到类似观点,而他的这一观点对俄国(后称"苏联")和中国产生了较大的影响,促使两国在后来的革命战争和国防建设中都十分重视铁路的作用。

---

① 《马克思恩格斯全集》(第十三卷),人民出版社 1962 年版,第 398 页。
② 《马克思恩格斯全集》(第十三卷),人民出版社 1962 年版,第 286-287 页。
③ 《马克思恩格斯全集》(第十七卷),人民出版社 1963 年版,第 245 页。

4. 铁路管理需要以权威作为保障

1868 年,恩格斯在写给马克思的信中谈到保护关税问题时,就曾提出应该对德国的铁路实行集中统一的管理,只是这时的恩格斯还没有明确提出要以权威作为保障。而后,他在写给保尔·拉法格的信中,批判巴枯宁派滥用"权威的"这个字眼时就明确指出,铁路管理必须要以权威作为保障,他说:"这总是要强迫有不同意见的人接受的意志;然而没有这种统一的和指导性的意志,要进行任何合作都是不可能的。……我想知道一下,好样的巴枯宁是否会把自己肥胖的身躯托付给铁路列车,如果铁路是按照谁不愿意服从规章制度的权威,谁就可以不坚守自己岗位的原则去管理,而这种规章制度在任何社会中都比巴塞尔代表大会所通过的条例更加权威得多!"①也就是说,只有以权威作为保障,铁路管理才能正常进行。

紧接着,恩格斯为了进一步说明这一观点,专门写了一篇题为《论权威》的文章,在这篇文章中恩格斯首先提出了一个疑问,即工业时代的联合活动取代了个人的独立活动,"但是,联合活动就是组织起来,而没有权威能够组织起来吗?"②他在文章中就以铁路为分析案例,分析道:"这里,无数人的协作也是绝对必要的;为了避免不幸事故,这种协作必须依照准确规定的时间来进行。在这里,运转的首要条件也是要有一个能处理一切所管辖问题的起支配作用的意志,不论体现这个意志的是一个代表,还是一个受托执行有关的大多数人的决议的委员会,都是一样。不论在哪一种场合,都要碰到一个显而易见的权威。"③因此,在恩格斯看来,事关生命财产安全的铁路管理必须要以权威作为保障。

---

① 《马克思恩格斯全集》(第三十三卷),人民出版社 1973 年版,第 368 页。
② 《马克思恩格斯全集》(第三卷),人民出版社 2012 年版,第 275 页。
③ 《马克思恩格斯全集》(第三卷),人民出版社 2012 年版,第 276 页。

三、社会主义要有铁路

此处将列宁和斯大林关于铁路的相关论述放在一起介绍,主要是因为二者关于铁路的思想是一脉相承的,其核心思想也基本保持一致。因此,为了避免重复介绍,特将两位关于铁路的相关论述合并为一体。通过文献梳理,得出二者关于铁路的相关论述主要从以下几个方面展开。

1. 铁路发展促使资本主义寻求更广阔的贸易市场,从而助力了帝国主义的殖民扩张

列宁作为国际无产阶级革命的伟大导师和精神领袖,曾在其代表作《帝国主义是资本主义的最高阶段》一书中对资本主义制度下的铁路做了一段精辟的论述,他说:"铁路是资本主义工业最主要的部门即煤炭工业和钢铁工业的结果,是世界贸易和资产阶级民主文明发展的结果和最显著的标志。……实际上,资本主义的线索像千丝万缕的密网,把这种事业同整个生产资料私有制连结在一起,把这种建筑事业变成对 10 亿人(殖民地加半殖民地),即占世界人口半数以上的附属国人民,以及对'文明'国家资本的雇佣奴隶进行压迫的工具。"[①]也就是说,在列宁看来,铁路尽管推动了资本主义工业文明的发展,但也沦为了资本主义向外殖民扩张的工具。此前,他在分析俄国资本主义的发展情况时就曾注意到,由于铁路的建设,曾经被视为"遥远的北方"主产木材的阿尔汉格尔斯克省现在成为英国的国外市场,而非俄国的国内市场。此后不久,随着帝国主义越来越猖狂的殖民扩张,列宁也越来越关注这个问题,他经过考察和分析,在 1901 年撰写的文章《危机的教训》中明确指出:"整个欧洲的资本家把魔掌伸向拥有亿万居民的世界的另一洲——亚洲,那里

[①] 列宁:《帝国主义是资本主义的最高阶段》,人民出版社 2014 年版,第 6-7 页。

在此以前，只有印度和不大一部分边缘地区同世界市场有密切联系。外里海铁路已开始为资本'开辟'中亚细亚，'西伯利亚大铁路'（所谓大，不仅指它的长度，而且指建筑人无限掠夺国家钱财，无限剥削筑路工人）开辟了西伯利亚。……大铁路的修筑、世界市场的扩大、商业的昌盛，——这一切引起了工业的突然活跃，新企业的增加，对销售市场的疯狂追逐，对利润的追逐，以及新公司的创建和大批新资本（其中一部分是小资本家为数不多的储金）的投入生产。"①正是因为列宁对这一问题进行了深入的思考，才有了上述他对资本主义制度下铁路的清醒认识。

对于这一认识，斯大林也同样有着类似的观点。他在《论党在民族问题方面的当前任务》一文中认为："欧洲资本主义的进一步发展，对新的销售市场的需要，对原料和燃料的寻求，帝国主义的发展，资本的输出以及海上和铁路交通干线的必须保证，一方面促使旧的民族国家去夺取新的领土，促使旧的民族国家变成必然有民族压迫和民族冲突的多民族（殖民）国家（英国、法国、德国、意大利），另一方面加强了旧的多民族国家的统治民族的野心，它们不仅想保持原有的国界，还想向外扩张，靠侵占邻国使新的（弱小的）民族隶属于自己。"②一个月后，斯大林又在俄共（布）第十次代表大会上再次阐述了这一观点，他在报告中明确指出："资本主义为了寻求销售市场、原料、燃料和廉价劳动力，为了争取输出资本和获得铁路与海上的交通干线而跳出了民族国家的范围，靠侵占远近各邻国来扩张自己的领土。"③显然，从这些论述中我们可以清楚地看到，斯大林也同样认为资本主义国家控制下的铁路是其寻

---

① 《列宁全集》（第五卷），人民出版社1986年版，第73页。
② 《斯大林全集》（第五卷），人民出版社1957年版，第15页。
③ 《斯大林全集》（第五卷），人民出版社1957年版，第28页。

求贸易市场、进行殖民扩张的工具。正是基于这一认识，斯大林在谈中国革命的前途问题时，才这样说道："因为帝国主义在中国的统治不仅表现在它的军事威力上，而且首先表现在中国工业的命脉即铁路、工厂、矿山、银行等都处在外国帝国主义者支配或控制之下。"①因此，在与帝国主义进行军事斗争的同时，还应该把铁路、矿山、银行等关系国民经济命脉的控制权夺回来，并牢牢掌握在自己手中。

2. 铁路运输为革命战争提供了强有力的后勤保障

对于这一观点，列宁和斯大林是在继承恩格斯关于"铁路在战争中的地位至关重要"这一思想的基础上，结合俄国革命战争的实际情况得出的。两位无产阶级革命家在1919年联合起草的《中央关于军事统一的指示草案》文件中明确指出："这次战争取得胜利的必要条件是统一指挥红军的一切部队，最严格地集中管理各社会主义共和国的一切人力和资源，特别是所有军事供给机构，以及铁路运输，因为铁路运输是战争中极其重要的物质因素，不仅对完成各次战役而且对红军的武器、被服和粮食的供给都有头等意义。"②随后不久，列宁在《致交通人民委员部和中央军事交通管理局》的文件中又再一次谈到了铁路运输对于战争的重要性，他说："根据当前的军事形势，特别需要铁路紧张不停地运输军用物资。虽然铁路在这方面目前做得也很好，但是还要作出更大的努力，因为现在整个事业的胜利特别取决于铁路工作。"③他甚至认为，进行社会主义革命战争没有铁路运输作为后勤保障，是"最有害的叛变行为"，

---

① 《斯大林全集》（第八卷），人民出版社1954年版，第322页。
② 《列宁全集》（第三十六卷），人民出版社1985年版，第367页。
③ 《列宁文稿》（第八卷），人民出版社1980年版，第329页。

鉴于此,他认为:"没有铁路,进行现代战争就是十足的空谈。"①对此,斯大林曾在后来的纪念十月革命二十六周年大会上总结道:"我国的运输业,首先是铁路运输以及内河运输、海上运输和公路运输,在支援前线的事业中起了很大的作用。大家知道,运输是联系后方同前线最重要的工具。……应当说,在及时供给前线武器、弹药、粮食、被服等等方面,运输业的作用是有决定意义的。"②总之,在列宁和斯大林看来,铁路运输在革命战争中发挥了重要作用,是苏联红军强有力的后勤保障。

3. 铁路运输业在社会主义建设中发挥着至关重要的作用

这一重要观点是列宁和斯大林在继承马克思和恩格斯交通运输理论的基础上,在领导世界上第一个社会主义国家进行社会主义建设的实践中,对马克思主义交通运输理论的创新和发展。其具体表现在以下几个方面。

首先,铁路是解决国民物资需求的重要保障。列宁曾在全俄中央执行委员会会议上鲜明地告诫大家:"没有铁路不仅不会有社会主义,而且大家都会像狗一样地饿死,而粮食就堆放在附近。大家都很清楚地知道这一点。"③在列宁看来,铁路是连接城市和乡村、工业和农业相互间进行物资交换的重要环节,尤其是在物资极度匮乏的社会主义建设初期,铁路就是解决国民物资需求的重要保障。正是基于此,列宁才会说:"宁肯向外国资本家纳贡,只要把铁路修成。我们不会因为纳贡而灭亡,但不搞好铁路交通,我们会因人民挨饿而灭亡。不管俄国工人怎样能吃苦,但吃苦是有限度的。因此,采取改善铁路交通的措施是我们的责任,即

---

① 《列宁全集》(第三十三卷),人民出版社1985年版,第409页。
② 《斯大林文选》(1934—1952)(下),人民出版社1962年版,第363-364页。
③ 《列宁全集》(第三十四卷),人民出版社1985年版,第251页。

使我们向资本主义纳贡也在所不惜。"①对此，斯大林也有着相同的看法，他说："现在的问题是要在苏联各产粮区、畜牧区和原料区建立新的大规模的农业生产。现在的问题是要在苏联的东部和西部之间建立新的铁路网。"②只有这样，才能确保国民物资需求得到基本满足。他甚至认为，进行极为广泛的铁路建设是苏联全国利益的要求。

其次，铁路是加强工农联盟的重要手段；为什么这样说呢？在列宁和斯大林看来，铁路运输把城市和乡村、工业和农业串联起来，成为工人和农民相互交流的纽带。正因为如此，列宁说："在无产阶级中，大概要数铁路和水运员工的日常经济活动同工农业的联系最明显了。你们要把食品运往城市，要输送工业品去活跃农村。这一点任何人都很清楚，而铁路和水运员工就更加清楚，因为这是他们日常劳动的对象。"③这样一来，铁路等交通运输工具就促进了工人阶级与农民阶级之间的相互交流，从而强化了工农之间的联盟。同样，斯大林也认为，通过铁路运输，将扩大城乡间的商品流转，从而解决工业问题，而工业问题的解决也就意味着农民集体化的问题得到解决了。④这正如列宁所言："劳动群众的团结胜过一切，他们会建立自己的同志式的纪律，会利用一切技术和文化的成就来正确地安排铁路运输和城乡产品交换，帮助工人和农民组织全国范围的国民经济，使劳动群众能够在没有地主和资本家的情况下享用自己的劳动成果，使科学技术知识不是为一小撮人服务，不是为了造成脑满肠肥的富人，而是用来改善整个铁路部门的状况。"⑤由

---

① 《列宁全集》（第三十六卷），人民出版社1985年版，第12-13页。
② 《斯大林全集》（第十三卷），人民出版社1956年版，第67页。
③ 《列宁全集》（第四十一卷），人民出版社1986年版，第132-133页。
④ 《斯大林全集》（第十三卷），人民出版社1956年版，第250页。
⑤ 《列宁全集》（第三十三卷），人民出版社1985年版，第304页。

此可见，在列宁和斯大林的思想中，铁路在加强工农联盟方面发挥了重要作用。

最后，铁路是整个国民经济发展的重要基础。列宁和斯大林在领导苏联进行社会主义建设的历史进程中，极富远见地意识到了铁路对于国民经济发展的重要性。他们在刚刚取得社会主义革命胜利后不久，便立马提出：建设社会主义的首要任务就是恢复以铁路为主的交通运输。列宁指出："现在，比我们强大得多的敌人已被打垮，我们的手腾出来了，我们应当着手建设新生活，首先是恢复运输。"①为什么呢？紧接着，列宁做了进一步的说明："现在我们有充分的可能来恢复国家的经济。我们有许多粮食，现在又有了煤炭和石油。目前整个问题在于运输。铁路陷于瘫痪，必须恢复运输。运输恢复了，我们才能把粮食、煤炭和石油运给工厂，才能运来食盐，才能开始恢复工业，才能使工厂工人和铁路工人不再挨饿。"②在列宁这一思想的指导下，苏联的社会主义建设取得了巨大的成就。后来，斯大林在1930年的政治报告中便以铁路发展的具体数据进一步佐证了列宁的这一思想的正确性。斯大林在报告中指出，相较于资本主义国家现在存在的经济危机和失业人数日益增加的情况，苏联的国民经济在这时候却呈现日益高涨的良好局面。究其原因，斯大林认为，这一时期苏联的铁路建设不断发展是其主要因素之一。他说："在报告所涉及的时期内，即从1927—1928年度算起，铁路网长度已经由七万六千公里增加到八万公里，等于战前水平的136.7%。"③正是由于铁路建设的推动，工业体系的逐渐健全和完善，苏联的国民经济才得到了飞速发展。基于这一判断，斯大林在党的第十七次代表大会上明确提出：

---

① 《列宁全集》（第三十八卷），人民出版社1986年版，第78页。
② 《列宁全集》（第三十八卷），人民出版社1986年版，第261页。
③ 《斯大林全集》（第十二卷），人民出版社1955年版，第229-230页。

"我国经济的发展有赖于商品流转的发展,有赖于苏维埃商业的发展,而苏维埃商业的发展又有赖于我国铁路、水路和汽车运输业的发展。"①由此可见铁路对于苏联国民经济发展的重要性。

4. 社会主义制度下的铁路行业必须严格管理

这一观点,是列宁和斯大林对于马克思主义交通运输理论的一大发展。由于列宁和斯大林意识到了铁路对于社会主义建设的重要性,加上对资本主义国家铁路管理正反两方面经验和教训的总结,他们提出要对社会主义制度下的铁路行业进行严格管理。列宁带有警示性地指出:"只有在生活的各个领域中,特别是在铁路运输和水路运输方面建立钢铁般的革命秩序,只有建立工人的铁的纪律,只有工人以自我牺牲精神帮助鼓动队和军队去反对资产阶级,反对富农,只有贫苦农民独立地组织起来,才能拯救国家和革命。"②为什么列宁要如此强调铁路等运输业的纪律问题呢?原因有两点:一方面,这是列宁从革命斗争的经验中得出的结论。列宁认为,苏联红军之所以能够取得胜利,就是靠严格的铁的纪律,而铁路运输之所以能够在革命战争后迅速得到恢复和发展,也是靠利用军队严格的铁的纪律才得以实现。因此,应该把建立红军的经验用到铁路队伍中去,没有铁的纪律作为保障,铁路建设是不会取得成功的。另一方面,是列宁对苏联当时铁路管理混乱局面的不满。列宁曾化名乘坐轨道车,亲身体会了苏联铁路管理混乱的局面后,在给约·斯·温什利赫特和瓦·瓦·佛敏两位政府高官的文件中气愤地写道:"我看到的轨道车的情况糟到了无以复加的程度。无人照管,残缺不全(很多东西被

---

① 《斯大林全集》(第十三卷),人民出版社1956年版,第306页。
② 《列宁全集》(第三十四卷),人民出版社1985年版,第391页。

偷走了!),乱七八糟,燃料看来被偷光了,煤油里掺水,发动机的运转糟得令人无法忍受,途中不断停车,运行情况坏到极点,……这不是偶然现象,整个组织工作也同样丢人到了极点,简直是一团混乱,愚笨无能。"①这给了列宁极大的触动,这显然不是他想象中社会主义制度下的铁路。因此,他强烈要求对铁路行业进行严格管理。

此后,斯大林也继承了列宁的这一思想,并创造性地提出了要建立责任制保证铁路的安全运输。斯大林首先对无人负责进行了分析,他说:"无人负责是什么意思呢?无人负责就是对所担任的工作不负任何责任,对机器、机床、工具不负责任。显然,在无人负责的情况下是谈不上什么真正提高劳动生产率,……你们知道,无人负责现象在铁路运输方面引起了什么结果。"②紧接着,斯大林继续说道:"结果是对工作缺乏责任感,不爱护机器,让机床大批毁坏,缺乏提高劳动生产率的刺激。"③因此,斯大林提出,包括铁路运输业在内的所有社会主义工业必须改变实行连续生产制的条件,消除无人负责现象,从而实行责任制以推动社会生产力朝着有利的方向发展。

第二节　中国共产党的铁路思想

在传承马克思、恩格斯、列宁、斯大林等人思想渊源的基础上,以毛泽东、邓小平、江泽民、胡锦涛、习近平等为代表的中国共产党人提出了一系列关于铁路建设的指导思想,极大地推动了中华人民共和国铁

---

① 《列宁全集》(第五十二卷),人民出版社1988年版,第194页。
② 《斯大林全集》(第十三卷),人民出版社1956年版,第57页。
③ 《斯大林全集》(第十三卷),人民出版社1956年版,第58页。

路建设事业的发展，也为中华人民共和国铁路文化的形成和发展奠定了坚实的理论基础。

一、依靠群众办好铁路建设事业

中华人民共和国成立初期，由于受到苏联社会主义建设实践的影响，加上在新民主主义革命时期总结的经验和教训，使得以毛泽东、周恩来、陈云等为代表的党中央领导集体意识到了铁路在经济发展和国防建设中的重要作用。因此，这一时期的铁路建设思想主要围绕着恢复和发展国民经济、巩固国防展开。

1. 铁路建设是恢复和发展国民经济的"先行官"

在解放战争时期毛泽东把交通运输视为关系党的工作重心能否实现从农村向城市转移的关键一环，强调"首先要解决交通运输"问题，"必须尽一切可能修理和掌握铁路、公路、轮船等近代交通工具"[1]。中华人民共和国成立之后毛泽东对交通建设极为重视。中华人民共和国成立前，中国铁路里程仅 2.78 万公里且分布极不平衡，"缺乏东西干线，西北、西南与中原、中南没有铁路联系"[2]；公路仅 8.07 万公里；内河航道 7.36 万公里，沿海主要港口泊位 61 个，内河港口泊位数很少。中华人民共和国交通运输体系与同期西方国家已经基本形成的综合性运输体系相比显得十分落后。毛泽东深刻指出：中华人民共和国经济状况要真正得到全面改变，需要全国实现交通运输的现代化。

铁路作为重要交通基础设施、国民经济的大动脉，与国计民生息息

---

[1]《毛泽东选集》（第四卷），人民出版社 1991 年第 2 版，第 1347-1348 页。
[2] 中国社会科学院、中央档案馆编：《中华人民共和国经济档案资料选编（1949—1952）·交通通讯卷》，中国物资出版社 1996 年版，第 6-7 页。

相关，在经济社会发展中扮演着重要的角色。毛泽东十分关心中华人民共和国的铁路建设。在1949年7月召开的全国铁路职工临时代表大会和全路机务会议即将结束前夕，毛泽东亲切接见了与会代表并发表了重要的讲话，指出：在旧中国铁路建设主要是服从于帝国主义侵略的需要；现在中华人民共和国成立了，我们不再受帝国主义统治，"应该很好地恢复铁路并发展铁路"；但是目前中国的铁路"太少了"，还需要建设"几十万公里的铁路"①。这是毛泽东第一次对中华人民共和国铁路建设所做的一次非常重要的专题讲话，为中华人民共和国的铁路建设指明了前进的方向。该讲话稿经毛泽东阅正后传达到铁道部，给予了全路职工极大的鼓舞。

中华人民共和国成立前夕，随着解放战争的逐步胜利，中国共产党的工作重心逐渐由农村转向了城市，恢复和发展国民经济成为党当时的第一要务。②面对历经战争磨难的旧中国落后而残破的交通现状，毛泽东在1948年就曾富有远见地指出："恢复和发展工业生产和农业生产则需要有较好的组织工作,很好地领导解放区内部的市场和管制对外贸易,解决某些机器和原料缺乏的问题,首先是解决交通运输和修铁路、公路、河道的问题。"③随后不久，周恩来在全国工会工作会议上也同样强调："恢复交通运输。首要的是恢复铁路。中国两万多公里铁路，今年要恢复百分之八十，明年不仅要恢复余下的百分之二十，而且还要有新的发展。我们要恢复生产，必须靠交通运输畅通。"④按照这一指导思想，中华人

---

① 逄先知主编：《毛泽东年谱（1893—1949）》下，中央文献出版社2005年第2版，第528页。
② 王戎，郝栋：《毛泽东新中国交通建设思想探析》，《毛泽东思想研究》，2010年第3期。
③ 《毛泽东选集》（第四卷），人民出版社1991年版，第1349页。
④ 中共中央文献研究室：《中华人民共和国开国文选》，中央文献出版社1999年版，第90页。

民共和国成立之初,全国上下便开始轰轰烈烈地修复和新建交通运输线路,从而为恢复和发展国民经济奠定了基础。

在三年国民经济恢复时期,毛泽东、周恩来、陈云等人进一步看到了以铁路为代表的交通运输业作为恢复国民经济的先行部门的重要作用。因此,毛泽东提出了"要使中国工业化,必须大大地发展铁路"的重要指示,根据这一指示精神,在"一五"计划开始后,周恩来就明确指出,铁路是恢复和发展国民经济的"先行官",他说:"交通运输是建设中一种先行部门,不发展交通运输业,工业也无法有大的发展。当前特别是要把西南、西北和华北之间的铁路线连结起来。"①

此外,他还强调,修筑铁路是发展经济实现工业现代化的先决条件,只有铁路运输业得到了发展,才能带动公路、水运等运输业的发展,从而加快产品流转速度,促进国民经济增长。对此,时任中央人民政府委员、政务院副总理兼财政经济委员会主任的陈云也有着类似的观点,他在中华人民共和国成立后召开的第一次全国交通会议上就曾指出:"运输工作是经济发展的重要工作,每一经济发展步骤应配合交通的发展。各种工厂生产各种产品,重量很大,数目很多,需要大量的运输工具,否则工业的大规模发展也不可能。我们必须重视这一工作。"②正是基于此,后来陈云在指导编制"一五"计划时,顶着国家经济建设资金严重不足和各部门纷纷要求增加投资的双重压力,专门给铁道部增加了3万亿的投资。由此可见,铁路对于恢复和发展国民经济是多么的重要。此后,以毛泽东为代表的党中央领导集体多次强调了铁路等交通运输业在社会主义建设过程中的重要作用,并在领导社会主义建设的实践过程中,不

---

① 中共中央文献研究室:《建国以来重要文献选编》(第四册),中央文献出版社1993年版,第354页。
② 金冲及,陈群:《陈云传》(上),中央文献出版社2005年版,第663页。

断验证了铁路是恢复和发展国民经济的"先行官"这一经典论断。

2. 铁路建设是巩固国防的重要前提

少数民族地区由于长期以来交通闭塞，其社会经济发展受到严重阻碍，而且少数民族地区多处于边境线上，其国防战略地位十分重要。因此加强少数民族地区的交通建设不仅是发展民族地区经济社会的需要，也是巩固边防、增进民族团结的必然要求。毛泽东对如何加强少数民族地区的经济文化建设、社会发展思考甚多。他在《论十大关系》中将如何处理汉族和少数民族的关系单独罗列出来，指出"要诚心诚意地积极帮助少数民族发展经济建设和文化建设"①。为了促进民族地区社会经济的发展和巩固国防、开发边疆，在财政困难的情况下党中央毅然决定集中力量修建川藏公路、青藏公路，并在东南沿海、东北和西南地区修建国防公路。川藏公路原名康藏公路，从成都平原一直延伸到喜马拉雅山脚下。它是连接雪域边陲西藏与内地的战略运输大道，修建难度极大，被中外地质学家称为"世界上最危险之路"。1950年成都战役结束之后，随着解放军进军西藏，筑路大军也开始修筑川藏公路。毛泽东对川藏公路的修建极为关心，他指示进藏部队"一面进军，一面修路"，不仅亲自批准川藏公路南线方案、提出1954年通车的要求，还题词"为了帮助各兄弟民族，不怕困难，努力筑路"②鼓舞筑路大军士气。"党指向哪里，我们就把路修到哪里"成为筑路官兵们矢志不渝的信念，筑路官兵们以高度的革命热情、顽强的战斗意志劈开悬崖峭壁、降服险川大河，在世界屋脊上修通了第一条公路，创造了人间奇迹。在修建川藏公路的同时，

---

① 《毛泽东选集》第5卷，人民出版社1977年版，第278页。
② 中共中央文献研究室编：《毛泽东年谱（1949—1976）》第1卷，中央文献出版社2013年版，第627页。

另一条雪域高原公路——青藏公路也开始修筑,它东起青海西宁市,西止西藏拉萨市。1951年1月4日毛泽东在给周恩来、聂荣臻的批示中明确提出修建经玉树、黑河到拉萨的公路问题;同年5月25日毛泽东发布进军训令中责成西北军区负责修建西宁经玉树到丁青公路并派人对敦煌到经柴达木、黑河到拉萨的线路进行实地勘测。青藏公路从提议修建到修筑完成均得到毛泽东的密切关注。

1954年12月川藏公路北线、青藏公路同时通车拉萨,结束了西藏没有现代公路交通的历史。毛泽东欣然为此题词"庆祝康藏、青藏两公路的通车,巩固各民族人民的团结,建设祖国"①。西南军区司令员贺龙撰文庆祝川藏、青藏公路通车,指出:两条公路的通车"必然会促进西藏民族的政治、经济和文化事业的发展",康藏地区各民族人民的物质和文化生活"也必然会随着祖国大规模的社会主义经济建设的发展而逐步地改善和提高,这对于加强和巩固祖国的统一,增强汉藏民族人民的团结,建设边疆,保卫祖国的社会主义建设,以及维护远东和世界和平,必然产生巨大的作用"②。川藏公路、青藏公路的修筑改变了西藏长期封闭的状况,大大促进了西藏人民生活的改善和经济社会的发展,对西藏经济建设和国防建设都具有极为重要的意义。2014年8月习近平总书记就川藏、青藏公路通车六十周年做出重要批示,指出这两条公路的建成通车是"在党的领导下中华人民共和国取得的重大成就,对推动西藏实现社会制度历史性跨越、经济社会快速发展,对巩固西南边疆、促进民族团结进步发挥了十分重要的作用";在建路、护路60余年的岁月中

---

① 中共中央文献研究室编:《毛泽东年谱(1949—1976)》第2卷,中央文献出版社2013年版,第328页。
② 康藏公路修建司令部,修路史料编辑委员会:《康藏公路修建史料汇编》,人民交通出版社1955年版,第36页。

形成和发扬了"一不怕苦、二不怕死,顽强拼搏、甘当路石,军民一家、民族团结的'两路'精神",要求进一步弘扬"两路"精神,助推西藏发展。①

经过几十年的革命斗争,以毛泽东为代表的党中央领导集体早已意识到了铁路建设对于防御战争、巩固国防的重要性。早在新民主主义革命时期,毛泽东就曾指出:"充实红军的给养与供给,组织联络前线与后方的军事运输,组织军事的卫生治疗,同是对于革命战争有决定意义的事业。"②因此,在这一思想的指导下,开展革命斗争的过程中,革命军队对敌我双方的重要交通干线采取了不同的斗争策略,从而推动了革命战争朝着胜利的方向前进。尤其是在中华人民共和国成立前夕,毛泽东更是强调:"必须尽一切可能修理和掌握铁路、公路、轮船等近代交通工具。"③并发出了"解放军打到哪里,铁路就修到哪里"的号召。基于此,1949年5月1日,朱德在《人民铁道》报的创刊号上题词写道:努力为前线服务,争取全国解放彻底胜利。

在毛泽东、朱德的号召下,陈云等人也意识到了铁路对于国防的重要性,尤其是地处边疆且边防力量薄弱的西北和西南地区更加需要通过修建铁路以加强国防建设。基于此,陈云等人在向中共中央作报告时明确提出:"建筑西北、西南干线,沟通全国,有国防价值。"④不久后,他再一次重申了这一观点,他说:"如果我们把西南、西北铁路修通了,就不会发生这样的问题。无论从经济来讲,还是从国防来讲,把那个地

---

① 《习近平就川藏青藏公路建成通车60周年作出重要批示》,《人民日报》,2014年8月7日01版。
② 《毛泽东军事文集》(第一卷),军事科学出版社、中央文献出版社1993年版,第340页。
③ 《毛泽东选集》(第四卷),人民出版社1991年版,第1347页。
④ 《陈云文集》(第二卷),中央文献出版社2005年版,第60页。

方的铁路搞起来,是一件大事情。"①他的这一观点得到了毛泽东的认同。中华人民共和国成立后不久,在毛泽东的指示下,中国人民在党的领导下,迅速修建了成渝、天兰、鹰厦、兰新、成昆等极具国防意义的铁路。对此,周恩来曾在成渝铁路通车时就曾题词写道:"修建铁路,巩固国防,发展经济,改善人民生活。"②正是由于认识到了铁路是巩固国防的重要前提,在抗美援朝战争中,周恩来十分重视铁路运输工作,并做出重要指示,以指导援朝铁道兵和铁路工人在朝鲜战场上进行运输工作,从而创造了抢修、抢运与防空相结合的经验,建起了打不垮炸不烂的"钢铁运输线",在保障抗美援朝取得胜利的同时,保卫了我国的东北边防。

总之,以毛泽东为代表的党中央领导集体十分重视铁路在国防建设中的作用,也正是基于这一正确认识,在中华人民共和国成立初期,中华人民共和国的铁路建设才取得了巨大成就,新民主主义革命的胜利果实才得以保存,国民经济的发展才有了基础和保障。

3. 人民铁路是为人民服务的

一切为了人民是唯物史观的根本观点。"人民,只有人民,才是创造世界历史的动力"③,坚持一切为了人民,是由人民群众在历史活动中和历史发展中的主体地位所决定的。人民群众不仅是物质资料生产活动的主体,也是人类社会精神生产活动的主体,还是社会变革的主体。一切为了人民是中国共产党根本宗旨的集中体现。无论是进行革命斗争还是开展中华人民共和国的建设,毛泽东始终坚持一切为了人民,充分相信群众、依靠群众,注重发挥群众的主动性、积极性和创造性。他将一

---

① 《陈云文选》(第二卷),人民出版社1995年版,第142页。
② 金冲及:《周恩来传(1898—1976)》(下),中央文献出版社2008年版,第951页。
③ 《毛泽东选集》第3卷,人民出版社1991年版,第1031页。

切为了人民、依靠人民的思想、调动一切积极因素的思想一以贯之地贯穿在对中华人民共和国交通事业建设的指导中。1949年7月，毛泽东在会见中国铁路职工临时代表会议和全国机务会议与会代表的时候发表了《依靠群众办好铁路建设事业》的重要讲话，指出：在中华人民共和国的铁路建设中"不管是老干部还是新干部，都要懂得依靠群众、重视群众"[1]。面对建设社会主义国家的艰巨任务，毛泽东始终强调要调动一切积极因素为社会主义事业服务。

在中华人民共和国建设初期帮助西藏各族人民、开发祖国边疆的两项伟大工程就是修建川藏和青藏公路。这是我国公里建设史上的两大奇迹，结束西藏没有现代公路交通的历史。1950年动工的川藏公路汇聚了人民解放军、工程技术人员、各民族民众共计11万人。面对气候严寒、空气稀薄、人烟稀少的恶劣条件，11万军民以科学的态度和求实的精神，发扬了大无畏的革命英雄主义气概，征服了14座海拔4000～5000米的雪山，跨越10多条河流，穿过冰川、流沙、泥石流、地震等特殊地带，历经4年零9个月的浴血奋战，终于在1954年12月修通了川藏公路，全长2161公里。青藏公路于1950年6月动工，于1954年12月25日与川藏公路同时建成通车；公路全长2115公里，全线平均海拔4000米，是一条名副其实的高原公路。数万名各族筑路人员与高原的恶劣自然条件搏斗了五个春秋，许许多多的人为筑路积劳成疾、因伤致残，甚至献出了生命。这两条公路在西藏经济发展和社会稳定中发挥着重要作用，是西藏的"生命线"，开创了西藏发展的新纪元。

北起江西省鹰潭、南至福建省厦门的鹰厦铁路，全长694公里，横

---

[1] 逄先知主编：《毛泽东年谱（1893—1949）》（下），中央文献出版社2005年第2版，第594页。

跨福建全省，是中国东南沿海重要的铁路干线。鹰厦铁路的修建是毛泽东为代表的第一代中央领导集体贯彻多党合作、民主协商，调动各方面积极性建设社会主义的又一实例。中华人民共和国成立之前，地处东南沿海的福建省境内没有一条铁路，交通不便严重制约了该省经济社会的发展。1950年闽籍爱国华侨陈嘉庚在第一次全国政协第二次会议上提出了修建福建铁路的建议。该建议受到毛泽东、周恩来的理解和重视。毛泽东在与铁道部商量之后将"一五"期间修建铁路的计划进行调整，推迟已经纳入规划建设的湘潭至韶山铁路，优先建设鹰厦铁路。

鹰厦铁路于1955年2月动工兴建。闽赣两省组织11万余民工与铁道兵8个师共同施工，在高峰期参加筑路的军民总人数达到20余万人。全体筑路人员以"叫高山低头、河水让路"的英雄气概奋力拼搏，开展劳动竞赛；在施工装备落后的情况下，发动群众提合理化建议，攻克一个个重难点工程。鹰厦铁路于1956年12月竣工通车，1957年12月验收交付运营，比原计划提前了一年。1958年11月，鹰厦线连通福州的外福线也相继通车。鹰厦铁路改变了福建没有铁路的历史，将厦门与大陆连接起来，不仅根本改善了福建境内的交通运输条件，促进了福建省经济的发展，而且在政治和军事上也具有重大意义。

中华人民共和国成立前夕，在毛泽东提出的"全心全意为人民服务是党的根本宗旨"这一思想的指导下，时任中华全国总工会副主席的李立三在平津铁路管理局召开的工人代表座谈会上做出了一个重要判断，他认为，解放以后铁路的性质已经发生了根本的变化，铁路已经是人民的铁路了。[1]这明确了中华人民共和国成立以后在中国共产党领导下的铁路是"人民的铁路"这一根本性质。与此同时，董必武也在《人民铁

---

[1]《平津铁路管理局召开工人座谈会》，《人民铁道》报，1949年5月1日01版。

道》报的创刊号上鲜明指出:"建设人民铁路的任务,必须发挥铁路最大的效用,服务于人民。"①而时任铁道部部长的滕代远也同样在《人民铁道》报的发刊词中强调:把为人民服务的决心,贯彻到精通业务,贯彻到具体的日常工作里来。②正是基于这些指导思想,中华人民共和国成立以来,中国铁路始终秉持着"人民铁路为人民"的办路宗旨,在服务人民、改善民生、安定社会秩序等方面发挥着重要作用。

此外,以毛泽东同志为核心的党的第一代中央领导集体还强调指出,铁路是推动外交工作的重要基础。20世纪六七十年代,由于中苏关系恶化,中国在国际上同时与两个"超级大国"进行着抗衡,"反帝、反修"压力巨大。此时,试图通过寻求国际援助来修建坦赞铁路的坦、赞两国又在西方国家中四处碰壁后将目光转向了东方。在此背景下,国力并不强盛的中国慷慨地向非洲兄弟伸出了援助之手,其情义之真切正如毛泽东在会见坦桑尼亚总统尼雷尔时所言:"你们有困难,我们也有困难,但你们的困难和我们的不同。我们宁肯自己不修铁路也要帮助你们修建这条铁路。"③而且与西方国家在非洲修铁路的目的不同,中国援助非洲修建铁路的目的"不是造成受援国对中国的依赖,而是帮助受援国逐步走上自力更生、经济上独立发展的道路"。这是周恩来在1964年提出的《中国政府对外经济技术援助的八项原则》中就明确规定了的。正是在这样历史条件下,中国通过坦赞铁路在中非人民之间筑起了一条"友谊之路"。也正是基于中国真诚地、全力地、无条件地援助,尼雷尔曾动情地指出:"历史上外国人在非洲修建铁路,都是为了掠夺非洲的财富,而中国人相

---

① 董必武:《人民铁道创刊纪念》,《人民铁道》报,1949年5月1日01版。
② 滕代远:《建设新的人民铁道》,《人民铁道》报,1949年5月1日01版。
③ 王泰平:《新中国外交50年》(中),北京出版社1998年版,第717页。

反,是为了帮助我们发展民族经济。"①援非铁路的修建,不仅极大地改善了非洲地区交通落后的局面,而且还成功地塑造了中国良好的国际形象。对此,美国著名中国问题专家哈里·哈丁在分析这一时期中国的外交行为时认为:"(中国)通过慷慨而没有条件的对外经济、技术援助,为中国争得影响,使他们的国家成为对世界局势发展的一个主要发言人。"②

4. 发展交通事业要统筹兼顾、科学决策

交通运输是国民经济生产和社会生活的基础与命脉所在,但是中华人民共和国接手的是几近瘫痪的交通体系。据统计,全国铁路有上万公里线路、3200多座桥梁和200多座隧道遭到严重破坏,主要干线几乎没有一条可以全线通车,机车则有1/3因破损无法行驶;1949年底能通车的公路还不到原有线路总长的80%。国民党劫走300多艘船舶60多万吨的运力,并在内河沉没430多艘大小船舶。原民航所有的飞机、驾驶员、器材全部被劫往香港。③中华人民共和国要恢复和发展经济必须把交通运输建设放在重要位置。百废待兴,如何在国力、财力极为有限的情况下发展交通事业?以毛泽东为代表的中华人民共和国第一代领导人统筹规划,优先发展事关国防、民生的战略铁路、战略公路和战备航道;同时注重调查研究、集思广益,科学决策。

中华人民共和国成立伊始,为了改变交通运输落后的局面,中央即设立了交通部和铁道部负责指导全国交通的恢复和发展。毛泽东多次强调铁路是"先行官",要为国民经济的恢复和发展开道。既然铁路是国民

---

① 王泰平:《中华人民共和国外交史(1957—1969)》(第二卷),世界知识出版社1998年版,第193页。
② 贺文萍:《中非关系中的话语权建设:经验与挑战》,《对外传播》,2015年第5期。
③ 苏星:《新中国经济史》,中共中央党校出版社1999年版,第98-99页。

经济的先行部门，那么就要将兴办铁路作为经济恢复和经济建设的重点。在经济恢复时期周恩来明确指出政府的经济投资"将着重用在发展工业所首先需要的水利事业、铁道事业和交通事业"等方面。①在经济恢复时期和"一五"期间，国家用于铁路建设资金达到了11.34亿元和62.89亿元，占国家基建投资总额的14.47%和11.44%。铁路作为交通运输的"先行官"，但是也需要和其他交通运输方式协调发展，才能形成完整的、协调的交通运输体系。在"二五"计划的制定中周恩来提出要增强运输能力必须以铁路为重点，但是也要"相应地进行全国运输网和通讯网的建设"；要注意地区协调发展，加强"西北和西南两个地区的铁路、公路的建设"，加强"沿海、长江的港口建设"；要求运输部门根据上述要求"分别轻重缓急，进行全面规划"以保证完成"二五"计划中关于运输等方面的各项任务。②在加强铁路、公路等交通基础设施建设的同时，周恩来也特别指出发展铁路不能操之过急，修建铁路"不是一二年的问题，也不是三五年的问题"，是一个长时间的问题，我们要从实际出发、量力而行。③

如何治理黄河与长江是毛泽东等国家领导人萦绕于心的一个重要问题。毛泽东曾为此四次考察黄河、多次考察长江，进行调查研究，掌握了大量的材料。1950年，中央人民政府指示修建武汉长江大桥。在铁道部上报大桥桥址方案之后，毛泽东亲自到武汉实地考察。1953年2月18日，毛泽东再次到武汉听取汇报，察看即将建设的武汉长江大桥桥址线，同意铁道部的桥址方案；1956年5月，毛泽东乘坐轮船从正在修建的桥墩下穿行，视察建设中的武汉长江大桥；1957年9月，毛泽东再次视察

---

① 《周恩来选集》下卷，人民出版社1984年版，第46页。
② 中共中央文献研究：《周恩来经济文选》，中央文献出版社1993年版，第307-308页。
③ 中共中央文献研究：《周恩来经济文选》，中央文献出版社1993年版，第60页。

武汉长江大桥详细了解了大桥的工程技术和工程投资状况,并欣然为大桥题词"一桥飞架南北,天堑变通途"。

为了开发和利用长江的水资源,在20世纪50年代,中华人民共和国就开始了对三峡的勘测、规划和设计工作。毛泽东从1953年2月到1958年1月不到五年的时间内,为了三峡工程和长江水利建设先后6次召见长江流域规划办公室主任、水利专家林一山。在1958年1月、3月召开的南宁会议、成都会议上,毛泽东又召集不同意见的专家进行论证,最终形成《中共中央关于三峡水利枢纽和长江流域规划的意见》。文件指出:从国家长远的经济发展和技术条件两个方面考虑,三峡水利枢纽是需要修建而且可能修建的;但是最后下决心确定修建及何时开始修建,要待各个重要方面的准备工作基本完成之后,才能做出决定。在当时条件不具备的情况下,中央决定暂缓三峡工程的修建,这是一个十分科学的正确决策。

二、所有经济秩序的恢复,应从铁路做起

以邓小平同志为核心的党的第二代中央领导集体的铁路建设思想,是在总结了中华人民共和国铁路曲折发展的历史经验和教训的基础上,结合了社会主义国家建设的现实需要和中国的具体国情,对以毛泽东同志为核心的党的第一代中央领导集体的铁路建设思想的继承和发展。

修建一条铁路,打通四川与中原地区连接的屏障是四川人民自清朝末年以来的夙愿,不惜发起轰轰烈烈的保路运动为之抗争。但是,直到中华人民共和国成立之前,四川仍是没有一条铁路。1952年建成通车的成渝铁路实现了巴蜀人民近半个世纪的梦想。成渝铁路是中华人民共和

国第一条由自己设计、自己建造的铁路,是西南地区的第一条铁路干线,对整个西南地区经济建设和国防建设具有重大意义。

成渝铁路的修建是邓小平领导的西南军政委员会做出的第一个重大决策。1949年11月,中国人民解放军占领重庆,大西南解放。出生四川的邓小平对蜀道难深有感触,他果敢决策,决定修建成渝铁路,以此为先行带动百业发展,帮助四川恢复经济,从而拉开了西南地区战后重建的序幕。

邓小平高度重视修筑成渝铁路在西南建设全局中的重要作用。他在进军西南之前就常与刘伯承商议到了四川要把成渝铁路修好,并且两次在上海与熟悉成渝铁路修筑情况的陈修和商讨筹备、修筑成渝铁路事宜。1950年1月,邓小平把修建成渝铁路作为西南建设计划的重中之重向中共中央做了汇报,很快得到了中央人民政府的批准。

修建成渝铁路困难重重,面临诸多问题,如铺设铁路所需的材料和设备问题,修建资金紧张的问题,还有技术问题、选线问题等。在邓小平的亲自主持和领导下,筑路大军克服了一个又一个的困难,保证了工程的进度和质量。经过十几万军民两年的艰苦奋斗,成渝铁路于1952年7月1日顺利竣工,交付运营。成渝铁路西起成都,东至重庆,成为连接川西、川东经济和交通的大动脉。这是中国铁路史上第一条由中国人自己设计施工、用自己生产的钢轨和枕木建成的铁路。它的建成不仅实现了四川人民多年的夙愿,改变了四川的交通格局,而且对中华人民共和国成立初期重庆乃至整个西南地区国民经济的恢复和稳定均有着重大的战略意义。改革开放以后,党中央进一步发展了铁路建设思想。

1. 铁路部门要进行整顿，严明纪律，集中管理

"大跃进"和"文化大革命"时期"左"的思想对国家建设造成了严重影响，铁路建设和运营也受到严重干扰。作为国民经济的大动脉，铁路贯通全国，在整个国民经济的发展中占据重要的战略地位。铁路建设、管理和运输的问题都会影响整个国民经济的发展。邓小平高度重视铁路建设和运营问题，强调"所有经济秩序的恢复，应从铁路做起，……大动脉好了，其他就好办"[①]。他在20世纪60年代初从立章建制入手整顿铁路，纠正"大跃进"中铁路工作的失误；继而在1975年主持国务院日常工作时期又对铁路进行整顿，以此来推动国民经济的发展。

由于受到"大跃进""左"倾思想的影响，铁路建设和运营中出现了急于求成、浮夸风、高指标、瞎指挥的现象，导致铁路建设盲目追求高指标，违背客观规律拼设备吃老本，盲目下放权力、破坏规章制度等问题。针对这些问题，邓小平及时进行整顿，提出"大力整顿铁路秩序、加强铁路集中统一管理、恢复和建立规章制度等十二点具体要求"[②]。

一是铁路系统集中统一管理。在邓小平的支持下，1961年1月24日中共中央批转了铁道部党组《关于在铁路系统建立政治工作部门和改进管理体制的报告》，强调铁路是国民经济大动脉，"必须把一切权力集中在铁道部"[③]。铁路系统据此重建政治部门，铁道部全面负责运输生产、物质资金分配、设备调拨、干部安排、职工调动等，有效地解决了铁路系统的集中统一管理问题。

---

① 中共中央文献研究室：《邓小平年谱（1904—1974）》（下），中央文献出版社2009年版，第1615页。
② 中共中央文献研究室：《邓小平年谱（1904—1974）》（下），中央文献出版社2009年版，第1615页。
③ 铁道部档案史志中心编：《新中国铁路50年》，中国铁道出版社1999年版，第76页。

二是建章立制。针对铁路运行秩序不好的问题,邓小平一针见血地指出其主要原因就在于"原有的规章制度破了,但是没有建立新的规章制度",强调"铁路必须整章建制,整顿运输秩序"。①在这一精神的指导下,铁道部恢复和建立了生产责任制、检查验收制、经济核算制等三项基本制度及设计、施工、大中修、客运、货物运输等八项规程,有效地提高了铁路运营的规范化水平,减少了事故隐患。

全面整顿,铁路先行,有效地扭转"文化大革命"以来铁路工作混乱的局面。"文化大革命"时期铁路的正常运营受到极大干扰,出现生产下降,铁路重要干线堵塞、运输严重不畅,规章制度不严、劳动纪律松弛、事故高发等问题,不仅严重阻滞了国民经济的发展,而且对人民群众的生活造成严重影响。1975年,邓小平复出主持国务院日常工作,遂将铁路整顿作为全面整顿工作的突破口。

第一,研究制定整顿铁路工作的纲领性文件——《中共中央关于加强铁路工作的决定》。邓小平指出铁路运输问题是当前国民经济的"薄弱环节",必须解决这个问题,否则"生产部署统统打乱,整个计划都会落空"②。邓小平指示铁道部代中央迅速起草一份整顿铁路问题的文件,并口授了文件的主要内容,强调要集中管理铁路,实行军事化管理。很快,经邓小平审阅并报中央、毛泽东圈阅同意的9号文件《中共中央关于加强铁路工作的决定》于同年3月5日下发至县团级。文件明确指出:铁路运输是当前国民经济的"一个突出的薄弱关节,不能适应工农业生产发展"和加强战备的需要,需要对铁路运输的管理体制进

---

① 铁道部档案史志中心编:《新中国铁路50年》,中国铁道出版社1999年版,第76页。
② 冷溶、汪作玲主编:《邓小平年谱(1975—1997)》(上),中央文献出版社2004年版,第25页。

行重要改变。①该文件是邓小平整顿铁路工作的纲领性文件。据此，邓小平采取了一系列措施来改变"文化大革命"以来铁路运营、管理混乱的局面。

第二，重申集中统一领导的重要性。邓小平沿用纠正20世纪60年代整顿铁路的正确经验，再次强调集中统一管理的重要性，要求实行"以铁道部领导为主的管理体制"，由铁道部统一管理全国铁路、集中指挥铁路运输、统一调配铁路职工等。

第三，建章立制，增强组织纪律性。由于铁路系统原有的规章制度被破坏、组织纪律涣散，导致问题频发。因此，邓小平强调一定要健全和恢复规章制度，加强组织纪律性。②在邓小平的指示要求下，铁道部随即恢复建立了岗位责任制、技术操作规程、设备管理制度、维修制度等，为铁路运营走上正轨提供了制度保障。

第四，发表重要讲话，鲜明反对"派性"，整顿相关领导班子。邓小平严肃指出"闹派性已经严重地妨碍"工作大局，派性的问题必须解决，反对派性是一个"大是大非"的问题；提出必须把铁路系统里闹派性的人同地方上闹派性的人的"联系割断"，态度要坚决，"要敢字当头，横下一条心"，彻底解决问题。③在邓小平整顿铁路思想的指导下，以徐州铁路分局为典型的派性问题得到了快速地解决，津浦、陇海两大干线交汇的徐州枢纽得以畅通无阻。随后，邓小平以点带面将徐州经验推广至其他省市以及工业交通系统的各行各业，以此推动全铁路系统和全方面工作的整顿。

---

① 中国二十世纪通鉴编辑委员会：《中国二十世纪通鉴》第十五卷，线装书局2002年版，第5023页。
②《邓小平文选》第2卷，人民出版社1994年第2版，第5-6页。
③《邓小平文选》第2卷，人民出版社1994年第2版，第6页。

2. 铁路体制要改革，铁路建设瓶颈要打破

随着党的十一届三中全会做出改革开放的伟大决策，党的工作重心转移到了经济建设上来，从而翻开了中国经济发展的新篇章。作为发展国民经济的"先行官"，铁路在这一时期的重要作用尤为凸显，正如邓小平所言："我们整个经济发展的战略，能源、交通是重点。"①但由于铁路在计划经济时期所产生的一些不利于铁路发展的体制弊端，如政企不分、完全忽视经济效益、机构臃肿、集权过多等严重阻碍了铁路的发展，加上铁路建设资金的短缺，使得铁路不但没能当好推动国民经济发展的"先行官"，反而成为制约其发展的"瓶颈"。鉴于此，以邓小平为代表的党中央领导集体从国家发展大局出发，强调要改革铁路体制，打破铁路建设瓶颈。针对许多领域体制建设不合理的问题，邓小平明确表示要进行改革，他说："体制搞得合理，就可以调动积极性。要争取时间，快一点调整好。"②尤其是对于铁路系统的体制弊端，邓小平更是如此强调，他提出："要用经济方法管理经济，……应该排除行政干扰。"③这就打破了铁路系统长期以来习惯靠行政命令指挥生产的弊端。

陈云也认为，经济体制应该改，而且工业、财贸体制改革比农业更复杂，因此，他提出："进行体制改革，推行责任制。"④这就为铁路系统推行经济承包责任制提供了指导。此外，万里在担任铁道部部长时也明确强调："铁路部门各级领导机关特别是部机关，都要认真检查一下，上层建筑是不是适应经济基础的发展，是不是适应形势对我们的需要。

---

① 《邓小平文选》（第三卷），人民出版社1993年版，第17页。
② 《邓小平文选》（第二卷），人民出版社1994年版，第54页。
③ 《邓小平文选》（第二卷），人民出版社1994年版，第157页。
④ 《陈云文集》（第三卷），中央文献出版社2005年版，第489页。

不适应的，就要改革。"①这些指导性思想为后来铁路系统进行大刀阔斧的改革奠定了思想基础。

而面对建设资金短缺的问题，邓小平等人同样坚定地提出了"宁肯欠债，也要加强"的思想，并鼓励大家："在这方面，胆子要大一些，不会有大的失误。多搞一点电，多搞一点铁路、公路、航运，能办很多事情。"②紧接着，他又说："借点外债用在这些方面，也叫改革开放。现在的问题不是改革开放政策对不对，搞不搞，而是如何搞，开哪方面，关哪方面。"③以邓小平为代表的党中央领导集体的这些思想，为铁路建设提供了政策指导，开创了中华人民共和国铁路系统引入外资的先河，缓解了铁路建设资金不足的压力，探索出了一套打破铁路建设瓶颈的新方法。

3. 铁路建设要以科学技术为支撑，以满足社会经济发展的现实需要为目的

1978年，邓小平在访问日本期间，乘坐新干线"光-81号"超特快列车时感慨道："就感觉快，有催人跑的意思，我们现在正适合坐这样的车。"④正是基于这样的感悟，使邓小平意识到中国的铁路建设必须以科学技术为支撑，而中国铁路的发展方向就是要实现高速化、国际化、现代化。这是时代进步的要求，也是中国社会经济发展的现实需要，更是中国人民的殷切希望。

因此，在邓小平提出的"科学技术是第一生产力"思想的指导下，

---

① 《万里文选》，人民出版社1995年版，第93页。
② 《邓小平文选》（第三卷），人民出版社1993年版，第307页。
③ 《邓小平文选》（第三卷），人民出版社1993年版，第308页。
④ 中共中央文献研究室：《邓小平年谱（1975—1997）》（上卷），中央文献出版社2004年版，第413页。

以铁路为代表的交通部门及时提出了"科教兴交"和"人才强交"战略，使原本技术和设备都落后的中国铁路依靠科学技术的进步改变了面貌，提高了综合运输能力，从而满足了社会经济发展的现实需要。

在此之前，叶剑英也曾提出，要加快铁路建设，以满足社会经济发展的现实需要。他说："铁路工作非常重要，一定要搞好。它好像人的神经系统，血管动脉。铁路搞好了，就会促进整个国民经济的发展。同志们是搞铁路工作的，一定要使铁路畅通无阻，四通八达。如果铁路运输跟不上，缺煤、缺铁、缺原料、缺材料，直接影响国民经济的发展，直接影响人民生活。"①因此，他号召铁路部门与各地方党政军民共同努力，依靠科学技术，积极建设铁路，以满足社会经济发展的现实需要，保障人民的生活。

此后不久，时任国务院副总理的万里明确表示，我国的铁路建设要"在技术水平、经营管理水平上加以提高，向现代化前进。搞四个现代化，铁路应该走在前面"②。他认为，只有这样才能适应国民经济发展的需要，改善和提高人民的生活水平。正是在以邓小平同志为核心的党的第二代中央领导集体的指导下，20世纪80年代的中国铁路事业不断进行体制改革和科技创新，取得了令人欣喜的成绩，从而为90年代中国铁路事业的快速发展奠定了良好基础。

4. 铁路行业要贯彻"两个文明一起抓"的方针，加强铁路思想政治工作

1979年，邓小平针对我国面临的物质文明建设与精神文明建设严重失衡的现状时鲜明地指出："我们要在建设高度物质文明的同时，提高全

---

① 《叶剑英选集》，人民出版社1996年版，第449页。
② 《万里文选》，人民出版社1995年版，第282页。

民族的科学文化水平，发展高尚的丰富多彩的文化生活，建设高度的社会主义精神文明。"①随后，面对改革开放起步阶段出现的思想政治问题，邓小平进一步强调了"两个文明一起抓"的方针，他认为，通过开展精神文明建设，有助于提高人们的思想道德素养，而加强思想政治工作正是推动社会主义精神文明建设的有效手段。对此，万里曾在1983年的铁路工作会议上明确指出："铁路作风好不好，服务周到不周到，在一定程度上影响着社会主义道德，影响着社会的组织纪律性，影响着社会主义的精神文明建设。"②因此，他在大会上强调，一方面，要认真加强思想政治工作，不断克服不良倾向，包括一切不正之风；另一方面，要认真加强党的领导，改善党的领导。③他说，思想政治工作是我们党的传统，也是我们的一大特色，推动铁路现代化建设要靠坚定的思想政治工作来保障。

鉴于此，为了贯彻"两个文明一起抓"的方针，铁路部门将其作为铁路"七五"时期的战略部署，并强调在进行铁路改革的同时，铁路系统的思想政治工作还要进一步加强，要真正把思想政治工作做到铁路的各个部门、各个环节、各个领域，只有这样才能确保铁路改革不偏离方向，才能将党的指导思想贯彻到铁路系统，才能实现铁路建设的现代化。显然，"两个文明一起抓"的指导思想，不仅为铁路事业的发展提供了思想保证和精神动力，而且促进了铁路文化的大发展，使铁路文化的内容和形式更加丰富多彩。

---

① 《邓小平文选》（第二卷），人民出版社1994年版，第208页。
② 《万里文选》，人民出版社1995年版，第280页。
③ 《万里文选》，人民出版社1995年版，第282页。

三、依靠技术进步，加快交通建设

作为承前启后、继往开来的引路人，以江泽民为代表的党中央领导集体顺应改革开放的浪潮，沿着建设有中国特色的社会主义道路继续前行，推动着中国朝着社会主义现代化国家进发。在这一历史进程中，改革和发展继续扮演着时代的主题，并较之于前主题色彩更加鲜明。在这样的时代背景下，以江泽民同志为核心的党的第三代中央领导集体的铁路建设思想进一步继承和发展了老一辈共产党人的铁路建设思想，并围绕着改革和发展两大时代主题具体展开。

1. 铁路发展的关键在于科技进步

随着改革开放的深入推进，在邓小平提出的"科学技术是第一生产力"思想的持续影响，以及国外先进科技发展的刺激下，党中央领导集体十分重视科学技术在中国各项事业中的发展和应用，尤其是对于关系国计民生的铁路等基础行业，江泽民等同志更是强调要依靠科技进步来推动其发展。江泽民曾指出："特别是能源、交通是四化建设中最薄弱的环节，应该作为建设重点，加快发展。……关键在于依靠技术进步，把传统工业建立在先进物质技术基础之上。"紧接着，他预测道："铁路运输如果普遍采用电子计算机进行营运管理，据国外经验，一般可提高运输效率百分之二十五至百分之三十。……仅铁路系统即可增收十亿元以上，因加速物资周转而带来的社会经济效益就更为可观。"[1]此后，江泽民在党的十四大报告中更是明确指出："科学技术是第一生产力。振兴经济首先要振兴科技。只有坚定地推进科技进步，才能在激烈的竞争中取

---

[1]《江泽民文选》(第一卷)，人民出版社2006年版，第6页。

得主动。"①他认为铁路、能源、水利等基础设施发展的关键在于依靠科技进步,因此,强调全社会都应该提高科技意识,从多方面增加科技投入,重视科技人才培养,大力发展科技教育,真正实现"科教兴国"战略。

与此同时,时任国务院总理的李鹏同志也在《关于国民经济和社会发展十年规划和第八个五年计划纲要的报告》中强调:铁路系统要充分利用先进科学技术对旧线进行改造,逐步实现重要铁路线路的内燃化、电气化以及有选择的重载化,并运用先进技术加快南北、西北、西南等地区的铁路干线建设。②随后,他在谈到"八五"期间科学技术发展的任务时,又将交通技术纳入了国家科技攻关重点课题,并明确指出要大力发展铁路运营管理和控制技术、铁路高速客运技术以及新型机车技术等先进科技,以推动铁路发展。③正是在这些思想的指导下,中国铁路的大提速才有了技术保障,中国铁路的崛起才成为可能。

2. 要坚定不移地推进以铁路为代表的国有企业改革

1993年年初,朱镕基在参加全国铁路领导干部会议时,就曾以"加快铁路改革与建设步伐"为题发表了重要讲话,他指出:铁路尽管取得了很大成绩,但仍然与高速发展的国民经济不适应。因此,铁路部门要深化改革,改善铁路的经营管理体制,转换机制,转变职能,加强路风建设和精神文明建设,重视铁路安全工作,从而推动中国铁路朝着提高

---

① 《江泽民文选》(第一卷),人民出版社2006年版,第232页。
② 李鹏:《关于国民经济和社会发展十年规划和第八个五年计划纲要的报告》,人民出版社1991年版,第108页。
③ 李鹏:《关于国民经济和社会发展十年规划和第八个五年计划纲要的报告》,人民出版社1991年版,第126-127页。

质量、调整结构、增进效益的方向发展。①随后不久,时任国务院总理的李鹏在《建设全国统一的综合交通运输网络体系》一文中进一步指出:"交通运输建设要充分发挥中央和地方两个积极性,进一步深化交通运输体制改革,促进交通运输事业的健康发展。"②

正是在这些思想的指导下,以铁路为代表的国有企业在这一时期不断改革自身存在的旧体制弊端,创新发展模式,以适应社会主义市场经济的发展要求,从而使以铁路为代表的国有企业充满了活力。正如1999年江泽民在大连主持召开东北和华北地区国有企业改革和发展座谈会时总结的那样:"经过二十多年改革开放的伟大实践,国有企业的管理体制和经营机制发生了深刻变化,国有经济布局和结构的调整取得进展,国有独资、控股和参股等多种实现形式的发展扩大了国有经济的控制力,一批国有及国有控股企业在改革中焕发出新的生机,在市场竞争中不断成长壮大。"③显然,中国铁路就是在这一时期重获新生,迎来了发展的重要转折,从而开启了中国铁路大发展的新征程。

四、科学发展交通运输

党的十六大以来,以胡锦涛同志为总书记的党中央进一步延续了老一辈共产党人的铁路建设思想,持续深入地推进铁路体制机制改革,使中国铁路发展充满了强劲的动力,实现了跨越式发展,取得了巨大的成

---

① 吴昌元:《1993中国铁路改革与发展重要文稿》,中国铁道出版社1994年版,第9-11页。
② 黄四川:《1996中国铁路改革与发展重要文稿》,中国铁道出版社1997年版,第10页。
③ 《江泽民文选》(第二卷),人民出版社2006年版,第377页。

就：青藏铁路的胜利通车，为西藏没有铁路的历史画上了句号；中国高铁的闪亮登场，为中国铁路登上世界舞台提供了名片；中国铁路的运载量，使中国春运这一世界上最大规模的人口迁移奇观备受关注；等等。总之，这一时期中国铁路取得的成就令世人惊叹，宣告中国从此迈入了世界铁路强国的行列。显然，这些成就背后，既是以胡锦涛为代表的党中央领导集体铁路建设思想的直接体现，也是一代代共产党人共同努力、接续奋斗、辛勤付出的结果。以胡锦涛为代表的党中央领导集体的铁路建设思想与老一辈共产党人的铁路建设思想既一脉相承又与时俱进，其延续的铁路建设思想前文已详细论述，故此处不再赘述。值得注意的是，胡锦涛铁路建设思想的创新点主要体现在以下几个方面。

1. 铁路建设要注重生态保护，助力资源节约型和环境友好型社会的建设

随着改革开放的推进，粗放型的工业发展模式在给中国经济提供强劲动力的同时，也使生态问题日益凸显，逐渐成为全体国人关注的焦点之一。因此，以胡锦涛为代表的党中央领导集体多次强调在发展经济的过程中要注重保护生态环境，建设资源节约型和环境友好型社会。显然，铁路建设同样也应该注重生态保护。

2006 年，胡锦涛在青藏铁路通车庆祝大会上明确指出："要充分认识搞好青藏高原环境保护的极端重要性，严格落实各项环保措施，教育广大干部职工和乘客增强环保意识，自觉爱护青藏高原的山山水水、一草一木，切实保护好沿线生态环境。"[①]同年初，时任国务院副总理的黄菊在参加全国铁路工作会议时也鲜明指出："在综合交通运输体系中，铁

---

① 《胡锦涛文选》（第二卷），人民出版社2016年版，第468页。

路具有运力大、能耗低、污染少、占地少等比较优势,在全面落实科学发展观、建设资源节约型和环境友好型社会中应当发挥更大的作用。"①

正是在这些思想的指导下,铁路部门越来越重视铁路建设和运营过程中的生态保护问题,逐步推广青藏铁路的建设经验,并在学习国外铁路建设的先进理念的基础上提出了"绿色铁路"的发展思路,使铁路建设过程中的生态保护问题初步得到了解决。

2. 铁路等基础设施是沟通国内外关系的重要桥梁

伴随着中国经济的腾飞,国内外加强沟通与联系的需求更加迫切,尤其是不同地区的贸易往来和人文交流对交通提出了更高要求。显然,具有运量大、运速快、运费低等相对优势的铁路便成了沟通国内外关系的重要桥梁。正是基于此,在谈到如何统筹国内国际两个大局,经营好周边关系时,胡锦涛明确指出,加强周边合作,"特别是要积极参与和大力推动周边公路、铁路、通信、能源通道建设,形成我国同周边基础设施互联互通网络"②。随后,他又在西部大开发工作会议上指出:"铁路要重点建设西部地区连接东部地区的出海通道、西南地区连接西北地区的南北通道以及我国连接周边国家的国际通道。"③从而发挥铁路的桥梁作用,加强地区与地区之间、国家与国家之间的沟通与联系。正是在以胡锦涛为代表的第四代中央领导集体的铁路建设思想的指导下,中国铁路建设获得了极大发展,在实现全国各省通铁路的梦想的同时,也使中国与周边国家因为交通连通而联系得更加紧密。

此外,党的十七大报告正式提出了"推动社会主义文化大发展大繁

---

① 铁道部档案史志中心:《中国铁道年鉴(2006)》,中国铁道出版社2006年版,第4页。
② 《胡锦涛文选》(第三卷),人民出版社2016年版,第241页。
③ 《胡锦涛文选》(第三卷),人民出版社2016年版,第412页。

荣"的文化发展方针，为社会主义文化建设指明了方向。而后，为了具体落实这一方针，党的十七届六中全会又通过了《中共中央关于深化文化体制改革、推动社会主义文化大发展大繁荣若干重大问题的决定》，从而进一步兴起了社会主义文化建设的新高潮。为了深入贯彻党的十七大和十七届六中全会精神，加强铁路文化建设，进而更好地为铁路现代化建设提供强大精神动力和文化支撑，中共铁道部党组先后出台了《关于加强铁路文化建设的若干意见》和《关于贯彻落实党的十七届六中全会精神加强铁路文化建设的实施意见》两个文件，明确了铁路文化建设的重要性、总体思路和奋斗目标，为社会主义铁路文化的大发展大繁荣提供了理论指导。

五、交通运输新的历史方略

党的十八大以来，以习近平同志为核心的党中央高度重视铁路等交通运输业的发展，并根据时代发展的新要求和国务院机构改革的现实需要，于2013年正式撤销铁道部，实行政企分开，将铁道部拟定铁路发展规划和政策的行政职责划入交通运输部；组建国家铁路局，由交通运输部管理，承担铁道部的其他行政职责；组建中国铁路总公司，承担铁道部的企业职责。这对中国铁路事业的发展具有重要的历史意义，是中国铁路体制改革的重大进步，标志着中国铁路发展翻开了新的历史篇章。

1. 高铁是我国装备制造的名片

习近平同志多次在不同场合谈到铁路在推动中国现代化进程中的重要贡献，在联通基础设施以加强国内国际交流合作等方面的重要作用，以及铁路"走出去"对于世界各国尤其是第三世界国家的重要意义等，

并不止一次地强调:"高铁是我国装备制造的一张亮丽的名片"①,它体现了中国装备制造业水平。国务院总理李克强同志也表示,我们国家的高铁"技术先进,安全可靠,性价比高",因此,向世界各国推介中国高铁成为他出访活动的一项重要内容。这充分彰显了中国由铁路弱国走向铁路强国的自信。也正是基于此,新时代以来以高铁为代表的交通运输业迎来了发展的黄金期。正如习近平同志所言:"'十三五'是交通运输基础设施发展、服务水平提高和转型发展的黄金时期。"这个黄金期不仅仅是指建设数量和规模的增长,更是建设质量和理念的转变。随着中国铁路"走出去"的深入推进,中国铁路尤其是中国高铁开始不断在国际舞台上亮相,真正成为中国展现给世界的一张闪亮名片。

2. 在"一带一路"倡议中发挥铁路等交通设施的基础性作用

习近平同志强调:我们要发挥交通设施的基础性作用,"着力推动陆上、海上、天上、网上四位一体的联通,聚焦关键通道、关键城市、关键项目,联结陆上公路、铁路道路网络和海上港口网络"②。中国地理跨度大且地形复杂多样的自然条件,使铁路能够凭借运量大、运费低、受自然条件约束少等优势在众多交通方式中凸显出来,成为中国最具代表性的交通方式,长期作为推动中国经济发展的"先行官",铁路必然是"一带一路"倡议中的先行者和主要推动者。正如2016年修订的《中长期铁路网规划》中所指出的:铁路是国民经济大动脉、关键基础设施和重大民生工程,是现代综合交通运输体系的骨干,对于推动我国社会经济的发展发挥着至关重要的作用。正所谓"天地交而万物通","通过交

---

① 习近平:《保持战略定力增强发展自信 坚持变中求新变中求进变中突破》,《人民日报》,2015年7月19日01版。
② 习近平:《携手推进"一带一路"建设——在"一带一路"国际合作高峰论坛开幕式上的演讲》,《人民日报》,2017年5月15日03版。

通来联通天下，造福世界各国人民，助推各国共同繁荣，是交通强国战略的根本追求，也是打造人类命运共同体的旨归"①。

目前，中国铁路正在以习近平同志为核心的党中央关于铁路建设相关论述的指导下蓬勃发展，并在"一带一路"倡议下发挥着重要作用，彰显了中国铁路朝气勃勃的精神面貌和充满自信的文化底蕴。

3. 构建现代综合交通运输体系

交通事业"自身强"即是综合实力世界领先。实现交通运输规模数量大、质量效率高、科技创新强、行业治理优、国际影响广，拥有更加安全便捷、经济高效、绿色智慧、开放融合的现代化综合交通运输体系，拥有一批具有全球竞争力的世界一流交通运输企业，各种运输方式的比较优势和组合效率得到充分发挥。

改革开放以来，随着社会主义市场经济的推进、各种运输方式发展规划的编制与落实、多项助推政策的制定与出台，我国的交通运输事业得到了长足的进步，交通运输状况从"瓶颈制约""初步缓解"逐步发展到"基本适应"，其成果令国人骄傲，令世人瞩目。

截至 2016 年，我国已基本上贯通了"五纵五横"的综合运输大通道，综合交通运输网络已初具规模。运输服务保障能力名列世界前茅：我国的铁路旅客周转量及货运量、公路客货运量及周转量、快递业务量、高速公路运营里程数以及港口万吨级泊位数均居世界第一，民航运输旅客量及货邮周转量已居全球第二；我国高速铁路运营里程数突破 2.2 万公里，占世界高铁总程的 65%左右，高速铁路旅客周转量已超过全球其他国家与地区的总和，港口集装箱吞吐量已超过全球总和的 1/3。交通运

---

① 邱铁鑫：《新时代"交通强国"战略的理论探析》，《北京交通大学学报》（社会科学版），2019 年第 4 期。

输领域科技创新达到世界先进水平,高速铁路、高速公路、特大桥隧、深水筑港、大型机场工程等建造技术达到世界先进水平,沪昆高铁、港珠澳大桥、洋山深水港、北京新机场等一批交通超级工程震撼世界。高速列车、C919大型客机、振华港机、新能源汽车等一大批自主研制的交通运输装备成为"中国制造"的新名片。互联网、大数据、云计算、北斗导航系统等信息通信技术在交通运输领域广泛应用,线上线下结合的商业模式蓬勃发展。交通运输已成为我国科技创新的重点领域,对提升我国科技竞争力和综合国力发挥了重要作用。我国已经成为名副其实的交通大国。

与经济社会发展需求和人民日益增长的美好生活需要相比,"还存在区域城乡交通发展不平衡、不充分、不协调等问题,网络化布局还不尽完善、国际通道连通不够"①等现象。与发达国家的交通运输业,如美国交通运输业对国家战略的支撑能力,德国多式联运和物流领域,日本的城市轨道交通和综合枢纽现代物流,欧盟国家的绿色低碳交通等相比,还存在较大差距。我国人均交通基础设施数量不高,高品质的交通基础设施较为缺乏,特别是贫困地区还未拥有较为完备的交通基础设施。综合运输水平差距较大,美国多式联运承担的货运量占全国总货运量的10%左右,而我国仅为 2.91%,多式联运发展滞后,已成为综合交通运输体系建设的短板;物流成本有待降低,2016年我国物流业成本高达11.1万亿元,占 GDP 的 14.9%,远远高于美国。②交通运输服务水平不高、信息共享能力不足,在科技和装备水平、安全生产、行业与国际治理能

---

① 中华人民共和国交通运输部:《2017年第十二次例行新闻发布会》[2017-12-26],http://www.mot.gov.cn/2017wangshangzhibo/2017twelve/.
② 《补上短板,迈向交通强国》[2017-12-11], http://ydyl.china.com.cn/ 2017-12/11/content_41980725.htm.

力等方面也有待提升。我国虽是交通大国但还不是交通强国。

党的十九大报告做出了"我国经济已由高速增长阶段转向高质量发展阶段"的重要论断。同样，建设交通强国不能只停留在"量"的层面，而是要实现"质"的飞跃。

4. 持续深化交通运输供给侧结构性改革

习近平高度重视交通运输工作，对交通运输业寄予了殷切期望。2017年9月习近平指出"十三五"是交通运输基础设施发展、服务水平提高和转型发展的黄金时期，要求"推进供给侧结构性改革，促进物流业'降本增效'，交通运输大有可为"，要求交通运输业"在组织创新、管理创新等方面都要有所作为"，"特别要是要把简政放权、提高效率放到重要的位置上"。[①] 这些重要论述说明交通运输作为社会大生产中连接生产和消费的重要环节，其供给侧的深化改革与物流业的降本提质对我国整体供给系统的优化有着重要意义；指明了交通运输领域的核心工作是持续深化供给侧结构性改革。

党的十八大以来，在习近平关于持续深化交通运输供给侧结构性思想的指导下，交通运输部以推进供给侧结构性改革为主线，围绕"三去一降一补"重点任务，扎实推进各项工作。先后印发了《关于推进供给侧结构性改革 促进物流业"降本增效"的若干意见》《2017年交通运输供给侧结构性改革工作要点》等文件，着力降成本、补短板、强服务，狠抓工作落实，取得了积极成效。2017年，国家通过清理规范涉企收费，优化管理，提升交通物流效率等新增和延续工作，降低物流成本约881.6亿元；补齐基础设施短板，建成高速公路5600公里、普通国省干线公路

---

① 李小鹏：《在2017年全国交通运输工作会议上的讲话》，《交通财会》，2017年第1期。

1.8万公里，新增内河达标高等级航道500公里；新改建农村公路28.5万公里，贫困地区新增9063个建制村通硬化路；引导推动39个综合交通枢纽和一批港口集疏运铁路公路项目建设；有力提升了综合运输服务水平，更新改造不合规车辆运输车1.2万辆；拆解单壳液货危险品船和老旧运输船4381艘；完成公路安全生命防护工程14.6万公里，改造危桥3543座，完成普通干线公路灾害防治工程741公里；旅游公路、邮轮经济、通用航空、高铁快递不断发展，"互联网+"应用得到拓展；不断深化重点领域改革工作，进一步提升交通运输供给侧结构性改革的动力。

2018年4月交通运输部又研究提出了《2018年深化交通运输供给侧结构性改革工作要点》，在2017年降成本、补短板、强服务工作基础上，着力围绕以下五个方面深化交通运输供给侧结构性改革：一是围绕"简政、降费、增效"降成本，减轻实体经济企业负担；二是围绕服务三大战略、乡村振兴战略、军民融合发展战略等，聚焦交通基础设施薄弱环节和瓶颈制约，补齐交通基础设施短板，更好支撑服务国家重大战略；三是以人民为中心，提升服务品质，增强人民获得感、幸福感和安全感；四是优化交通运输重点领域改革，激发市场活力，优化营商环境，提升"互联网+"政务服务水平等；五是培育发展交通运输新技术、新模式、新业态，发展壮大新动能等。

5. 加快建设科技创新型交通运输行业

习近平指出："科技是国家强盛之基，创新是民族进步之魂"，"实施创新驱动发展战略决定着中华民族前途命运，没有强大的科技，'两个翻番'、'两个一百年'的奋斗目标难以顺利达成，中国梦这篇大文章难以顺利写下去，我们也难以从大国走向强国"①。科技创新在建设交通强国的过程中同样有着深远的现实意义。交通强国，关键在于建设交通科技强国。十九大报告在"加快建设创新型国家"这一部分提出建设交通强国，一方面表明了建设交通强国是建设创新型国家的重要领域，是实现强国梦的先行官和战略保障，另一方面也表明了在我国由"交通大国"向"交通强国"的历史性转变过程中，科技创新发挥着关键性作用，即建设交通强国应把科技创新放在关键位置。

目前，与世界交通强国相比，我国在主要运输装备设备及核心技术研发上还存在较大差距，关键技术原始创新能力较弱，新技术应用较为滞后。建设创新型交通运输行业，我国应以世界先进技术为导向，对基础设施建设、运输服务水平、信息化建设、安全应急保障、节能环保水平以及决策支持系统等六大重点方向存在的关键技术瓶颈进行一一攻破；利用物联网、移动互联网、大数据以及云计算等现代信息技术，以建设"智慧交通"为核心，促进互联网与传统交通运输业的有机整合；促进人才发展战略的深入实施，提升交通运输创新能力；完善交通运输科技服务体系，包括科技咨询、成果的转移转化、知识产权保护、科技信息以及科学普及等服务；依靠新一代技术推进管理创新，显著提高交通运输决策管理的科学化、精细化水平；促进科技体制机制的深入改革，着力转变相关政府部门的管理职能，加强市场的引导作用，优化创新环境。②

---

① 习近平：《科技是国家强盛之基，创新是民族进步之魂》[2014-6-9]，http://opinion.people.com.cn/n/2014/0610/c1003-25128050.html。
② 中共交通运输部党组：《科技创新助力交通强国建设》，《时事报告（党委中心组学习）》，2016年第4期。

6. 打通交通建设"最后一公里",助力精准扶贫

党的十八大以来,习近平总书记站在全面建成小康社会、实现中华民族伟大复兴中国梦的战略高度,把脱贫攻坚摆到治国理政的突出位置,提出了构建现代综合交通运输体系助力精准扶贫的思想。习近平指出,"交通基础设施建设具有很强的先导作用,特别是在一些贫困地区,改一条溜索、修一段公路就能给群众打开一扇脱贫致富的大门"①,"要想富,先修路。道路不通畅,经济发展和民生改善就无从谈起"要求把脱贫攻坚重点放在改善"生产生活条件上,着重加强农田水利、交通通信等基础设施和技术培训、教育医疗等公共服务建设,特别是要解决入村入户等'最后一公里'问题"②,通过"创新体制、完善政策,进一步把农村公路建好、管好、护好、运营好,逐步消除制约农村发展的交通瓶颈,为广大农民致富奔小康提供更好的保障"③。交通运输是扶贫开发和脱贫攻坚的基础性、先导性条件。加快实施交通扶贫脱贫攻坚是实现精准扶贫、精准脱贫的先手棋,是破解贫困地区经济社会发展瓶颈的关键,也是扩大内需、促进交通运输自身发展的重要举措。我国构建现代综合交通运输体系助力精准扶贫有其独特的优势,因为我国建立的是以公有制为主体的社会主义基本经济制度,在交通运输领域坚持国有经济为主导,国有资本控制交通运输等国民经济命脉,而国有资本与广大人民群众追求的价值目标一致,从而为脱贫攻坚奠定了制度性基础。国家现代综合交通运输体系的建设和发展,对改善贫困地区生产方式、生产关系,推动生产力的发展发挥了基础支撑作用。

---

① 《让"四好农村路"成为幸福路、脱贫路》[2018-1-22], http://unn.people.com.cn/n1/2018/0122/c416890-29779609.html.
② 习近平:《关于社会主义经济建设论述摘编》,中央文献出版社 2017 年版,第 218-219 页。
③ 《习近平总书记关心农村公路发展纪实》[2014-4-28], http://www.xinhuanet.com/politics/2014-04/28/c_1110452529_3.htm.

在习近平构建现代交通运输体系助力精准扶贫思想的指导下，党和国家做出了一系列的重要举措，在交通扶贫事业中取得了重大的进展和显著的成就。"十二五"时期，交通运输部按照中央扶贫开发工作部署编制印发了《集中连片特困地区交通建设扶贫规划纲要》，以集中连片特困地区为主战场，打响了全方位交通扶贫攻坚战，以交通运输基本公共服务均等化为主攻方向，共同推动了贫困地区交通运输快速发展。"十二五"期间，在贫困地区交通建设方面"中央投资支持力度前所未有，五年间累计投入车购税资金约 5500 亿元，占全国车购税资金用于公路水路建设总规模的 45%"；公路基础设施建设成效显著，14 个连片特困地区建设了 6.6 万公里国省道和 33 万公里农村公路；内河水运基础设施不断改善，旧有航道改造建设，新增及改善航道里程 3673 公里，新增码头泊位 130 个等；农村客货运输服务水平明显提高，西部边远山区"溜索改桥"问题得到了解决等。"十二五"时期，贫困地区的公路、水路交通条件显著改善，客货运输服务水平明显提高，交通运输基本公共服务主要指标与全国差距明显缩小，在促进贫困地区经济发展、带动贫困群众脱贫致富、加快贫困地区小城镇和新农村建设、促进贫困地区社会文明进步等方面发挥了重要作用。①

2015 年 11 月中共中央、国务院颁布实施了《关于打赢脱贫攻坚战的决定》，强调要加强贫困地区基础设施建设，加快破除发展瓶颈制约，提出"推动国家铁路网、国家高速公路网连接贫困地区的重大交通项目建设，提高国道省道技术标准，构建贫困地区外通内联的交通运输通道。大幅度增加中央投资投入中西部地区和贫困地区的铁路、公路建设，继

---

① 《"十三五"交通扶贫规划》[2016-7-30]，http://www.cpad.gov.cn/art/2016/7/30/art_1747_692.html.

续实施车购税对农村公路建设的专项转移政策,提高贫困地区农村公路建设补助标准,加快完成具备条件的乡镇和建制村通硬化路的建设任务,加强农村公路安全防护和危桥改造,推动一定人口规模的自然村通公路"①的任务要求。

2016年7月30日,交通运输部在总结"集中连片特困地区交通建设扶贫规划纲要"实施以来的经验和基础上,为了贯彻落实党中央、国务院"关于打赢脱贫攻坚战的决定"的任务要求,编制印发了《"十三五"交通扶贫规划》。该规划结合贫困地区交通运输发展的实际需要,指出"加快基础设施建设仍是交通扶贫的首要任务,提升运输服务水平是交通扶贫的落脚点,推动交通运输可持续发展是交通扶贫的迫切要求",提出了"力争到2020年,贫困地区全面建成'外通内联、通村畅乡、班车到村、安全便捷'的交通运输网络,总体实现'进得来、出得去、行得通、走得畅'"的规划目标;制定了骨干通道外通内联、农村公路通村畅乡、安全能力显著提升、"交通+特色产业"扶贫、运输站场改造完善、水运基础条件改善、公路管养效能提高、运输服务保障提升等八大任务。②

2017年2月3日,国务院印发《"十三五"现代综合交通运输体系发展规划》,强调要突出发挥交通运输对"脱贫攻坚的支撑保障"作用,"强化贫困地区骨干通道建设","夯实贫困地区交通基础,实施交通扶贫脱贫'双百'工程。为了贯彻落实《国民经济和社会发展第十三个五年规划纲要》《"十三五"现代综合交通运输体系发展规划》,航空、铁路、

---

① 本书编委会:《2017中华人民共和国民政法律法规全书(含相关政策)》,中国法制出版社2017年版,第404页。
② 《"十三五"交通扶贫规划》[2016-7-30], http://www.cpad.gov.cn/art/2016/7/30/art_1747_692.html。

邮政、水运、综合运输服务等相关部委先后印发了《中国民用航空发展第十三个五年规划》《铁路"十三五"发展规划》《邮政业发展"十三五"规划》和《综合运输服务"十三五"发展规划》等。

航空"十三五"规划提出,"鼓励在偏远地区、地面交通不便地区建设通用机场,开展短途运输,改善交通运输条件","提高航线网络通达性,特别是对老少边穷和地面交通不便地区的覆盖";《铁路"十三五"发展规划》强调要进一步加强铁路基础设施网络建设,把"有效支撑精准扶贫、精准脱贫放在突出位置,加强革命老区、民族地区、边疆地区、贫困地区铁路对外运输通道建设,提升铁路服务水平和覆盖程度"[①];《邮政业发展"十三五"规划》指出,快递服务亟须强化农村和西部地区的网络基础,补齐短板,改善农村地区消费和流通环境,要求推进西部、农村地区的邮政网点建设改造,"提高农村快递网络覆盖率,基本实现乡乡有网点、村村通快递"[②];《综合运输服务"十三五"发展规划》指出,当前"运输结构性矛盾依然突出","中西部地区相对滞后,部分边远、贫困地区和山区的运输基本公共服务基础薄弱",要求"建立一体化的城乡客运服务网络","重点推进集中连片特困地区农村客运加快发展"[③]。

7. 支撑国内区域协调发展

以习近平同志为核心的党中央以协调发展理念为指导,为解决国内东部、中部、西部地区经济发展不平衡以及城乡发展不平衡问题,提出

[①]《关于印发〈铁路"十三五"发展规划〉的通知》[2017-11-20],http://www.ndrc.gov.cn/zcfb/zcfbghwb/201711/t20171124_867819.html.
[②]《邮政业发展"十三五"规划》,http://www.mot.gov.cn/zhuanti/shisanwujtysfzgh/guihuawenjian/201702/P020170216348522517174.pdf.
[③]《综合运输服务"十三五"发展规划》[2016-7-27],http://www.mot.gov.cn/zhuanti/shisanwujtysfzgh/guihuawenjian/201703/t20170313_2175295.html.

构建现代综合交通运输体系支撑国内经济协调发展的思想。

区域之间、城乡之间发展不平衡问题是我国经济社会发展面临的一大难题。解决发展不平衡的问题是我国全面建成小康社会、实现第二个百年奋斗目标,实现我国现代化的必然要求。为了推动区域、城乡协调发展,习近平提出构建现代综合交通运输体系,加强区域、城乡间的互联互通,以此带动区域的发展。

2014年12月9日,习近平在中央经济工作会议上提出:利用交通基础设施的互联互通将西部地区、边缘地区的地理劣势转化为地理优势,以此带动当地发展的思路。他在会上指出:西部、边缘地区如果"与周边国家实现互联互通",就可以"成为辐射中心",迎来发展的机遇。[1]在习近平看来缩小城乡发展差距,不仅是缩小经济总量及增长速度的差距,还应缩小"基础设施通达水平"的差距[2]。交通建设在习近平治国理政中占据了重要地位,他在不同时期多个场合都强调交通基础设施建设的互联互通在实现区域协调发展中的重要作用。

2014年2月26日,习近平在听取京津冀协同发展工作汇报时强调,京津冀协同发展要"把交通一体化作为先行领域",加快建设"快速、便捷、高效、安全、大容量、低成本互联互通的综合交通网络"[3]。2016年1月习近平在推动长江经济带发展座谈会上提出,要把长江经济带建成"交通更顺畅"的黄金经济带[4];时隔两年,在2018年4月召开的第二次长江经济带发展座谈会上,习近平肯定了两年来长江经济带"综合立体

---

[1] 习近平:《习近平谈治国理政》第2卷,外文出版社2017年版,第236页。
[2] 习近平:《习近平谈治国理政》第2卷,外文出版社2017年版,第81页。
[3] 习近平:《京津冀要抱团发展》[2014-2-28] [EB/OL] http://bj.people.com.cn/n/2014/0228/c233086-20667353.html。
[4] 习近平:《习近平谈治国理政》第2卷,外文出版社2017年版,第237页。

交通走廊建设加快推进"。习近平在深入推动长江经济带发展座谈会上的讲话，指出目前长江经济的建设"流域发展不平衡不协调问题突出"，表现之一是基础设施差距较大、带动力不足，"运输效率不高"，主要是由于"各种运输方式各自为政发展，各种交通运输方式衔接协调不畅、彼此结构不平衡不合理导致的"。因此，习近平要求推动长江经济带发展"要在综合立体交通走廊"等方面寻找"新的突破口"，注意加强各种类型交通运输方式的"衔接协调，提高整体效率"，建设综合交通运输体系，将长江经济带与"一带一路"建设有机融合，培育国际经济合作竞争新优势。①

2017年2月23日习近平在河北省主持召开雄安新区规划建设工作座谈会，要求在雄安新区的规划建设中做好交通建设的顶层设计，"构建快捷高效交通网，打造绿色交通体系"，实现与京津"零阻抗"的交通联系②。

造成区域经济发展不平衡的原因是多样的，既有自然条件等方面的因素，也有交通基础设施薄弱、交通业发展落后等原因。发达的交通运输有助于大量人口和资本向生产中心和市场的加速集中，故现代交通运输业的发展能够使生产力区域分布摆脱自然地域条件的限制，为加强区域经济协调发展提供了可靠基础，成为区域经济协调发展的助推器。以习近平同志为核心的党中央以构建现代综合交通运输体系为抓手支撑区域协调发展，并以此为基础来推动实现京津冀协同发展战略、长江经济带发展战略和深入实施西部开发、东北振兴、中部崛起、东部率先的区域发展总体战略。

---

① 习近平：《在深入推动长江经济带发展座谈会上的讲话》，http：//news.china.com.cn/2018-06/13/content_52149167_2.htm。
② 习近平：《习近平谈治国理政》第2卷，外文出版社2017年版，第238页。

习近平构建现代综合交通运输体系的思想继承和发展了胡锦涛关于构建综合交通运输体系和助力西部地区、民族地区跨越式发展的思想。以习近平为核心的党中央始终坚持交通运输在国民经济中的基础性、先导性和战略性地位,高度重视交通基础设施建设在推动地区经济社会发展中的重要作用,强调交通建设的统筹规划、多种交通运输方式的有机衔接,重视边缘地区、西部地区与周边国家的互联互通。同时,以习近平为核心的党中央又在此基础上对构建综合交通运输体系的思想进行了发展,从适应把握引领经济发展新常态、推进供给侧结构性改革,推动国家重大战略实施,支撑全面建成小康社会的客观要求出发,强调构建的综合交通运输体系的"现代性"。

综合交通运输体系的"现代性",首先,要求通过交通运输技术攻关创新,形成引领行业前沿的交通技术,构筑现代综合交通运输核心技术体系,在国际上持续保持竞争优势。在交通领域国际标准、先进交通理念、运输技术手段推广等方面达到世界领先水平。在非优势技术领域实现追赶超越,整体提升交通技术国际竞争力。加速形成中国交通运输国际化战略和战术体系,打造世界一流交通运输发展格局,成为世界交通运输行业的引领者。其次,构建综合交通运输体系要遵循安全、便捷、高效、绿色、经济的交通理念,定位世界一流,以立体化为表现的综合交通运输网络。立体化要求发展公路、铁路、水运、航空等多种交通运输方式,重在建成衔接高效、陆海空互联互通的交通衔接机制。现代综合交通运输体系着眼于加强以城市群战略为支撑的交通骨架建设,以城市群交通一体化为抓手的交通密度建设,以综合交通无缝对接为导向的交通衔接建设,优化综合交通枢纽空间布局,不断满足人民日益增长的高质量交通需求。再次,根据不同的区域特点、不同的区域发展目标构建不同特色的交通运输体系。比如，针对"京津冀统一要素市场建设滞后"问题，津京冀协同发展需要构建的就是快捷、高效的交通运输一体化体系，以实现"人流、物流、信息流一体化"。①发展长江经济带战略"必须坚持生态优先、绿色发展的战略定位"②。因此，长江经济带交通运输体系的建设就需要"依托长江水道，统筹岸上水上，正确处理防洪、通航、发电的矛盾，自觉推动绿色循环低碳发展"③，即要构建突出绿色特征的交通运输体系。

8. 在"交通强国"建设中彰显铁路等交通设施的"先行性"

党的十九大报告在继承马克思主义交通建设思想的基础上，结合新时代发展的新目标、新要求，明确提出了"交通强国"战略，为新时代以铁路为代表的交通运输业的发展指明了新航向。中共中央、国务院印发的《交通强国建设纲要》，更是鲜明指出："建设交通强国是以习近平同志为核心的党中央立足国情、着眼全局、面向未来作出的重大战略决策，是建设现代化经济体系的先行领域，是全面建成社会主义现代化强国的重要支撑，是新时代做好交通工作的总抓手。"④交通强国战略的提出，极大地鼓舞了广大交通建设者的士气，它不仅开启了中国交通建设事业现代化的新征程，更将创造性地推动马克思主义交通运输理论的新发展。

"交通强国"战略提出不久后，铁路系统迅速提出了"交通强国，铁路先行"的发展目标，并围绕这一目标制定了一系列发展举措，如铁路

---

① 习近平：《关于社会主义经济建设论述摘编》，中央文献出版社 2017 年版，第 253-254 页。
② 习近平：《关于社会主义经济建设论述摘编》，中央文献出版社 2017 年版，第 264 页。
③ 习近平：《关于社会主义经济建设论述摘编》，中央文献出版社 2017 年版，第 264 页。
④ 中共中央国务院印发《交通强国建设纲要》，《人民日报》，2019 年 9 月 20 日 04 版。

供给侧结构性改革、安全意识的强化、绿色发展理念的注入等，极大地彰显了铁路的"先行性"。伴随着"交通强国"建设的深入推进，现代综合交通网的构建、绿色铁路理念的形成、铁路交通治理体系和治理能力的提升、铁路文化软实力建设的加强等，使得中国铁路建设事业不断取得了举世瞩目的新成就。

总体而言，以毛泽东、邓小平、江泽民、胡锦涛、习近平等为代表的中国共产党人关于中华人民共和国铁路建设的指导思想是在继承马克思主义交通运输理论的基础上，结合中国革命、建设和改革的具体国情而形成的。尤其是在缺乏社会主义建设经验的中华人民共和国成立初期，以毛泽东同志为核心的党的第一代中央领导集体的铁路建设思想在很大程度上承袭了列宁和斯大林的铁路建设思想。因此，探究中国共产党人的铁路建设思想，特别是在中华人民共和国成立初期的这一段时间里，总会看到列宁和斯大林关于铁路论述的影子。

随着社会主义建设经验的积累和中国铁路的发展，以邓小平同志为核心的党的第二代中央领导集体开创了中国特色社会主义建设道路，使马克思主义中国化开启了第二次历史性飞跃，而中国铁路的建设思想也由此更加具有中国特色。伴随着改革开放的历史进程，中国铁路进入了改革和发展的历史新阶段，并在改革的过程中实现了极大的发展。

此后，在以江泽民同志为核心的党的第三代中央领导集体和以胡锦涛同志为总书记的党中央领导下，中国铁路继续沿着改革和发展的道路前进，不断进行铁路科技创新和铁路大提速，使中国铁路发展进入了高铁时代，摆脱了"铁路弱国"的标签。

党的十八大以来，以习近平同志为核心的党中央提出了全面深化改革，中国铁路进入了深化改革阶段，铁道部撤销，成立中国铁路总公司，随着中国铁路体制的深化改革，中国铁路进入了世界"铁路强国"的行列，尤其是中国高铁技术更是走在了世界前列。2017年，习近平总书记在党的十九大报告中提出了"交通强国"战略，这给新时代中国铁路的发展再一次指明了方向，也给加强铁路文化建设提出了更高的要求。

第三章

交通强国

第一节 战略要义

交通运输体系在国民经济的快速发展中发挥着越来越重要的作用。近些年，我国的交通运输建设取得了不错的成绩，特别是在铁路方面，高铁建设已经成为世界的标杆，成为许多国家借鉴的对象。铁路客运完成客运量和铁路货运完成货运量都在持续不断地增长。然而，目前我国的交通发展仍然存在一些问题。一是交通运输经济发展目标不清晰，特别是在一些中小城市，交通运输经济发展目标缺乏明确的制定与引导。二是交通运输行业资金投入压力较大，当前我国正处在交通基础设施建设的高峰期，加之山区交通建设的困难性，更是增加了交通发展投入的资金。三是交通运输服务质量有待提升，新时代的人们对交通运输服务的要求越来越高，但是受资金和从业人员文化水平较低的制约，我国交通运输的服务质量和服务水平有待提升。四是交通运输方式之间的衔接力度较小，虽然各种交通运输方式特性不同，但都包含在交通体系中，由于各交通方式间缺乏相互衔接，对我国交通体系的整体发展形成了制约。不难看出，目前我国已经具备交通大国的能力，但是针对一些发展的制约因素，我国与交通强国还有一定的距离，这也是十九大报告提出要实施交通强国战略的原因和意义。

党的十九大报告明确提出要实行交通强国的战略，要以新时代中国特色社会主义思想为指导，坚持稳中求进，坚持新发展理念，加快建设交通强国。交通强国的基本内涵是以高质量发展为准则，明确"五位一体"总体布局和"四个全面"战略布局，结合供给侧结构性改革，以改革、创新、开放为发展动力，着力推动交通运输体系的质量变革、动力变革和效率变革，着力服务大局、服务人民和服务基层，着力建设人民满意的现代化交通，全面建成经济高效、安全便捷、绿色智慧、开放融合的现代化综合交通运输体系，全面建成世界领先、人民满意、有效支撑我国社会主义现代化建设的交通强国，助力实现中华民族伟大复兴的中国梦。

一、奋斗目标

1. 社会主义现代化根本目标

社会主义现代化是在坚持社会主义制度的前提下，推进国家发展、增进人民福祉的社会过程。社会主义现代化的根本特点，是让发展的成果惠及人民。社会主义现代化建设的本质，是要实现民族的复兴、人民的富裕、国家的强盛。从历史发展的维度看，实现社会主义现代化既是一项长期历史任务，又是在不同发展阶段逐步向前推进的。从内容构成的维度看，实现社会主义现代化不仅包括经济建设，也包括政治、文化、社会和生态等各领域的全面发展。从实现效果的维度看，实现社会主义现代化不仅将造福全体中国人民，也将惠及世界各国人民。要达成这样

的目标，必须依靠国家的不断发展。坚持以人民为中心的发展思想，不断促进人的全面发展、促进全体人民的共同富裕，中国特色社会主义现代化建设才能取得成功。

现代化发展是一个动态的过程，现代化的目标也是不断变化的。在不同的时期，现代化的根本目标会随着国家经济和社会生产力发展的变化有所不同。我国社会主义现代化建设的根本目标经历了复杂的演变过程。自中华人民共和国成立以来，我国在各界领导人的带领下，经过长期的努力和探索，根据生产力发展状况以及时代的要求，不断调整社会主义现代化建设的根本目标。从"四个现代化"到"富强、民主、文明"，再到"富强、民主、文明、和谐"，时至今日，已经发展成为"富强、民主、文明、和谐、美丽"的社会主义现代化建设目标。发展目标的不断变化是我们党在不断探索、追求现代化过程中务实精神的体现，现代化建设的目标应该贴近我国当前的发展情况，当国内外形势发生改变时，我们也应对发展目标进行适当地调整，这样才能为社会主义现代化建设提供正确的指导，找到合理的解决方案，促进问题及时有效地解决，在中华人民共和国成立 100 周年之际，建成富强、民主、文明、和谐、美丽的社会主义现代化强国。

第一阶段，从 2020 年到 2035 年，在全面建成小康社会的基础上，再奋斗十五年，基本实现社会主义现代化。第二个阶段，从 2035 年到 2050 年，在基本实现现代化的基础上，再奋斗十五年，把我国建成富强、民主、文明、和谐、美丽的社会主义现代化强国。我国将社会主义现代化建设的目标按照两个十五年、分阶段进行，是考虑我国发展实际情况做出的客观战略安排，现代化建设之路充满坎坷，现代化建设的战略安排需要立足国情、实事求是，才能达成目标以及取得有效成果。从发展的逻辑看，在 2020 年全面建成小康社会后，按照我国当前的经济增速，到 2035 年可以达到中等发达国家水平，基本实现社会主义现代化，按照这一趋势发展综合国力，我国将能在本世纪中叶建成社会主义现代化强国。在 2020 年后的两个 15 年，我国要从全面建成小康社会到基本实现现代化，再到全面建成社会主义现代化强国，只有把握社会主义现代化建设"两步走"的深刻内涵和实践逻辑，坚持各项政策、工作、措施的有效配合，一步一个脚印，持续不断地朝着目标前进，才能建成富强、民主、文明、和谐、美丽的社会主义现代化强国。

2. 交通强国是社会主义现代化建设的重点领域

要建设成为社会主义现代化强国，意味着各方面都要强，但是从发展的角度来看，并不能所有领域都同时用力、齐头并进，而是需要先确立一些重点领域，让这些领域先发展，然后带动其他领域的发展。党的十九大报告指出了交通强国等 12 个具体的强国目标，既是社会主义现代化建设的重点领域，也是先行领域。社会主义现代化强国的建成需要充分发挥交通这一"先行官"的作用。俗话说"道路通，百业兴"，道路通对于其他领域的发展具有重要的支撑作用，是连接生产与消费的关键环节。发挥交通运输的基础性、战略性、引领性与服务性作用，使其全面适应和引领社会和经济的发展。建成遍及城乡、通达全国、连通世界的全球交通运输体系，有效支撑全球配置资源，将我国打造成世界交通枢纽。建设交通强国，推动交通运输高质量发展，有利于深化供给侧结构性改革，有利于打造现代交通运输供应链，支撑现代化经济体系建设。总之，交通强国是建设中国特色社会主义现代化强国的重要组成部分，同时也是建设社会主义现代化强国的重要基础和保障。

3. 交通强国的战略安排服务于社会主义现代化建设

在2020年全面建成小康社会的决胜时期,我国将基本实现社会主义现代化的目标提前了15年,计划在2035年基本实现社会主义现代化。在此基础上,到2050年,把我国建成富强、民主、文明、和谐、美丽的社会主义现代化强国。这一远景规划为第二个百年奋斗目标注入了新的内涵,具有许多新特点。一是时间更早。这是由我国目前良好的发展基础和态势所决定的,经过测算是能够实现的。二是要求更高。建成社会主义现代化强国的目标,彰显了我们党对于实现中华民族伟大复兴的中国梦的雄心壮志。

针对社会主义现代化建设的奋斗目标,交通运输部制定了交通强国的"两步走"战略。交通运输部部长李小鹏说,从现在到2020年,是全面建成小康社会的决胜期。既要为决胜全面小康做好服务、当好先行,又要为建设交通强国绘好蓝图、打好基础、开启新征程。综合各方面因素,从2020年到本世纪中叶,分"两步走"来建设交通强国。第一步,从2020年到2035年,奋斗15年,基本建成交通强国,进入世界交通强国行列。第二步,从2035年到本世纪中叶,奋斗15年,全面建成交通强国,进入世界交通强国前列。从社会主义现代化建设的两阶段战略布局和交通强国的"两步走"战略安排可以看出,交通强国的建设和发展服务于社会主义现代化建设,是社会主义现代化建设的基础和保障。

党的十九大报告提出了到本世纪中叶全面建成社会主义现代化强国的宏伟目标。交通运输部部长李小鹏在2018年全国交通运输工作会议上指出,交通强国是社会主义现代化强国的重要组成部分,是先行领域和战略支撑。建设交通强国,应具有世界眼光、中国特色。加快建设交通强国,打造现代化综合交通运输体系,能有效支撑制造强国、贸易强国、海洋强国、科技强国等具体强国目标实现,为全面建成社会主义现代化强国提供有力支撑。在"一带一路"倡议的大格局下,加快建设交通强国,将为推动形成陆上、海上、天上、网上四位一体的设施联通,更好地促进沿线各国政策沟通、贸易畅通、资金融通、民心相通,以及构建人类命运共同体提供坚强的交通运输保障。

二、主要举措

交通运输效能是指在既定交通条件下所发挥的运输能力和效率。全面加强交通运输效能不仅要求提升交通运输效率,也要求提升交通运输能力。全面加强交通运输效能是"交通强国"战略的重要举措。

1. 增强交通运输效能的重点工作内容

交通运输已由高速增长阶段转向高质量发展阶段。推动高质量发展是未来一个时期交通运输工作的根本要求。交通运输高质量发展,就是实现从"有没有"转向"好不好"。推动交通的高质量发展,全面增强交通运输效能,需要做好以下的重点工作。

第一,持续深化交通运输供给侧结构性改革。全面增强交通运输效能有利于进一步降成本,加快推进物流大通道和综合货运枢纽(物流园区)建设。全面增强交通运输效能有利于大力补短板,加快中西部铁路和城际铁路建设,推进郑万高铁、银西高铁、杭温铁路等建设。全面增强交通运输效能有利于着力强服务,推进空铁、公铁、空巴等联程运输,发展一站式票务服务。全面增强交通运输效能有利于加快优环境,巩固交通运输领域各类罚款、检查及涉企收费清理规范成果,深化"放管服"改革,完善事中事后监管细则。全面增强交通运输效能有利于努力增动能，推进实施工厂建造、装配施工、集约组织的新型工业化基础设施建设模式。

第二，坚决打好交通扶贫脱贫攻坚战。全面增强交通运输效能有利于大力推进交通精准扶贫脱贫。以"三区三州"等深度贫困地区为重点，进一步加大革命老区、民族地区、边疆地区、贫困地区交通扶贫脱贫攻坚力度。全面增强交通运输效能有利于增强贫困地区内生发展能力，继续支持实施一批具有资源路、旅游路、产业开发路性质的公路改造建设，积极推进"交通运输+"生态旅游、特色产业等扶贫新模式。全面增强交通运输效能有利于进一步完善交通扶贫机制，增强部省联动，加大财政资金投入，引导地方提高政府债券额度用于公路建设，鼓励市县政府积极整合财政涉农资金支持农村公路建设等。

第三，主动服务国家重大战略实施。全面增强交通运输效能有利于加快京津冀交通一体化先行发展，完善"四纵四横一环"综合交通骨架网络布局，加快推进京雄高铁等重大项目。全面增强交通运输效能有利于加快构建长江经济带高质量综合立体交通走廊，统筹推进干线航道治理和支线航道建设。全面增强交通运输效能加快推进"一带一路"交通互联互通，推动"一带一路"倡议与东盟、上合组织和欧亚经济联盟在交通运输领域的对接。全面增强交通运输效能有利于大力服务乡村振兴战略，深入开展"四好农村路"督导考评，全面推行农村公路建设"七公开""三同时"制度。全面增强交通运输效能有利于深入贯彻落实军民融合战略，推进重点方向国防交通基础设施建设等。

第四，建设现代综合交通运输体系。全面增强交通运输效能有利于加快完善基础设施布局和功能，加快实施重点通道连通工程和延伸工程，推进城市群综合交通网建设，新建一批集铁路、公路、民航与城市客运等多种运输方式于一体的综合客运枢纽。全面增强交通运输效能有利于全面提高运输服务水平，继续开展春运"情满旅途"活动，完善网约车、小微客车租赁、互联网租赁自行车配套政策，推动出租汽车行业改革举措落地，制定城市轨道交通运营统计分析、服务质量评价等政策。推行驾培服务新模式。实施汽车维修技术信息公开制度，加快推进汽车维修电子健康档案系统建设。

第五，大力推进关键领域改革攻坚。全面增强交通运输效能有利于深入推进管理体制机制改革、深化投融资改革和加快完善市场体系，深化道路客运市场化改革，促进道路货运行业健康稳定发展，加快信用体系建设，进一步建立守信激励和失信联合惩戒机制等。

第六，加快建设创新型交通运输行业。全面增强交通运输效能有利于大力推进前沿引领性技术等科技创新，组织做好综合交通运输与智能交通、先进轨道交通等重点科研专项的实施工作。大力推进智慧交通发展，推进交通运输领域大数据应用，实施智慧交通让出行更便捷行动计划，推进国家综合交通运输信息平台建设等。

第七，加快推进绿色交通发展。全面增强交通运输效能有利于推进资源集约节约循环利用，促进通道岸线资源统筹集约利用，促进区域航道、锚地和引航等资源共享共用。全面增强交通运输效能有利于推进交通运输污染防治，进一步增强长三角、珠三角、环渤海（京津冀）水域排放控制区监督管理，逐步扩大示范区范围。

第八，努力提升交通运输国际影响力。全面增强交通运输效能有利于促进高水平开放发展，支持企业参与境外交通基建和经营管理项目取得实质性进展，促进国际产能合作和行业装备、技术、标准等"走出去"，加快推进国际运输便利化，积极参与交通运输全球治理。

2. 全面增强交通运输效能是实现交通强国的"四梁八柱"

交通强国建设的"四梁八柱"指"四个着力和八大体系",全面增强交通运输效能,是对交通强国"四梁八柱"重要举措的实现。

全面增强交通运输效能,首先需要在"四个着力"上狠下功夫。一是着力推动交通运输发展质量变革、效率变革、动力变革,实现交通运输从高速增长向高质量发展的跨越升级,提高运输链综合效率。二是着力服务人民、服务大局、服务基层。三是着力建设人民满意交通,不断增强人民群众的获得感、幸福感、安全感。四是着力建设现代化交通,打造开放融合、共治共享、绿色智慧、文明守信的现代化交通体系。全面加强交通运输效能有利于使交通运输效率大大提升,提高运输链综合效率,由此服务人民,建设人民满意的现代化交通。

全面增强交通运输效能,需着力构建与交通强国相适应的八大体系。第一,构建综合交通基础设施网络体系。基础设施网络体系是交通强国建设的重要基础。全面增强交通运输效能有利于统筹推进铁路、公路、水运、航空、邮政、物流等基础设施网络建设,全面建成布局完善、互联互通、绿色智能、耐久可靠的综合交通基础设施网络体系。

第二,构建交通运输装备体系。交通运输装备体系是交通强国建设的关键环节。全面增强交通运输效能有利于加快构建自主研制、先进精良、绿色智能、标准协同的交通运输装备体系。积极推动加强装备研发,瞄准世界科技前沿,提升关键装备技术自主研发水平,促进装备与工程、研发与应用协同创新,力争在超级高铁、自动驾驶、无人船舶、大飞机等战略前沿技术领域占领制高点。

第三,构建交通运输服务体系。提供优质服务是交通强国建设的题中应有之义。全面增强交通运输效能有利于加快发展现代运输服务业,全面建成安全便捷、优质高效、绿色智能、一体畅联的运输服务体系。着力推进现代物流业发展，推动物流运输智能化、精细化、集约化、协同化、绿色化、全球化发展，打造一站式物流生态圈和一体化物流运输链，真正实现货畅其流。

第四，构建交通运输创新发展体系。创新是交通强国建设的第一动力。全面增强交通运输效能有利于加快建立以科技创新为引领、以智慧交通为主攻方向、以人才为支撑的创新发展体系。推动互联网、大数据、人工智能同交通运输深度融合，加快车联网、船联网建设，构建以数据为关键要素的数字化、网络化、智能化的智慧交通体系。

第五，构建交通运输现代治理体系。现代治理体系是交通强国建设的制度基础。全面增强交通运输效能有利于加快推进行业治理体系和治理能力现代化，积极构建政府、市场、社会等多方共建共治共享的现代治理体系。

第六，构建交通运输开放合作体系。开放合作为交通强国建设开拓新空间。全面增强交通运输效能有利于打造互联互通、互利共赢的开放合作体系。以"一带一路"建设为重点，建成遍及城乡、通达全国、连通世界的全球运输供应链，打造若干个与贸易强国、制造强国相适应的世界级交通枢纽和物流中心，有效支撑我国全球配置资源。

第七，构建交通运输安全发展体系。安全是交通强国建设的基本前提。全面增强交通运输效能有利于坚持生命至上、安全第一的理念，着力构建有效维护行业安全运行、有效支撑国家总体安全的交通运输安全发展体系。加强应急救援体系建设，强化深远海搜救能力建设，统筹规划建设全国联动、水陆空协同、军民融合的应急救援体系等。

第八，构建交通运输支撑保障体系。支撑保障体系是交通强国建设

的基本条件。全面增强交通运输效能有利于围绕核心任务,构建强有力、可持续、高效能的支撑保障体系。加强干部队伍建设,加强政策研究,加强组织保障,加强行业软实力支撑,加快构建以新型智库为支撑、以大数据和人工智能为辅助的决策支持体系。

三、客观要求

1. 现代化经济体系的具体内涵

党的十九大报告提出要把我国建设成为富强、民主、文明、和谐、美丽的社会主义现代化强国,而现代化强国建设的基石是现代化经济体系。现代化经济体系是指整个国家中所有相互联系、相互影响的经济要素及其行为主体在我国特定的经济体制与运行环境下构成的统一整体。它是中国特色社会主义事业进入新时代后,融合了"经济现代化"和"现代化产业体系"等历史范畴提出的时代特征鲜明的战略目标。如何在经济新常态的大背景下,依托科学的经济发展理念,运用全新的经济发展方式,解决我国现代经济体系建设过程中面临的难题与困境,成为全面建成社会主义现代化强国道路上最基础的一环。

建设新时代的现代化经济体系,就是要以供给侧结构性改革为主线,坚持质量第一,坚持效益优先,建立一个市场机制有效、微观主体有活力、宏观调控有度的经济体制,打造一套实体经济、科技创新、现代金融、人力资源协同发展的产业体系。其具体要求我们做到深化供给侧结构性改革、加快建设创新型国家、实施乡村振兴战略、实施区域协调发展战略、加快完善社会主义市场经济体制和推动形成全面开放新格局。

2. 交通强国战略符合现代化经济体系的发展要求

党的十九大报告做出了"我国经济已由高速增长阶段转向高质量发展阶段，正处在转变发展方式、优化经济结构、转换增长动力的攻关期，建设现代化经济体系是跨越关口的迫切要求和我国发展的战略目标"的重要论断。因此，建设交通强国不能只停留在"量"的层面，而是要实现"质"的飞跃。新时代的交通发展目标不再局限于扩大交通规模，而是要追求综合能力强大的运输体系。所以，交通强国战略与建设现代化经济体系在新时代的阶段目标上是一致的。

道路通，百业兴。交通强国战略思想下形成的综合交通运输体系将助力乡村经济建设发展，积极推进城乡基础设施互联互通、建设美丽宜居乡村，加快改善农村交通、物流等基础设施，有利于加快实施乡村振兴战略；同时高效便捷的交通网络也有利于不同地区间的贸易往来和沟通交流，促进了不同区域的协调发展。因此，交通强国战略紧扣现代化经济体系的实际要求，具有丰厚的经济意蕴。

新时代的交通运输体系建设，要以供给侧结构性改革为主线，大力促进交通运输的质量变革、效率变革、动力变革。深刻把握"交通强国"战略的丰厚意蕴，就是要高度认识促进交通运输质量、效率、动力三大变革的特殊重要意义，全面增强交通运输效能，进一步提升交通在基础设施、运输服务、装备技术等硬实力和与之相匹配的软实力。对此，习近平总书记对交通运输工作提出了"七个重点"与"四项要求"。"七个重点"包括把握好交通运输发展的黄金时期、建设好"四好农村路"、加强物流业"降本增效"、积极服务国家"三大战略"、创新建设综合交通运输体系、弘扬"两路"精神以及加强党的建设。"四项要求"包括把握机遇与加快发展、真抓实干与久久为功、组织创新与管理创新、找准位

置与履职尽责，按照"使交通真正成为发展先行官"的发展定位，基于已有的工作基础，到 21 世纪中叶之前将我国建设成交通强国。

3. 交通强国战略是交通建设与现代化经济建设的有机结合

近年来，我国的经济实力不断增强，对世界经济的影响力不断提升。联合国发布的《2018 年世界经济形势与展望》报告指出，2017 年全球经济增长有 1/3 是依靠中国。2017 年中国经济总量占全球的比重达 15%，比 5 年前提高 3.5 个百分点。

现代化经济体系建设是系统工程，需要多方面共同发力、协同共进。"交通强国"战略正是把发展交通与建设现代化经济体系有机结合，通过构建高质量发展的现代交通运输体系，使其成为现代经济体系中的重要部分。深刻把握"交通强国"战略的丰厚意蕴，就是要高度认识现代交通体系在现代经济体系中的重要地位，充分发挥现代交通运输的带动功效，彰显建设现代化经济体系的重要助推作用。因此，"交通强国"战略是有效支撑建设现代化经济体系的客观要求，体现了发展现代交通的战略新眼光。

4. 交通强国战略是具有先导性和前瞻性的国家战略，有利于引领和推动现代化经济体系建设

从世界大国崛起的历史进程看，国家之强离不开交通之强，也往往始于交通之强。国家要强盛，交通须先行。建设交通强国，既是建设强大中国的应有之义，也是不可或缺的先决条件和战略支撑。中国已提出建设制造强国、贸易强国、经济强国、科技强国、海洋强国、海运强国等战略目标，这既为建设交通强国创造了有利条件，也迫切需要建设交通强国为这些目标提供有力支撑。

交通驱动要素流动，拉动关联产业协同，促进经济发展。有路才能人畅其行、物畅其流。滚滚向前的车轮驱动要素流动，助推经济发展。"前交通时代"，马车、古道、驿站、大运河是交通线路的主要载体，长安、洛阳、金陵这些中国古代著名城市，都是在交通便利时积聚兴起的。到了以高铁、飞机为代表的"大交通时代"，"朝发白帝，夕至江陵"早已不是梦想，快捷的交通物流模式，不仅重构了人们的时空观念，大幅度提高了交通物流效率，而且极大地改变了人类经济活动和社会生活方式。过去，地理改变命运；未来，互联互通决定命运。全球交通、通信和能源基础设施，正在重塑供应链世界和人类社会。

当今，中国经济发展进入新常态，历史方位进入新时代。无论是深化改革开放、调整经济结构、转换经济增长动能，还是发展战略性新兴产业和服务业，推进新型工业化、信息化、城镇化、农业现代化同步发展，尤其是纵深推进"一带一路"倡议、京津冀协同发展战略、长江流域经济带战略、创新驱动发展战略、乡村振兴发展战略、可持续发展战略和区域协调发展战略，交通都起着基础性、服务性、先导性作用，必将有力支撑国家重大战略的实施。同时，交通运输还强力支撑国家外交国防。在加快"一带一路"建设，构建人类命运共同体，落实军民融合战略，应对地缘政治和做好军事斗争准备等诸多方面，交通运输先行和设施投送保障都大有可为。

综上所述，无论是从现代化经济体系的发展要求和新时代经济发展的特点来看，还是从交通强国战略的基础性、先导性和战略性的重要地位来讲，交通强国战略都是有效支撑建设现代化经济体系的客观要求。

四、价值取向

1. 交通强国战略的根本价值取向

崇尚人民群众主体地位，把人民群众满意作为根本价值取向，是马克思主义的重要观点。马克思和恩格斯曾深刻指出，共产党的活动必须依靠人民群众、服务人民群众，因为"历史活动是群众的活动"。列宁也曾深刻指出，建设社会主义应当把满足人民群众的需要作为根本方针，因为"决定历史结局的却是广大群众"。中国共产党极大丰富和发展了马克思主义人民群众主体理论，强调坚持为人民服务的根本宗旨，把执政为民作为检验一切工作的根本准则。

习近平指出："全党同志要把人民放在心中最高位置，坚持全心全意为人民服务的根本宗旨，实现好、维护好、发展好最广大人民根本利益，把人民拥护不拥护、赞成不赞成、高兴不高兴、答应不答应作为衡量一切工作得失的根本标准，使我们党始终拥有不竭的力量源泉。"

2. 人民满意交通的基本内涵

人民满意交通要具备以下特点：由过去的满足量的增长转化为质的提升，由过去"走得了"转化为"走得好"，由过去的"堵"转化为"畅"，由过去的"通"转化为"快"，由过去的"有"转化为"准"，只有适应并满足这些变化，才是人民满意交通。

首先，人民满意交通一定要满足人民对于便捷、高效的要求。为社会便利高效的交通一直是交通人努力的目标，也是人民对美好生活期盼的一部分，因为人民的生产生活离不开交通运输。建成满足人民生产生活需要的交通运输体系，也是能够支撑国家重大发展战略的运输体系，既要让人民感受到交通发展对生活带来的深刻变化，也要让社会经济在交通发展的引领下取得较好的发展。

其次,人民满意交通也要符合绿色发展的要求。把绿色发展理念融入交通运输发展的各个方面和全过程,将绿色发展和生态保护理论贯穿交通基础设施规划、建设、运营和养护的全过程,将智慧交通与绿色交通的深度融合,以绿水青山、永续发展为目标追求,实现交通运输与经济社会和自然环境的协调发展,建成真正的绿色交通,满足人民对良好生态环境的期待。

再次,安全也是人民满意交通的一大特点,交通安全不仅事关个人,每一个安全事故背后都连着一个家庭,一个社会,涉及社会的安定团结,涉及国家和社会治理现代化。因此,平安交通也是人民对美好生活的需要之一。

最后,人民满意交通一定要能够高质量建成。人民对美好生活的需求更加强烈,不是仅仅追求规模速度而是更要质量效益,人民对交通运输供给质量也会提出更高的要求。

3. 建成人民满意交通符合交通强国战略的根本价值取向

党的十九大指出,我国社会主要矛盾已经转化为人民日益增长的美好生活需要和不平衡不充分发展之间的矛盾。交通发展的新时代要有新思想为引领,新阶段要有新理念为遵循,这个新思想就是习近平新时代中国特色社会主义思想中的人民思想。习近平总书记指出,人民对美好生活的向往就是我们的奋斗目标;党的十九大明确提出建设交通强国战略,交通运输的发展宗旨是建设人民满意交通。新阶段交通运输发展的新理念是十八大以来交通运输发展成就和经验的升华,是适应新时代我国社会主要矛盾变化的必然要求。

如今，人民群众对交通运输的需求不仅更加重视安全化、便捷化，而且讲求多样化、品质化。"交通强国"战略正是把充分满足人民群众的出行需求作为根本出发点，为人民群众提供更加安全、便捷、智慧、绿色、舒适、多元、经济的交通运输服务和体验。因此，深刻把握"交通强国"战略的丰厚意蕴，就是要高度认识着力建成人民满意交通的根本价值取向，为切实增进民生福祉而创造更加良好的交通运输条件。

立足于人民满意交通这一出发点，交通强国战略具备了人民性、服务性、引领性这几大特征。人民性是建设人民满意交通的根本特征，只有践行为人民服务这一根本总则，才能依靠人民共同建立人民满意的交通；服务性是建设人民满意交通的基本定位，提升交通运输的服务水平，才能够让人民真真切切地体会到交通强国战略的优势所在，提升人民的满意度就是建设人民满意交通；引领性是建设人民满意交通的基本要求，在交通强国战略的指引下，加强交通运输对现代经济社会发展的支撑作用，夯实基础，有力支撑国民经济建设，引领建设人民满意交通。

建设人民满意交通是人民对美好生活期盼的重要组成部分。现阶段我国交通运输水平还未能在数量和质量上完全满足人民的需要，未能有力支撑我国经济发展，与世界先进水平还有一定距离。因此，交通强国战略不只是人民对于交通行业发展的期盼与规划，更是政府对于人民的郑重承诺，从人民关心的交通运输领域入手，积极依托交通强国战略，为人民打造数量质量并优、领先世界水平的满意交通。

第二节　战略目标

党的十九大报告中明确指出要建设"交通强国"的宏伟目标,"交通强国"的发展方向也必须为实现"两个一百年"奋斗目标、实现中华民族伟大复兴的中国梦提供有力支撑。

我国在交通运输事业上已经取得世界瞩目的成就。我国铁路、公路、水运、航空、邮政、物流等基础设施网络建设加速推进,"五纵五横"综合运输大通道基本贯通,各种运输方式一体化衔接日趋顺畅。根据我国交通运输部的统计数据显示,截至2017年底,我国高速铁路里程达2.5万公里,全国公路通车总里程达477.35万公里,港口万吨级及以上泊位2366个,均位居世界第一;全国民航运输机场达229个,居世界前列;全国邮路总条数达2.7万条,是世界规模最大的网络之一;在运输服务方面,我国铁路旅客周转量、货运量居世界第一,公路货运量及周转量居世界第一,民航自2005年起航空运输总周转量(不含港澳台地区)已连续13年排名世界第二,港口货物和集装箱吞吐量连续10多年保持世界第一。一系列走在世界前列的数据表明,中国已经成为名副其实的交通大国。但我国交通基础设施还有短板,人民需求还未完全满足,因此交通发展还需要从"交通大国"向"交通强国"转变。交通运输部党组书记杨传堂指出,强是一个相对概念,认识交通强国,首先要找好坐标系。横坐标就是对标国际一流水平,具有世界眼光;纵坐标就是对标社会主义现代化强国建设需要,具有中国特色。这不是抽象的,而是具体的、生动的、让老百姓可感知、能满意的。

党的十九大报告中提出了十四条新时代坚持和发展中国特色社会主义的基本方略，其中"坚持以人民为中心""坚持新发展理念""坚持构建人类命运共同体"等几条为"交通强国"总体目标的发展提供了方向。交通运输部部长李小鹏在全国交通运输工作会议上提出了"交通强国"的基本内涵是"自身强，国家强"。因此，结合党的十九大报告中提到的基本方略和交通运输部对"交通强国"基本内涵的解读，本书提出"交通强国"总体目标应该包括"自身强""国家强""共同强"三个方面。

一、"自身强"——交通运输综合实力位居世界前列

十九大报告中提出"加强应用基础研究，拓展实施国家重大科技项目，突出关键共性技术、前沿引领技术、现代工程技术、颠覆性技术创新"，旨在为"交通强国"提供有力保障。李小鹏部长在全国交通运输工作会议上指出："'自身强'指综合实力世界领先。实现交通运输规模数量大、质量效率高、科技创新强、行业治理优、国际影响广，拥有更加安全便捷、经济高效、绿色智慧、开放融合的现代化综合交通运输体系，拥有一批具有全球竞争力的世界一流交通运输企业，各种运输方式的比较优势和组合效率得到充分发挥。"我国虽有几项交通运输指标达到世界第一，但综合实力仍与世界交通强国之间存在一定的差距，因此我国需要加快形成安全、便捷、高效、绿色、经济的综合交通体系，在交通运输行业争做世界前列。交通运输部针对"自身强"目标提出以下四点要求。

第一，基础设施联网优化。着眼于实现综合交通"一张网"，以综合运输大通道为主骨架，以综合枢纽为关键连接点，着力打造高品质快速交通网、高效率普通干线网、广覆盖基础服务网，加快形成高质量立体

互联的综合交通网络化格局。着眼于服务"一带一路"建设，着力推动交通基础设施陆上、海上、天上、网上四位一体联通。着眼于适应自动驾驶、新能源等新技术的普及应用，加快研究布局与之相匹配的新一代交通基础设施。着眼于优化提升系统运行效率，着力做好存量基础设施的管理和养护工作。

第二，运输服务提质升级。大力推进综合运输深度融合，加快运输一体化进程。着力推动绿色交通优先发展，提高绿色交通分担率。把货运作为交通强国建设的重点领域，推动物流运输网络向国际拓展、农村下沉、中西部延伸。更多依靠市场和科技的力量，为用户提供更加安全、便捷、智慧、绿色、舒适、多元、经济的出行服务和体验。着力推动交通运输与物流业、制造业、旅游业等关联产业联动融合发展。

第三，科技创新引领加快。实现交通运输由大向强的历史性转变，关键要靠科技创新。必须把发展的基点放在创新上，充分发挥科技创新的引领作用，大力建设智慧交通，着力培育具有国际竞争力的基础设施建设、运输装备制造等技术能力，加快"互联网＋交通运输"、自动驾驶、新能源交通装备等推广应用，深入实施人才优先发展战略，为建设交通强国提供有力的技术支撑和人才保障。

第四，行业治理能力提升。继续深化综合交通运输、财政事权与支出责任划分、投融资等关键性改革，加快建立统一开放、竞争有序的交通运输市场，不断推进行业治理体系和治理能力现代化。着力运用信息技术手段，优化交通运行和管理控制，健全智能决策支持和监管，加快实现交通基础设施和运载工具数字化、网络化及运营运行智能化。着力提升在国际标准和规则制定中的话语权和影响力，更好地为全球交通治理提供"中国方案"。

二、"国家强"——交通运输事业高效支撑民富国强

习近平总书记曾提到"交通基础设施建设具有很强的先导作用","'要想富,先修路'不过时"等,这些论述都体现出交通运输在实现"两个一百年"奋斗目标、实现中华民族伟大复兴的中国梦过程中的先行官作用。李小鹏部长在全国交通运输工作会议上指出:"'国家强'是指有效支撑民富国强。交通运输战略性、引领性、基础性、服务性功能得到充分发挥,全面适应并引领经济社会发展,满足人民日益增长的美好生活需要,支撑全体人民实现共同富裕,支撑我国重大战略实施和社会主义现代化建设目标实现。总之,要建成世界领先、人民满意、有效支撑我国社会主义现代化建设的交通强国。"结合十九大报告要求,以及交通运输部提出的"服务人民、服务大局、服务基层"和"着力建设人民满意交通,不断增强人民群众的获得感、幸福感、安全感",针对"国家强"目标提出以下两点要求。

1. 引领经济社会发展

从全面建成小康社会基本实现社会主义现代化,到全面建成社会主义现代化强国的过程中,发展是党执政兴国的第一要务,党的十九大报告提出要"深化供给侧结构性改革""加快建设创新型国家""实施乡村振兴战略""实施区域协调发展战略""加快完善社会主义市场经济体制""推动形成全面开放新格局",交通运输应该为党的十九大所要求的解放和发展社会生产力,促进社会经济发展提供有效保障,包括以优化的交通网络设施扩大优质增量供给,支持现代化产业发展,支持脱贫攻坚建设任务;以创新的交通科技促进科技成果转化,支持人才发展,推动国家重大战略实施。

2. 满足人民美好需求

党的十九大报告提出:"中国特色社会主义进入新时代,我国社会主要矛盾已经转化为人民日益增长的美好生活需要和不平衡不充分的发展之间的矛盾。"交通运输作为人民生活中最常见的行业之一,应该致力于满足人民日益增长的美好生活需要,包括以优质的运输服务为人民提供安全、便捷、智慧、绿色、舒适、多元、经济的出行体验;以高效的行业现代治理能力增加公众参与监督,鼓励和引导社会组织依法自律,形成人人参与、人人尽责的良好局面。

三、"共同强"——中国交通推动全球交通互联互通

2013年习近平总书记提出了"一带一路"合作倡议,旨在打造政治互信、经济融合、文化包容的人类命运共同体。党的十九大报告也提出了要"坚持和平发展道路,推动构建人类命运共同体"。因此在建设社会主义现代化强国的同时,我们也应该明白自己的大国责任,积极主动地承担起维护世界和平,构建人类命运共同体的历史任务,让中国交通推动世界交通网络的建设,形成开放包容的格局。

首先,着眼服务"一带一路"建设。以"一带一路"建设为重点,打造若干个与贸易强国、制造强国相适应的世界级交通枢纽和物流中心,有效支撑我国全球配置资源。积极参与全球交通治理体系建设,提供更多高水平的中国方案,推动中国标准国际化,不断增强我国在国际运输规则制定、全球交通治理中的话语权和影响力。促进交通运输全产业链、全方位、组团式"走出去",打造一批具有全球竞争力的世界一流交通运输企业。

其次,促进构建人类命运共同体。帮助"一带一路"沿线国家实现交通便利化、通关便利化、结算便利化,大幅提升周边国家的经济活力

和经济质量，实现经济命运共同体；优化的交通网络体系为旅游业的发展创造更好的条件，促进文化遗迹的开发性保护，在构建"一带一路"的基础上，推进各国文化交流，实现文化命运共同体；加大绿色交通方式和新型交通管理体系的推广，倡导环境友好能源的综合利用，坚持走可持续发展道路，实现可持续发展命运共同体。

第三节　战略路径

交通运输效能是指在既定交通条件下所发挥的运输能力和效率。全面加强交通运输效能不仅要求提升交通运输效率，同时也要求提升交通运输能力。全面加强交通运输效能是"交通强国"战略的重要目标。

一、交通强国实践重点：增强交通运输效能

交通运输已由高速增长阶段转向高质量发展阶段。推动高质量发展是未来一个时期交通运输工作的根本要求。交通运输高质量发展，就是实现从"有没有"转向"好不好"。推动交通的高质量发展，全面增强交通运输效能，需要做好以下的重点工作。

第一，持续深化交通运输供给侧结构性改革。全面增强交通运输效能有利于进一步降成本，加快推进物流大通道和综合货运枢纽（物流园区）建设。全面增强交通运输效能有利于大力补短板，加快中西部铁路和城际铁路建设，推进郑万高铁、银西高铁、杭温铁路等建设。全面增强交通运输效能有利于着力强服务，推进空铁、公铁、空巴等联程运输，发展一站式票务服务。全面增强交通运输效能有利于加快优环境，巩固交通运输领域各类罚款、检查及涉企收费清理规范成果，深化"放管服"改

革，完善事中事后监管细则。全面增强交通运输效能有利于努力增动能，推进实施工厂建造、装配施工、集约组织的新型工业化基础设施建设模式。

第二，坚决打好交通扶贫脱贫攻坚战。全面增强交通运输效能有利于大力推进交通精准扶贫脱贫。以"三区三州"等深度贫困地区为重点，进一步加大革命老区、民族地区、边疆地区、贫困地区交通扶贫脱贫攻坚力度。全面增强交通运输效能有利于增强贫困地区内生发展能力，继续支持实施一批具有资源路、旅游路、产业开发路性质的公路改造建设，积极推进"交通运输+"生态旅游、特色产业等扶贫新模式。全面增强交通运输效能有利于进一步完善交通扶贫机制，增强部省联动，加大财政资金投入，引导地方提高政府债券额度用于公路建设，鼓励市县政府积极整合财政涉农资金支持农村公路建设等。

第三，主动服务国家重大战略实施。全面增强交通运输效能有利于加快京津冀交通一体化先行发展，完善"四纵四横一环"综合交通骨架网络布局，加快推进京雄高铁等重大项目。全面增强交通运输效能有利于加快构建长江经济带高质量综合立体交通走廊，统筹推进干线航道治理和支线航道建设。全面增强交通运输效能加快推进"一带一路"交通互联互通，推动"一带一路"建设与东盟、上合组织和欧亚经济联盟在交通运输领域的对接。全面增强交通运输效能有利于大力服务乡村振兴战略，深入开展"四好农村路"督导考评，全面推行农村公路建设"七公开""三同时"制度。深入贯彻落实军民融合战略，推进重点方向国防交通基础设施建设等。

第四，现代综合交通运输体系建设。全面增强交通运输效能有利于加快完善基础设施布局和功能，加快实施重点通道连通工程和延伸工程，推进城市群综合交通网建设，新建一批集铁路、公路、民航与城市客运

等多种运输方式于一体的综合客运枢纽。全面增强交通运输效能有利于全面提高运输服务水平，继续开展春运"情满旅途"活动，完善网约车、小微客车租赁、互联网租赁自行车配套政策，推动出租汽车行业改革举措落地，制定城市轨道交通运营统计分析、服务质量评价等政策。推行驾培服务新模式，实施汽车维修技术信息公开制度，加快推进汽车维修电子健康档案系统建设。

第五，大力推进关键领域改革攻坚。全面增强交通运输效能有利于深入推进管理体制机制改革、深化投融资改革和加快完善市场体系，深化道路客运市场化改革，促进道路货运行业健康稳定发展，加快信用体系建设，进一步建立守信激励和失信联合惩戒机制等。

第六，加快建设创新型交通运输行业。全面增强交通运输效能有利于大力推进前沿引领性技术等科技创新，组织做好综合交通运输与智能交通、先进轨道交通等重点科研专项的实施工作。大力推进智慧交通发展，推进交通运输领域大数据应用，实施智慧交通让出行更便捷行动计划，推进国家综合交通运输信息平台建设等。

第七，加快推进绿色交通发展。全面增强交通运输效能有利于推进资源集约节约循环利用，促进通道岸线资源统筹集约利用，促进区域航道、锚地和引航等资源共享共用。全面增强交通运输效能有利于推进交通运输污染防治，进一步增强长三角、珠三角、环渤海（京津冀）水域排放控制区监督管理，逐步扩大示范区范围。

第八，努力提升交通运输国际影响力。全面增强交通运输效能有利于促进高水平开放发展，支持企业参与境外交通基建和经营管理项目取得实质性进展，促进国际产能合作和行业装备、技术、标准等"走出去"，加快推进国际运输便利化，积极参与交通运输全球治理。

二、交通强国实践关键点：铁路先行

铁路作为国民经济的大动脉、国家重要基础设施和大众化交通工具，在我国经济社会发展中具有重要作用，与城市有着极为密切的互动关系。"十二五"时期，各个行业发展都取得显著的成效，我国铁路方面也取得了瞩目的成就，相比"十一五"时期，不仅运输能力有了极大的提高，服务质量和科技创新也同步发展，为民众出行提供了更好的选择，适应了社会经济发展的需要。

近几年，我国的铁路和高铁的营运里程不断增加，到2018年，我国的铁路里程已经达到了13.1万公里，而高铁的营运里程也达到3.8万公里，高铁几乎是2011年的6倍，8年时间发展得如此迅速，让人惊叹。在全球高铁市场中，中国中车集团拥有的市场份额是最多的，占到全球近70%，这其中最主要的原因是国家对高铁的重视，发展力度在不断加大。铁路的发展势不可挡，中国的铁路也必将会走向国际化，走向世界化，但是相比于其他国家，我们的铁路密度还是一个硬伤，无论是按照国土面积计算铁路密度还是按照人口分布计算铁路密度，我们国家都远低于其他发达国家，因此我国在铁路密度上还有着巨大的发展空间。

在体制方面也进行了重大改革，实行政企分开，取消了铁道部，转而建立了中国国家铁路局和中国铁路总公司。同时还在内部推行简政放权，这种职能的转变大大削减了行政审批的事项，激发了市场活力，"十二五"之后"四横四纵"基本建成。2016年6月，国务院常务会议提出了新的铁路网规划，首次提到了"八横八纵"，进一步扩充之前的铁路布局，扩大中西部路网覆盖，完善东部网络布局，使铁路运载能力和运行效率都大大提高，也为经济建设增添动力。在"十二五"期间，铁路完

成的固定投资高达 3.58 万亿元，新投产铁路 3.05 万公里，比"十一五"期间分别增长了 48%和 109%，投资规模也达到了历史最高地位。除了铁路里程外，在铁路的服务效率和质量方面也较之前有了极大的改善。铁路运输服务变得更加多样，舒适程度和便捷程度也取得极大发展，针对客运方面，动车组占了近 50%的比重，是客运的主要方式。12306 网络售票渠道也更加科学和完善，人民群众自主买票成功率大大提高，余票管理也更加科学有效，因此客运量保持了年均 10%的增长速度。在货运方面，也是有了相当大的提升，首先货运能力大大增强，对于重点物质的保障更加有力，值得一提的是中欧班列形成品牌效应，为"一带一路"沿途国家带来了便利和发展机遇。在铁路运力增强的同时，铁路运输安全工作也进一步夯实，国防和应保能力也提升到一个新的高度。在科技方面，主要针对工程建设、装备制造等取得丰硕成果，形成自主的知识产权体系，这对于我国铁路方面的核心竞争力有了很大的增强。"复兴号"也是继"和谐号"又一项重大的成果，"复兴号"列车时速更高、车厢更为舒适整洁，科技含量也上升一个档次，更可贵的是它是我国完全自主研发设计的，"复兴号"列车是我们国家铁路行业进军世界领先水平的一个重要标志。

"走出去"也是我们国家铁路行业未来的发展方向，水平领先世界了，"走出去"也就成为必然的趋势，铁路行业正在成为"一带一路"的标志和对外交流的名片，我们有能力建设好铁路，也有底气有资格向世界推广我们的铁路技术。"十二五"规划目标圆满完成，为"十三五"打下坚实的基础，但是铁路行业所面临的问题还是不能避免的，主要体现在：路网的整体结构还不够完善，地区发展不均衡，虽然运力和效率有所提升，但是还远远不够，需要继续加强；铁路和城市交通的衔接还不够完善，铁路的市场化、投融资也需要改革。

1. 我国铁路发展目标

（1）路网建设

全国铁路营业里程达到 15 万公里，其中高速铁路 3 万公里，复线率和电气化率分别达到 60% 和 70% 左右，基本形成布局合理、覆盖广泛、层次分明、安全高效的铁路网络。

首先，高速铁路扩展成网。在建成"四横四纵"主骨架的基础上，高速铁路建设有序推进，高速铁路服务范围进一步扩大，基本形成高速铁路网络。

其次，干线路网优化完善。东部路网持续优化完善，中西部路网规模继续扩大，西部与东中部联系通道进一步拓展，区域内部联系更加紧密，中西部路网规模达到 9 万公里。对外通道建设有序推进，与周边国家铁路互联互通取得积极进展。

再次，城际、市域（郊）铁路有序推进。经济发达、人口稠密、城镇密集地区形成城际、市域（郊）铁路骨架网络，其他适宜区域因地制宜、量力而行布局建设，城际和市域（郊）铁路规模达到 2000 公里。

最后，综合枢纽配套衔接。建成一批设施设备配套完善、现代高效的综合交通枢纽，建设支线铁路约 3000 公里，铁路与其他运输方式一体衔接效率明显提升，基本实现客运"零距离"换乘和货运"无缝化"衔接。

（2）运输服务

首先，覆盖范围更为广泛。全国铁路网基本覆盖城区常住人口 20 万以上城市，高速铁路网覆盖 80% 以上的大城市。

其次，旅客出行更为便捷。动车组列车承担旅客运量比重达到 65%。

实现北京至大部分省会城市之间2~8小时通达,相邻大中城市1~4小时快速联系,主要城市群内0.5~2小时便捷通勤。

再次,货物运输更为高效。货运能力基本满足跨区域能源、资源等物资运输需要,重载、快捷及集装箱等专业化运输水平显著提高,"门到门"、快速送达的全程物流服务体系初步形成。铁水、铁公、铁空等多式联运比重大幅提升。

(3)信息化建设

首先,客货服务网络化。客运网上售票比例达80%,实现货物受理、电子支付、物流追踪等货运业务网上办理。

其次,运输组织智能化。以铁路地理信息平台为依托、服务铁路建设运营管理的数字化铁路基础框架加快建设,调度指挥智能化水平进一步提高,基本实现运输生产全过程信息化。

再次,安全监控自动化。集监测、监控和管理于一体的安全监管信息系统基本建立,实现安全生产动态信息的实时监测监控,提升铁路运输安全监测专业化、自动化水平。

2. 铁路科技创新

马克思曾经提出了"科学技术是生产力"的著名论断。1988年,邓小平同志提出:"马克思讲过科学技术是生产力,这是非常正确的,现在看来这样说可能不够,恐怕是第一生产力。"1989年,邓小平同志又讲道:科学技术是第一生产力;科学是了不起的事情,要重视科学,最终可能是科学解决问题。1992年,邓小平在南方谈话中反复强调:"我说科学技术是第一生产力……要提倡科学,靠科学才有希望。"

一场世界性的新科技革命正在迅速兴起。科学技术飞速发展并向生产力迅速转化,影响和改变着世界经济和政治格局,从而使当代世界经济发展与竞争日益演变为科学技术的激烈竞争。大量事实说明,社会越进步,科学技术就会越显示其对经济和社会发展的巨大推动和变革作用。没有科学技术的发展和应用,就不会有经济的繁荣和社会的进步,这已成为世界发展不可逆转的潮流。

世界铁路也受到新科技革命的影响,正在向高速化、重载化和信息化的方向发展。过去,有人认为铁路是"夕阳工业",在各种交通运输方式中竞争力越来越小,日益被航空、管道、高速公路所代替。但近年来,许多国家感到铁路优势很大,耗能少、成本低、污染小、运量大、安全可靠,国际上出现了铁路复苏的现象。特别是高速铁路的发展,把世界铁路的技术水平引向了一个新的阶段。

铁路是综合技术性很强的行业,是由技术进步而产生并伴随技术进步而发展的。中华人民共和国成立七十余年来,我国铁路在运输、工业、基建、文教、卫生等各方面都有很大的发展,无一不是伴随着科技进步而来的。特别是改革开放以来,我们依靠科技进步,使铁路面貌发生了可喜的变化,主要运输经济指标不断刷新,我国铁路列车密度和车辆利用率程度均处在世界前列。一方面,说明我们在运输组织和管理上经过不断努力,已有相当大的进步,达到了相当高的水平;另一方面,也反映了我们运能紧张、路网不足,还比较落后。

铁路在我国交通运输体系中的主力地位,今后一个时期内不会改变。长期以来,铁路一直是我国交通运输业的主力因为铁路适应中长距离大宗客货运输的特点与我国国情相吻合。我国幅员辽阔,人口众多,人均生活水平还不高,货源分布和经济发展又不均衡,能源基地集中在内陆腹地,加工工业大多分布在沿海。因此,中长距离的大宗客货运输,势必主要靠铁路来承担。随着国民经济的加快发展，铁路客货运输任务将越来越繁重。铁路在今后需要有较大的发展，需要继续进行较大规模的改造，但发展和改造都必须运用先进的科学技术。

3. 构建综合交通运输基础设施体系

（1）我国综合交通基础设施现状

改革开放以来，我国经济规模快速增长，人民生活持续改善，经济社会的持续快速发展带来了交通运输需求的急剧扩张。为保障经济社会的发展，我国加快了交通基础设施建设步伐，交通基础设施总体上实现了改革开放之初的"瓶颈制约"到20世纪末的"初步缓解"，再到目前的"基本适应"经济社会发展需求的阶段性跨越。各种交通运输方式快速发展，铁路、公路、水路、民航基础设施多项指标位居世界前列，交通基础设施网络基本形成。2017年我国交通基础设施规模主要指标及世界排名如表3-1所示。

表3-1 2017年我国交通基础设施规模主要指标及世界排名

指标	数据	世界排名
铁路营业里程	12.7万公里	2
高速铁路营业里程	2.5万公里	1
公路总里程	477.35万公里	2
高速公路里程	13.65万公里	1
内河航道通航里程	12.7万公里	1
港口万吨级及以上泊位数量	2366个	1
民航运输机场数量	229个	2
民航通用机场数量	310个	—

在基础设施承载量方面，2017年，我国完成营业性客运量184.86

亿人次、客运周转量 32 812.55 亿人公里；完成全口径（含小汽车）客运量 509.19 亿人，全口径客运周转量 50 639.36 亿人公里；完成货运量 472.43 亿吨、货运周转量 192 588.50 亿吨·公里。铁路、公路、水路、民航多项运输指标位居世界前列。

另外，"五纵五横"综合交通运输大通道基本建成，通道内的高铁营业里程约占全国高铁总营业里程的90%，通道涵盖了大部分重要的国家高速公路路线，全国过亿吨港口和千万人次以上机场均在通道内，整体客货运输能力大幅提升。从建设效果看，全国性综合运输交通枢纽城市均已具备两种及以上运输方式，综合交通枢纽城市内多种运输干线衔接交汇，运输中转的功能体现明显。

在"十三五"期间，基本建成安全、便捷、高效、绿色的现代综合交通运输体系，部分地区和领域率先基本实现交通运输现代化。在综合交通基础设施建设方面，加密拓展网络覆盖，打造一体高效的衔接枢纽。高速铁路覆盖80%以上的城区常住人口100万以上的城市，铁路、高速公路、民航运输机场基本覆盖城区常住人口20万以上的城市，内河高等级航道网基本建成，沿海港口万吨级及以上泊位数稳步增加，具备条件的建制村通硬化路，城市轨道交通运营里程比2015年增长近一倍，油气主干管网快速发展，综合交通网总里程达到540万公里。各种运输方式衔接更加紧密，重要城市群核心城市间、核心城市与周边节点城市间实现1~2小时通达。打造一批现代化、立体式综合客运枢纽，旅客换乘更加便捷。交通物流枢纽集疏运系统更加完善，货物换装转运效率显著提高，交邮协同发展水平进一步提升。

（2）我国综合交通基础设施网络体系的重点任务

一是优化综合交通基础设施网络规划建设。牢牢抓住交通基础发展的关键"窗口期"，完善交通基础设施规划，优化规划的理念，把握交通基础设施的合理规模，坚持适合我国国情的设施空间布局。通过补短板、强弱项、调结构、促综合，大力提升综合交通基础设施网络整体效能，实现交通基础设施综合协调、集约高效、绿色经济的发展。

二是完善各种运输方式基础设施布局。为发挥各种运输方式比较优势和提高综合交通网络组合效率，对铁路、公路、水路、民航各种交通方式要统筹基础设施规模、布局和结构，优化存量资源配置，扩大优质增量供给。

三是推进综合运输大通道建设。从支撑国家战略实施、服务居民出行和物流降本、服务国家安全、提升资源利用效率方面考虑，推进建设联系国际国内主要经济区域，布局合理、能力充分、功能完善的综合运输大通道基础设施体系，可以满足全方位对外开放和区域协调发展的要求。

四是优化综合交通枢纽规划。从支撑国家战略实施、服务居民出行和物流降本、服务国家安全、提升资源利用效率方面考虑，应建成布局合理、衔接顺畅、运转高效、服务优质，与综合运输大通道紧密衔接的综合交通枢纽体系。

五是打造耐久可靠和高品质的交通基础设施。全面提升交通基础设施的安全性、可靠性、绿色化和智能化水平，推动基础设施向建设标准化、管理数字化、使用耐久化、抗自然灾害化方向发展。

三、交通强国实践难点：协调发展

党的十九大报告指出，我国社会的主要矛盾已经转化为人民日益增长的美好生活需要和不平衡不充分的发展之间的矛盾，交通运输行业也同样适用这个理论。从"能走就行"到对高铁、高速公路、民航等"高品质"出行需求愈加旺盛，现阶段交通领域同样面临发展不平衡不充分的情况。不平衡主要体现在运输能力、基础设施建设及东西部地区之间，不充分主要体现在基础设施之间的互联互通、协同、高效、节能等。另外，还存在区域城乡交通发展不平衡、不充分、不协调等问题，网络化布局还不尽完善，国际通道连通不够。

1. 基本原则

协调发展是中国特色社会主义建设的新发展理念，是持续健康发展的内在要求。党的十九大聚焦全面建成小康社会目标，解决发展不平衡问题。这是党中央坚持问题导向、破解发展瓶颈的应对之策，也是着眼未来谋划全局的战略考量，是"十三五"乃至更长时期必须坚持和贯彻的重要发展理。全国交通运输工作会议就贯彻落实协调发展理念做出一系列部署，这是推动形成交通运输平衡发展新格局，着力提高交通运输发展协调性、平衡性和可持续性的根本要求。

交通强国战略强调努力构建互联互通、相互贯通的交通基础设施网格，推动各种运输方式之间、城市与城市之间、城市与乡村之间、乡村与乡村之间旅客运输无缝对接和一体化发展，形成均衡发展，保障各个地区形成有效的交通运输格局，提升经济发展水平，综合交通运输为人力资源、物资及信息传播与交流提供了有效载体，使得区域经济联系更紧密、交流更频繁且一体化程度更深。

"十三五"时期，我国交通运输建设取得了不平凡的成就，但也应当清醒地看到，当前交通运输在地区之间、城乡之间、不同领域、不同方式之间还存在着很多不平衡问题。比如，综合交通运输深度融合不够，各种运输方式衔接不畅,重建轻养带来的问题突出,物质文明和精神文明一手硬一手软的问题还没有很好解决等。这些"不平衡"现象,已经成为制约交通运输持续健康发展的羁绊。突破这些前进道路上的障碍,必须贯彻落实协调发展理念,增强发展的整体性、全面性和包容性,促进交通运输各领域各方面协同配合、均衡一体发展。

2. 区域协调,东中西部齐发展

全面建成小康社会是要建成不分地域、不分城乡、不分民族的全面小康,建设交通强国也必须下好全面发展这盘棋。只有着力促进交通区域协调平衡,在保证东部地区交通平稳快速发展的同时,大力推动更多交通资源从东部地区向中西部地区、民族地区、边疆地区和贫困地区倾斜,才能实现东、中、西部地区交通运输协调发展。

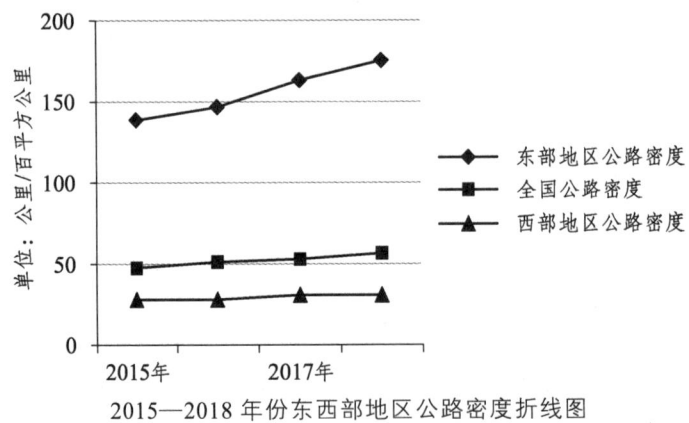

2015—2018年份东西部地区公路密度折线图

数据来源:《中国统计年鉴》。

在2015—2018年份东西部地区公路密度折线图中,三角形折线代表西部地区公路密度,菱形折线代表东部地区公路密度,而中间方形折线代表全国公路密度的平均水平。可以看出，菱形折线高于方形折线和三角形折线，说明东部地区的公路密度远远高于西部地区，也高于全国平均水平，而西部地区是低于全国水平。虽然从2016年至2018年间，西部地区和全国平均水平都有微微上升趋势，但幅度都不大，且2016年到2018年东部地区公路密度上升幅度远远高于西部地区和全国平均水平。

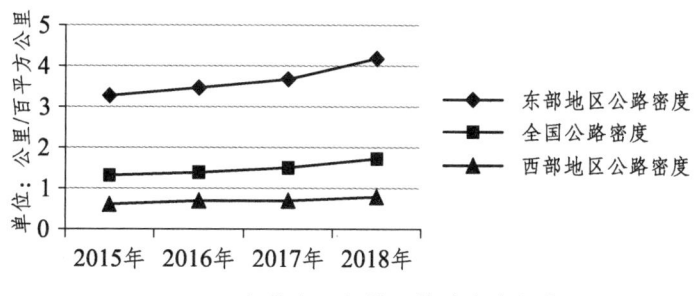

2015—2018年份东西部地区铁路密度折线图

数据来源：《中国统计年鉴》。

在2015—2018年份东西部地区铁路密度折线图中，三角形折线代表西部地区铁路密度，菱形折线代表东部地区铁路密度，而中间方形折线代表全国铁路密度的平均水平。从图中可以看出，菱形折线远远高于另两条折线，并且上升幅度较其他两条折线更加明显。三角形折线从2015年到2017年间几乎没有变化，2017年后有小幅上升，说明西部地区铁路密度增长非常缓慢。而东部地区每年的增长幅度却比较大，其铁路网和西部地区相比更为密集，并且密集程度越来越大，同时西部地区较东部地区落后，没有呈现铁路网状式长远发展。

3. 加快中西部交通基础网络建设

加快中西部铁路和城际铁路建设,推进郑万高铁、银西高铁、杭温铁路等建设。推进国家高速公路主通道建设及拥挤路段扩容改造,实施深中通道、武穴长江大桥、汶马高速、绵九高速等工程。加快普通国道待贯通路段建设和低等级路段升级改造,推动国省道城镇过境段、城市出入口改造。新改建农村公路 20 万公里,新增通硬化路建制村 5000 个。加强进出港航道、防波堤等建设,加快内河高等级航道建设,提升长江、珠江黄金水道通过能力,提高支线航道等级。完成广州白云等大型机场改扩建。推进邮政、快递服务设施建设。

强化区域发展总体战略交通支撑。按照区域发展总体战略要求,西部地区着力补足交通短板,强化内外联通通道建设,改善落后偏远地区通行条件;东北地区提高进出关通道运输能力,提升综合交通网质量;中部地区提高贯通南北、连接东西的通道能力,提升综合交通枢纽功能;东部地区着力优化运输结构,率先建成现代综合交通运输体系。

4. 加快京津冀交通一体化先行发展

完善京津冀"四纵四横一环"综合交通骨架网络布局,加快推进京雄高铁等重大项目,深入推进京津冀城乡客运一体化和津冀港口协同发展;高起点、高标准、高质量谋划雄安新区交通运输发展蓝图,优先保障对外骨干通道重点项目建设;全力做好北京城市副中心、北京冬奥会重大交通保障工程建设和新机场等重点专项工作;加快推进京津冀交通一卡通互联互通,建成京津冀道路客运联网售票系统,实现高速公路收费站 ETC 系统 100%覆盖,推进交通"一卡通"、客运"一票制"、货物运输"一单制",让京津冀交通一体化更便民、利民;在航空方面,不断完善区域枢纽机场功能，持续打造"进出北京的第二空中通道"，加大布局二三四线城市力度，通航支线机场达 74 个，每天 5 班以上的干线航线 17 条；在港口方面，实施大港港区深水航道工程，开工建设了南疆 27 号通用码头工程等一批高等级码头泊位，航道和码头等级达到 30 万吨级，与内地合作建设了 25 个无水港，对京冀两地 10 个无水港货物实行"三优先"政策；要提前谋划好 2020 年交通一体化顶层设计，各方面聚力攻坚、压茬推进，推动京津冀交通一体化不断向纵深推进。

5. 加快构建长江经济带高质量综合立体交通走廊

统筹推进干线航道治理和支线航道建设，力争长江南京以下 12.5 米深水航道提前半年交工试运行，推进长江中游武汉至安庆段 6 米水深航道整治工程和引江济淮工程航运部分建设。完成涵盖长江干线的港口深水岸线资源监测系统建设。配合推进三峡枢纽水运新通道和葛洲坝航运扩能改造工程前期工作。充分利用长江口深水航道边坡自然水深，改善交会条件，提升大型国际邮轮和集装箱班轮通行效率。统筹推进沿江高铁规划建设，加快重点港口疏港铁路建设。推进高速公路待贯通路段建设和普通国道升级改造。完善民航机场布局与功能。

建成横贯东西、沟通南北、通江达海、便捷高效的长江经济带综合交通立体走廊。

第一，建成畅通的黄金水道。形成以上海国际航运中心为龙头的、长江干线为骨干、干支流网络衔接、集疏运体系完善的长江黄金水道，高等级航道里程达到 1.2 万公里。

第二，建成高效的铁路网络。形成以沿江、沪昆高速铁路为骨架的快速铁路网和以沿江、沪昆铁路为骨架的普通铁路网。

第三，建成便捷的公路网络。形成以沪蓉、沪渝、沪昆、杭瑞高速公路为骨架的国家高速公路网和覆盖所有县城的普通国道网，实现具备条件的乡镇、建制村通沥青（水泥）路。

第四，建成发达的航空网络。形成以上海国际航空枢纽和重庆、成都、昆明、贵阳、长沙、武汉、南京、杭州等区域航空枢纽为核心的民用航空网。

第五，基本建成区域相连的油气管网。形成以沿江干线管道为主轴，连接成渝城市群、长江中游城市群、长江三角洲城市群的油气管网。

第六，基本建成一体发展的城际交通网。形成以快速铁路、高速铁路等为骨干的成绩交通网，实现中心城市之间以及中心城市与周边城市之间 1~2 小时交通圈。

6. 加快推进"一带一路"交通互联互通

在"一带一路"视域下的交通运输业发展建设，有利于沿线各国之间扩大合作共识，加快战略规划对接，推进国际合作机制的不断完善。同时，"一带一路"视域下的交通运输业发展也能统筹沿线各国的铁路、公路、海运、空运等运输模式的发展，取得良好的实际效益。推动"一带一路"建设与东盟、上合组织和欧亚经济联盟在交通运输领域的对接。持续推进"六廊一路"重大项目，推进境内高速公路待建路段以及口岸公路和界河桥梁建设。同时推进海上互联互通和支点建设，海上支点港口建设运营成效显著。加大中欧陆海快线运量，畅通空中大通道，与沿线更多国家实现空中直航。大幅提升国际运输便利化水平，不断加快交通基础设施"走出去"步伐，进一步提升国际影响力和话语权。

第四节 战略保障

一、强化党的领导和法治建设

交通强国建设需全面加强党的建设，按照党的建设总要求，推进交通运输系统从严治党向纵深发展，使交通运输系统内广大党员干部牢固树立"四个意识"，严肃党内政治生活，严明政治纪律和政治规矩，不断改进作风，坚决惩处腐败，管好用好干部，把好选人用人"入口关"，上好日常监督的"必修课"，压实"两个责任"，形成良性传导的"政治生态链"，为推进交通强国建设营造风清气正、勇于担当、奋发有为的良好政治生态。其也需要担负起管党治党的政治责任和光荣使命，全面推进从严治党，引导广大交通人更好担负起当好先行、服务人民的使命，为实现国家富强、民族振兴、建设现代化经济体系、推动经济高质量发展，建设世界领先、人民满意、有效支撑我国社会主义现代化建设的交通强国，建设具有世界眼光、中国特色的交通强国，走出一条以习近平新时代中国特色社会主义思想为指引的交通强国之路。

党的十九大提出"全面依法治国是中国特色社会主义的本质要求和重要保障"。为贯彻落实党中央、国务院全面推进依法治国建设法治政府的决策部署，通过交通运输立法数量上的"多"，立法质量上的"精"，立法机制上的"融"，推动交通运输法规制度体系的逐步完善，交通运输政府职能的稳步转变，行政权力运行规范、公开、透明，并扎实推进严格规范公正文明执法，进一步深化综合执法和行政审批制度两项改革，构建事中事后执法监管平台、行政权力监督平台。最终，实现以法治引领、以法治规范、以法治保障推动交通运输规划、建设、管理、运营服务和安全生产等全面加快纳入法治轨道，建立权责统一、权威高效、保障有力、服务优质的交通运输行政执法体制和运行机制，为交通强国建设提供坚实保障。

通过以下的具体措施，推进交通运输系统法制建设的完善化。一是加快完善交通运输法规标准体系，推动制修订《收费公路管理条例》《城市公共交通管理条例》《铁路交通事故应急救援和调查处理条例》《民用航空法》《海商法》《公路法》《铁路法》《农村公路条例》《道路运输条例》等，推动地方交通运输立法，探索开展跨行政区域交通运输立法，完善行业标准体系，加强综合交通运输、安全应急、物流、信息化和节能环保等领域标准制修订。二是全面提高依法行政能力。加强行政规范性文件制定和监督管理工作，落实重大决策合法性审查的要求，加强法治政府部门建设。三是严格规范执法。整合规范交通运输领域监督检查和执法活动，推进交通运输基层执法"四基四化"建设，提升执法效能和规范化水平。

二、创新人才培养机制

"少年强则中国强，人才强则交通强"，交通强国的建设，应紧紧围绕交通强国建设总体部署，以人才为支撑与保障，把人才作为建设交通强国的第一资源，坚持"高精尖缺"导向。

以"高"为导向,加强高层次人才队伍建设,高级人才和复合型人才,建设高素质的人才队伍,开展交通运输新型智库建设。

以"强"为目标,提升人才队伍整体素质,加大行业人才队伍培养力度,真正使人才成为推动交通运输高质量发展的第一资源。

以"新"为中心,积极开展协同创新中心建设,推动学科交叉与融合,促进成果推广与创新,激发人才创新创业活力。培养造就一大批具有国际水平的交通战略科技人才、交通科技领军人才、交通青年科技人才和交通创新团队。要创新人才评价机制,要注重个人评价和团队评价相结合,建立健全以创新能力、质量、贡献为导向的科技人才评价体系;要完善科技奖励制度,释放各类人才创新活力;要通过改革,完善人才评价标准;要营造良好创新环境,形成有利于人才成长的培养、使用、激励、竞争机制,

以"培"为载体,开展智慧交通产业从业人员多渠道、多形式、多层次、多类型的再培训、再教育,突出人才在交通强国的建设中的核心作用;加强国际化人才培养和储备,积极向国际组织推送交通运输人才。

以"引"为突破,加强人才引进,将人才引进纳入交通强国建设的工作目标,制定具体的人才引进工作方案,加大财政对人才引进的专项投入,拓展人才引进渠道,提供更完善的激励机制。

以"基"为聚点,支持交通行业龙头企业和优势企业设立研究院,鼓励和支持有条件的企业建立行业共性技术研发中心、测试中心、服务中心,促进校企联合,建立各类交通人才教育和孵化基地,形成技术人才聚集和培养基地。

以"融"为手段,积极推进产教融合专业教学改革,产教融合是经济结构调整和产业快速升级对技术技能人才培养的新需求,也是科技高速发展对教育教学改革的迫切要求。加快建设政府部门优化产教融合的发展环境,提高协同创新能力,发展具有区域特点的专业特色,形成服务产业发展的优势;积极引进产业技术链上游企业参与产教融合的平台建设;把融入产业先进技术元素、科学管理、优秀文化、发展需求作为专业教学深化产教融合的重要路径;培育市场导向、对接供需、精准服务、规范运作的产教融合服务组织(企业),加快优化专业教学资源;允许和鼓励院校向行业企业和社会培训机构购买创新创业、前沿技术课程和教学服务。

因此,只有牢固确立人才引领发展的战略地位,将优秀人才聚集到建设交通强国的事业中,交通强国的战略才会拥有坚实的根基和源源不断的动力。

三、集成新型交通生态系统

目前,创新型的运输服务业态和模式如雨后春笋发展迅速,交通生态新形态化日益明显,由于有庞大的市场规模,因此应当抓住机遇,应以服务链条和价值增值为基本方向,培育"全出行链"和"全供应链",实现运输服务与信息、物流、仓储、商贸、金融、保险、农业、制造、旅游、餐饮、休闲、军事等融合发展,捕捉、激发客户消费新需求,通过提供"一站式"解决方案,形成新型的运输服务生态圈,加快促进运输服务业态和模式创新,支撑新型产业体系的形成,为交通强国提供创新动力。

1. "3共"型

加强统筹整合,优化顶层设计,构建全社会共生、共建、共享的新型"3共"经济。

第一,加快交通行业资源统筹整合,按照建设"大平台、大数据、大系统"的要求,进一步加大统筹整合力度,实现门户入口整合、信息资源共享、支撑环境统筹。充分利用互联网信息交互的即时性和信息存储和处理高容量、高效率、多样性的特点,积极对接内部、外部系统平台,整合汇聚各行各业、动态静态数据资源。

第二,谋划全行业统一监管平台、综合执法平台等配套建设。深化关联行业间的信息共享,在保持与旅游、公安、住建、国土、环保、地测、气象等部门合作基础上,立足工作需要,细化信息资源共享合作协议与具体任务,研制共享应用平台。

第三,加强运行管理,促进战略、规划、法规、政策、标准等治理体系协调,促进发展要素综合配置,促进信息数据互通共享,提升综合交通运输发展水平。要加强交通基础设施网络的运营维护,实施精细化管理,提升交通运行效率和网络整体服务水平。

第四,实现政府、企业、科研机构的合作。在确保数据安全基础上,加强与社会平台的统筹合作。促进既有合作企业研发和生产更有成效的交通信息产品,全面形成合力,推动交通信息化发展。

2. 多元协同服务型

优质高效的运输服务是交通强国的直观体现,是人民幸福感、获得感的重要源泉。为打造交通强国，应促进跨部门、跨领域、跨区域的交通协同管理格局，不断提升运输服务的覆盖面、效率、可靠性等基本层面的质量，切实提升运输服务的舒适度、便捷性、经济性，加快运输服务的现代化进程。

促进多元化的交通信息服务体系构建，形成覆盖度广、整合度高的大数据分析应用平台，初步建成交通模型体系，交通运行研判和决策支持水平显著提高，支撑政府决策管理更全面、更高效，优化交通出行服务品质，满足公众个性化、多样化服务需求，促进公众出行信息服务更综合、更智慧。完善并开放公众出行数据库，加强与具有较大客户群的企业的合作，将可共享交通信息资源推送给互联网运营企业，方便公众通过手机App、微信平台、网站等多种方式，全天候获取全息交通信息服务。开展服务体验，发挥网络信息的媒介作用，通过互联网无处不在的公众监督，实现对智慧交通服务质量和效率的网络倒逼，促进交通决策、管理和服务的流程再造和优化。

3. 智慧"交通＋"型

在构建智慧城市的背景下和互联网迅猛发展的今天，智慧交通建设正处于从分散转向集约、从孤立封闭转向共享开放、从以政府推动为主转向政企合作推进的重要转型期，即将迈入全面联网、业务协同、智能应用的新阶段。"交通＋"成为服务发展的大方向，利用信息技术实现交通运输服务跨界已经成为创新的主流，出现了一系列全新的服务业态和模式。如滴滴出行、美团大众等平台业态和模式；摩拜单车等资源共享模式；订制公交、邮轮、新东方丝绸之路豪华专列等新体验交通模式；携程旅行网跨界融合模式等。

随着新一代国家交通控制网、智慧公路、智慧港口、智慧机场、智慧海事、综合交通出行及旅游服务大数据示范工程等稳步开展，智慧交通的便民利民性正在日益凸显。

四、突出市场资源配置作用

在交通强国战略的征途中，政府应"鼓不预五音，而为五音主"，这样才能在"无为"之中蕴含更大的"有为"。在交通的私人领域，只有通过市场机制，才能更好地在信息不对称状态下，通过竞争来实现资源的优化配置。也就是说，从时空尺度的趋利避害角度看，竞争是经营主体间实现资源配置和激励的最好方式。通过深化市场化改革、扩大高水平开放为交通运输行业迈向现代治理带来新机遇，进一步加快建立和完善交通运输现代市场体系。

一是坚持市场化改革方向，深化市场化改革，通过进一步深化客货运输、建设审批等领域"放管服"改革，加快推进收费公路、铁路、邮政企业等重点领域改革，加快破除制约微观主体活力释放的体制机制障碍，切实优化营商环境，完善统一开放、竞争有序、充满活力的现代交通运输市场。

二是切实转变政府职能，以推进行业综合行政执法改革、事业单位分类改革等重大改革为契机，加快提升行业治理体系和治理能力现代化水平，政府在对交通市场的干预上，应是以政策、规划、管制、开放、保护、法律、规范等方式对市场进行引导，杜绝对私人领域的直接插手。

三是切实支持民营企业发展，对交通运输新业态，要鼓励创新、趋利避害、守住底线，包容审慎监管，推动新旧业态融合发展，激励市场的各企业在交通的私人领域充分发挥创造性，依法合规地承担生产经营责任。

五、强化科技创新

当前，全球正迎来新的由信息技术、AI等引领的技术创新浪潮，科技创新飞速地影响着交通运输事业，引领着交通运输发展，为建设交通强国，迫切需要转换跟随思维，必须准确把握科技创新与建设交通强国的关系，充分认识科技创新是建设交通强国的根本动力。因此，通过跟踪新一代人工智能、新材料、新能源等重点领域科技进展，瞄准世界交通科技前沿，以智慧交通为主攻方向，推动大数据、互联网、人工智能等技术与交通运输深度融合，在交通运输行业基础技术领域形成成套技术高原，在交通科技关键技术占领交通科技研发高峰，布局建设一批重点科研平台，强化关键共性技术、前沿引领技术等研究和应用，从而强而有力地在交通运输领域实现我国与发达国家之间由"跟跑"向"并跑""领跑"，再到"一马当先"的历史性转变。

21世纪，以人工智能、量子信息、移动通信、物联网、区块链为代表的新一代信息技术加速突破应用，融合机器人、数字化、新材料的先进制造技术正在加速推进制造业向智能化、服务化、绿色化转型，以清洁高效可持续为目标的能源技术加速发展将引发全球能源变革，空间和海洋技术正在拓展人类生存发展新疆域。信息、制造、能源、空间、海洋等的原创突破为前沿技术、颠覆性技术提供了更多创新源泉，对交通运输事业发展提出了更高的要求，也提供了无限的可能。因此，交通运输要把握数字化、网络化、智能化融合发展的契机，以信息化、智能化为杠杆培育新动能，加速推动大数据、云计算、物联网、人工智能等技术与交通产业深度融合，瞄准科技前沿，坚持高点起步，在智慧交通关键技术形成技术高原。

向创新要动力，提供高质量科技供给，以提高发展质量和效益为中心，以支撑供给侧结构性改革为主线，勇于走前人没有走过的路，努力掌握交通发展的关键核心技术，实现关键核心技术自主可控，牢牢把握创新主动权、发展主动权，实现公路、铁路、港口等的传统建设领域以及自动驾驶、共享经济、超级高铁等新技术、新产业、新业态中的关键技术独占高峰，实现交通运输提档升级。

六、发展国际合作

以共建"一带一路"为重点，以全球视野谋划和推动交通科技创新，积极主动融入全球交通科技创新网络，深化国际交通科技交流合作，主动布局和积极利用好国际创新资源，构建合作共赢的伙伴关系，从而实现聚四海之气、借八方之力进行自主创新，掌握关键核心技术。

一是大力推进交通运输对外合作交流。加强与亚欧发达国家交通运输合作，推动在国际运输论坛、亚太经合组织等多边领域开展前沿技术交流。进一步深化、提升与跨境基础设施、国际运输等领域的合作，推动陆海互联互通和国际航道开发。稳步开展中美交通运输合作，妥善应对中美经贸摩擦对交通运输的影响。充分利用上海合作组织、中国—东盟等机制和平台，深化与周边国家的合作。

二是市场进一步扩大开放。推动实行准入前国民待遇加负面清单管理制度，取消外商投资道路运输业立项审批，推进自由贸易区和自由贸易港建设，国际海运全面实现对外资开放。交通运输装备国际市场进一步拓展。

三是推动交通运输全方位"走出去"。随着"一带一路"深入推进，沿线国家特别是发展中国家进入了交通建设的需求旺盛期，发达国家也同步进入设施升级改造的需求旺盛期，给我国交通企业"走出去"带来重大机遇，通过加强高铁、公路、港口码头等领域技术标准国际合作，支持交通运输企业参与海外交通基础设施的规划、设计、建设和运营。不断壮大五星旗船队规模，促进海运服务贸易进出口平衡发展。强化搜救、反海盗、救捞领域国际合作，做好交通运输行业海外利益保护工作。

四是深入参与交通运输全球治理。加强与铁路合作组织、国际海事组织、国际民航组织、万国邮政联盟等国际组织事务合作，推动治理结构改革。主动引导全球海运温室气体减排战略的制定和实施，积极参与交通运输领域国际规则和标准的制定，加强海上搜救合作，完善国际合作机制，共同维护海上重要国际通道安全畅通。

五是参与全球经济治理体系变革、提升国际话语权和影响力为行业开放发展带来新机遇。

六是提高国际运输便利化水平。推动国际道路运输协定商签，推动与沙特签署双边海运协定，推动已签署的双边、多边协定落地实施。完善国家便利运输委员会工作机制，积极推进加入国际运输便利化公约。加快推进国际贸易单一窗口建设，做好口岸查验单位一次性联合检查机制相关工作。提高铁路、民航国际运输便利化水平。

谨以此书献给

中国共产党成立100周年

百年铁路
与中国道路

胡子祥 ◎ 主编

西南交通大学出版社
·成 都·

图书在版编目（CIP）数据

百年铁路与中国道路.3，铸魂卷/胡子祥主编. —成都：西南交通大学出版社，2021.12
ISBN 978-7-5643-8404-3

Ⅰ.①百… Ⅱ.①胡… Ⅲ.①铁路运输建设－概况－中国 Ⅳ.①F532.3

中国版本图书馆CIP数据核字（2021）第245134号

百年铁路与中国道路

编写委员会

桂富强　沈火明　冯晓云　周仲荣
韩旭东　汪　铮　张雪永　崔　凯
周先礼　林伯海　张军琪　王建琼
阳　晓　易伯伦　吴　迪　罗爱林
郑丽娟

百年铁路与中国道路

（铸魂卷）

主编　胡子祥
编委　钟勇华　王　丹　刁成林
　　　郭海龙　张利民　康厚德

目 录

序 章

第一章

一、党和人民发展铁路事业、
开创中国道路的历程　　002

二、党和人民在发展铁路事业中
熔铸形成的革命精神　　012

三、新时代弘扬党和人民在发展铁路事业中
熔铸形成的革命精神　　025

"二七"精神

第二章

一、"二七"精神的形成　　038

二、"二七"精神的基本内涵　　067

三、"二七"精神的时代价值　　089

铁道兵精神

第三章

一、铁道兵精神的形成　　107

二、铁道兵精神的基本内涵　　128

三、铁道兵精神的时代价值　　151

第四章 成昆精神

- 一、成昆精神的形成　　163
- 二、成昆精神的基本内涵　　187
- 三、成昆精神的时代价值　　207

第五章 青藏铁路精神

- 一、青藏铁路精神的形成　　224
- 二、青藏铁路精神的基本内涵　　234
- 三、青藏铁路精神的时代价值　　256

第六章 高铁精神

- 一、高铁精神的形成　　265
- 二、高铁精神的基本内涵　　285
- 三、高铁精神的时代价值　　315

后　记

第一章

序　章

实现中华民族伟大复兴是一项光荣而艰辛的伟大事业，需要伟大精神的支撑和推动。习近平指出："人无精神则不立，国无精神则不强。精神是一个民族赖以长久生存的灵魂，唯有精神上达到一定的高度，这个民族才能在历史的洪流中屹立不倒、奋勇向前。"① 今天，中华民族比历史上任何时期都更接近、更有信心和能力实现中华民族伟大复兴这一伟大梦想。但是，面临世界百年未有之大变局，中国仍面对诸多严峻挑战和重大考验，因此，"中华民族伟大复兴，绝不是轻轻松松、敲锣打鼓就能实现的。"② 要战胜这些严峻挑战和重大考验，最终把中华民族伟大复兴的光明前景变成现实，需要通过弘扬伟大民族精神来凝聚民族伟力。中共十九届五中全会审议通过的《中共中央关于制定国民经济和社会发展第十四个五年规划和二〇三五年远景目标的建议》提出：要"弘扬党和人民在各个历史时期奋斗中形成的伟大精神"。党和人民在各个历

---

① 习近平：《习近平谈治国理政》（第二卷），外文出版社2017年版，第47-48页。
② 《中国共产党第十九次全国代表大会文件汇编》，人民出版社2017年版，第12页。

史时期奋斗中形成的伟大精神,是整个中华民族的宝贵精神财富,可以为激励中华儿女团结一心,共同推进新时代中国特色社会主义事业、实现中华民族伟大复兴提供强大精神力量。

从新民主主义革命时期,到社会主义革命和建设时期,再到改革开放和社会主义现代化建设新时期,在党领导人民发展铁路事业、开创中国特色社会主义道路的过程中,也形成了一系列伟大革命精神,如"二七"精神、铁道兵精神、成昆精神、青藏铁路精神和高铁精神等。这一系列伟大精神丰富了中国共产党革命精神谱系,是整个中华民族的宝贵精神财富。在中国特色社会主义新时代,我们需要进一步传承和弘扬这一系列伟大精神,从而为实现中华民族伟大复兴提供强大精神动力。

一、党和人民发展铁路事业、开创中国道路的历程

(一)新民主主义革命时期

新民主主义革命是中国共产党在十月革命的影响下,将马克思主义与中国革命实际相结合,以实现民族独立和人民解放为主要目标的革命,新民主主义革命时期是孕育中国共产党革命精神的重要历史时期。新民主主义革命为社会主义革命准备了必要条件,是实现中华民族伟大复兴的必经阶段。因此,毛泽东指出:"只有上篇做好,下篇才能做好。坚决地领导民主革命,是争取社会主义胜利的条件。"① 在新民主主义革命时期,中国共产党带领中国人民进行了艰苦卓绝、波澜壮阔的伟大斗争,谱写了气壮山河、感天动地的壮丽史诗。

---

① 《毛泽东选集》(第1卷),人民出版社1991年版,第276页。

第一章 序 章

中国共产党是中国工人阶级的先锋队，中国共产党的诞生是五四运动后马列主义同中国工人运动相结合的产物。在 1921 年召开的中共一大上，中国共产党就明确党的工作中心为领导工人运动。大会通过的党的第一个决议规定，党在当前的"基本任务是成立产业工会"，"党应在工会里灌输阶级斗争的精神"，要派党员到工会去工作。[①] 这说明，党在成立时就十分注意领导和组织工人运动。

1921 年 8 月，中国共产党在上海成立了中国劳动组合书记部，这是当时领导全国工人运动的公开组织，并在北京、武汉、长沙、广州、济南建立了分部。劳动组合书记部成立后，创办各种刊物，开办补习学校，并派党员深入工人群众，宣传马克思主义，以启发工人觉悟。在它的领导下，1922 年 1 月至 1923 年 2 月，全国兴起了第一次工人运动高潮。其中，1922 年 1 月爆发、前后持续了 4 个月时间的香港海员大罢工，是中国工人阶级第一次直接与帝国主义势力进行有组织的较量，并取得了胜利。这次罢工的胜利，增强了工人阶级斗争的勇气，推动了全国工人运动的发展。1922 年 9 月，在刘少奇、李立三的直接领导下，为保障自身权利，改良生活待遇，安源路矿工人 17 000 余人举行了大罢工。经过坚决斗争，路矿当局最终被迫接受了工人提出的大部分条件，罢工取得了胜利。1923 年 2 月 4 日，在中国共产党的领导下，爆发了有 2 万多名工人参加的京汉铁路工人大罢工，但由于遭到了帝国主义和反动军阀的残酷镇压，此次罢工最终失败。第一次工人运动高潮也由此转入低谷。

---

① 中共中央党史研究室：《中国共产党的九十年》（新民主主义革命时期），中共党史出版社、党建读物出版社 2016 年版，第 37-38 页。

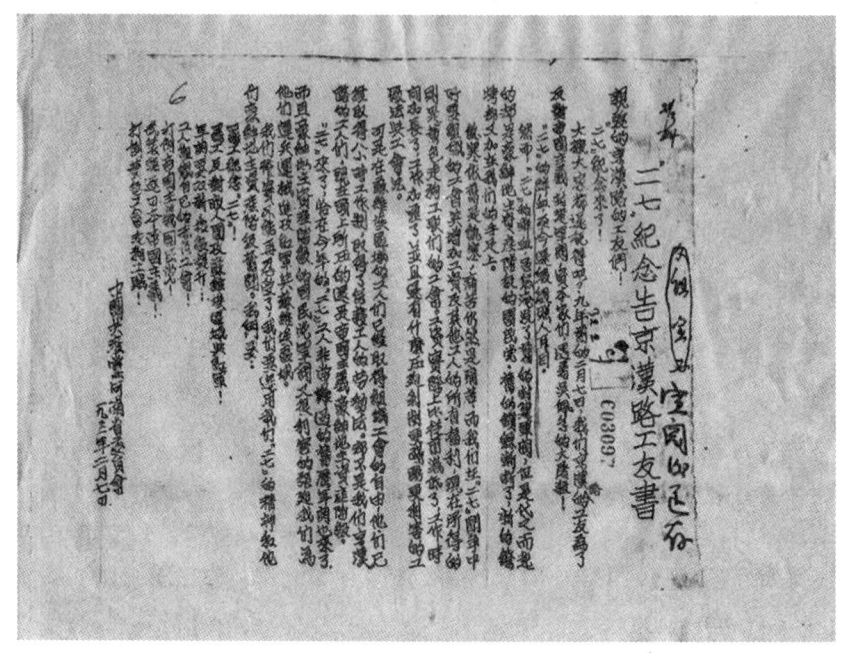

二七惨案发生后,中共中央发表《为吴佩孚惨杀京汉路工告工人阶级与国民》书

(澎湃网,http://www.thepaper.cn/newsDetail%5Fforward%5F13862241)

第一次工人运动高潮是在中国共产党的直接领导下进行的,它显示了党的组织动员能力,显示了工人阶级的伟大力量,体现了中国工人阶级敢于斗争、不怕牺牲的精神品质。这种精神品质在京汉铁路工人大罢工中得到了最为充分的彰显。在京汉铁路工人大罢工的过程中,中国共产党人带领广大铁路工人,孕育和铸就了"同仇敌忾、万众一心,不屈不挠、前仆后继,无私无畏、舍身取义"的"二七"精神。"二七"精神是中国工人阶级的宝贵精神财富,也是中国共产党革命精神的重要组成部分。

在新民主主义革命时期,铁道兵精神也开始孕育萌芽。铁道兵精神

第一章 序 章

发轫于解放战争时期的战略决战阶段。1948年夏,具有重大战略意义的辽沈战役即将开始。为了尽快恢复战区铁路运输,确保前线所需物资、装备和兵员的及时供应,同年7月,中共中央东北局决定,以东北人民解放军(后为第四野战军)所属的护路军为基础,组建东北人民解放军铁道纵队。铁道纵队组建后,战士们秉持"一切为了前线胜利"的信念,日夜战斗在铁路线上,为东北人民修通了一条胜利之路。辽沈、平津、淮海三大战役胜利后,为全面恢复遭受战争破坏的铁路,支援解放军继续南下解放全中国,并准备参加战后国家大规模的铁路建设,中共中央军委于1949年5月发布命令,将原属于第四野战军的铁道纵队拨归中央军委建制,扩编为中国人民解放军铁道兵团,由军委铁道部直接领导。

在解放战争期间,无论是最初的铁道纵队,还是后来的铁道兵团,都始终怀着"多扛一根枕木,多打一颗道钉,就是多消灭一个敌人"的信念,坚持"解放军打到哪里,铁路就修复到哪里",为人民解放军顺利渡江南下,进军西北,解放全中国,提供了铁路运输保障。据统计,在整个解放战争期间,铁道兵部队共修复线路1629公里,桥梁976座,给水42处,车站房屋5898平方米,架设通信线路4.66万条公里,修复信号232站[①],包括津浦、陇海、粤汉、湘桂、同蒲等干线中绝大部分最艰巨的抢修工程,创造了提前19天完成京汉全线修通任务的奇迹,为解放战争的最终胜利做出了重大贡献。这期间,广大铁道兵战士不畏牺牲,不惧艰难,用智慧和汗水,甚至鲜血和生命铺就出了一条又一条胜利之路,也初步孕育出了铁道兵精神。

---

① 中国人民解放军历史资料丛书编审委员会:《铁道兵·综述、大事记、表册》,解放军出版社2000年版,第23页。

（二）社会主义革命和建设时期

1949年中华人民共和国成立后，中国共产党带领中国人民踏上了社会主义革命和建设的新征程，续写着中华民族伟大复兴的宏伟篇章。在革命和建设的各个领域，中国共产党人以顽强的意志，克服了一个又一个难关，取得了一个又一个胜利，并在艰苦卓绝的奋斗过程中逐渐铸就了抗美援朝精神、大庆精神、"两弹一星"精神、焦裕禄精神、雷锋精神等新的革命精神形态，继续传承和弘扬着伟大的中国共产党革命精神。

进入社会主义革命和建设时期，实现国家的工业化成为党和国家的中心工作，铁路建设也开始真正成为国家建设的重点领域。也正是进入这一历史时期之后，在中国共产党的领导下，中国的铁路事业迎来了飞速发展的历史性机遇，铁路也为国家经济社会发展、中华民族伟大复兴发挥着越来越重要的作用。此一时期，为了巩固中国国防安全、促进民族团结，国家投入巨大人力、物力、财力，在西南、西北等少数民族边疆地区修建了成渝铁路、成昆铁路、宝成铁路等线路。也正是在这一过程中，逐渐形成了铁道兵精神、成昆精神等伟大精神。

铁道兵精神发轫于解放战争时期，初步形成于抗美援朝战争时期，基本形成于社会主义革命和建设时期。1950年6月，朝鲜战争爆发，在中共中央正式决定抗美援朝后，1950年11月，铁道兵团约2万人陆续赴朝，担负战区铁路保障任务，支援前线作战。在朝鲜战场上，铁道兵团的战士们，在各种设备、工具极其匮乏的情况下，冒着敌人的狂轰滥炸，战胜了极度严寒、特大洪水等困难，涌现出了以"登高英雄"杨连第为代表的无数英雄模范，用血肉之躯铸就了一条"打不烂、炸不断的钢铁运输线"。他们不是在前线直接与敌人进行交手的作战部队，但同样

第一章 序 章

为抗美援朝战争的最终胜利做出了不可或缺的重要贡献。在抗美援朝期间，铁道兵部队"听党指挥、服务人民""攻坚克难、敢于牺牲"等精神得以充分彰显，铁道兵精神初步形成。抗美援朝战争结束后，1953年9月，铁道兵部队正式作为一个兵种列入人民解放军序列。此后，铁道兵部队的任务就从战时进行铁路保障转为平时承担大规模的国家铁路建设和其他大型工程建设。从20世纪50年代到80年代，他们先后承担了鹰厦、黎湛、嫩林、包兰、成昆、襄渝、青藏、南疆等52条铁路的建设任务，约占这一时期全国新建铁路总数的1/3，也承担了北京地铁、引滦入津、虹桥机场等重大工程建设，参与抢修了中印边境公路、中越边境铁路保障等共计231项国防战备工程，以及森林灭火、京广铁路北段抗洪抢险、唐山地震紧急抢险等抗险救灾任务。从东北大小兴安岭到海南岛，从长城内外到天山南北，祖国大地到处都留下了铁道兵部队的足迹，并先后涌现出以"硬骨头战士"张春玉、"雷锋式的好干部"梁忠孟等为代表的一批英雄模范人物，以及以"抗洪抢险模范连""唐山抗震救灾抢修突击连"等为代表的先进集体。在这一过程中，以"听党指挥、服务人民，艰苦奋斗、志在四方，攻坚克难、敢于牺牲，与时俱进、锐意进取，钻研业务、精通技术"为主要内涵的铁道兵精神也基本形成。

此一历史时期，在对成昆铁路进程勘测设计、修建和养护的艰苦实践中，以"忧国忧民、勇创奇迹，不畏艰险、不怕牺牲，尽责守护、甘于奉献"为主要内涵的成昆精神也逐渐孕育成型。

成昆铁路起于成都，止于昆明，是"三线"建设的交通大动脉，是通往祖国大西南的重要纽带，全长近1100公里。成昆铁路穿越四川盆地、云贵高原，沿线最大海拔落差超过1700米，其中有500多公里区段位于地震烈度7-9度地区，沿线山势陡峭，奇峰耸立，深涧密布，沟壑纵横，

地形和地质极为复杂,被外国人视作"筑路禁区"。成昆铁路于1958年开工建设,在1964年"三线"建设号召下掀起规模空前的施工高潮,最终于1970年7月建成通车。在这一过程中,以30万铁道兵为主力的修路大军向"露天地质博物馆"勇敢进发,不畏艰险、不怕牺牲、勇创奇迹,最终在多国专家断言的"筑路禁区"修建了一条贯穿祖国大西南的钢铁大动脉,开创了18项中国铁路之最,创造了世界筑路史上的伟大奇迹。成昆铁路也因此和美国阿波罗登月、苏联第一颗人造卫星上天一起,被联合国称为"象征二十世纪人类征服自然的三大奇迹之一"。成昆铁路的建成通车,结束了我国西南少数民族地区2000多万人行路难的历史,为巩固祖国西南国防、促进经济社会发展发挥了巨大作用。

成昆铁路穿越地质大断裂带,其设计难度之大、工程之艰巨、施工之复杂,均前所未有,在20世纪50年代末至70年代初新中国经济技术相对落后、国际处境又极其恶劣的历史背景下,它的建成通车充分彰显了中国共产党的领导和社会主义制度的优越性,也彰显了中国人民的伟大精神力量。据不完全统计,仅1964年到1970年,就有超过2100名铁道兵牺牲在了筑路一线[①],这相当于:1100公里的铁路,平均每前进一公里,就牺牲两个人,真可谓"一公里一忠魂"。也正因为如此,成昆铁路沿线分布着多达22座烈士陵园,几乎每一个火车站,就有一座烈士陵园,英烈的忠魂在此日夜守护着成昆线。每一座烈士陵园,都是当年筑路勇士们的奉献与无畏的见证,生动诠释着何谓"为有牺牲多壮志、敢教日月换新天"!因此,从某种意义上说,成昆铁路的建成通车,不仅意味着一条连接川滇、贯通西南的铁路大动脉的横空出世,也意味着一座

---

① 光明网:《了不起的成昆铁路!一站一碑祭先烈,一隧一桥谱新篇》,https://politics.gmw.cn/2021-05/29/content_34885431.htm。

巍峨的精神丰碑由此矗立在了中国大地上和历史长河中,这就是"忧国忧民、勇创奇迹;不畏艰险、不怕牺牲;尽责守护、甘于奉献"的成昆精神。

1970年7月1日,成昆铁路正式通车,在西昌举行了通车典礼

(光明网,https://politics.gmw.cn/2021-05/29/content_34885431.htm)

(三)改革开放和社会主义现代化建设新时期

1978年12月,中共十一届三中全会召开,大会做出了把党的工作重心转移到社会主义现代化建设上来、实行改革开放的历史性决策,实现了新中国成立以来党的历史上具有深远意义的伟大转折,拉开了改革开放和社会主义现代化建设的帷幕,也开启了实现中华民族伟大复兴的光明前景。

进入改革开放和社会主义现代化建设新时期,中国经济飞速发展。到20世纪80年代末到90年代初,铁路发展滞后对中国经济发展的瓶颈效应日益凸显。在这种情况下，加快中国铁路建设，成为铁路部门乃至整个国家建设事业的重中之重。在这一时期，随着青藏铁路（二期工程，从西宁至拉萨）的开工建设，以及中国高铁建设的起步和跨越式发展，中国的铁路事业实现了飞跃式发展，也把铁路这一"夕阳产业"变成了"朝阳产业"。正是在这一过程中，形成了青藏铁路精神和高铁精神。

青藏铁路精神是几十万青藏铁路建设者，在中国共产党的坚强领导下，以惊人的毅力、勇气和智慧战胜各种难以想象的困难，历时近半个世纪的时间，最终高起点、高标准、高质量地在雪域高原成功修建青藏铁路的过程中形成的伟大精神。青藏铁路是截至目前世界上线路最长、海拔最高的高原铁路，于1958年开工建设，到2006年7月1日全线通车，历经了48年之久。其中，青藏铁路一期工程长约846公里，东起西宁，西至格尔木，1958年分段开工建设，1984年5月建成通车。青藏铁路二期工程自格尔木至拉萨，于2001年6月29日开工，2006年7月1日竣工。至此，自西宁至拉萨全长1956公里的青藏铁路全线通车。青藏铁路的建设，挑战了世界上公认的诸多"极限"，也创造了世界铁路建设史上的诸多伟大奇迹，铸就了"挑战极限、勇创一流"的青藏铁路精神。在长达近半个世纪的时间里，包括广大科技工作者、铁路建设者、医疗工作者等在内的几十万建设大军，秉持不怕牺牲、敢于胜利、苦干实干的精神，冒严寒、顶风雪、战缺氧、斗冻土，艰苦卓绝地接力奋战。他们挑战生理心理极限，付出巨大牺牲，攻克了"多年冻土、生态脆弱、高寒缺氧"这三大世界性高原铁路难题，最终成功铺就了一条从祖国内地通往西藏的神奇"天路"，彻底结束了西藏不通铁路的历史，为巩固西南国防、促进西藏经济社会发展发挥了巨大作用。青藏铁路的建成，是人类铁路史上的又一个中国奇迹，充分彰显了中国精神和中国力量。在这一过程中铸就形成的"挑战极限、勇创一流"的青藏铁路精神,既是中华民族的伟大民族精神在修建青藏铁路过程中的生动体现,同时也丰富和发展了中华民族的伟大民族精神,成为激励中国人民以更加大无畏、昂扬向上的精神风貌,战胜前行征程中的一切艰难困苦,助力实现中华民族伟大复兴的强大精神动力。

2006年7月1日,青藏铁路全线通车,庆典列车整装待发

(中华网,https://news.china.com/zw/news/13000776/20210613/39667292%5F1.html)

从20世纪90年代初迄今,在中国高铁经历引进、消化、吸收再到自主创新,实现从跟跑者、并跑者,再到全球领跑者的转变过程中,形成了以"科学求实、兼容并蓄,自主创新、赶超一流,忠诚祖国、拼搏奉献"为主要内涵的高铁精神。

20世纪80年代末90年代初,随着中国经济的飞速发展,中国铁路运输能力不足对国民经济发展的瓶颈效应日益凸显,提高铁路运行速度、增加铁路运输能力成为整个国家的迫切需要,发展高速铁路也就成为满足这一需要的必要和可行选择。在二十多年短暂发展历程中,在广大铁

路人的持续努力下，中国高铁经历了从引进、消化、吸收到自主创新，从无到有、从有到强，从学习模仿西方再到形成中国自己的高铁标准体系，中国高铁实现了跨越式发展。截至2020年年底，中国铁路营业里程14.6万公里，其中高速铁路运营里程近3.8万公里，均位居世界第一。① 中国高铁已经和电子商务、移动支付、共享经济一起，成为当今中国享誉世界的四大名片。在中国高铁实现从跟跑、并跑再到领跑的发展过程中，广大铁路人孕育和铸就了"科学求实、兼容并蓄，自主创新、赶超一流，忠诚祖国、拼搏奉献"的高铁精神。高铁精神是广大铁路人长期奋斗、拼搏和奉献的生动展现，是广大铁路人在改革开放和社会主义现代化建设新时期孕育形成的一座精神丰碑，集中体现了改革开放和社会主义现代化建设新时期中华民族和中国人民的精神风貌、实践智慧、时代气质，集中体现了以爱国主义为核心的民族精神和以自主创新为核心的时代精神，充分彰显了中国特色社会主义制度的显著优势。高铁精神丰富和发展了中华民族的伟大民族精神，为实现中华民族伟大复兴注入了强大精神支撑。

二、党和人民在发展铁路事业中熔铸形成的革命精神

伟大实践成就伟大事业，伟大事业孕育伟大精神。从新民主主义革命时期，到社会主义革命和建设时期，再到改革开放和社会主义现代化建设新时期，在党领导人民发展铁路事业的过程中，形成了一系列伟大革命精神，其中最有典型性的有："二七"精神、铁道兵精神、成昆精神、青藏铁路精神和高铁精神。这些精神形成的历史背景和条件不尽相同，

---

① 《国家发改委：截至2020年底全国铁路运营里程达14.6万公里》，中国网：http://t.m.china.com.cn/convert/c%5FIy1tyNpp.html。

其主要内涵和塑造主体也不尽一致。但是，如果进一步对这些精神进行抽象和凝练，实际上可以将其精神内涵概括为四个方面：团结精神、奋斗精神、创造精神和牺牲精神。

（一）团结精神

习近平指出："中国人民是具有伟大团结精神的人民。在几千年历史长河中，中国人民始终团结一心、同舟共济，建立了统一的多民族国家，发展了 56 个民族多元一体、交织交融的融洽民族关系，形成了守望相助的中华民族大家庭。……中国人民从亲身经历中深刻认识到，团结就是力量，团结才能前进，一个四分五裂的国家不可能发展进步。我相信，只要 13 亿多中国人民始终发扬这种伟大团结精神，我们就一定能够形成勇往直前、无坚不摧的强大力量！"①

"人心齐，泰山移""三个臭皮匠，顶个诸葛亮"，这些广为流传的中国民间谚语都形象地说明了团结精神的重要性。团结精神是中华民族伟大民族精神的重要内容，也是中国共产党领导的革命事业走向胜利的必要前提。一部中国共产党百年历史，就是一部中国共产党团结全国各族各阶层人民，共同反对帝国主义、封建主义和官僚资本主义势力，创立中华人民共和国，建立社会主义制度，并开创中国特色社会主义伟大事业的历史。因此，无论是"二七"精神、铁道兵精神、成昆精神，还是青藏铁路精神、高铁精神，其内涵的第一要义就是团结精神。

就"二七"精神而言，它就充分彰显了同仇敌忾、万众一心的团结精神。在京汉铁路大罢工中，全体工人在总工会和罢工委员会的领导下，

---

① 习近平：《习近平谈治国理政》（第三卷），外文出版社 2020 年版，第 141 页。

一切行动听指挥,坚持不得总工会命令不上工,表现了同仇敌忾、万众一心的团结精神和高度的组织纪律性。罢工期间,要求全体工人遵循《京汉铁路总工会紧急通告》中的五项规约,工人们均严格执行,保证了思想和行动上的统一。罢工令一下,从江岸到长辛店,三万多工人步调一致,坚决服从总工会。这种同仇敌忾、万众一心的团结精神,还体现对其他工人团体和人民群众的阶级友谊中。陇海铁路工人因洋人总管的苛虐而发起罢工斗争,郑州京汉铁路工人发表同情宣言,呼吁各界"同起援助"[1]。香港海员大罢工发生后,京汉铁路长辛店工人发起成立"香港海员罢工北方后援会",发表宣言支援,组织各路会员捐献一日工资汇往广州,举行罢工以作援助,用实际行动诠释了中国工人阶级的团结精神,被誉为"空前未有之举动"[2]。

团结精神也是铁道兵精神、成昆精神、青藏铁路精神、高铁精神的题中应有之意。由于修建铁路是一项系统复杂的工程,涉及规划、勘测、施工、运营、养护等程序,需要各个部门之间的协同配合,因此,没有各部门之间的协同合作,铁路是不能建起来的,也是不能正常运营的。也正因为如此,强调集体主义价值取向的中国特色社会主义制度在铁路建设领域充分彰显了其制度优越性。

以青藏铁路的建设为例,可以说,青藏铁路的建成,是系统作战、团队合作、齐心协力的胜利。修建铁路要征用土地,国土部门针对青藏铁路用地的特殊性,专事专办,保障了铁路修建的合法用地;由于铁路建设有可能对生态环境进行破坏,加上青藏高原上地质复杂,环保工作成了社会各界普遍关心的问题,因此国家环境保护总局积极进行环保监

---

[1]《郑州京汉铁路工人对陇海路罢工表示同情宣言》,载《劳动周刊》第16号,1921年12月3日。
[2]《北方路工援助香港海员大罢工》,载《工人周刊》第29号,1922年2月12日。

测与评估，大力开展实地考察与调研，保证了青藏铁路按期建设；面对冻土、地震等技术层面上的问题，中国科学院积极参与青藏铁路沿线的科技攻关，及时提供科学可靠的数据和设备，为前线铁路建设者提供保障；交通部为保证材料运输工作，提前对青藏公路进行了改造与维修；为保障建设者们的生命安全和身体健康，铁道部、卫生部联合颁发了《青藏铁路医疗卫生保障若干规定》，就卫生保障专门做出规定，等等。在青藏铁路建设期间，铁路设计部门、施工单位、建设者们、青藏干部群众以及志愿服务的部门、单位和个人，大家同心协力，密切合作，共同担责，形成了齐心协力干大事的生动局面，使社会主义制度具有巨大的组织动员能力、高效的统筹协调能力和贯彻执行能力得到充分发挥。这充分表明，集中力量办大事、办难事是中国特色社会主义制度的显著政治优势；服务大局团结协作、同心协力攻坚克难是中华民族独特有力的文化优势。

（二）奋斗精神

中华民族是具有伟大奋斗精神的民族。正如习近平所指出的："在几千年历史长河中，中国人民始终革故鼎新、自强不息，开发和建设了祖国辽阔秀丽的大好河山，开拓了波涛万顷的辽阔海疆，开垦了物产丰富的广袤粮田，治理了桀骜不驯的千百条大江大河，战胜了数不清的自然灾害，建设了星罗棋布的城镇乡村，发展了门类齐全的产业，形成了多姿多彩的生活。中国人民自古就明白，世界上没有坐享其成的好事，要幸福就要奋斗。今天，中国人民拥有的一切，凝聚着中国人的聪明才智，浸透着中国人的辛勤汗水，蕴涵着中国人的巨大牺牲。"①

---

① 习近平：《习近平谈治国理政》（第三卷），外文出版社2020年版，第140-141页。

奋斗精神是中华民族伟大民族精神的重要内容，也是中国共产党领导的革命事业走向胜利的基础。一部中国共产党百年历史，也是一部中国共产党领导中国人民为实现中华民族伟大复兴而进行不懈奋斗的历史。无论是"二七"精神、铁道兵精神、成昆精神，还是青藏铁路精神、高铁精神，都是中华民族奋斗精神在特定历史条件和特定历史时期的集中体现和进一步发展。

新民主主义革命时期，要实现民族独立和人民解放，就必须同帝国主义和封建主义势力进行坚决斗争。在帝国主义、封建主义和官僚资本主义的三重压迫下，唯有奋斗，才能实现无产阶级的经济要求与政治诉求，唯有奋斗，才能谋得工人阶级乃至全国人民的解放。这种不屈不挠、前仆后继的奋斗精神在京汉铁路罢工的过程中得到了充分彰显。为保障人格、争回自由，面对凶恶无比的封建军阀，京汉铁路工人进行了气壮山河的斗争。面对随时可能来临的血雨腥风乃至死亡，工人坚信"为自由而死，死而无憾"，绝不后退一步。他们高举"释放被捕工友""还我们的工友，还我们的自由"等标语，走上街头游行，据理进行抗争。在封建军阀势力的屠刀下，葛树贵、曾玉良、陈端炳、杨诗田、李开元、柳成友等50多位工人壮烈牺牲。在这场进步与反动、正义与邪恶的生死较量中，京汉铁路工人在凶狠残暴的敌人面前不屈不挠，前赴后继，充分诠释了"头可断，肢可裂，奋斗精神不可灭"英雄气概，用鲜血和生命捍卫了工人阶级的人格与尊严，生动诠释了中国工人阶级的强大斗争精神。这种不屈不挠、前赴后继的奋斗精神激励着无数革命志士继续为理想、为信仰义无反顾，一往无前。

奋斗精神也是铁道兵精神的内核之一。艰苦奋斗既是中华民族的传统美德，更是我们党和军队的优良传统和政治本色。作为党领导下的一支工程技术部队,艰苦奋斗也是铁道兵队伍的最重要特征。在30多年的征程中,无论生活多么艰苦,铁道兵队伍都勇往直前、前仆后继;无论环境多么恶劣,他们都不畏艰险,知难而进;无论承担多么艰苦的任务,他们都任劳任怨、勤奋工作。铁道兵部队长年累月地钻山沟,住帐篷,走小路,修大路,转战祖国大江南北,真可谓"离别了天山千里雪,但见那东海万顷浪,才听塞外牛羊叫,又闻江南稻花香"。奋斗精神就是支撑铁道兵部队克服各种艰难险阻,胜利完成任务的强大支柱。面对艰巨而繁重的筑路任务,广大铁道兵战士秉承"哪里需要去哪里,哪里辛苦哪安家"的志气,敢于挑战、勇挑重担,足迹踏遍万水千山,不断为祖国的社会主义建设事业做出新的贡献。改革开放后,面对兵转工的重大转变,他们依旧是"迈开大步往前走",在激烈的市场竞争中,不断走向发展壮大。

奋斗精神也是成昆精神的重要内核。成昆铁路沿线经过的地区,山高谷深,地质复杂,气候多变,因此一些外国"专家"曾断言在这里不可能修建铁路。然而,几十万用马列主义、毛泽东思想武装起来的中国铁路工人、铁道兵战士和参加修路的广大群众,胸怀"忧国忧民、勇创奇迹"的雄心壮志,以"天高任我攀,地厚任我钻"的英雄气概,几乎全靠人力,硬是在绵延数千里的崇山峻岭中,用手中的钢钎铁锤凿出了穿越成都、西昌、攀枝花、昆明的成昆铁路。这样的工程,即使在拥有大型现代化设备的今天,其修建难度也难以用文字来描述,更何况是在五六十年前几乎全靠人力修建完成。成昆铁路这条一点一点"凿"出来的钢铁巨龙,其的建成,在我国铁路建设史上是空前壮举,在世界铁路建设史也是罕见奇迹,因此被联合国称为"象征二十世纪人类征服自然的三大奇迹之一"。没有伟大奋斗精神,成昆铁路的建成通车是不可想象的。

奋斗精神更是青藏铁路精神最核心的内涵。青藏铁路是截至目前世界上海拔最高、线路最长的高原铁路，其施工难度之大，对设备可靠性和安全性要求之高，是世界铁路史上前所未有的，因此其修筑难度之大几乎无法用文字来形容。在党的坚强领导下，从1958年到2006年，几代青藏铁路建设者在"生命禁区"，历经近半个世纪，以惊人的毅力和勇气，战胜各种难以想象的困难，攻克了"高寒缺氧、多年冻土、生态脆弱"三大难题，确保了青藏铁路建设高起点、高标准、高质量地完成，谱写了人类铁路建设史上的光辉篇章，在世界屋脊上筑起了中国铁路建设新的丰碑，也铸就了"挑战极限、勇创一流"的青藏铁路精神。没有这种"挑战极限、勇创一流"的勇气和雄心，没有几十年如一日的接续努力和奋斗，就不能建成这条连接祖国内地和西藏的神奇"天路"。

（三）创造精神

中华民族是具有伟大创造精神的民族。正如习近平所指出的："在几千年历史长河中，中国人民始终辛勤劳作、发明创造，我国产生了老子、孔子、庄子、孟子、墨子、孙子、韩非子等闻名于世的伟大思想巨匠，发明了造纸术、火药、印刷术、指南针等深刻影响人类文明进程的伟大科技成果，创作了诗经、楚辞、汉赋、唐诗、宋词、元曲、明清小说等伟大文艺作品，传承了格萨尔王、玛纳斯、江格尔等震撼人心的伟大史诗，建设了万里长城、都江堰、大运河、故宫、布达拉宫等气势恢宏的伟大工程。今天，中国人民的创造精神正在前所未有地迸发出来，推动我国日新月异向前发展，大踏步走在世界前列。"[1]

---

[1] 习近平：《习近平谈治国理政》（第三卷），外文出版社2020年版，第140页。

第一章 序 章

创造精神是中华民族伟大民族精神的重要内容，也是中国共产党领导的革命、建设与改革事业走向胜利的关键。一部中国共产党百年历史，也是一部中国共产党领导中国人民为实现中华民族伟大复兴而进行艰苦探索、不断创造的历史。无论是"二七"精神、铁道兵精神、成昆精神，还是青藏铁路精神、高铁精神，都集中体现了中华民族的创造精神。而在青藏铁路精神和高铁精神二者中，这种创造精神则得到最为充分的展现和彰显。

创造精神是青藏铁路精神的核心内涵。青藏铁路施工所面临的困难和挑战，是世界铁路史上前所未有的，不仅对国家的经济实力、工业制造能力、技术水平等提出极高要求，同时也对铁路建设者的生理、心理提出了极限挑战。在国内外没有成熟经验可直接应用的情况下，广大科技工作者和建设者，自力更生，自主创新，在青藏铁路冻土工程技术和施工工艺、高原生态环境保护、建设运营管理等方面交出了一份满意的答卷。例如，面对高寒缺氧的问题，建设总指挥部坚持"以人为本"的理念，发出了"先生存、再生产"的指示，在青藏铁路沿线配置了 25 个高压氧舱，建立了 17 座制氧站，要求建设者每人每天平均强制性吸氧不低于 2 小时，这是人类建设史上的首次。在认真借鉴国内外冻土工程理论成果和实践经验的基础上，确定了"主动降温、冷却路基、保护冻土"的设计思路，创新了利用天然冷能冷却路基的成套工程措施。胡锦涛在青藏铁路通车庆祝大会上指出："青藏铁路建设面临多年冻土、高寒缺氧、生态脆弱三大世界性工程难题。解决这些难题，世界上没有现成的经验。广大科技工作者和全体建设人员在充分借鉴世界铁路先进技术的同时，发扬自力更生精神，大力推进科技创新，开展大量科学试验，取得一系列重大成果，为进行多年冻土施工、发展高原医学事业、保护

生态环境积累了宝贵经验。"①事实表明,中华民族是富有创造精神的民族,没有什么困难能难倒中华民族。

创造精神是高铁精神最核心的内涵。习近平曾指出:"我国自主创新的一个成功范例就是高铁,从无到有,从引进、消化、吸收再创新到自主创新,现在已经领跑世界。"②中国高铁起步晚,但之所以能在短时间内实现从"追赶"到"超越"的跨越式发展,创造令人瞩目的世界奇迹,这与中国高铁建设者科学求实、兼容并蓄、自主创新、赶超一流的创新精神密不可分。习近平所指出:"创新是一个民族进步的灵魂,是一个国家兴旺发达的不竭动力,也是中华民族最深沉的民族禀赋。在激烈的国际竞争中,惟创新者进,惟创新者强,惟创新者胜。"③也正是在创新精神的支撑下,我国高铁技术不断突破"瓶颈",中国高铁实现创新发展,中国成为如今拥有运营里程最长、系统技术最全、建设规模最大,且完全具备自主研发能力的国家,牢牢占据世界高铁技术的前沿。

对中国这样的大国而言,核心技术、关键技术,靠别人是靠不住的,一定要靠自主创新。全面自主创新是中国最重要的高铁战略。高速铁路和高铁列车之所以能成为靓丽的中国名片,主要靠自主创新、兼收并蓄、攻坚克难。中国既能搞好引进、消化、吸收、再创新,又能坚持自主研发、自力更生,有效破解核心关键技术,终于把高铁这一"大国重器"掌握在自己手里。中国铁路从蒸汽机车、内燃机车、电力机车,再到前期自主发展的"先锋号"动车组、引进吸收的"和谐号"动车组、中国标准国际领先的"复兴号"动车组,成功打造新的世界名片——"中国

---

① 胡锦涛:《在青藏铁路通车庆祝大会上的讲话》,《人民日报》,2006年7月2日。
② 习近平:《中国冰雪运动必须走科技创新之路》,《人民日报》,2021年1月21日。
③ 习近平:《在欧美同学会成立一百周年庆祝大会上的讲话》,《人民日报》,2013年10月22日。

高铁",充分体现了改革开放以来广大铁路人的自主创新、赶超一流的创新精神。

(四)牺牲精神

中国人民是具有伟大牺牲精神的人民。习近平所指出:"在几千年历史长河中,中国人民始终心怀梦想、不懈追求,我们不仅形成了小康生活的理念,而且秉持天下为公的情怀,盘古开天、女娲补天、伏羲画卦、神农尝草、夸父追日、精卫填海、愚公移山等我国古代神话深刻反映了中国人民勇于追求和实现梦想的执着精神。中国人民相信,山再高,往上攀,总能登顶;路再长,走下去,定能到达。近代以来,实现中华民族伟大复兴成为中华民族最伟大的梦想,中国人民百折不挠、坚忍不拔,以同敌人血战到底的气概、在自力更生的基础上光复旧物的决心、自立于世界民族之林的能力,为实现这个伟大梦想进行了170多年的持续奋斗。"①这种勇于追求和实现梦想的执着精神,对于实现中华民族伟大复兴的梦想精神,造就了中华民族、中国人民将国家民族利益置于首位而无私奉献的牺牲精神。

牺牲精神也是中华民族伟大民族精神的重要内容,也是中国共产党领导的伟大事业走向胜利的重要保障。毛泽东在《愚公移山》中指出,"革命一定要胜利",就要"下定决心,不怕牺牲,排除万难,去争取胜利"②。没有一代又一代中国仁人志士抛头颅、洒热血,就不可能有中华民族从站起来到富起来再到强起来的历史性飞跃。一部中国共产党百年历史,也是一部中国共产党领导中国人民为实现中华民族伟大复兴而

---

① 习近平:《习近平谈治国理政》(第三卷),外文出版社2020年版,第141-142页。
② 《毛泽东选集》第3卷,人民出版社1991年版,第327页。

勇于牺牲、无私奉献的历史。因此，无论是"二七"精神、铁道兵精神、成昆精神，还是青藏铁路精神、高铁精神，都是中华民族伟大牺牲精神在特定历史条件和特定历史时期的集中反映和进一步发展。

以"二七"精神为例，在与国内外反动势力的坚决斗争中，京汉铁路工人面对敌人的威逼利诱，意志坚定、宁死不屈，喊出惊天动地的豪言壮语；遭遇敌人的苛虐惨杀，视死如归、舍身取义，捍卫了工人阶级的人格尊严。这种宁死不屈、舍身取义的牺牲精神正是中国无产阶级的大无畏革命精神和献身精神在工人斗争运动中的充分体现。京汉铁路大罢工领导人之一、京汉铁路江岸分工会委员长林祥谦在被封建军阀势力逮捕后，因拒绝下令上工，遭到毒打折磨。在死亡威胁面前，林祥谦斩钉截铁地回答："我们头可断，工不可上！"最终被封建军阀走狗张厚生下令"枭首示众"，惨死于敌人的屠刀之下，年仅31岁。京汉铁路大罢工领导人之一、湖北省工团联合会法律顾问施洋在被反动军警逮捕后，在敌人的法庭上，他临危不惧，将生死置之度外，怒斥军阀镇压工人运动的滔天罪行，最后惨遭军阀杀害，年仅34岁。牺牲前，施洋仍大喊"劳工万岁"，展示了共产党人视死如归的革命英雄主义气概。

牺牲精神也是铁道兵精神的根本内核。听党指挥、服务人民的奉献精神是铁道兵精神的核心，这种奉献精神实质上就是牺牲精神。听党指挥，是对铁道兵队伍的根本政治要求，也是铁道兵部队在革命、建设和改革各个时期能够应对各种矛盾困难，迎难而上，顽强奋斗，不断战胜一切艰难险阻，始终保持强大的凝聚力、向心力、创造力、战斗力的根本保证。综观铁道兵部队的历史，就是一部人民军队听党指挥历史的缩影。服务人民，是人民军队性质的集中体现，是人民军队的最高价值取向。作为人民军队的重要组成部分，服务人民也是铁道兵队伍矢志不渝

第一章 序 章

的初心和永不懈怠的使命。

在 30 多年的奋斗历程中，铁道兵队伍时刻听从党的指挥，哪里需要去哪里，无数人把青春和热血奉献给了党领导的革命、建设和改革事业。解放战争时期，他们为争取民族独立、人民解放，出生入死，浴血奋战，完成了与国民党军作战及铁路护路、运输保障和抢修抢建任务，实现了"野战军打到哪里，就把铁路修复到哪里"的誓言；在抗美援朝时期，他们发扬高度的爱国主义、国际主义和革命英雄主义精神，在"一切为了前线胜利，一切为了抢修任务完成"的口号鼓舞下，进行艰苦卓绝的反轰炸抢修，誓死保卫和平，粉碎了美军的"绞杀战"和"细菌战"阴谋，凭借着"一不怕苦、二不怕死"的拼搏精神和牺牲精神，铁道兵部队用血肉之躯筑起了一条"打不烂、炸不断的钢铁运输线"，保障了前线铁路运输与供给；在社会主义建设和改革开放时期，他们逢山凿路，遇水架桥，在鹰厦铁路、嫩林铁路、成昆铁路、襄渝铁路等干线铁路洒下过无数的汗水和鲜血，在神州大地上留下了可歌可泣的动人篇章。在成昆铁路、襄渝铁路……在祖国无数铁路线两侧附近，往往每隔二三十公里就有一片墓地，这是铁道兵队伍的牺牲精神的最好见证。真心实意地为人民服务，为人民奉献，诠释了这支队伍的根本宗旨，也使这支英勇的部队赢得了人民群众的拥护和支持，从而拥有最强大的力量源泉。

成昆精神亦是如此。成昆铁路的修建极其困难，主要体现在四个方面：第一，成昆铁路所经地区山高谷狭，地势险恶，铁路线可行的平地极少，往往要穿山跨谷。全长 1100 公里的成昆铁路线，有 700 多公里是在山间，桥梁有 991 座，隧道有 427 条，桥隧总长度有 433 公里。第二，成昆铁路所经地区海拔落差大，最大海拔落差超过 1800 米；由于海拔落差大，所经地区气候变化多端。第三，成昆铁路所经地区河流湍急，河床地质不良，极大增加了架设铁路桥梁的难度。第四，成昆铁路所经地区地质状况复杂，堪称"地质博物馆"，地质灾害多发。面对如此艰巨的困难，修路军民不畏艰险、不怕牺牲，逢山凿路，遇水架桥，历经千辛万苦，战胜了一个又一个困难，最终建成了成昆铁路，为人类在险峻复杂的山区建设高标准的铁路创造了成功范例。在此过程中，2000多名建设者因此而牺牲，在成昆线，平均每一公里就有约两个建设者牺牲，成昆铁路沿线有22个专门为牺牲的铁路建设者而修建的烈士陵园。

当年曾有外国专家的断言："即使成昆铁路建成了，狂暴的大自然，也必将在10年内使它变成一堆废铁。"但这一断言早已在事实面前破产了。20世纪70年代成昆铁路的建成通车，是一个伟大奇迹；50多年来对成昆铁路的守护，同样是一个伟大奇迹。成昆铁路逶迤千里，不少地段的线路两侧，山高坡陡，地质破碎，山上的石头，风吹日晒，年长日久剥落下来，成为严重威胁铁路设备和行车安全的心腹之患。为确保成昆铁路行车安全，从成昆铁路建成至今，在千里成昆线上，一代又一代的护路人，在祖国西南的深山里，守了一辈子山头，看了一辈子石头，自己也熬白了头。"坚守青丝到白首，我把青春献给路"，这是对无数护路人人生轨迹最好的总结。他们常年工作、生活在成昆铁路沿线的高山峡谷或深山密林中，默默忍受着远离家人的痛苦，日复一日地做着艰苦而枯燥的护路工作。他们没有丰功伟业，只有默默付出；他们的工作看似琐碎平凡，却又不可或缺。

牺牲精神也是青藏铁路精神的内核。从踏上青藏高原的第一天起，青藏铁路的建设者们在"上了青藏线，就是做奉献"等口号激励下，以国家需要为最高需要，以人民利益为最高利益，长期奋战在条件异常艰苦的世界屋脊上，以惊人的毅力和勇气战胜了各种难以想象的困难，展现了为国家发展、为民族复兴而奋斗的坚定爱国主义信念和革命英雄主义豪情。这种把国家民族利益置于优先位置的牺牲精神和奉献精神,是支撑一代又一代青藏铁路建设者敢于挑战极限,克服重重困难,最终成功修建青藏铁路的有力精神支撑。

牺牲精神也是高铁精神的核心内涵。忠诚祖国,即始终把国家和人民的利益放在最高位置,体现了广大中国铁路人的价值追求。在高铁精神中,忠诚祖国始终处于最重要的地位,引领着一代代高铁建设者将个人前途命运同国家发展和民族复兴紧密相连。在中国高铁发展的过程中,铁路人的思想在变,铁路工程的品质在变,整个铁路系统的总目标也在变,但始终不变的是一代代铁路人忠诚为国的心,始终不变的是一代代铁路人的爱国情怀。中国高铁能够实现跨越式发展,也离不开高铁建设者的勇于牺牲和无私奉献。回顾中国高铁的发展历程,我们不禁会被中国高铁建设者们表现出来的牺牲精神和奉献精神所感动。在这个令人尊敬的群体中,有忍住失去亲人的悲痛而坚守在设计一线的技术骨干,有为提速成功而累倒在线路上的普通线路工,有每天只睡四五个小时的领导干部,也有在隧道里常年施工落下一身疾病仍坚守岗位的员工。无数铁路人的努力,一代代铁路人的传承形成了这种忠诚祖国、拼搏奉献的高铁精神。

三、新时代弘扬党和人民在发展铁路事业中熔铸形成的革命精神

(一)丰富中国精神,彰显中国价值

中国共产党自诞生之日起,以马克思主义为指导思想,把马克思主

义基本原理同中国革命和建设的具体实际结合起来,在实践中不断创新马克思主义、丰富马克思主义,在革命、改革和建设各个历史时期奋斗中形成了伟大的中国共产党革命精神。这些革命精神彰显了中国共产党的性质,反映了中华民族的伟大民族精神,体现了时代要求,诠释了革命伟业,是中国共产党乃至整个中华民族的宝贵精神财富。

习近平曾指出:"一个民族最深沉的精神追求,一定要在其薪火相传的民族精神中来进行基因测序。"[1] 中国共产党革命精神已经深深融入中华民族的血脉和灵魂,成为中华民族精神的丰富滋养,成为鼓舞和激励中国人民不断攻坚克难、从胜利走向胜利的强大精神动力。

自 1921 年成立以来,在中国共产党领导人民发展铁路事业的过程中,也形成了一系列伟大精神,如同仇敌忾、万众一心,不屈不挠、前仆后继,无私无畏、舍身取义的"二七"精神;听党指挥、服务人民,艰苦奋斗、志在四方,攻坚克难、敢于牺牲,与时俱进、锐意进取,钻研业务、精通技术的铁道兵精神;忧国忧民、勇创奇迹,不畏艰险、不怕牺牲,尽责守护、甘于奉献的成昆精神;挑战极限、勇创一流的青藏铁路精神;科学求实、兼容并蓄,自主创新、赶超一流,忠诚祖国、拼搏奉献的高铁精神。这些精神都是对以"伟大建党精神"为源头的中国共产党革命精神的继承和弘扬,属于中国共产党革命精神的重要组成部分,进一步丰富了中国共产党革命精神谱系,为凝聚中国力量、彰显中国价值提供了丰富精神滋养。

回望中国共产党百年历史,可以清楚看到,中国共产党百年历史的主题,就是追求、实现自己的初心和使命,即为中国人民谋幸福、为中

---

[1]《习近平在德国科尔伯基金会的演讲》,《人民日报》,2014 年 3 月 30 日。

华民族谋复兴。在不同历史时期，中国共产党的基本纲领、方针和政策不尽相同，但其实质和根本目的却始终如一。党在领导人民发展铁路事业过程中形成的伟大精神，与"红船精神""井冈山精神""长征精神""延安精神"等革命精神是一脉相承的，是对伟大建党精神的继承和发展。虽然其具体内涵不尽一致，但都充分体现了中国共产党全心全意为人民服务的根本宗旨，体现了中国共产党人对自己初心和使命的坚守，那就是始终为中国人民谋幸福、为中华民族谋复兴。

习近平指出："人无精神则不立，国无精神则不强。精神是一个民族赖以长久生存的灵魂，唯有精神上达到一定的高度，这个民族才能在历史的洪流中屹立不倒、奋勇向前。"[①] 党在领导人民发展铁路事业过程中形成的伟大精神，是中国共产党革命精神的重要组成部分，是整个中华民族弥足珍贵的精神财富。在中国特色社会主义新时代，要进一步传承和弘扬这些精神，彰显其时代价值，使之成为实现中华民族伟大复兴的不竭精神动力。

（二）凝聚中国力量、推动中国发展

伟大事业需要并产生伟大精神，伟大精神支撑、推动伟大事业。没有伟大精神的民族，是没有前途的。党的十九届五中全会审议通过的《中共中央关于制定国民经济和社会发展第十四个五年规划和二〇三五年远景目标的建议》提出：要大力"弘扬党和人民在各个历史时期奋斗中形成的伟大精神"。这是对伟大精神形成和发展的新概括，为准确理解和把握党和人民群众在伟大精神培育中的历史作用，激励中华儿女团结一心

---

① 习近平：《弘扬伟大长征精神，走好今天的长征路》，《习近平谈治国理政》（第二卷），外文出版社2017年版，第47-48页。

共同推进新时代中国特色社会主义事业、实现中华民族伟大复兴提供了强大的精神力量。

自 1921 年中国共产党成立以来,党领导人民在发展铁路事业的过程中形成了"二七"精神、铁道兵精神、成昆精神、青藏铁路精神、高铁精神等伟大精神,虽然这些具体精神形态的各自内涵不尽一致,但其根本精神内核却是贯穿始终的:团结精神、奋斗精神、创造精神和牺牲精神。

团结是伟大精神赖以形成的前提,奋斗是伟大精神永不衰竭的基础,创造是伟大精神得以产生的关键,牺牲则是伟大精神赖以产生的动力。伟大的精神产生于人民的团结、伟大的奋斗、永无止境的创造、忘我的牺牲,而奋斗、团结、创造、牺牲都离不开党的正确领导和人民群众的伟大实践。伟大奋斗精神、团结精神、创造精神、牺牲精神深深根植于博大精深的中华文明和气壮山河的革命、改革和建设实践之中。新中国成立后,全国人民在中国共产党的领导下,以主人翁的姿态、昂扬的精神和蓬勃的热情投入到社会主义建设中,经过 20 多年的努力奋斗,在一穷二白的基础上建立起独立的比较完整的工业体系。改革开放以来的辉煌成就,更是离不开全国各族人民的团结、奋斗、创造、牺牲。新时代中国特色社会主义事业是人类历史上的伟大创举,越是伟大的事业,往往越是充满艰难险阻,越是需要奋斗、团结、创造、牺牲。社会主义是干出来的,新时代也是干出来的。面对百年未有之大变局和"两个一百年"奋斗目标,唯有团结一致、奋发向上、勇于创造、敢于奉献,才能实现历史赋予的重大使命。

中国共产党自诞生之日起,就以马克思主义为指导思想,把马克思主义基本原理同中国革命和建设的具体实际结合起来,在实践中不断创新马克思主义、丰富马克思主义,在各个历史时期奋斗中形成了伟大的精神，如新民主主义革命时期的伟大建党精神、红船精神、井冈山精神、苏区精神、长征精神、抗战精神、延安精神和西柏坡精神，社会主义革命和建设时期的抗美援朝精神、大庆精神、红旗渠精神、"两弹一星"精神、西迁精神、雷锋精神、焦裕禄精神等革命精神，改革开放和社会主义现代化建设新时期的中国女排精神、改革开放精神、九八抗洪精神、载人航天精神、抗击"非典"精神、抗震救灾精神、北京奥运精神，新时代的脱贫攻坚精神、丝路精神、上海精神、科学家精神、劳模精神、探月精神、伟大抗疫精神等。在中国共产党领导人民发展铁路事业的过程中，也形成了一系列伟大精神：同仇敌忾、万众一心，不屈不挠、前仆后继，无私无畏、舍身取义的"二七"精神；听党指挥、服务人民，艰苦奋斗、志在四方，攻坚克难、敢于牺牲，与时俱进、锐意进取，钻研业务、精通技术的铁道兵精神；忧国忧民、勇创奇迹，不畏艰险、不怕牺牲，尽责守护、甘于奉献的成昆精神；挑战极限、勇创一流的青藏铁路精神；科学求实、兼容并蓄，自主创新、赶超一流，忠诚祖国、拼搏奉献的高铁精神。这些在中国共产党领导人民发展铁路事业的过程中培育形成的一系列伟大精神，都是党的理想信念、高尚道德、优秀品格、优良作风的集中体现。中国共产党是人民群众利益的维护者，中国共产党人把真理的力量、理想的力量、人格的力量转化为伟大精神，就是通过人民群众的伟大社会实践来实现的。只要我们大力弘扬伟大精神，团结一心，奋发有为，就没有克服不了的困难，就没有实现不了的目标。

人民群众是推动历史发展和社会进步的主体力量。马克思主义从关注现实的人出发，认为整个世界历史是通过人的劳动而诞生的，强调人民群众是历史的创造者，是社会物质财富和精神财富的创造者。千百年

来，中国人民在建设家园、保卫祖国的伟大奋斗历程中，形成了以爱国主义为核心的勤劳勇敢、自强不息、团结统一、爱好和平的伟大精神。自1921年中国共产党成立以来，在中国共产党领导人民进行革命、改革和建设的过程中，涌现出了无数平凡而又伟大的革命英雄、劳动模范。进入21世纪后，中国人民在史诗般的抗震抗疫事件中，向世界展现了伟大精神的力量，涌现了许多可歌可泣的感人事例。中国人民具有伟大创造精神、伟大奋斗精神、伟大团结精神、伟大牺牲精神，中国现在所取得的一切辉煌成就，是党和人民在各个历史时期奋斗中形成的伟大精神的推动取得的结果。在中国特色社会主义进入新时代的今天，我们必须始终坚持以人民为中心的思想，把人民对美好生活的向往作为我们的奋斗目标，始终坚持人民主体地位，用"二七"精神、铁道兵精神、成昆精神、青藏铁路精神、高铁精神等伟大精神来凝聚中国力量，推动中国发展。

（三）提升中国制造、铸就中国名片

党的十九大报告指出，中国特色社会主义进入新时代，这是我国发展新的历史方位。新的历史方位下，全面统筹中华民族伟大复兴战略全局和世界百年未有之大变局是当代中国谋事之基。目前，国际国内两个大局同步交织，相互激荡，你中有我、我中有你，既相互影响又互为机遇。要实现中华民族伟大复兴的"中国梦"，就要在世界大变局中发扬奋斗创新精神，增强自身品牌实力与影响力，以此推动中国以更稳健的步伐与世界进行深度互动与交流。

改革开放以来，中国经济日益融入世界。中国经济是在发达资本主义国家主导的经济全球化中发展壮大起来的。改革开放之初，我国就凭

借低成本的劳动力、资源、环境等要素，从事低端加工制造业，形成了出口导向型的发展模式。随着改革开放的深入，我国逐渐成为世界最大的生产国，在全球产业链中开始由低端向中端乃至高端进军，但中国在世界经济体系中仍处于被动地位，在大部分关键领域和核心技术上仍有许多受制于人的"瓶颈"。同时，大量出口制造业企业抵御国际市场波动的能力也不强。这样的发展模式或许能使中国实现小康社会，却无法再带领中国的经济行稳致远，完成中华民族的伟大复兴。因此，在实现经济发展常态健康的要求下，通过不断自主创新，实现从制造大国向制造强国转变，在全球范围内占据高端制造领域的有利位置，已是迫在眉睫、势在必行。因此，《中国制造2025》行动纲领就明确提出，"要以创新驱动发展为主题，以新一代信息技术与制造业深度融合为主线，以推进智能制造为主攻方向，实现制造业由大变强"[1]。

在提升中国制造、铸就中国名片这一点上，中国高铁是一个比较成功、值得借鉴的范例。

中国高铁发展属于"后来者居上"。世界高铁格局曾经历过德国首创，法国高速，日本成型，而目前已迈入中国领先的发展阶段。2015年1月，采用中国牵引传动系统和网络控制系统的CRH5A动车组，进行了"30万公里正线运营考核"试验，取得成功。这充分表明，我国已完全掌握高铁核心技术的设计、生产、封装及应用全环节。截至2015年，包含牵引传动系统和列车网络控制系统在内的九大关键技术，中国已全部实现自主化。从市场换技术引进外国动车组进行消化吸收，到尝试逆向翻版制造，从核心部件的研发、高铁制造的优化提升，到关键技术系统的完

---

[1] 中国政府网：《国务院关于印发〈中国制造2025〉的通知》，http://www.gov.cn/zhengce/content/2015-05/19/content_9784.htm。

全自主化，中国高铁已真正实现"国产化"转向"自主化"，实现"中国制造"到"中国创造"的历史性跨越。

目前，我国高铁总体技术水平已经世界领先，中国高铁已经成为集中展示中国速度、中国智慧、中国力量、中国精神的文化标志。中国高铁作为中国高端装备的一张亮丽名片，在最短的时间内实现了由"追赶者"到"引领者"的艰难跨越，使中国成为世界高速铁路系统的标杆与先锋，缔造出中国创造的"中国品牌"，向全世界展现了中国的科技创新实力。

以高铁为代表的制造业"走出去"，对内而言，有利于维护我国境外重要利益、实现能源资源多元化供给，也有利于充分发挥我国装备制造、工程建设富余产能，提升我国在全球资源配置的能力，倒逼企业增强核心竞争力，为我国内去产能去库存、供给侧机构性改革创造有利条件；对外而言，有利于提升我国政治经济全球影响力，有利于发展多边关系和推动构建国际战略新格局。

虽然中国高铁已经成为中国展现给世界的一张亮丽的"中国金名片"，但是我国各领域的发展仍面临着诸多瓶颈。如今，以中国装备"走出去"为突破口，着力提高对外开放水平，推动更多高附加值的中国制造、中国标准参与到国际市场竞争，促进产能合作，实现出口升级、产业升级是我国战略层面的一项重要任务。在新一轮的科技革命到来之际，中国的和平崛起和蓬勃发展需要将发展高铁的成功经验运用推广，培育出更多诸如高铁般的科技"王牌军"、创新"先锋队"，打造出各领域的"金名片"，推动制造业高质量发展，加快建设制造强国，仍然是当前以及今后相当长一段时间里的重要战略任务。

第二章

"二七"精神

1840年鸦片战争以后,中国逐步沦为半殖民地半封建社会。社会黑暗动荡,民族镣铐交加,国家风雨飘摇,人民苦不堪言,这是近代中国人民共同面临的现实之殇。空前的危机也激发了中华儿女的民族觉醒和斗争精神,不断探索民族复兴的道路。太平天国运动、戊戌变法、义和团运动、辛亥革命接连而起,地主阶级、农民阶级、资产阶级轮番上阵,各种救国方案先后出台,但都以失败而告终。民族危亡之际,一批先进分子从马克思列宁主义的科学真理中看到了中华民族的希望,找到了解决中国问题的出路。在中国人民和中华民族的伟大觉醒中,在马克思列宁主义同中国工人运动的紧密结合中,中国共产党应运而生。

马克思曾言:"在一切生产工具中,最强大的一种生产力是革命阶级本身。"①中国工人阶级是近代工业发展的产物,是最先进、最革命的阶级,是中国革命的基本动力和领导阶级。中国共产党是工人阶级的先锋

---

① 《马克思恩格斯选集》(第一卷),人民出版社2012年版,第274页。

队。中国"现代式"的工人运动无疑是从中国共产党手里开始的①,它以中国共产党的领导为根本保证,以马克思主义理论为指导思想,以工人阶级为主体力量,以工会为组织基础,以罢工为主要斗争形式,实现了从自发性的经济斗争到自觉性的政治斗争的根本性转变,成为中国民族民主革命的重要组成部分。

铁路作为西方列强对华侵略而来的"舶来品",近代国人对它的认知经历了从"贻害无穷"到"利国利民之大端"再到"民命国脉"的曲折过程。②一方面,铁路具有强大的交通运输能力和巨大的疆域联通能力,在中国近现代史上始终扮演着十分重要的角色,历来被视为巩固国防、谋求富强的重要途径。1859年,洪仁玕就曾在《资政新篇》中力主造火车、修铁路。清末,严复曾提出中国"必求富强,其要著发端,在开铁路"的主张。③李鸿章、刘铭传、张之洞等洋务领袖也从富国、强兵、兴商的现实需要力荐清廷修筑铁路。王韬、郑观应、康有为等维新人士也认识到了铁路"利国利民"的积极意义。孙中山曾将铁路视为"国利民福"的要务,指出:"故交通为实业之母,铁道又为交通之母。国家之贫富,可以铁道之多寡定之,地方之苦乐,可以铁道之远近计之。"④北洋政府时期铁路被视为结束军阀割据、实现国内统一的重要手段,有人甚至提出"故今日欲从根本上解决以谋南北统一,则非建筑与西南各省相通之铁路不能"⑤。

---

① 邓中夏:《中国职工运动简史》,河南人民出版社2016年版,第12页。
② 田永秀:《从"贻害无穷"到"民命国脉"——近代中国人铁路认知历程分析》,《西南交通大学学报》(社会科学版),2018年第19卷第1期,第1页。
③ 王栻:《严复集》(第1册),中华书局1986年版,第105页。
④ 中国社会科学院近代史研究所中华民国史研究室、中山大学历史系孙中山研究室、广东省社会科学院历史研究室:《孙中山全集》(第二卷),中华书局1982年版,第383页。
⑤《铁道与贸易》,《上海总商会月报》,1921年第1卷第6期,第17-22页。

另一方面，在半殖民地半封建社会的中国，帝国主义不仅把铁路作为其扩张在华经济势力的手段，更将铁路作为侵略中国领土的工具，因而，铁路又成为中国人民反抗侵略，维护国家主权，捍卫民族利益的重要战场。各国列强对中国铁路的激烈争夺使国人愈发清醒认识到"外人假铁路以实行殖民政策""以争揽路权为名，而以扩张领地为实"。"路权即国权"的强烈认知促使四川、湖北、湖南、广东等地人民发动了声势浩荡的保路运动，并成为辛亥革命的导火索。"一战"后，帝国主义卷土重来。针对列强提出中国铁路实行国际共管的阴谋，国人高举"铁路救亡"的大旗，成立保路团体，组织会议，集会演讲，并刊登大量时评文章。可以说，在近代相当长的一段时期内，本为交通运输工具的铁路，其政治属性远大于其经济属性和社会属性。身处社会剧变与革命洪流的历史背景，铁路工人及其斗争运动无疑在党领导的新民主主义革命史上留下了浓重一笔。

铁路的出现带动了近代中国铁路产业的发展，铁路工人队伍也随之产生并逐步壮大。据统计，1919年前后，全国产业工人中铁路工人约为16.5万人，海员约15万人，矿工70万人[1]，这三大产业工人正是中国共产党组织开展工人运动的三大中坚力量。列宁曾在远东各国共产党及民族革命团体第一次代表大会中，勉励中国铁路工人代表，他表示铁路工人运动是很重要的，相信中国的铁路工人也会如俄国铁路工人一般在革命中发挥重要作用。[2]事实也正是如此，铁路工人是中国最早受到马

---

[1] 中国社会科学院近代史研究所、刘明逵：《中国工人阶级历史状况1840—1949》（第一卷第一册），中共中央党校出版社1985年版，第122页。
[2] 中华全国铁路总工会：《中国铁路工人运动史大事记1881—1949》，中华全国铁路总工会1988年版，第65页。

克思主义影响的工人队伍之一①，自中国共产党成立后，就一直在党的领导下进行了一系列的伟大斗争，是中国共产党领导的工人运动的先锋队伍之一，也是最早形成全国性战斗组织的产业队伍。

作为中国无产阶级的重要组成部分，近代铁路工人自然也具有中国无产阶级的共同优点：代表最先进的生产方式，革命最坚决、最彻底，相对集中、便于组织，与农民阶级有天然联系、易于组成工农联盟等。但更为重要的是，铁路的重要性与特殊性使铁路工人在斗争实践中逐渐形成并凸显出自身的特点与优势，正是这些特点和优势使其在党领导的早期工人斗争中具有重要地位，也对中国工人运动和中国革命产生了深远影响。首先，铁路四通八达、朝发夕至，"它有如一架联动机，成为一个整体，所以各路工人的工作是互相密切联系和协同配合的。他们彼此间的接触是频繁的，信息是互通的。这种情况使他们在反抗压迫和剥削的斗争中，便于互相支援和团结成强大的力量"②。这种沿铁路线分布的特点便于系统开展工作，使得铁路工人在工会组织的基础上，易于形成以点带线、以线带面的集体作战规模，汇聚成强大的作战力量。其次，铁路是现代化产业重要部门，相较于其他工种，对工人的文化和技能要求更高。北洋时期，一些铁路还设有职工学校负责对职工及其子女进行教育，甚至还筹备学校、演讲团、图书馆、日报馆等，这在当时的其他产业中也是难得一见的。③因而，铁路工人接受教育和接触新事物的机会相对更多，文化素质相对更高，思想觉悟和阶级觉醒也相

---

① 邱铁鑫：《马克思主义的传播对早期中国铁路工人运动的影响及启示（1917~1923）》，《西南交通大学学报》（社会科学版），2018年第19卷第4期，第19页。
② 中国铁路史编辑研究中心、全国铁路总工会工运理论政策研究室：《二七革命斗争史》，当代中国出版社1993年版，第54页。
③ 《郑州两种劳工之状况》，载陈素秀：《京汉铁路工人大罢工史料汇编》，河南人民出版社1999年版，第34页。

对较早。这些客观优势和主观条件，正是铁路工人队伍较早接受马克思主义洗礼，坚持中国共产党的正确领导，最早形成全国性战斗组织的重要原因。

铁路是列强及其在华代理人经济利益的主要来源。帝国主义列强主要通过提供铁路借款攫取高额利润。据统计，自1917年1月至1936年6月约20年间，铁路举借外债数额之大，仅利息就高达31 912万元，以18.5年计算，每年为1794万元。[①]帝国主义列强通过高额借贷、"余利凭票"、指定银行、操控汇价、垄断材料等各种手段，在中国敷设铁路获取一笔笔巨额"纯"利，而这些浸润着中国人民血汗的钱财一经帝国主义列强之手又转为进一步侵略中国的活动经费，笔笔如此，如是循环。铁路产生的巨大效益不仅引得帝国主义竞相争夺，铁路收益更成为国内封建军阀统治集团政费和军费的主要来源。20世纪20年代，铁路运输业在国营经济中规模最大，平均每年盈余4300万元左右。[②]各路军阀在铁路设监收处、管理局等，或是以铁路盈余为抵押借外债，或是直接提取款项，公然将铁路变为私产。巨大的经济效能使得铁路被中外势力视为"命门"。因此，铁路斗争就是紧紧扣住帝国主义列强及其在华代理人的经济脉门，从经济上予其以沉重打击。

正是在这样的历史背景下，中国共产党人在领导京汉铁路工人大罢工的过程中，孕育和铸就了"同仇敌忾、万众一心，不屈不挠、前仆后继，无私无畏、舍身取义"的"二七"精神。"二七"精神是中国工人运动史上宝贵的精神财富，是中国共产党革命精神谱系的重要组成部分。

---

① 宓汝成：《帝国主义与中国铁路》，经济管理出版社2007年版，第284-286页。
② 宓汝成：《帝国主义与中国铁路》，经济管理出版社2007年版，第401页。

一、"二七"精神的形成

毛泽东曾说道:"人是要有一点精神的,无产阶级的革命精神就是由这里头出来的。""二七"精神是京汉铁路工人罢工斗争的结果,是党领导工人运动的精神产物。京汉铁路(芦汉铁路、平汉铁路)北起卢沟桥,南至汉口,全长1215公里,跨越直隶、河南、湖北三省,是中国近代第一条真正意义上的南北铁路大动脉,张之洞曾将其比作中国"铁路之枢纽,干路之始基"。京汉路承运量大、联通区域广、盈余颇丰,因其丰厚的经济效益和重要的战略位置,历来为各方军阀势力的必争之地,后来更是被直系军阀视为政治、军事和经济命脉。至1923年,京汉铁路工人总数已达22 517人[①],近乎陇海、道清、汴洛三条铁路人数之和的四倍之多,成为全国工人人数最多的铁路,因而也成为党领导的早期工人运动的主阵地之一。1922年1月至1923年2月,全国形成了中国共产党领导的工人运动第一次高潮,而京汉铁路工人大罢工("二七"工运)被认为是第一次工人运动高潮的"最后一个怒涛",陈独秀称之为"中国工人阶级开始和军阀血战之第一幕",周恩来曾评价其为"中国大革命前的启明运动"。

在这场声势浩荡、悲壮惨烈的斗争中,共产党组织带领广大铁路工人,以鲜血浸染战旗,以生命熔铸丰碑,淬炼出"二七"精神。"任何精神形态的出现,都有一定的实践基础和历史条件"[②],"二七"精神的形成也有其历史背景。中国共产党的成立与工人运动的发展是"二七"精神形成的根本保证,京汉铁路总工会的成立和斗争是"二七"精神形成的组织基础,京汉铁路大罢工和"二七"惨案是"二七"精神形成的

---

① 中国社会科学院近代史研究所、刘明逵:《中国工人阶级历史状况 1840—1949》(第一卷第一册),中共中央党校出版社1985年版,第160页。
② 王炳林、房正:《关于深化中国共产党革命精神研究的几个问题》,《中国高校社会科学》,2016年第3期,第5页。

实践基础，国内外对京汉铁路大罢工的支援是"二七"精神形成的支持条件。

（一）中国共产党的成立与工人运动的发展

中国共产党的成立及其领导的工人运动的发展是"二七"精神形成的根本保证。中国共产党是马克思主义与中国工人运动相结合的产物，是工人阶级自己的政党，是中国工人运动的领导核心。中国共产党的成立使中国工人运动实现了"两个转变"：工人阶级从"自在阶级"转变为"自为阶级"，工人运动从自发性的、分散的经济斗争转变为有组织的、统一的政治斗争。中国共产党是"二七"大罢工的发动者、领导者、先锋队和作战部。①

1. 制定工运方针

1921年7月，中国共产党第一次全国代表大会召开。大会通过《中国共产党第一个纲领》，规定了党的名称、性质、任务、纲领、组织和纪律，标志中国共产党的正式成立。同时，中共一大还通过了《关于当前实际工作的决议》，规定党在当前的中心任务是组织工人阶级，提出工人运动的任务、方针和要求，指出"本党的基本任务是成立产业工会"，步骤与方法包括：建立工人夜校或劳动补习学校，使之成为工人组织的中心，提高工人的觉悟；加强对工人的领导，对旧式行会进行改组；号召全党努力学习、宣传马克思主义，使更多人了解、接受马克思主义，并为实现这一理想，投身革命激流。②为加强对工人运动的统一领导，中

---

① 王永玺、钟雪生：《再论"二七"的功绩与意义》，《纪念京汉铁路工人运动九十周年文论集》，中州古籍出版社2013年版，第42页。
② 中国铁路史编辑研究中心、全国铁路总工会工运理论政策研究室：《二七革命斗争史》，当代中国出版社1993年版，第30页。

共中央局于1921年8月11日成立中国劳动组合书记部,并在各地建立分部,将发动和组织铁路工人作为重点工作之一,在《对于目前实际问题的计划》中明确指出铁路工人、海员、矿工是中国工人阶级中的"三个有力的分子",要先成立三个产业的联合组织。1921年11月《中国共产党中央局通告》中再次强调要"全力组织全国铁道工会",并号召"上海、北京、武汉、长沙、广州、济南、唐山、南京、天津、郑州、杭州、长辛店诸同志,都要尽力于此计划"。[①]1922年,中国共产党在斗争实践中对国际国内形势、中国社会状况和中国革命局势有了进一步认识:在半殖民地半封建社会,中国革命的最大敌人是帝国主义和封建军阀。随即,中共二大第一次明确提出了彻底的反帝反封建的民主革命纲领,会上通过的《关于"工会运动与共产党"的议决案》,指出工人运动的最终目的是打倒工人奴隶制的资本主义制度,并照共产主义原则改造社会。这是中国共产党总结一大以来党领导工人运动经验,根据新形势,将党的民主革命纲领和工人运动的斗争目标紧密结合而制定的指导思想和方针。至此,中国工人运动的斗争性质逐渐由自发性的经济斗争转变为自觉性的政治斗争。中国共产党在纲领和决议中规定的任务、目标正是中国工人运动的行动指南,也为后来京汉铁路工人的罢工斗争指明了方向。

2. 创办工人学校

中国共产党认为工人学校是"组织产业工会过程中的一个阶段",工人学校应该逐渐变成"工人政党的中心机构",办学目的是"提高工人的觉悟,使他们认识到成立工会的必要"。因此,创办工人学校成为中国共产党传播马克思主义、开展工人运动的重要途径。而京汉铁路工人学校

---

① 中国共产党中央局通告(节录)(一九二一年十一月),载陈素秀:《京汉铁路工人大罢工史料汇编》,河南人民出版社1999年版,第37页。

则是中国共产党传播先进思想，提高工人文化素养，启发工人阶级觉悟，培养工人领袖和青年骨干的主要活动场所。早在1918年毛泽东就前往长辛店开展社会调查，随后，邓中夏、张国焘、罗章龙等人也先后深入长辛店工人中积极开展工作。在共产党人的努力下，1921年1月1日长辛店劳动补习学校正式成立，教员主要由北京共产主义组织派驻，开设文化课和常识课，分日、夜两班，以增进劳动者和劳动者子弟的知识、养成劳动者和劳动者子弟的高尚人格为宗旨，结合工人文化程度和实际情况，以通俗易懂的语言向工人讲解工人阶级苦难的根源、团结组织的必要性、国外工人开展斗争的情况等，并逐步灌输马克思主义思想。长辛店劳动补习学校开创了工人学校的先河，并在后来的实际斗争中取得显著成效，逐渐形成一种极具可行性和推广性的工人学校组建模式，也因此被誉为"北方工人运动的摇篮"。随后，各路段工人学校相继开办。在郑州，北京共产主义小组派遣成员前往组建职工学校，开学之初学员就达200多人。①在武汉，中共先后派遣多名党员深入铁路工人开展工作，创办工人夜校和工人子弟学校。在武昌，陈潭秋与施洋等人创办粤汉铁路徐家棚工人补习学校和工人子弟学校，白天供工人子弟就读，夜晚专为工人补习，联系实际，讲工人求解放的革命道理。②工人学校的创办，不仅使工人们开阔了眼界，还培养了他们的"共同利益"感与群体认同感，提升了工人的阶级觉悟，促进了工人的思想转变，极大激发了他们的斗争热情，为京汉大罢工奠定了思想基础。

---

① 中国铁路史编辑研究中心、全国铁路总工会工运理论政策研究室：《二七革命斗争史》，当代中国出版社1993年版，第31页。
② 王婕：《京汉铁路工人的精神驿站——劳动补习学校》，《武汉文史资料》，2003年第1期，第41页。
② 《长辛店劳动补习学校旧址》，人民网：http：//cpc.people.com.cn/GB/69112/71148/71153/71465/4844712.html。

长辛店劳动补习学校旧址

(人民网,http://cpc.people.com.cn/GB/69112/71148/71153/71465/4844712.htm)

1920年12月初,北京共产主义小组决定在长辛店创办一所劳动补习学校,选定长辛店镇大街祠堂口1号作为工作据点,宣传马克思主义,培养工人运动的骨干。同年12月9日,在长辛店正式召开筹办会议,北京共产主义小组派邓中夏、张太雷等4人出席了会议。1921年元旦,长辛店劳动补习学校正式开学。

3. 建立工会组织

近代帝国主义与反动统治者相互勾结,对铁路工人极尽剥削,沉重的政治压迫、恶劣的劳动条件、微薄的工资收入、超负荷的工作强度迫使工人们奋起反抗。但这些早期斗争多为自发性、分散性的,且有相当部分是在旧式帮口、行会的组织下进行,因而斗争力量较弱,影响范围较小,取得的成效也十分有限。"有了共产党,然后才有'现代式'的工会,从此中国的工会才渐次地相当具有组织性、阶级性以至于国际性。"[①]中国共产党带领铁路工人成立了工人阶级自己的组织机构,从根本上扭转了

---

① 邓中夏:《中国职工运动简史》,河南人民出版社2016年版,第12页。

工人斗争的不利局面。五四运动时,长辛店铁路工人就在早期共产党人的带动启发下,积极投身斗争实践,成立救国十人团,开展各种爱国活动。经过五四爱国运动的洗礼,铁路工人的政治觉悟进一步提高,更加感受到了成立工会的必要性和迫切性。1921年5月1日,京汉铁路长辛店工人会①成立,工会宗旨包括:(一)固结团体;(二)求生活上之丰裕;(三)不受工头之压制;(四)铲除工人作工之一切障碍。在成立大会上,与会者千余人,工人们齐呼"劳工万岁""五一节万岁"等口号,手执写有"工会是最好的法子""平等"等字样的小旗。②长辛店的这种工会模式具有很强的示范效应,其影响自北而南,蔓延各路,成为学习的榜样。"使得北方各铁路工人知道长辛店有个俱乐部,大家不觉油然而生羡慕之心;在当时工人们仿佛觉得长辛店是工人的'天国',于是各处纷纷派代表前来长辛店参观。……因此,北方各铁路开始都有了工会组织的萌芽。"③据统计,共产党成立后不到一年的时间内,各主要铁路干线工人工会组织不断壮大,其中京汉铁路 13 000 多人,京奉铁路 8000 多人,津浦铁路 3500 多人,京绥铁路 7000 多人,正太铁路 2000 多人,道清铁路 1000 多人,陇海铁路 1000 多人,粤汉铁路 1000 多人,株萍铁路 1000 多人,胶济铁路 2900 多人,粤汉铁路南段 1400 多人,广九铁路 1300 多人,广三铁路 300 多人,沪宁铁路和沪杭铁路 400 多人,南满铁路 400 多人,中东铁路 600 多人,全国总计组织路工 44 800 多人。④通过对行会、帮口和秘密结社等旧式组织的改造,在中共的帮助和领导下,

---

① 1921 年 10 月,京汉铁路长辛店工会召开工人代表联席会,决定改组工会为工人俱乐部,并从祠堂口 1 号迁到刘铁铺。
② 张锡彬:《劳动节之长辛店工人大会》,北京《晨报》,1921 年 5 月 2 日。
③ 邓中夏:《中国职工运动简史》,河南人民出版社 2016 年版,第 14 页。
④ 邓中夏:《我们的力量》,《中国工人》第二期,1924 年 11 月。

1922年底,京汉铁路先后成立了长辛店、琉璃河、高碑店、保定、正定、顺德、彰德、新乡、黄河、郑州、徐州、郾城、驻马店、信阳、广水和江岸,共16个工会。各个工会的成立极大提升了工人队伍的组织性、纪律性,增强了工人们的战斗力。工会给工人们带来了实实在在的利益:提高了工人的工资、改善了待遇;惩处欺压工人的员司和工头;提高了工人的社会地位;救助了被不法侵害的工人。[1]这些斗争成果使工人们更加信任与依靠中国共产党领导下的工会组织。在工会的领导下,工人们的斗争状况明显好转,工人们更加坚信"工会就是保护工人切身利益和为工人的利益奋斗的机关",这也为之后京汉铁路总工会的成立奠定了组织基础。

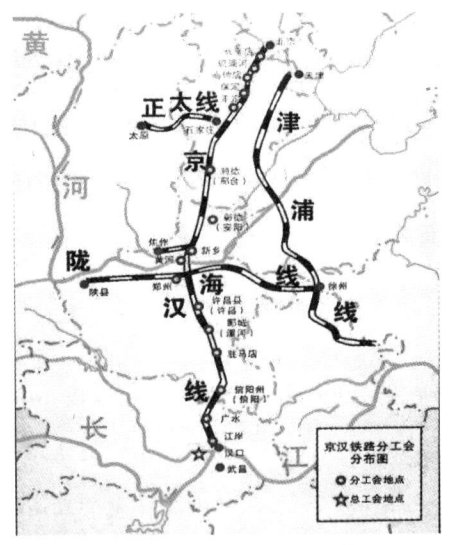

京汉铁路分工会分布图[2]

(中工网,http://www.workercn.cn/34165/202101/21/210121083750898.shtml)

---

[1] 孙自俭:《京汉铁路工人参与"二七"大罢工原因新论》,《湖北大学学报》(哲学社会科学版),2015年9月第42卷第5期,第99页。

[2] 《京汉铁路见证工人力量》,中工网,http://www.workercn.cn/34165/202101/21/210121083750898.shtml。

4. 组建基层党组织

为贯彻党的工运方针和斗争策略，加强党对工人运动的领导，各地党组织十分重视在京汉铁路工人中建立基层党支部，发展工人党员。1920年10月，通过长辛店劳动补习学校的培养教育，经邓中夏介绍，思想进步、工作积极的工人骨干史文彬加入北京共产主义小组，成为长辛店最早加入党组织的工人党员。1921年7月中国共产党成立后，邓中夏、张国焘、罗章龙、朱务善等又在长辛店工人骨干中先后发展了包括王俊、杨宝昆、陈励懋、康景星等在内的工人党员，并于10月建立党小组，于1922年8月建立党支部，这也是京汉铁路上第一个党的基层组织。[1]1921年北京党组织派党员贺道培前往彰德开展工作，发展了姚佐唐、戴清屏、解长春等党员，并建立党小组；1922年张国焘介绍郑州工会成员刘文松入党，并在郑州建立党小组；武汉地区也发展了周天元、项德隆、林祥谦等党员，建立了党组织。[2]这些基层党组织成立后，贯彻党的工运路线，坚持党的斗争策略，执行"以全力组织全国铁道工会"的决议，利用军阀之间的矛盾，以"交通部铁路密查员"的身份作掩护，在各大铁路联络、组织工人，发动、领导工人运动，推动了北方铁路工人运动的高潮。在京汉铁路沿线建立的各个基层党组织，成为后来京汉大罢工中坚固的战斗堡垒，夯实了京汉铁路总工会和全国铁路总工会的领导力量。工人党员身先士卒、率先垂范，始终站在斗争前线，以生命践行共产党员的坚定信念和不悔誓言。

---

[1] 中国铁路史编辑研究中心、全国铁路总工会工运理论政策研究室：《二七革命斗争史》，当代中国出版社1993年版，第37页。

[2] 中国铁路史编辑研究中心、全国铁路总工会工运理论政策研究室：《二七革命斗争史》，当代中国出版社1993年版，第38页。

5. 参与劳动立法

1922年5月,由中国劳动组合书记部发起的第一次全国劳动大会在广州召开,来自12个城市的173名代表参会。会议总结了以往工人运动的经验,接受了中国共产党的政治主张,把反帝反封建作为工人运动基本目标;通过了《八小时工作制》《罢工援助案》《全国总工会组织原则案》等十项决议;决定以中国劳动组合书记部为全国工会通讯机关;起草了劳动立法四项原则和《劳动法案大纲》19条,并向全国报界发布,号召全国劳动阶级开展劳动立法运动。京汉铁路各段工人对此热烈响应,积极呼吁。郑州段工人在《请愿国会书》中向当局表达立法诉求,"望诸公主张劳动阶级之利益,在宪法上予以保障","则劳动立法之制作,实诸公现今之第一要务"①。长辛店工人俱乐部致电北京众参两院,敦促议员"从速制定劳动法典",并发出传单,号召工人和群众"团结起来,做劳动组合书记部的后援力量,向国会去争"②。江岸工人俱乐部联合其余工人团体发出《劳动立法请愿书》,呼吁"万恳各界同胞,念我等最大多数之社会的生产者,仅处于极悲惨不幸的境遇,主持正义,力与援助,务使劳动者的权利,在国家根本大法上有切实之保障"③。保定、正定、顺德等站工人也通过发通电、撒传单、开大会等形式号召工人积极参与劳动立法运动。长辛店、正定、顺德还派出代表与京奉、京绥、陇海等路代表两次在北京开会,表达铁路工人支持劳动立法运动的决定④。

---

① 《京汉路郑州工人劳动立法运动-请愿国会书》,天津《华北新闻》,1922年9月10日。
② 中华全国铁路总工会:《中国铁路工人运动史大事记 1881-1949》,中华全国铁路总工会1988年版,第65-66页。
③ 武汉市总工会工运史研究室:《武汉工人运动史》,辽宁人民出版社1987年出版,第53页。
④ 中国铁路史编辑研究中心、全国铁路总工会工运理论政策研究室:《二七革命斗争史》,当代中国出版社1993年版,第41页。

劳动立法运动是中国共产党领导工人阶级与北洋政府的一次合法斗争，虽然法案最终并未通过，但是进一步暴露了统治阶级的黑暗腐败，劳动法大纲深入人心，指导了同时期的罢工斗争，并成为京汉大罢工的斗争纲领。

6. 发展工人运动

恩格斯曾在《英国工人阶级状况》中指出罢工是工人的军事学校，是工人参加伟大的工人运动的宣言。他认为工人阶级的罢工斗争是需要勇气的，"甚至比暴动需要更大更多的勇气，需要更果敢和更坚定的决心"[1]。1922年1月到1923年2月，中国共产党领导的工人运动的第一次高潮持续13个月之久，爆发罢工斗争100多次，参与罢工的人数达30万以上。[2]工人运动发展如火如荼，充分锻炼了工人队伍，巩固了党的阶级基础，扩大了党和工人阶级的政治影响力。在历次罢工斗争中，又以陇海铁路和粤汉铁路的工人斗争对京汉大罢工影响最大。

北洋时期，陇海铁路工人收入在各条铁路中为最低，月薪4～12元，仅为洋人雇员的百分之一，当地米价为每石16元，铁路工人辛苦劳作却连生计都无法维系，并且劳动时间在12小时以上，有的甚至长达16、17个小时，还经常遭受打骂、虐待和无端处罚。1921年2月，法国人若里担任机务总管后，不仅取消工人的加班工资和工伤补助，还克扣养护备品和行车燃料，强令破损机车连续运行，对工人极尽苛责重罚。8月开始，陇海路工人又被当局恶意拖欠3个月工资，无疑让工人们本就捉襟见肘的生活更是雪上加霜。11月8日下午，厂方为拖延工时将专供工

---

[1] 《马克思恩格斯选集》（第一卷），人民出版社2012年版，第116页。
[2] 中共中央党史研究室：《中国共产党历史》第一卷（1921—1949）上册，中共党校出版社2002年版，第85页。

人出入的八号门突然锁闭，工人们奋力将门挤开，却触怒了洋人。厂方遂以"聚众闹事"的罪名将两名带头工人开除，工人们与之评理，反被殴打，再次被开除20多人。在忍无可忍的情况下，工人们决定开展罢工，进行反抗。11月20日，陇海铁路汽笛齐鸣，冲天怒啸，全线工人举行大罢工，交通全面瘫痪，京汉、津浦交通也严重受阻。中国共产党得知陇海铁路工人罢工消息后，立即召开会议，并派遣北方区委委员、劳动组合书记部北方分部主任罗章龙前往负责领导。通过组建工会，选举中坚分子组成行动中心委员会，成立工人纠察队、宣传队，筹设互助机构，预作准备，发布文告等一系列决策和措施，迅速打开斗争的有利局面，最终在京汉、津浦各路工会和全国各界的大力支持下，坚持7天后获得胜利。这也是北方地区一场空前规模的铁路工人大罢工。陈独秀为此评价说道："陇海罢工捷报先传，东起连云，西达陕西，横亘中州，震动畿辅，远及南方，这是我党初显身手的重大事件。"这次罢工中提出的"反虐待""争人权""光国体"等诉求也成为后来京汉大罢工的斗争目的之一。

粤汉铁路工人长期遭受英帝国主义和铁路当局的层层压迫，缺衣少食，痛苦难言。时任中国劳动组合书记部湖南分部负责人的毛泽东派郭亮担任岳州车站工人俱乐部秘书，负责推动粤汉路工人运动。路局局长王世埙不但无故克扣工人薪水，还利用铁路运输之便贩卖烟土。监工张恩荣在车上运鸦片，命令工人照顾遭到拒绝后，恼羞成怒，与粤汉铁路总管英国人卡麦克尔和工程师威尔及其翻译苗凤鸣一同毒打工人。郭亮随即于1922年9月8日组织工人罢工，提出将张、苗二人革职，规定最低工资标准和升级规则以及对工人不得无故处罚和非犯路章五次以上不得开除等七条要求。对此，当局不但不予答复，还派出军警镇压，致使俱乐部工人死6人，伤60多人，包括郭亮在内的37人被押解至武昌。铁路当局强迫工人开车，徐家棚罢工工人及家属卧轨阻止，竟被残忍碾伤100多人，重伤30多人，被捕9人，失踪10多人。京汉铁路南段工人闻讯后召开紧急会议，发表通电，要求撤退军警、撤办王世埙、接受粤汉路工人要求，派出代表分别前往各路请求后援，并与武汉各工人团体组成粤汉工潮后援会，积极筹款，给予粤汉路工人以实力援助。最终在京汉、京奉、陇海等各路工人和各地工人团体的大力协助下，迫使当局批准粤汉铁路工人所提条件，释放被捕工人，宣告胜利。粤汉铁路罢工再次检验了铁路工人的团结伟力和强大战力，对于京汉铁路工人制定斗争策略具有积极的参考意义。

1922年8月至1923年1月底，各地主要铁路沿线相继爆发多起罢工，参与工人人数均在千人以上，且都取得了不同程度的胜利，包括：京汉铁路长辛店工人八月罢工、京奉铁路山海关机器厂工人和唐山制造厂工人罢工，京绥铁路全路车务工人罢工，正太铁路石家庄机器厂工人罢工，津浦铁路浦镇机器厂工人联合浦口码头工人罢工，粤汉铁路徐家棚工人罢工，京汉铁路刘家庙罢工，等等。铁路工人在这半年的罢工高潮中，经过多次斗争实践的锻炼，阶级觉悟不断提高，为组织发动更大规模的罢工斗争，积累了经验，做好了准备。

（二）京汉铁路总工会的成立和斗争

京汉铁路总工会的成立和斗争是"二七"精神形成的组织基础。中国共产党自成立后便以工人运动为重心开展工作，以中国劳动组合书记部为公开领导机关。先建立各路段分工会，再筹建全路总工会，进而组建全国铁路产业总工会，这是党领导铁路工人运动的基本设想。因此，京汉铁路总工会的成立正是成立全国铁道工会的一个重要步骤。通过中国共产党的前期努力，铁路工人的组织纪律、阶级觉悟、文化素养、战斗力量等均有显著提升。在罢工高潮中，中国劳动界展示出了空前的凝聚力和团结力，工人阶级愈发意识到"有组织的'联合'实为劳工自卫的唯一方法"。加上党的前期努力和各地分工会的良好基础，建立更大范围、更加统一的工会组织也就成为工人运动的一种必然趋势。在这一趋势的推动下，根据党组织的指示，京汉铁路为加强全路工人的团结，进一步促进工人队伍联合，对各站工会组织进行整饬划一，积极筹建京汉铁路总工会作为京汉铁路开展斗争运动的直接领导机构和指挥中心。

1. 三次筹备会议

京汉铁路总工会的前期筹备主要包括三个阶段：第一阶段是1922年4月9日长辛店工人俱乐部成立大会，首次对京汉全路做出划一和整饬，确定了京汉总工会的雏形；第二阶段是1922年在郑州召开第二次会议，讨论组织设置并起草章程；第三阶段是1923年1月5日在郑州召开的第三次筹备会议，确定了总工会成立大会召开的各项事宜。

第一次筹备会于1922年4月在长辛店召开。长辛店工会（工人俱乐部）被誉为"北方劳动界的一颗明星"，作为模范在京汉路各段加以推广学习，促使全路形成建立工会的高潮。1922年长辛店2000多铁路工人就有1800多人加入工会组织，4月9日，在中国劳动组合书记部北方分部的领导下召开的长辛店工人俱乐部成立大会也是京汉铁路总工会的第一次筹备会议。邓中夏、何孟雄、李震瀛等中国共产党人参加了此次会议，陇海、京绥、京奉等铁路以及彰德纱厂等产业工会均派代表前往。

通过宣传介绍长辛店俱乐部的经验,与会者交流讨论,各路代表进一步达成思想共识,增强了铁路工人投身斗争运动的自觉性。会上工人们提出四点倡议:"(一)彼此联络感情,共谋幸福;(二)因世界的潮流所趋,亦当联合团结;(三)当此内政日糟,外侮日迫时候,吾个人既系工界一分子,更宜互相接洽,以尽吾工友们爱国天职;及(四)吾俱乐部成立之后,必须和衷共济,以图发展,使全国一致,绝不受任何方面的利用诸节。"①以上四点也成为建立团结各路分会进而成立京汉铁路总工会的初步共识。这次会议还决定组成京汉铁路总工会筹备会专门负责总工会的筹建事宜,并决定将长辛店和江岸两地俱乐部分别改为京汉铁路北段和南段总部,郑州居中协助,南、北、中三段共同努力、相互帮助,从思想和组织上做好总工会的筹备工作。

第二次筹备会于1922年8月在郑州召开。第一次筹备会后,各分工会通过内部改造,发动斗争等活动,进一步促进了工会组织的健全与联合。同年,在中共的帮助和领导下,全路建成工会组织15处,入会工人近两万,在组织建设和联合行动等方面取得了决定性进展。同时,中共二大提出的反帝反封建革命纲领为工人运动指明了方向,激发了工人的政治热情,陇海铁路、粤汉铁路、安源铁路、正太铁路、京奉铁路等相继开展罢工。全国各地各产业工人斗争此起彼伏,形成的第一次全国工运高潮,为京汉铁路总工会的诞生创造了有利条件。1922年8月11日,京汉铁路各路代表以及中国共产党、中国劳动组合书记部和武汉分部代表在郑州铁路工人俱乐部经第二次筹备会议,正式成立总工会筹备委员会,由项英、李震瀛等起草章程,对宗旨、会员、组织、经费等做出明

---

① 《长辛店工人俱乐部成立(一九二二年四月九日)》,上海《民国日报》,1922年4月12日。

确规定。同月，长辛店工人俱乐部领导的罢工胜利更是成功为全路工人争取利益，迫使路局答应包括加薪、改善劳动条件和用工权利在内的九项条件，给了全路工人们莫大鼓舞，进一步提高了工会的影响力，巩固了工会的核心地位。总工会的成立亦成为人心所向、大势所趋。

第三次筹备会于1923年1月在郑州召开。第一次工运高潮之时，北方地区成为工人运动的中心，铁路工人也成为北方罢工斗争的中坚力量。此时，京汉铁路自北向南已建立16个分工会，且各分会间联系紧密，已然形成一个组织系统。1923年1月5日，总工会筹备委员在郑州组织召开第三次会议，根据当时国内大形势和京汉铁路工人实际情况，会议认为京汉铁路总工会成立条件已成熟，在进一步研究确定各项事宜后，决定于1923年2月1日在郑州举行京汉铁路总工会成立大会。

2. 在斗争中成立京汉铁路总工会

召开京汉铁路总工会成立大会的消息一经传出，全路工人无不翘首以盼，殷切期望。成立大会采取合法公开的方式进行，筹委会成立了各个工作小组，各司其职，有序准备。办事小组先向当地政府和铁路当局呈报立案，再向劳动组合书记部、各铁路和各地工会团体、组织发出邀请，并在北京、上海、天津等地报纸登载通知，各地工人热烈响应，积极应邀参会。然而这次合理合法的活动，却被军阀吴佩孚及其爪牙视为洪水猛兽，竭力阻挠，肆意破坏。吴佩孚打着"保护劳工"的幌子，却早已对工人阶级包藏祸心，采用各种手段欺骗、笼络铁路工人，对其诸多监视、倍加防范，一旦察觉工人有团结斗争的苗头，即以武力镇压，全力扼杀。1922年吴佩孚就曾以"妨害治安"为由，下令解散郑州铁路工人俱乐部，并告知该段局长"设法取缔，严行禁止，并俱乐部即行取消,倘工人不服,可又军警干涉云"①。总工会的成立消息进一步加剧了吴佩孚对工人力量的恐惧,担心全路工人有统一组织后,一旦联合罢工,将断绝交通,"足以至直系之死命"。京汉铁路局局长赵继贤得知大会召开消息后,一面假意答应工人们的要求,一面密电吴佩孚称大会为未经许可的违法集会,并在文中竭力污蔑工人群众,大肆煽风点火,妄言"即此目空一切,荒谬绝伦,将来群起效尤,愈演愈烈。蚩蚩愚氓,必将误蹈法网而不自知。瞻顾前途,杞忧无极,务祈麾下迅饬预为防范,切实监视"②。吴佩孚闻言,随即电令郑州第十四军军长靳云鹗严加制止成立大会,由郑州警察局长黄殿辰率军警执行。军阀的横加干涉与诸多阻挠并没有让工人们胆怯,反而激起群愤,越挫越勇,坚决执行原计划,誓要排除万难成立总工会。1923年1月31日,京汉路16个分会的65名代表,来自道清、正太、陇海、京绥、京奉、津浦、粤汉、广三等路的60多名代表,各地30多个工人团体、300多名代表、来宾与1000多名京汉铁路郑州工人纷纷齐聚郑州,共襄盛事。2月1日,郑州全城戒严,军警荷枪实弹、沿街排列,商店闭门,行人断绝。但是京汉铁路工人和各方代表无惧武力恫吓,继续手持红旗,高举"庆祝京汉铁路总工会成立"的横幅,立起"劳工神圣""健者先进""赤焰辉煌""大地赤化"等匾额,步伐坚定,昂首前行。军警将工人队伍团团围住,举枪威吓,还派兵监守旅馆,不许代表驻住、饮食和谈话,并强占工会会所,捣毁文件什物。工人们激愤不已,冒死冲开阵线,涌进会场,在敌人的严密包围中,郑重宣布京汉铁路总工会正式成立,大呼"京汉铁路总工会万岁""劳动阶级胜利万岁""打倒军阀"。震天动地的口号声与场外军

---

① 《吴佩孚下令解散工人俱乐部(开封特约通信)》,北京《晨报》,1922年3月3日。
② 《吴佩孚至靳云鹗电》,上海《新闻报》,1923年2月9日。

警的枪响声、叫嚣声形成鲜明对比,紧张气氛愈演愈烈。在僵持数小时后,为避免牵连无辜群众、发生流血事件,全体参会人员经商议最终离开会场。

经过艰难的筹建、严峻的斗争,京汉铁路总工会终于成立起来。全体参会工人在与反动军警的冲突抗争中展示了工人阶级无畏的英勇气概、高度的组织纪律以及坚决的革命精神。京汉铁路总工会的成立是工人阶级团结斗争,不畏强权,反抗压迫的胜利。

京汉铁路总工会召开成立大会时全体代表合影[①]

(光明网,https://www.gmw.cn/01gmrb/2006-06/15/content_433722.htm)

(三)京汉铁路大罢工和"二七"惨案

京汉铁路大罢工和"二七"惨案是"二七"精神形成的实践基础。京汉罢工的起因并非出于工人自身对薪资工时的内在诉求,而是直接源于封建军阀对工人正当政治权利的迫害。这场看似由外力引发的"被迫"

---

① 《京汉铁路工人大罢工》,光明网:https://www.gmw.cn/01gmrb/2006-06/15/content_433722.htm。

行动，实则是工人阶级意识觉醒和工人运动发展的必然结果。阶级意识的觉醒使得工人深刻意识到：没有国家民主，个人自由权利就无从谈起；没有政治权利，经济诉求也就无法实现。因此，京汉罢工的斗争性质从原来的要求改善工资待遇的经济斗争变为争取自由和人权的政治斗争。罢工性质和目的转变赋予了"二七"精神的时代内涵——自由与人权。"二七"惨案中壮烈牺牲的工人党员以生命诠释了共产党党员不怕牺牲、无惧生死的革命精神，并以沉痛的代价给尚处于成长初期的党和工人阶级以警醒。

1. 京汉铁路大罢工

京汉铁路总工会成立大会被无端破坏，工人们的人格尊严被肆意践踏，工人代表们无不愤恨军阀官僚狼狈为奸，并对工人政治地位深表担忧，表示"京汉铁路总工会能否健全，实全国工人共同问题，我们应讨论帮同京汉总工会争回人格及自由——此乃我们今后的重要使命"①。经商议，代表们一致主张立即组织罢工，予以反抗。武汉代表随即致函京汉铁路总工会，希望总工会能为争自由而采取奋斗之手段，并表示各工团将作为坚强后盾。中国共产党相关领导人和工会负责人，针对当前局势，迅速采取措施，做出斗争决策。当日晚，京汉铁路总工会最高机关——执行委员会召开紧急会议，商讨全路罢工一事。参加会议人员包括杨德甫、史文彬、凌楚藩、李震瀛、项德隆等执行委员以及中共中央特派代表张国焘、劳动组合书记总部副主任罗章龙、中共武汉区委陈潭秋、武汉劳动组合书记分部主任林育南、中共北京区委执行委员包惠僧以及法律顾问施洋等。大会决定于2月4日上午12时举行全路大罢

---

① 罗章龙：《京汉铁路工人流血记》，河南人民出版社1981年版，第25页。

工,以总工会为领导罢工的总部,以江岸为总工会临时办公处,建立两级罢工委员会负责全路和各地组织指挥工作,向社会各界揭露吴佩孚武力压迫工人的恶行以及京汉铁路工人罢工真相,加强各路联系并争取广大群众的支持。由项德隆、李震瀛、林育南和施洋等起草《京汉铁路总工会全体工人罢工宣言》,向外界还原了事实,揭发了军阀的暴行,将斗争矛头直指封建军阀,直言"我们要看清楚:压迫我们剥夺我们的自由的,解散我们的工会的,侮辱我们人格的,是误国殃民的军阀和他们奸险的爪牙呀!"①,并号召工友和无产阶级为争自由而战、为争人格而战、为工人切身利益而战。此外,京汉铁路总工会还印发了《敬告本路司员》《敬告旅客》和《敬告军警》的传单,讲明罢工缘由,号召全国各铁路工友和广大人民群众加入战线。这种发文陈情的宣传得到了广大群众的理解与同情,2月1日后,全国多家报纸对京汉铁路总工会成立大会遭军阀破坏一事进行了如实报道,为罢工创造了有利的舆论支持。2月2日,京汉铁路各分会按照指示成立二级罢工委员会,开始准备工作,先后组建纠察队、敢死队、宣传队等,并连夜赶制铁棍、斧头等斗争武器。2月3日,由杨德甫、李震瀛为首的总工会主要领导人组成一级罢工委员会开始在江岸坐镇指挥,郑州、长辛店、信阳、江岸、新乡和彰德各地均由当地罢工委员会主持工作,全路工人组织严密、职责分明、意志坚定、行动一致。中国劳工组合书记总部致电全国各工团,通告军阀罪行以及罢工性质和目的,标明此次罢工"即为向军阀争集会自由之行动,且不特为我工人争自由,实为我全国人民争自由"②。2月4日,京汉铁路大罢工正式开始,根据总工会指示,9时中段郑州宣布罢工,10时南

---

① 《京汉铁路总工会全体工人罢工宣言》,上海《新闻报》,1923年2月9日。
② 《京汉铁路总工会至全国各地通电》,上海《民国日报》,1923年2月10日。

段江岸宣布罢工，11时北段长辛店宣布罢工，其余13个分会也在接到指示后相继罢工。不到3小时，这条纵贯中原腹地的交通动脉犹如一条僵死的长蛇，全面瘫痪，全线客车、货车、军车一律停顿，无一例外，南北交通由此中断。

江岸地区分工会委员长林祥谦下达罢工命令后，汽笛一响，全体工人立刻关闭电门，熄灭锅炉，停转机器，涌出厂门，分头行动，纠察队员手拿木棍、站岗放哨；宣传队员分组列队，散发传单。

郑州路段，持续十多分钟的鸣笛之后，高斌领导工人们关闸刹车，停电放水，将京汉铁路运输拦腰斩断，工人们高呼"打倒封建军阀""打倒帝国主义"等口号，并发出《罢工宣言》和《告诫工友传单》，号召大家万众一心，坚持到底。

长辛店3000多工人们闻令而动，集聚娘娘宫，史文彬向大家传达了总工会关于罢工的决定和要求条件，工人们高呼"坚决罢工到底"。会后还向北京当局及相关部门和全国各界团体两次通电，说明罢工原因，披露郑州军警对工人的武力干涉。[①]工人们还向军警散发传单，对军警晓之以理，动之以情，获得了一定程度的同情，有部分军警甚至表态"工人事件，吾辈绝不干涉"[②]。

顺德分工会也积极在站台宣传罢工原因，并保护旅客、维持秩序，还购买馒头接济贫穷旅客。正定、信阳在罢工后实行集体食宿以加强队伍整体能力，并组织队伍拦截列车，派人轮流值班，严格执行罢工命令。

2. 震惊中外的"二七"惨案

京汉铁路工人大罢工，引起了国内外反动势力的恐慌与仇视。各国

---

① 《长辛店分工会之两通电》，北京《京报》，1923年2月5日。
② 《卫戍司令派兵赴长辛店》，天津《华北新闻》，1923年2月7日。

使团为防止其在华利益受损，纷纷警告北京政府采取严厉措施，尽快取缔、平息罢工；大总统黎元洪发布政令污蔑此次罢工斗争为"越轨行为"，吴佩孚指使赵继贤、肖耀南、靳云鹗等对铁路工人进行诱骗、恐吓与武力镇压。工人们在高压强权之下，拼死捍卫正义与尊严，惨遭军阀血腥屠戮，最终酿成震惊中外的"二七"惨案。

2月6日，赵继贤伙同地方头目前往长辛店镇压罢工。军警占领车站，抢夺工会财物，并逮捕吴汝明、史文彬、陈励懋、王永泰、李玉、洪永福等11人。罗章龙、杨诗田、葛树贵火速集结3000多工人前往火神庙警察局营救工友，军阀头子见势不妙，竟下令对工人开枪。霎时，枪声四起，弹如雨下，葛树贵、杨诗田、辛克洪被子弹击中，壮烈牺牲，另有30多人重伤、30多人被捕，赵继贤还下令不准受伤工人出境和就医，造成许多重伤工人不治身亡。其间，士兵还对居民区大肆抢劫，任意杀戮。在郑州，靳云鹗对工人们威逼利诱，高斌等人不为所动，严词拒绝。最终高斌惨死于敌人的连日酷刑之下，仅留给妻女一张染血的照片。江岸作为此次罢工的指挥中心，斗争最为惨烈，肖耀南在吴佩孚的授意下，对工人们进行血腥屠戮。2月7日，军阀鹰犬张厚生诱骗抓捕工会领导人的计谋未能得逞，便带人包围江岸工会抓捕工人，见众人不肯就范，便下令对手无寸铁的工人们进行屠杀。当时数百工人在江岸工会门前等候罢工消息，因躲避不及又赤手空拳、无从抵抗，瞬间工会内外血流成河、尸横遍地。江岸工会纠察团副团长曾玉良奋勇向前，与敌人搏斗，最终被枪击中，壮烈牺牲。纠察团员王先端也在拼死反抗时中弹倒地，牺牲时手中还紧握着一面"维持罢工秩序"的小旗。嗜血成性的反动军警在疯狂扫射之后，又闯进工人住所见人就杀，还乘机抢掠，仅福建街就被洗劫三次，工人家中什物被一扫而光，一时四下大乱，哭声漫天。在这次惨案中，江岸分会 30 多名工友牺牲，其中 32 人当场殒命，重伤而亡 4 人，残废 3 人，有的家庭甚至全家遇害，林祥谦的弟弟也被惨杀，杨德甫的侄子被斩去双腿，杰出工人领袖林祥谦和著名劳工律师施洋也英勇就义。正定、顺德、彰德、郾城、驻马店等地军警大肆逮捕各分工会负责人，毒打工人，强迫上工。

"二七"惨案中，京汉路全线牺牲工人 50 人（其中江岸 39 人，长辛店 10 人，郑州 1 人），受伤 300 多人，被捕 60 余人，被工厂开除 1000 余人。这也是中共建党以后第一次有党员捐躯的流血事件。①

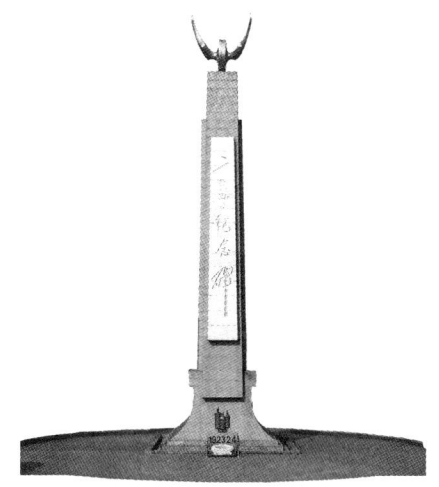

二七烈士纪念碑②

（中工网，http://www.workercn.cn/34165/202102/24/210224150536952.shtml）

二七烈士纪念碑位于武汉市汉口江岸"二七"革命纪念馆院内。1956 年 2 月破土动工，1958 年底正式落成，碑身正面镌刻着由毛泽东题写的"二七烈士纪念碑"七个大字。

---

① 林友华：《中国共产党首批烈士考辨》，《纪念京汉铁路工人运动九十周年文论集》，中州古籍出版社 2013 年版，第 7 页。
② 《京汉铁路工人大罢工：党领导的第一次工人运动高潮达到顶点》，中工网：http://www.workercn.cn/34165/202102/24/210224150536952.shtml。

京汉铁路大罢工和"二七"惨案不仅对工人运动具有重要意义,对中国革命也产生了深远影响。邓中夏曾指出:"工人阶级在国民革命之作用与地位,被我们大家认识与确定,'二七'视为一大关键。"①恽代英也曾在《"二七"与中国国民革命运动》中说道:"'二七'以后,中国的国民革命,才开了一个新局面……'二七'斗争也是孙中山先生,第一个认识工人阶级的力量,开始注意工人运动。"②它不仅促使孙中山开始正视中国共产党对工人运动的领导能力和工人阶级的强大力量,还从一定程度上改变了共产国际之前对于中国共产党的偏见,开始相信中国共产党及其领导的中国工人阶级能够担负起革命重任,最终促成第一次国共合作,推动了大革命的爆发。"二七"惨案中,京汉铁路工人的流血牺牲彻底撕下了封建军阀的虚伪面具,唤醒了广大民众的革命意识,不仅使中国共产党意识到建立广泛的革命统一战线的重要性;也使工人阶级和人民群众深刻认识到只有争得政治自由才能谋得经济权益和人民解放。这对当时的社会革命起到了一种催化和启蒙作用。③

(四)国内外对京汉铁路大罢工的支援

京汉铁路大罢工是为争自由和人权的政治斗争,更是一场反对帝国主义和封建军阀的革命运动,得到了全国各界的同情与支援。在这场斗争中,中国共产党始终作为领导核心,统一指导、有力组织并全程参与。从京汉铁路总工会的筹备、成立,到组织全路罢工再到惨案发生后的多方营救,中共党员始终奋战在斗争一线。中共一大代表中就有张国焘、

---

① 邓中夏:《"二七"与国民革命》,《人民周刊》,1927年2月7日。
② 恽代英:《恽代英文集》(下),人民出版社1984年版,第998页。
③ 张彦:《京汉大罢工意义的再探讨》,《纪念京汉铁路工人运动九十周年文论集》,中州古籍出版社2013年版,第162页。

陈潭秋、包惠僧、李汉俊等4人直接参加了京汉铁路大罢工,其余各地党组织也纷纷组织应援。中国共产党在《告工人阶级与国民书》中历陈吴佩孚公然破坏约法、践踏公民权利的无耻行径,直指屠杀铁路工人的暴行"不仅是军阀残杀工人的意义,乃是军阀惨杀争自由人民的先锋军的意义",痛斥吴佩孚"不仅是工人阶级的敌人,乃是全国争自由的人民的敌人",并号召工人阶级和广大人民一起联合起来打倒军阀。中国劳动组合书记部先后发布《中国劳动组合书记部敬告国民》和《中国劳动组合书记为"二七"惨案告全国工人书》,揭露军阀对外卖国求荣、对内迫害百姓的反动本质,赞扬京汉铁路工人以热血争自由的斗争是反抗军阀政治和外国侵略的战争,称赞工人是"为全国人民夺自由、争民权的急先锋",并呼吁工人阶级一定要联合起来发动政治斗争、取得政治地位、建设真正的民主共和的国家政权来代替军阀统治。在中国共产党的领导和发动下,全国上下掀起一场声讨军阀暴行、支援京汉铁路工人的声势浩大的群众运动。

1. 各路工友的同情罢工

京汉铁路总工会召开成立大会时,全国多条铁路均派代表前往参加,各路代表在郑州亲历军阀对工会的破坏和对工人的迫害,无不义愤填膺。全国铁路总工会筹备委员会通电全国各工团、各报馆,并发表宣言号召全体同胞同申义愤,崛起援应。津浦、京奉、正太、京汉、道清、粤汉六路驻京代表共同发表宣言①,其余五路均表示将遵照会议决定,发动同情罢工。

正太铁路总工会委员长孙云鹏与石家庄分会委员长施恒清返程后便

---

① 《六路驻京代表联合会议宣言》,北京《社会日报》,1923年2月14日。

开始筹划同情罢工，2月4日当天即派40名纠察队员前往京汉路石家庄站，与京汉路工友并肩作战，并按照约定于2月7日发动全线大罢工以作支援。听闻工友惨遭屠戮，正太工人悲愤不已，誓与京汉工人共同进退。面对前来镇压的直系军阀爪牙，正太工人不为所动，坚决表态："京汉路这次所提出的条件，政府没有圆满答复以前，我们正太路的工人决不开工。"①正太铁路工人的同情罢工遭到军阀的报复，致使总工会被封、旗帜被夺，6人被开除；山西阳泉、太原分会被开除40多人。从此正太铁路总工会失去合法地位，斗争转为秘密活动。

2月8日津浦铁路工人开始罢工，津浦路总工会致电交通部表示京汉事件若不能妥善解决，津浦路工人将与京汉铁路一致行动，该路南段随即处于停运状态。2月9日，数千名津浦铁路工人们聚集路轨，拦停列车，毁坏7个车头并打伤数名工头②，还与军警正面冲突，致数名工人受伤。

道清铁路工人总数虽比其他铁路少，但却是响应最早，坚持时间最久的一条铁路，罢工期间禁止各种车辆行驶，并一度占据矿局办公处所。英国资本家大为惊恐，勾结当地驻军进行镇压。道清铁路工人坚持9天，直至被捕工会领袖被释放才陆续上工。

粤汉铁路有4000多名工人，该路代表自郑州回来后向徐家棚、岳州、长沙分工会和设在新河的总工会汇报京汉铁路成立大会中工人所受屈辱与迫害后，工友们群情激愤，于8号发动全路同情罢工。粤汉路罢工也遭到当局镇压，最终徐家棚工会被封，会中财物也被抢劫一空。

京奉铁路代表返程后也随即开始准备罢工应援，天津机务处工人发

---

① 《正太路总工会宣言》，北京《晨报》，1923年2月12日。
① 《津浦工人罢工支援京汉工人》，北京《社会日报》，1923年2月11日。

出通电表示愿为后援以达救国救民之夙愿，并致电长辛店工人，表示将与其一致行动。中共唐山地方执行委员会书记邓培主持召开全路代表会议追悼"二七"烈士，并发动工人捐款200元以抚恤遇难者家属。

此外，京绥铁路代表尚未返回之时，吴佩孚就电令直隶和察哈尔当局严加防范。曹锟命令铁路局在沿线增派兵力，军警将工会包围，对工人严密监视。尽管处境艰难，京绥铁路各分会依然商讨罢工计划，并派出2名代表前往京汉路慰问。陇海铁路除发表通电、罢工抗议外，还连续每人每月捐献一角用以抚恤京汉铁路烈士遗孤。沪宁铁路、南京铁路工人也在"二七"惨案后罢工支援，但都很快遭到当局破坏。

2. 社会各界的大力援助

京汉铁路大罢工是工人维护自身正当权益的正义之举，得到社会各界的理解与支持。"二七"惨案更加暴露军阀的反动本质，广大人民群众对封建军阀的仇恨不断积累，对工人阶级的同情与日俱增，对民主自由的渴求愈发强烈。全国各地工界、学界、新闻界、政界和商界等纷纷以实际行动支援京汉铁路工人的罢工斗争。

各地工界是京汉铁路工人最坚实的后盾。湖北全省工团联合会于2月7日晚下达《武汉总同盟罢工全体动员令》，做出实力支援。湖北武汉工团组织始终与京汉铁路总工会并肩作战。京汉铁路工人发动罢工后，在中共武汉区委陈潭秋的领导下，由汉冶萍总工会、粤汉铁路总工会、钢厂工会、花厂工会、人力车夫工会等20多个工人团体以及学界、新闻界代表共3000多人组成慰问队，代表们手持"声援京汉路工人罢工"的旗帜，来到江岸分会门前广场举行慰问大会，江岸铁路工人与家属随即加入，上万人在会后进行示威游行，浩荡的队伍从江岸穿过五国租界，沿途还有不少人加入，口号声此起彼伏，巡警不敢阻拦，游行持续数小时后才散去。①这次大规模的示威游行极大显示了工人阶级的团结伟力，是武汉反帝爱国运动的空前壮举。

北京各界对京汉路事件极为关注，特别是学界反映最为强烈。此前，北京师生因反对当局逼迫北大校长蔡元培辞职向国会请愿，数百人被军警殴打，出现伤亡。军警的暴行已然引发学界的集体声讨。在学潮风波尚未平息之际，京汉工潮又传至北京，更加激起群愤，再次引发声讨浪潮。北大学生、北京学生联合会向京汉铁路通电、致函、发表宣言，谴责军阀违法禁止工人集会结社的行为是出于离散工友势力、削弱工人反抗的歹毒用心，并公然表示："我们学生，不但与工人表无限的同情，尽充分的援助，而且必定要手挽着手，一致联合起来，争夺我们共同需要的民权，摧倒我们共同痛恶的强敌。"②"二七"惨案后，各校学生分别在北大和女高师召开全体学生联合大会，举行游行示威，沿途散发传单，得到广大市民和多数商人的支持，令北洋政府大为惊恐。北京高校教职员也专门召开会议，根据学理为京汉铁路工人发声，直指当局采取措施的四处不当：其一为藐视约法剥夺工人正当权利，其二为不立法保护工人反而阻碍工人自助，其三为以武力强制工人被逼做出的罢工，其四为任意击杀手无寸铁的工人。③他们还从政局、经济、民生三方面分析罢工处理不当将引发的恶果，力荐当局早日悔悟、预防动乱、安固民生，言辞恳切，忧国忧民之心溢于言表。北京民权运动大同盟、北京学生联合会、北大学生会、北京各团体联合会筹备会、中国劳动组合书记部、

---

① 《汉工团慰问路工》，上海《时事新报》，1923年2月9日。
② 《北京学生联合会为京汉路罢工事宣言》，《北京学生联合会日刊》，1923年2月7日。
③ 《北京国立专门以上学校教职员会议代表联席会议通电》，《北京学生联合会日刊》，1923年2月10日。

全国铁路总工会筹备委员会、社会主义青年团、少年中国学会等十多个团体还组成了"铁路工人后援会"为京汉铁路工人提供实际援助。

罢工发生后，军阀利用手中掌控的宣传工具大量歪曲事实、污蔑工人、误导舆论。所幸新闻媒体界亦有不少仁人志士，诸多革命报刊顶着巨大压力、冒着性命危险对罢工进行了公正客观的报道，对军阀进行了无情的批判，为罢工工人争取舆论支持。中国共产党领导下的《新青年》《真报》《向导》《先驱》《政治周报》等报刊均对京汉大罢工做了全面且详细的报道，刊登了许多缅怀"二七"烈士的纪念文章，还发表了大量文章总结罢工经验教训。著名媒体人邵飘萍在罢工爆发后，即在《京报》的显著位置报道了罢工相关消息。《申报》先后刊登《京汉路工潮益烈》《京汉路罢工之惨剧》《全国工人自救会消息》《学生为京汉路工鸣不平》《工界对京汉路工惨杀之不平》等多篇文章。①

政界也有多位议员就京汉罢工和"二七"惨案向政府提出质问与建议。罢工第二天，议员胡鄂公便与廖宗北、罗家衡等126人就保证劳工集会、惩办凶手等向政府提出质问。②议员吴昆率蔡达生、田桐等20人也向政府提出质问和四项处理意见。③张国浚、张云阁、童效先等25名议员在工潮之后也向政府请愿释放被捕的工人。

此外，各地商界也为"二七"罹难者愤然发声，施洋之死更是让各地律师公会悲愤不已。上海江西路各路商界联合会致函上海律师公会，希望其为冤死者依法力争，还鸣冤者以公道。④夏口武昌律师公会、武汉律师公会、泉州律师公会、上海工商友谊会等纷纷致电声讨。

---

① 吴志浩：《"二七"大罢工中的舆论斗争》，《纪念京汉铁路工人运动九十周年文论集》，中州古籍出版社2013年版，第203页。
② 《众议员胡鄂公等向政府提出质问案》，《大公报》，1923年2月7日。
③ 《议员吴昆等向政府提出严厉质问》，北京《平报》，1923年2月9日。
④ 《商界亦为施洋呼冤》，上海《民国日报》，1923年3月2日。

3. 海外华人与国际社会的积极支持

京汉罢工和惨案消息传至海外，侨居苏维埃远东的中国工人无不痛悼愤慨，于2月18日在赤塔召集中朝两国全体工人会议，除哀悼伤亡同志还捐献一日工资援助国内工友。①南洋华侨总联合会、英属华侨学生联合会、雪兰锡矿工会、南洋树胶联合会、南洋华侨女权运动同盟会五个团体共同发出电报，谴责肖吴曹等作案元凶"不独仅为中国工人之敌，而亦世界工人之敌也"，并表示"然亦誓必尽力为国人援助成功也"。②留日中国学生也发文声讨，痛骂万恶的军阀不仅是直接压迫国人的罪人，更是替外国资本主义残害国人的刽子手，指出"本国的军阀封建制度，和外国的帝国资本主义，就是扰乱'和平'凶犯"，号召国民：唯有团结起来、奋起反抗才能打开这两重铁锁，解放全中国民众。③

京汉铁路工人的斗争还得到了各国无产阶级的同情和支持。共产国际执委会在"二七"惨案后发布《告中国铁路工人书》，对于中国共产党的领导和京汉路工人的斗争给予了高度评价。文中赞扬京汉铁路工人"已经同为反对各国剥削者而斗争的世界无产阶级联合起来了"，"你们在最近罢工中间提出的'结社和集会自由'口号，以及你们捍卫这些口号的不屈不挠的精神表明，你们已经真正进入了有组织的国际无产阶级的行列"；还称赞中国共产党"这个党不仅捍卫铁路工人的利益，而且也捍卫整个工人阶级的利益"。④共产国际代表马林也曾写过《远东——浸在血泊之中》等数篇文章颂扬京汉大罢工。赤色职工国际联合会也通电世界

---

① 罗章龙：《京汉铁路工人流血记》，河南人民出版社1981年版，第166页。
② 《南洋华侨五团体通电》，上海《商报》，1923年3月14日。
③ 《留日同学为二月七日军阀惨杀京汉路工敬告国人》，《北京学生联合会日刊》，1923年4月9日。
④ 《共产国际执委会就京汉铁路罢工工人流血事件告中国铁路工人书》，《真理报》，1923年3月5日。

各国工人，呼吁各国工人从行动上反对中国的反革命和它的帝国主义同盟者以保护中国的劳工民众[1]，并要求西欧，特别是法国和德国工会组织就京汉事件展开宣传，并派工人代表到中国使馆举行示威。[2]俄国、朝鲜、日本等国工人阶级也积极响应，发表宣言。运输工人国际宣传委员会和全俄铁路工会中央委员会也发表《为"二七"事件给中国铁路工人的信》，给中国京汉工人以鼓舞，并允诺随时准备进行积极援助。全俄铁路工会委员还向中国汉口铁路总工会汇款3万卢布以抚恤罢工中被迫害的工会会员及其家属。[3]日本、朝鲜工人发表宣言，决议于东京中国使馆向中国政府和军阀提出抗议，联络日本、朝鲜各劳动团体协助中国铁路工人达成要求，联络中国工人组织、学生团体讨论援助手段。[4]

二、"二七"精神的基本内涵

任何一种精神形态的出现，都不是无本之木、无源之水，必然是历史与实践共同作用的结果，既扎根于本民族的传统文化之中，又富有时代特征，从而形成丰富的内涵。伟大精神是一个国家和民族文化最本质、最集中的体现，是国家和民族独特魅力的彰显。由中华优秀传统文化、革命文化、社会主义先进文化所构成的中华文化，积淀着中华民族最深层的精神追求，代表着中华民族独特的精神标识，是中华民族的根与源。

"二七"精神形成于近代中国的特定历史背景之下，反映了近代铁路工人的精神风貌与意志品质，既是对中华优秀传统文化的历史赓续，也

---

[1] 铁道部、郑州铁路局政治部：《二七罢工斗争史话》，河南人民出版社1978年版，第216-217页。
[2] 李玉贞：《马林与第一次国共合作》，光明日报出版社1989年版，第134页。
[3] 《全俄铁路工会委员给中国汉口铁路总工会电》，莫斯科《真理报》，1923年3月6日。
[4] 罗章龙：《京汉铁路工人流血记》，河南人民出版社1981年版，第169页。

是对时代主题的积极回应，更是中国精神、民族精神和革命精神的生动体现。爱国情感、忧民情怀、民族气节、理想信念一直是中华文化和中华民族精神亘古不变的主题，具体表现为"人生自古谁无死，留取丹心照汗青"的爱国主义情感，"等贵贱、均贫富"的大同思想，"取义成仁今日事，人间遍种自由花"的大无畏精神，"遍地哀鸿满城血，无非一念救苍生"的济世情怀，"富贵不能淫，贫贱不能移，威武不能屈"的浩然正气，"千磨万击还坚劲，任尔东西南北风"的坚定信念，"为有牺牲多壮志，敢教日月换新天"的豪情壮志。这些中华民族独有的精神品质在几千年的文化传承中，早已深深融入每一个中华儿女的骨肉血液之中。作为工人运动主力军的铁路工人，自然也继承了这些优良传统和革命风尚。这种文化延续和精神传承，在民族危机和阶级矛盾的激化下，通过京汉铁路工人的斗争实践，具体表现为：同仇敌忾、万众一心的团结精神，不屈不挠、前仆后继的奋斗精神和无私无畏、舍身取义的牺牲精神。这些正是"二七"精神的基本内涵。

（一）同仇敌忾、万众一心的团结精神

上下同欲者胜，风雨同舟者兴。毛泽东曾在1921年时明确指出"劳动组合的目的，不仅在团结劳动者以罢工的手段取得优益的工资和缩短工作时间，尤在养成阶级的自觉，以全阶级的大同团结，谋全阶级的根本利益"[①]。铁路工人和其他产业工人一样，深受帝国主义、封建势力和资本主义的三重压迫，为谋求生存，早期也曾自发地组建过一些团体共同反抗，如老君会、哥老会以及安徽帮、福建帮、宁波帮等，但始终

---

① 毛泽东：《所希望于劳工会的》，《劳工周刊》，1921年11月21日。

未能摆脱行业和地域的狭隘，在组织制度和纪律作风上，难逃旧式窠臼，多具有自发性、临时性和地域性，其组织程度远不足以与外国和本国反动势力相抗衡，往往以失败告终。长期的斗争实践使铁路工人们深刻体会到必须更加团结起来，建立更加强大的组织，才能改善自身生活、争取合法权益。五四运动时，京汉铁路长辛店工人就派人参加了游行，并在学生爱国行动的影响下，积极组织参与各项活动，后来还在倡议成立国民联合会的电文中说道："团结重在精神不在形式，我国团结之病多在形式，故一旦有事意见不能一致，进行多生阻碍矣，使以精神团结则不然，万众一心，亿兆同志可以坚持自始而终，虽横逆之来，无碍也，且足试其兼耳。曰精神团结。工而组织工界联合会，商而组织商界联合会、农而组织农界联合会，学而组织学界联合会，其势大，其力坚，其气充，其神凝，可以对内监督政府，可以对外抵制强邻。背公理将强权者，我国民群起而攻之，则最后之胜利非他属，似我国民属也，团结力之法尚矣。"①工人阶级对于"团结"的认知十分深刻，并注重由团结意识转化为群体行为，继而汇聚成强大的战斗力量。李大钊也曾在长辛店劳动补习学校给工人们演讲时，先在黑板上写了一个"工"字，随后在"工"字上加了一个"人"字，充满激情地对工人们说道："'工人'两个字连起来是个'天'字，说明咱们工人们团结起来，力量就大于天啊！"②京汉路长辛店、江岸、郑州等各分工会成立时，均把团结互助、联合自救写入宣言。可见，团结互助的精神早已深入广大铁路工人心中。

成功为京汉铁路全体工人争得利益的长辛店八月罢工，正是铁路工

---

① 中国铁路史编辑研究中心、全国铁路总工会工运理论政策研究室：《二七革命斗争史》，当代中国出版社1993年版，第24页。
② 王永玺、钟雪生：《再论"二七"的功绩与意义》，《纪念京汉铁路工人运动九十周年文论集》，中州古籍出版社2013年版，第33页。

人们同仇敌忾、万众一心、团结斗争的结果。1922年8月，长辛店工人在邓中夏的带领下，向铁路当局提出开除总管、工头，承认俱乐部有人事推荐权，增加工资，短牌工人年满三年改长牌，盖立官房，工伤病假发工资等8项要求。在等待答复期间，工人们团结一心，积极做好罢工准备：组建几百人的纠察队，准备扛子、检点锤、月牙斧作为自卫武器，下班后统一集中操练；组织四十多人的演讲团，每天练习演讲，负责罢工时的宣传工作；成立调查团，专门负责打探消息，并制定特殊暗号，以便内部联络。因迟迟得不到当局答复，8月24日清晨，3000多工人聚集娘娘宫，宣布全体罢工，并明确规定罢工纪律，包括：不许赌博；不许喝酒和聚众打架；除了纠察队和调查团以外，不许到工厂里去；听从罢工委员会的统一命令等。随后，全体工人各就各位，一齐行动。工人们手执"不得食不如死""打破资本专制""不达目的不止""劳工奋斗"等字样的白旗前往车站。其间，工人们还极力协助、妥善安排旅客。因其团结一致、训练有素、秩序井然、要求合理而获得了社会各界的同情与支持，国会议员李国珍、陈邦燮深受感动，为长辛店铁路工人向国会提出弹劾交通局议案。长辛店在宣言中直言："我们虽是手无寸铁，不过因为此次罢工并不是为长辛店一个地方，我们所争的利益是普遍于全路的，所以我们不敢多所畏缩，不敢不振起精神，来对付这武装的压迫者！"①故而，此举赢得京汉铁路全路段的大力支持与团结协作。京绥、京奉、正太等路工友也纷纷支援，最后铁路当局被迫答应工人们提出的全部要求，八月罢工取得完全胜利。这次罢工不仅使全路全体工人每日加薪一毛，还大大提高了境遇最为悲惨的小工和短工的尊严和地位。这种惠及全路的斗争结果给了工人们极大鼓舞，"这使全路工人发生休戚相关的深刻印

---

① 《京汉路工人昨日罢工》，北京《晨报》，1922年8月25日。

象。这就可以解释统一全路总工会为什么首先成为京汉铁路工人的迫切要求,以至于为了成立总工会,不惜与军阀搏斗做最大的牺牲"[①]。除长辛店外,郑州站工人也在此次罢工中显示了铁路工人的团结精神和组织能力。郑州工会接到长辛店的罢工呼吁后,于次日宣告罢工响应,车站工作状态完全宣告终止,各类车辆停驶,工人鱼贯出厂,秩序严整,工会中工人皆阅报、下棋、弹歌等,绝无丝毫慌忙状态,厂方用假电报哄骗工人上工,工人皆置之不理,直至证实长辛店罢工要求已圆满解决,才表示"我们和长辛店是一个问题,非另生枝节,既然该处解决,当然我们要履行宣言,立刻恢复工作,以昭我工人对社会之信用",于四点全体复工。[②]严密的组织、严明的纪律、高度的团结、统一的行动,让记者不禁感叹"'劳工神圣'诚非虚语"。事后,长辛店工友还特意将得胜旗传至郑州,当地工人燃放爆竹,组织千人游行大会,高呼"庆祝胜利""战胜资本家"的口号,大有万人空巷之势。中国共产党领导的多次罢工获得胜利,使京汉铁路的工人们深刻认识到"团结就是力量",切身感受到铁路工人乃至本阶级的大团结才是工人阶级争取利益、谋得幸福的根本途径。

京汉铁路总工会拟定章程草案时,直接将这种团结互助的伟大精神具体细化为总工会的四大宗旨:(一)改良生活,增高地位,谋求全体工人的利益,得到共同的幸福;(二)联络感情,实行互助,化除地域界限,排解工人互相的争端;(三)增进知识,唤起工人的阶级自觉;(四)联络全国各铁路工人,组织全国铁路总工会,并与全国各业工人和世界工

[①] 邓中夏:《中国职工运动简史》,河南人民出版社2016年版,第23页。
[②]《郑州工人响应长辛店罢工之始末》,北京《晨报》,1922年8月29日。

人建立密切的关系。①这些宗旨在大罢工中得到贯彻与落实，全体工人在总工会和罢工委员会的领导下，一切行动听指挥，坚持不得总工会命令不上工，表现了同仇敌忾、万众一心的团结精神和高度的组织纪律性。罢工期间，《京汉铁路总工会紧要通告》中的五项规约保证了工人们思想和行动上的统一，即：须遵从工会一切的命令，不得自由行动；须遵循秩序，不得扰乱地方安宁；须静居家中或工会，不得三五成群在外闲游；一切事务均由委员会办理，私人不得接洽或交涉；遇紧急事时，不得退缩或躲避。②罢工令一下，从江岸到长辛店，车辆停驶，锅炉停火，三万多工人步调一致，团结斗争，坚决服从总工会。罢工之初，吴佩孚为破坏工人内部团结指使手下采取"刚柔相济"的策略，对工人进行威逼利诱，但工人们均不为所动。赵继贤发出布告，限江岸工人十二小时内上工，否则便另找人代替，但是工人们一致表示一切均受江岸总工会指挥，态度坚决，无人屈从，即便后来在枪林弹雨中也毫无退志。郑州工人罢工之初，靳云鹗假意与工人代表谈判，代表们表示如果不准开会、不惩办凶手、不赔偿损失、不恢复总工会，便无法向工友交代，态度强硬，始终不肯让步。靳云鹗恼羞成怒，命人将高斌、姜海士绑在电杆上，还下令四处搜查，行人纷纷奔逃躲避，见人就抓，轻则捆绑、重则殴打，强迫工人上车开工。但工人们毫不畏惧，被军人扭送至车站的工人也依然"谈笑自若，口衔烟卷，绝无惧容，终不肯开工"③。刘文松本来并未被抓捕，但听闻高斌、姜海士二人被拘后，表示工会事情是三人共同负责，现在二人受苦，自己绝不躲逃、苟且偷安，立刻前往工会要求放

---

① 《京汉铁路总工会章程草案》，陈素秀：《京汉铁路工人大罢工史料汇编》，河南人民出版社1999年版，第109页。
② 《京汉铁路总工会紧要通告》，上海《新闻报》，1923年2月9日。
③ 《京汉路罢工风潮之豫闻》，上海《新闻报》，1923年2月10日。

人，若不放人则与工友同甘共苦，工人佩服刘文松的义气，敌忾之心更加坚决，誓言"万众一心，坚持到底"①。机厂副厂长万玉琳力劝打算忍痛复工的工友被军队抓走；司机彭占元不愿上工，请求销差，被抓去打了两百军棍；工匠马定清不愿上工，请求销差，被京汉巡警掌责致鼻破血流。②

京汉铁路工人这种同仇敌忾、万众一心的团结精神，不只体现在本路工人的团结斗争中，还体现在对其他工人团体的阶级友谊中。香港海员大罢工，京汉铁路长辛店工人发起成立"香港海员罢工北方后援会"，并与京奉、陇海、京绥等北方路工一起拟定三项援助办法：发表宣言支援，组织各路会员捐献一日工资汇往广州，举行罢工以作援助。他们在宣言中，表示"我们虽远处北方，服务铁路，然既属工友，所以也不敢告劳，特连北方各铁路工人发起这个'北方香港海员罢工后援会'……我们现在郑重宣言：充分地与香港罢工海员表示同情，竭诚尽力地援助他们达到目的——在此项目的未达到以前，我们愿随同他们向外国的资本家宣战"。不多久，京汉铁路由北京开往汉口的列车上方均出现写有"援助香港海员"六个大字的旗帜。在此之前还有人对铁路工人拟定的援助办法疑信参半，认为："中国工人，完全没有觉悟，哪里知道工人应该团结呢？哪里知道工人应该互助牺牲自己去帮助别人呢？"③但是京汉铁路工人用实际行动证明了中国无产阶级的觉悟，证明了中国工人阶级的团结精神。1922年粤汉铁路全路工人大罢工时，京汉铁路工友就通电当局表示若不妥善解决，将一致行动，还派出11人分别前往陇海、京奉、京绥、津浦、道清、正太、沪宁等路请求支援，并与武汉各工团组成后

---

① 罗章龙：《京汉铁路工人流血记》，河南人民出版社1981年版，第41页。
② 罗章龙：《京汉铁路工人流血记》，河南人民出版社1981年版，第43页。
③ 《北方路工援助香港海员大罢工》，《工人周刊》第29号，1922年2月12日。

援会。粤汉铁路罢工胜利后，还发表告全国工友的通电，赞扬粤汉铁路工人罢工是"中国工人破天荒的奋斗"，同时还总结这次罢工的经验教训，指出工人的团结精神才是胜利的保障，意识到"粤汉工友这种奋斗的精神，我们是钦佩的；但是，粤汉罢工迁延17日之久不能解决，由于少数工友受贼人诱惑，精神不能一致，受极大的损失和痛苦。以后，凡是工人大家都应该连成一气，不受人的利诱，才能得着幸福"。开滦五矿罢工中，京汉铁路总工会筹备处为声援工友，分别向全国同胞、内阁、国会发电报，呼吁各界人士捐银款、划良策，以帮助唐山煤矿工人脱离水深火热之中，又恳请内阁和国会保护人民，保护民权，取消治安警察法。① 正太铁路工人罢工时，京汉铁路工人明确表态与正太铁路唇齿相关，并予以实力援助，寄去捐款。湖南水口山矿工罢工和湖北大冶下陆铁矿工人罢工时，京汉铁路表示同属工人阶级，并全力援助罢工工友。通过中国共产党的领导、教育以及京汉铁路工人的身体力行，这种同仇敌忾、万众一心的团结精神和互助意识，不断在铁路工人队伍中强化，使得铁路工人队伍迅速壮大，战斗力量不断增强。

（二）不屈不挠、前仆后继的奋斗精神

亦余心之所向兮，虽九死其犹未悔。近代中国第一批铁路工人诞生于1881年的唐胥铁路，19世纪末约为3000人，1911年约为50 000人，1919年约为84 000人，1924年增至115 000人。② 可见几十年间，铁路工人队伍迅速发展并不断壮大，然而队伍的日益壮大和生活的愈加困苦

---

① 《京汉铁路总工会筹备处为声援开滦工人罢工的电报三则》，《新民意报》，1922年11月16日。
② 宓汝成：《帝国主义与中国铁路》，经济管理出版社2007年版，第426页。

却形成鲜明对比。中国近代铁路工人主要来源于破产的农民和手工业者，洋务运动时江南制造总局、福州船政局、天津制造局等军工企业培养的第一批技术工人也成为近代铁路工人的一部分，还有小部分来源于无固定职业的城市居民和学生。①铁路工人虽然比其他工种的技能素质和薪资待遇相对高一些，但是在积贫积弱的中国，依然难逃贫苦交织的悲惨命运。首先，经济收入极其微薄。京汉铁路工人中升火、匠役占了绝大多数，薪资大都不到20元，最低的仅为15元。技能工人与半技能工人、无技能工人的工资差异较大，技能工人工资约为无技能工人的两倍。就连铁路局局员月薪也差异巨大，最高800元，最低20元，高低相差40倍之多。1923年京汉路工平均工资为18.82元，而当时周边地区平均米价为9元一担，微薄的薪资实不足以维持家中生计。此外，工人们还常常饱受拖欠薪资之苦，京汉路曾因"营业不佳，无款可付或发支付券替代"，全路各段，工人薪资"此发彼欠"，"出入很大"。②这些从京汉工人身上榨取、抢夺来的血汗钱被铁路当局划拨给军阀以充军饷，或供其奢靡挥霍，或供其扩充军备，尽显"朱门酒肉臭，路有冻死骨"之炎凉世态。其次，政治权利极度缺乏。北洋政府为严格限制工人自由权利，先于1912年颁布与约法相违背的《暂行新刑律》，规定"从事同一业务之工人同盟罢工者，首谋处4年以下有期徒刑、拘役或30元以下罚金"，又于1914年颁布《治安警察法》，规定"采用一切力量，来制止一切工人的集合及行动"，甚至连工人要求增加工资的权利都被视为非法而被禁止。此外，当局还对铁路工人采取所谓"军事部勤"制度，对铁路工人

---

① 孙自俭：《中国近代铁路工人的职业、地域来源考》，《求索》，2013年第9期，第59-62页。
② 刘心铨：《华北铁路工人工资统计》，《社会科学杂志》，1933年第4卷第3期，第273-344页。

实行军事化管理，严格控制工人人身自由。①铁路工人们在军阀专制统治下被随意逮捕、拷问、监禁，甚至枪毙。工人上工方面，政府部门还沿袭旧式的保荐、学徒和包工三种途径，控制铁路从业资格，把控铁路用人权利。《京汉铁路职工惩戒章程》中对工人的惩处就多达十四条，还辅以《京汉路整理路务条陈——关于惩罚的八种差别》，规定"违背本局章程既总办命令者"和"聚众要挟不受约束者"予以革职处罚。《京汉路各处工厂取缔工役惩、奖暂行简章》中规定：工人甘受外人煽惑者予以开除，工人被人煽惑知情不举者罚薪处分，并以升职、加薪作为奖励，鼓动工人之间检举。②以上种种专制措施，严厉禁止工人罢工，破坏工人内部团结，使工人长期处于无权无势地位。铁路工人在这种无钱无权的境遇中举步维艰，挣扎求生，反抗斗争的愿望日益强烈。

京汉铁路工人的奋斗精神随着工人阶级意识和政治觉悟的提高而不断强化。中国共产党的第一个决议中明确提出"党在工会里要灌输阶级斗争的精神"。工人们也从无数斗争实践中认识到：要改善生活、谋得经济利益就必须争得人格自由、获得平等的政治地位；在帝国主义与封建军阀的双重铁链下，唯有奋斗，才能实现自身的经济要求与政治诉求；唯有奋斗，才能谋得工人阶级乃至全国人民的解放。1922年，郑州机务处工人罢工宣言就曾公开表示工人用血汗的代价求生活，做工本是最神圣的事，工人的人格不比社会其他人群低，如果欺虐、苛压工人，工人为自由和人格，绝不再容忍，因为工人早已觉醒。③郑州站工人支援八月罢工时，当局曾派遣军警前往威慑，遭到铁路工人们的剧烈反对，工

---

① 宓汝成：《帝国主义与中国铁路》，经济管理出版社2007年版，第434页。
② 《京汉路各处工厂取缔工役惩、奖暂行简章》，陈素秀：《京汉铁路工人大罢工史料汇编》，河南人民出版社1999年版，第20页。
③ 《郑州机务处工人罢工》，《工人周刊》第28号，1922年2月5日。

人们认为：工人本有工作自由，工厂及机车都是工人的工作场所，武装军警的监视是对工人人格的羞辱。由于工人们的据理力争和强烈抗议，最终当局将各处巡警撤去。京汉铁路总工会成立大会召开之时，戒严军警持枪拦截工人队伍，代表们无比愤慨，项德隆、李震瀛、康景星等上前与之辩论。项德隆说："我们并非开全体大会，只是向总工会送匾庆贺，这是商家百姓常有的事，难道工人就不能这样做吗？"谁知黄殿辰竟嚣张蛮横地答复："吴大帅有令，禁止在这里举行总工会成立大会。今天戒严，不但不准送匾庆贺，连路也不准你们走！"听罢，项德隆怒不可遏，厉声痛批："你们这些军阀臭官僚，不去反抗列强，剿祛兵匪，反而蹂躏人民，欺压工人，请问你们哪里还有一点正义良心？"黄殿辰恼羞成怒，命令军警举枪恐吓，康景星大义凛然，挺胸向前，指着胸膛怒吼道："怕死鬼不闯阎罗殿，谁要动武，请朝这儿打！"施洋也冲上前指着拦路军警谴责说："军阀无正义，强权无公理，替他们卖命者全是奴才和走狗！"军警们一时语塞无措，项德隆趁机高呼："不自由，毋宁死，咱们向前冲啊！"瞬间，1000多人组成的队伍如潮水般冲开包围，涌向普乐园戏院，在激烈的斗争中宣布总工会的成立。①与会工人、来宾们冲出会场后，军警又包围旅馆，待工人如待囚犯：禁止工人代表和与会来宾自由出入及相互谈话；勒令酒店饭馆歇业；不准与会工人们集宴、上街；派武装军警严密监视。代表们派人前往交涉并索回被抢去的各种礼品，最终无果，黄殿辰甚至扬言："我在郑州一日，即一日不许工人开会，所有打破之匾额，也不许工人搬至工会之内。你们有能力即行全路罢工，使我黄殿辰屈服，我一步磕一头，将匾额亲自送至工会。现在呢，你们快些滚

---

① 中国铁路史编辑研究中心、全国铁路总工会工运理论政策研究室：《二七革命斗争史》，当代中国出版社1993年版，第76页。

蛋。"①随后还带人捣毁工会会所，摘去工会牌匾，抢劫工会财物，封闭工会大门，驱逐外地代表和来宾，将工人人格尊严、自由权利践踏得体无完肤。军阀的野蛮行径进一步激发了工人的阶级觉醒和政治觉悟，工人们的奋斗精神转化为坚决而惨烈的罢工斗争。

哪里有压迫，哪里就有反抗。为保障人格、争回自由，京汉铁路工人付出了惨烈无比的代价。罢工当天，史文彬登上高台，面对长辛店3000多工人高声道："工友们，大伙为了结团体、办公会，受尽了千辛万苦，排除了重重困难，才组织起来京汉铁路总工会。工会就是我们的第二生命。军阀破坏总工会成立大会，侵犯我们的自由，剥夺我们的权利，我们要与封建军阀宣战！不自由，毋宁死！不实现罢工条件，决不上工！"工人群情激奋，齐声响应"坚决罢工到底！"不久后，长辛店岗哨林立，军警全副武装，形势十分紧张，面对即将到来的血雨腥风，工人坚信"为自由而死，死而无憾"，绝不后退一步，再次申明罢工是为争回"应享的集会结社自由和人格"。反动军阀多次威逼不成后，开始显露凶相，大肆抓人，劫掠工会。纠察队副队长葛树贵带领工人队伍营救被捕工友，工人高举"释放被捕工友""还我们的工友，还我们的自由"等标语，葛树贵手握大锤，走在队伍最前面。工人代表与警局交涉未果后，警察惊恐于工人的汹汹来势，开始大开杀戒，向工人开枪。葛树贵一马当先，扑向警察夺枪，在搏斗中被子弹击中头部，顿时血流如注，却仍紧攥锤把，嘴里还不忘喊道："冲啊，夺枪啊！"最终倒在血泊之中，时年36岁。②同日，江岸工人也在另一边与军阀爪牙浴血奋战，英国、日本等帝国主义军舰悉数靠岸，各国租界鸣笛戒严，数艘满载士兵的货轮停靠江岸，

---

① 《长辛店分工会之两通电》，北京《京报》，1923年2月3日。
② 中国铁路史编辑研究中心、全国铁路总工会工运理论政策研究室：《二七革命斗争史》，当代中国出版社1993年版，第104页。

向中国工人施压。面对紧张局势,纠察团副团长曾玉良临危不惧,手扛大旗,率领纠察团员严阵以待,誓死保卫总工会。张厚生率部队向工会逼近,曾玉良高呼:"工友们,为保卫总工会,争取人权和自由,拼命呀!"随后率领众人冲上前与敌人近身肉搏,拼死抵抗。张厚生见势不妙,大为惊骇,立刻鸣枪发出屠杀暗号,许多工人中弹倒地。曾玉良眼见工友兄弟惨死眼前,奋不顾身扑向敌人,与之扭打在一起。一名敌方军官趁机开枪,曾玉良连中数弹,英勇就义。这位优秀的工人阶级的儿子牺牲时仅32岁。[1]京汉路江岸机器厂工人陈端炳在惨案发生后,冒着敌人的枪弹,在江岸分会门前高喊:"工友们冲呀!"带头冲入敌阵,中弹牺牲,时年25岁。[2]长辛店工会干事杨诗田,在工友被捕后与葛树贵一起带领工人前去营救,他手持"还我工友"的白布大旗,高喊"还我工友,还我自由",走在队伍最前面,敌人开枪镇压,击中他的腹部,当场壮烈牺牲,时年39岁。[3]江岸工会会员,机器厂翻砂工人李开元在2月7日下午,给总工会送信回来时,正遇上敌人在分会屠杀,他毫不犹豫冲上前加入战斗,被敌枪击中,不治身亡,牺牲时年仅21岁。[4]江岸工会会员柳成有,在分会门前与敌人搏斗时,被敌人用枪击中左胸,头部还被刺数刀,当场牺牲,年仅24岁。在这场强权与真理,正义与邪恶的生死较量中,京汉铁路工人高歌:"军阀手中枪,工人头上血,头可断,肢可裂,奋斗的精神不可灭!"

---

[1] 中国铁路史编辑研究中心、全国铁路总工会工运理论政策研究室:《二七革命斗争史》,当代中国出版社1993年版,第194页。
[2] 中国铁路史编辑研究中心、全国铁路总工会工运理论政策研究室:《二七革命斗争史》,当代中国出版社1993年版,第198页。
[3] 中国铁路史编辑研究中心、全国铁路总工会工运理论政策研究室:《二七革命斗争史》,当代中国出版社1993年版,第196页。
[4] 中国铁路史编辑研究中心、全国铁路总工会工运理论政策研究室:《二七革命斗争史》,当代中国出版社1993年版,第200页。

京汉铁路工人们用血肉之躯为自由而战，为正义而战，52位[①]"二七"烈士用生命捍卫工人阶级的人格与尊严，在凶狠残暴的敌人面前不屈不挠，前赴后继，生动诠释了中国工人的顽强意志和强大斗志。正如罗章龙在《京汉工人流血记》中所言，"大家只有前仆后继的在此革命长流中涌进，最后的成功，终归于最后努力的人"[②]，这种不屈不挠、前赴后继的奋斗精神激励着无数革命志士继续为理想、为信仰义无反顾，一往无前。

（三）无私无畏、舍身取义的牺牲精神

粉身碎骨浑不怕，要留清白在人间。中华民族的传统文化中自古就有为理想甘愿赴死的伟大精神。京汉铁路工人在与国内外反动势力的惨烈斗争中，面对敌人的威逼利诱，意志坚定、宁死不屈，喊出惊天动地的豪言壮语；遭遇敌人的暴虐残害，视死如归、舍身取义，捍卫工人阶级的人格自由。这种宁死不屈、舍身取义的牺牲精神正是中国无产阶级大无畏的革命气概和献身精神在工人斗争运动中的生动体现。

1. 工人运动先驱——林祥谦

林祥谦，名元德，1892年出生于福建闽侯县尚干镇的一户贫苦农民家庭。1906年，进入马尾造船厂当钳工学徒。1912年初，通过技工考试，进入江岸铁路工厂当钳工，正式成为铁路工人队伍中的一员。因他为人正直、热心助人，在工人中颇受爱戴，曾被福建籍工人推举为福建帮帮首，为改善工人生活，提高工人地位，曾带领工人们开展过多次罢工斗争。1921年，中国共产党诞生后，武汉党组织负责人陈潭秋、林育南等

---

① 52位"二七"烈士中，汪胜友和司文德二位烈士由参与京汉大罢工后，于1926年牺牲。
② 罗章龙：《京汉铁路工人流血记》，河南人民出版社1981年版，第9页。

经常深入到江岸铁路工人当中,富有反抗精神、在工人中有较高威望的林祥谦很快就被发现。通过党组织的教育和培养,林祥谦消除了早先的帮派思想,阶级觉悟很快提高,积极从事工人运动,参与工会筹组,协助创办工人夜校。1922年他当选为京汉铁路江岸分工会委员长,领导江岸工人开展了一系列斗争,成长为工人阶级的先锋战士。1922年,经项英介绍,林祥谦加入中国共产党。1923年,总工会做出全路罢工的决议后,林祥谦作为江岸工会的主要负责人迅速组织工友们紧张地进行罢工准备:组织宣传队、调查队,扩大工人纠察团,夜以继日地赶制自卫用的铁棍、木棒等。2月4日上午接到总工会罢工指示后,林祥谦立即下达罢工令,率领全体江岸工人罢工,得知数名工人被军阀抓捕后,又率2000多名工人和纠察队员将其成功营救出来。2月7日,罢工进入紧要关头,斗争局势异常严峻,林祥谦叮嘱妻子要做好思想准备,谨防敌人毒手,势必斗争到底。果然,当天下午,大批军警走狗就在张厚生的带领下对工会大开杀戒,工人们伤亡惨重,林祥谦也和其余60多名工友在搏斗中不幸被捕。[①]

2月7日傍晚,夜幕遮天,北风凛冽,雪花纷飞。敌人将林祥谦和其余60多名被捕工人捆绑在江岸车站站台的电杆上毒打折磨。工人们闻讯后,冒着被捕杀的危险,纷纷奔向车站,想夺回领袖和其余工友,却被一排排全副武装的军警阻拦在外,无法上前。张厚生提灯上前于众人之中找出林祥谦,强迫其下令上工,林祥谦横眉冷对,不予理睬。眼见威逼不成,张厚生随即凶相毕露,令刽子手往林祥谦手上砍了一刀,大量鲜血将林祥谦衣袖染红。张厚生问道:"上不上工?"林祥谦强忍剧痛,坚定答道:

---

① 钟兆云、易向农:《一个共产党人的英雄本色——纪念林祥谦烈士诞生120周年》,《纪念京汉铁路工人运动九十周年文论集》,中州古籍出版社2013年版,第217-223页。

"不上!"张厚生又气又恼,命刽子手又砍下一刀,问道:"到底下不下命令上工?"林祥谦斩钉截铁地回答:"上工要总工会下令!但今天既是这样,我们头可断,工不可上!"张厚生气得脸色铁青,下令又砍一刀,顿时鲜血溅地,林祥谦在剧痛中昏厥过去。殷红的鲜血与洁白的雪花形成强烈对比,刺痛了在场每一个人的心。当他醒来时,张厚生对他狰狞地笑道:"现在怎样?"林祥谦切齿怒骂道:"现在还有什么话可说!可怜一个好好的中国,就断送在你们这般混账军阀走狗手里……"张厚生一听暴跳如雷,不等林祥谦说完,就气急败坏下令将其"枭首示众"。在一片悲恸哭泣声中,这位优秀的共产党员,杰出的工人领袖最终惨死于敌人的屠刀之下,就义时正值31岁盛年。在他死后,毫无人性的张厚生甚至还不许其家人为其殓尸。最终林祥谦的父亲以命相搏,才使英雄归家入土。①

林祥谦用生命诠释了共产党人坚守信念、甘愿赴死的英雄本色,他的后人将他的精神浓缩成"有信仰,扬正气;有纪律,克随性;有爱心,乐助人"的家训一代一代传承下去。

工运先驱②——林祥谦烈士

(光明网,https://news.gmw.cn/2018-04/16/content_28337279.htm)

---

① 罗章龙:《京汉铁路工人流血记》,河南人民出版社1981年版,第47-48页。
② 《林祥谦:工运先驱 英雄本色》,光明网:https://news.gmw.cn/2018-04/16/content_28337279.htm。

2. 劳工律师——施洋

施洋，字伯高，1889年出生于湖北省竹山县一户贫寒的书香之家。9岁随父读书，1907年考入郧阳府立农业学堂学习蚕科。辛亥革命爆发后，因学校停办，回乡创办国民学校，给学生讲种桑养蚕的知识，还创立农务会，被推为会长。1914年，考入湖北警察学校。1915年，考入湖北法政学校专门学习法律。1917年，以甲等第一名的成绩毕业，在武昌从事律师职业，不久又被选为律师公会副会长。五四时期，施洋积极投身反帝爱国斗争，以律师公会名义发通电写宣言，积极支持学生的爱国行动。目睹湖北督军王占元出动军警对学生实行血腥镇压后，施洋利用律师身份，为学生仗义执言，向法院提起公诉，随后又四处奔走，散发传单，登台演讲，鼓动商人罢市，呼吁国民抵制日货。1920年施洋通过恽代英、林育南等创办的利群书社，开始接触无政府主义、新村主义等新思潮，经过探索、辨别，最终坚定了马克思主义信仰。1922年6月，经许白昊、项英介绍加入中国共产党。因出身贫寒，深知劳苦大众的艰辛，施洋经常深入劳动人民，免费为他们提供法律援助，并指导他们开展斗争活动。1920年至1923年，施洋指导并参与多次工人运动。1921年1月，江岸京汉铁路工人俱乐部成立时，被聘为法律顾问。这期间他组织领导汉阳钢铁厂、英美烟厂等企业工人罢工并取得胜利。1921年汉口人力车夫罢工，施洋和林育南根据党的指示，组织"汉口人力车夫同业工会"，指挥数千车夫罢工7天，获得胜利。1922年9月粤汉铁路工人举行罢工，施洋与林育南领导武昌徐家棚站，罢工17天，迫使反动当局答应工人所提全部条件。同年10月，湖北省工团联合会成立，施洋担任该会的法律顾问，负责处理工人在法律上的相关事务。1923年1月，汉口香烟厂罢工和（棉）花厂工人罢工，施洋均挺身而出，为工人据理力争,与英国资本家做斗争,最终迫使资本家屈服,保障了工人的正当权益。①李求实曾如此评价施洋:"他对于为民众争自由去蠡贼的种种运动中,真算得鞠躬尽瘁。"②

京汉铁路总工会成立大会时,施洋就发表演讲说道:"工友们,人民有集会、结社的自由,民国的约法上明白规定。我们工人创造的功劳甚大,在人民中占重要地位,为什么不能享受约法上之自由?军阀吴佩孚等野心勃勃,南征北剿,不是依赖我们制造武器及交通运输的工人么?他的生命,他的势力都是建立在我们身上,他不知感恩,反要摧残我们,压迫我们,剥夺我们约法上应有的权利!工友们!这是何等的无理?这种横逆之来,侮辱之来,我们岂能忍受?现在压迫之来,是不可避免的,我们当此大敌在前当然有进无退、善自防卫。工友努力奋斗呵!"③工人代表队伍行进中,遭遇军警阻挠,施洋与其余工会领导带领工人冲过阵线,奋力前进,并于当晚和项德隆一起起草罢工文件。罢工开始后,施洋又不辞辛劳地辗转奔波于各个联络点,联系各大报社进行舆论宣传,发动各工会、学校和武汉各界予以声援。施洋为工人运动积极奔走,为劳苦大众力争人权,引得反动当局的忌惮与仇视。军阀对其恨之入骨,视之为眼中钉、肉中刺,极欲除之而后快。

1923年2月7日下午5点,施洋刚到家不久,便有数名警察持枪闯进,声称是奉命请其前往汉口警察厅谈话,施洋的妻子担心其安危打算一同前往,施洋却请妻子安心留家,说道:"我未犯法,无论到那里都不怕的,请勿着急。"到警察厅后,施洋问自己所犯何事,警察说是想就罢

---

① 高建伟:《施洋:心系劳苦大众的"劳工律师"》,光明网:https://dangjian.gmw.cn/2020-12/29/content_34503727.htm。
②《施洋底死》,上海《民国日报》,1923年2月22日。
③ 林育男:《施伯高传》,《施洋纪念文集》,华中师范大学出版社1988年版,第140页。

工一事与其商量解决办法。施洋凛然答复道：要解决罢工，只有改良工人待遇、恢复工人集会结社言论出版自由、增加工资、减少工时，并列举英国解决罢工的方法，足足说了一个多小时。在被押送乘船过江时，他还向押解警察晓以大义，陈述中国穷人的悲苦、工人的可怜，直言帝国主义是中国全体人民共同的敌人，国人应该一致联合起来打倒帝国主义。他言辞恳切，情绪激昂，竟让陪同警察由衷赞叹，肃然起敬。被关押至陆军看守所后，即便手铐脚镣加身，施洋也并不以为苦反而觉其乐，把坐牢看成是"修经养锐之机会，钻研锻炼之良辰"。2月8日，陆军审判处开庭，施洋神情自若，直言自己所做事情都在法律范围之内，是律师应有职权，从未有过违法行为。当审判长问施洋为何参加各界联合会时，施洋说是源于爱国运动，"我为国民一分子，爱国是国民天职，为何不应参加呢？"当被责备律师因有一定法律职权不该任意参加其他团体行动时，施洋反问道："律师公会在法律上固有一定的职权，但救国运动为非常行为，农工商学各界，既先后参加运动，律师有何不可参加呢？"无论如何审判，施洋皆从容应对，有理有据，还在狱中写下《监狱乐》，充分显示了临危不惧的革命气魄和乐观豁达的革命精神。①施洋被捕后，吴佩孚就叫嚷"不杀施洋，工潮不能平"，萧耀南更公然在报纸上刊登"不杀施洋，京汉铁路不能通车"，不久便下达了秘密杀害施洋的电令。2月15日凌晨，施洋被绑至武昌洪山脚下，施以枪决。行刑前，执法官问施洋是否要写家信，有没有遗嘱，施洋厉声回答："中华民国就是我的家！我有什么信可写？我只希望中国的劳动者早些起来，把军阀、官僚、资

---

① 《伯高狱中七日记》，陈素秀：《京汉铁路工人大罢工史料汇编》，河南人民出版社1999年版，第242—253页。

本家和你们这般替他们做走狗的人，一起都食肉寝皮！"①敌人随即扣动扳机准备行刑，施洋大义凛然地说："你们杀了一个施洋，还有千百个施洋！"身中两枪依然大呼"劳工万岁"，展示了共产党人视死如归、舍身取义的英雄气概。②

劳工律师——施洋烈士

（光明网，https: //www.gmw.cn/01gmrb/2005-06/02/content_243340.htm）

"二七"精神，源于京汉铁路工人的斗争运动，在中国共产党和中国工人阶级的重视和推动下，随着历史的积淀，实践的深化，其主体范围不断扩大，精神内涵也不断丰富。在新民主主义革命时期，特别是在工人运动的消沉时期和中国革命的艰难时期，"二七"精神更是成为中国共产党领导工人运动，凝聚工人力量的一种思想引领和精神感召，并在各个历史时期不断被赋予新的时代特征。1926年2月7日全国铁路总工会

---

① 《施洋遇难》，《施洋纪念文集》，华中师范大学出版社1988年版，第39页。
② 《永远的丰碑：施洋》，光明网：https: //www.gmw.cn/01gmrb/2005-06/02/ content_243340.htm。

第三次全国代表大会在纪念"二七"烈士的基础上,号召全体铁路工人继承先烈精神,继续为民族与阶级解放而奋斗,努力完成国民革命和世界无产阶级革命,广州、上海、北京、郑州、天津、长沙等地工人都举行了"二七"纪念大会。1928年1月,中共中央发出关于纪念"二七"的通告,要求尽可能以群众大会、罢工、演讲、追悼会、游行、示威、发传单、贴标语等公开的形式纪念"二七"斗争。1929年2月7日,全国铁路总工会发表《"二七"纪念告全国铁路工友书》。1930年1月5日,中华全国总工会发出《关于"二七"纪念,全国工人争自由运动周》的通知。1931年1月23日,中共中央发表"二七"纪念宣言,号召全国工农兵在"二七"纪念日举行罢工、罢课和游行示威;中华全国总工会为"二七"九周年纪念发出通知,要求各级工会通过开展罢工和示威运动等方式纪念"二七"。1940年1月25日,中共中央发出《关于"二七"的指示》,要求各级党组织在"二七"十七周年纪念时,积极领导组织纪念"二七"的各种集会,把"二七"纪念与宪政运动联系起来,发动工人讨论对劳动法的意见等;2月7日,毛泽东为《中国工人》写发刊词,强调中国工人阶级要"团结自己和团结人民,反对帝国主义和封建主义,为建立新民主主义的新中国而奋斗";张浩发表《"二七"的意义与经验教训》,指出纪念"二七"就是要坚持抗战,坚持民族团结,反对投降妥协,反对分裂,争取抗争的最后胜利。1942年2月7日,延安上千名工人在八路军礼堂开会纪念"二七"十九周年,朱德、邓发、朱宝庭出席并发表讲话。1945年2月7日,延安《解放日报》为纪念"二七"二十二周年发表《为独立与民主而战,准备成立中国解放区职工联合会》。1946年,延安《解放日报》发表纪念"二七"二十三周年的社论,指出中国工人阶级现实的任务是用和平的方法巩固胜利,争取已经通过的国家民主化方案的完全实现，强调工人基本的民主权利和生活保证，以及工人要在未来民主化事业和经济建设中发挥更伟大的威力。1947年，延安《解放日报》为纪念"二七"发表《中国工人阶级今天的任务》，指出中国工人阶级最迫切的任务就是建立和巩固反对美帝国主义及其走狗的民族统一战线，保证解放区的生产，巩固工农联盟等。1948年2月6日，哈尔滨市总工会在道外工人俱乐部举行纪念"二七"大会，李立三报告了"二七"经过和意义，号召工人们团结起来，继承"二七"工人阶级英勇奋斗的精神，全力支援解放战争，打倒蒋介石，建立新中国；2月7日，新华社发表《坚持职工运动的正确路线，反对"左"倾冒险主义》，指出解放区和国统区职工运动的不同具体方针。1949年2月1日，中华全国总工会发布关于纪念"二七"二十六周年的通知，要求纪念"二七"要与目前反对国民党假和平，争取真正的民主的永久和平密切联系起来，在国统区客观条件许可的情况下，以公开或半公开纪念会形式，宣传继承"二七"斗争的英勇精神；2月7日，北京市3万多工人集会纪念"二七"，高呼"加紧生产，支援解放战争！""反对假和平"等口号。

　　通过以上对党在各个历史时期纪念"二七"活动的简要梳理，不难发现党结合不同阶段的革命目标和斗争的现实需要，把"二七"精神作为工人阶级共有的精神标识，以纪念活动为主要载体，不断赋予其新的内涵，为党领导工人运动提供了强大精神动力。"二七"精神的传承与发展，使个人行为最终汇成声势浩大的群体行动，不断提高工人队伍的阶级意识和政治觉悟，带领工人阶级顽强渡过数次工运低潮，不断克服斗争中的各种困难，最后将内在的精神动力外化为积极投身革命与建设的具体行动。

三、"二七"精神的时代价值

"二七"斗争促进了工人阶级和全国人民的觉醒,推动了中国革命的新进程,是中国工人运动的一次伟大转变,是幼年时期的中国共产党运用马克思主义解决中国革命问题的一次伟大尝试。它不仅开启了中国工人运动的崭新篇章,更成为中国共产党历史上的浓重一笔。习近平总书记曾指出:"为什么中华民族能够在几千年的历史长河中生生不息、薪火相传、顽强发展呢?很重要的一个原因就是中华民族有一脉相承的精神追求、精神特质、精神脉络。"[①]"二七"精神是对中华传统文化中伟大精神品格的赓续,也是中国共产党和中国工人阶级革命精神的凝结。它包含了幼年时期的党领导工人运动的经验教训,促进了中国共产党的成长与成熟,推动了中国工人阶级的发展与壮大,是革命先辈留下的宝贵精神财富,是鼓舞当代中国人民为国家富强、民族振兴、人民幸福奋斗努力的不竭精神动力。在"两个一百年"奋斗目标历史交汇的关键节点,传承和弘扬"二七"精神,对于树立正确的党史观,激励各族人民进一步发扬革命精神,以昂扬姿态奋力开启全面建设社会主义现代化国家新征程具有重要意义。

(一)追求自由权利,构筑社会主义核心价值观

古往今来,无数有志之士,为追求自由权利,抛头颅、洒热血,谱出一首首英雄赞歌。"自由"也因此成为一个极富深意,代表光明,象征美好的词汇。"自由"在汉语中意为"由于自己",即不因外力,自己做

[①] 中共中央文献研究室:《十八大以来重要文献选编》(中),中央文献出版社2016年版,第133页。

主。英语中与"自由"一词直接对应的是 Liberty 和 Freedom 两个单词。Liberty 源于古拉丁语 Liberta，意为从束缚中解放出来。Freedom 最早出现于中世纪的古英语中，词义中包含有不受羁束地自然生活和获得解放的意思。可见，无论中外，"自由"一词的本义都是：不受外力胁迫且合乎自身意志。它的词义包括个体人格独立，行动自主；民族独立，人民解放；国家独立，主权领土完整。这三个层面的"自由"正是京汉铁路工人乃至近代全体中国人民的不懈追求。如果说自由是人的根本存在方式和基本价值追求，那么奴役、剥削和压迫则使人产生了异化，与人的本质相背离。失去自由，生命本身也就失去了存在价值与意义，民族和国家自然也就不复存在。一部中国近代史就是一部中国人民捍卫人格、争取自由的奋斗史。包括铁路工人在内的近代中国工人阶级所遭受的剥削、压迫世所罕见，除了深受本国封建人身依附关系的束缚，还遭受外国资本主义的层层盘剥，不仅被资本家、工头虐待苛责，还要被封建军阀严密监控甚至残害。不管是清政府还是北洋政府抑或是后来的国民政府都采取各种手段，对工人阶级施行政治高压、武力胁迫。前有清政府《清朝矿物正章》，后有北洋政府《治安警察条例》和《治安警察法》，再有国民政府《铁路员工服务条例》和《维持社会秩序临时办法》，反动统治阶级只需铁路工人驯顺劳作、忍受剥削和奴役，不许他们反抗斗争，竭力剥夺他们的自由权利。"二七斗争"中工人为争自由而战、为争人格而战，为争工人切身利益而战，并不独独是为争集会结社自由，也不仅仅是为争工人阶级自由，而是为全体人民争国民应有之自由、人类应有之自由。京汉铁路工人对自由的追求正如他们歌中所唱："美哉自由，世界明星，拼吾热血，为他牺牲。要把强权制度一切消除尽，记取五月一日之良晨。红旗飞舞，走上光明路，各尽其能，各取所需，不分富贵贫贱，责任唯互助，愿大家努力齐进取。"①这种自由是包含人类的高尚品德，体现为人的尊严的自由，即人不再是作为奴隶般的工具，而是在自己的领域内或独立创造，或分工协作，实现人的全面发展。这正是马克思主义视域下的自由理念，是社会主义社会的自由权利，是中国特色社会主义追求的社会目标之一。中国特色社会主义核心价值观正是这种马克思主义自由观的当代体现。

社会主义核心价值观是社会主义核心价值体系的内核，体现社会主义核心价值体系的根本性质和基本特征，反映社会主义核心价值体系的丰富内涵和实践要求，是社会主义核心价值体系的高度凝练和集中表达。②党中央一直高度重视培育和践行社会主义核心价值观，习近平总书记多次作出重要论述、提出明确要求。习总书记强调要在全社会大力弘扬和践行社会主义核心价值观，使之像空气一样无处不在、无时不有，成为全体人民的共同价值追求，成为中国人民的独特精神支柱，成为百姓日用而不觉的行为准则。社会主义核心价值观的基本内容包括：富强、民主、文明、和谐、自由、平等、公正、法治、爱国、敬业、诚信、友善。新时期，继承和弘扬"二七"精神，坚持对自由权利的追求，有利于凝聚共识，统一思想，构筑社会主义核心价值观，帮助人们树立正确的自由观。

"生命诚可贵，爱情价更高，若为自由故，两者皆可抛。"裴多菲这首著名的箴言诗深刻说明了自由是人类的本质追求。自由诚然可贵，但物极必反，不加限制的自由终将走向自己的对立面，没有规则约束的自由犹如无根之木，极端自由等同于没有自由。纵观历史，自由主义一直

---

① 《劳动节之长辛店工人大会》，北京《晨报》，1921年5月2日。
② 中共中央办公厅：《关于培育和践行社会主义核心价值观的意见》，《人民日报》，2013年12月24日第1版。

是西方社会的主流思潮,个人自由始终为其思想核心。因此,西方国家素来惯以"自由""人权"问题对中国的内政外交横加干涉。2020年新型冠状肺炎病毒在全球范围爆发,疫情一度失控,中西方自由观的分歧再次凸显。这场关于的"自由"的论辩一时也成为各界的关注焦点。全球抗疫中,中国方案的核心要义之一就是:自由与自律的统一,权利与责任的统一。疫情暴发后,以习近平同志为核心的党中央迅速率领全党和全国人民打响疫情防控战,在战"疫"中汇聚中国力量,14亿中国人民在抗疫过程中显示出高度的自律观念、责任意识、奉献精神和大爱情怀,筑起团结一心、众志成城的强大精神防线,淬炼出"生命至上,举国同心,舍生忘死,尊重科学,命运与共"的抗疫精神,最终迎来了重大拐点,取得了显著成效,赢得了国际赞誉。西方某些国家在抗疫初期打算借鉴中国方案采取相似措施,民众却高举"自由""人权"的大旗,反对停工停产、反对封路封城、反对居家隔离、反对佩戴口罩等,诸多非理性言论和非理智行为竟还得到不少官员政客的支持,最终多国政府纷纷做出"群体免疫"防护策略,罔顾民众生死。西方多国的种种迷惑行为与反转操作,致使疫情恶化,感染死亡率不断攀升,时至今日,依然饱受病毒肆虐之苦。这场中西战"疫"对比也是中西"自由"之辩的最好论证,事实胜于雄辩,"自由"的真意已不言而喻。自由是社会主义核心价值观的本质规定和理想追求。中国特色社会主义核心价值观把自由作为社会主义核心价值,高度体现了对人类共同文明成果与共同价值追求的积极吸收和主动继承,同时又赋予了"自由"新的时代内涵。中国特色社会主义自由观,是有纪律、有义务的自由,是自由与纪律统一、权利与义务的结合。"二七"斗争中,全路工人未曾因对自由的追求而忘却义务、违反纪律、突破底线,在党的领导下,工人们严守纪律、服从组织、顾全大局、统一行动，表现出了严密的组织性、纪律性和强烈的自律意识、团队意识，体现了自由与自律、权利与义务、思想与行动的高度统一。当下，继承和弘扬"二七"精神，坚持对自由权利的追求，构筑社会主义核心价值观，有利于深刻理解自由权利与法律约束、制度保障、道德自律的辩证关系；有利于强化政治意识、大局意识、核心意识、看齐意识，凝心聚力，步调一致；有利于发挥社会主义核心价值观在国民教育和精神文明建设中的引领作用；有利于把社会主义核心价值观融入社会发展各方面，转化为人们的情感认同和行为习惯，夺取新时代中国特色社会主义的伟大胜利。

（二）传承革命风范，永葆工人阶级的先进性

近代工人阶级与先进的生产方式相联系，是先进生产力和生产关系的代表，是革命最坚决最彻底的阶级。中国工人阶级自作为一支独立的政治力量正式登上历史舞台后，就显示出对社会历史发展的强大推动作用。在新民主主义革命时期，中国共产党带领工人阶级，始终站在斗争的最前列，积极参与民族民主革命活动。彭述之曾说道："自帝国主义后，在中国达数十年来的革命运动中，表现的最有价值而最可注意的，是义和团运动、辛亥革命、五四运动以及二七斗争。在四个运动中，二七斗争是最后的表现，而又是最进步的最革命的工人阶级斗争史上之第一次的表现。"[①]京汉大罢工虽然全国各界均有参与，但毫无疑问其主力军是工人阶级，是中国工人阶级在中国共产党的领导下，以马克思主义理论为指导而展开的斗争运动。在历次斗争实践中，工人阶级意识到有组织

---

① 彭述之：《"二七"斗争之意义与教训》，《向导》周报第101期，1925年2月。

的团结斗争的必要性和重要性,进而提出建立工会的迫切要求。"二七"斗争进一步扩大了组织的影响力,增强了工会的战斗力,坚定了中国共产党对工人运动的领导,显示了中国工人阶级团结奋斗的强大力量,不屈不挠、无所畏惧的革命精神,体现了工人阶级坚持党的领导,坚定理想信念,严守组织纪律,敢于担当使命,全心全意为人民服务的革命风范。习近平总书记曾在全国劳动模范和先进工作者表彰大会上强调:"立足新发展阶段,贯彻新发展理念,构建新发展格局,推动高质量发展,在危机中育先机、于变局中开新局,必须紧紧依靠工人阶级和广大劳动群众,开启新征程,扬帆再出发。"①新时代弘扬"二七"精神,传承革命风范,对于永葆工人阶级先进性具有重要意义。

传承革命风范,最根本的是坚持党的领导。坚持马克思主义为指导思想,坚持党的领导是中国工会组织的根本原则,也是区别于西方各国工人组织或团体的本质特征。中国共产党自成立后就把成立产业工会作为党的基本任务,并十分重视工会组织的思想引领和政治立场。各地党组织派遣党员到各个工会工作,既是为传播马克思主义理论,以先进思想武装工人头脑,也是为保持工会的独立性和正确的政治立场,逐渐把工会作为开展工人运动的组织基础和领导机构。"二七"罢工时,中国共产党人数还很少,但是为数不多的共产党员却深入工人队伍,向工人宣传先进思想,提高工人文化素质,唤醒工人阶级意识,带领工人建立工人团体,组织发动工人为争取经济利益和政治权利进行斗争,使工人生活状况、社会地位、政治觉悟等发生极大转变,并始终与工人群众同进退、共生死,展示了团结一心、无惧生死、坚定理想、忠于信仰的精神

---

① 习近平:《在全国劳动模范和先进工作者表彰大会上的讲话》,《人民日报》,2020年11月25日第2版。

风范。这种风范为铁路工人队伍所继承，并在长期实践中逐渐成为工人阶级乃至广大劳动人民的工作作风。现如今，工运事业依然是党的工作和事业的重要组成部分，工会工作也依然是党治国理政的一项经常性、基础性工作。坚持党的领导，是新时期开展工会工作，保持正确政治方向的根本保证，保持工人阶级的先进性，继续发挥工人阶级在中国特色社会主义事业中的主力军作用的根本前提。

传承革命风范，严守组织纪律。毛泽东曾经强调"加强纪律性，革命无不胜"。中国工人阶级是具有严密纪律组织的先进阶级，严守组织纪律是工人阶级革命坚决性和彻底性的具体表现。京汉铁路工人赤手空拳面对敌人的全副武装、荷枪实弹，毫不妥协，绝不屈服，表现出铁一般的纪律，磐石般的团结。一声令下，3万工人齐罢工，一律遵守"听总工会命令"的规定，任凭敌人武力威胁、金钱诱惑丝毫不动摇，明知会被抓捕、失业，甚至有生命危险，依然义无反顾。这种壮士断腕的决心和破釜沉舟的勇气，在当时是其他阶级所无法比拟的。强化组织观念、严守组织纪律，既是从党领导的工人运动实践中得出的经验启示，也是工人阶级在新时代将个人理想、职业使命与党和国家事业紧密联系的自觉践行，是不断开创中国特色社会主义事业发展新局面的重要保证。

传承革命风范，勇担历史使命。担当精神不仅是中华传统文化中的宝贵品质，也是中国革命精神的具体表现。"二七"斗争中，京汉铁路工人积极投身革命洪流，喊出争取自由与人权的口号，在全国人民面前，鲜明地举起了反对帝国主义和封建军阀的旗帜，使中国共产党提出的反帝反封建的革命纲领深入人心。正是这种敢为天下先和勇当革命急先锋的担当精神，一直鼓舞并激励着无数仁人志士奋勇拼搏，砥砺前行。站在新的历史起点，培养和强化工人阶级的责任感和使命感，能够充分调

动广大工人的积极性、创造性、主动性，最大限度地凝结工人阶级的智慧和力量，鼓励广大工人和劳动群众继续发扬"崇尚劳动、热爱劳动、辛勤劳动、诚实劳动"的劳动精神、"爱岗敬业、争创一流、艰苦奋斗、勇于创新、淡泊名利、甘于奉献"的劳模精神和"执着专注、精益求精、一丝不苟、追求卓越"的工匠精神，保持本色，继续拼搏，勇于进取，敢于创新，不断谱写新时期的劳动者之歌，唱出工人阶级的时代强音。

传承革命风范，践行根本宗旨。全心全意为人民服务，为人民谋利益是共产党人的最高准则，也是工人阶级政党区别于其他政党的显著标志。京汉铁路工人主动将个人境遇与阶级利益和民族大义紧密相连，将集体利益置于个人利益之上，将理想信念置于个人生死之上。这种无私奉献、甘于牺牲的精神鼓舞了一代又一代铁路工人。五六十年代，铁道部门"毛泽东号"机车包乘组、孙家养路工区、新民车站、大协车站等先进团体继承了京汉工人无私奉献的伟大精神，在当时广大工人中起了很好的模范带头作用。今天的铁路交通运输也始终秉持为人民服务的宗旨，原铁道部部长盛光祖说："人民满意是铁路发展的标尺。"全心全意为人民服务，体现了社会主义的根本价值取向，是建立和发展社会主义市场经济的本质要求，也是工人阶级和广大劳动群众立足岗位、履行职责和衡量职业行为的最高标准。

（三）继承爱国传统，凝聚民族复兴的磅礴力量

"天下兴亡，匹夫有责""苟利国家生死以，岂因祸福避趋之""我自横刀向天笑，去留肝胆两昆仑"，这些千古名句正是古往今来无数中国人爱国之情的高度凝练。爱国情感源于人们对自己家园、民族和文化的归属感、认同感、尊严感与荣誉感的统一。爱国主义精神是中华民族精神

的核心,深深地植根于每一个中国人民心中,激励着一代代中华儿女为保卫祖国,争取民族解放、祖国独立富强而努力奋斗。自近代列强入侵以来,在亡国灭种危机的刺激下,中国人民的爱国运动此起彼伏,从洋务运动、义和团运动、戊戌变法,再到辛亥革命,虽然都未能改变国家惨况、救百姓于水火,但是中国人民的爱国热情日益高涨,救国救民的愿望更加强烈。

在早期人数不多、力量有限的情况下,京汉铁路工人就已经自发投入到了反对帝国主义侵略、反对封建主义压迫的斗争中。辛亥革命爆发后,京汉铁路首先掀起参军热潮,江岸机务厂工人直接参与作战,并通过破坏路轨、炸毁车头等方式,竭力协助革命军与清兵战斗,在阳夏保卫战中发挥了重要作用。在接受马克思主义的洗礼和中国共产党的领导后,京汉路工人的阶级觉悟不断提升,逐渐从"自在阶级"走向"自为阶级",爱国意识进一步强化。1919年,五四运动爆发当天,长辛店的留法预备班、艺员养成所和车务见习所的学生就前往天安门参加了反帝爱国群众大会,还在5月7日包围工贼刘家骥的住所,差点烧了他的房子。随后,长辛店铁路工人和学生组成救国十人团,开展抵制日货、储金救国等活动;北洋政府逮捕大批学生,史文彬、张珍等人闻讯后带领工人和学生上街游行示威,边走边高呼"打倒卖国贼""释放被捕学生""不许承认二十一条"和"收回青岛"等口号,还与各界人士一起成立了长辛店各界救国联合会。[①]1922年初香港海员大罢工,由长辛店发起,京汉、京奉、陇海、正太、京绥等路工人组成"香港海员罢工北方后援会"给予香港海员有力支持,谴责英国资本家与香港官厅互相勾结压迫

---

① 中华全国铁路总工会:《中国铁路工人运动史大事记 1881—1949》,中华全国铁路总工会 1988 年版,第 43—45 页。

海员的暴行"不仅是我们工人忍受不住，便是生为中国国民的，也应该抱不平"，并捐助一日工资汇往广州，甚至在京汉路火车头上公然竖起"援助香港海员"的大旗，来回往返于各路段，在北方军阀的统治下，这在当时简直就是空前未有的英勇壮举。①1922年7月澳门葡兵残杀华工一案起初并未在京中引起太多注意,京汉铁路工人率先为遇难者发声，痛骂葡兵为万恶的资本家走狗，谴责葡兵的暴行伤我国体、损我劳工，敦促政府进行交涉、收回澳门、赔偿损失、严惩凶手，号召全国各界一致声讨外国资本家及其政府与爪牙。②1926年北伐战争打响，京汉铁路工人组成铁道大队直接参战，在战斗中功不可没。铁道大队不仅成功化解革命军与红枪会的冲突，在驻马店配合三十六军剿灭土匪，还及时修复沿途的轨道电线、保障革命军的顺利行军；此外，还组成敢死队深入敌后，破坏敌人防线；组成宣传队，向群众宣传革命意义，唤起民众团结，号召群众拥护国民政府，提高人民群众对党和政府的信任和信心。③

爱国主义精神是人民对祖国最质朴的一种情感，是维护祖国统一和民族团结的精神纽带。邓小平曾说道："中国人民有自己的民族自尊心和自豪感，以热爱祖国、贡献全部力量建设社会主义祖国为最大光荣，以损害社会主义祖国利益、尊严和荣誉为最大耻辱。"④这正是对中国人民爱国主义精神的准确概括。实现中华民族伟大复兴，是近代以来中国人民最伟大的梦想。中国共产党从诞生起便将自身命运与国家命运和民族命运紧密联系，义无反顾肩负起实现中华民族伟大复兴的历史使命，始终是爱国主义最坚定的践行者。爱国主义精神在各个历史时期为中国共

---

① 《北方路工援助香港海员大罢工》，《工人周刊》第29号，1922年2月12日。
② 《京汉路工人注意澳门案》，北京《晨报》，1922年7月19日。
③ 《北伐血战时之铁道大队》，汉口《民国日报》，1927年7月17日。
④ 《邓小平文选》（第三卷），人民出版社1993年版，第3页。

产党带领中国人民进行革命、改革和建设，提供共同精神支柱和强大精神动力。为了完成民族复兴的历史使命，党领导全国人民推翻帝国主义、封建主义、官僚资本主义三座大山，实现人民解放、民族独立、国家统一、社会稳定，取得了新民主主义革命的胜利；成立新中国，完成三大改造，建立了符合中国国情和人民意愿的社会主义制度。随后，党又继续带领各族人民坚持解放思想、实事求是、与时俱进，进行改革开放，开创中国特色社会主义道路，用40来年的时间，取得了举世瞩目的傲人成果。进入新时期，党把握时代脉搏，顺应时代潮流，统筹推进"五位一体"总体布局，协调推进"四个全面"战略布局，不断开创中国特色社会主义事业新局面，使中国人民实现了从站起来到富起来再到强起来的历史性飞跃，使中华民族在新时代以更加昂扬向上的崭新姿态屹立于世界民族之林。新时代继承爱国传统，弘扬爱国主义精神，就是把爱国主义教育作为永恒主题，不断激发人民群众的磅礴伟力，以"功成不必在我，功成必定有我"的精神境界和历史担当，将一腔爱国热情转化为促进改革发展稳定的实际行动；自觉将社会主义核心价值观内化于心、外化于行，不断增强本领、锻炼能力，以真才实干报效祖国；主动把爱党、爱国和爱社会主义相统一，牢记初心使命，做到知行合一，增强四个自信，提升民族自豪感；将爱国主义融入日常生活与实际工作中，继续发扬革命精神，克服狭隘民族主义，做理性的爱国者。

（四）发扬斗争精神，敢于克服一切艰难险阻

瞿秋白曾这样评价工人阶级在"二七"运动中的斗争："中国工人阶级处于军阀制度及帝国主义的两重压迫之下，他的斗争一开始便是革命的，一开始便是政治的——不但是一阶级的阶级斗争，而且是中国民族

的民族斗争里的先锋。"①近代中国革命,就是中华民族反对帝国主义的斗争,是人民大众反对封建主义的斗争。京汉铁路工人在罢工中,与反动军阀殊死搏斗、血战打底,用生命与鲜血捍卫工人的人格尊严,表现出了叱咤风云的革命气魄和视死如归的英雄气概,显示了中国工人阶级坚决彻底的革命性和强大持久的战斗力。燕山巍巍、黄河滔滔。在这场血与火的洗礼中锤炼而成的斗争精神,如同京汉铁轨上火车的车轮,在人们的记忆长河中转动不止,鼓励后继者们继续奋勇向前。正如林育南悼念施洋所言,诸多烈士留下的"革命精神"永不会消失,激励着同志们前仆后继,不断前进,终有一日达成目标。②

斗争就是身处逆境,依然顽强拼搏、努力奋斗、不屈不挠、永不言败。这种斗争精神是中华民族的宝贵品格,是革命精神的重要内容,是中国人民刻在骨子里的血性。一部中华民族历史就是中国人民的英勇斗争史,既包括与自然的较量,也包括对反动势力的抗争。从盘古开天、精卫填海、大禹治水、愚公移山等神话故事,到万里长城、都江堰、京杭大运河等历史工程的修建,再到戚继光抗倭、郑成功收复台湾、三元里人民抗英、左宗棠收复新疆等反侵略战争,正是这种斗争精神,才使中华民族虽几经磨难而始终屹立不倒。中国共产党的百年历史,既是一部感天动地的奋斗史,也是一部可歌可泣的斗争史。党诞生于民族危亡之际,自成立之初就自觉肩负起带领中国人民在斗争中求生存、在斗争中谋发展的历史重任。党和人民在长期的斗争实践,不断推进马克思主义中国化,开辟了中国特色社会主义道路。在新民主主义革命时期,党带领全国人民投身革命斗争,从五四运动、到大革命再到长征,年幼的

---

① 瞿秋白:《1923之"二七"与1925之"二七"》,《向导》周报第 101 期,1925 年 2 月 7 日。
② 林育南:《伯高死的含义》,《施洋先生纪念录》,1924 年 2 月 15 日。

党不断总结经验教训,在斗争中锻炼成长,最终获得抗日战争、解放战争的胜利。新中国成立初期,面对严峻的国内外形势,党和人民将斗争精神转化巩固新生政权、进行经济建设的具体行动,包括土地改革、抗美援朝、社会主义三大改造和抗击唐山大地震等。改革开放后,党和人民继续发扬斗争精神,通过对外开放、建立社会主义市场经济体制等大力解放和发展生产力,为中国特色社会主义的发展奠定坚实的物质基础,同时还与各种自然灾害作斗争,如1998年特大洪灾、2003年"非典"疫情、2008年冰雪灾害和汶川特大地震等。进入新时代,斗争精神表现为全国人民为实现中华民族伟大复兴而顽强奋斗。习近平总书记曾强调要"保持斗争精神,敢于直面风险挑战,知重负重、攻坚克难,以坚忍不拔的意志和无私无畏的勇气战胜前进道路上的一切艰难险阻"[①]。2020年党率领全国人民打响抗"疫"之战,取得重大战略成果,创造了人类疾病斗争史上又一个英勇壮举,再次展示了中华民族的斗争精神,验证了中国人民的斗争本领。殷忧启圣,多难兴邦。党和人民长期与各种天灾人祸抗争,将改天换地的斗志和气壮山河的气魄凝聚成伟大的斗争精神,不断推进中华民族伟大复兴的历史进程。

"同困难作斗争,是物质的角力,也是精神的对垒。"斗争是马克思主义者的精神底色,是中华民族复兴大业的生命力和驱动力所在。今天,我们比历史上任何时期都更接近中华民族伟大复兴目标的实现,但是这一目标并不是轻轻松松、敲锣打鼓就能实现的,要实现伟大的梦想必须进行伟大的斗争,同时要充分认识这场伟大斗争的长期性、复杂性和艰巨性。当今世界正处于百年未有之大变局,国内改革发展稳定任务艰巨

---

① 习近平:《在"不忘初心、牢记使命"主题教育工作会议上的讲话》,《求是》,2019年7月1日第13期。

繁重，国际形势错综复杂，发扬斗争精神首先要把握正确的斗争方向。坚持中国共产党领导和中国特色社会主义制度不动摇，与"五种风险"挑战，即与"凡是危害中国共产党领导和我国社会主义制度的各种风险挑战；凡是危害我国主权、安全、发展利益的各种风险挑战；凡是危害我国核心利益和重大原则的各种风险挑战；凡是危害我国人民根本利益的各种风险挑战；凡是危害我国实现"两个一百年"奋斗目标、实现中华民族伟大复兴的各种风险挑战"进行坚决斗争，并取得斗争胜利。其次要讲究斗争的策略方法。坚持辩证唯物主义是中国人民斗争精神的一个重要特征，即在遵循客观规律的前提下，充分发挥人的主观能动性，改造客观世界，最终实现斗争目的。在斗争过程中，要坚持马克思主义唯物辩证法，善于抓主要矛盾和矛盾的主要方面，选择合理的斗争方式，把握斗争力度，避免斗争的盲目性和盲从性。在斗争过程既要坚守原则，把握底线，又要注意灵活机动，以斗争取得团结，达成共识，谋求合作，实现共赢。最后，要不断提高斗争本领。斗争精神不是与生俱来的，斗争本领也不是一蹴而就的。只有积极投身实践，迎难而上，才能淬炼思想、磨炼意志、砥砺品格、锤炼精神；只有在具体工作中解决现实问题，才能升华理论，开阔眼界，增长才干，增强本领。打铁还需自身硬，过硬的本领才是让人临变不乱、遇乱不惊的底气和力量。

中国共产党的一百年，是矢志践行初心使命的一百年，是筚路蓝缕奠基立业的一百年，是创造辉煌开辟未来的一百年。在这一百年间，党带领中华民族和中国人民推翻"三座大山"，走出苦难深渊，成立了中华人民共和国，实现人民当家做主；完成了社会主义改造，建立了社会主义基本制度；坚持改革开放，建立了社会主义市场经济；逐步探索出了中国特色社会主义道路，取得举世瞩目的伟大成就。中国共产党极不平凡的一百年，是中国人民彻底改变历史命运的一百年，是中华民族迎来伟大复兴的一百年，是中国为全人类发展作出卓越贡献的一百年。百年前的清王朝割地赔款、丧权辱国，留下"弱国无外交"的沉痛教训；百年后中国外交天团从国家实力和国际地位出发，在大洋彼端与霸权强国针锋相对，尽显中国硬气。百年前租界门前"华人与狗不得入内"的牌子，"东亚病夫"的称号，"支那人"的蔑称深深刺痛了每一个中国人的心；百年间广大劳动人民在党的坚强领导下，奋勇拼搏、勇于进取、开拓创新，在不同历史时期凝聚成了一个个具有时代特征和丰富内涵的伟大精神，红船精神、井冈山精神、长征精神、抗战精神、延安精神、抗美援朝精神、北大荒精神、"两弹一星"精神、女排精神、抗震救灾精神、抗疫精神等精神组成党的革命精神谱系，传承着红色基因，赓续着红色血脉，记录下了党的百年风雨征程，展示了中华民族精神的磅礴力量；百年后，中国共产党从最初的50多名党员发展成为今天拥有9500多万名党员、领导着14亿多人口的大国、具有全球影响力的世界第一大执政党。"此生无悔入华夏，来世还做中国人"成为每一个中国人的不悔誓言。这一百年，我们走得坚定而执着、团结而勇敢、自信而从容。历史只会眷顾坚定者、奋进者、搏击者，而不会等待犹豫者、懈怠者、畏难者。习近平总书记曾在党史学习教育动员大会上强调："我们党历来重视党史学习教育，注重用党的奋斗历程和伟大成就鼓舞斗志、明确方向，用党的光荣传统和优良作风坚定信念、凝聚力量，用党的实践创造和历史经验启迪智慧、砥砺品格。"[1]如今，我们回顾党的百年历史征程，就是将初心牢记心中、把使命扛在肩头，从百年党史中汲取前行力量，做到学

---

[1] 习近平：《在党史学习教育动员大会上的讲话》，《人民日报》，2021年4月1日第1版。

史明理,学史增信,学史崇德,学史力行。

伟大的事业需要伟大的精神,伟大的精神铸就伟大的事业。今天,我们正处于近代以来最好的发展时期,也正面临世界百年未有之大变局,中华民族伟大复兴进入关键时期,必须弘扬党和人民在各个历史时期奋斗中形成的伟大精神,激励全国人民团结一心共同奋斗,为新时代中国特色社会主义事业提供强大的精神力量。2021年7月1日,习近平总书记在庆祝中国共产党成立100周年大会的讲话中,指出:"一百年前,中国共产党的先驱们创建了中国共产党,形成了坚持真理、坚守理想,践行初心、担当使命,不怕牺牲、英勇斗争,对党忠诚、不负人民的伟大建党精神,这是中国共产党的精神之源。"①建党精神来源于伟大的建党实践,并在百年实践中不断得到丰富,是党的精神谱系的核心与主线,体现了共产党人的品格与风骨。党在长期领导人民进行斗争的实践中,不仅传播马克思主义先进思想,还通过自己的身体力行、率先垂范将建党精神的核心思想、根本宗旨和价值取向传递给了工人阶级和广大人民群众:对信仰的坚持、对组织的忠诚,为人民谋幸福的初心,为理想不怕牺牲的精神。这对党领导的工人运动和中国革命产生了深刻影响。建党精神为"二七"斗争奠定了思想基础,提供了精神来源,"二七"斗争使建党精神在工人运动中进一步践行,转化为强大的行动力,并产生了广泛的影响力。"二七"精神是建党精神中的思想引领、价值取向和行为导向与工人运动相结合的产物,同时又是建党精神的验证和发展。京汉铁路工人在罢工中坚持党的领导,以马克思主义为指导,以反帝反封建为斗争纲领,贯彻执行党的工运方针和路线,正是源于坚定的理想信念。

---

① 习近平:《在庆祝中国共产党成立100周年大会上的讲话》,《求是》,2021年7月16日第14期。

工人们自觉将个人境遇与阶级利益与民族大义紧密联系，勇敢肩负起工人阶级的历史使命。面对军阀的武力镇压，工人拼死保卫工会，誓死捍卫人格尊严，展示了革命阶级英勇斗争、不怕牺牲的精神。罢工中工人们一切行动听指挥，任凭敌人威逼利诱，不得命令决不上工，显示出对党、对组织的高度忠诚。

历史川流不息，精神代代相传。伟大精神跨越时空、历久弥新，具有强大的生命力和战斗力，在各个历史时期为党和人民事业提供不竭的精神动力。"二七"精神是中国革命精神、中华民族精神和中国精神的重要组成部分，时至今日，依然鼓舞着中国人民在新时代为建设现代化交通强国，实现中华民族伟大复兴团结奋斗；激励着中华儿女在新的历史时期，鼓足攻坚克难的勇气，坚定砥砺前行的步伐，为全面建设社会主义现代化国家顽强拼搏。历经一百多年的沧桑巨变，现今天的中国铁路早已摆脱了旧时的沉重枷锁，成为国家的重要基础设施，在国家综合交通运输体系中处于骨干地位，掌握了世界先进成熟的铁路机车车辆制造技术，实现了从引进、消化、吸收到再创新的巨大飞跃，成为新时代中国速度、中国力量、中国制造的最好证明。2017年，中国高速铁路被"一带一路"沿线的20国青年评选为"中国的新四大发明"之一。2020年公布的《新时代交通强国铁路先行规划纲要》更是勾勒出了现代化铁路强国的辉煌蓝图：20万公里的钢铁巨龙绵延交错，7万公里的世界最大高铁网，世界上最便捷的高铁出行圈，3万吨重载列车"多拉快跑"，400公里时速高铁持续引领，大量智慧车站推广普及……我们有理由有底气相信，未来中国铁路势必再铸辉煌，续写时代新篇章。

第三章

铁道兵精神

铁道兵是中国共产党领导下的一支英雄部队，毛泽东、周恩来、朱德、叶剑英、陈云等老一辈革命家都曾对其给予高度评价。这支部队诞生于硝烟战火中，为人民解放事业浴血奋战，铺通胜利之路。抗美援朝战争中，他们用血肉之躯筑成"打不烂、炸不断的钢铁运输线"。社会主义建设时期，他们先后参加鹰厦、黎湛、嫩林、包兰、成昆、襄渝、青藏、南疆等52条铁路干支线的修建，以及北京地铁、上海虹桥机场、引滦入津等重大工程建设和抢险救灾任务。改革开放后，他们服从大局，集体转业，勇闯市场。兵转工后成立的中国铁道建筑总公司（现中国铁建股份有限公司，简称"中国铁建"）更是在推动交通强国建设和"一带一路"倡议中做出了突出贡献。建制35年，广大铁道兵战士为中国革命、建设和改革事业做出了重大的牺牲和卓越的贡献，涌现出许多可歌可泣的英雄人物和先进模范。他们用智慧和汗水，甚至鲜血和生命铸就出伟大的铁道兵精神，集中体现了我党我军光荣传统和优良作风，是中华民族精神在当代的重要体现，也是中国共产党精神的重要组成部分。

一、铁道兵精神的形成

(一) 铁道兵精神在解放战争中孕育

铁道兵精神在解放战争时期孕育。1948年夏,具有重大战略意义的辽沈战役即将开始。为了尽快恢复战区铁路运输,确保战争所需物资、装备和兵员的及时运送,7月5日,中共中央东北局决定,以东北人民解放军(后为第四野战军)所属的护路军为基础,组建东北人民解放军铁道纵队(也称铁路修复工程局),受东北人民解放军总部和东北交通委员会双重领导,纵队部设在哈尔滨,下辖4个支队,共计1.8万余人。① 铁道纵队一经组建,便开始承担东北地区铁路的抢修任务。当时,上级要求在最短时间内,严守秘密的情况下,将大批野战部队迅速由东线运送到西线的新立屯、西阜新等地,以求出其不意地给敌人以沉重的打击。同时,为保证前线作战胜利,还需要从哈尔滨、齐齐哈尔等地运送大批粮食和作战物资到前线。而为了堵截和包围龟缩在长春的守敌,还需要从后方向吉林、四平运送19个独立团。②

因此,根据东北野战军的作战部署,在铁路运输方面,铁道纵队需要兵分4路,向锦州、长春、沈阳3个方向突击抢修被破坏的铁路。"第1支队沿新(立囤)义(县)向义县抢修,以支援解放军锦州作战;第2支队沿吉长线向长春抢修,支援解放军围歼长春守敌;第3支队沿哈长线抢修;第4支队于梅河口一带,就近组织抢修铁路。"③抢修过程中,

---

① 中国铁道建筑总公司史志编审委员会:《中国铁道建筑总公司志(1948—1995)》,中国铁道出版社1998年版,第65页。
② 郭维城:《修通胜利之路——忆辽沈战役中的铁道纵队》,李运昌等编:《雪野雄风:留在东北战场的记忆》,白山出版社1988年版,第563页。
③ 中国人民解放军历史资料丛书编审委员会:《铁道兵·综述 大事记 表册》,解放军出版社2000年版,第9页。

既要克服工具材料缺乏的种种困难,还需要抵御敌机的突袭和骚扰,想要迅速恢复铁路运输的通畅确是十分艰险和困难。尽管如此,铁道纵队的战士们秉持"一切为了前线胜利"的信念,日夜战斗在铁路线上,战斗在大桥上,战斗在硝烟战火中,在半年多的时间里,铁道纵队抢修通了大郑、哈长、吉长、沈吉等铁路干线,至1948年12月初,沈阳、锦州、长春、吉林、哈尔滨等主要城市的铁路已经连成一片,并可通向关内。可以说,铁道纵队为东北人民修通了一条又一条胜利之路。

辽沈战役中,铁道纵队指战员冒着炮火硝烟抢修战区铁路

(中国铁建官网,https://www.crcc.cn/art/2018/7/30/art_23522_2394349.html)

在庆祝东北全境解放的欢呼声中,铁道纵队的抢修任务,开始从东北向关内转移。根据淮海、平津战役战局的发展和作战的需要,1948年12月,铁道纵队第1支队、第4支队奉命入关抢修北宁线关内段,支援平津前线作战,纵队机关也由哈尔滨迁驻秦皇岛。①滦河大桥(新桥)是北宁线最大的桥梁之一,由于河水较深,破坏严重,再加上机具极度

---

① 庄正:《中国铁路建设》,中国铁道出版社1990年版,第13页。

缺乏，修复大桥面临诸多困难。然而，铁道纵队的战士们为了尽快抢通大桥，保证南下大军的供给，日夜奋战，轮班作业。当时滦河尚未解冻，大家冒着风沙，夜以继日的热情苦干，中队与中队，连与连，排与排，班与班，甚至战士与战士间都展开了挑战竞赛，争取立功当模范。为了把笨重的桥基木放到河水底部的准确位置，他们跳入冰冷刺骨的河水中作业，基木放置好了，战士们的手脚也冻麻了，衣裳也冻得像冰铠甲。战士们喊出口号：我们打洋灰就是和蒋介石拼刺刀！战士刘国桢被石头砸了头也不肯休息，为的就是早日修复好这座大桥。①最终，仅用19天，铁道纵队就修复了滦河大桥，完成了紧急通车的任务。与此同时，塘沽至天津的铁路也被及时抢通。至此，火车可以由关内直达天津。辽沈、平津、淮海三大战役胜利后，摆在中国共产党面前的新任务就是迅速渡江南下，彻底推翻国民党的统治，解放全中国。

1949年1月，中央军委铁道部成立大会和首次铁路修复工作会议在河北召开。会议决定铁路抢修，必须保证解放军南下及加强关内外的物资运送，要集中兵力首先抢通长江以北的铁路干线。随后，铁道纵队即投入到津浦线和平汉南段铁路的抢修中。在津浦铁路筑路现场，铁道兵战士们以崇高的劳动热忱投入到工作中，一条800斤的铁轨，上级规定8个人抬，战士们用6个人或者用4个人，枕木规定两个人扛，战士们却1个人扛走，甚至更有的人扛两个或者三个（系干的枕木）。②在淮河大桥的修复现场，由于正桥损坏较为严重，于是承担该桥修复的铁道兵第3支队的桥梁大队决定先修便桥通过。淮河河床地质复杂，水流湍急，而施工开始时，又正值洪水季节，增加了施工难度。但是，铁道兵战士

---

① 《滦河大桥"五一"通车》，《人民日报》，1949年5月6日。
② 《解放区人民支援大军南下 修筑铁路千八百公里 从东北到中原火车通达》，《人民日报》，1949年4月15日。

们就是在这滔滔江水中,不畏艰难,与洪水搏斗,喊出了"战胜淮河洪水,提前完成任务"的口号。即便是下雨天,战士们也冒着雨,光着脑袋加油工作。干部们也冒着雨,和战士在一起,有的挽起裤腿在河里打桩,有的爬上又湿又滑又高的木架上去喊号。①经过60多天的艰苦奋斗,提前一个月完成了淮河大桥修复的任务,使得中断交通3年的津浦铁路全线实现了通车。

4月,人民解放军渡过长江,占领南京,国民党统治宣告结束。此时,为全面恢复遭受战争破坏的铁路,支援解放军继续南下解放全中国,并准备参加战后国家大规模铁路建设,中共中央军委于5月16日发布命令,将原属于第四野战军的铁道纵队拨归军委建制,扩编为中国人民解放军铁道兵团,由军委铁道部直接领导,铁道部部长滕代远兼任兵团司令员和政治委员。②铁道兵团的建立,标志着这支部队的抢修任务,从一个战略区转向了全国范围。整编结束后,铁道兵团陆续投入到陇海(西段)、粤汉、湘桂、平汉(北段)、北同蒲等铁路干线的抢修工作中。③

在陇海铁路修建中,战士们冒着中原地区的酷暑,在长天无云的炎日下,克服了资材不足与工具缺乏的困难,每天以12小时的紧张工作,开始了这支援前进大军,建设人民祖国铁路的伟大行动。为了响应每日抢修4公里的号召,战士们天色未明就守候在路基两侧,工程列车一到,就展开了英勇的突击抢修工作,直到深夜才返回驻地,在漫长的铁路线上,与饥渴和困顿,展开了残酷的斗争。当豫西地区迎来秋雨时节,到处河流涨水,山洪暴发,路基塌陷了,桥梁冲毁了,铁路兵战士们喊出了"战胜天雨,战胜洪水"的口号,冒着倾盆的大雨,踏着没膝的泥水,

---

① 《淮、泗河上的欢呼》,《人民日报》,1949年7月30日。
② 翟唯佳、曹宏:《中国雄师第四野战军》,中共党史出版社2014年版,第284页。
③ 朱晓明:《不朽的丰碑——铁道兵团传奇》,《党史博采(纪实版)》,2017年第8期。

展开了艰苦的斗争。枕木浸湿了后重量达到150多斤,战士们一歪一滑地扛到工地上,跌倒了再爬起来,汗水和泥水混在了一起,道钉、甲板、螺丝沉没在雨水里,战士们用手捞起来,甩掉了泥水,又继续打下去。浸湿的布鞋,被雨水泡烂了,大家一齐打赤脚,在凸凹不平的雨路上跑来跑去,衣服全湿了,没有替换的,大家就光膀子穿裤衩,让冰凉的雨水和不断横溅的泥水,从身上水注般地漫流下来。①就是这样,陇海铁路在铁道兵战士们的奋战下,节节向前推进。

从松花江到珠江口,从东海之滨到陇东山谷,无论是铁道纵队,还是铁道兵团,都始终坚持"解放军打到哪里,铁路就修复到哪里",整个解放战争期间,铁道兵部队共"修复线路1629公里,桥梁976座(总延长26.29公里),给水42处,车站房屋5898平方米,架设通信线路4.66万条公里,修复信号232站,包括京山、津浦、陇海、粤汉、湘桂、同蒲等干线中绝大部分最艰巨的抢修工程"②。对京津、渡江、华中、华南等战役的胜利,以及华南、西北和西南的解放作了重大的贡献,在恢复经济上也具有重要的意义。

在完成诸多艰巨的任务中,铁道兵战士们发挥了高度的积极性和劳动热情,运用智慧,克服了困难。铁道兵第1支队提前20天完成陇海路的抢修工程,克服了全国最高桥梁的登高困难,涌现出以杨连第、赵世全为首的19名登高英雄和洞内爆破能手。第2支队在粤汉路上克服了水土不服的困难,就地搜集材料,并且创造了一天修桥45米,一昼夜打桩86根的记录,使粤汉路施工时间不到1个月就全线通车。第3支队以英勇的战斗精神,提前1个月修通津浦路的淮河大桥,使12年未曾通车的

---

① 《活跃在陇海线上的铁道兵团》,《人民日报》,1949年10月17日。
② 中国人民解放军历史资料丛书编审委员会:《铁道兵.综述 大事记 表册》,解放军出版社2000年版,第23页。

北京至上海直达车畅通。湘桂黔路湘江大桥，国民党政府4年未曾修通，而第3支队和衡阳铁路局抢修队在涨水情况下，1个月内就把它修好了。第4支队第1工程处铁甲总队在协力抢修京汉路中，实行火把突击办法，连夜赶修，终于克服路基松软和桥梁多的困难，提前19天完成京汉全线修通任务。①也正是在奋力完成一个又接一个的工程任务中，广大铁道兵战士不畏牺牲，不惧艰难，用智慧和汗水，甚至鲜血和生命，为人民的解放事业铺就出了一条又一条胜利之路，也逐渐孕育出了铁道兵精神。

（二）铁道兵精神在抗美援朝战争中初步形成

1950年6月，朝鲜战争爆发，中国政府决定抗美援朝。10月19日，中国人民解放军志愿军跨过鸭绿江赴朝鲜前线，拉开了抗美援朝战争的序幕。在中国人民解放军志愿军入朝后，铁道兵团各部队随即先后停止了国内铁路复旧工程，进行组织调整，待命北上。11月，铁道兵团约2万人陆续赴朝担负战区铁路保障任务，支援前线作战。

铁道兵团入朝时，朝鲜铁路遭到严重破坏，通车里程只剩107公里，干线全部瘫痪。因此，入朝初期，铁道兵团实施铁路保障的重点是前进抢修。当时，经志愿军第一次和第二次战役的打击，敌军溃退至清川江以南，1950年12月5日志愿军收复平壤。随着战线的南移，供应线随之延长，补给供应极为困难，许多部队是吃一把炒面一把雪坚持战斗。此时，铁路运输的南伸极为迫切。于是，铁道兵团根据上级指示，"在入朝后即开始从满浦、京义两线同时南进抢修；越过清川江抵达顺川后，再分3路前进：沿平元线南进至平壤；经新成川沿平德线至三登；沿平

---

① 《铁道兵团一年半来成绩辉煌 修复铁路千百六余公里 对解放战争与经济恢复作了重大贡献》，《人民日报》，1950年1月23日。

元、罗元、京（汉城，现称首尔）元（山）诸线至阳德、释王寺，目标直指汉城（现称首尔）"①。

随着铁路通车里程的延伸，敌机对铁路的破坏也越来越严重，部队抢修到哪里，敌机就炸到哪里，有的地段刚修复就又遭破坏，大桥、大站刚通车又被炸毁，致使抢修部队首尾难以相顾，运输时断时续。②为了加快抢修进度，战士们常常夜间突击抢修，甚至抓住敌机轰炸间隙，进行分散作业。1951年5月，第五次战役后，战线稳定在"三八线"附近，志愿军由战略反攻转向战略防御，由运动战转为阵地战。而此时，朝鲜已接近雨季，战士们除了要进行反轰炸抢修外，还需做好抗洪抢险的准备。7月，朝鲜北部遭遇了40年不遇的特大洪水，先后有94座次桥梁被冲毁，总延长5200米，中断通车60座次，累计中断通车10天以上的有21座，最严重的是西清川江桥和东清川江桥分别中断通车达31天和35天。③如此危急情况之下，战士们冒着大雨，义无反顾地跳进江中与洪水作搏斗，争分夺秒抢修桥梁，高度发挥积极性和创造性。例如，在抢修东清川江大桥时，铁1师第1桥梁团就创造了架设工字梁的双臂架桥机，登高英雄杨连第发明了"汽油桶做浮桥""钢轨架人行便桥"，快速提高了抢修效率。

在朝鲜战场上，抢修铁道线路的勇士们，不但要和频繁的敌机做斗争，在冬天还要和寒流做斗争，在春天又要和洪水做斗争，许多抢修的材料、工具也须就地解决。但是这一切困难，在具有高度觉悟的铁道兵战士面前，都一一被克服了。例如，为了避免敌机破坏行车设备，他们

---

① 赵其红：《前进抢修，追上大军的脚步》，《中国铁道建筑报》，2020年10月31日。
② 朱鹏、泥吟：《抗美援朝战争中的志愿军铁道兵》，《党史博采（纪实版）》，2019年第4期。
③ 赵其红：《抗洪保桥 击碎敌人梦想》，《中国铁道建筑报》，2020年10月31日。

很巧妙地建立了给水所，或利用山上的泉水给水；木料缺乏，他们就到山林中去砍伐；道钉缺乏，就到铁路线附近去搜集。有的时候，一些重器材不能及时运到工地，铁道兵战士常常先创造简便的工具来代替。如在架某桥工字梁时，因为架梁机未运到，架子工王传明便利用30吨的平车组成吊车来代替架梁机，结果不但提前完成任务，而且比用架梁机还要省80个人工。①

1951年8月以后，朝鲜停战谈判陷入僵局，美军随即对铁路大桥及交通枢纽发起了将近一年的"绞杀战"，主要是对京义线新安州至西浦、满浦线价川至西浦、价川至新安州易炸难修"三角地区"进行集中轰炸，妄图切断中朝部队前线的后方供应，窒息其作战力量。特别是轰炸重点桥梁和线路时，敌人还会投掷定时炸弹，有时多达30至40枚，妄图切断我铁路运输线，严重威胁部队抢修及行车安全。把定时炸弹搬走，或在定时炸弹爆炸的空隙中进行抢修工作，对铁道兵战士来说已成为平常的事了。

在敌机的狂轰滥炸中，铁道兵团战士们舍生忘死，以压倒一切敌人、战胜一切困难的英雄气概，奋力进行抢修，常常是随炸随修、边炸边修，涌现出许多英雄先进人物。如铁1师第1桥梁团9连在抢修满浦线百岭川大桥时，敌人76天中投弹9000吨，全连伤亡99人，在全连只剩40余人情况下，战士们坚定"人在桥就在""人在桥就通"的信念，抢修不停，抢运不断；1952年2月铁道兵团第1师第1桥梁团在抢修平德线南沸流江桥时，就遭遇了山洪暴发，洪水冲垮排架和木笼。负责抢修的战士们不顾严寒，直接跳入冰冷刺骨的江水中打捞材料，最后桥被抢修通了，战士们的衣服也成了冰盔甲；铁1师21线路队青年团员李云龙，带

---

① 《英雄的中国人民志愿军铁道部队》，《人民日报》，1951年9月15日。

领一个小组,专门排除定时炸弹,仅他一个人就拆除定时炸弹引信34枚;某桥曾在一天中遭受敌机轰炸28次,四周的弹坑有4百余个,尽管敌机这样地狂轰滥炸,但铁道兵战士们用自己的智慧与英勇保护和修好了桥梁,使火车仍然继续不断地从桥上行驶过去……

敌机轰炸中,铁道兵战士随炸随修、边炸边修

(中国铁建官网,https://www.crcc.cn/art/2020/10/23/art_37368_3234744.html)

著名的登高英雄杨连第也参加了志愿援朝的铁道部队。他在朝鲜又先后立了数次大功。有一次某桥被炸坏,担负抢修任务的部队因为材料缺乏,遇到了严重的困难。在一孔孤立的钢梁上却有能用的材料,如果谁能爬上去取下来,就可以解决材料缺乏的困难。架着这个钢梁的桥墩有17米高,很难徒手上去,若搭脚手架或用其他工具往上攀登,不但没有足够的材料,并且要费很多人工,这在抢修任务十分紧急的情况下是不容许的。共产党员杨连第了解到这种情况后,就请求首长把这个登高任务交给他。他经过细心地察看桥墩与四周的地势及倒歪的钢梁后,发现有一根十多米长的钢轨斜悬在钢梁上。英勇的杨连第便凭着他熟练的登高技术,从一根钢轨上不用搭脚手架而攀登上17米高的桥墩,取下了

所需的材料，保证了抢修任务的顺利进行。①

1953年春，为做好反美军登陆作战准备，铁道兵团奉命赴朝鲜新建殷龟（龟城—价川—殷山）和德八（德川—球场—八院面）两条铁路。朝鲜战争结束后，广大铁道兵战士继续发扬国际主义精神和艰苦奋斗的光荣传统，积极帮助朝鲜进行铁路复旧工程和铁路新建工程。铁道兵战士们说："咱们抗美援朝要彻底呀！朝鲜虽然停火了，但美李匪帮还在叫嚷着恢复战争，朝鲜人民受到的战争破坏还没有复原，我们怎能眼睁睁地看着不管呢？"于是，高桥陡坡上，狂风大雨中，铁道兵战士以高度的热情投入到紧张的劳动里，积极帮助朝鲜人民复旧和新建铁路。他们高喊着："桥高坡陡有困难，挡不住铁道战士英雄汉！""雨，淋不透我们的决心，风，吹不走我们的热情！"②

1953年9月9日，中央军委、政务院决定将志愿军在朝的6个铁道工程师正式调归中央军委系统，与铁道兵团现有4个师、1个独立团统一整编为中国人民解放军铁道兵，正式作为一个兵种列入人民解放军序列。③1954年3月5日，铁道兵领导机构在北京正式成立，王震任司令员兼政治委员，下辖10个铁道兵师、1个桥梁独立团、1所铁道兵学校和2所文化速成中学，共8万人。④此后，铁道兵部队由战争时期的铁路保障转为和平时期加入大规模铁路建设中。

1954年，为了纪念在抗美援朝战争中牺牲的铁道兵烈士，矗立在朝鲜安州的中国人民志愿军铁道部队烈士纪念碑于6月25日举行落成典

---

① 《英雄的中国人民志愿军铁道部队》，《人民日报》，1951年9月15日。
② 《祖国，我们在帮助朝鲜重建》，《人民日报》，1954年7月18日。
③ 刁成林：《中国铁道兵的历史沿革及其特点研究（1948—1983）》，《西南交通大学学报（社会科学版）》，2019年第1期。
④ 中国人民解放军历史资料丛书编审委员会：《铁道兵.综述 大事记 表册》，解放军出版社2000年版，第65页。

礼。这座纪念碑高 12 米,碑身用洁白光亮的水磨石制成,形如一巨大钢轨,顶端有一颗红色五角星标志,巍峨而庄严。碑的周围还种植了松树,四面安放着 16 个被掏空了的美国定时炸弹弹壳,象征着铁道部队征服敌机轰炸的功绩。碑的背面刻有中国人民志愿军司令部、政治部的题词。

在典礼上,志愿军铁道兵指挥所政治委员袁光说:"战争期间,志愿军铁道部队和朝鲜人民军铁道部队、朝鲜铁路职工以及全体朝鲜人民一起,在朝鲜铁道战线上进行了英勇顽强的斗争。在 3 年来的战争中,敌人在铁路线上出动了飞机 58 967 架次(不包括过航及侦查的),扔下了 190 599 枚炸弹,但是大批弹药物资仍通过打不断、炸不烂的钢铁运输线源源不断地支援了前线。这一伟大胜利是和烈士们的不朽功勋分不开的。"[1]在这场反侵略的正义之战中,广大铁道兵战士高度发扬爱国主义、革命英雄主义和国际主义精神,用血肉之躯,创建了一条"打不烂、炸不断的钢铁运输线",铁道兵精神也在铁道兵战士的浴血奋战中初步形成。

(三)铁道兵精神在社会主义建设中基本形成

新中国成立后,新生的人民共和国面临着极为复杂、严峻的国际国内形势。如何巩固人民政权,迅速恢复在旧中国遭到严重破坏的国民经济,成为执政的中国共产党必须解决的重大问题。1949 年 12 月 5 日,毛泽东在向全军颁发的《关于 1950 年军队参加生产建设工作的指示》中指出,"人民解放军除继续作战和服勤务者而外,应当负担一部分生产任务,使其不仅是一支国防军,而且是一支生产军,借以协同全国人民克

---

[1]《在朝鲜平安南道新安州市区中国人民志愿军铁道部队烈士纪念碑落成》,《人民日报》,1954 年 7 月 3 日。

服长期战争所遗留下来的困难,加速新民主主义的经济建设"①。12月31日,中共中央又发表《告前线将士和全国同胞书》,指出"随着战争的胜利结束,中国人民已经可能并且必须把主要的力量逐步转入和平建设工作。中国人民在1950年需要医治战争创伤,克服战后的财政经济困难,恢复工农业生产和交通事业"②。

此种情况下,战时应急抢修的铁路,已经无法满足运输需要,永久性的复旧势在必行。于是,铁道兵团的任务逐渐由战时的铁路抢修变为战后铁路修复,先后修复了陇海、京汉、粤汉三大干线和浙赣、同蒲等铁路上的267座桥梁、146公里的线路,以及通信线路等。③1950年8月,铁道兵部队在整编后,除担负铁路复旧任务外,也参加了陇海线宝鸡至天水段改建和湘桂线来宾至睦南关段续建工程。

1953年,中央正式公布党在过渡时期的总路线,社会主义建设的第一个五年计划也开始实施。这标志着中国的社会主义工业化建设开始了。1953年9月,中国人民解放军铁道兵组建后,便开始担负起铁路建设及国防工程建设的任务,陆续修建了黎湛、鹰厦、包兰铁路等。1954年8月,刚刚从抗美援朝战场回国不久的铁道兵部队又接到了新的任务,那就是修建黎湛铁路。虽然此时铁路建设过程中不再有敌机的狂轰滥炸,也没有定时炸弹的威胁,但修建铁路仍面临物资匮乏、设备简陋等困难。

由于时间紧、任务重,铁道兵战士在边设计、边施工、边验收中开山辟路,涉水架桥,推动铁轨不断向前延伸。在鹰厦线上,为了在一座座群峰之中开凿出大禾山隧道,广大铁道兵战士们冒着武夷山区冬季的

---

① 中共中央文献出版社编:《毛泽东文集(第六卷)》,人民出版社1999年版,第27页。
② 中央档案馆、中共中央文献研究室编:《中共中央文件选集(1949年10月—1965年5月)》第1册,人民出版社2013年版,第235页。
③《我军荣任社会主义建设突击队》,《解放军报》,1959年9月24日。

严寒,在深山密林里,斩荆披棘,悬空作业,日夜英勇地向山心挖掘。在石粉飞扬、空气稀薄的导洞里,风枪手们用双手把住风枪,胸膛顶住风枪,跪着或弓着身子,和岩石展开了顽强的搏斗。①在三次跨过黄河、数度越过沙漠的包兰铁路修建过程中,铁道兵建桥部队在7、8级大风中和洪水搏斗,在零下30度的严寒中坚持冰上施工,以"征服黄河,战胜沙漠"的英雄气概,克服了重重困难,战胜了严寒和风沙。②

鹰厦线上,铁道兵铺轨到终点——厦门

(永远的铁道兵,http://www.tdbjy.com/cms/show-31830.html)

1961年,伴随"调整、巩固、充实、提高"方针的提出,开发东北林业资源,加快林区交通建设被提上了国家日程。如此一来,1962年10

---

① 《发扬人民军队光荣传统 推进社会主义建设事业 解放军积极参加祖国建设》,《人民日报》,1959年9月24日。
② 《快马加鞭修铁路 包兰铁路北段铺轨到银川》,《人民日报》,1958年7月26日。

月,中共中央决定补充新兵10万人,使原有铁道兵规模扩大,以便更好地承担森林铁路、公路修建任务。1963年至1964年期间,铁道兵部队分别承担了132项和163项林业工程,主要分布在吉林、黑龙江和内蒙古3省区。①在嫩林铁路建设中,铁道兵战士以"干劲横扫漫天雪,豪情似火化冰霜"的英雄气概,同冰雪严寒展开了顽强的搏斗,在沼泽地带填筑起高高的路基,在冰雪覆盖的山岭上开凿出一条条隧道,在冻结数尺的冰河上修起座座大桥,使得一条条"钢铁巨龙"在东北绿林深处不断延伸。

正当铁道兵部队向林海进军时,根据1964年党中央加速以成昆铁路为中心的西南地区铁路建设的指示,铁道兵再次扩编新兵14.4万人,由新成立的西南铁路建设总指挥部统一领导。②在西南铁路建设大会战中,铁道兵部队先后参与了贵昆、成昆铁路等铁路的修建,使得西南地区的交通状况得到了极大的改善。在成昆铁路修建之初,一些外国专家就断言这里根本不能修建铁路。然而,铁道兵部队满怀壮志豪情,争当开路先锋,他们在滔滔金沙江边上搭起草棚,在荒山野谷里砌石垒灶,在高山顶上修起悬空的施工便桥,在大河上空架起运输索道,以"红军不怕远征难,万水千山只等闲"的英雄气概,开山凿洞,涉水架桥,战胜各种艰难险阻。③无论是铁道兵干部还是战士,夜以继日,争分夺秒地奋战在铁路工地上,在这条铁路线上,共牺牲了2100多名铁道兵,几乎平均每500米就留下一名烈士。

---

① 中国人民解放军历史资料丛书编审委员会:《铁道兵.综述 大事记 表册》,解放军出版社2000年版,第107页。
② 中国人民解放军历史资料丛书编审委员会:《铁道兵.综述 大事记 表册》,解放军出版社2000年版,第118页。
③《打破精神枷锁 打通修路"禁区"》,《人民日报》,1974年6月12日。

铁道兵修建成昆铁路

(中国网,http://photo.china.com.cn/2017-08/01/content_41327659_3.htm)

与此同时,在京原铁路、襄渝铁路、青藏铁路、南疆铁路、京通铁路等铁路的修建中都有铁道兵部队的身影。襄渝铁路沿线地质复杂,大部分地段需要通过秦岭构造带山区,地质复杂上傍悬崖,下临深涧,有35个车站建在桥上或隧道里,施工难度极大,在筑路过程中,铁道兵战士们以坚韧的意志、超人的勇敢和集体的智慧,前赴后继,用"穿透千山万岭,牵来钢铁长龙"的英雄气概,克服了千难万险。①青藏铁路西宁至格尔木段的大部分路基都在海拔3000米以上,空气稀薄,风沙肆虐,8级以上的大风每年至少要刮70天,全线还有350公里地段处于无人区。在如此筑路环境下,铁道兵战士们克服了高寒缺氧、地质复杂等难以想象的困难,打通了当时世界上海拔最高的关角隧道,而且将32公里长的铁轨铺在茫茫无际的察尔汗盐湖,创造了世界铁路史上的奇迹。②南疆铁

---

① 《襄渝铁路创建记》,《人民日报》,1978年6月15日。
② 《青藏高原上的壮丽诗篇——修筑青藏铁路宁格段纪实》,《人民日报》,1984年8月1日。

路建设中,这支英雄的部队,更是征服"火洲",凿穿冰山,大战流沙河,克服了施工中的无数艰难险阻,在丝绸古道上铺就出一条钢铁大道。①

除了铁路建设外,铁道兵部队还承担了北京地铁、引滦入津、虹桥机场等重大民生工程建设。铁道兵在引滦入津工程中承担的艰巨任务是开凿一条穿过分水岭的约 12 公里的引水隧道,该隧道是整个工程的关键。为了完成任务,广大铁道兵战士夜以继日地在洞内与顽石、渗水、塌方做搏斗,最终凭借干劲和科学,提前一年多时间,高质量、高速度地完成了隧洞掘进、明挖埋管等施工任务。此外,根据我国国防建设需求,铁道兵部队也承担了森林灭火、京广铁路北段抗洪抢险、唐山地震紧急抢险等抗险救灾任务,同时还参与中印边境公路、中越边境铁路保障等共计 231 项国防战备工程的建设。

这支部队不仅是社会主义建设者,更是社会主义保护者。②从 20 世纪 50 年代到 80 年代初,铁道兵战士,哪里需要去哪里,哪里辛苦哪里安家,从东北大小兴安岭到海南岛,从东海之滨到云贵、青藏高原,从长城内外到天山南北,到处都留下了铁道兵战士的足迹,洒下了铁道兵战士的汗水。据统计,这期间铁道兵部队共建设铁路干线、支线 52 条,约占这一时期全国新建铁路总数的 1/3,先后涌现出以"登高英雄"杨连第、"硬骨头战士"张春玉、"雷锋式的好干部"梁忠孟等为代表的一批英雄模范人物,以及以"杨连第连""抗洪抢险模范连""唐山抗震救灾抢修突击连"等为代表的一批先进集体。

在社会主义建设时期,铁道兵部队也因为特别能吃苦、特别能战斗、特别能奉献的精神,被人民群众赞誉为"铁路建设的突击队"。也正是在

---

① 《铁道兵前无险阻——南疆铁路建设工地巡礼》,《人民日报》,1978 年 10 月 5 日。
② 中国铁道建筑总公司史志编审委员会:《中国铁道建筑总公司志(1948—1995)》,中国铁道出版社 1998 年版,第 4 页。

这一时期，伴随铁道兵部队的成长和壮大，内涵丰富、意义重大的铁道兵精神逐渐形成。1978年，叶剑英元帅在铁道兵部队成立30周年时，为其题词："逢山开路，遇水架桥，铁道兵前无险阻；风餐露宿，沐雨栉风，铁道兵前无困难。"①这不仅是对铁道兵精神的形象概括，也标志着铁道兵精神基本形成。"逢山开路、遇水架桥"的铁道兵精神必将激励着一代又一代铁路建设者不断奋进。

（四）铁道兵精神在改革开放后延伸发展

十一届三中全会后，中国进入改革开放新时期，为适应国民经济调整的方针和国家体制、军队体制改革的需要，中国共产党决定撤销铁道兵建制，集体转业到地方工作。1982年12月6日，国务院、中央军委颁发《关于铁道兵并入铁道部的决定》，充分肯定了铁道兵"在解放战争、抗美援朝战争中，完成了大量交通保障工作，为夺取战争的胜利，立下了功劳。在社会主义建设时期，为我国铁路建设，特别是发展边远地区的交通事业，发挥了突击队的作用。在部队建设、教育训练、战备工作和抢险救灾等方面，也都完成了上级赋予的各项任务，做出了重大贡献"，指出"根据国民经济调整的方针和国家体制、军队体制改革的需要，为集中统一领导铁路建设施工力量，加速我国铁路建设，党中央决定将铁道兵机关、部队、院校等并入铁道部"②。

根据这一决定，从1983年初，铁道兵部队兵改工的各项工作开始，铁道兵机关及所属10个师和直属单位共15万人集体转业并入铁道部。

---

① 《加速铁道兵的革命化现代化建设 铁道兵领导机关集会纪念铁道兵成立三十周年》，《人民日报》，1978年7月7日。
② 《中国铁路建设史》编委会编：《中国铁路建设史》，中国铁道出版社2003年版，第63页。

1984年1月起,原铁道兵领导机关和所属各部队分别改为铁道部工程指挥部和铁道部工程局。整个兵改工工作持续到1984年底基本结束,历时2年左右。①

1984年,铁道兵部队集体转业并入铁道部,告别"八一军旗"

(中国网,http://photo.china.com.cn/2017-08/01/content_41327659_7.htm)

兵改工,就意味着国家不再下达指令性工程任务,铁道部工程指挥部及其所属队伍需要自己到市场上找活干。虽然此前作为铁道兵的这支队伍承担了许多基础设施工程建设,在基建队伍中久负盛名,但是脱下军装,作为市场经济中的建筑企业队伍,在面对市场竞争时,要求得生存和发展,仍需要有走向市场的勇气和魄力,否则就只能坐以待毙。就像时任国务院副总理的万里所言:"铁道兵脱下军装走向市场,能活则活,活不了就死!"②所以,在改革开放的时代浪潮中,应对市场竞争的挑战,

---

① 中国铁道建筑总公司史志编审委员会:《中国铁道建筑总公司志(1948—1995)》,中国铁道出版社1998年版,第5页。
② 钱桂林:《锦鲤跃龙门:中国铁建股改上市纪实》,华文出版社2009年版,第2页。

铁道部工程指挥部及其所属队伍首要做的就是进行施工管理体制的改革，转变经营机制，逐步实现企业化。

为了较好地实现"四个转变"，即从军队生产型转变为企业经营型；从军队供给制转变为自负盈亏、按劳分配；从执行指令性任务转变为投标竞争，自行承揽；从单一修路转变为多种经营，1985年7月，铁道部工程指挥部开始学习和推广"鲁布革"经验，积极推行"项目法"施工，实行项目长负责制。①1987年，铁道部工程指挥部在施工工作会议上又提出了"搞活工程处"的经营战略，继铁道部工程指挥部和各工程局实现市场化后，各工程处也先后取得法人资格，开始走向市场，广揽任务。②此后，各段队、项目部也逐步实现了自揽自干。通过施工管理体制的改革，提高了这支队伍的施工管理水平，增强了其参加社会投标的竞争力，使其在企业化道路上迈出了新的一步。1989年7月1日起，铁道部工程指挥部撤销，中国铁道建筑总公司（以下简称"中国铁建"）正式成立。

1992年，邓小平南方谈话，明确提出了中国经济体制改革方向的市场化取向。随后召开的党的十四大，进一步明确"中国经济体制改革的目标是建立社会主义市场经济体制"。这给刚成立不久的中国铁建指明了企业改革的目标和新的发展方向。在此背景下，这支建筑队伍与时俱进，以改革为动力，以市场为导向，大胆革新，锐意进取，率先打破"三铁"（"铁饭碗""铁工资"和"铁交椅"），迅速推行劳动、人事、工资制度改革，提升企业整体管理水平。党的十四届三中全会后，中国铁建致力于

---

① 徐恒盛、王宗炜：《鲁布革经验的跟踪与探讨》，《施工企业管理》，1989年第3期。
② 铁道部第十一工程局史志编审委员会：《铁道部第十一工程局志 1948—1995》，中国铁道出版社1999年版，第112页。

建立"产权清晰、权责明确、政企分开、科学管理"的现代企业制度。[1]1998年，中铁十二局作为建设部、铁道部建立现代企业制度的试点企业，在中国铁建系统及全国建筑业率先改制，成立中铁十二局集团有限责任公司，到2000年，中国铁建大部分二级企业实现了改制，现代企业制度框架基本建立。

2006年12月，国务院办公厅转发国资委《关于推进国有资本调整和国有企业重组指导意见》，要求加快国有大型企业股份制改革，加快中央企业重组调整的步伐。[2]股份制改革，成为党和国家推行大型国有企业改革的方向。在此背景下，为从根本上解决企业经营管理中存在的种种问题，从根本上提升企业的核心竞争力，中国铁建做出了主业整体改制上市的重要抉择。2007年11月，中国铁建整体重组，改制设立股份有限公司，中国铁建股份有限公司正式挂牌成立。次年3月，中国铁建A股、H股先后在上海、香港挂牌上市。[3]至此，中国铁建在资本市场建立了持续有效的融资平台，进一步解决了历史遗留问题，明晰了产权，成功实现了由公司制向股份制转变。

在激烈的市场竞争中，中国铁建传承和发扬铁道兵精神，以自身特色和优势勇闯市场，建立新业，为我国铁路建设和其他建设事业做出了贡献。在20世纪90年代初掀起的铁路大会战中，中国铁建继续发扬社会主义建设时期"铁路建设突击队"的优秀作风，以高昂的斗志迅速投入到铁路建设大潮中，先后参与了宝中、侯月、兰新、京九、南昆、浙赣等主要铁路干线的建设。进入新世纪后，又陆续参与修建宜万、江湛、

---

[1] 钱桂林：《锦鲤跃龙门：中国铁建股改上市纪实》，华文出版社2009年版，第9页。
[2] 张卓元，郑海航：《中国国有企业改革30年回顾与展望》，人民出版社2008年版，第419页。
[3] 钱桂林：《锦鲤跃龙门：中国铁建股改上市纪实》，华文出版社2009年版，第236页。

青藏、哈佳、秦沈铁路和京津城际、京沪、郑西、哈大高速铁路等。同时，中国铁建还积极向路外市场"进军"，不断拓宽自身的经营领域，积极承揽除铁路外的公路、机场、港口、地铁、邮电、矿山、林业、市政、水利电力、民用建筑等工程。

与此同时，中国铁建又根据国际国内市场发展趋势，不断实现转型发展，到目前，公司业务涵盖工程承包、勘察设计咨询、房地产、投资、装备制造、物资物流、金融及其他新兴产业，经营范围遍及全国32个省、自治区、直辖市以及全球130多个国家和地区。至此，中国铁建开始从以施工承包为主，逐渐形成了一条完整的行业产业链，其中包括科研、规划、勘察、设计、施工、监理、运营、维护和投融资等，具备了为业主提供一站式综合服务的能力。

2012年，中国铁建明确提出了"铁路、路外、海外三大市场齐头并进"，实现"从铁路转向路外、从地上转向地下、从东部转向西部、从政府转向企业、从国内转向国外"的发展战略，积极拓展海外市场。①2013年"一带一路"倡议提出后，中国铁建成为"一带一路"建设的积极响应者和实践者，先后参与建设了安伊高铁、亚吉铁路、中老铁路等工程，到2017年底，中国铁建在海外设计及已建成的铁路总里程超过1万公里，占中国企业在海外建成铁路总里程的80%以上，公司经营范围覆盖118个国家和地区，在此过程中，公司也逐渐从援建工程、劳务输出发展为设计施工总承包、投融资一体化发展。②

截至目前，中国铁建参与设计、建设了我国50%以上的高速铁路和普速铁路，40%以上的城市轨道交通线，约30%的高等级以上公路，配

---

① 《10年再造10个中国铁建》，《工人日报》，2012年8月20日。
② 《走向世界的铿锵之音》，《中国铁道建筑报》，2018年7月5日。

合国家有关部委制定了中国高铁50%以上的建设标准,承建了1000多项海外工程,多次刷新了中国对外工程承包单笔合同额最高纪录,为国内外交通基础设施建设做出了突出贡献,已发展成为交通行业领军企业。①

回首1984年铁道兵改制时所面临的艰难,为"走向"市场,建立现代企业制度所进行的系列改革,再到中国铁建的成立后,从路内转向路外、从地上转向地下、从东部转向西部、从国内转向国外……在这一历程中,虽然铁道兵在解放军序列中消失了,但这支队伍在革命、建设和改革中逐渐形成的精神文化仍得到了传承和弘扬,铁道兵精神并没有因为铁道兵改制而中断,而是伴随中国铁建的成立而延续发展,并且不断被注入新的时代内涵,成为中国铁建的企业精神的核心价值和文化基因。

二、铁道兵精神的基本内涵

(一)听党指挥、服务人民的奉献精神

听党指挥、服务人民的奉献精神是铁道兵精神的核心。听党指挥,就是要坚持党对军队的绝对领导。毛泽东曾指出,"我们的原则是党指挥枪,而决不容许枪指挥党"②。邓小平明确,党对军队绝对领导是军队建设过程中必须要解决的重大政治课题。习近平也强调,"党对军队的绝对领导是中国特色社会主义的本质特征,是党和国家的重要政治优势,是人民军队的建军之本、强军之魂"③。实践证明,人民军队之所以能

---

① 《中国铁建获批第二批交通强国建设试点单位》,《中国铁道建筑报》,2019年12月30日。
② 《毛泽东选集》第2卷,人民出版社1991年版,第535页。
③ 习近平:《在庆祝中国人民解放军建军90周年大会上的讲话》,人民出版社2017年版,第14页。

够从小到大、由弱到强，从挫折中奋起，在战胜各种艰难困苦中不断成熟，从胜利走向胜利，最根本的原因就是坚持党的领导，这是人民军队的命脉所在。所以，听党指挥，是铁道兵部队在革命、建设和改革各个时期应对各种矛盾困难，迎难而上，顽强奋斗，不断战胜一切艰难险阻，始终保持强大的凝聚力、向心力、创造力、战斗力的根本保证。

综观铁道兵部队的历史，就是一部人民军队听党指挥的历史缩影。在解放战争时期，为了适应人民解放军部队作战需要，铁道兵部队在战火中诞生。这支部队一经组建，就投入到中国共产党领导的革命事业中，跟随中国共产党的步伐一路前进，时刻根据战争形势的发展和作战的需要，开展铁路抢修，以确保战争所需物资、装备和兵员的及时输送。在中国共产党的领导下，这支部队从关外到关内，从北方到南方，先后抢通了哈长、沈山、津浦、平汉等主要铁路干线。工地即战场，在"一切为了前线的胜利"这一信念下，铁道兵战士保证"野战军打到哪里，就把铁路修到哪里"，他们冒着敌机轰炸的危险，以"多扛一根枕木，多打一颗道钉，就是多消灭一个敌人"为信念，夜以继日赶修线路，保障战时铁路运输。新中国成立后，铁道兵部队听从党的指挥，全力投入到铁路复旧和新建中，支援国民经济的恢复。抗美援朝战争爆发后，这支部队更是义无反顾地扛起保家卫国的重任。

社会主义建设时期，铁道兵也是听从党的召唤，服从党的指挥，到祖国建设最需要的地方去。短短几十年的时间里，从东北到海南，从东部沿海到西南内陆，到处都留下了铁道兵战士的足迹，洒下了铁道兵战士的汗水。改革开放后，在党中央作出兵改工的重要决定后，全体铁道兵战士虽有不舍，有无奈，甚至有遗憾，但仍旧坚决服从改革大局，挥泪别军旗。正是凭借中国共产党强有力的领导，这支部队不仅经受住了战争年代的血与火、生与死的考验，也经受住了和平建设时期艰苦环境、艰苦生活、艰苦任务的考验。

服务人民，是人民军队永恒的价值追求。毛泽东提出，"紧紧地和中国人民站在一起，全心全意地为中国人民服务，就是这个军队的唯一的宗旨"①。邓小平指出，"人民军队的责任是随时随地为人民服务，一切为人民的利益着想"②。习近平也强调，"必须坚持全心全意为人民服务的根本宗旨，始终做人民信赖、人民拥护、人民热爱的子弟兵"③。铁道兵作为人民军队的组成部分，为人民服务也是这支部队矢志不渝的初心和永不懈怠的使命。同时，铁道兵作为一支铁道工程技术部队，有其特性，这支部队服务人民，不仅限于为人民扛枪、为人民打仗，也体现在为人民修建铁路、林业、国防、外委工程以及抢险救灾、出国参战等。

当然，为人民服务的宗旨，也决定了这支部队在承担国家指派的各项工程任务时具有其他工程建设队伍所没有的本质属性、精神力量和独特优势。解放战争时期，铁道兵部队在承担铁路抢修工作的同时，也十分重视群众工作的开展。每到一个驻地，铁道兵各支队都强调要遵守群众纪律，铁道兵战士们还主动帮助驻地民众干零活，例如挑水、打扫院子、收拾厕所、装粪车、抱柴草等。新中国成立后，铁道兵战士也努力践行为人民服务的宗旨，在建设嫩林铁路时，铁道兵部队还组织医疗小分队，为驻地附近的民众看病问诊。在修建贵昆铁路时，杨连第连在紧张繁忙完成施工任务后，挤时间到附近村庄支农，帮助农民抢节令抓田

---

① 中国人民解放军总政治部编：《毛泽东同志论政治工作》，人民出版社1964年版，第81页。
② 中共中央文献研究室、中国人民解放军军事科学院：《邓小平军事文集》第2卷，军事科学出版社、中央文献出版社2004年版，第11页。
③ 习近平：《在庆祝中国人民解放军建军90周年大会上的讲话》，人民出版社2017年版，第17页。

堡子插秧。成昆线上，铁道兵战士为沿线群众修便道、搭便桥、挖水池，在有的地方还修建了较永久性的、能过汽车和拖拉机的铁索桥。同时，根据1965年6月26日，毛泽东作出的"六二六"指示①，铁道兵战士们还前往驻地附近的农村，支援农业抢收抢种，维修农机具，修筑堰沟，运送肥料、种子，培训工匠，防病治病，举办图书阅览、游艺等文化活动。因此，铁道兵部队为人民服务，不仅仅体现在筑路本身，更体现在筑路的同时对铁路沿线群众的支援、帮助中。

1970年6月27日，毛泽东为铁道兵司令部工作人员题词"为人民服务"，这就是对铁道兵部队为人民造福兴利的高度肯定。铁道兵部队"把驻地当故乡，视人民为父母"，全心全意为筑路地区的各族人民群众服务，为保护人民群众生命财产不惜牺牲个人生命的精神，可以说是人民军队全心全意为人民服务宗旨的重要体现，也是对中华优秀传统文化爱民重民思想的继承和发展。

铁道兵战士用实际行动展示出人民军队全心全意为人民服务的优良作风，也赢得了铁路沿线民众的感激，他们也为铁道兵部队提供力所能及的支持。例如，在抢修津浦铁路时，沿线民众扭起秧歌慰问铁道兵战士，并对他们说："你们赶修这条铁路，要什么东西，我们都能供给。"平汉铁路铺轨时，南北两支铺轨队在邯郸会师接轨，是时，人民群众清水泼街、黄土铺路，以隆重的礼仪迎接铁道兵部队。在修建成昆铁路时，铁路沿线悬挂着"人民铁路人民建，军民同修成昆线"的标语，沿线各族人民积极组织马车队，支援铁路建设，凉山彝族人民更是翻山越岭运送木料到工地。当时，铁道兵部队的营房驻地常在大山深处，出行不易，

---

① "六二六"指示，指1965年6月26日，毛泽东作出要把医疗卫生工作的重点放到农村去的指示。

新鲜食材供给紧张，驻地附近的各族民众就跋山涉水给铁道兵部队送去蔬菜和肉。修建青藏铁路一期工程时，沿途牧民为辛苦筑路的铁道兵战士送去酥油茶，道一声"'金珠玛米'辛苦了"。在南疆铁路修建中，沿线的蒙古族妇女们用牛马驮上缝纫机、洗衣盆到工地给铁道兵战士们缝补衣服、拆洗被褥。

铁路沿线各族人民积极组织马车队支援成昆铁路建设

（中国铁建官网，https://www.crcc.cn/art/2011/4/29/art_263_104402.html）

35年的奋斗历程里，铁道兵部队时刻听从党的指挥，哪里需要去哪里，把青春和热血奉献给了党领导的革命、建设和改革事业。真心实意地为人民服务，为人民奉献，也使这支英勇的部队就有了战斗力，他们修筑的铁路干线在不断延伸，并逐步形成纵横交错的路网，彻底解决了人民群众出行难的问题。这些运营至今的每一条铁路，都是铁道兵部队为人民服务最好的见证。

（二）艰苦奋斗、志在四方的创业精神

艰苦奋斗、志在四方的创业精神是铁道兵精神的表征。[①]艰苦奋斗

[①] 刁成林、邱铁鑫：《铁道兵精神融入高校思想政治理论课路径探究——以"中国近现代史纲要"课程为例》，《石家庄铁道大学学报（社会科学版）》，2020年第2期。

是中华民族的传统美德,中华民族的文化基因里充溢着艰苦奋斗的气质。自古就有"艰难困苦,玉汝于成""天行健,君子以自强不息""劳苦之事则争先,饶乐之事则能让"等名言警句。艰苦奋斗也是我们党和军队的优良传统和作风,是我们党和军队的政治本色,是无比珍贵的传家宝。历史表明,我们党和军队是靠艰苦奋斗起家的,也是靠艰苦奋斗不断发展壮大起来的,从井冈山的"红米饭、南瓜汤",到长征路上"啃树皮、嚼草根",从延安时期的"住窑洞、开荒山",解放战争时期的"小米加步枪",到志愿军战士的"一把炒面一把雪",艰苦奋斗的光荣传统和政治优势始终贯穿其中。铁道兵作为党领导下的一支工程技术部队,艰苦奋斗也是其最重要的特征。

艰苦,是大多数当过铁道兵的人的共同感受。成为铁道兵的战士,大多数是刚成年的青年,他们当中,有的人来自城市,还是学生,未曾有过工作经历;有的人来自农村,虽干过农活,但至少有家人的陪伴。但是,当他们决定当兵,穿上军装,在新训之后被分配成为铁道兵,从家乡转战各地铁路工地时,便开启他们人生各方面历练。他们当中绝大多数没有筑路经验,甚至一开始并没有筑路概念,并不知道怎么修铁路,即便是相关铁路技术学校出身的学生,也基本只有一些筑路的理论知识,未曾有过工地上的亲身体验。从单纯离家的艰苦,到筑路的艰苦,是对铁道兵战士身体的训练,也是对铁道兵战士内心的历练。

无论是战时还是和平建设时期,成为铁道兵,就意味着艰苦生活的开始。初到工地,没有房屋,战士们就住在帐篷里,睡的是木板大通铺,为了离施工地点近一些,帐篷的搭建有时也在山崖边、河滩上。铁路修到哪里,帐篷就迁扎到哪里,成为铁路线上流动的"家",驻地相对稳定后,他们便自己修筑干打垒的房子,居住条件也十分简陋。在物质匮乏的时代,铁道兵在野外生活,大多时候吃的都是脱水蔬菜和杂食,新鲜蔬菜和肉非常匮乏。

他们所面临的施工环境也极为艰苦,而所承担的任务则更是艰巨。施工时,高温酷暑的烘烤,严寒冰冻的考验,高原缺氧的折磨,大漠风沙的困扰,险恶暴风的袭击,甚至是洪水、泥石流的肆虐。例如,初入林海修建嫩林铁路时,没有住房,铁道兵战士们铲开冰雪,搭起帐篷就是家;没有水喝,砸碎冰块,融冰化水;没有蔬菜,就吃干菜,蘸咸盐水;缺少取暖设备,战士们群策群力,用黄土和片石,在帐篷内盘上既保温又经济的"地火龙"。①经过一冬的艰苦奋战,铁道兵战士们终于在零下四五十度的严寒下扎下了根,为全面施工创造了条件。就是在这样艰难的环境中,为了尽快完成铁路修建的任务,铁道兵战士们夜以继日地挖坑、打隧道、填路基、铺铁轨、架桥梁……

铁道兵战士冒着风雪扛着帐篷前往嫩林铁路工地

(《中国铁道建筑报》,2018年7月30日)

---

① 《在伟大领袖毛主席、党中央亲切关怀下贯穿大兴安岭林区的嫩林铁路胜利通车》,《人民日报》,1976年6月8日。

第三章 铁道兵精神

在35年的征程中,无论生活多么艰苦,铁道兵战士都勇往直前、前仆后继;无论环境多么恶劣,他们都不畏艰险,知难而进;无论承担多么艰苦的任务,他们都任劳任怨、勤奋工作。在35年的征程中,艰苦奋斗的创业精神就是支撑铁道兵部队克服各种艰难险阻,胜利完成任务的不竭动力。1954年,朱德在铁道兵第三次庆功大会上就曾指出:"我们的军队有不怕劳苦、不怕牺牲、艰苦奋斗的光荣传统,又有广大人民的支援,所以任何困难对于我们都算不了什么。"①在35年的征程中,铁道兵战士也用实际行动诠释了艰苦奋斗的真实内涵。1966年2月16日,周恩来总理在与铁道兵党委常委成员谈话时,就曾高度赞扬了铁道兵发扬解放军光荣传统,传承艰苦奋斗、勤俭修路的革命精神。②志在四方是中国传统文化中所倡导的精神品质,《礼记·内则》中有言:"国君世子生……射人以桑弧蓬矢六,射天地四方。"宋代朱熹《次韵择之进贤道中漫成五首·其二》中谓之:"岂知男子桑蓬志,万里东西不作难。"③这些语句都寓意男儿应有志于四方。参军报国,就是热血好男儿志在四方的具体实践。成为铁道兵,有的人认为是"路走对了,门找错了",不能直接上战场打仗。但实际上,在战争条件下,铁道兵部队的抢修,就是一种战斗任务,在和平建设中,铁道兵部队新建铁路,也是一种新的战斗。为了让铁道兵战士们心怀志向,在每一年新兵入伍时,连队就对其进行以艰苦为荣、劳动为荣,当铁道兵光荣的"三荣"思想教育,以纠正参军、当铁道兵是"大门走对了,小门走错了"的错误认识。

在社会主义建设时期,经受思想洗礼后的铁道兵战士们,秉持"舍

---

① 《在铁道兵第三次庆功大会上的讲话》(1954年5月14日),《朱德选集》,人民出版社1983年版,第329页。
② 周岷山:《铁兵恋歌》,华文出版社2009年版,第5页。
③ 郭齐、尹波点校:《朱熹集1》,四川教育出版社1996年版,第233页。

小家，为大家"的情怀，穿梭于西南群山中、鏖战在巴山蜀水间、挥师入高寒禁区里，毫无怨言地将自己的青春，乃至生命无私奉献给了新中国的铁路建设事业。在广大铁道兵战士心中，志在四方就是一个崇高而伟大的愿景，集中表现在他们四海为家的宽广胸怀。正是有着这样的气量，许多铁道兵在退役回到地方后，也怀着雄心壮志，在各行各业中书写着新的精彩。

建制35年间，铁道兵战士一顶帐篷，四海为家，一双铁脚，走遍天涯。铁道兵部队长年累月地钻山沟，住帐篷，走小路，修大路，转战祖国大江南北。在完成一条铁路的修建任务后，他们就背起行装转战新的战场，可谓"离别了天山千里雪，但见那东海万顷浪，才听塞外牛羊叫，又闻江南稻花香"。面对艰巨而繁重的筑路任务，广大铁道兵战士秉承"哪里需要去哪里，哪里艰苦哪安家"的志气，敢于挑战、勇挑重担，足迹踏遍万水千山。他们在中国的版图上铺就出四通八达的钢铁经纬线，不断开创伟大的建设事业。正如歌曲《铁道兵志在四方》中所唱到的"我们要到祖国最需要的地方"，要让"锦绣河山织上铁路网"。①

改革开放后，面对兵转工的重大转变，他们依旧志在四方，勇闯市场，"迈开大步往前走"，硬是在激烈的市场竞争中，拼出了一条生路。在改革开放的时代大潮中，集体转业后的这支队伍仍旧志在四方，他们不断探索新领域、新发展，从单纯的工程建设向勘测设计、房地产、投资、装备制造、物资物流、金融等产业，从国内业务向国际业务不断开拓，不断前进，直到今天，中国铁建所取得的巨大成就，集中体现了这支队伍无论在任何时代、任何环境下都保持志在四方的精神气。

---

① 《铁道兵志在四方》，《铁道兵报（文艺版）》，1962年4月。

（三）攻坚克难、敢于牺牲的拼搏精神

攻坚克难、敢于牺牲的拼搏精神是铁道兵精神的底蕴。[①]攻坚克难，是党领导下的人民军队直面任何风险和困难的基本态度。毛泽东在谈到人民军队时，曾指出："这个军队具有一往无前的精神，它要压倒一切敌人，而决不被敌人所屈服。不论在任何艰难困苦的场合，只要还有一个人，这个人就要继续战斗下去。"[②]中国共产党领导下的人民军队在投身为中国人民求解放、求幸福，为中华民族谋独立、谋复兴的历史洪流中，经历了各种各样的磨难。例如长征路上，有每日几十架次的飞机轰炸，有数十万大军的围追堵截，还有各种恶劣的气候和环境，但党领导下的工农红军面对强敌，挑战极限，迎难而上，实现了中国革命从挫折走向胜利的伟大转折。除了坚定的信念外，这支队伍持有的便是一股攻坚克难的勇气。可以想象，在战争年代，若是我们党和军队没有这种攻坚克难的勇气，那便不会取得革命的成功。

攻坚克难也是铁道兵部队战胜千难万险，胜利完成各项工程任务的精神真髓。在战争时期，想要在敌机的轰炸下架轨铺路，想要在与洪水的搏斗中完成架桥任务，想要在材料缺乏的情况下开展筑路工作，其困难可想而知。例如，在抗美援朝战争中，抢修铁道线路的铁道兵战士，不但要和频繁的敌机作斗争，在冬天还要和寒流作斗争，在春天又要和洪水作斗争，许多抢修的材料、工具也须就地解决。但是这一切困难，在具有高度觉悟的铁道部队指战员们面前，都一一被克服了。譬如为了避免敌机破坏行车设备，他们很巧妙地建立了给水所，或利用山上的泉

---

① 刁成林、邱铁鑫：《铁道兵精神融入高校思想政治理论课路径探究——以"中国近现代史纲要"课程为例》，《石家庄铁道大学学报（社会科学版）》，2020年第2期。
② 《毛泽东选集》第3卷，人民出版社1991年版，第1039页。

水给水；木料缺乏，指战员们就到山林中去砍伐；道钉缺乏，就到铁路线附近去搜集。有的时候，一些重器材不能及时运到工地，指战员们常常先创造简便的工具来代替。如在架某桥工字梁时，因为架梁机未运到，架子工王传明便利用三十吨的平车组成吊车来代替架梁机，结果不但提前完成任务，而且比用架梁机还要省八十个人工。①

铁道兵战士抢架被洪水冲毁的便桥

(《中国铁道建筑报》，2020年11月2日)

在和平建设时期，由于物质匮乏、装备陈旧、技术落后等条件的制约，想要在幅员辽阔、地貌复杂的中国大地大规模修建铁路，其工程建设难度之大、挑战之多、任务之重，可想而知。可这就是铁道兵部队的工作。毛泽东曾说："什么叫工作，工作就是斗争。那些地方有困难、有问题，需要我们去解决。我们是为着解决困难去工作、去斗争的。越是困难的地方越是要去，这才是好同志。"②铁道兵部队秉承人民军队攻坚

---

① 《英雄的中国人民志愿军铁道部队》，《人民日报》，1951年9月15日。
② 《毛泽东选集》第4卷，人民出版社1991年版，第1160页。

克难的精神真髓，不畏艰难，迎难而上，铺设一条又一条铁路，使得铁路网在中国大地不断延伸。

在鹰厦线上，要穿越横贯闽赣两省的武夷山，翻过群峰重叠起伏的戴云山，还要移山填海，构筑一条跨海长堤，工程十分艰巨复杂。但铁道兵部队并未胆怯或是束手无策，而是发扬"愚公移山"的精神，在中国共产党的领导下，打破常规，群策群力，发动群众，通过改善设计，采用大爆破等一系列举措，胜利完成任务。修筑嫩林铁路的呼玛河大桥时，冰河宽400多米，冰层几尺厚。在寒冷冬季，铁道兵战士们为了争时间，抢速度，需要破冰修桥。在凛冽的寒风中，他们用铁锤加钢钎，逐层破冰，七八米深的桥基，全是大冰窟窿，有时冰层渗水，淹没桥基，战士们就跳进刺骨的冰水里堵塞漏洞。为了防止混凝土冻结，他们用铁板炒、开水烫等土办法，把近6万立方米的砂石温度从零下40多度升到零上30多度，提前修好了13个桥墩台，保证了工程质量。①

在成昆铁线上，面对复杂艰巨的工程任务，铁道兵战士喊出了"天高我敢攀，地厚我敢钻，险山恶水听调遣，英雄面前无难关"的豪迈誓言，在所谓"不能修路"的西南"禁区"胜利地铺上了钢铁大道。在青藏线西格段的关角隧道里，因缺氧而昏厥倒地，因塌方而命悬一线，危险无时无刻不在；察尔汗盐湖上，热似蒸笼，风似刀割，但铁道兵战士们以坚韧不拔的毅力克服高原缺氧带来的严重威胁，战风沙，斗严寒，闯盐湖，过沼泽，推动铁路向"世界屋脊"延伸。

危险面前，敢于牺牲是军人本色。毛泽东在《愚公移山》中谈到，"革命一定要胜利"，就要"下定决心，不怕牺牲，排除万难，去争取胜

---

① 《在伟大领袖毛主席、党中央亲切关怀下贯穿大兴安岭林区的嫩林铁路胜利通车》，《人民日报》，1976年6月8日。

利"①。朱德在谈到抗战时，就强调说："要舍得为祖国而牺牲。""只有这样的不怕牺牲，我们才能死里求生。"②陈云在《纪念秋白同志》中也说："没有牺牲不会成功，这意义上牺牲是成功一部分。"③可以说，一部人民军队的发展史，就是一部革命军人为祖国浴血奋战、鞠躬尽瘁的牺牲史；一部中华民族的奋斗史，就是一部无数仁人志士为了实现中华民族伟大复兴，抛头颅、洒热血的牺牲史。但是，"牺牲"两字容易说，却不容易做。作为军人，敢于牺牲也是铁道兵战士的血性担当，在他们穿上军装成为铁道兵的那一刻，"一不怕苦、二不怕死"就成为他们忠于祖国、服务人民的铮铮誓言。

在解放战争中，津浦线上，铁道兵部队抢修淮河大桥时，潜水员王吉珍，不顾个人安危，连续6次潜入激流中为木笼沉箱的重新吊装定位拴挂钩、拴钢丝绳，不幸最后一次因水流太急，被冲入木笼沉箱的空格里，潜水衣被撕破，献出了年轻的生命。在朝鲜战场，志愿军铁道部队舍生忘死，前仆后继，他们在敌机不间断地轰炸中抢修铁路、架设浮桥、拆除定时炸弹，实施铁路保障。"登高英雄"杨连第带领战士，头顶美机的狂轰滥炸，采用"钢轨架浮桥"法，在激流中奋战30多个昼夜，11次架设铁路浮桥，保证了军需物资及时运往前线。后来在抢修清川江大桥时，杨连第被敌机扔下的定时炸弹击中头部，不幸牺牲。战士袁孝文在双腿被炸断后，仍然咬紧牙关爬行300多米，设置响墩，保证了疾驰而来的军用列车的安全；共产党员刘欣然在一只胳膊被炸断后，仍带领战士们坚持抢修；战士夏海涛负了伤，土埋了半截身子，仍紧抓住拉钢梁的绳子不放；战士李绪全在敌机轰炸时，奋不顾身抢救出6名战友，

---

① 《毛泽东选集》第3卷，人民出版社1991年版，第327页。
② 《朱德选集》，人民出版社1983年版，第50页。
③ 《陈云文集》第1卷，中央文献出版社2005年版，第79页。

而自己却壮烈牺牲。①凭借着敢于牺牲的勇气，铁道兵战士们用血肉之躯筑起了一条"打不烂、炸不断的钢铁运输线"。据统计，仅据抗美援朝战争和社会主义建设两个时期的统计，这支部队就有 6615 人英勇牺牲，49 987 人光荣负伤。②

"登高英雄"杨连第

（中国铁建官网，https：//www.crcc.cn/art/2019/7/31/art_33733_2951494.html）

铁道兵敢于牺牲的拼搏精神，不仅仅体现在战争年代，在和平建设时期，他们也将青春和热血奉献给了自己的工作岗位。成昆线上，在密马龙隧道塌方时，战士向启万临危不惧，救出 6 名战友，自己身负重伤，经抢救无效而牺牲；在襄渝线隧道施工时发生大塌方，战士黄景志也为抢救战友而英勇牺牲；在青藏铁路西格段关角隧道的施工中，一次大塌

---

① 刁成林，邱铁鑫：《铁道兵精神融入高校思想政治理论课路径探究——以"中国近现代史纲要"课程为例》，《石家庄铁道大学学报（社会科学版）》，2020 年第 2 期。
② 铁道兵善后工作领导小组：《中国人民解放军铁道兵简史》，铁道兵善后工作领导小组史料征集办公室，1986 年，第 5 页。

方,就将55名官兵的生命夺去;在引滦入津工程中,战士周尚孝在面临即将塌方的危险时,义无反顾地将自己的战友推到安全区,自己被重达七八百斤重的石头砸伤,光荣牺牲;战士龙均爵在看到连队驻地对面山上着火时,他毫不犹豫地带上灭火工具赶赴火场,在与烈火搏斗中为挽救国家财产和人民群众生命财产而壮烈牺牲……成昆铁路、襄渝铁路沿线,每隔二三十公里就有一片墓地,这就是铁道兵敢于牺牲的见证。

也许有人会问,为何修铁路会有这么大的牺牲?修建铁路是一项系统复杂的工作,涉及规划、勘测、施工等程序,且工程量较大,远比修公路难度更大。尤其在新中国成立后的一段时间里,我国工业化程度相对较低,铁路修建技术相对落后,尤其是机械化程度低,安全保障措施少,大量工程需要铁道兵战士靠大锤钢钎、铁锹大镐、风钻矿车等简陋工具来完成。在这样的情况下,要完成诸多铁路工程的建设任务,不得不实施"人海战术"施工,无可奈何。尤其是在地质构造十分复杂的地区打隧道、架桥梁,塌方、透水、滑坡、泥石流等威胁生命的危险情况,随时可能发生,防不胜防。

也许有人也会问,既然修铁路这么艰辛,还随时有安全风险,那为何还有人愿意为了修路去做出这样的牺牲?因为铁路不仅仅是一种交通运输工具,它也具有诸多政治、经济、社会甚至是国防功能。战时抢修铁路,是为了保障前线作战需要,运送部队、伤员和物资等,新中国成立后,修铁路是建设新中国的需要,是满足人民出行、致富的需要,更是建设现代化铁路强国的需要。由部队来修铁路,既是为国家服务,也是为人民服务。秉持这样的信念,在很多情况下,许多铁道兵战士明明知道会有危险,明明知道可能会失去生命,但是他们谨记自己是一个当兵的人,就应该无畏牺牲,更应该用行动诠释何为敢于牺牲。

（四）与时俱进、锐意进取的开拓精神

与时俱进即与时代同步。铁道兵的与时俱进，主要表现在铁道兵部队从组建到改制，其担负的任务主要根据时代和国家需求进行变动，而这支部队则在任何时期都能调整自身，主动适应时代和任务的变化；锐意进取即力图有所作为，铁道兵的锐意进取表现在无论面临任何任务，铁道兵部队都时刻战斗着，奋斗着，前进着。在战争中，铁道兵部队的主要任务是进行铁路抢修、抢建及改造等，也包括战后铁路修复。社会主义建设时期，根据国家需求，铁道兵部队任务较为多元化，涉及新建铁路、林业、国防、外委工程、抢险抗灾等。

战时以解放战争时期为例，铁道兵组建初期的主要任务是担负着东北地区约 5000 公里铁路的护路任务，如执行保护铁路运输安全和协助接管铁路等。[①]但随着解放战争形势的发展，1948 年 8 月开始，当解放战争进入战略决战阶段时，铁道纵队在组建后便投入到东北战区铁路的抢修中，并且随着战争形势的变化，由东北逐渐推向华北、华东及中南广大地区。伴随 1949 年 5 月 16 日铁道兵团的建立，铁道部队的抢修任务开始由一个战略区转向了全国范围。这支英勇的部队继续弘扬革命时期的光荣传统，先后抢修了陇海西段、粤汉、湘桂、平汉线北段、同浦等铁路。由此可见，战时铁道兵的主要主任是执行铁道保障，完成战区铁路的抢修，或遮断（即截断、破坏）铁路，不使敌人利用。正如朱德对这一时期铁道兵所承担任务的重要性所做的阐述："在现代化战争中，没有铁路的支援，就不能很快地把部队运到前线去，就难以使用大兵团作战。"[②]

---

① 兵者等：《开国将军画传第五辑 苏进画传》，中央文献出版社 2007 年版，第 106 页。
②《朱德选集》，人民出版社 1983 年版，第 345 页。

新中国成立后，1949年12月5日，毛泽东在向全军颁发的《关于1950年军队参加生产建设工作的指示》中指出，"人民解放军除继续作战和服勤务者而外，应当负担一部分生产任务，使其不仅是一支国防军，而且是一支生产军，借以协同全国人民克服长期战争所遗留下来的困难，加速新民主主义的经济建设"①。12月31日，中共中央又发表《告前线将士和全国同胞书》，指出"随着战争的胜利结束，中国人民已经可能并且必须把主要的力量逐步转入和平建设工作。中国人民在1950年需要医治战争创伤，克服战后的财政经济困难，恢复工农业生产和交通事业"②。根据这一指示，铁道兵团的任务也逐渐由战时的铁路抢修变为战后铁路修复，先后开展了京汉铁路、粤汉线13座桥梁和浙赣线渌口大桥等线路的修复工作。③

1953年，中央政府提出了过渡时期的总路线，第一个五年计划也开始实施，开启了中国社会主义工业化建设的序幕。1953年9月，中国人民解放军铁道兵正式组建，随即便加入到了国家铁路和国防工程的建设中，陆续修筑了黎湛、鹰厦、包兰等铁路。1961年，伴随国民经济"调整、巩固、充实、提高"方针的出台，加快林区交通建设，以促进东北林业资源的开发，成为刻不容缓的任务。在这一背景下，1962年10月，中共中央决定补充新兵10万人到铁道兵队伍中，从事森林铁路、公路的修建。1963年至1964年期间，铁道兵部队分别承担了132项和163项林业工程，主要分布在吉林、黑龙江和内蒙古3省区。④

---

① 毛泽东：《关于1950年军队参加生产建设工作的指示》，《人民日报》，1949年12月5日。
② 中央档案馆、中共中央文献研究室：《中共中央文件选集（1949年10月—1966年5月）》第2册，人民出版社2013年版，第36页。
③ 刁成林：《中国铁道兵的历史沿革及其特点研究（1948—1983）》，《西南交通大学学报（社会科学版）》，2019年第1期。
④ 中国人民解放军历史资料丛书编审委员会：《铁道兵·综述 大事记 表册》，解放军出版社2000年版，第107页。

1964年，党中央又提出要加速建设以成昆铁路为中心的西南地区铁路，使得铁道兵再次扩编新兵14.4万人，并且成立专门的西南铁路建设总指挥部，负责统一领导。①在铁道兵部队的英勇奋战下，贵昆、成昆等铁路陆续修建，使得西南地区的交通状况得到了极大改善。与此同时，铁道兵部队还参与修建了京原铁路、北京地铁、襄渝铁路、青藏铁路、南疆铁路、京通铁路等。除铁路建设外，根据我国国防建设需求，铁道兵部队也参与抢修了中印边境公路、中越边境铁路保障等共计231项国防战备工程，以及森林灭火、京广铁路北段抗洪抢险、唐山地震紧急抢险等抗险救灾任务。②

铁道兵这种与时俱进、锐意进取的开拓精神，不仅在其建制时期得以坚持，在其改制之后仍得以传承和发展。1982年12月6日，根据国务院、中央军委颁布的《关于铁道兵并入铁道部的决定》，铁道兵机关、部队、院校等将被并入铁道部。改制后的这支队伍为了适应改革开放的时代浪潮，为了适应竞争激烈的市场，主动应变，与时俱进。铁道部工程指挥部成立初期，适逢鲁布革经验在全国施工企业进行推广。所谓的鲁布革经验，是指位于交通闭塞的云贵交界处的鲁布革电站，作为我国首次利用外资兴建的电站，从1984年10月开工后，在施工建设中采取了一系列改革和革新措施，取得了显著成效，并在招标承包、国际合同管理、施工管理、施工方法、劳动组织、设备配置、分配制度等方面形成了一套成功的经验。③这些经验引起刚组建不久的铁道部工程指挥部的注意。

---

① 中国人民解放军历史资料丛书编审委员会：《铁道兵.综述 大事记 表册》，解放军出版社2000年版，第118页。
② 刁成林：《中国铁道兵的历史沿革及其特点研究（1948—1983）》，《西南交通大学学报（社会科学版）》，2019年第1期。
③ 《学习鲁布革经验深化施工企业改革》，《施工企业管理》，1987年第4期。

为了更好实现兵转工,铁道部工程指挥部先后6次派出工程局领导、技术人员和工人到鲁布革电站考察,分头到施工工作现场对口学习施工管理和各种先进施工技术,并在大秦铁路隧道开挖中推广了鲁布革经验,大幅度提高了隧道开挖效率。这期间,这支队伍在原来的基础上先后建成南疆铁路、青藏铁路一期工程、兖石铁路、通霍铁路等6条总长2031公里的新线。除修建铁路外,还承担了修公路、建机场、开凿地道工程、修建深水大桥、修建电力水利设施和高层楼房建筑等工程。

与此同时,由于这一时期国家基建投资压缩而导致的施工任务缺口大,队伍富余人员急剧增加,以及大批家属子女随迁随调,就业困难等问题的出现,铁道部工程指挥部积极谋求解决途径,把安排富余劳力和家属子女就业作为深化企业改革的战略任务来抓,积极开辟生产门路,实施多种经营,营业范围涉及建筑业各个方面。一般采取的举措是,因陋就简,广泛利用空闲房屋、场地、简易设备,办起服务、修理、加工、种植和养殖等项目,收到投资少、周期短、见效快的效果。全系统90%以上的企业网点达到当年投资、当年见效的目的。截至1988年底,全系统共办了多种经营企业网点782个,安排就业15 538人,占队伍总数的10%。①

就这样,这支队伍并没有因为变革而消沉,而是在兵转工后,以改革为动力,以市场为导向,以转机为契机,大胆革新,锐意进取,勇敢坚毅地踏上了新的征程。在这一过程中,这支队伍不断调整自身,适应时代变革,保持进取之心,积极探索企业改革新路,大力进行科技攻关,不断提升自身竞争能力和施工能力,并通过发展多种经营,摆脱了劳力过剩的困境。最终,在全体职工的共同努力之下,实现了由军队生产型

---

① 中国铁道建筑总公司史志编审委员会:《中国铁道建筑总公司志(1948—1995)》,中国铁道出版社1998年版,第7页。

向企业生产经营型,由单一修铁路向开拓多领域施工,由劳动密集向管理型、智力密集型等多方面的转变。

与时俱进、锐意进取的开拓精神是任何一个时代都需要的。铁道兵这支英雄部队,之所以能够在改革的浪潮中成功实现兵改工,并且在激烈的市场竞争中砥砺前行,就是因为这支队伍具有与时俱进、锐意进取的开拓精神。秉持这一开拓精神,铁道兵部队在撤销建制后,以自身特色和优势,勇闯市场,在我国铁路建设和其他建设事业中不断发展壮大。因此,与时俱进、锐意进取的开拓精神是铁道兵精神的支柱。

(五)钻研业务、精通技术的科学精神

与其他兵种不同,铁道兵队伍除了需要有基本的军队素养外,还需要掌握牢靠的筑路技术。因此,钻研业务、精通技术是对铁道兵对自身工作的自我要求,也是这支部队在任何时候都能得以存续发展的关键。战时铁道兵的业务就是抢修铁道,实现战争中铁路保障,支援前线作战。和平建设时期,铁道兵主要的业务就是新建铁路。不过,修建铁路是一项技术较高的工作,且涉及工程环节较多,如果对业务不熟悉,对技术不精通,往往会造成国家财产的损失。当然,除了修建铁路外,铁道兵部队也需要承担国防工程、水利工程、抢险救灾等其他任务,因此,铁道兵战士们也需要掌握其他基础设施建设的相关施工技术,以及提升抢险救灾的救援能力。

从解放战争时期的"破路""护路"和抢修铁路,到社会主义建设时期奔赴全国各地"织就"铁路网,铁道兵队伍之所以能够较好地完成各项工程任务,对铁路工程技术从不会到会,从简单到复杂,从人力施工到机械化施工,一方面是广大铁道兵战士艰苦奋斗的结果,另一方面也

与铁道兵在队伍建设中重视技术、专研业务、精通技术分不开。①

这支队伍在组建之初，就十分重视在修筑铁路的实践中不断提升专业技术水平。1949年5月26日，在铁道兵团的成立大会上，时任铁道部部长兼铁道兵团司令员的滕代远就号召："今后的工作中,全体指战员,工作人员应明确树立学习技术与掌握技术的观点,特别要虚心向社会主义建设铁路先进的苏联学习,在今后的三五年中不会技术的要学会技术,会技术的要提高技术,要把学习技术当作我们的工作任务。这样才能胜利完成全国人民铁路的建设。"②因此，钻研业务、精通技术，是每一位铁道兵战士保证任务完成的自我要求和工作职责。

铁道兵部队能较好地实现钻研业务和精通技术，首先是因为这支队伍重视技术人员的任用。铁道纵队组建初期，整支队伍中仅有从铁路系统和大专院校调进的工程技术干部190多人，以及技术工人1000多人。抗美援朝战争期间，为适应作战需要，工程技术干部增加至600多名。1954年初，技术干部和专业兵员分别占编制数的64.5%和15.2%。③1978年，工程技术干部达到5400多人，约占部队总人数的1.5%。④技术干部人数的增长，一方面是因为在制度层面保障了这些干部的权益。铁道兵部队通过建立技术责任制，对科技干部的级别、薪金、休假及家属随从等问题进行规定，并定期召开技术干部大会，研究解决科技领域中存在的重大问题，表彰和奖励在科技战线上取得优异成绩的单位和个人。另一方面，铁道兵

---

① 刁成林:《中国铁道兵的历史沿革及其特点研究（1948—1983）》，《西南交通大学学报（社会科学版）》，2019年第1期。
② 《适应新的胜利形势 铁道兵团正式成立》，《人民铁道》，1949年6月11日。
③ 中国人民解放军历史资料丛书编审委员会:《铁道兵·综述 大事记 表册》，解放军出版社2000年版，第66页。
④ 中国人民解放军编委会:《中国人民解放军（下）》，当代中国出版社1994年版，第232页。

部队通过科研机构和院校的设立，培养了大批专业技术干部和骨干。

铁路建设是一个工序复杂的系统，有规划决策、勘测设计、工程施工等环节，而每一个环节都需要技术人员提供可靠的技术智力。其中，勘测设计是建设的基础工作和前提。勘测选线是否合理，直接影响了铁路的修建进程及其所产生的经济社会效应。所以，勘测选线尤为重要。虽然铁路勘测选线的工作主要由铁道部所属勘测设计单位来完成，不过在实际铁路修建过程中，铁道兵队伍也需要开展一些勘测工作，这就对铁道兵自身提出了较高的技术要求。

在鹰厦线上，铁道兵桥梁工程师王志遂，成天奔波在山川深谷之间。对原设计不妥当的地方一丝不苟，几个月内，仅在两个工程管区内，就发现了有218处桥涵需要修改，为国家节省了投资149万元。53岁的王传爵老工程师，跋山涉水，不辞辛劳，奔波在福建省的崇山密林中，检查和鉴定鹰厦铁路的线路设计，一涧一谷也不肯轻易放过。在修建鹰厦铁路的一年半时间中，共在崇山峻岭间奔跑了160多天，走过了600公里的线路，先后提出并被采纳了关于改善线路和路基边坡设计的合理化建议十几件，共为国家节省建设资金250多万元。①

在工程施工过程中，铁道兵部队也十分重视技术革新和技术民主。在铁路施工过程中，土石方工程往往需要大量劳动力。为了提高筑路工效，部队通过技术革新的实施，使得原有手工劳动被机械化代替。如在鹰厦线上规模最大的土方工程——宫子湾工程，就采用了推土机、铲运机、倾卸车、羊趾压路机等几十台机械的联合作业，只用三个月时间，就在方圆600多米以内，高填深挖土方60多万方。鹰厦线最大的隧道——大禾山隧道，全长约1460米，由于全部采用机械化施工，只用8个月

---

① 《通向东海之滨——介绍即将完工的鹰厦铁路》，《人民日报》，1956年10月19日。

就全部打通。铁道兵在采用大规模机械化施工的同时，继续进行技术革新，推广车子化、滚珠轴承化和小型机械化，基本更新了土石方作业中的落后工具，实现机械化或半机械化。①

铁道兵的技术革新与其进行部队建设并行，更是实现我国铁路现代化的过程。在技术革新过程中，铁道兵部队还重视技术民主，如1951年8月铁道兵一师在抢修朝鲜北部的东清川江桥时，战士们连搭11次浮桥都被洪水冲垮。如此情况之下，铁道兵部队群策群力，最后在战士杨连第的提议下，采用汽油桶浮桥和钢轨架便桥的办法，解决了架设困难，在规定的时间内修复了桥梁。

当然，铁道兵部队将训练与施工相结合，也是提升筑路技术水平的有效途径。由于铁道兵在修筑铁路时，驻地往往较为分散，且常由于工期紧、任务重，而无法开展专门的集中训练。针对这一特殊情况，1954年3月召开的首届中共铁道兵代表会议，提出了"现场就是练兵场""工地就是课堂"这一从修路实践中提高部队修路能力的方针。②此后，这支队伍遵循"在修路中建军、在施工中练兵"的原则，把工地当课堂，把施工现场当作练兵场，做什么学什么，缺什么练什么，在铁路修建实践中不断提升专业技术水平。③在长期的训练实践中，铁道兵部队逐渐摸索总结了一套行之有效的培养专业技术兵的方法，即"四同（训练和施工同时计划、同时检查、同时总结、同时奖评）、三工（工前讲解、工中指导、工后讲评）、两边（边做边学）、一合同（包教保学合同）"。④通

---

① 高光文：《铁道兵》，中国青年出版社1957年版，第18页。
② 中国人民解放军历史资料丛书编审委员会：《铁道兵.综述 大事记 表册》，解放军出版社2000年版，第67页。
③ 当代中国军队的军事工作编委会：《当代中国军队的军事工作（下）》，中国社会科学出版社1989年版，第215页。
④ 《铁道兵结合施工加强专业训练》，《解放军报》，1961年11月18日。

过这一方法，解决了施工任务需要与部队技术现状的矛盾，从 1954 年到 1983 年，铁道兵各部队共培养各类专业技术并达 53.3 万人，不仅对铁道兵部队建设发挥了重要作用，也为地方输送了大批专业技术人才。[①]

当然，铁道兵对业务的钻研，也体现在其对业务范围的不断拓宽和创新上。铁道兵部队从新中国成立初期的修复铁路向新建铁路不断发展，而且从单纯的铁路建设向水利、林业、国防等诸多基础设施工程发展。尤其是在兵改工后，作为铁道兵精神主要传承者的中国铁建集团，其业务更是从单一的工程建设，向勘察设计咨询、房地产、投资、装备制造、物资物流、金融及其他新兴产业不断拓展。业务领域的拓宽，也就对中国铁建集团提出了更高的要求和挑战，促使其进一步钻研业务、精通技术。

所以，正是凭借着钻研业务、精通技术的科学精神，铁道兵无论面临任何困难，都可以保证任务的完成；正是凭借着钻研业务、精通技术的科学精神，铁道兵战士在集体转业后，可以在各行各业中不断书写新的精彩，谋求新的天地；正是凭借着钻研业务、精通技术的科学精神，铁道兵这支部队在改制后，可以在激烈的市场竞争中做大做强，发展成为技术创新国际领先、竞争能力国际领先、经济实力国际领先，最具价值创造力的综合建筑产业集团。

三、铁道兵精神的时代价值

（一）厚植爱国情感，塑造中国军队形象

铁道兵作为中国人民解放军的组成部分，这支部队从战火中诞生，

[①] 中国人民解放军历史资料丛书编审委员会：《铁道兵·综述 大事记 表册》，解放军出版社 2000 年版，第 237 页。

就投身到了人民的解放事业中,担负起保卫祖国、建设祖国的重任。忠于祖国、服务人民,是每一位铁道兵战士所立下的誓言,而铁道兵为中国革命、建设和改革事业所做出的巨大贡献和牺牲,也用事实向世界各国展示出中国共产党领导下的军队忠于祖国、服务人民的伟岸形象。

抗美援朝,是铁道兵部队忠于祖国、服务人民的典型表现。位于朝鲜安州的中国人民志愿军铁道部队烈士陵园门口,至今仍矗立着一座高12米的铁轨形状的纪念碑,顶端有一颗红色五角星标志,巍峨而庄严。纪念碑正面用中文写着"中国人民志愿军铁道部队烈士纪念碑",背面碑文如下:在伟大的抗美援朝战争中,中国人民志愿军铁道部队与朝鲜人民军铁道部队、朝鲜铁路职工并肩携手,在金日成元帅和彭德怀司令员的英明领导下,抢修、运输、防空、新建,互相配合,粉碎了敌人疯狂轰炸及其他一切破坏我铁路交通的阴谋,赢得了"钢铁运输线"的崇高荣誉。①

中国人民志愿军铁道部队烈士纪念碑

(《中国铁道建筑报》,2020年11月2日)

---

① 《在朝鲜平安南道新安洲市区 中国人民志愿军铁道部队烈士纪念碑落成》,《人民日报》,1954年7月3日。

这座纪念碑,镌刻了铁道兵部队忠于祖国、服务人民的伟大历史,记载了铁道兵部队忠于祖国、服务人民的伟大功勋,也记录了铁道兵部队忠于祖国、服务人民的伟大贡献。在抗美援朝战争中,面对敌人的狂轰滥炸,志愿军铁道兵战士舍生忘死,勇往直前,战胜了敌人的种种伎俩和洪水造成的灾害,共抢修、抢建、复旧正桥 2294 座次,延长 1288.88 公里;便线、便桥 127.79 延长公里;线路 14 691 处次,延长 1003 公里;隧道 122 座次;车站 3648 处次,延长 161.13 公里;通信线路 20 994 条公里,使得朝鲜的铁路通车里程由 1950 年 11 月铁道兵部队入朝时的 107 公里,延长到了停战前的 1382 公里,同时还抢建铁路新线 212.86 公里,胜利完成了抗美援朝战争中的铁路保障任务。①

在这场烈度空前的战争中,中国人民志愿军中涌现出杨根思、黄继光、邱少云等 30 多万名英雄功臣和近 6000 个功臣集体。这些英雄们用鲜血和生命,诠释了什么叫忠于祖国、服务人民。铁道兵部队亦是如此。在抢修朝鲜东清川江大桥时,被誉为"登高英雄"的杨连第带领一个排与洪水搏斗,在随时可能遭遇敌机轰炸中不间断地努力,先后 12 次搭设浮桥,最终创造出"钢轨架浮桥"的方法,使大桥得以提前顺利通车。后来在抢修清川江大桥时,杨连第不幸被敌机投下的定时炸弹弹片击中头部,光荣牺牲,年仅 33 岁。

铁道兵战士史元厚在奉命护送中国人民第三届赴朝慰问团第八总分团的代表去某部后返回原部队时,经过安州火车站附近的一座小桥,看到一个儿童在滑冰时陷入冰窟中,他立即跳入一丈多深的冰水中抢救。因冰薄水冷,他连续三次钻入深水才将儿童托上冰面,而自己则因浸在

---

① 中国人民解放军历史资料丛书编审委员会:《铁道兵.综述 大事记 表册》,解放军出版社 2000 年版,第 63 页。

冰水中过久,全身冻僵,未能同时脱险,与他同行的战士张洪津随即入水抢救,但连续三次均未找到,史元厚光荣牺牲。在朝鲜战场,像杨连第、史元厚这样不顾个人安危,为祖国、为人民而牺牲的人民解放军,正是用他们的行动,诠释了何为爱国,也塑造了中国人民解放军的光辉形象。

当然,铁道兵部队忠于祖国、服务人民不仅仅只是在战场上,更在社会主义事业建设中。在修筑黎湛铁路时,以英雄杨连第命名的连队负责抢建陆川中桥。在春节的晚上,他们还点上汽灯,坚持完成了南北桥台的混凝土工程。突然,雨水从大山、从平川流来,汇集成一股急流冲到龙河。桥墩围堰呼的一声冲出了一个漏洞。河水哗哗地涌进来,眼看就要淹没桩木,冲垮整个桥的基础。在这万分危急的时刻,青年团员罗柑辉忘记了疲劳,也忘记了危险,勇敢地扎到水底,用自己的身体堵住了漏洞。他心里只有一个信念:决不能让河水冲进围堰!河水夹着泥沙,朝他身上撞来。他拼着全身的力气,抵住冲来的河水。直到岸上的同志运来沙包堵住漏洞,才把他从深水中抬出来。①

像罗柑辉这样的英雄,在铁道兵队伍里比比皆是,他们以无畏的勇气和坚定的信念,为祖国、为人民,时刻践行着自己作为一名解放军的职责。正如朱德在铁道兵第三届庆功大会上所指出的那样:"铁道兵是现代化国防军不可缺少的组成部分,因此,铁道兵的任务就是要加紧建设,使自己成为一支坚强的、能够担负起保卫祖国、支援国家经济建设的重要力量。"②在新的建设征程中,铁道兵部队依旧发扬人民解放军艰苦奋斗、团结一致的光荣传统,发扬集体英雄主义精神,为保卫祖国和参加

---

① 《迅速建成的黎湛铁路》,《人民日报》,1955年7月1日。
② 《朱德选集》,人民出版社1983年版,第345页。

祖国的社会主义建设事业而努力。

如今，我们在铁路以及其他基础设施建设中，虽已没有战火硝烟对生命的威胁，虽已凭借筑路技术水平的提升避免了"人海战术"筑路的方式，但是，在新的时代背景下修筑铁路，仍需要面临新的挑战和困难，在这种情况之下，仍需要传承和弘扬铁道兵精神。例如，在如火如荼进行的成昆复线修建中，在全面开工建设的川藏铁路中，铁路建设队伍所面临的艰苦施工环境，所遭遇的筑路技术难题和挑战，并不比以前少，而这时候，更需要以铁道兵精神作为强大的精神动力，激励新时代铁路建设者。

新时代传承和弘扬铁道兵精神，有利于塑造中国共产党领导下的人民军队忠于祖国、服务人民的形象。铁道兵是人民军队的一个组成部分，这支部队在中国共产党领导的革命、建设和改革中所做出的贡献，都是忠于祖国、服务人民的体现。在不同历史时期，一批又一批有志青年参军成为铁道兵，就是忠于祖国、服务人民的行动；每一位铁道兵战士接受任务、完成任务，心中所想所念的就是祖国和人民；而在中国大地上逐渐由线成网的铁路干支线，就是铁道兵战士们忠于祖国、服务人民的见证。

时至今日，虽然这支部队的番号早已消失，但是在铁道兵的历史中涌现出的那些个人英雄和集体英雄，直到今天仍在为铁路人所传颂，例如"登高英雄"杨连第、"硬骨头战士"张春玉、"雷锋式的好干部"梁忠孟等为代表的英雄模范人物，以及以"杨连第连""抗洪抢险模范连""唐山抗震救灾抢修突击连"等为代表的英雄集体。他们用自己在平凡工作岗位上的坚持和努力，身体力行展现了中国人民解放军不仅是战场上的英雄，更是社会主义建设的英雄；他们将个人生死融入祖国建设中，

用奉献与牺牲,诠释了什么是爱国,诠释了什么是忠于祖国、服务人民。

在社会主义现代化强国建设的新征程中,传承和弘扬铁道兵精神,就是要以各种形式,讲好这支部队的历史,讲好这些英雄的故事,让这支为中国革命、建设和改革做出重要贡献和牺牲的部队为更多人所了解,从而进一步增进普通民众对中国共产党领导下的人民军队的认识,进一步展示出中国共产党领导下的人民军队忠于祖国、服务人民的光辉形象。

(二)传承红色基因,丰富"四史"学习素材

历史是最好的教科书。习近平总书记曾指出,学习党史、新中国史、改革开放史、社会主义发展史这"四史",是共产党人的必修课。2020年1月8日,在"不忘初心、牢记使命"主题教育总结大会上,习近平总书记进一步明确:"要把学习贯彻党的创新理论作为思想武装的重中之重,同学习马克思主义基本原理贯通起来,同学习党史、新中国史、改革开放史、社会主义发展史结合起来,同新时代我们进行伟大斗争、建设伟大工程、推进伟大事业、实现伟大梦想的丰富实践联系起来,在学懂弄通做实上下苦功夫。"①学习"四史",是认识我国国情、党情的前提与基础,是培养科学历史观的重要途径,也是汲取历史经验和教训、提升国家治理能力的需要,有助于帮助所有人深刻认识红色政权来之不易、新中国来之不易、中国特色社会主义来之不易。

铁道兵的历史是中国共产党领导中国革命、建设和改革伟大历史的缩影,贯穿于党史、新中国史、改革开放史和社会主义发展史之中。铁道兵在解放战争时期诞生,在社会主义建设时期成长,又在改革开放时

---

① 《在"不忘初心、牢记使命"主题教育总结大会上的讲话》,《求是》,2020年7月1日第13期。

期完成了转型,其发展历程及在这一过程中形成的精神内涵与"四史"学习教育的内容有着十分紧密的联系。在新的时代背景下,传承和弘扬铁道兵精神,可以为"四史"学习教育提供丰富的素材,具有鲜明的时代意义和现实价值。在"四史"学习教育中讲述铁道兵历史、铁道兵故事和铁道兵精神,是从中国共产党领导下中国交通事业的探索史、奋斗史、创业史和发展史的视角,来讲述中国共产党领导中国人民从站起来、富起来到强起来的光辉历程。

党史是中国共产党不断奋斗的历史。党史的内容既包括党领导中国人民进行革命、建设、改革的理论发展与实践历程,也包括党推进自身建设的理论发展与实践历程。铁道兵的历史,就是中国共产党领导中国革命、建设和改革历史的一个缩影,无数铁道兵战士见证和参与了中国共产党不断奋斗的历史。战争年代,铁道兵发扬听党指挥、服务人民的奉献精神,勇担铁路抢修、抢建的重要任务,为革命战争做出了应有的贡献。每一位铁道兵战士都是中国共产党领导下的中国人民军队的有机组成部分,英勇投身为中国人民求解放、求幸福的洪流中,是中华民族谋独立、谋复兴的见证者、参与者。社会主义建设时,铁道兵部队秉持艰苦奋斗、志在四方的创业精神,攻坚克难、迎难而上,在困境中谋发展,建功树业。这就是中国共产党领导中国人民为建设社会主义现代化国家而进行艰苦卓绝的斗争、奋斗、发展历程的一个缩影。

新中国史是中华人民共和国不断变强的历史。新中国史的内容是党领导中华民族站起来、富起来、强起来的实践历程。新中国成立后中国铁路建设发展所取得成就是史无前例的,而铁道兵作为中国铁路建设的主体之一,亲历了这一过程。新中国成立初期,百废待兴,百业待举,铁道兵从战场上归来,便立即投入到了铁路的修复和新建中,铁道兵战

士们肩挑背扛，艰苦筑路，推动铁轨从沿海发达地区朝着偏远地区不断延伸，也筑起了中华民族的钢铁脊梁。在社会主义建设时期，铁道兵部队继承和发扬战争年代那种不畏艰险、一往无前的优良传统，在平原山区、高原、盐湖、沙漠、溶洞、高寒之地等"禁区"筑起一条又一条钢铁大道，建起了铁路史上罕见的宏伟工程。从20世纪50年代到80年代初，铁道兵部队在战争条件下，共抢修铁路3600多公里，抢建铁路690多公里、战备公路430多公里；在和平建设中，共新建铁路干线、支线52条，共计12 593公里，约占全国同期新建铁路总数的1/3。①正是这些铁路工程，见证着中国交通行业的不断发展，见证着中国经济实力的日益增强。铁道兵部队亲历了新中国的成长，由这支英雄的部队修筑的铁路干支线，见证了中国富起来、强起来的辉煌历程。

　　改革开放史是中国特色社会主义自我完善、自我发展的历史，是党领导中国人民创新创造、融入世界的实践历程。铁道兵这支部队兵改工的历史，也是其走向市场的奋斗史。虽然铁道兵这支队伍在军工序列消失，但铁道兵精神仍被传承和发展。新中国成立后，实际上在不同历史时期，就有一些铁道兵退役军人到地方工作，为恢复和发展国民经济做出了重要贡献。在改革开放后，根据国家和军队改革的需要，铁道兵部队集体转业，广大铁道兵退役军人顾全大局、无私奉献，主动适应改革开放的新局面，成为改革开放的时代弄潮儿，接续奋斗在各行各业中，是建设中国特色社会主义的重要力量。通过讲述这些铁道兵退役军人的个人奋斗史，是解读改革开放史的一个重要途径。

　　所以，无数铁道兵用汗水和生命铸就的"铁道兵精神"，是中华民族

---

① 中国铁道建筑总公司史志编审委员会：《中国铁道建筑总公司志（1948—1995）》，中国铁道出版社1998年版，第4页。

宝贵的精神财富，它不仅仅只是一种行业精神，更是值得各行各业所应弘扬的一种中国精神，它可以为新时代"四史"学习教育提供生动的素材，成为"四史"学习教育的好读物。传承和弘扬铁道兵精神，通过讲述铁道兵战士爱党、爱国、爱社会主义、爱人民、爱集体的故事，着力讲好铁道兵听党指挥、服务人民的故事，讲好铁道兵英雄的故事，深挖铁道兵历史中的红色资源作为"鲜活教材"，为"四史"学习教育服务。

（三）汇聚磅礴力量，加快建设交通强国

党的十八大以来，习近平总书记深刻把握新时代我国发展的阶段性特征，对我国交通事业的发展作出一系列重要论述，提出了建设交通强国的时代课题。2019年9月党中央、国务院印发的《交通强国建设纲要》中指出了加快交通强国建设的奋斗目标，即"到2020年，完成决胜全面建成小康社会交通建设任务和"十三五"现代综合交通运输体系发展规划各项任务，为交通强国建设奠定坚实基础。从2021年到本世纪中叶，分两个阶段推进交通强国建设。到2035年，基本建成交通强国。到本世纪中叶，全面建成人民满意、保障有力、世界前列的交通强国"[①]。要完成这一系列的战略目标，除了需要中国共产党的领导，交通运输行业自身的奋斗外，还需要有行业精神的支撑。铁道兵精神就是交通运输行业精神的重要组成部分，会同"二七"精神、"两路"精神、青藏铁路精神、高铁精神等，成为新时期推动交通运输行业发展，加快交通强国建设的重要精神力量。

中华人民共和国成立之初，我国交通运输非常落后，特别是铁路的

---

① 《中共中央 国务院印发〈交通强国建设纲要〉》，中国政府网，http://www.gov.cn/zhengce/2019-09/19/content_5431432.htm。

总里程,仅 2.18 万公里,一半处于瘫痪状态。[①]就在这样的情况下,铁道兵部队加入了新建铁路的队伍,着力恢复交通运输生产,服务社会主义建设,在保障全国已有铁路可以正常运营的同时,新建了鹰厦、成昆、襄渝、青藏等标志性的铁路工程,解决了"有没有"的问题,有力地支撑了中华民族"站起来"。改革开放后,我国铁路运输曾长期处于紧张状态,买票难、乘车难、运输难是常态,铁路交通逐渐成为经济社会发展的"瓶颈"。这一时期,为了破除瓶颈制约,在中国共产党的领导下,我国掀起了铁路建设的高潮,而此时从铁道兵队伍改制成为中国铁建集团公司的这支铁路建设队伍,又以饱满的激情投入到新时期的铁路建设热潮中,在他们和其他铁路建设者的共同努力下,使交通基本适应了经济社会发展需要,解决了"够不够"的问题,有效地支撑了中华民族"富起来"。

当前,中国特色社会主义进入新时代,我国社会主要矛盾发生变化,人民群众对交通的需求已经不只是停留在"够不够"层面了,开始更多地思考"好不好"。因此,解决交通"大而不强"的问题成为当前我国交通运输业发展迫在眉睫的问题。在新形势下,交通运输业的新任务、新使命,就是要解决"好不好"的问题,建设人民满意交通,奋进世界交通强国,为中华民族"强起来"提供有力支撑。

要建设人民满意的交通,要奋进世界交通强国,并不是简简单单喊喊口号,需要切实推进,层层落实,也需要强大精神支柱和精神动力。在新中国铁路建设发展过程中逐渐形成和发展的铁道兵精神,源于中华优秀传统文化的民族精神和中国共产党的革命精神,与建设交通强国战略的根本宗旨、本质内涵、行业背景等都具有内在的统一性和一致性。铁道兵精神体现了中国共产党为人民谋幸福、为中华民族谋复兴的初心

[①] 中国交通年鉴社:《中国交通年鉴 2017 年》,中国交通年鉴社 2017 年版,第 7 页。

和使命。铁道兵精神也是在中国共产党领导下，在修筑各条铁路干支线和其他民生基础设施工程的伟大实践中形成的宝贵精神财富，铁道兵的丰富内涵并没有因为时代变迁而过时，相反它不断被注入新的内涵，焕发新的生命力，成为助力新时代交通强国建设的精神支撑。

站在"两个一百年"奋斗目标的历史交汇点上，踏上建设社会主义现代化强国的新征程，此时我国的交通运输行业，正在由交通大国向交通强国迈进，由高速增长向高质量发展转变，由国内发展向国内国际双循环新发展格局拓展。在新发展理念的指导下，在新发展格局的构建下，我国交通运输行业也将面临新的任务、新的挑战和新的困难。此时，中国铁路交通的建设发展，更需要伟大的精神的引领和支撑。铁道兵精神和"二七"精神、"两路"精神、青藏铁路精神、高铁精神等行业精神一样，也可以成为凝聚共识、凝聚人心的强大精神力量，是助力新时代交通强国建设，书写新时代交通强国的不竭动力。

建设交通强国，需要充分发挥铁道兵精神的时代价值，传承铁道兵精神的红色基因。在铁路建设方面，由于筑路技术的高水平发展，筑路机械化程度大幅提升，铁路建设的物质条件和筑路环境相比此前已得到明显改善。但是，从新时代我国铁路线的规划和布局来看，不得不承认，仍旧有许多铁路工程是在相对较为偏远的地区。例如川藏铁路，大部分路段位于海拔3000米以上的高原山地，特别是雅安至林芝段穿越三江并流横断山区，沿线地势八起八伏，所经区域地处青藏高原东南部，山高谷深、山河相间，且地质复杂、气候特殊。工程建设面临显著的地形高差、强烈的活动板块、频发的山地灾害、敏感的生态环境、恶劣的气候条件、复杂的运营环境等挑战，是世界上建设难度最大、风险最高的铁路工程。建设如此艰巨的工程，就意味着铁路建设者们需要面临和克服诸多难以想象的困难。要建设这样一个世纪工程，就更需要有听党指挥、服务人民的奉献精神，需要艰苦奋斗、志在四方的创业精神，需要攻坚克难、敢于牺牲的拼搏精神，需要与时俱进、锐意进取的开拓精神，也需要钻研业务、精通技术的科学精神。

因此，弘扬铁道兵精神，传承铁道兵精神中的红色基因，赓续其红色血脉，可以凝心聚力，化被动为主动，使广大铁路人心往一处想，力往一处使，成为凝聚铁路交通运输行业的精神动力，从而在助力交通强国建设的过程中，推动我国交通运输事业继往开来，走向新的辉煌。

第四章

成昆精神

成昆铁路不仅是人类筑路史上的伟大奇迹,而且是一座伟大的精神丰碑。成昆精神就是中国共产党领导英雄的中国人民在成昆铁路的建设和养护中所形成的宝贵精神财富。

一、成昆精神的形成

任何精神的形成都是一个复杂的主客观因素综合作用的结果。成昆精神的形成既有其特定的历史背景,也有其实践基础和精神渊源。

(一)"成昆线要快修"的伟大号召

马克思指出:"人们自己创造自己的历史,但是他们并不是随心所欲地创造,并不是在他们自己选定的条件下创造,而是在直接碰到的、既定的、从过去承继下来的条件下创造。"①成昆精神建基于成昆铁路

---

① 《马克思恩格斯文集》第2卷,人民出版社2009年版,第470-471页。

的修建和养护实践，而成昆铁路的成功修建离不开"三线"建设的战略决策。

1. 三种方案选西线

1952年，为贯彻落实党中央建设西南铁路网的战略决定，西南铁路设计分局的一支小分队从四川宜宾出发，沿金沙江而上，冒险进入了当时还是蛮荒之地的八百里凉山。经过勘测，他们在长1000多公里、宽200多公里的范围内，提出了成昆线东线、中线和西线三条线路方案。次年3月，苏联专家捷列申科和波波夫断言，三条线路方案中，只有中线方案勉强可行，西线根本不行。1954年9月，铁道部第二设计院按照苏联专家建议和苏联技术标准设计的成昆铁路中线方案被送往北京进行鉴定。①

然而，西线的经济价值和战略价值更加巨大，这体现在：沿途蕴藏着丰富的煤、铁、铜、铝、锌、石棉、磷、岩盐等矿产，开发前景巨大；沿途的川西平原、西昌地区以及元谋至昆明的广大地区都盛产粮食和经济作物，急需铁路来加强运输和销往内地。沿线辐射范围达13.6万平方公里，涉及四川和云南的7个地、市和所属50个县、市，而且多是少数民族聚集地，铁路对民族团结和民族发展意义重大。特别值得一提的是，1954年6月，南京大学地质系师生在四川与云南交界地区进行暑期实习时，偶然发现了惊天大秘密：附近有7亿吨铁矿石储量、3亿吨煤炭储量、800万吨二氧化钛储量、200万吨五氧化二钒储量，以及钼、镍金等50余种矿物。而且，周边区域还有几十亿吨的远景储量。这一发现在铁矿资源较少、品位较差的中国，无疑是爆炸性新闻。基于此，参与勘测

---

① 庾莉萍：《成昆线——铁路建设的英雄史诗》，《档案时空》，2007年第7期。

的工程师王昌邦提出了铁路走线应考虑西线的建议。1955年，周恩来总理召集各部门反复研究后认为苏联专家的方案不能使铁路发挥最大的经济效益，故予以否定。随后，设计院重组人马勘测西线、进行深入研究后认为西线施工难度虽然很大，但也可以采取办法解决。至此，成昆铁路走西线的方案尘埃落定。①

决策成昆铁路走线的艰难历程表明一个深刻道理：在具体选线中必须全面考虑政治、经济、国防的要求，明确新建干线在路网规则中的意义和作用。成昆线的线路原则方向之所以放弃中线用西线，决定因素有三个：第一，西线有利于开发沿途地区的煤铁资源，建立钢铁基地（原定在西昌后改在攀枝花）；第二，西线通过地区的人力、农业、资源、地形、交通等条件，有利于建立工矿基地、建设国防；第三，西线的地理位置适宜，有利于发挥路网干线的作用。中线方案虽然线路短，技术经济指标好，但不能适应资源开发与工业布局的运输需要。②

2."三线"建设促成昆

"三线"是从战备角度对中国地理及其区域特征的划分。"一线"指沿海地区，"二线"指中部地区，"三线"指后方地区。"三线"具体包括：西南"三线"，涉及云、贵、川、渝的全部或大部分及湘西、鄂西；西北"三线"，涉及陕、甘、宁、青四省全部或大部分及豫西、晋西等地区，总共涉及13个省区，这就是通常所说的"大三线"。

"三线"建设，国家共投入2052亿元资金和几百万人力，历时15年之久，在西南、西北13个省区建设起来的以国防工业、基础工业为主的近2000个大中型工厂、铁路、水电站等基础设施和科研院所，改变了

---

① 庾莉萍：《成昆线——铁路建设的英雄史诗》，《档案时空》，2007年第7期。
②《成昆铁路勘测设计总结》，铁道部第二设计院1976年12月，第59页。

中国的经济版图。在那个火红的年代,国家一声号令,便凝聚起全国人民的人心。毛泽东主席果断提出,"好人好马上三线,备战备荒为人民"。数百万建设者和上千万民工拓荒"三线",展开了战天斗地、无私奉献的风云壮举。①

为什么要开展"三线"建设?要回答这一问题,必须回到20世纪60年代的历史背景中去找寻答案。1964年,国际形势发生重大变化,中苏两国的国家利益对立日益凸显,并有演变为敌对关系的趋势。同年8月,美国第七舰队开进北部湾,全面介入越南战争,美军炸弹甚至丢到了北部湾沿岸和海南岛海岸,我国的周边形势一度非常紧张。当时,我国70%以上的工业布局于东北和东南沿海地区。东北重工业完全处于苏联轰炸机和导弹的覆盖范围之内;而以上海为中心的华东工业区则完全处于美国航空母舰的攻击范围之中。可以设想,一旦爆发战争,中国的工业乃至国民经济体系将面临生死存亡的考验。

1964年8月召开的中央工作会议,是一次在中国的工业化、国民经济和国家战略发展史上具有"遵义会议"性质和深远影响的会议。在会上,毛泽东指出,"我们不是帝国主义的参谋长,我们不晓得他什么时候会发动战争",毛泽东的"以国家安全为前提,以国家长远发展为指导"的"战略经济学"思想得到了绝大多数与会人员的强烈支持,扭转了"吃穿用"经济导向,确定了"三线"建设方案。这个方案就是在以四川为中心的西南地区建立相对独立的、"小而全"的国民经济体系、资源能源体系、交通通信体系、科技研发体系、军工制造体系和战略储备体系,从而建立一个关系民族生死存亡的"避难所",提升我国的"战略相持能力"。从最极端的情况考虑,假如我们遭到强敌的夹击,发生类似于日本

---

① 《一段亿万人听说过,但不真正了解的历史》,《文摘报》,2019年4月6日。

侵华时东北、华东工业区相继失守、国土大片沦丧的极端情况，我们依然能够退守西部高山大川，保存一个"微缩中国"，使我们的工业化进程不至于被彻底打断，然后伺机反击。于是，成昆铁路的修筑成为迫在眉睫的大事。

四川"大三线"建设初期的最重要项目是"两基一线"。"两基"即建设以重庆为中心的常规兵器工业基地，以攀枝花为中心的钢铁工业基地。"一线"即修建成昆铁路干线，以解决西南交通问题。基于此，毛泽东提出了"成昆路要快修"的号召，周恩来批示："修成昆路，朱委员长提议，主席同意，使用铁道兵修。"于是，中央军委决定调遣铁道兵5个师的兵力，将筑路大军扩编到18万人，积极开展成昆铁路大会战。[①]

（二）探路、修路和护路的伟大实践

成昆精神与成昆铁路是相互成就的。成昆精神源于勘测设计、修建和养护的伟大实践，并贯穿渗透于整个实践历程之中。

1. 上山到顶，下沟到底，精心设计

成昆精神首先形成于勘测设计人员的实践活动中。要修路，先勘测，再设计。成昆线自1952年4月开始研究至1970年7月1日建成通车期间，曾经多次勘测设计，大体上可分为1964年以前和以后两个阶段：第一阶段为选择路线方向、编制设计文件、复线勘设和重点施工；第二阶段为补充初定测、决定重大方案、编制施工设计。

[①] 庾莉萍：《成昆线——铁路建设的英雄史诗》，《档案时空》，2007年第7期。

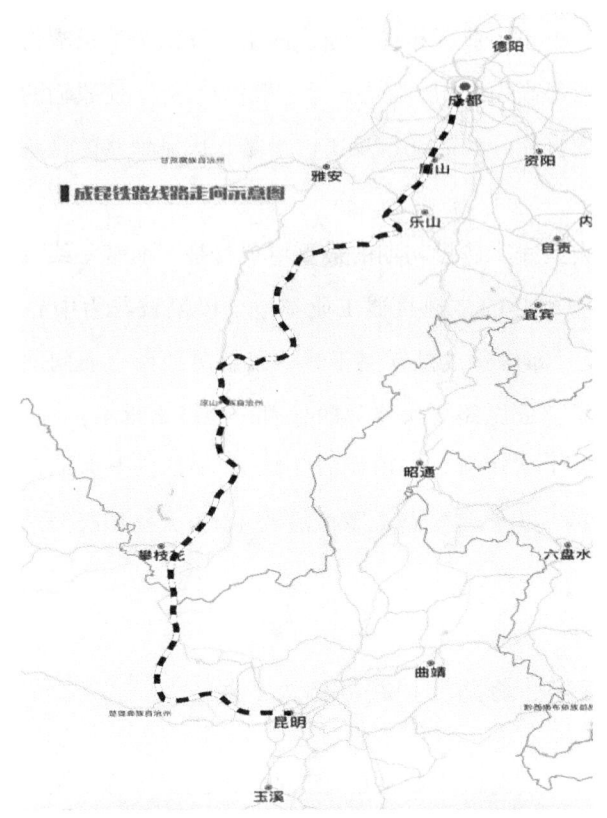

成昆铁路走线

每当人们乘坐着火车奔驰在成昆线上时,总会情不自禁地要赞叹起两旁那险峻的地形、复杂的地质,夸奖起最先开进这交通"禁区"的勘测设计人员来。交通部第二铁路设计院的职工们,担负了成昆线全线的勘测设计任务。他们以高昂的战斗姿态,奋战在险山恶水之间,设计出了这条高标准、高质量、低造价的钢铁大道来,为建设这条连接川滇两省的交通大动脉做出了贡献!

成都至昆明,按地图上的标距,只有八百多公里。但是,它们之间却横亘着高山深谷,大川急流:有海拔两三公里的峨眉山、大小凉山、碧鸡山；有水流湍急的大渡河、金沙江、雅砻江。地形十分险峻：有"上是青天一线，下无立锥之地"的"一线天"；有寸步难行、出入无路的"一步天"。地质十分复杂：有断层、岩堆、崩坍、泥石流、粉砂层，还有地震区。气候变化无常：既有常年积雪的高山，也有四五十度高温的闷谷，还有七八级大风的风口，有时烈日如火，有时狂风怒号。在这样复杂的自然条件面前，外国专家曾断言"此路不通"。但是，焕发了社会主义革命和建设积极性的第二铁路设计院广大职工，不信邪，他们在毛主席关于"我们一定要有无产阶级的雄心壮志，敢于走前人没有走过的道路，敢于攀登前人没有攀登过的高峰"的教导鼓舞下，以"千难万险脚下踩，高山恶水任调遣"的英雄气概，背起背包，扛起花杆，向大山深处挺进。当第三勘测设计队来到悬崖峭壁、山高水急的雅砻江边时，既无道路，又无住房。他们便自己动手，一镐一锄，平地坪，搬乱石，把帐篷从山脚到山腰一级一级地搭了上去，称它作"革命村"。员工们自豪地说："革命征途革命村，革命青春革命心，革命事业革命志，革命理想革命人。"他们从这里出发，披荆斩棘，四处勘测，为施工提供设计资料。

在大渡河的河面上，要勘测一座大桥的具体位置。时已入夏，桃花水发，河上惊涛骇浪，急流翻滚，从上游林场漂来的两人合抱的大木料，也会被漩涡卷立江心。在这样艰巨的条件下，河上根本不能撑船，又怎么能坐船到江心测量呢？同志们研究了另一个办法：两岸搭上溜绳，人顺着溜绳到河里勘测。在当地群众的支援下，经过两天的激战，一条粗大的横跨大渡河的钢丝溜绳终于搭起来了。但是，这根溜绳安全不安全，会不会断？需要有一个人先过去试试，并到对岸做些准备工作。老工人、共产党员黄先祥首先要求承担这个重任。他绑上了安全绳，顺着溜绳开始爬起来，十米、二十米……快到河心了。溜绳中段离水较近，波浪又高，上游的木料起伏漂来，将到溜绳边了，突然被漩涡卷立江心，朝他打来，情况万分危急，岸上的几十双眼睛瞪大了惊视着他，只见黄先祥同志不慌不忙，沉着机警地向回爬了几米，避过了危险。从过去的经验中他知道，只有先慢后快，才能获得胜利，事实又一次证明了实践出真知的道理。这时，他已疲倦极了，但他回头看见岸上同志们在期望着自己，便一鼓作气迅速向前爬去，终于胜利地到达了彼岸。

在大渡河中游，有个地方叫"一线天"，两边是高耸入云的悬崖峭壁。从上向下看，黑黢黢深不见底；从下向上看，只见一线青天。为了要测量通过这里的道林子隧道的位置，必须派人下到六十多米的绝壁处作业。第十四勘测设计队的老工人、党支委李万明被批准去完成这一光荣任务。安全绳一尺一尺地往下放，李万明沉着地悬在半空中，紧接着，老工人罗国样也下去了。下到控制点以后，李万明像一只矫健的雄鹰，和罗国祥一起，一会儿挥刀砍草，一会儿又用钢尺量距离，每测出一个数字就大声向上报告一次。当安全绳放到三十米的时候，大渡河的咆哮声淹没了他的报数声，与上面的联系中断了。是继续测还是上去呢？李万明想：如果这样算了，就会在成昆线的蓝图上留下一个空白点，影响铁路质量。他擦去脸上的汗珠，默念着毛主席"下定决心，不怕牺牲，排除万难，去争取胜利"的教导，艰难地掏出小本子，继续在空中自己测，自己记。手被荆棘刺破了，脸被尖石挂出了血，但他毫不在意，一直坚持测完最后一个点。就这样，交通部第二铁路设计院的广大职工为了选出一条符合规范的成昆线路，为了给设计提供准确可靠的资料，进行了大量的勘测工作。几年来，他们勘测的线路达到一万一千多公里，提出了可供比较的线路方案二百九十六个，地质测绘达到一万四千八百多平方公里，钻探总进尺达二十一万二千多米。在大搞调查研究的基础上，胜利完成了成昆铁路的勘测设计任务。"此路不通"的"禁区",如今汽笛长鸣,铁龙飞驰。①

群众是真正的英雄。第二铁路设计院的广大职工,在勘测设计成昆线中,高举"鞍钢宪法"的旗帜,实行工人、干部、技术人员三结合,设计、施工、运营(即使用部门)三结合,依靠当地人民群众,战胜了一个又一个困难,显示了无限的创造力。成昆线有一段要通过一百多公里的"龙街粉砂"地层。这种地层在铁路建设史上从未遇见过,书本上也查不到。一位外国专家曾经下过断语,"地震区和龙街粉砂地段,无法修建铁路",个别地质人员也主张绕开这个地段。第七勘测设计队的职工们担负这段的勘测设计。他们想到,绕开这个地段,就要延长铁路线路,增加国家投资。但是,该地段到底能否修铁路呢?职工们遵照毛主席关于调查研究的教导,组成"三结合"调查小组,多次访问当地的老乡,老乡们告诉他们说,以前地震时很多房屋倒塌了,但龙街河边的陡崖没有塌。他们还看了当地老乡用粉砂糊屋顶的情况,证明龙街粉砂并不像人们传说的那么容易垮塌。但能不能打隧道呢?这是个大问题。他们用锄头、十字镐,在金沙江边挖了各种不同类型的隧道做试验,并填筑了几个试验路堤,挖了几个不同边坡的路堑,作了基底荷载等十多个项目的一百多次试验。实践出真知。他们收集了大量资料,逐步掌握了"龙街粉砂"地层的特性,使线路不但没有绕开这段粉砂层,而且还利用了粉砂作为施工原料。这样,既为修建铁路积累了经验,又为国家节约了大量投资,胜利完成了勘测设计任务。②

---

① 王汉林:《踏遍青山绘新图》,载《万水千山只等闲——记成昆铁路的胜利建成》,四川人民出版社1974年版,第40-43页。
② 王汉林:《踏遍青山绘新图》,载《万水千山只等闲——记成昆铁路的胜利建成》,四川人民出版社1974年版,第43-44页。

按照个别技术"权威"的意见，沿牛日河边有一段线路的方案是走右岸。第十一勘测设计队和第二地质队的职工们来到现场进行勘测时，发现右岸地质条件恶劣，坍方、滑坡较多，并不理想，决定到左岸去看一下。个别同志指着左岸那又高又陡的岩层说："那么陡，地质一定更加复杂。"但是他们并不动摇，涉水过河，踏遍了左岸的每一个山头，收集了大量的地质资料，证实左岸地质条件比右岸好。于是，他们正式向上级提出了改线方案，建议改走左岸。但有关单位认为原方案已做了大量的工作，设计任务紧，施工单位急着要，没有同意他们的建议。但职工们毫不气馁，冒着严寒，五涉牛日河，再次踏遍左右两岸，扩大测绘范围，取得了确切资料，写出一份更为详尽的报告，用大量的事实说明走左岸的好处，终于使上级同意了他们的建议。这个新方案使线路缩短了二公里多，减少了四千多米隧道和一千四百多米桥梁，为国家节约投资一千五百多万元。①

沿线广大人民群众对成昆铁路的建设，给予了极大的支持。他们为勘测队员们带路，介绍水文、地质情况，协助搬运机器设备，还十分关心职工们的生活。有一次，一个在金沙江边工作的勘测队，因连日暴雨，江水猛涨，交通断绝，眼看就有断炊的危险。当地民众闻讯后，冒着狂风暴雨，打破了金沙江不能夜航的惯例，飞渡被人们称为"鬼门关"的阴阳沱，连夜送来了大米。职工们也十分关心农业生产，在勘测设计中，处处注意少占或不占农田。②

---

① 王汉林：《踏遍青山绘新图》，载《万水千山只等闲——记成昆铁路的胜利建成》，四川人民出版社1974年版，第44-45页。
② 王汉林：《踏遍青山绘新图》，载《万水千山只等闲——记成昆铁路的胜利建成》，四川人民出版社1974年版，第45页。

2. 前赴后继，军民协作，攻坚克难

成昆铁路是"三线"建设中最大一个交通项目，全长1096公里，穿越地质大断裂带。这条有世界筑路史上奇迹之称的铁路，整个施工队伍共计30万人，不断创造在崇山峻岭中开凿隧道和架设桥梁新的施工记录。①

成昆铁路是在1958年7月开始施工的。1964年8月，伟大领袖毛主席发出"成昆线要快修"的战斗号令。英雄的筑路大军从祖国的四面八方，浩浩荡荡开进了千里铁路工地，开始了筑路大会战。巍巍的大小凉山，滔滔的大渡河、金沙江，是红军长征经过的地方。筑路大军继承和发扬艰苦奋斗的革命精神，沿着红军走过的道路奋勇前进。他们在江边沙滩上搭起草棚，在荒山野谷里砌石垒灶，在高山顶上修起悬空的施工便桥，在大河上空架起运输索道，个个满怀壮志豪情，争当开路先锋。在"抬头一线天，低头江水翻"的大渡河边，在山峦叠嶂的万山丛中，铁路工人们放下行装就投入了战斗。在山高路险的雅砻江口，第二铁路设计院的同志自己动手，搬走乱石，搭起一排排帐篷，起名为"革命村"。工地的公路便道没有修通，筑路工人和铁道兵战士们就肩挑人抬，水运马驮，把大批机械、材料搬到隧道口、桥墩旁。大型机械搬不动，就把它"化整为零"，拆成小部件，一件件抬上人迹罕至的高山。通信兵战士和电力工人，穿云破雾走山川，架起高压电线，沟通通信联络，为大规模机械化施工创造条件。工程技术人员翻山涉水，测量踏勘，精心计算，改善工程设计，为国家节约投资。英雄的筑路大军以跃进的步伐，用短短的时间，迅速打开了施工的局面。人们说，这是长征路上修铁路，万水千山摆战场，千军万马大进军。②

---

① 《一段亿万人听说过，但不真正了解的历史》，《文摘报》，2019年4月6日。
② 新华社记者：《英雄修建成昆路 万水千山只等闲》，《人民日报》(节选)，1974年3月24日。

成昆铁路修建时热火朝天的施工现场

（网易，https://www.163.com/dy/article/F9MFQK4T0524D8I5.html）

从成都出发，经过三小时路程，进入崇山峻岭，列车开始钻山洞了，直到终点站昆明之前，一路上穿过数不清的隧道。在隧道最密的四个地段，如大渡河畔，列车穿出一个隧道，立即又钻进另一个隧道，其间阳光只闪烁不到一秒钟。在这些地段行车，虽是白天，车内灯光不灭。乘客都有同感：简直是在"地下铁道"内了，此话并不夸张。成昆铁路全线隧道共 427 座，平均每 2.5 公里就有一个隧道，总长 300 余公里，几乎相当于从北京到天津修建两条半"地下铁道"，可见工程量之浩大。多数隧道的长度在 1 公里左右，有两座超过 6 公里，其中沙木拉打隧道，长 6300 米。沿线的隧道有直线的，也有弧线的，有的竟转一个 2 公里多的大圆圈。有的隧道是水平的，也有的是成斜坡的。据工程师说，直线的隧道比较容易打，而弯曲甚至成圆周形又带坡度的隧道，技术上相当困难。如果没有工人创造性的劳动,没有精密的仪器测量,开凿这种隧道是不可能的。然而,直的隧道,遇见复杂的地质条件,开挖也十分困难,而成昆线上的隧道这种情况很多。像全线最长的沙木拉打隧道,虽是直线的,却相继遇到暗河、瓦斯和岩爆,工人劳动十分艰巨。

参加沙木拉打隧道开挖的铁路工人罗绍良,在参加成昆铁路修建前曾在华北和西南许多铁路建设工地上工作过。他说:"我干了十几年的隧道工,从来没有遇到过这么难开的!"他回忆道:"照常规,打长隧道,应该多开几个工作面,譬如从上面打一些竖井下来,可以几处同时作业,抢时间。偏偏沙木拉打的山太高,办不到,只能从两头开隧道。工期又紧,大家很着急。"

"你越急,它还给你找麻烦。好不容易进入一公里左右,突然倾盆大雨从头顶倒下来,真是急上加急,遇上暗河了,那水可大啦,一昼夜就是 12 000 多吨!暗河的水冰凉不算,还连泥带沙淋下来,像粥似的,一尺之外,看不见人影。"

"我们工人知道成昆路要提前通车,就看沙木拉打隧道能不能打通。大家咬咬牙讲:水帘洞也不怕。穿上雨衣套鞋,打硬仗!工人站在齐腰深的冰凉的水里,头上还淋着暴雨,坚决干到底!"

"工人精神好,可也不能老是这么干嘛!得想出点办法来对付暗河才行!干部、工人、技术人员日夜开会,提种种方案。每次会,我都参加了,大家个个心急如焚。我琢磨了几天,突然想出一个办法可以治它。在三结合会上一提出来,大家都赞成,照我提的方案一试,果然灵啦!劳动条件改善后,开挖进度也加快了!"

过了"水帘洞",他们又遇见毒瓦斯,采取了防毒防爆措施,继续前进。挖到 4000 余米处,又发生奇怪的"岩爆"。只听一声巨响,顶上的岩石就爆裂落下来。工人说，这不可怕，顶上架起钢丝网继续向前闯。沙木拉打隧道的2000余名建设者，以不屈不挠的革命精神，打通了全线最长的隧道，提前完成任务，为成昆路通车战胜了"拦路虎"。①

铺轨机夜以继日地穿山涉水向前进，架桥机的铁臂从大渡河伸向金沙江边。千里铁路出现在万水千山之间。1970年7月1日，在全国人民欢庆中国共产党诞生49周年的时刻，成昆铁路胜利建成通车。南北两列满载工农兵和兄弟民族代表的彩车，分别从成都、昆明两个城市出发，穿山越水来到了当年红军长征走过的西昌。在这里，十万军民举行了声势浩大的庆祝集会。中共中央向修建铁路的全体同志发出了贺电。祝贺他们克服重重困难，在争时间、抢速度的斗争中，取得了胜利，对党对人民做出了重大贡献。这鼓舞人心的贺电，激励着筑路大军踏上新的征途，投入更加艰苦卓绝的战斗。

> 问我生活苦不苦，
> 心中有个七亿五。
> 为了祖国修铁路，
> 越是艰苦越幸福。

这是铁道兵战士的诗，它表达了整个筑路大军的革命精神和战斗豪情。②

3. 知险而上，顽强拼搏，保路畅通

修路难，护路不易。成昆精神既是在筑路中形成的，也是在护路中

---

① 周学声：《沿着长征的道路，修建西南新干线——成昆铁路纪行》，载《万水千山只等闲——记成昆铁路的胜利建成》，四川人民出版社1974年版，第19-21页。
② 新华社记者：《英雄修建成昆路 万水千山只等闲》，《人民日报》（节选），1974年3月24日。

造就的。成昆线沙坪、赵坪隧道之间的一段线路，右邻大渡河，左靠赵坪山。山高坡陡，地势险要。历年来，风吹雨淋，形成满山的危岩孤石。为了查险治山，孤石一工区就住在这赵坪山下、大渡河边。

第一代孤石人工作合影

（网易，https：//www.163.com/dy/article/F9MFQK4T0524D8I5.html）

1973年8月21日，天还没有亮，正在熟睡的工人们，突然被打在油毛毡房顶上的噼噼啪啪的雨点声敲醒。他们警惕地穿衣开门查看，这时门外狂风怒吼，雷电交加，倾盆大雨直向门里扑来，山上飞来的一块石头，打穿房顶落了下来。班长老杨飞身出门，消失在暴风雨中，直奔铁道而去。他想的不是个人安危，而是想看清线路的情况，但扑面而来的雨柱挡住了视线，什么也看不见，只听得满山的石头在飞，不时地打在钢轨上，打在安全帽上。当他走到赵坪隧道桥头时，山洪已经封锁了洞口，洪水从几百米高的赵坪山上，夹带着泥沙石头，越过铁道直向大渡河倾泻，几十公斤重的山石，像雨点一样飞落，洞口桥上的铁架、混凝土走行板被打得七零八落，泥石埋没了铁道。在这种紧急情况下，若不立即采取措施，必然会造成一场严重的翻车事故。杨班长当机立断，决定马上设置防护，封锁线路！他正准备强行过桥，到前方设置信号时，却被山洪冲下的泥沙眯住了眼睛。这时，青年工人小周来不及戴安全帽，手提信号灯奔跑过来，正要向前冲去，一把被杨班长拉住。杨班长取下自己头上的安全帽，戴在小周头上，班长的关怀使小周十分感动。他想：自己是革命接班人，在这关键时刻，就要一不怕苦，二不怕死，冲过去，设好防护，保住成昆线！小周浑身是劲，冒着被石头砸倒，被山洪卷跑的危险，一股劲冲过去了，冲进了赵坪隧道。

但是，由于雨大风猛，信号灯熄灭了。没有灯，隧道里黑黢黢的，火车司机怎么停车呢？这时，共产党员、青年工人李连勤心急如火，也冲上来了。他想：一定要把防护安上，就是用生命，也要把信号点燃！可是他带的信号灯又被吹灭了。这时，又一个青年工人小李见此情景，拿了火柴也冲了上来。当他冲到桥上，头上的安全帽被一块飞石猛地打进大渡河里。小李哪顾这些，他想的是设置信号，想的是防护，头也不回地继续冲过来，李连勤看着小李浑身泥浆，关切地问："打伤没有？"小李拿出火柴说："没有。"于是划燃火柴点燃了信号灯。在漆黑的赵坪隧道里立刻闪烁出了一片红色的灯光。

风越刮越猛，雨越下越大。山洪从赵坪山的4条峡谷中，从800米高的山顶上，齐向大渡河猛扑。沙坪到赵坪隧道之间的铁道上堆满了泥沙、石头，线路已经中断。杨班长在布置完赵坪隧道设置信号之后火速回到工区，和苏工长研究决定：必须马上通知两个方面的车站，封锁区间。同时，派出已经整装待命的工人老张和老刘，马上到峨边方向设置防护。

"峨边车站！峨边车站！"杨班长拼命地对着电话话筒喊叫，电话不通。"柏村车站！柏村车站！"微弱的声音又听不清。正在病中的苏工长挣扎着要出去，被杨班长拉了回来，"你有病，留下继续打电话，我去！"

从住地到设置防护地点，要冲过3道山洪，600多米险区。老张和老刘二人脚踩烂石泥，迎着暴风雨，顶着山石飞，猛跑猛冲。由于山洪太大太猛，冲了3次都没冲过去，老张说："黄继光为革命，枪林弹雨都不怕，我们保卫成昆线，山洪飞石有何惧，冲，一定要冲过去！"他俩一前一后，准备着一个倒下来，另一个冲上去。他们沿着山边，冲过一道又一道山洪，石头打在安全帽上噼啪响，打在身上不顾痛，跌倒了，爬起来，继续又向前。当他们刚跑到沙坪三号隧道，远方传来了火车声。1105次列车从峨边方向开过来了，汽笛的鸣响就像冲锋的号令，激励着他们二人更加奋不顾身地向前跑呀，跑。心里只有一个念头：要保证列车安全，决不能让国家财产受损失，就是牺牲，也要把车停下！他们一边跑，一边把红色信号灯高高举起！在这伸手不见五指的漆黑的暴雨之夜，高速前进的列车看到了红色的信号灯光，果然逐渐地在离洞口不到一百米处停了下来。这时，对赵坪山一草一石都心中有数的杨班长也已赶到，看了列车停车位置，马上命令司机："这是险区，快退！"列车退出险区，一场重大的列车颠覆事故被防止了。

赵坪山，四十年没有遇到的暴雨，冲断了成昆路，列车暂时停止了运行。虽然避免了车祸事故，但是封锁了线路。这就像一块大石压在工人们的心上。在成昆线上战斗的人们，有什么比听不到火车叫更难受的呢？望着铁道上上千立方的泥石，工人们恨不得把它一下子清除掉！雨，还在下；石，还在飞。工人们说："就是下刀子，也要把铁路抢通！"

工人们扛着工具跑来了，护路部队跑来了，民兵跑来了，探亲的家属也上了阵，大家只有一个信念："争分夺秒，抢通线路！"穿雨衣的干脆光着膀子干；没工具的索性用手搬。这时，西昌分局来电了，工务段来电了，峨边工区的工人、家属也闻讯赶来，整个险区，变成了战天斗地的战场。他们一边挖，山洪夹着泥石一边往下冲，飞石一下子打坏了七八顶安全帽。工人们个个身上溅满泥浆，每个人从上到下找不到一处干的。他们身在险区，毫无惧色，经过四个多小时的顽强战斗，排除了堆积在铁道上的全部泥石，一列满载着社会主义建设物资的列车开过来了，看着它，工人们心里充满了胜利的喜悦。赵坪山，四十年没有遇到的暴雨，吓不倒革命的工人阶级。赵坪山，四十年罕见的特大山洪，冲不垮，砸不断成昆铁路！工人们豪迈地说："有我们在，就有成昆线在；有我们在，就有成昆线的畅通无阻！"①

2013 年 12 月 29 日，原西昌工务段职工蒋贵华正在隧道内巡视设备

（拍摄：胡志强）

---

① 王戈力：《"特别"工区》，载《万水千山只等闲——记成昆铁路的胜利建成》，四川人民出版社 1974 年版，第 63-67 页。

上面这个故事，生动而又感人地诠释了护路的艰辛和危险。铁路是全体人民用生命、热血和汗水凝固成的。铁路修通了，并不意味着就可高枕无忧了。成昆铁路沿线特殊的地形地貌、地质条件、气候条件蕴含着数不清的地质灾害和恶劣天气，这些随时都可能危及列车的行驶安全和乘客的生命财产安全。护路员工的辛勤劳作和无私奉献是保障铁路畅通和乘客安全的前提。

（三）革命精神的传承弘扬

中国共产党革命精神是在不同的历史阶段、不同的历史背景下由广大共产党员、人民子弟兵和人民群众共同接力传承的精神。广义上讲，从红船精神到井冈山精神，从长征精神到延安精神，从西柏坡精神到抗美援朝精神，都是一脉相承的，都体现了共产党人的初心与使命、政治品格和精神风貌。在成昆铁路大会战中，铁道兵和铁路工人继承和发扬红军长征的光荣传统，写下了不少壮美诗篇：

"大渡河，铁索寒，红军的足迹金光闪；捧把土，贴胸前，接过红旗险峰攀！""雄鹰不畏暴雨，青松傲视严寒，胸中怀有英雄谱，铁拳捅穿万重山。""断岩如刀削，群峰立天柱，猿猴攀不上，雄鹰难飞渡，筑路大军进山来，驾云腾空把'虎'缚。"[1]可见，成昆精神继承和发展了伟大的长征精神。这一点是毋庸置疑的。下文中我们将主要探讨与成昆精神更为贴近的铁道兵精神、"两路"精神及其二者与成昆精神的渊源关系。

---

[1] 周学声：《沿着长征的道路，修建西南新干线——成昆铁路纪行》，载《万水千山只等闲——记成昆铁路的胜利建成》，四川人民出版社1974年版，第19页。

1. 铁道兵精神的传承

之所以首先探讨成昆精神与铁道兵精神的关系,在于铁道兵是修筑成昆铁路的主力军。1946年,铁道兵部队诞生于东北战场。抗日战争胜利后,东北民主联军开始接收日伪铁路管理机构,并建立了第一支铁道部队,执行保护铁路运输安全,支援前线作战和后方恢复生产的任务。1947年,护路军改称东北人民解放军护路军,负责抢修铁路。可以说,铁道兵是中国共产党为夺取解放战争胜利而组建的铁路战斗队。而铁道兵精神就是铁道兵身上所展现的革命精神。[1]听党指挥、服务人民的奉献精神是铁道兵精神的核心。艰苦奋斗、志在四方的创业精神是铁道兵精神的表征。攻坚克难、敢于牺牲的拼搏精神是铁道兵精神的底蕴。同时,与时俱进、锐意进取的开拓精神以及钻研业务、精通技术的科学精神,也是铁道兵精神的重要内涵。

1978年,为庆祝铁道兵成立30周年,时任中共中央副主席叶剑英元帅题词:"逢山凿路,遇水架桥,铁道兵前无险阻;风餐露宿,沐雨栉风,铁道兵前无困难。坚持这一革命精神,为建成社会主义强国作出更大的贡献。"[2]叶剑英元帅的题词,是对铁道兵精神的形象概括。中共铁道兵第三届代表大会的工作报告中曾指出:"积极参加祖国社会主义建设,党指向哪里,我们就到哪里,党叫我们干什么,我们就干什么,在一切工作中,吃大苦,耐大劳,不怕困难,勤勤恳恳,兢兢业业,把各项工作做好。"[3]

---

[1] 吴晓曦:《铁道兵精神的基本内涵研究》,《石家庄铁道大学学报》(社会科学版),2020年第1期。
[2] 钱桂林:《图说铁道兵》,解放军出版社2018年版,第17页。
[3] 中国人民解放军历史资料丛书编审委员会:《铁道兵·综述 大事记表册》,解放军出版社2000年版,第221页。

铁道兵战士身上那种听党指挥、舍生忘死、无私奉献、敢于牺牲的精神，是人民军队的灵魂，已被几十年艰苦奋战的光荣历程所印证过。铁道兵诞生于硝烟弥漫的解放战场上，为了革命成功，他们前赴后继，死而后已。抗美援朝时期，他们在异国他乡流下鲜血。社会主义建设时期，他们为了祖国的铁路建设事业走南闯北、奉献青春。在铁道兵所修建的众多铁路线中，成昆铁路的建设难度是数一数二的。1100公里的成昆线上建有桥梁991座，隧道427条，桥隧总长度超过400公里。铁路沿线坐落着30多座烈士陵园，有1200多名战士为修路而献身。①可见，成昆精神是对铁道兵精神的传承和弘扬。

2."两路"精神的滋养

之所以探讨成昆精神与"两路"精神的关系，在于成昆铁路与川藏公路、青藏公路都是在祖国西南地区修建的挑战人类意志和能力极限的交通项目，且三条路的修筑都体现了军民一家、民族团结的灵魂。"两路"即川藏公路和青藏公路。川藏公路原名康藏公路，起于雅安，止于拉萨，长2255公里，1950年4月动工，1954年12月25日全线通车。1955年10月1日，因西康省建制撤销，经交通部决定改用今名，以成都为起点，全长2416公里。青藏公路始于西宁，迄于拉萨，全长2100公里，1950年破土动工，与川藏公路同时通车拉萨。2014年，习近平总书记就川藏、青藏公路通车60周年作出重要批示："这两条公路的建成通车，是在党的领导下新中国取得的重大成就,对推动西藏实现社会制度历史性跨越、经济社会快速发展，对巩固西南边疆、促进民族团结进步发挥了十分重要的作用。当年，10多万军民在极其艰苦的条件下团结奋斗，创造了世

---

① 吴晓曦：《铁道兵精神的基本内涵研究》，《石家庄铁道大学学报》（社会科学版），2020年第1期。

界公路史上的奇迹，结束了西藏没有公路的历史。60年来，在建设和养护公路的过程中，形成和发扬了一不怕苦、二不怕死，顽强拼搏、甘当路石，军民一家、民族团结的'两路'精神。"①在雪域高原上修路要面对许多在内地修路遇不到的艰难痛苦，甚至要直面流血牺牲。正因为这样，筑路军民提出了"一不怕苦、二不怕死"的豪迈口号，彰显了一种面对严酷自然环境而英勇战天斗地的伟大精神。

在川藏、青藏公路的踏勘、修筑过程中，"一不怕苦、二不怕死"的精神得到了淋漓尽致的彰显。一是克服恶劣的劳动环境。在雪域高原修路的劳动环境是异常恶劣的，最主要的就是劳动者要时时忍受空气缺氧，天天面对喜怒无常的天气。这是在低海拔地区很难体会到的困难。无论踏勘员还是筑路者，需要应对的第一大苦就是缺氧和恶劣天气。二是克服食宿困难。一般来说，在筑路过程中，随着公路的延伸，对于前面筑路者的物资供应会越来越便利。但在川藏公路筑路工地并非如此。因为筑路军民很多，战线拉得很长，且许多工段在高山深谷、悬崖绝壁上，物资供应很困难，牦牛用不上，只有用人背。有时人背也来不及，粮食供给不上。②面对食物短缺，战士们常常花很大力气到野外去捉野物和挖野菜。另外，筑路军民在高原上筑路，也只能在高山上住宿。山上无房，只能在冰雪上面搭帐篷。而帐篷是经不起大风大雪的。有时大雪把帐篷压塌，连人带帐篷都被埋在雪里。有时大风把帐篷刮跑，人们还得从铺上爬起来追帐篷。一到雨季，外面下大雨，里面下小雨，外面不下，

---

① 《习近平就川藏青藏公路建成通车60周年作出重要批示 强调要弘扬"两路"精神 助推西藏发展》，《人民日报》，2014年8月7日。
② 《纪念川藏青藏公路通车三十周年文献集》第二卷 筑路篇（上），西藏人民出版社1984年版，第37页。

里面滴答。在冰封雨淋的地上,筑路军民都铺着树枝睡觉。人在上面酣睡,水在下面奔流。①三是应对工作中的具体困难,特别是应对高原施工难题。川藏公路沿线到处是由坚石构成的悬崖绝壁。上面是山,下面是河。在这样的地形条件下,设计的公路走线往往是在石壁的中腰,这给施工带来艰巨挑战:上不着天,下不着地,不要说开辟道路,连上下都十分困难!怎么办呢?筑路军民想出了悬空作业的办法。同时,为了尽快在悬崖峭壁上修好路,像怒江与牛踏沟等筑路工地都是昼夜施工的。那种劳动场景既令人震撼,也让人感动。在高山上修路,还需要挖冻土。高山地面往往覆盖着一至三四米的冰雪,而地下往往是一米多厚的冻土。挖冻土是非常艰难的:用铁镐挖,有时只能划一个印;用炸药炸,炸不了多大的窟窿。今天挖开,明天又冻上了;上层挖开,下层又冻上了。②英勇顽强的筑路军民不仅"让高山低头",而且"叫河水让路"。青藏高原是亚洲多条著名江河的发源地。每过一道山,就有一条河。公路越过每一条河,都要战胜难以想象的艰险。广大军民在湍急的雅砻江上架过桥,在金沙江上架过引渡汽车的钢索,在澜沧江的浪涛里运过木料。冰块刮破过他们,雪水冻伤过他们,急浪打翻过他们,但没有一条河能够阻挡他们。修筑川藏青藏公路,有3000多名烈士献身雪域高原,平均每一公里路要牺牲一到两个人。筑路军民的一不怕苦、二不怕死的牺牲精神感人肺腑。没有广大军民的牺牲,就不会有川藏青藏公路的顺利通车。

---

① 《纪念川藏青藏公路通车三十周年文献集》第二卷 筑路篇(上),西藏人民出版社1984年版,第36页。
② 《纪念川藏青藏公路通车三十周年文献集》第二卷 筑路篇(上),西藏人民出版社1984年版,第31页。

让高山低头，叫河水让路

（图片提供：泸定二郎山川藏公路纪念馆，拍摄者：郭海龙）

"两路"精神滋养了成昆精神。在"两路"精神指引下的成昆铁路建设者敢于藐视一切困难。成昆铁路走线之艰难恶劣，是中国铁路史上所罕见的。1100多公里的总线路中有600多公里位于高山深谷之间。大渡河、金沙江等河流的两岸都是高达几百米的悬崖峭壁。此外，沿线还伴随有塌方、泥石流、岩溶、岩爆、毒氯等系列灾害。大渡河大峡谷西起汉源县乌斯河镇，东至永利彝族乡白熊峡，东西宽17公里，南北长26公里，谷宽不足200米，谷深2000余米，峡谷两岸奇峰高耸入云，河川纵横交错，切割极深，形成众多的峡谷群，最窄处仅20余米。最深处有2675米。[①]面对与"两路"建设者类似的严酷条件和困难，成昆铁路建设者一不怕苦、二不怕死，攻坚克难，用生命书写和铸就成昆精神。

---

① 庾莉萍：《成昆线——铁路建设的英雄史诗》，《档案时空》，2007年第7期。

二、成昆精神的基本内涵

在踏勘、修建和养护成昆铁路的过程中所形成的成昆精神具有丰富的内涵,主要体现在以下三个方面:

(一)忧国忧民、勇创奇迹的爱国情怀

忧国在于担忧国家安全,修路是为国分忧的体现。忧民在于希望通过修路使民族地区早日摆脱贫困。

1. 抢在战前,只争朝夕

攀枝花作为重要的钢铁工业基地,在三线建设中占有重要地位,是三线建设的典型代表。毛泽东主席曾说,"攀枝花不是钢铁厂问题,而是战略问题","攀枝花建不好,我睡不着觉"。①

三线建设不起来,我睡不着觉

(摄于攀枝花中国三线建设博物馆)

---

① 《一段亿万人听说过,但不真正了解的历史》,《文摘报》,2019年4月6日。

1964年8月,成昆铁路大会战拉开了序幕。原本人迹罕至的深山峡谷中,红旗招展,帐篷点点。悬崖峭壁上,硝烟弥漫,炮声轰隆。1965年末,川黔、贵昆两线接近完成,建设者也增加到40万人之多。就在施工正紧锣密鼓开展的时候,"文化大革命"开始了。随之而来的是派仗武斗、机关瘫痪、工程停顿、物资散失。1967至1969年三年间的工程进度,仅及1966年一年的工作进度。停工损失高达7亿元以上,占全部工程造价的1/4。1969年8月,在中苏珍宝岛之战后的紧张国际形势下,周恩来总理代表中共中央、国务院、中央军委发出了"成昆铁路务必于1970年7月1日全线通车"的命令,并指令铁道兵西南指挥部统一领导施工。随后,在短短数十天内,数万铁路员工兼程返回到建设工地。1969年9月1日,成昆铁路北段全面恢复施工。经过10个月的突击抢建,成昆铁路南北段在四川省西昌礼州实现了铺轨对接。1970年7月22日,成昆铁路全线试通车。1971年1月1日,成昆铁路正式交付运营。[①]

2. 铁路禁区,创造奇迹

成昆铁路工程建设规模浩大,进程艰险,开创了中国铁路建设史上的十八项之最,世界铁路建设史上的十三项之最。在深二三百米的"一线天"峡谷,从金口河到埃岱的58公里的线路上,隧道竟达44公里,俨然成了地下铁路。越过岷江与雅砻江的120公里的地段内,有4次盘山展线,13次跨越牛日河,隧道有66公里,桥梁有10公里,绕行了50公里才爬到海拔2200多米的制高点。进入安宁河谷后,铁路8次跨越安宁河。下至海拔1000米的金沙江河谷后,铁路再溯龙川江上行至海拔1900米左右的滇中台地。金沙江河谷地质情况十分复杂,被称为"地质博物馆",曾被外国专家断定为"修路禁区"。

---

① 庚莉萍:《成昆线——铁路建设的英雄史诗》,《档案时空》,2007年第7期。

第四章　成昆精神

列车行驶在金沙江畔

（网易，https://www.163.com/dy/article/F9MFQK4T0524D8I5.html）

　　铁路在金沙江河谷经过 3 次盘山展线和 47 次跨过龙川江后，才爬上长江和元江的分水岭。然后又南下广通，经过滇池地区的丘陵和淤泥地带，最终到达昆明。成昆铁路的隧道有 427 座，总延长 344.7 公里。全长 6383 米的沙木拉打隧道于 1966 年 11 月建成，它是当时中国最长的隧道。成昆铁路全线桥梁有 991 座，总长达 106 公里。其中，老昌沟"一线天"石拱桥是中国跨度最大的铁路石拱桥。老昌沟沟深 200 余米，宽仅 50 余米，从沟底仰望天空，好像一条蓝色绳索悬于空中，人称"一线天"。①

---

①　庾莉萍：《成昆线——铁路建设的英雄史诗》，《档案时空》，2007 年第 7 期。

成昆铁路一线天大桥

（拍摄：彭明军）

  祖国大西南的千山万水之间，出现了一条钢铁大道。它连接云贵川三省，把西南边疆和祖国内地的距离大大缩短。这就是西南铁路网中的重要干线——成昆铁路。成昆铁路的建成，是我国铁路建设史上的空前壮举。铁路沿线经过的地区，山高谷深，川大流急，地质复杂，气候多变，早在铁路建设之初，一些外国专家就断言这里根本不能修建铁路。然而，英雄的中国铁路工人、铁道兵战士和参加修路的广大群众，以压倒一切困难的英雄气概，终于把这千难万险的铁路干线胜利建成。

（二）不畏艰险、不怕牺牲的拼搏精神

  修建成昆铁路的过程充分彰显了不畏艰险、不怕牺牲的拼搏精神和大无畏精神。修筑成昆铁路有四难：

  第一，山高谷狭，地势险恶，铁路线可行的平地极少，必然要穿山跨谷，这给筑路带来了巨大挑战。成昆铁路通过的大部分地段，是高山中的峡谷。在四川境内大渡河畔，有个叫"一线天"的地方。深沟仅宽五十米左右，两旁是高达三四百米的峭壁，抬头望，仅见狭窄的一线蓝天，每天阳光射进不足一小时。在云南境内，有一个傍金沙江的小村庄，名叫"一步苦"。村边就是爬一步也苦的崇山峻岭，沿河又没有可以通行的小径。所以，筑路铁道兵来到"一步苦"修隧道时，不得不修盘山便道运输建筑器材。这条便道在山上竟绕了三十六拐才盘上山顶，远远望去，就像一段弹簧似的。[①]

第二，铁路线要多次上坡下坡，对设计和修建铁路又是一难。铁路从海拔 500 米的成都平原开始，进入山区，逐步爬坡到达大凉山的分水岭，上升到最高点海拔 2300 米。然后，铁路逐步下降进入云南境内的金沙江东折处，降到低点，海拔 980 米，再步步上坡到达昆明台地，海拔高达 1900 米。昆明比成都高出 1400 米。在大凉山全线最高的地段，连绵起伏的雪山，在阳光照耀下，晶莹夺目。进入四川和云南交界的地段，看到香蕉、咖啡、橡胶一类亚热带作物。到达昆明，则鉴赏到盛开的杜鹃花、山茶花和红玫瑰。乘务员说，在成昆线上服务，夏天离不开毛衣，冬天也要带上春装。一条线路上，气候变化多端，反映线路海拔高程的起伏。

第三，河流湍急，河床地质不良，对修筑铁路桥梁也是一难。沿线经过的大渡河及金沙江都以湍急滩险闻名。起名为"安宁"的一段金沙江支流其实并不安宁，而是浊浪滔滔。铁路刚通时，记者除在金沙江一小段地方看见少量船只外，沿途几乎没有见到江河上有什么船，仅见顺流而下的大量木材。

---

① 周学声：《沿着长征的道路，修建西南新干线——成昆铁路纪行》，载《万水千山只等闲——记成昆铁路的胜利建成》，四川人民出版社 1974 年版，第 15 页。

第四,一般乘客所不易察觉的复杂的地质状况也是一难。技术人员称成昆铁路沿线是"地质博物馆"。这里高山有深而大的断裂,地质病害就多了。沿线有泥石流,有含盐含硝量大的带腐蚀性的地层,有细如粉沙的没有黏性的泥土,有新生的尚未沉积坚实的地层,有古老的河床……山腹内,又有溶洞、暗河、含水量大的淤泥,等等。全线三分之一的路段坐落在七级以上的地震区。所有这些,对于筑路、打隧道、修桥都带来许多技术上的困难。在一条铁路上集中了如此多的地势和地质不利条件,在世界上也属罕见。面对种种困难,修路军民不怕困难,逢山凿路,遇水架桥。

1. 逢山凿路,遇水架桥

"逢山凿路,遇水架桥,铁道兵前无险阻;风餐露宿,沐雨栉风,铁道兵前无困难。"这是叶剑英元帅为纪念铁道兵成立三十周年的题词。曾参与修建成昆铁路的铁道兵刘建荣说:"叶帅没用'开',而是用的'凿',成昆线就是这样一点点凿出来的。"

老铁道兵筹建的成昆铁路战士浮雕

(四川在线,https://sichuan.scol.com.cn/ggxw/202103/58088224.html)

20世纪60年代,以备战备荒为出发点的"大三线"建设在西南边陲拉开序幕,肩负历史使命的成昆线成为一条至关重要的战备线,变幻的国际风云催促着成昆线建设快马加鞭。但当时,不管是在连绵不断的大小凉山,还是在昆明以北的滇中高原,根本找不出一条畅通的道路,人们出行靠的是江水两岸的溜索和大山深处的天梯。这里汇集了全世界最复杂的地质状况,让参与路线考察的苏联专家望而却步,山高、水深、林密的西南山区挑战着人类的智慧和勇气。

怎么办?"逢山凿路,遇水架桥!"18万铁道兵响应号召决战成昆铁路,他们穿越险境、征服自然,在祖国大西南的险山恶水中肆意挥洒天高任我攀、地厚任我钻的英雄气概。凭着这股不服输的韧劲儿,他们硬是在古老马帮都无法逾越的崇山峻岭中,用手中的钢钎铁锤凿出了穿越成都、西昌、攀枝花、昆明的成昆铁路。这一组数据更直观:全长1100公里的成昆铁路线上,700多公里是在山间,桥梁有991座,隧道有427条,桥隧总长度有433公里。乘坐过成昆线的人可能都有这样的体会,超过三分之一的时间不是在穿隧道,就是在跨高桥。这样的工程,即使如今在现代化机器的辅助下,修建难度也超乎想象,更何况是在五六十年前全靠人力完成。当年铁道兵的工作场景让前来考察的数学家华罗庚流下了感动的泪水。这条"凿"出来的钢铁巨龙惊艳全球,被联合国称为"世界三大工程奇迹之一",也让西南地区的战略地位得以稳固。①

2. 生命不息,奋斗不止

筑路战斗是激烈的。困难是一个接着一个出现,捷报也是一个接着一个频传。在大、小凉山和横断山脉,有七处大的盘山展线。有的连找

---

① 刘兰:《凿出来的成昆魂》,《廉政瞭望》,2020年第12期。

一块修车站的地方都很困难,不得不把车站建在隧道里。在大渡河畔一段 24 公里的线路上,隧道竟达 21 公里,人们称它是大渡河畔的"地下铁道"。在海拔 2300 米的大凉山上,开凿了全长 6 公里多的大隧道。这段铁路在大山中纵横交错,时东时西,上下盘绕成一副"眼镜形"。在地势险峻的龙川江峡谷,从石膏菁到大田菁,两地直线距离仅 15 公里,高差却达 300 米。为了降低坡度,在这里修了 37 公里的铁路,开了长达 18 公里的 20 座隧道。铁路迂回重叠,有的隧道在山里绕了几里长的大圆圈,进出口虽然都在一个方向,高差却有几十米。这一座座的长隧道、多线隧道、环形隧道,连接起来像一条地下长城。可以想见,工程是何等的复杂、何等的艰巨!但困难吓不倒英雄的筑路军民。请听铁道兵战士和铁路工人们的豪迈誓言:"天高我敢攀,地厚我敢钻,险山恶水听调遣,英雄面前无难关。"

白果与乃托间直线距离 8 公里,高差达 196 米,巧妙地乃托展线迂回盘旋,形成了成昆铁路上下重叠三层,三次经过同一村庄的奇景。

(拍摄:彭明军)

有座近公里的隧道，担任施工的铁道兵指战员初到工地时，只有一些钢钎、铁锤和两台旧压风机。公路没有修通，大型机械一时运不进来，战士们发扬"愚公移山"精神，不等待，不依赖，打着灯笼火把进山洞，抡起铁锤打炮眼。狭窄的导坑里，通风差，温度常在35度以上；作业面小，有时石碴出不去，人就冒着高温躺在石碴上苦干。战士们奋力开山凿洞，连续五个月创造了人工开挖百米成洞的高产纪录，硬是用八磅铁锤打通了这座近公里的隧道。

某部第十一连开挖的隧道，被人们称作"地质博物馆"。这里，有一碰即塌的"烂洞子"，有铁青钢硬的"特坚石"，有四十多度高温的"火焰山"，还有山泉暴涌的"水帘洞"。炎夏，"火焰山"外，骄阳似火，穿汗衫劳动也会晒脱一层皮；"火焰山"里，热气逼人，进洞就像进了蒸笼。战士们冒着酷热战斗，热得头晕了，用水冲一冲继续干，闷得喘不过气来，喝口凉茶坚持干下去。不管温度多高，没有一个人叫苦。一天，刚放过一排炮，石缝里突然喷出一股股冰冷透骨的泉水，碰上了地下暗河，隧道里的情况骤然变了。从此，头上"大雨"倾盆，脚下水深没膝，导坑里每昼夜要流出九千多吨水。"火焰山"变成了"水帘洞"。战士们昨天施工还热得头昏脑涨，今天却冷得打哆嗦。可是，大家顽强作战，寸步不让，从夏天到冬天，水越来越冷，劲越干越足，月月超额完成任务。英勇的劳动，战胜了困难，赢得了胜利，也锻炼了筑路大军。

多少个战斗集体夜以继日，挑灯酣战；多少领导干部累瘦了身体，熬红了眼；又有多少战士和工人冒着危险，勇往直前，光荣负伤，有的甚至献出了宝贵的生命，谱写下可歌可泣的壮丽诗篇。

线路的南段有一座隧道，是影响工期的关键工程。这座隧道只有一千多米，但地质极坏，施工中多次山体移动、不断塌方。大大小小的塌

方,压塌拱顶,推开洞门,给铁路施工带来了巨大挑战。为了给全线早日通车创造条件,某部指战员高举战旗,向这座隧道发起了总攻。这一天,因为山洪的猛烈冲灌,又一次造成山体移动,引起拱部大塌方。已经打好的拱顶塌下十多米。数百立方米的石块和泥土一泻而下,封闭了导坑,把正在里面打拱的七连四排长罗俊规等 13 名同志堵在一段不到 10 米长的导坑里。洞内一片漆黑,情况十分危险。在这危急时刻,共产党员罗俊规斩钉截铁地说:"同志们,我们是人民的战士,天塌下来要顶住,地陷下去要填平,在生命的最后一刻,也要为党为人民作出贡献。"战士们齐声背诵毛主席教导:"这个军队具有一往无前的精神,它要压倒一切敌人,而决不被敌人所屈服。不论在任何艰难困苦的场合,只要还有一个人,这个人就要继续战斗下去。"13 个同志自觉地组成了一个坚强的战斗集体,察看险情,加强支撑。在空气越来越稀少的情况下,一个个拿起铁锹,凭着一支微弱的手电光亮,把已经拌好的混凝土一锹一锹地回填到拱部。洞外的战友们拼力挖开塌方,把他们抢救了出来。他们脱离了危险,顾不得休息,又立即和大家一起投入了排除塌方的战斗。

150 个日日夜夜的艰苦奋战过去了,铺轨列车一声长鸣,穿过公里地下长廊,奔向更远的前方。在一道近 200 米高的绝壁顶上,通信工程连的战士们正在召开"诸葛亮会",研究这复杂地形的作业方案,最后决定用"依线带线"的办法把电线架过绝壁深谷。这样做,最困难的是放第一根线,弄不好就会连人带线一起摔进谷底。共产党员吕士伦挺身而出。他用一条绳子扎在腰里,把另一端交给同志们拉住,一把抓起线圈,用尽全力抛了出去。线圈顺着悬崖刷啦啦向下飞去。不料,落进一条崖缝里,死死卡住了。吕士伦把生死置之度外,要求立即下去排除故障。他腰系绳索,身贴崖壁,以大无畏的英雄气概,顺着电线下滑,下去四十多米，才发现一道钳口似的石缝把电线卡住了。他不顾怪石碰，不怕荆棘刺，抓住电线，左拉右拽，用了很大力气，才把故障排除。

数百个桥梁工地上又是一番艰苦战斗的场面。在这里，宽阔的江河上，要飞架起大跨度的巨梁；幽深的峡谷里，要筑起十五六层楼高的桥墩。还有一座座"空中车站"，要修建在三线桥、四线桥上。一队队铁道兵战士，一支支筑桥工程队，不怕困难，不畏艰险，迎着酷热登高作业，冒着严寒下水开挖桥基，日日夜夜在险滩急流上奋战。大渡河畔的老昌沟，是一条长好几里、深三百多米的大裂缝，沟里云飘雾绕，一天只能见两个小时的太阳。在这条深沟两侧的悬崖峭壁间，要修建一座跨度54米的石拱桥。有的技术"权威"说："外国没有先例，不能修。"第二铁路工程局的工人们破除迷信，解放思想。他们说："外国有的我们要有，外国没有的我们也要有！"他们把革命精神和科学态度结合起来，自行设计，土法上马，仅用了55天就把这座我国最大跨度的铁路石拱桥修建起来了。

登高英雄杨连第生前所在的连队正在开挖一座大桥的桥墩基础。江水奔腾咆哮，暗礁如林，卵石累累。战士们潜入冰冷刺骨的滔滔急流，把一包包炸药塞进卵石底下，进行爆破。冷吗？他们说："滚滚急流寒，战士心头暖，修桥为革命，何惧苦和难！"

一天傍晚，某部一连正在一座大桥上紧张施工，突然乌云翻滚，电闪雷鸣，狂风卷着倾盆大雨和蚕豆大的冰雹猛然袭来。连长黄德龙想，一连是铺轨架桥的突击队，雨大风狂正好摔打革命的硬骨头。他在桥头召开了紧急会议，研究是否停工。战士们说："我们要争分夺秒早日把铁路修通，大风大雨正好锻炼我们的革命意志。"大家立即研究风雨中架桥的安全措施，决定继续架梁。这时，风更狂，雨更紧，架桥机吊起近百吨重的大梁，被风吹得不停地摆动。在这紧急关头，共产党员、副排长扶康业纵身跃上了架桥机长臂。一阵阵狂风刮得他站立不稳,猛听得连长在桥台上高喊:"誓为共产主义奋斗终身的中国共产党党员,要下定决心,不怕牺牲,排除万难,去争取胜利!"他镇定了一下,随即不顾个人安危,机智灵活地爬到机臂的顶端,顺着钢缆下到悬空吊起的大梁上,迅速套好千斤顶,安装好倒链滑车。负责落梁的战士们一齐上来拉紧倒链,稳住了摆动的巨梁,使它不偏不倚地落在桥墩上。就这样,在这一向认为不能架桥的风雨之夜,战士们打破常规,争取了时间,两个工班凌空飞架起四孔巨梁。在汽笛高唱的凯歌声中,一连战士同时间赛跑,连续创造了架桥新纪录。①

除了不怕艰苦,还不怕牺牲。修建成昆铁路,有上千名建设者牺牲后长眠在青山里。成昆铁路沿线有16处专门埋葬他们的公墓。②一路上,几乎每个新建火车站都有烈士陵园或墓地。铁道部第二工程局的某个单位因公殉职的有六百多人,另一单位在两次洪水和泥石流中牺牲的就有一百多人。毫不夸张地说,平均每一公里路就有两至三名建设者为之献身。

牺牲于成昆线的铁道兵一等功烈士简介

徐兴保 云南省绥江县人,1943年出生,1965年入伍,1966年入党。时任铁道兵第一师1团23连副班长。1969年1月4日,在成昆铁路渔洗二号隧道抢塌方、灭火中,徐兴保不怕危险,勇敢搏斗,壮烈牺牲。1969年12月8日,经铁道兵党委批准追记一等功。

王泽清 云南省绥江县人,1943年生,1965年入伍,1969年入党。时任铁道兵第一师1团23连战士。王泽清入伍以来,先后4次跳入激流

---

① 新华社记者:《英雄修建成昆路 万水千山只等闲》,《人民日报》(节选),1974年3月24日。
②《一段亿万人听说过,但不真正了解的历史》,《文摘报》,2019年4月6日。

抢救战友和群众，救出 1 名工人和 1 名红卫兵。1969 年 1 月 4 日，在成昆铁路渔洗二号隧道抢塌方、灭火中，英勇顽强，壮烈牺牲。1969 年 12 月 8 日，经铁道兵党委批准追记一等功。

向启万 四川省金堂县人，1940 年生，1966 年入伍，同年入团。时任铁道兵第七师 31 团 5 连战士。1966 年 8 月 18 日，在成昆铁路密马龙隧道塌方中，向启万临危不惧，救出 6 名战友，自己身负重伤，经抢救无效光荣牺牲。同年 9 月 18 日，经西南铁路建设工地指挥部批准追记一等功。

董泽林 湖北省枣阳县人，1945 年生，1963 年入伍，1966 年入党。时任铁道兵第七师 33 团 2 连班长。1966 年在成昆铁路施工中，因隧道塌方，董泽林为抢救战友而光荣牺牲。1967 年 1 月 31 日，经铁道兵党委批准追记一等功。

陈满祥 四川省岳池县人，1946 年生，1965 年入伍，1966 年入党。时任铁道兵第八师三十七团二十连班长。1969 年 8 月 12 日，战士文胜德因担水不慎落入龙川江。陈满祥跳入激流，用尽全力把文胜德推到岸上，自己光荣牺牲。1970 年 1 月 16 日，经铁道兵党委批准追记一等功。

云南禄丰县旧庄铁道兵烈士陵园纪念碑与墓园

（铁道兵文化网，http://www.tdbwh.com/tiedaobinglishiyanjiu/shipinxinwen/96cdd97e234a872b83e66f7d6b0a1335.html）

广大官兵、筑路工人和科技工作者等的艰苦奋斗、不怕牺牲，助推我国铁路修建技术达到了世界先进水平，为人类在特殊地区建设高标准铁路树立了成功典范。1985 年，成昆铁路设计及建设荣获国家科学技术进步特等奖。①这既是对科技成就的表彰，也是对伟大精神的褒扬。

（三）尽责守护、甘为路石的奉献精神

"即使成昆铁路建成了，狂暴的大自然，也必将在 10 年内使它变成一堆废铁。"当年外国专家的断言，早已在事实面前破产。为确保成昆铁路行车安全，国家几十年来持续发力：修建泥石流沟口大型渡槽，引导泥石流偏离铁道；在结构不稳定的山体钻深井，浇筑成巨型钢筋混凝土桩，将山体锚固住；加强铁道沿线的看护、巡线和自动化预警……②建好成昆线，是一个奇迹；守好成昆线，何尝不是另一个奇迹？！

1. 安全面前无小事，日常巡逻不马虎

大自然对成昆铁路的考验，无时不在，无处不有。半世纪风雨兼程，成昆线缘何无恙？看那千里成昆线上吧，一代代护路人，在祖国西南的深山里，守了一辈子山头，看了一辈子石头，自己也熬白了头。

铁路上，有桥隧工区、线路工区，唯独孤石工区有点"特别"，所以称它是"特别"工区。在成昆北段的高山峡谷之中就有这样的"特别"工区。说它"特别"，因为它不是一般的修桥补路，而是专门与危岩、孤石作斗争；它也不像一般的工区固定在一个地段工作，而是沿线到处流动。哪里苦，就在哪里安营扎寨；哪里险，就在哪里摆下战场。

---

① 庾莉萍：《成昆线——铁路建设的英雄史诗》，《档案时空》，2007 年第 7 期。
② 王一彪、孔祥武、王明峰、黄福特：《风雨兼程半世纪，列车奔驰追梦路》，《人民日报》，2020 年 12 月 14 日。

2016年4月7日,金口河危石整治工区,铁路职工在排查隐患

(四川省人民政府网站,http://www.sc.gov.cn/10462/10464/11716/11718/2016/4/8/10375380.shtml)

　　成昆铁路逶迤千里,不少地段的线路两侧,山高坡陡,地质破碎,山上的石头,风吹日晒,年长日久剥落下来,成为很多块无所依靠的孤立的大石头。每到雨季,暴雨冲刷,山洪倾泻,一块块孤石滚落下山,若滚向铁道,就会严重威胁铁路设备和行车安全。有一次,一列货车正在铁道上奔驰,突然从几百米高的赵坪山上滚下一块孤石,直向列车扑来,幸亏列车刚刚驰过,巨石越过铁道,停在路边,避免了一场车祸。成昆路通车初期,类似的落石地段的桥梁被打得七零八落,打坏被换下的钢轨、枕木和落在线路两侧的石头都不少。面对大自然的挑战,工人们的回答就是斗争!为了战山治石,1970年底,乌丝河工务段建立了孤石工区。

　　成昆铁路北段的"一线天",是著名的绝境险地。两山似刀切斧砍,平行相峙,直插云天,一条万丈深渊的峡谷,被大渡河拦腰切断,使此境更加险峻。两山之间,桥隧相接,长河坝隧道穿山而过。在离隧道进口300多米高的悬崖绝壁上,几大块摇摇欲坠的危岩、孤石虎视眈眈,悬空而立,正对下面一座最大跨度的空腹石拱大桥,这给铁路行车带来了很大的隐患。

困难吓不倒英雄汉,孤石二工区的工人们开赴了"一线天"。他们豪迈地提出:"山高,没有我们铁路工人战山治石的志气高;石大,没有我们学习大庆人精神的决心大!"决心除危岩,灭隐患,确保成昆运输线。

危岩、孤石悬在半山腰,抬头即见,但要接近它,却并不容易。工人们攀悬崖,走绝壁,数十次探险,未能接近危岩。最后他们绕道山顶,用安全绳悬吊而下,到达危岩处,摸清了情况,下了处理的决心。原来,这里有九块孤石,其中在一块大危岩上就不规则地散布了八块孤石,看起来好险,像是快要掉下来的模样,撬吧,下边是石拱大桥;爆破,也不行。怎么办?工人们开了几次"诸葛亮会",决定以大危岩下的基石为基础,把危岩用钢轨浇灌混凝土支撑起来,将基石与危岩连成一体,再将这些孤石牢牢地砌在危岩上。

二工区工人不到二十个人,一无机械,二无设备,钢丝绳是从废料堆里捡来的;钢钎是自己造的,要攻打"一线天",困难确实很大。有了施工方案后,用料怎么上?"群众是真正的英雄",工人们决定修路上山!他们披荆斩棘,冒着被山上石头滚下砸伤的危险,从长河坝车站修了一条三公里多的羊肠小道。当"路"修到离危岩三十多米时,一片明镜般的绝壁顺着路的方向竖在眼前,路,绝了。工人们三五成群凑在一起,商讨对策。"两端打眼插钢钎,沿岩壁拉根钢丝绳过去,人吊在钢丝绳上打眼插钎,在钢钎上铺板成路。"这个办法倒好,但是面对着悬崖绝壁,万丈深渊,派谁过去拉呢?"我去!"老工人张良栋毫不犹豫,挺身而出。他解去长衣长裤,脱下鞋袜,腰间横拴安全绳,双脚脚趾贴着岩壁,两手手指紧抠岩缝,沉着而坚定地向危岩移动,"禁区"突破了,一根钢丝绳悬在半空。工人们一个个欢欣鼓舞,纷纷扎好安全带,跨在钢丝绳上,脚蹬岩缝,手挥铁锤,打眼插钎。突然,一个工人同志失去重心,掉下悬崖,被腰间的安全绳挂着,像吊起了"灯笼"一样。同志们为他捏一把汗,可是,他被拉起时,却面不改色心不跳,又继续投入了战斗。

整治危岩所需的大量水泥、河沙、石子,都是工人用背篼沿着蜿蜒曲折的羊肠小道,从几里外的长河坝车站翻山越岭背上来的。这陡坡险道,空手走都冒冷汗,何况背料上山!开始时,他们一天背两趟就感觉浑身酸痛了。当他们看到危岩威胁着铁路时,恨不得立即把它处理掉!于是,浑身增添了力量,由每天背两趟,逐渐地提高到六趟、七趟。支撑危岩需要钢轨做骨架,要把长六七米,重300多公斤的钢轨运到现场,不是一件容易的事。但是,工人们想到大庆人为革命能将几百米高的井架运到工地;我们为了保卫成昆线,难道不能把几米长的钢轨搬上山吗?他们采用肩扛、手拖、绳拉的办法,一步一步地把五根钢轨运到了施工现场。整个工程按计划提前25天完成,"一线天"的危岩、孤石被整治住了。①

2. 坚守青丝到白首,我把青春献给路

从20世纪70年代成昆铁路建成至今,护路工作的主要任务和工作特点并没有发生实质性变化。刻苦坚持、淡泊名利、默默奉献,是护路人的精神品格和共性特质。

---

① 王戈力:《"特别"工区》,《万水千山只等闲——记成昆铁路的胜利建成》,四川人民出版社1974年版,第60-63页。

章显容防洪看守点

　　章显容防洪看守点，这是一个由 4 名女职工值守，也是西昌工电段唯一以女职工姓名命名的防洪看守点。章显容在漫长的岁月中把自己的青春奉献给了大山，把自己的人生融化进了危崖下穿行的铁路。

　　章显容当了 32 年看守工，在 K246 防洪看守点，一干就是 27 年，直到 2019 年底退休。距离柏村车站 3 公里多的 K246 看守点，周围除了龇牙咧嘴的悬崖峭壁、湍急的大渡河，只有两条钢轨和一个看守棚。从王村棚洞出口到大火夹隧道口，300 余米线路，就是章显容的巡线区域，每小时要巡视一次。章显容和另外 3 名女职工，两人一组，8 小时轮班，每 5 天换班一次。无论昼夜寒暑、风狂雨骤，在这 300 多米线路上，她们每天要走几十个来回，只为监控崖壁上的风吹草动。章显容至今难忘 2008 年 7 月 26 日那个千钧一发的时刻。

　　那是一个雨雾天，能见度不及百米。一阵异响突然从山上传来。正在巡查线路的章显容，突见山体崩塌，岩石飞滚，"咔咔"砸向铁路上方的防护网。"柏村站，K246 发生险情，请立即封锁区间！"按操作规程，章显容急忙拿起对讲机呼叫。

"列车 86986 两分钟前通过金口河站，已驶入区间！"

"霎时我的大脑一片空白，停顿一两秒后，想起前方 4 公里处，还有一个看守点。"章显容又急忙通知前方 K250 看守点。

"啊？86986 刚刚通过！"

"86986 司机，K246 发生险情，立即停车！立即停车！"章显容朝着来车方向，边跑边用对讲机急呼。

"那时，我的心一下子提到了嗓子眼儿。恰在那时，两块箩筐大小的石头重重地砸在道心。"时隔数年，章显容觉得恍如昨日。"雨水、汗水、泪水顺着脸颊流淌，我拼命地奔跑，不停地呼叫……"

这时，86986 次列车驶入大火夹隧道，司机听到章显容急促的呼叫，一把闸撂到底，车轮一路摩擦钢轨，在距落石 20 米的地方，列车终于停下。

"每次巡查完线路，记下'正常'两个字时，心中便有种成就感——我们就像是保卫铁路的哨兵。"在孤独中重复，在坚持中守望，岁月沧桑了章显容的容颜，而她每天路过几十次的那棵香樟树，已亭亭如盖、清香氤氲。①

山上落石，是威胁成昆线安全的心腹之患。对防治落石之害，如果说章显容是用好一个"看"字，戴启宽则是"望闻问切"一起来。成昆铁路通车当年，一支独特的队伍——孤石危岩整治队随即组建。爬山岩、攀绝壁、治危石，4 年后，整治队第一任工长白清芝，在安设天梯作业时，保险绳被锋利的岩石磨断，坠崖牺牲。后来，戴启宽接过整治队的旗帜，搜山扫石 25 年。"那时作业工具简陋，主要靠钢钎排险。"年过八

---

① 王一彪、孔祥武、王明峰、黄福特：《风雨兼程半世纪，列车奔驰追梦路》，《人民日报》，2020 年 12 月 14 日。

旬的戴启宽,至今难忘岩窝边"荡秋千"的日子。一次,号称"连猴子也难攀"的布祖湾出现险石,他前去排险。系着绳子下悬崖,当吊到崖窝边时,却没地方落脚,悬在半空。戴启宽急中生智,"在空中荡开了秋千,绳索被岩石磨得嘎嘎直响,我猛一荡,一把抓住崖壁上的藤子,用力一跃,闪身进了岩窝,排除了那几块松动的石头。"沿着金口河—乌斯河大峡谷,戴启宽带着队友爬遍所辖53公里区域的大小山崖,给1000多块危石逐一编码,绘制出"孤石危崖系列图",还标出一些"重点监护对象"。

戴启宽孤石危岩整治队正在作业中

(拍摄:彭明军)

戴启宽退休后,这支队伍就以他的名字命名,延续至今。走进戴启宽孤石危岩整治队,见到刚下山的班长江永,头顶安全帽,脚蹬防滑胶鞋,肩上斜背安全绳。2020年雨水大,他一直在山上跑,曾连续两个月没回家。"石头,年年整治年年有。春天,冰雪消融,山体结构易变;雨季,一场大雨就能冲得一大片石头露峥嵘……"①50多岁的江永,已搜山扫石30多年。

从成昆铁路建成至今,像章显容、戴启宽、江永这样的守护者有很多很多,有的我们知道他们的名字,有的我们永远无法知晓他们的名字,但他们把自己的青春和热血都献给了养路事业。默默奉献的精神动力来自对国家的热爱,对人民的热爱,将个人的生命价值融入实现国家富强和人民幸福的伟大目标中。

三、成昆精神的时代价值

中国特色社会主义进入新时代,并不意味着社会主义建设就是一帆风顺的,恰恰相反,发展起来了比不发展时期问题更多、困难和挑战更多。新时代只是万里长征走完的第一步,后面的路更艰难更伟大,也更需要发扬革命精神。在新时代,传承和弘扬成昆精神有何意义呢?

(一)扎根西南边疆,为铁路建设攻坚克难提供精神动力

成昆铁路与川藏铁路经过的区域均属于我国西南地区,地质地貌有很大的相似之处,也均属于我国多民族聚集区。成昆精神可为新时代建设好成昆铁路复线和川藏铁路提供强大的精神动力。

1. 助推成昆铁路复线顺利修通

2018年2月12日,习近平总书记在打好精准脱贫攻坚战座谈会上的讲话中指出:"前不久,中铁隧道局集团参加成昆铁路扩能改造工程建

---

① 王一彪、孔祥武、王明峰、黄福特:《风雨兼程半世纪,列车奔驰追梦路》,《人民日报》,2020年12月14日。

设的 20 名青年党员给我来信。信中说，50 多年前，他们很多人的父亲或爷爷参加了成昆铁路难度最大的沙木拉打隧道建设，那一辈铁路建设者不畏艰险、不怕牺牲，以敢叫高山低头、河水让路的豪迈气概，把天堑变成了通途，创造了世界铁路建设史上的奇迹。今天，他们接过先辈的旗帜，承担了新成昆铁路全线最长、难度最高的小相岭隧道建设重任，决心传承好老成昆精神，不忘初心、砥砺前行，使铁路早日成为沿线人民脱贫致富的'加速器'。他们的来信，让我感受到了青年一代对祖国和人民的担当和忠诚，读了很是欣慰。"[①]习近平总书记所讲的这一故事，反映的正是成昆精神在成昆铁路建设者和改建者之间的接力传承性，体现了成昆精神历久弥新、跨越时空的价值。

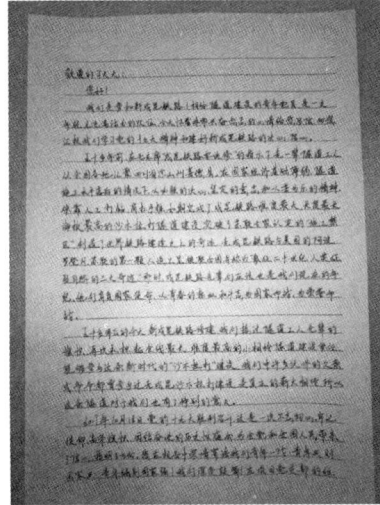 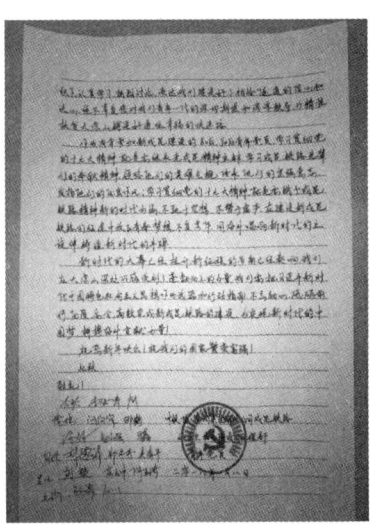

中铁隧道局集团参加成昆铁路扩能改造工程建设的

20 名青年党员给习近平总书记的信

（https://baijiahao.baidu.com/s?id=1592456688132482691&wfr=spider&for=pc）

[①]《习近平谈治国理政》第三卷，外文出版社 2020 年版，第 150-151 页。

208

在距离老成昆铁路沙木拉打隧道 30 公里外，新成昆线小相岭隧道正向深处掘进。全长 21.775 公里的小相岭隧道是新成昆线第一长隧，是全线重难点控制性工程，属一级高风险隧道，由中铁隧道局成昆铁路峨米段项目部承建。这个项目部很多人的父亲或爷爷，当年参与修建过沙木拉打隧道。项目部党工委书记汪跃华，是位"70 后"，其父就是沙木拉打隧道建设者，后来还出国援建过坦赞铁路。参加铁路建设 25 年，汪跃华转战山西、贵州等省份，头一次回家乡四川施工，恰是为父亲当年参建过的老成昆修新线，这不仅是缘分，更是一份传承和责任。

"当年我们就勘测过这条隧道，无奈当时技术水平达不到，只能绕远修建成昆线。"李泽民追忆。自 4 年前小相岭隧道动工，"90 后"郑冬冬一直奋战在这里。从市政工程工地，转战到大凉山腹地修隧道，工作、生活环境大变，他有过不适应。去年有一个去城区施工的机会时，他却选择了继续坚守——这里有他爷爷郑守礼的青春足迹，老人也是沙木拉打隧道建设者。想念孙子的郑守礼，3 年前重返故地，那是他第一次搭乘成昆列车。半个世纪前，成昆铁路修好后，尚未通车时，郑守礼便被调去修枝柳铁路。在沙木拉打烈士陵园，郑守礼反复触摸着战友的墓碑，热泪纵横。"我们战成昆时，施工主要靠肩挑背扛，连工作服、雨靴都是三班制共用，你上班你穿，你下班他穿。"抚今追昔，郑守礼叮嘱孙子："现在条件好了，你们更得好好干。"

如今施工条件今非昔比：勘测用上无人机，钻孔有三臂全电脑凿岩台车……"但掘进隧道，无论机械设备多先进，冲在最前面的往往还是人。"郑冬冬深有感触。小相岭隧道洞里大量涌水的那段时间，作为项目部调度主任的郑冬冬，和年轻的同事们，几乎泡在水里工作，一干就是 10 多个小时，为节省时间，连午饭也在洞里解决。"争分夺秒，只为早日打通。"项目部工程部部长邰鹤说,"唱响新时代的青春之歌,就要干最难的,交最好的"。

"零缺陷、零失误、零安全事故",则是"90后"质检工程师何亚涛坚持的建设质量标准,"我们要向大凉山交一份合格答卷,为后期运营打好基础"。正向前掘进的小相岭隧道深处,粉尘扑面,气味刺鼻,暗河在脚下涌流,凿岩机械"突突突"的高分贝,震荡耳膜……常年工作于此的郑冬冬,沉淀下自己的思考:"当一个青年选择将青春与国家连在一起,生命才有精神坐标。"①

上述接力传承的感人故事中,有两点是非常重要的。一是人的精神的重要性。技术重要,但人的精神更加重要。强调人的精神的重要性,是中国共产党的传家宝,任何时候都不能丧失。正如郑冬冬所言:"无论机械设备多先进,冲在最前面的往往还是人。"因此,传承好成昆精神对于建好成昆铁路复线是至关重要的。

二是个人梦与中国梦相结合。依然如郑冬冬所思所想:"当一个青年选择将青春与国家连在一起,生命才有精神坐标。"这一点体现了社会主义所倡导的集体主义价值观的伟大力量。个人只追求自己利益的满足,那他一定会丧失自我,会觉得人生无聊和空虚。个人只有将自己命运与国家命运连在一起,才能持久地寻找到自己生存的价值和意义。

2. 促进川藏铁路建设胜利完工

川藏铁路先后谋划百年之久,勘察历程延续70年,全线设计运营长度1567公里,东起四川省成都市,向西经雅安、康定、昌都、林芝、山南,终于西藏自治区首府拉萨。川藏铁路成都至雅安段已于2018年12

---

① 王一彪,孔祥武,王明峰等:《风雨兼程半世纪,列车奔驰追梦路》,《人民日报》,2020年12月14日。

月开通运营，拉萨至林芝段于 2015 年 6 月开工建设，2021 年 4 月 1 日开始验收，4 月 26 日全线接触网成功受电，6 月 25 日正式通车。2020 年 11 月，举世瞩目的川藏铁路（雅安至林芝段）开工动员大会，在北京和川藏铁路控制性工程色季拉山隧道、大渡河特大桥三地，以视频连线的方式同时进行。这意味着川藏铁路雅林段正式开工建设。川藏铁路雅林段的计划工期是 3651 天，2020 年 11 月 8 日开工，2030 年 11 月 9 日竣工，该段铁路工程是名副其实的"十年磨一剑"工程！

川藏铁路雅林段堪称刷新地球工程纪录的极难工程，其地质条件之复杂、建设难度之巨大，完全超出地球上已有建筑工程的难度水平。雅林段施工面临四大世界级难题：一是显著地形高差。二是强烈板块活动。三是频发地质灾害。四是敏感生态环境。川藏铁路途中地形起伏剧烈，地势七下八上，犹如过山车，从成都到拉萨线路需"穿七江过八山"，即依次经过大渡河、雅砻江、金沙江、澜沧江、怒江、易贡藏布江、雅鲁藏布江等 7 大江河，穿越二郎山、折多山、高尔寺山、沙鲁里山、芒康山、他念他翁山、伯舒拉岭、色季拉山等 8 座高山，累计爬升高度达到 1.4 万米。上述地形特点就决定了雅林段施工的一大特点：桥隧多，不是"上天"就是"入地"。

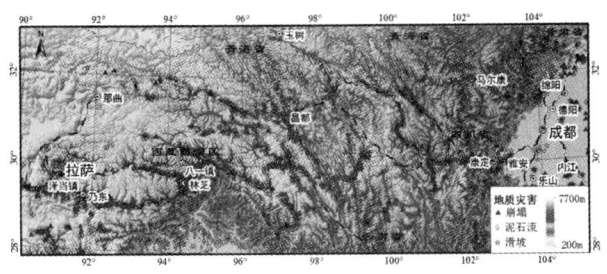

川藏铁路沿线地质灾害发育分布图

（http://explore.chinamining.org.cn/html/news/yjdt/2017/0417/6187.html）

雅安至林芝段是川藏铁路的难中之难、险中之险，重中之重，其建设难度之大堪称世界之最。例如，雅林段新建正线 1011 公里，其中桥隧总长 965.74 公里，桥隧比高达 95.8%，特别是新建隧道 72 座、总长高达 851.48 公里。也就是说，雅安至林芝段除了建在隧道里就是修在桥梁上，铺在平地上的铁路少之又少。尤其艰难的还在于，雅安至林芝段总长 851.48 公里的 72 座隧道中，长度达 30 公里以上的特长隧道就有多座，其中最长隧道为 42.5 公里的易贡隧道。开工的色季拉山隧道全长达 37.9 公里，超越有着"中国铁路第一隧道"之称的新关角隧道（全长 32 公里）。另外还有，多木格隧道全长 36 公里，折多山隧道 32.8 公里，孜拉山隧道 32.7 公里，米拉山隧道 29.4 公里，业拉山隧道 28.6 公里，海子山隧道 25 公里，伯舒拉岭隧道 23.6 公里，等等。这些隧道多数是修建在世界屋脊上、冰山峡谷中，不用说其建设难度，就单说这 851.48 公里隧道需要开凿出的石头就足以令世人瞠目。有人粗略估算了一下川藏铁路雅安至林芝段到底需要开凿出多少岩石。以云南大理至瑞丽的大瑞铁路高黎贡山隧道为基准。该隧道是双线单洞隧道，其正洞掘进采用的是"彩云号"硬岩掘进机（TBM）。该机在高黎贡山隧道的刀盘开挖直径为 9.03 米。也就是说，高黎贡山隧道的开挖面积大约是 64 平方米。假定雅安至林芝段隧道的开挖面积也都是 64 平方米的话，那么 851.48 公里隧道需要开凿出的石头就至少相当于一个底面积为 64 平方米，长度（高度）为 851.48 公里的巨大圆柱体，其体积大约是 5449.472 万立方米，约等于 0.54 亿立方米。建设者就是要把这些石头从大山里面硬生生地给挖出来。这还只是正洞，要是算上平导洞、斜井、竖井等的工程，开挖规模可能还要翻个番。①

---

① 《川藏铁路雅林段开工 建设难度之大堪称世界之最》，《建筑界》，https://www.jianzhuj.cn/news/51956.html。

面对上述世界级难题,高质量推进川藏铁路建设,需要大力发扬"两路"精神和成昆精神,不怕困难、攻坚克难、顽强拼搏、甘当路石。

(二)用好精神资源,助力新时代思想政治工作铸魂育人

成昆精神不仅是激励铁路建设者更高质量地建设、改造和养护好铁路的精神动力,也是对包括交通人在内的全体社会成员开展思想政治教育的宝贵精神资源。

1. 塑造精神强大、技术过硬交通人

四川省社科院研究区域经济的专家林凌是当年成都西南三线建设委员会的一员,经常和三线建设的领导到各地检查工作,总结经验。他回忆道:成昆路是由铁路兵和铁道部的工程队来共同建设的。指挥部在西昌,中间分了两段,从成都到西昌是一段,从西昌到昆明是另外一段,两段同时修。成昆铁路非常艰险,必须要先修公路,把器材和人运到山里。成昆铁路考虑到隐蔽这个特点,所以选在山里。人爬到悬崖峭壁上,身上拴着绳子吊下来打钢钎、打出眼以后放上炮弹,把路炸出来。现在打隧道都是很大的机器进去,当时哪有?四川关村坝隧道很关键,中央都非常关注。当时坦桑尼亚的总统到北京去访问,带去许多芒果,然后毛主席就把芒果送给了铁道兵,大家都不吃的,你传我我传你。最后,关村坝隧道是日进一百米。①

随着成昆铁路复线工程的逐步推进,老成昆线的一些路段和站点将成为历史,许多铁道兵开始重走成昆线,缅怀曾经的峥嵘岁月。铁道兵吕林有感而发:"西南兴起困交通,铁血神兵建大功。蜀道深峡飞彩路,

---

① 杨婧:《成昆行记——大三线的兴起与迁隐》,《中国企业家》,2009年第18期。

云山巨岭跨长龙……"今天回望那一项项奇迹，我们感叹哪有天降"神兵"，有的只是匠心、初心与永不磨灭的恒心，这些才是书写共和国辉煌故事的宝贵力量。①

2017年3月2日，中铁隧道集团在"重返沙木拉打"征集令中写道：那一段历史我们从未忘却！那一座隧道如丰碑般矗立！那一种精神至今仍在传承！半个世纪前，中铁隧道集团的前辈们进驻四川省大凉山喜德县，克服千难万阻，同大自然展开了艰苦卓绝的斗争，用汗与血建成了世人瞩目的成昆铁路沙木拉打隧道，树起了在地质禁区建设长大隧道的一座丰碑，创造了世界铁路建筑史上的奇迹！成昆铁路与美国的阿波罗带回的月球岩石、苏联的第一颗人造地球卫星，被联合国并称为"象征二十世纪人类征服自然的三大奇迹"。成昆铁路沙木拉打隧道为我们留下了"众志成城、不畏艰难、勇于奉献、敢于胜利"的沙木拉打精神，成为中铁隧道集团隧文化的重要来源。2016年，中铁隧道集团重返大凉山、再战成昆线，再次承担了新成昆铁路上的"沙木拉打隧道"——全线最长、地质更难隧道"小相岭"隧道。历史给了中铁隧道集团诠释"沙木拉打"精神的最佳舞台，中铁隧道人以最饱满的激情，站在历史新高度再创历史，铭记成昆历史，传承成昆精神，锻造成昆品质，再树成昆丰碑，誓将新成昆线建设成为国家铁路隧道史上又一标志性工程。2017年，在中铁隧道集团建企40周年即将到来之际向全球发布"重返沙木拉打"活动征集令：一是征集1964年后参与成昆铁路沙木拉打隧道建设的身体健康的老前辈，以及在建设沙木拉打隧道中英勇牺牲的烈士亲属重返沙木拉打隧道，祭扫沙木拉打烈士陵园，为新成昆建设者传递精神旗帜。二是征集任何与老成昆铁路沙木拉打隧道有关的故事、老照片等。中铁

---

① 刘兰：《凿出来的成昆魂》，《廉政瞭望》，2020年第12期。

隧道集团的征集令就是无数交通人自觉传承弘扬成昆精神的真实写照和缩影。

事实上,在交通系统内部自觉主动将成昆精神转化为家风的家庭数不胜数。在中铁二局有这么一家人,先后奋战在宝成铁路、成昆铁路、川藏铁路等建设一线,一家三代都把青春奉献给了新中国铁路建设事业。他们不仅见证着铁路事业的飞速发展,也让世界看到了中国速度,他们就是中铁二局新运公司架桥分公司原副总经理袁宝成一家。

"铁一代"扎根西南,用智慧和汗水谱写铁路情。袁振河是河南省方城县人,1949年5月1日,解放邯郸战役后,他自愿加入中国人民解放军,当了一名工程兵,随第四野战军架桥、铺路、护路一直到广西。1953年4月,在不知妻子已怀孕的情况下,他奉命参加抗美援朝,任务依然是修路护路。其间,他与战友们冒着枪林弹雨,不断将被美军炸毁的铁路进行修复,保证了铁路大动脉的畅通,出色地完成了每次战斗任务。次年3月,他光荣归来。

回国后不久,为支援三线建设,他举家和战友们受命从武昌到西南铁路工程局(中铁二局前身),被分配到宝成铁路陕西略阳八段。"刚到那里,从城市到秦岭山脉,只见群山环抱,山峦起伏,远离城市,人烟稀少,条件艰苦,心里顿时凉了半截。"袁振河说,知道修铁路艰苦,没想到条件如此恶劣,真正体会到了蜀道难,难于上青天。加之铺轨机械化程度不高,钢轨、枕木大多数靠人工肩挑手提完成搬运。繁重的体力劳动给当时施工带来了巨大的困难,但袁振河依然攻坚克难,不畏艰辛,顺利完成了任务。在1957年,宝成线即将开通之时,他被调至内昆铁路(内江至宜宾段)。1958年,他再次调回陕西略阳,为已开通的宝成线进行线路维护。时至今日,宝成铁路开通已60年了,它的通车,让"蜀道难"从此变为历史。1959年，正值成昆铁路第一次开建，袁振河又被调到成昆线，首战任务就是成都东站到火车南站的铺轨工作，在那里他展现出了军人本色，出色完成了任务。他本已留在成都火车南站工务段工作，但因成昆线乌斯河、沙木拉打隧道、甘洛等段铺轨任务重，在成昆铁路冲刺的最后阶段，他毅然决然地回到了施工第一线，并顺利完成了任务。成昆修完之后，袁振河又转战湘黔、枝柳、京广线等多条铁路干线工作，一直在中铁二局新运公司干到1985年，光荣离休。袁振河一生与铁路结缘，他感到自豪的是在他离休前参建了3条出川铁路中的2条。

"铁二代"攻坚克难，率队会战世界第一跨海大桥。袁宝成，这个名字是其父袁振河为了纪念两上宝成线而取，同时也注定了他将与铁路建设结下情缘。21岁，他从邯郸铁路技校电力专业毕业，奉父心愿加入中铁二局新运公司。1999年，中铁二局承建的我国第一条快速客运专线秦（皇岛）沈（阳）铁路正式动工，该线首次采用20米、24米铁路箱梁施工，开创国内20米及24米双线整孔箱梁的预制先河，600吨24米箱梁运架设备的研发对秦沈高速客专建设至关重要。任务艰巨，临危受命。袁宝成毫不退缩，迎难而上，主动请缨作为秦沈高速客专副队长奔赴施工一线，研究如何安全吊装，最终攻克道道难关，为秦沈高速客专顺利推进立下了汗马功劳。当杭州湾世界第一跨海大桥建设时，袁宝成身影再次出现在了一线。为修建该跨海大桥，公司从国外引进成套价值1.8亿元的1600吨公路架桥机，这台设备直接交到袁宝成手上，他深感责任重大。袁宝成根据现场实际情况，结合多年的现场经验，制作了辅助拼装工具，加快了各套设备的拼装速度，提前完成了成套公路架桥机的拼装，得到国外专家的高度赞誉。架桥机由国外引进，但是怎么运梁又是一个难题。于是，袁宝成率领技术人员挑灯夜战，参与制定了一个又一个方案，不断完善，经过无数个昼夜的演算、试验，他们成功研究出了梁上运梁工艺。该工艺采用4个小运梁车在两幅公路梁上运行，形成4点支承3点平衡的方法，将梁片运至架桥机尾部给架桥机喂梁、架梁，从而实现箱梁的运输和架设。他们做到了三个创新：一是1600t运梁车是当时运输吨位最大的运梁车，属世界首创；二是采用4台小运梁车组成1台大运梁车，解决了当时4台小运梁车同步运行的难题；三是采用世界首次横跨两幅公路梁桥面进行箱梁运输，且运送的箱梁跨度大、宽度大、重量大。该箱梁长度达到50米，宽度达到15.8米，重量达到1400多吨。这样的新技术运用，标志着我国大吨位梁上运梁架桥技术达到世界领先水平，有力地推进了大桥顺利建设。2008年5月1日，世界第一跨海大桥建成通车。袁宝成先后参与了20多条铁路和公路的建设，用汗水和青春为中国铁路、公路、桥梁的建设贡献着力量。他并没有停下脚步，而是穿梭在成昆复线铁路、川藏铁路、鲁南铁路、老挝磨万铁路等国内外各大项目现场。

"铁三代"苦战川藏，传承前辈铁路建设者精神。川藏铁路承载着多少中国人的期盼，它堪称是一条在大山肚子里"掏"出来的铁路。在这种有限的条件下，铺设铁路令人惊叹不已。2013年7月，袁宝成的儿子袁诗涛继承父业，从大学土木工程专业毕业后，投身到铁路建设之中，成为中铁二局新运公司的一名现场施工技术员。2014年8月，袁诗涛参加了成蒲铁路西环线二线府河中桥钢桁梁拼装及拖拉到位施工。负责技术工作的袁诗涛同几十名工人奋战在施工一线，白天顶着烈日，冒着酷暑，晚上拖着疲惫的身体继续施工。经过近20个小时的连续作业，成蒲铁路西环线增建二线府河中桥钢桁梁按预定计划纵向拖拉到位，不仅为中铁二局钢桁梁拖拉作业总结了经验，而且为即将进行的清水河钢桁梁

拖拉施工进行了一次实战性的技术演练。这次项目的顺利完成，也真正拉开了川藏铁路建设的序幕。"这条铁路的修建，由于涉及高山峻岭，不仅难度极大，而且耗时甚长！"袁诗涛称，2015年3月，他再次走进川藏铁路（成雅段）施工现场，担任工程部副部长。"这里多山、多雨，施工难度大，工期长，是我们开始没有想到的！"袁诗涛说，再困难，也得坚持，于是，他带领技术人员，爬山沟、穿隧道，在现场指导技术工作，为2018年12月28日川藏铁路成雅段开通运营打下了坚实基础。"该条铁路开通后，大邑、浦江、雅安等正式进入高铁时代，融入全国高铁网，这对推动沿线经济社会协调健康发展具有重要意义！"袁诗涛说。

  一家三代，与铁路结缘。这句话对袁振河一家人而言，再确切不过了。"我父亲是铁路工人，从小就想去修铁路，也教育自己儿子参加中国铁路建设！"袁宝成笑着说。于是，儿子袁诗涛大学毕业后，直接到了铁路建设一线，担任现场施工技术员。在袁诗涛的儿时记忆中，父亲全国各地到处跑，每年回家一次。不过，这也促使他养成了独立、自强的性格。袁宝成说，我国铁路建设从无到有，再到高速铁路，他们一家三代人见证了我国铁路翻天覆地的变化，他也常常给儿子讲述一条条铁路背后的故事。袁宝成称，每当走上火车，经过自己修建的铁路，心里的感受很不一样。"哪一段是自己修的，都记得清清楚楚。"这句话，相信每一位铁路建设者都深有感触。从1950年6月15日新中国第一条铁路——成渝铁路开工至今，多少铁路建设者献了青春献终身、献了终身献子孙，为国家铁路建设前赴后继，为"中国高铁"世界名片添砖加瓦。①

---

① 《"上阵父子兵"，三代铁路建设者见证中国铁路大发展》，https：//www.sohu.com/a/338752568_686800。

袁家三代献身铁路事业的事例表明，成昆精神具有强大的感召力和凝聚力，已经融入几代交通人的血液之中，成为他们奋力拼搏和人生抉择时的强大精神动力和指路明灯。这里面家风传承起了非常重要的作用。当革命精神融入家风建设时，这种革命精神已经完全接地气了，成为新时代的《三字经》和《弟子规》，潜移默化地影响人、塑造人。

2. 培养担当民族复兴大任时代新人

党的十九大报告指出，要"培养担当民族复兴大任的时代新人"。实现中华民族伟大复兴是近代以来中国人民最伟大的梦想。青年是追求和实现这一伟大梦想的生力军。"广大青年应该在奋斗中释放青春激情、追逐青春理想，以青春之我、奋斗之我，为民族复兴铺路架桥，为祖国建设添砖加瓦。"①成昆精神是培育青年人追逐梦想、艰苦奋斗的宝贵精神财富。

"时代新人"首先要有理想，守信念。成昆精神有助于青年人具有忧国忧民的爱国情怀，主动对接国家战略需要，为满足人民群众美好生活需要而不懈奋斗。2014年5月，习近平总书记在给河北保定学院西部支教学生的回信中指出："同人民一道拼搏、同祖国一道前进，服务人民、奉献祖国，是当代中国青年的正确方向。"②如同当年"好人好马上三线"一样，新时代的好儿女志在四方、奋斗无悔。成昆精神有助于青年人在中国梦的引导下，将自己的个人梦、个人理想融入国家和民族复兴的伟大事业中。一部成昆铁路的建设和养护史就是以追求国家富强、人民幸福、民族团结和共同富裕为理想，积极投身社会主义交通建设并为之终

---

① 习近平：《在北京大学师生座谈会上的讲话》，《人民日报》，2018年5月3日。
②《为实现中国梦激发青春力量——纪念五四运动九十五周年》，《人民日报》，2014年5月4日。

生奋斗的过程。无数建设养护者正因为心中有阳光，脚下才有力量，正因为有理想，所以才能坚持不懈、创造无悔人生。"有信念、有梦想、有奋斗、有奉献的人生，才是有意义的人生。"①当代青年建功立业的舞台空前广阔、梦想成真的前景空前光明，只要像成昆铁路建设者那样将个人梦想融入实现中国梦的伟大实践中，就一定能创造出既属于自己也属于时代的精彩人生。

其次，"时代新人"要脚踏实地，艰苦奋斗。有理想信念是好的，但光有理想信念而不付诸实践则是空的。美好生活等不来，幸福生活靠奋斗。成昆精神是一种实干精神，有助于青年人脚踏实地干事创业，用勤劳的双手创造美好生活。习近平总书记指出："成功的背后，永远是艰辛努力。青年要把艰苦环境作为磨炼自己的机遇，把小事当作大事干，一步一个脚印往前走。滴水可以穿石。只要坚韧不拔、百折不挠，成功就一定在前方等你。"②空谈误国，实干兴邦。青年人要做知行合一的实干家，将所学到的东西落实到行动上，以知促行，以行求知。成昆精神有助于激励青年人不断提高自身综合素质，提高解决实际问题的水平。"无数人生成功的事实表明，青年时代，选择吃苦也就选择了收获，选择奉献也就选择了高尚。青年时期多经历一点摔打、挫折、考验，有利于走好一生的路。"③一部成昆铁路建设和养护的历史也是无数青年人选择吃苦、以苦为乐、选择奉献、历练人生的过程。

---

① 习近平：《青年要自觉践行社会主义核心价值观——在北京大学师生座谈会上的讲话》，《人民日报》，2014年5月5日。
② 习近平：《青年要自觉践行社会主义核心价值观——在北京大学师生座谈会上的讲话》，《人民日报》，2014年5月5日。
③ 习近平：《在同各界优秀青年代表座谈时的讲话》，《人民日报》，2013年5月5日。

第四章　成昆精神

峨眉车务段员工传承成昆精神，争做时代新人

还有，"时代新人"要崇德向善，见贤思齐。成昆精神有助于青年人学习英雄、争做英雄，形成正确的道德判断，养成高尚的道德品德。一部成昆铁路建设和养护的历史也是从群众中来、到群众中去、人民呼唤英雄、人民塑造英雄的过程。成昆铁路在修筑和养护过程中，涌现出了一大批英雄模范人物，他们是可供广大青年学习效仿的榜样。而且，几乎所有模范人物都是从基层一线工作干起的，都是由普通劳动者发展变化而来的。这一带有普遍性规律的事实，既会使青年人看到自己与模范人物的差距，也会使他们看到自己与模范人物的共性即起点的类似。这无疑给青年人以巨大的激励作用，即通过努力奋斗自己也可以成为某一领域的模范人物。习近平总书记指出："青年的价值取向决定了未来整个社会的价值取向，而青年又处在价值观形成和确立的时期，抓好这一时期的价值观养成十分重要。这就像穿衣服扣扣子一样，如果第一粒扣子扣错了，剩余的扣子都会扣错。人生的扣子从一开始就要扣好。"①青年

---

① 习近平：《青年要自觉践行社会主义核心价值观——在北京大学师生座谈会上的讲话》，《人民日报》，2014 年 5 月 5 日。

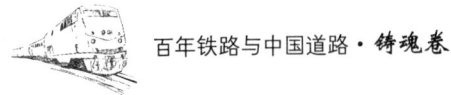

人在成长的过程中，会收获成功后的喜悦，也会面临挫折和压力。成昆精神是激励青年人扣好人生扣子，正确处理逆境和困难的宝贵精神财富。

  总之，成昆精神作为一种革命精神已经深深嵌入中国人民的头脑和行为之中，成为激励中国人民不畏艰险、奋发有为的强大精神动力。新时代，我们需要继续传承和弘扬成昆精神，为实现交通强国的梦想进而为促进中华民族的伟大复兴作出贡献。

第五章

青藏铁路精神

青藏铁路,是世界上海拔最高、线路最长的高原铁路。修建青藏铁路,面临高寒缺氧、冻土广布、地质复杂等巨大工程难题,它是对我国科技实力和综合国力极其严峻的考验,也是对人类自身极限的一个巨大挑战。在中国共产党的坚强领导下,全体建设人员以国家需要为最高需要,以人民利益为最高利益,发扬"挑战极限、勇创一流"的青藏铁路精神,奋战在条件异常艰苦的雪域高原。历经近半个世纪,他们以惊人的毅力和勇气战胜了各种难以想象的困难,确保了青藏铁路建设高起点、高标准、高质量地完成,用生命、心血和汗水创造了中国铁路建设史上的伟大壮举,谱写了人类铁路建设史上的辉煌篇章。2006年7月1日,胡锦涛在青藏铁路通车庆祝大会上发表讲话:"号召全党全国各族人民学习和弘扬挑战极限、勇创一流的青藏铁路精神,为全面建设小康社会、把中国特色社会主义伟大事业继续推向前进而团结奋斗。"①

---

① 胡锦涛:《在青藏铁路通车庆祝大会上的讲话》,《人民日报》,2006年7月2日001版。

一、青藏铁路精神的形成

1930年出版的《西藏始末纪要》一书,形容西藏的交通是"乱石纵横,人马路绝,艰险万状,不可名态"。120万平方公里的西藏地区,在1951年和平解放前,没有一条现代意义上的公路。"那时候进出西藏的货物几乎全靠牦牛、骆驼和马匹运输。1951年,中央政府曾动用了4万多峰骆驼向西藏长途运输货物,每当行进1公里,就要留下12峰骆驼的尸体。1952年,护送十世班禅返回西藏时,共有3万多头牲畜死在路上。在党中央、国务院的关心下,1954年川藏公路、青藏公路相继建成通车,从此结束了'唐蕃古道人背畜驮,栈道溜索独木舟'的历史。"①在修建川藏公路、青藏公路的同时,青藏铁路的修筑也提上了以毛泽东为核心的第一代中央领导人的议事日程。

青藏铁路,是中国新世纪四大工程之一。它于1958年开工建设,到2006年7月1日全线通车,历经了48年之久。其中,青藏铁路一期工程长约846公里,东起高原古城西宁,穿过崇山峻岭,越草原戈壁,过盐湖沼泽,西至昆仑山下的戈壁新城格尔木,1958年分段开工建设,1960年停工缓建,1974年挥师复建,1984年5月全段建成通车。青藏铁路二期工程青海格尔木至西藏拉萨段,于2001年6月29日开工,当年完成投资11.877亿元,格尔木至南山口段既有线改造完成。2002年是青藏铁路建设的攻坚年,年度计划完成投资56亿元,6月29日开始铺轨,年底顺利到达昆仑山。青藏铁路总投资逾330亿元人民币。"铁路全线路共完成路基土石方7853万立方米,桥梁675座、近16万延长米;涵洞2050座、37 662横延米;隧道7座、9074延长米。2006年7月1日,青海

---

① 多穷,段博,刘喜梅:《青藏铁路:最辉煌的穿越》,《西部大开发》,2001年9月15日。

西宁至西藏拉萨全长 1956 公里的青藏铁路全线通车。"①

  青藏铁路的建设，挑战了世界上公认的"极限"，经历了异常曲折艰难的风雨历程。青藏铁路所经地区，海拔超过 4000 米的线路长达 960 公里，超过海拔 5000 米的有 50 多公里，还有 130 多公里的无人区和数百公里的冻土和冰雪。昼夜温差最大达到 30 摄氏度，最低气温在零下 45 度，且长年极度缺氧。极端险恶的自然环境，时刻都在考验着铁路建设者们的身体素质和精神意志。但正是这些无数个看似难以战胜的艰难险阻，激发了中华民族骨子里拼搏进取的雄心壮志和坚忍不拔的顽强品格。广大科研工作者几十年如一日，矢志不渝观察冻土，勘测人员几十次往返无人区经受生死考验，施工建设者敢打善战，监理工作者严格把关，医务工作人员在"生命禁区"创造生命奇迹。几十万建设大军秉持不怕牺牲、敢于胜利、苦干实干的精神，跨越半个世纪，冒严寒、顶风雪、战缺氧、斗冻土，艰苦卓绝地接力奋战。他们挑战生理心理极限，付出巨大牺牲，"多年冻土、生态脆弱、高寒缺氧"这三大世界性高原铁路难题，一个个被他们攻克。

天　路

作词：屈塬　作曲：印青

清晨我站在青青的牧场

看到神鹰披着那霞光

像一片祥云飞过蓝天

为藏家儿女带来吉祥

黄昏我站在高高的山冈

---

① 《天路》，《光明日报》，2019 年 11 月 17 日第 2 版。

盼望铁路修到我家乡

一条条巨龙翻山越岭

为雪域高原送来安康

那是一条神奇的天路

把人间的温暖送到边疆

从此山不再高路不再漫长

各族儿女欢聚一堂

黄昏我站在高高的山冈

看那铁路修到我家乡

一条条巨龙翻山越岭

为雪域高原送来安康

那是一条神奇的天路

带我们走进人间天堂

青稞酒酥油茶会更加香甜

幸福的歌声传遍四方

那是一条神奇的天路

带我们走进人间天堂

青稞酒酥油茶会更加香甜

幸福的歌声传遍四方

幸福的歌声传遍四方

《天路》这首歌，创作于2001年青藏铁路开工之际，由屈塬作词，印青作曲。青藏铁路，作为西部大开发战略的标志性工程，举世瞩目。屈塬和印青作为军旅艺术家，他们感言，那是一场没有硝烟的战争，看到十万建设大军为世界上最高最长的高原铁路拼搏奋斗，他们特别想为时代英雄们做点事情，于是就写下了这样一首赞歌。这首歌表达了西藏人民渴望开通青藏铁路的愿望，也热情讴歌了青藏铁路工程师和建设者们的英勇顽强和无私奉献，是他们克服重重困难，最终让西藏人民拥有了通向祖国内地的铁路线，圆了西藏人民多年的梦想。青藏铁路是一条神奇的"天路"，是高原百姓的团结路、致富路和幸福路。

青藏铁路的通车，标志着西藏彻底结束了不通铁路的历史，也标志着沿途人民迎来了经济发展、民生幸福的崭新时代。这条通往世界之巅的铁路，直接改变了进出西藏的客运、物流运输的方式和成本，为西藏的发展腾飞插上了有力的翅膀。青藏铁路建成，有利于西藏的对外开放，促进西藏在工业、旅游业等方面的发展，加强矿产资源的开发利用，降低货物运输成本，有利于东西部地区经济平衡协调发展，更有利于西藏人民生活水平的提升。这条雪域"天路"倾注了无数铁路人的心血和汗水，近2000公里的铁路，在世界屋脊——青藏高原上铺展开来，坚毅的铁轨留下了无数建设者奋斗的足迹。

青藏铁路的建成，使人类铁路史上又多了一个中国奇迹，它是中国力量的胜利，是中华民族不畏艰险、艰苦奋斗优秀精神品质和中国共产党革命精神的集中彰显。其铸就形成的"挑战极限、勇创一流"的青藏铁路精神，必将激励中国人民以更加大无畏、昂扬向上的精神风貌，战胜前行征程中的一切艰难困苦，助力实现中华民族伟大复兴的中国梦。

每一种精神的形成，都有它特定的历史条件和理论基础，既离不开民族文化的历史积淀，也离不开时代发展的现实需求。青藏铁路精神的形成有中华优秀文化的涵养、马克思主义的科学指引，以及几代铁路人艰苦卓绝的拼搏实践。

（一）中华优秀文化的体现和升华

中华文化上下五千多年的历史，经过时间的沉淀，形成了中华民族特有的文化气质与精神追求。青藏铁路精神的形成离不开中华优秀文化的深厚底蕴，以及中华民族精神的历史传承，它是在中华优秀文化的孕育和涵养中形成和发展起来的。

中华民族辉煌成就的背后，是无数次的灾难史、奋斗史。多灾多难的曲折与磨砺，造就了中国人民不畏艰险、不怕牺牲、艰苦奋斗的精神品质。一个敢于拼搏、敢于抗争的民族，才会有挑战极限的勇气。面对自然的重创、列强的侵略、封建官僚的压迫，中华民族从未退缩过，它在逆境中开拓，在拼搏奋斗中前行。这种面对困难不服输、敢拼搏、迎难而上的精神气质早已成为中华民族的强大基因，流淌和熔铸在每一位中华儿女的血液中，成为中华民族精神的鲜明印记。一代代青藏铁路建设者们前仆后继、不畏艰险、不怕牺牲，将中华民族这种坚韧不拔的优秀品质发挥到了极致，他们铸就形成的"挑战极限、勇创一流"青藏铁路精神，充分彰显了自强不息、艰苦奋斗、奋勇拼搏的中华民族精神。

中华民族精神既有继承性，又有创新性。继承是创新的基础，创新是继承的活水源头。青藏铁路精神既是中华民族精神中不怕牺牲、勇于奉献、艰苦奋斗的继承，又是对新时期改革创新精神中开拓创新、勇创一流的发展。

"挑战极限"源自中华民族优秀传统文化中顽强拼搏、艰苦奋斗的精神品格。在中华文化史上有"夸父追日""精卫填海"的古老传说，蕴含了人们突破自身限制，勇于战胜自然的坚韧品格，也有"锥刺股、挂悬梁""铁杵磨成针""卧薪尝胆""破釜沉舟"等历史典故，彰显了中国人自强不息、坚韧不拔的民族精神。在中华民族一路走来的历史进程中，尤其是自近代以来，无论是血雨腥风的革命战争年代，还是筚路蓝缕、砥砺前行的社会主义建设时期，我们就是在挑战一个又一个"极限"，获得一个又一个胜利中毅然前行的。不畏艰险、挑战极限已然成为激励中华民族一路前行的强大精神动力，熔铸在每一位中华儿女的血液中。因此，青藏铁路精神中的"挑战极限"，有其实践的基础和精神的源流，是与中华民族精神一脉相承的。

"勇创一流"是中华民族与中国人民敢于胜利、永不服输的精神表现。回顾我党波澜壮阔的百年发展历程，从血雨腥风、战火纷飞的峥嵘岁月，到意气风发、激情燃烧的建设时期，再到日新月异、生机勃勃的改革年代，正是在中国共产党的坚强领导下，秉承勇创一流、追求卓越的坚定信念，全国人民奋力拼搏、接续奋斗，谱写了中国历史发展的辉煌篇章。在新中国成立之初，国家一穷二白，面临着严重的内忧外患，既要发展经济保障民生，又要增强军事国防抵御外患。但是，在异常艰苦的环境中我们自力更生、埋头苦干，毅然将原子弹造了出来，将石油打了出来，铸就形成了"两弹一星"精神和大庆精神。在世界屋脊上修建青藏铁路，虽然历经近半个世纪，但我们逢山开路、遇水搭桥，克服了千难万险，毅然实现了"天堑变通途"，铸就形成了青藏铁路精神。"两弹一星"精神、大庆精神和青藏铁路精神，等等，都是新中国在异常艰难困苦条件下勇创一流的真实见证，是中国共产党革命精神的充分彰显和光辉写照。

青藏铁路作为世界铁路史上震惊中外的一座旷世丰碑，其铸就形成的"挑战极限、勇创一流"的青藏铁路精神，深刻诠释了中华民族的坚韧品格和中国共产党大无畏的革命精神，是"天行健，君子以自强不息"民族气节的赓续绵延，是艰苦奋斗、开拓创新优良传统的传承发展。

（二）马克思主义理论的科学指导

没有革命的理论，就没有革命的行动。在历史的长河中，我们无数次的探寻，终于找到了马克思主义真理的光辉，并一次又一次地将其与中国实际情况相结合，最终找到了适合中国国情的革命道路和发展道路。在青藏铁路建设过程中和青藏铁路精神的形成过程中，马克思主义理论的科学指导、中国共产党的坚强领导，以及实事求是的思想路线，都是我们的根本遵循。

国家需要是最高需要。青藏铁路是具有战略性意义的重大工程，对促进当地经济发展以及稳定国家边陲具有重要意义。"1973年，毛泽东在会见尼泊尔国王比兰德拉时说：'青藏铁路修不通，我睡不着觉。'他坚定地说，青藏铁路要修，要修到拉萨去，要修到中尼边境去。"[①] 1979年青藏铁路西宁至格尔木段建设完成。但面对冻土、缺氧、极寒的艰苦环境，格尔木至拉萨段迟迟没有动工。2000年11月，江泽民对青藏铁路工程建设作出重要批示："修建青藏铁路是十分必要的，对发展交通、旅游、促进西藏地区与内地的经济文化交流是非常有利的。我们应该下决心尽快开工修建。"[②]秉持以国家需要为最高需要的原则，时隔二十多年，青藏铁路又开始动工建设。无数铁路人前仆后继，很多人把自己的生命和鲜血永远留在了这条连接西藏与内地的"生命线"上。

人民利益是最高利益。青藏铁路的修建，不仅需要攻克技术难题，还要做好后勤服务。青藏铁路修建过程中，党和国家始终坚持以人民利益为最高利益，把人的生命健康放在首位，切实做到了生命至上。面对严重的高原反应，为保障建设者的生命安全，铁道部、卫生部联合下文，

[①] 新华社记者：《一个世纪的伟大穿越》，《人民日报》，2006年7月10日第1版。
[②] 《国务院批准建设青藏铁路 全长1118公里》，新华网，2001年2月8日。

在沿线建立医疗卫生保障点,设医疗机构,配备医务人员,在施工的重点路段,配有高压氧舱、供氧吧、吸氧站等先进设备。党和政府牢记初心,不忘使命,坚持一切为了人民、一切依靠人民,把人民的利益与需求放在首位,这是贯穿青藏铁路修建及青藏铁路精神铸就形成的一条主线。

青藏铁路建设过程中,坚持先生存、再生产,对所有参建人员进行严格体检,在低海拔地区"习服"适应后逐步"阶梯式"升高,严格限制作业时间和劳动强度,免费发放防寒用品和抗缺氧药物;铁路沿线建立144个三级医疗机构,职工生病半个小时内可以得到有效治疗;农民工实行与职工统一的饮食标准、居住条件和医疗待遇,并规定了最低工资标准;沿线建立17座制氧站、配置25个高压氧舱,职工每人每天平均强制性吸氧不低于2小时……数十万人次的筑路大军,在高寒缺氧环境中艰苦鏖战5年,无一例因高原病死亡。[1]

另外,保护好青藏高原脆弱的生态环境,成为青藏铁路建设者们的自觉行动。2003年,"为保护野生动物,在青藏铁路建设过程中,特别在格唐段和唐南段分别设置野生动物通道25处和8处,通道形式有桥梁、路基缓坡及复合式通道。对于藏羚羊、藏原羚等中小型动物建造净高大于3米的桥下通道;对于藏野驴、野牦牛等大型动物让出净高大于4米的桥下通道。为便于动物通行,路基缓坡通道坡度全部小于35度;隧道顶部通道设置了防护栅栏。施工中的砂石料场、取土场及施工营地设置宁愿多走几百米的路,也要远离野生动物通道。施工单位专门成立了野生动物巡逻队,在藏羚羊迁徙期间,相关路段全天停工20天为其让道"[2]。

---

[1] 新华社记者:《一个世纪的伟大穿越》,《人民日报》,2006年7月10日第1版。
[2] 《青藏铁路筑就环保工程》,《人民日报》,2003年8月29日。

建设青藏铁路的伟大决策，是我党科学决策史上的大手笔和优秀典范。从20世纪的1958年到本世纪的2006年，在近半个世纪的时间里，青藏铁路的修建经历了三次起伏，但无论是从国家需要还是人民利益，抑或是对生态环境的保护，在党中央的坚强领导下，青藏铁路建设都始终坚持了马克思主义的科学指导，坚持实事求是，坚持以人为本的理念以及科学发展观。正是有了正确理论的引导，有了党和国家的支持与关怀，有了科学的决策，一代代铁路人才有了挑战极限的勇气与争创一流的决心，面对艰难险阻，一路披荆斩棘，克服重重难关，最终取得了伟大胜利。

（三）艰苦卓绝斗争的磨砺和凝铸

新中国成立以来，党的三代领导集体对修建青藏铁路都十分关心和重视。早20世纪50年代初，党和国家就开始着手研究进藏铁路建设问题。1955年，铁道部和铁道兵行管部门开展了进藏铁路的前期勘测设计工作并就勘测结果向中央做了汇报。在得知修筑进藏铁路面对的主要困难是冻土、缺氧和经济能力三个问题时，毛泽东说：我们目前修进藏铁路是有一些困难，但有困难不等于永远不修。50年代不行，60年代差不多吧？我想再迟也不能超过70年代，大家要有一个规划。尽管面临严重困难，经党中央、国务院批准，青藏铁路仍然于1958年动工修建。遗憾的是，因为经济困难和西藏局势不稳，加之高寒、冻土、缺氧等问题一时无法克服，青藏铁路很快就被迫停工。① 但是，铁道部和有关部门对青藏铁路高原、冻土问题的科学研究工作一直没有停止，并进行了大量科研试验和前期工作。

---

① 祝贺，唐正芒：《毛泽东日常谈话中的当代中国重大工程》，《百年潮》，2017第5期，第14-21页。

1974年3月，青藏铁路再次上马。铁道兵第七师、第十师6.2万名指战员再上高原，展开青藏铁路西宁至格尔木段建设大会战。但因"文化大革命"，国民经济到了崩溃的边缘，再加上还没有找到妥善解决冻土等技术难题的办法，1978年8月，青藏铁路格尔木至拉萨段工程不得不再次下马。工程停了下来，但选线、规划、对冻土等难题的攻关一刻也没有停止。与此同时勘测仍然在进行，勘测设计大军在1000多公里的格尔木至拉萨段，展开勘测设计大会战。最终，经过5年艰苦奋战，1979年青藏铁路西宁至格尔木段铺通，1984年正式投入运营。[①]其中，"在海拔3700米、全长4公里的关角隧道中，洞中缺氧，石质破碎，发生塌方130多次，有55名铁道兵指战员长眠在这里，平均每掘进80米就牺牲一人。"[②]该隧道总长4公里，前前后后却修了近30年。[③]

1996年八届人大四次会议通过的《国民经济和社会发展"九五"计划和2010年远景目标纲要》，对进藏铁路方案研究提出明确要求。2000年11月，江泽民做出重要批示，指出修建青藏铁路十分必要，应下决心尽快开工。2001年2月，国务院审议青藏铁路建设方案时，朱镕基指出，修建青藏铁路意义重大，条件已经具备，时机已经成熟。2001年6月，国家批准青藏铁路格尔木至拉萨段开工建设。党中央、国务院对青藏铁路建设十分重视，成立了青藏铁路建设领导小组，有关部委和西藏自治区、青海省人民政府及沿线人民给予大力支持。

23支施工队伍、十多万铁路建设大军在高寒缺氧环境下，顶风冒雪，斗冻土，战缺氧，逢山开路，遇水搭桥，破解了一个又一个世界难题，历经1800多个日日夜夜，战胜各种难以想象的艰难困苦，攻克了"高寒

[①] 《一个世纪的伟大穿越　党中央关心青藏铁路建设纪实》，光明网，2006年7月10日。
[②] 雷风行：《论青藏铁路精神》，《中国铁路》，2006年第10期，第6-11页。
[③] 郭紫阳，龚泽玺：《在那云端之上》，《解放军报》，2020年7月9日第12版。

缺氧、多年冻土、生态脆弱"三大世界级难题，终于于 2006 年 7 月 1 日使青藏铁路全线通车。青藏铁路的修建，谱写了人类铁路建设史上的恢宏篇章，在雪域高原上筑起了一座中国铁路建设的新丰碑，也铸就了"挑战极限、勇创一流"的青藏铁路精神。

二、青藏铁路精神的基本内涵

"挑战极限、勇创一流"的青藏铁路精神，蕴含着爱国爱民的家国情怀、顽强拼搏的英雄气概、自主创新的科学精神以及团结协作的优秀品质。青藏铁路精神是以爱国主义为核心的民族精神的传承和升华，是以改革创新为核心的时代精神的延伸和拓展，筑就了中华民族伟大精神的新高度，是中国共产党革命精神的重要组成部分。青藏铁路精神，成为激励 14 亿中国人民不断奋力前行和实现中华民族伟大复兴中国梦的强大精神动力。

（一）挑战极限

人的身体是有极限的，但人的精神却是可以创造奇迹的。青藏铁路建设者们在雪域高原上攻克千难万险，挑战身体和精神上的极限，展现出顽强拼搏、自强不息的英雄气概。"全体参建人员始终牢记党和人民的重托，以国家需要为最高需要，以人民利益为最高利益，奋战在条件异常艰苦的雪域高原上，以惊人的毅力和勇气战胜了各种难以想象的困难，用自己的心血和汗水谱写了人类铁路建设史上的辉煌篇章。这不仅是中国铁路建设史上的伟大壮举，也是世界铁路建设史上的一大奇迹。"①

---

① 胡锦涛：《在青藏铁路通车庆祝大会上的讲话》，《人民日报》，2006 年 7 月 2 日第 1 版。

施工人员在氧吧吸氧

(搜狐网,https://www.sohu.com/a/306564699_100198068)

1. 同心协力攻克千难万险

青藏铁路建设所面临的困难和挑战,在世界铁路史上前所未有,施工难度之大、安全性要求之高史无前例。但是,集中力量办大事是中国特色社会主义制度的巨大优势,是中国共产党带领中国人民同心协力、团结协作的集体主义精神的集中体现。面对千年冻土的脆弱生态环境,强烈高原反应的生命禁区,以及冰川峡谷的复杂地貌的巨大难题,在党中央的坚强领导下,党政军民一条心,拧成一股绳,齐心协力,攻坚克难。

中央各部门积极主动参与青藏铁路建设,为青藏铁路建设顺利进行奠定了坚实的基础。修建铁路要征用土地,国土部门派出专门同志负责市场调研,针对青藏铁路用地的特殊性,专事专办,保障了铁路修建的合法用地。由于铁路建设有可能对生态环境进行破坏,加上青藏高原上地质复杂,环保工作成了社会各界普遍关心的问题。国家环境保护总局积极进行环保监测与评估,大力开展实地考察与调研,并认真做好环境保护工作，保证了青藏铁路按期建设。面对冻土、地震等问题，中国科学院积极参与青藏铁路沿线的科技攻关，及时提供科学可靠的数据和设备，为前线铁路建设者提供保障。交通部为保证材料运输工作，提前对青藏公路进行了改造与维修。另外，国产东风汽车成为材料运输的领头羊。为保障建设者们的生命安全和身体健康，铁道部、卫生部联合颁发了《青藏铁路医疗卫生保障若干规定》，就卫生保障专门作出规定，这在中国工程建设史上还是第一次。由于青藏铁路建设项目极其庞大，2002年9月3日，经国务院批准正式成立青藏铁路公司，全面负责格尔木至拉萨的铁路建设与西藏青海两省区的铁路运营，统一管理统一调度，加强管理严格控制，并建立项目法人责任制确保其质量与进度。

2003年是青藏铁路建设极为重要的一年，是广大建设者面对恶劣的自然环境，克服"高寒缺氧、多年冻土、生态脆弱"三大难题全面攻坚的一年，也是实现青藏铁路建设总目标的关键之年。建设队伍将抵达可可西里无人区，并向海拔5000多米、全线海拔最高段的唐古拉山前进，有谚语："唐古拉，伸手把天抓。云在半空中，雄鹰在脚下。"这里的自然环境更加恶劣，氧分气压不及海平面的一半，走路、吃饭、洗脸这些在内地极其平常的事情在高原上都要大喘气，干起活来更是气喘如牛。这里有雪山、有冻土，就是没人，连牛羊都很少，是典型的生命禁区。这里的工程地质更加复杂，后勤保障更加困难，建设任务更加繁重。常人难以想象的困难和极端艰苦的条件，非但没有击倒铁路人，反而更激发了他们高昂的革命热情、大无畏的英雄气概和昂扬向上的钢铁斗志。各施工单位、各科研场所共同努力，寻找制氧新思路，攻克缺氧难题，最终建成世界上第一座大型高原制氧站，创下了在"生命禁区"施工连续两年无一例因高原病死亡的奇迹。

寻 访

　　北京，中国照片档案馆。浩如烟海的馆藏当中，有这样一张平凡无奇的照片。它是20年前拍摄的一张从天津发出的汇款单，汇款人署名为"七九年援藏干部"。这张金额为1118元的汇款单，正好与计划开工建设的总长度（1118公里）数额相同。"七九年援藏干部"是谁？他为什么要汇出这样一张汇款单？1979年在援藏工作历史上是十分重要的一年。三千多名干部纷纷从五湖四海奔赴雪域高原，走上了新的工作岗位。如今，这些干部都已经过了退休年龄，人又分散在全国各地。这位"七九年援藏干部"如今又身处何方？顺着当年天津援藏干部的历史档案搜寻，一位熟悉情况的人说："给西藏捐款的事情可以去问天航局的李书记，他是七九年的'老西藏'。"李书记，全名李纯民，退休前就职于中交天津航道局（简称"天航局"）。当这位微信名为"梦回藏东"，已经70岁的老人看到汇款单的照片时，笑了："这是我的字迹，我每年都给青藏铁路建设指挥部捐款，直到2006年建成通车，之前没和其他人说过。"

　　2001年，青藏铁路格尔木至拉萨段即将开工建设的消息让李纯民激动不已，攒了1118元捐给位于青海省格尔木市的青藏铁路建设总指挥部，"以尽自己绵薄之力"。从2001年汇出第一张汇款单开始，到2006年青藏铁路建成通车，李纯民每年都向青藏铁路建设指挥部捐款。金额根据计划开工建设的长度到实际开工建设的长度进行调整。每次都有祝语，每次都没留下真实姓名。①

---

① 黄臻，刘金海，普布扎西：《寻访一张20年前汇款单背后的西藏情缘》，《决策探索》（上），2021年第6期，第84-87页。

  修建青藏铁路，是国之大事，牵动着千千万万人民的心，激发出国人为国奉献、为民分忧的家国情怀。除了众多像李纯民这样尽己所能在背后默默支持青藏铁路建设的无名英雄外，还有很多单位和个人，也积极投身到青藏铁路建设中，他们或冲锋前线或保障后方。西南交通大学铁道系工程地质专业部分师生参加了青藏铁路多年冻土研究工作，在现场单位指导下，经过地面勘测、测绘、野外观测、室内实验和资料整理分析等环节，独立编写了《对青藏铁路南段多年冻土上限分布规律的初步认识》《对青藏铁路多年冻土腹部地带冻结力的认识》等4篇共5万余字的科研报告，编制了青藏铁路南段岛状多年冻土和连续多年冻土分布区的地层柱状图30份、第四纪地层剖面图4份，为青藏铁路建设做出了贡献。①罗昌强是青藏铁路昆仑山隧道守护中队的一名上士。他的爷爷罗生芳，曾参加青藏公路整治改造工程11年。2001年，罗生芳把儿子罗正廷送上了青藏铁路大会战。2010年，罗昌强又在爷爷和父亲的鼓励下参军入伍，成为一名"天路卫士"。②守护这条重要国家命脉线的历史接力棒在祖孙三代间传递，日复一日，年复一年。他们的故事，不仅是对青藏铁路坚守的有力诠释，也是对青藏铁路精神代代传承的生动注解。

  "挑战极限、勇创一流"的青藏铁路精神，处处体现着为国为民奉献的家国情怀和团结协作的优秀品质。青藏铁路的建成，是系统作战、团队合作、齐心协力的胜利。铁路设计部门、施工单位、建设者们、青藏干部群众以及志愿服务的部门、单位和个人，大家同心协力，密切合作，共同担责，形成了齐心协力干大事的生动局面。这充分表明，社会主义

---

① 何云庵：《西南交通大学史》（第2卷），西南交通大学出版社2016年版。
② 郭紫阳、龚泽玺：《在那云端之上》，《解放军报》，2020年7月9日第12版。

制度具有巨大的组织动员能力、高效的统筹协调能力和贯彻执行能力。集中力量办大事是社会主义制度的政治优势，服务大局团结协作、同心协力攻坚克难是我们成就伟大事业的力量所在。

2. 顽强拼搏彰显英雄气概

青藏铁路的修建对国家来说是物质力量与科学技术的极限挑战，对于个体来说是精神和身体的极限挑战。广大铁路建设者们表现出了"艰苦不怕吃苦，缺氧不缺精神，风暴强意志更强，海拔高追求更高"的大无畏英雄气概，他们挑战生命极限，在雪域高原谱写了一首首英雄壮歌，涌现出了一大批特别能吃苦、特别能战斗、特别能攻关、特别能奉献的职工队伍和英雄模范人物。

雪域高原的极端天气是违背人的生存条件的。很多来自平原地区的人进入青藏高原，首先会受到高原反应的挑战和折磨。因为海拔高、空气稀薄，人体得不到充足的氧气，就会出现非常严重的眩晕、头痛等症状，比如发生急性脑水肿或肺水肿等疾病，甚至发生生命危险。另外，青藏高原上鼠洞密集，如果防护不当，很容易诱发鼠疫，导致严重后果。有这样一位高山医学专家，他在低氧生理和高原医学研究方面，填补了多项世界高山医学研究空白，创造了14万劳动大军在海拔4000米以上的地区工作5年，无一例因急性高原病死亡的世界医学奇迹。

高原医学院士——吴天一

吴天一，我国目前为止唯一一位致力于高原医学的院士、青海省唯一一名本土院士。

1985年科研途中，吴天一乘坐的北京吉普汽车从橡皮山山顶翻到山脚下，司机休克，他也满身血迹动弹不得。幸运的是，一位驾驶通勤车的老司机师傅路过，赶忙停车叫来附近做工的老乡进行施救。至今，吴天一清楚地记得从侧翻的车里爬出后，一位老乡惊喜地喊道："还有一个活的！"这场意外，令吴天一全身14根肋骨骨折，髌骨粉碎骨折，腿部胫腓骨全断，至今体内还有一根十几厘米的钢板。

2001年，有世界屋脊"新长城"之称的青藏铁路开建，吴天一将多年集研究和治疗为一体的成果应用到青藏铁路建设中，和同行们一起研制抗缺氧药物和保健品，制定了完善的高原病抢救措施，创造了14万劳动大军在海拔4000米以上的地区工作5年，无一例因急性高原病死亡的世界医学奇迹。

拖着一身"负伤"的"零件"，吴天一依然乐观坚毅，无悔付出。他揭开了藏族适应高原低氧之谜，耄耋之年编纂340万字巨著《吴天一高原医学》，这部专著凝聚中国在地球之巅高原医学研究的辉煌，填补了世界高山医学空白。

川藏铁路动工在即，84岁的吴老再次"出山"，为高原筑路工人的身体健康保驾护航。"20年前，青藏铁路需要我，如今，川藏铁路也需要我。我的'零件'都坏了，精神还很好。遗憾的是，我已经80多岁了，不能再像60岁时亲赴现场'指挥作战'了。"

"人生很短，要做的事情很多。做高原医学，最大的精神就是奉献，留在青藏高原，是我一生最正确的决定，这条路，我走对了。"①

---

① 张蕴：《一个决定 走了一生——访中国工程院院士、青海高原医学科学研究院院长吴天一》，《青海科技》，2021第28卷第2期，第4-7页。

2021年6月29日，值建党100周年之际，吴天一院士作为扎根基层、服务国家、奉献人民的杰出代表，荣获代表党内最高荣誉的"七一勋章"，成为万千党员同志学习的优秀楷模。

一位名叫邓广吉的连长，他为修建青藏铁路三上高原，患了癌症，仍然坚持在工地上组织施工。在病重被送往医院抢救时，他留下遗嘱："请把我埋在青藏高原上，我活着不能修好铁路，死了也要看着铁龙飞架世界屋脊。"①

冻土施工是一道世界性铁路建设难题。为了破解这道难题，年仅36岁，毕业于石家庄铁道学院的许兰民指挥长，把铺盖搬到海拔4700米的五道梁土地，成立科技攻关小组，开展现场攻关活动。钻机不停地往下钻孔，工地上雨雪交加，手指甲大的冰雹铺天盖地，发出噼里啪啦的响声，劈头盖脸砸到许兰民头上。许兰民不停地记录数据，抓起钻出的冰块翻来覆去细看，他要详细掌握冻土情况，摸清冻土脾气。经过半个月的实地探查，探明了29公里管区的冻土分布情况。许兰民昼夜在工地解决难题，恶劣的天气加上过度的劳累让他患了重感冒。在高原，感冒最容易诱发肺水肿、脑水肿，危及生命！许兰民坚持在工地一边输液，一边指挥施工。大家看到他日渐消瘦，劝他到山下休息几天，怎么劝也劝不动，他说："冻土难题不攻破，任务不完成，就是死也不离开工地。"②

"上了风火山，三魂已归天。"青藏铁路风火山隧道，地处高原腹地可可西里无人区，海拔4905米，是目前世界上海拔最高的铁路隧道，氧气含量不足内地一半，氧分压最低只有10.87千帕，比人类生存的最低极限值还低0.13千帕，极端低温达到零下40.8摄氏度，雷电、风雪、

---

① 郭紫阳，龚泽玺：《在那云端之上》，《解放军报》，2020年7月9日第12版。
② 刘德联：《挑战高原难题的筑路勇士》，《人民日报》，2003年10月28日第6版。

沙暴肆虐无常，紫外线几无遮拦，是名副其实的"生命禁区"。20世纪50年代初修建青藏公路时，由于风火山恶劣的自然环境，付出了一公里倒下一名战士的沉重代价。20世纪70年代，中国铁道建筑总公司的前身铁道兵部队在风火山进行科学试验，因严重缺氧，诱发高原疾病，所有人员心脏偏移、增大，在青藏铁路西宁至格尔木段建设期间，先后有201名年轻战士长眠在雪域高原。

况成明，是中铁十二局集团公司风火山隧道项目科研攻关小组组长。青藏铁路格尔木至拉萨段刚开工，他便主动请缨，带领先遣小组徒步踏勘工地。强烈的高原反应使他头痛、恶心、气短、浑身打战，多次昏倒在现场。但他毫不退缩，一次又一次，昏倒了再爬起来，硬是用7天时间完成了管段的地质勘察记录。为突破裂隙冰丰富区这道天然屏障，他带领科技攻关小组，在隧道一蹲就是68个小时，终于拿出科学的施工方案，使隧道日掘进路程由1.5米提高到5米。

风火山隧道

（搜狐网，https://www.sohu.com/a/306564699_100198068）

岂止是风火山,在青藏铁路各个工地,建设者们都在向难以想象的困难宣战。余绍水,是中铁十二局青藏铁路指挥部指挥长。在修建清水河特大桥时,由于地质特殊,桩基施工常出现偏孔、塌孔,工程技术人员多次研讨未果。余绍水决定亲自下到 28 米深的桩孔探查。桩孔下面一来缺氧更严重,二来塌方的可能性极大。同事们死死拽住他不让他下。他火了:"我是指挥长,我不下谁下!"他系好缆绳一点一点往下滑。土块和石头不时砸在安全帽上,呼吸越来越困难。余绍水沉着镇定,用手电筒一米一米地查,一块一块地看。半个多小时过去了,终于找出了原因……①

共产党员是先锋,先锋就要开路在前,冲锋在先。"最危险活党员干,最艰巨的任务党员担",这是青藏铁路建设中广大党员的铮铮誓言。在荒无人烟的雪域高原上还有一位叫司世明的共产党员。司世明是机械队的自卸车司机。2002 年 9 月 4 日上午,司世明和工友们正在紧张地往路基上运土,当他驾车在一段弯道陡坡上行驶时,由于刚下过雪,坡陡路滑,行驶在他前面的一辆重车突然打滑,失去控制,正往路左侧的悬崖边上溜,眼看一场车毁人亡的恶性事故就要发生。司世明"嘎"的一声将自己的车刹住,跳到路边搬起一块大石头,迅速上前塞在下滑的车轮下。溜车止住了,一场惨剧避免了。然而,由于石块是冻结在地面上的,司世明情急之中用力过猛,导致心肌阻塞。尽管医生全力抢救,却未能挽留住他年轻的生命。司世明匆匆结束了短短三十八年的人生历程,把自己永远留在了那片雪山净土上。②

道阻且长,行则必至。青藏铁路在无数党员同志和普通百姓的艰苦

---

① 原国锋:《青藏高原永远铭记——青藏铁路建设工地记事》,《人民日报》,2003 年 9 月 18 日第 6 版。
② 张克明:《今得倚天塑昆仑》,《人民日报》,2003 年 10 月 25 日第 7 版。

奋斗中一点一点地延展开来,他们"缺氧气不缺精神,海拔高志向更高",宁愿透支生命也要确保铁路建设的顺利进行。他们用誓死拼搏、满腔热血的英雄气概建造了一条通往世界之巅的神奇天路,他们用青春、汗水、热血、生命谱写了中国铁路史的辉煌与荣光。

(二)勇创一流

青藏铁路作为世界上海拔最高、线路最长的高原铁路,沿线高寒缺氧,地质复杂,冻土广布,工程十分艰巨,但是,"无限风光在险峰"。正是一代代铁路人勇攀高峰、勇创一流的强大精神力量,支撑他们克服一道道难关,才使得青藏铁路在世界屋脊铺展开来,成为青藏线上一道美丽壮观的风景线。正如胡锦涛在青藏铁路通车庆祝大会上的讲话中指出的:"进入新世纪,党中央从推进西部大开发、实现各民族共同发展繁荣的大局出发,作出了修建青藏铁路格尔木至拉萨段的重大决策,提出了建设世界一流高原铁路的目标。现在,经过全体建设者和各方面的顽强拼搏、艰苦奋斗,几代中国人特别是沿线各族干部群众的心愿终于实现了。"①

1."上了青藏线,就是做奉献"

在条件异常艰苦的青藏高原,青藏铁路建设者们喊出了"上了青藏线,就是做奉献"的豪言壮语。他们自强不息、战天斗地,以人民利益为最高利益,以国家需要为最高需要,肩负党和人民的重托,舍小家为大家,冒严寒、战缺氧、斗冻土,以惊人的毅力和超常的勇气挑战极限,战胜了各种难以想象的艰难险阻,创造了人类铁路建设史上的辉煌成就。

---

① 胡锦涛:《在青藏铁路通车庆祝大会上的讲话》,《人民日报》,2006年7月2日第1版。

第五章 青藏铁路精神

青藏铁路总设计师：李金城

2000年8月，当时还担任第一勘察设计院兰州分院副院长的李金城接到任务，进行青藏铁路前期勘测，确定青藏铁路的走向。"当时挑人只有一个原则，年轻，身体好，在高原地区气能喘得匀。"他笑着说。当时他带着一支500多人的野外勘测大军，挺进格尔木。随后的几个月里，他们风餐露宿，夜以继日，枕冰卧雪。

李金城至今仍记得出发的日子是8月13日。他挑选了20多位年轻力壮的小伙子，每人扛着25kg重的仪器和装备，外加几十个大饼作为干粮，从唐古拉山兵站出发，在零下20多摄氏度的严寒下，一步步向无人区深处挪动。

"高原地区上午可能还是晴空万里，下午就下冰雹，再加上八级大风，我们一边走一边牙齿直打冷战。"快进山时，下起了大雨，大雨很快变成鹅毛大雪和冰雹，在极度缺氧的情况下，他们冒着风雪在坑坑洼洼的草地里和泥泞的沼泽中摸着黑往前测量。连续十多天大家只能啃像石头一样硬的大饼，营养不良加上工作强度过大，很多队员患上了高原病。这时，有队员想打退堂鼓，但李金城坚决不同意。"我当时就想，不管用多少天，一定要一气呵成干完。"

勘测途中有50公里没有路，里面全是冻土沼泽，车子一进去就打滑，只能靠徒步探险。当时，李金城是整个勘测队中年龄最大的。9月9日，在准备过河时，患有低钾血症的李金城再也支持不住，两眼一黑倒在冰冷刺骨的河水里，队员们赶紧掐他的人中，过了几分钟，他才醒过来。

李金城意识到,自己可能走不出去了,便把战友叫到身边平静地说:"我没事,你们把仪器和枪支留下,赶紧走出去,明天再来接我。"但谁都知道,如果丢下李金城,他要么被活活冻死,要么被狼吃掉。李金城心里也明白这一点,但他当时的第一想法是要把仪器设备保护好。"那时还很穷,我们背着的仪器都还是比较珍贵的。"

李金城说,当时已经做好了牺牲的准备。然而,"队员们坚决不同意把我留下,他们说,就算是死也要死在一起"。后来,大家抬着逐渐失去知觉的李金城,一路跌跌撞撞地走出了无人区。身体稍有康复的李金城休息了两天,便重新带着小伙子们到户外勘测。他用性命换来的珍贵数据,终于换来了确定线路走向的第一手资料。经过反复勘测比对,青藏铁路放弃了海拔5231米的公路垭口,而改从海拔5072米的无人区垭口翻越唐古拉山,这样一来,节约里程5.7公里,节省投资8亿元。

从此以后,李金城开始了与家人长达6年的长期分离生活。从2001年青藏铁路全线开工到2006年建成通车,李金城每年要在现场至少要待上10个月,每年行程超过10万公里。有时,他甚至一整年都在青藏高原待着。铁路沿线没有他不知道的地形,没有他不了解的地质,更没有他没到过的工地。上青藏线之前,李金城体重是85公斤左右,几年过去,他体重最轻时还不到50公斤。[1]

1961年,中铁西北研究院在海拔4900多米的风火山上建立了观测

---

[1] 肖欢欢:《青藏铁路总设计师李金城:修成"天路" 此生无憾》,大洋网,2018年4月20日。

站。在40多年漫长的岁月里，观测站三代科研人员与寒风相伴，忍受寂寞，战胜艰辛，积累科研数据1200多万个。这些数据为认识和解决冻土难题提供了宝贵的第一手资料。孙建民是在风火山观测站工作了26年的"冻土守望者"。记者2002年上山采访见到孙建民，他说："我们最怕的是孤独，最盼的是来人，最渴望的是家信。我已有10多个春节是在山上度过的。"①

36岁的王引生是甘肃铁科青藏铁路监理站总监理工程师。他上青藏线后，妻子承担了所有的家务。王引生有时在外地出差返回工地时，细心的司机先去接上他的妻子，然后一同去机场或车站再接他，既是见面也是送别。2002年4月，王引生的母亲病危。老人对前来探望的王引生说："孩子，我都快80岁的人了，没有什么可挂念的，你在外面干的是公家的事，是大事！赶紧回工地去，我没事！"带着母亲的嘱托，王引生依依不舍地离开家门，返途中，母亲离开了人世……②

2001年5月8日上午，第一勘测设计院的工程师赵新岩在西藏当雄接到母亲去世的电话，他愣了半天，放声痛哭起来。领导让他回去给老人送终，赵新岩摇了摇头。因为他知道，这一走，他的工作无人可以代替，整个队伍就要停工。他走出屋子，朝着老家宝鸡的方向泪流满面。③

中铁十二局青藏铁路第四项目部总工程师董华瑞家住山西省介休市。2001年9月8日，他10岁的儿子在中午放学回家的路上，被拖拉机撞成重伤，住进医院，领导同意让他回去料理一下。然而，回到工地，

---

① 马应珊：《激情燃烧在高原——记青藏铁路的建设者们》，《人民日报》，2003年7月20日第4版。
② 原国锋：《青藏高原永远铭记——青藏铁路建设工地记事》，《人民日报》，2003年9月18日第6版。
③ 原国锋：《青藏高原永远铭记——青藏铁路建设工地记事》，《人民日报》，2003年9月18日第6版。

董华瑞却改变了主意。他们负责的冻土路基试验段工程9月份刚开工,项目部200余人都是初上高原,冻土路基的施工、测试方法、试验数据只有自己最清楚。儿子重要,青藏铁路更重要啊!等他回家探亲,已是12月中旬了。①

巾帼不让须眉,红颜更胜儿郎。在海拔五千多米的唐古拉山无人区,中铁建十七局集团有个项目指挥部。这里是全线海拔最高的工点,邵尧霞是这里唯一的女性。小邵29岁,人长得秀气,又爱哭鼻子,被大家戏称为"小女孩"。她是和丈夫是双双来到唐古拉山工地的。邵尧霞有句口头禅:"用科学知识武装职工,用科学管理规范职工,用科学精神塑造职工。"在项目部,她组织开展了"精一门、会两门、学三门"的群众性技术练兵活动。项目部的60多名职工个个成为一专多能的技术能手,项目部先后取得6项技术创新成果,她被工友们称为"雪域高原的智多星"。在唐古拉山无人区,狼群频繁出没。有天晚上,邵尧霞独自一人赶往现场值班,在离施工不远处,突然发现身边有几个黑影在晃动,几道冷飕飕的绿光直射过来。是狼!邵尧霞凭借停在路边的一辆存放施工工具的汽车,与狼群展开久久的对峙。在这九死一生的关头,几辆运材料的大卡车向工地驶来,狼群消失在夜色之中,她转危为安。工友们调侃地说她是"与狼共舞的女侠"。每当谈起这段经历,邵尧霞总是掩饰不住由衷地兴奋和自豪。在唐古拉山,她从一个普通技术员成长为项目工程部部长,又被提拔为副总工程师。2003年6月29日,邵尧霞在青藏铁路最高点入党,成为一名光荣的中国共产党党员。②

青藏线上感人事迹不胜枚举。还有许许多多无法得知姓名的铁路工

---

① 马应珊:《激情燃烧在高原——记青藏铁路的建设者们》,《人民日报》,2003年7月20日第4版。
② 张克明:《今得倚天塑昆仑》,《人民日报》,2003年10月25日第7版。

作者，他们默默无闻、默默付出、无私奉献，他们和这些叫上姓名的建设英雄一样，是我们这个时代最可爱的人。他们的名字一起镌刻在高原铁轨中，他们的精神已熔铸在青藏高原的丰碑上。

铁路建设者的"酸甜苦乐"

先说酸。从内地平原来到青藏高原，来到海拔 4600 米的昆仑山上，无邮差，无电话，远离妻儿家人，六月飞雪，更加激起对亲人的思念，直到此时才真正依恋起家的温馨。面对"亲人们，放心吧，家中有我呢！"的红色横幅，心中既酸楚又激动：修建青藏铁路必须有人参加，那就得远离亲人。

再说甜。青藏高原是一块圣洁的土地，外来世界的人们只能作为马路上的匆匆过客，要想留下来则必须遵循铁定的生存法则，没有了光怪陆离，没有了我行我素，生命由此变得平等亲近。不能忘记南山口的会场，共同的话题，一样的心声在天空萦绕。心中充满激情，我们要加倍努力，建好青藏铁路，造福各族人民。

还说苦。住在高原，缺氧头痛睡不着觉。头痛是一种高原生理反应，痛起来时，站着想躺下，躺下又想站起来，好像有人在头上拧螺丝，吱吱直响，疼痛难忍。但住一段时间后，慢慢适应了这缺氧的高原环境，晚上能睡着觉，白天也能干一些体力活了。我们体验到生命的顽强：顽强就是不言退，坚持就是胜利。

后说乐。没有了繁华闹市、餐馆酒楼、鸟语花香，晚饭后，看看电视、听听新闻成了乐事；独对蓝天遥寄思乡之情成了回味；放眼雪山，让思绪在蓝天草地间驰骋成了享受；偶尔还能看到一群羚羊或几只野驴，则更是一大幸事，几天之后还谈论不休。在这儿，快乐像长了翅膀的鸟儿，会四处传扬。[1]

---

[1]《高原人生》，《人民日报》，2002 年 8 月 5 日第 12 版。

青藏铁路建设者们"酸甜苦乐"的背后,彰显的是他们强大的理想信念支撑和革命乐观主义情怀。理想信念指引人们前进的方向,提供前进的动力,是激励人们团结战斗并取得胜利的精神支柱。"侠之大者,为国为民",青藏铁路建设者们正是有着为国争光、为民造福的坚定理想信念,他们才有了"战严寒、抗缺氧,身处高原无草无花无怨悔;顶烈日、迎风沙,建设青藏铁路有苦有乐有豪情"的英雄主义气概,才焕发出"白天劳累,扯块白云擦把汗,爽!夜晚孤寂,摘颗星星点盏灯,酷!"的革命乐观主义情怀。

2. 自力更生者强,自主创新者胜

自力更生是中华民族自立于世界民族之林的奋斗基点,自主创新是我们攀登世界科技高峰的必由之路。"青藏铁路建设面临多年冻土、高寒缺氧、生态脆弱三大世界性工程难题。解决这些难题,世界上没有现成的经验。广大科技工作者和全体建设人员在充分借鉴世界铁路先进技术的同时,发扬自力更生精神,大力推进科技创新,开展大量科学试验,取得一系列重大成果,为进行多年冻土施工、发展高原医学事业、保护生态环境积累了宝贵经验"①。

管理创新。在青藏铁路这样庞大的工程项目建设中,无论是资金分配还是人员调动,以及各方面的资源协调,都是一项极为复杂与困难的工作。在青藏铁路建设过程中首次实行了法人责任制,项目负责人全面负责经营管理,让建设与管理形成有机整体,改变了传统建设与运营分离的管理模式。另外,在质量控制、投资控制、工期控制等三大目标控制体系基础上,又增加了职业健康安全和环境保护两个新目标,充分实

---

① 胡锦涛:《在青藏铁路通车庆祝大会上的讲话》,《人民日报》,2006 年 7 月 2 日第 1 版。

现了质量保证、人文关怀和环境保护等三个方面的协调统一，真正体现了以人为本和可持续发展的时代要求。

技术创新。面对青藏铁路在修建过程中高寒缺氧、多难冻土的技术难题，科技工作者和铁路建设者们始终遵循务实创新的科学态度，大胆探索、勇于创新、敢于突破，经过多年试验与创新，变不可能为可能。面对高寒缺氧的问题，建设总指挥部坚持"以人为本"的理念，发出了"先生存、再生产"的指示，在青藏铁路沿线配置了25个高压氧舱，建立了17座制氧站，要求建设者每人每天平均强制性吸氧不低于2小时，这是人类建设史上的首次。在借鉴国内外冻土工程理论成果和实践经验的基础上，确定了"主动降温、冷却路基、保护冻土"的设计思路，创新了利用天然冷能冷却路基的成套工程措施。

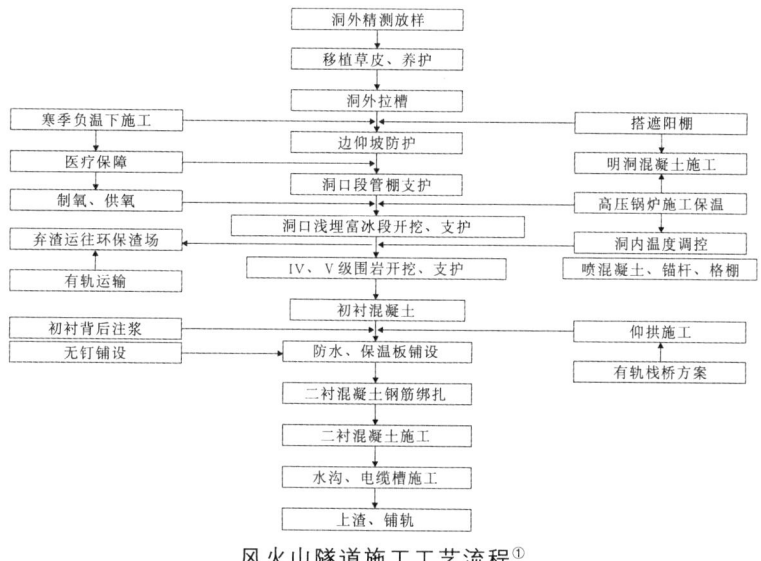

风火山隧道施工工艺流程①

---

① 任少强，王永顺：《以施工科技创新　攻克世界第一高隧——青藏铁路风火山隧道》，《中国铁路》，2003年第9期，第50-52页。

　　风火山是青藏线上最值得一提的难题大攻关，海拔高，空气极度稀薄，使人难以久留。20世纪美国旅行家保罗·泰鲁在《游历中国》一书中曾言，有昆仑山脉在，铁路就永远到不了拉萨。青藏铁路开工前，西方媒体也预言，青藏铁路根本过不了风火山。因为风火山常年冻土，就是一座冰山。中铁二十局集团公司青藏铁路工程指挥部负责施工风火山隧道，2001年10月18日，风火山隧道打响了开工的第一炮。然而，炸出的弃渣让在场的所有人员瞠目结舌：几乎全是晶莹剔透的冰块，含土量仅为15%至20%。为攻克冻土难题，青藏铁路高原科学技术研究所在海拔4750米的风火山建立了冻土定位观测站。年轻的项目总工程师任少强和他的伙伴们经反复观察，综合分析，把这种地质施工技术作为首选攻克目标，终于找到了解决问题的办法。① 风火山隧道，这座世界海拔最高的隧道，有部级以上科研项目7个、外联科研项目18个，是青藏线科研项目最多、科技含量最高的高原冻土隧道，它相继攻克了20多项世界性科研难题，于2002年10月19日顺利贯通。2004年，风火山隧道作为人类改造自然的奇迹，被收入吉尼斯世界纪录。隧道建设创造的多年冻土施工技术，荣获2006年度"国家科技进步二等奖"。②

　　青藏铁路冻土区铁路开通运营时速达100公里，创造了世界冻土铁路速度的新纪录，确立了我国在高原冻土工程这一领域的世界领先地位，这项技术成果后来在国内很多客运专线建设中都得到应用。"直到今天，中国在高原冻土工程领域的技术和工艺仍是世界领先的。"青藏铁路总设计师李金城自豪地表示，在世界第二高山上的秘鲁中央铁路上，走完160

---

① 马应珊：《激情燃烧在高原——记青藏铁路的建设者们》，《人民日报》，2003年7月20日第4版。
② 《献给雪城高原的"哈达"——青藏铁路全线通车五周年》，新华网，2011年6月29日。

公里需要耗费10个多小时。"以这样的'龟速',从拉萨去格尔木单程就需要近3个昼夜,哪能跟青藏铁路比。"①伟大的中国人民用过硬的技术事实向世界证明了,没有中国人民战胜不了的困难,彻底打破了西方国家荒唐的预言和结论。

生态保护创新。青藏铁路之所以举世瞩目,除了工程巨大、技术复杂,更与西藏独特的文化背景尤其是恶劣的自然环境和脆弱的生态系统密切相关。青藏高原保持着原始古朴的自然风貌,拥有独特的高原、高寒生物区系和丰富多样的自然景观,高原特有的珍稀野生动植物具有特殊的生态价值和科研价值。同时,长年负温和短促的生长季节,使得植被及其生长环境一旦被破坏,在短期内极难恢复甚至无法恢复。而且人为的破坏和扰动,会打破冻土环境的热平衡,加速冻土融化,对工程的稳定性产生致命的危害。如何在大规模建设中保护原始、独特、脆弱而敏感的生态环境,是青藏铁路面临的重大课题,也是必须解决好的重要任务。②

青藏铁路格尔木至拉萨段工程在中国铁路工程建设史上,首次引入环境监理制度并建立了"四位一体"的管理模式;首次为野生动物大规模修建迁徙通道,共修建了25处野生动物迁徙通道;首次成功在青藏高原进行了植被恢复与再造科学试验并在工程中实施;首次与铁路所经省区签订环保责任书。这些举措,有效保护了铁路沿线野生动物迁徙条件、高原高寒植被、湿地生态系统、多年冻土环境、江河源水质和铁路两侧的自然景观,实现了工程建设与自然环境的和谐。青藏铁路建成通车以

---

① 肖欢欢:《青藏铁路总设计师李金城:修成"天路" 此生无憾》,大洋网,2018年4月20日。
② 高俊:《绿色天路——青藏铁路环境保护纪实》,《中国工程咨询》,2021年第6期,第14-21页。

来，全区主要城镇大气环境质量继续保持良好，全区环境质量继续保持良好状态，湿地和保护区总面积仍居全国首位；全区主要江河和湖泊水质状况保持良好，达到了国家规定的相应水域的环境质量标准。野生动物也逐渐适应青藏铁路沿线的环境。①

无论从环保理念、环保机制，还是具体工程措施，青藏铁路修建过程中一直秉持"挑战极限，勇创一流"的青藏铁路精神，以科技进步为支撑，探索环保理念、机制和工程措施的创新，依靠先进的技术装备，攻克众多技术难题，最大限度地保护了生态系统，用智慧和汗水在世界之巅铸就了一座绿色人文、人与自然和谐共生的"绿色天路"。青藏铁路工程是践行科技兴环保战略的典范，荣获了"菲迪克百年重大土木工程优秀奖"，筑就了人类铁路建设史上的一座绿色丰碑。自青藏铁路开通至今，它已累计运送旅客4000余万人次，青藏游成为国内外很多人的向往。青藏铁路沿线，洁白的雪山、圣洁的湖、湛蓝的天以及自由自在的野生动物，徐徐延展的铁路与美丽的自然风光实现了完美融合。青藏铁路在人们的心目中，不仅是一座丰碑，而且还是一座美丽的绿色"长城"。"挑战极限，勇创一流"的青藏铁路精神非常生动地诠释和表达了人们改造自然并与自然和谐相处的理想追求。

除此之外，青藏铁路创造了多项铁路史上的世界之最：

世界海拔最高的高原铁路：穿越海拔4000米以上地段达960公里，最高点为海拔5072米。

世界最长的高原铁路：青藏铁路格拉段穿越戈壁荒漠、沼泽湿地和雪山草原，全线总里程达1142公里。

---

① 《青藏铁路通车一周年回眸：造福西藏人民的世纪工程》，《人民日报》，2007年7月5日。

世界上穿越冻土里程最长的铁路：穿越多年连续冻土里程达550公里。

世界海拔最高的铁路车站：海拔5068米的唐古拉山车站。

世界海拔最高的冻土隧道：海拔4905米的风火山隧道。

世界最长的高原冻土隧道：全长1686米的昆仑山隧道。

世界海拔最高的铺架基地：海拔4704米的安多铺架基地。

世界最长的高原冻土铁路桥：全长11.7公里的清水河特大桥。

青藏铁路冻土地段时速达到100公里，非冻土地段达到120公里，这是目前火车在世界高原冻土铁路上的最高时速。①

在高原医学方面，青藏铁路还创造了"高原病例零死亡、鼠疫疫情零传播"的医学奇迹。

一列火车顺利通过世界铁路最高点——海拔5072米的青藏铁路唐古拉山口

（央视网，http://news.cctv.com/china/20070705/100359.shtml）

---

① 孟红：《青藏铁路：世界屋脊上的神奇"天路"》，《党员文摘》，2019年第11期，第38-40页。

十万名青藏铁路建设者挑战生命极限，历经五年时间，依靠智慧与勇气，通过管理创新、技术创新、环保创新、医学创新等，破解了多年冻土、高寒缺氧和生态脆弱三大世界难题，将无数奇迹定格在青藏高原。这是广大铁路建设者们践行科学发展观的结果，他们不畏艰险，开拓创新，确保了青藏铁路建设高起点、高标准、高质量地向前推进。这是广大铁路建设者们发扬"挑战极限、勇创一流"青藏铁路精神，不怕牺牲、勇于胜利的结果，他们创造了人类铁路建设史上的中国奇迹。青藏铁路的建成通车，再一次充分证明，中华民族是富有创造精神的民族，中国人民是富有创造能力的人民，中国完全有能力为世界科技进步做出更大的贡献。

三、青藏铁路精神的时代价值

青藏铁路精神是中华民族发展史上不可或缺的精神丰碑，是铁路史上永远辉煌的印记，它给我们留下了宝贵的精神财富，是值得被永远铭记与倡导的精神品质。这种精神品质反映了中国人民的精神风貌与崇高品格，充分展现了中华民族精神和中国共产党革命精神。青藏铁路精神不仅引领铁路人不畏艰险、挑战极限，铸就铁路建设史上的丰碑，而且也必将在中国特色社会主义新时代，在建设中国特色社会主义现代化和实现中华民族伟大复兴中国梦的新征程上，给我们提供强大精神动力和精神支撑。

（一）增强综合国力是夺取新胜利的坚实根基

在青藏高原这片遥远又神秘的净土上修建青藏铁路,这是一个庞大、复杂、极其艰巨的工程，它不仅考验资金、技术、人力，更考验的是一个国家的综合国力。青藏铁路建设需要的资金不是一个小的国家能够负担的，仅前期就需要上百亿元的投资来修建主体部分，还不算后面维修运营的费用。青藏铁路建设过程中曾几度因为资金等物质力量的匮乏而中途搁浅。1958年在西宁至格尔木段建设过程中，由于受到三年自然灾害的影响，国家经济衰退、物质匮乏，百姓的生活与生存变成重中之重，国家很难再有经济实力承受如此大规模的工程，再加上冻土广布、缺氧严重等技术难题一时无法攻克，青藏铁路建设于1961年被迫停滞。1978年8月，鉴于国力难以承受几十亿元的建设费用，高寒缺氧、多年冻土等难题还是没有解决，青藏铁路格尔木至拉萨段工程再次下马。

"据统计，改革开放20多年来，我国经济年均增长率达9.4%，2005年国内生产总值达到18.23万亿元，人均GDP超过1万元。中国社科院发布国际形势黄皮书《2006年：全球政治与安全报告》，公布主要大国综合国力实测结果，中国排名第六，首次超过日本。"[1]随着我国经济实力的提高和综合国力的增强，至2001年青藏铁路格尔木至拉萨段修建时，经过20多年改革开放的中国，已具备了修建青藏铁路的经济实力和科技实力。

最终在10多万铁路人的凤夜奋战中，历经5年之久，总投资300多亿元的青藏铁路于2006年7月1日顺利通车。为了保护西藏这片净土，保护湛蓝的天空、清澈的湖水、珍稀的野生动物，青藏铁路建设仅环保一项投入就多达20多亿元，占工程总投资的8%，是我国投入环保资金最多的铁路建设项目。

---

[1] 黄会清，吕雪莉，拉巴次仁：《综合国力提升的体现：青藏铁路实现提前一年通车》，2006年6月26日。

"这次建成的青藏铁路格尔木至拉萨段,施工难度之大、设备可靠性和安全性要求之高在世界铁路建设史上是前所未有的。在特殊的地理和气候条件下,我们仅用5年时间就建成了这条1100多公里的高原铁路。这一巨大成就的取得,是改革开放20多年来我国综合国力不断增强的重要体现。这一事实再一次充分说明,只要我们紧紧抓住发展这个党执政兴国的第一要务,不断增强我国的综合国力,我们就一定能够不断夺取社会主义现代化建设的新胜利。"[1]

新时代的中国,要进行伟大斗争,建设伟大工程,推进伟大事业,实现伟大梦想,综合国力的提升是基础。十八大以来,我国经济社会发展取得了举世瞩目的巨大成就,我国与发达国家的差距越来越小,但是我们也要看到,我国的生产力还不均衡、不充分,在重大关键领域,我们还面临不少挑战。如果我们不能把握机遇、迎头赶上,就会拉大与发达国家的差距,就有可能陷入被动的局面。只有全面提升综合国力,才能给予我们更强大的战胜困难、砥砺前行的勇气和底气。

(二)提高自主创新能力才能攻克更多工程难题

在青藏高原冻土区修建铁路,这是人类铁路修筑史上从未有过的探索性工程。面对巨大难题,没有任何经验可借鉴,一切都要靠科技工作者和铁路建设者们自主创新,攻坚克难。大量的新材料和新工艺被研发,大量的新技术和新设备投入应用。青藏铁路共确立了近80个科研课题,取得了一系列新成果,创造了多项世界铁路之最。今天的青藏铁路,已经成为中国乃至世界上最大的冻土研究基地。

---

[1] 胡锦涛:《在青藏铁路通车庆祝大会上的讲话》,《人民日报》,2006年7月2日第1版。

第五章　青藏铁路精神

"青藏铁路建设面临多年冻土、高寒缺氧、生态脆弱三大世界性工程难题。解决这些难题，世界上没有现成的经验。广大科技工作者和全体建设人员在充分借鉴世界铁路先进技术的同时，发扬自力更生精神，大力推进科技创新，开展大量科学试验，取得一系列重大成果，为进行多年冻土施工、发展高原医学事业、保护生态环境积累了宝贵经验。这一事实再一次充分说明，中华民族是富有创造精神的民族，只要我们坚持不懈地提高自主创新能力，不断增强科技实力、攀登世界科技高峰，我们就一定能够为世界科技进步作出更大贡献。"[1]

党的十八大后，我国提出创新是发展的第一动力，全面实施了创新驱动发展战略等举措。习近平总书记在两院院士大会上的讲话中也指出："科技是国家强盛之基，创新是民族进步之魂。"[2]当今社会是一个信息技术社会，只有不断创新才能走在时代的前列，才能与时俱进。"谁牵住了科技创新这个'牛鼻子'，谁走好了科技创新这步先手棋，谁就能占领先机、赢得优势。"[3]当前，我国正面临百年未有之大变局，有许多亟待我们去克服与战胜的困难与挑战。但是，一个崇尚创新的民族才不会随时代的发展而随波逐流，一个尊重创新的国家，人民才会有积极性愿意去创新与创造。一方面，我们要树立创新精神、培养创新意识和创新能力。只有培养创新观念，激发创新思维，形成鼓励创新、敢于创新、善于创新的良好社会氛围，才能产生源源不断的创新活力。另一方面，要构建良好的制度去保障个人或集体的创新成果。建立完善的制度和机制去鼓励创新、促进创新。

---

[1] 胡锦涛：《在青藏铁路通车庆祝大会上的讲话》，《人民日报》，2006年7月2日第1版。
[2] 习近平：《在两院院士大会上的讲话》，《人民日报》，2014年6月10日。
[3] 中共中央文献研究室：《习近平关于科技创新论述摘编》，中央文献出版社2016年版，第26页。

在我国统筹推进"四个全面"战略布局和"五位一体"总体布局、持续推进全面改革开放、实现中华民族伟大复兴的历史进程中,传承与弘扬"挑战极限、勇创一流"的青藏铁路精神,鼓舞新时代的劳动者和建设者,不断开拓创新,提高自主创新能力,在新的历史征程中无往而不胜。

(三)集中力量办大事的政治优势铸就强大合力

"在建设青藏铁路的过程中,从中央到地方上百个单位、十几万建设大军同舟共济、团结协作,自觉服从大局,全力保证大局,形成了青藏铁路建设的强大合力。这一事实再一次充分说明,只要我们坚持发挥社会主义制度能够集中力量办大事的政治优势,并善于把这一优势与市场经济体制的优势有机结合起来,我们就一定能够推动关系国计民生的重大建设项目更快更好地完成。"①

集中力量办大事的制度蕴含了我们党的执政理念。科学决策与民主协商保证了办事的效率,避免了长久讨议,形成了具有中国特色而又行之有效的制度优势。这种统筹四方、协调八面,集中力量办大事的制度优势,助力我们战胜了一个又一个困难,取得了一个又一个胜利。习近平总书记指出:"我国社会主义制度能够集中力量办大事是我们成就事业的重要法宝。"②在中国共产党领导的历史进程中,集中力量办大事体现在国家治理的方方面面,如重大战略部署与调整、科学技术的攻关与突破、重大项目工程的落地与实施、无数灾害的防治与应对,等等。党的

---

① 胡锦涛:《在青藏铁路通车庆祝大会上的讲话》,《人民日报》,2006年7月2日第1版。
② 中共中央文献研究室:《十八大以来重要文献选编(中)》,中央文献出版社2016年版,第26页。

集中统一领导，坚持全国一盘棋，对各方面资源的集中调动与使用，形成了强大的合力，汇聚成集中力量办大事的制度优势，使得党中央在总揽全局、协调各方的前提下，切实保障了广大人民的利益与需求。

西气东输、西电东送、南水北调、打赢脱贫攻坚、应对新冠肺炎疫情等，无论哪一件重大工程和重大事件，中国共产党始终作为领导核心，运筹帷幄，坚强领导，做到举国上下一盘棋，统一协调，周密部署，充分彰显了中国共产党领导下的集中力量办大事的社会主义制度优越性。

新时代，我们要创造出更多奇迹、战胜更多困难，需要继续发挥集中办大事的政治优势。一方面，要在实践中去推动和完善这种优势。中华民族从积贫积弱到欣欣向荣，实现了几次重大历史跨越，这种跨越不是一个人的作为、不是一群人的行动，而是举国上下，全体人民齐心协力团结奋斗的结果。面对未来，我们需要在实践中将集中力量办大事的显著优势更充分发挥出来，确保党在社会主义事业中始终保持总揽全局、协调各方的核心领导作用；充分激发广大人民群众的积极性、主动性和创造性。另一方面，集中力量办大事要有效维护好人民群众的根本利益。我们党的性质和宗旨是全心全意为人民服务，集中力量办大事应该更多关注人民所需，集中力量开展符合人民根本利益、保障人民根本权利、满足人民基本要求的实事。只要一切出发点和落脚点是人民群众的根本利益，只有一切为了人民、一切依靠人民，就会形成建设社会主义的磅礴伟力。

（四）艰苦奋斗、自强不息能够创造更多人间奇迹

在世界屋脊上修筑一条海拔最高、线路最长的"天路"，是人类铁路建设史上前所未有的伟大壮举。面对青藏高原极端恶劣的自然环境，无

数建设者远离亲人，甘洒热血，甚至牺牲生命，尽忠报国。青藏铁路的建成，是万千青藏铁路工作者扎根高原、奉献高原、吃苦耐劳、无私奉献、勇于拼搏的不屈奋斗精神的胜利。

"艰苦奋斗、自强不息的精神，是几千年来中华民族生生不息、发展壮大的重要精神支撑。青藏铁路建设者表现出来的挑战极限、勇创一流的精神，就是这种伟大精神的生动体现。这一事实再一次充分说明，只要我们大力发扬艰苦奋斗、自强不息的精神，我们就一定能够战胜前进道路上的任何艰难险阻，不断开创中国特色社会主义事业新局面。"①

中华民族是一个久经磨难的民族，从它的诞生到发展的过程中，都离不开筚路蓝缕、手胼足胝地艰苦奋斗。在自强不息精神的感召下，历朝历代的志士精英，从雄才大略的开国元勋到励精图治的贤相清官，从浴血疆场的名将勇士到无数佚名的英雄豪杰，无一不是以修齐治平、建功立业作为自己的人生追求，把"立德、立功、立言"作为安身立命之本，把自强不息作为自觉修养的信念支撑。中国人民早已将艰苦奋斗、自强不息融进血液里、刻在骨子里、贯穿于生命中，推动着中华文明绵延不绝、赓续发展。

中国近现代史，是一部中国人民英勇不屈、救亡图存、不懈奋斗的历史；是一部中国共产党带领全国各族人民，寻求民族独立、人民解放，追求人民幸福、国家强盛的历史。习近平总书记在庆祝中华人民共和国成立 70 周年大会上指出："70 年来，全国各族人民同心同德、艰苦奋斗，取得了令世界刮目相看的伟大成就。"②中国从积贫积弱、任人宰割的局

---

① 胡锦涛：《在青藏铁路通车庆祝大会上的讲话》，《人民日报》，2006 年 7 月 2 日第 1 版。
② 习近平：《在庆祝中华人民共和国 70 周年大会上的讲话》，《人民日报》，2019 年 10 月 1 日。

面一步步走到今天的繁荣与昌盛，是无数先烈奋发图强、艰苦奋斗的结果，是无数中华儿女自强不息、顽强拼搏的结果。历史和实践都表明，一部中国共产党的发展史，就是在逆境中奋发、在奋斗中自强的历史。伟大奋斗精神是我们党和国家最闪亮的精神标识，也是中国从来没有像今天这样走近世界舞台中央的精神密钥。

新时代，交通领域又一重大工程——川藏铁路（雅安至林芝段），开工动员大会于2020年11月8日在北京和川藏铁路控制性工程色季拉山隧道、大渡河特大桥三地同时进行。建设川藏铁路是贯彻落实新时代党的治藏方略的又一项重大举措，对维护国家统一、促进民族团结、巩固边疆稳定，对推动西部地区特别是川藏两省区经济社会发展，具有十分重要的意义。但是，川藏铁路沿线地形地质和气候条件的复杂性、生态环境的脆弱性、修建难度之大的艰巨性，和青藏铁路的修建非常相似，乃至更甚。环境越艰苦，越需要用青藏铁路建设者筚路蓝缕、勇往直前的奋斗故事和斗争精神砥砺建设者们的精气神。习近平总书记在对川藏铁路开工建设作出重要指示时，就特别提到了要发扬青藏铁路精神。他强调："要充分发挥我国社会主义制度能够集中力量办大事的优势，把这一光荣而艰巨的历史任务完成好。国铁集团要落实主体责任，有关单位和川藏两省区要加强协调配合，精心组织实施，广大铁路建设者要发扬'两路'精神和青藏铁路精神，科学施工、安全施工、绿色施工，高质量推进工程建设，为全面建设社会主义现代化国家作出新的贡献。"[①]相信"挑战极限、勇创一流"的青藏铁路精神，一定会点燃川藏铁路建设者们心中的梦想与豪情，激发他们超越自然条件限制、战胜自然灾害的斗志

[①]《习近平对川藏铁路开工建设作出重要指示强调 发扬"两路"精神和青藏铁路精神高质量推进工程建设 李克强作出批示》，《中国民族》，2020年第11期，第9页。

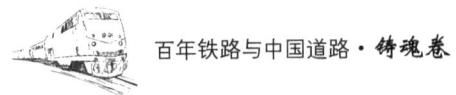

和勇气，激励广大建设者们不断创造创新，不懈团结奋斗，并取得最终胜利。

精神薪火相传，可以迸发出强大的力量。新时代条件下，我们面临新的历史任务，开启了社会主义建设的新征程，不可避免有新矛盾的产生，还会有很多不亚于"翻雪山、过草地""冒严寒、战缺氧、斗冻土"的困难和挑战横亘在我们面前，在进行社会主义现代化建设的新征途中，同样需要我们拥有坚强的革命意志和艰苦奋斗的精神。我们要继续传承和弘扬艰苦奋斗、自强不息、敢于拼搏、勇于胜利的中华民族精神和中国共产党革命精神，牢记初心使命，勇立潮头，开拓创新，解决新问题，应对新挑战，在实现中华民族伟大复兴的历史新征程中，创造出无愧于时代的新的历史辉煌。

第六章

高铁精神

中国高铁成为国家的一张亮丽的名片,被誉为"中国新四大发明"之一。在高铁领域,中国目前是拥有世界上系统技术最全、集成能力最强、运营里程最长、运行速度最高、在建规模最大的国家,以其独特的优势在全球高铁市场份额中占据绝大部分,与德、法、日等先进发达国家并称为世界高铁强国。中国高铁在二十多年短暂的发展历程中,经历了引进、消化、吸收和自主创新,中国高铁经历从无到有,从学习模仿西方,到形成中国的高铁标准体系,广大高铁人在持之以恒地对外学习、消化吸收、自主创新过程铸就起"科学求实、兼容并蓄,自主创新、赶超一流,忠诚祖国、拼搏奉献"的高铁精神。新时代要继续弘扬和传承高铁精神,为建成社会主义现代化强国、实现中华民族伟大复兴提供精神动力。

一、高铁精神的形成

伟大高铁精神作为中国共产党革命精神谱系在改革开放新时期孕育形成的一座精神丰碑,是包括广大领导干部、院士、专家、学者和科技

工作者和工人在内的广大高铁人在内的长期奋斗、拼搏和奉献的生动展现。它集中体现了改革开放新时期中华民族和中国人民的精神风貌、实践智慧、时代气质,充分彰显了中国特色社会主义制度优势,承载了中华民族的独特标识,其孕育和形成具有深刻的社会背景和现实基础。

(一)技术积累期高铁精神的萌芽

中国幅员辽阔,人口众多,铁路是国人喜爱的大众化交通工具。但长期以来,铁路发展滞后,运输能力严重不足,买票难、乘车难的现象十分突出,每年的春运、暑运与节假日,列车拥挤不堪,铁路承受着巨大的压力。20世纪90年代初,发达国家高速铁路时速已达到250公里时,中国铁路客车还徘徊在50公里。为在速度上"突出重围",相继发起六次铁路大提速,修筑了秦沈客运专线。中国铁路人怀揣高铁梦,矢志不渝,一路坎坷,十年积累,磨砺前行,为后十年高铁的崛起与超越打下扎实的技术与人才基础。1990铁道部在借鉴国外先进经验基础上,结合中国国情,向国务院报送了《关于"八五"期间开展高速列车技术攻关的报告》。该报告认为,在大城市有计划地修建高速客运专线,实行客货分线运行,满足日益增长的客货运输的需要势在必行。

1992年在邓小平发表南方谈话后,建设京沪高速铁路的呼声高涨。铁道部向国务院报送了《关于尽快修建高速铁路的建议报告》,之后便提出了《北京至上海旅客列车专用高速铁路研究的初步设想》。翌年4月,国家科委会同国家计委、国家经贸委、国家体委和铁道部共同组成以国家科委副主任惠永正和铁道部副部长屠由瑞为首的一百多位专家参与的"京沪高速铁路重大技术经济问题前期研究"课题组,围绕工程建设方案、资金筹措与运营机制、国际合作、经济评价等有关决策的重大技术经济问题，开展京沪高速铁路的前期研究。①

1994年6月，铁道部提出"大力提高列车质量，积极增加行车密度，努力提高行车速度"的技术政策。一场以"提高列车速度"为目标的既有线路改造与提速之战在中国铁路领域全面展开。从1997年4月至2007年4月间，中国铁路先后经历了七次大提速。

1995年是中国铁路实施提速战略的重要决策年。这年6月28日，铁道部召开部长办公室会议，成立了提速领导小组，迅速组织全路大力实施提速战略。中国铁路提速的主攻方向是在既有繁忙干线上，战略重点是京沪、京广、京哈。与世界发达国家铁路相比，中国铁路提速要复杂困难得多。日本铁路客运很繁忙，但货运比重很小；北美、南非等国铁路货运重载技术发达，但客运量不大，西欧各国有货客混跑铁路，但以高速客运和快捷货运为主。中国铁路是客、货一条线运行，不同等级列车混跑，运输强度高居世界之首。②在这样的运输中，速度、密度、重量三者相互影响、相互制约。它们对运输组织、轨道结构、信号系统和牵引动力等技术要求相互矛盾，甚至截然相反。在中国特殊复杂的运输条件下实施大面积提速，必须从技术改造与提速实验入手，在立足自主创新的基础上，开拓出一条实现列车速度、密度、重量最佳匹配的提速挖掘改造之路。

1995年9月至10月，铁道部沪宁线（上海—南京）首次进行客、货列车提速实验，中国铁道科学研究院100多名科技人员参与了列车、地面的测试工作，采集了10亿个以上的数据，圆满完成了首次提速实验任务。1996年4月1日，沪宁线上首次开出了时速达140公里的上海至

---

① 李国斌：《世界高速铁路概况及京沪高速铁路的建设准备》，《铁道通信信号》，1999年第3期。
② 傅志寰：《中国铁路提速之路》，《时事报告》，2002年第1期。

南京快速客车"先行号",全程运行2小时48分,比原来运行时间缩短了1小时11分,深受旅客青睐。后来北京站开出到秦皇岛和大连的最高时速为140公里快速列车,郑州铁路局在郑州至漯河的电气化铁路最高实验时速为185公里。

随后又在1998年、2000年、2001年和2004年,全国铁路先后实施了第二次至第五次全国范围内的大提速。这五次大提速线路覆盖了全国主要地区,客车平均速度提高了30%至40%,全路旅客列车平均旅行时速达65.7公里;特快列车最高时速从100公里提高到160公里。尤其是第五次提速过程中,经过对京哈、京广、京沪、沪昆等干线进行技术改造,提速总里程达到16 500公里,其中时速160公里及以上的线路达7700公里;新增开38列"Z"字头途中不停站的直达特快列车,风驰电掣般穿行在各大城市间,列车运行间隔缩短到7分钟。

在此期间,秦沈铁路客运专线作为中国建设的第一条客运专线,它的建设和成功投入营运可谓提速的集中代表成果。从开始进行可行性研究到1999年2月国务院同意正式立项经历13年。在设计方案方面,经过长期多方案选比、广泛论证,经过更新理念、深化认识,进行了三次调整:由客货混运新建单线演变为时速160公里的客运专线,进而为时速200公里的客运专线。设计方案最后确定为双线电气化,设计时速达200～250公里。秦沈客运专线建成后,2001年12月至2002年11月期间,先后进行了三次综合实验。国产研制的动车组"神舟号""先锋号""中华之星"在此客运专线成功完成了综合实验。2002年12月31日,该专线交付沈阳、北京铁路局试运行。建成后的秦皇岛至沈阳间的旅行时间由原来的4.5个小时缩至2.5小时。秦沈客运专线是中国自主研究、设计、施工的第一条铁路专线,在中国铁路发展史上具有里程碑意义,标志着中国初步拥有了知识产权的时速 200 公里以上铁路设计、建造及成套制造和综合系统集成的能力,为高铁发展提供了丰厚的技术储备和坚实的基础。与此同时,西南地区拟采用无砟轨道的遂渝客运专线综合实验于 2003 年 2 月也在紧锣密鼓地推进中。其线路与既有的遂渝铁路基本等高并行,它的建成是沪、汉、蓉沿江铁路客运专线的一部分。

在技术积累阶段,总的来说,无论是对旧有线路的改造提速,还是国产列车的改进与研制,其技术来源以理念模仿和自主研发为主,其技术地位相对落后,列车的速度等级处于低速阶段,运营里程相对也短,研制的车型以"大白鲨""先锋号""蓝剑号""中华之星"为代表。

(二)技术引进期高铁精神的发展

为进一步加速和推动中国铁路运输业的发展,2004 年初,国务院审议通过了《中长期铁路网络规划》。按照规划内容,将加快高速铁路建设,在全国范围形成连接东西、纵贯南北的高铁大通道,并在经济发达和人口稠密的珠三角、长三角等地区建设城际铁路,形成一小时经济圈;同时,规划首次提出借助技术引进,打造中国品牌计划,快速提升现有铁路技术水平。同年 4 月,国务院又下发《研究铁路机车车辆装备有关问题的会议纪要》,为发展高速铁路计划明确了技术路线,提出了按照高速动车组引进、消化、吸收、再创新的步骤稳步推进。同时,原铁道部与国家发改委联合制定和下发了《时速 200 公里及以上动车组技术引进与国产化实施方案》。

实践已证明,仅仅依靠买几件核心设备就能组装出性能可靠的动车组,完全是不行的。根据国外的经验,高速列的研制一般需要花费 20 年左右的时间。在我国铁路现有技术装备的基础上,如果完全需要依靠自主研发，要系统掌握时速200公里以上动车组技术至少需要10~15年，系统掌握时速300公里动车组技术还要更长的时间。①要想在短时间内实现高铁超越的梦想，那就要引进第一代动车组，研发第二代动车组，创新第三代动车组。由于高铁动车组是一个尖端加速化的高度集成，涉及动车组总成、车体、转向架、牵引变流器、牵引变压器、牵引电车、牵引传动控制系统、列车控制系统、列车制动系统等9大关键技术、10项配套技术，仅零部件就有50多万个，要引进消化吸收，不是轻而易举的事。为此中国聚力引进加拿大、日本、法国和德国四家世界上最先进的高速动车组制造技术。在与上述四个国家合作引进先进技术中，我们采用"1、2、7模式"，即10%整车引进，20%散件组装，70%实现国产化，也就是说，中方企业以原型车为模板，在外方的指导下对散件进行国产化组装，并在此基础上，按照国内实际运行场景和需要，进行改造与优化，研制中国高速动车组列车。中国企业正是按照"引进先进技术，联合设计生产，打造中国品牌"的要求，通过引进消化吸收再创新，最终发展出具有世界先进水平的国产化客车动车组。

2004年，我国引进第一代国外成熟的动车组产品。最先是与加拿大开展合作的。我国四方机车车辆股份有限公司与加拿大庞巴迪的合资组建青岛——庞巴迪运输设备有限公司，生产CRH1型动车组，运营速时速为200公里，最高时速为250公里，分别有A、B、C三种型号，其中CRH1A是16辆编组的座车动车组，而CRH1C是16辆编组的卧铺动车组。后来四方机车车辆股份有限公司与日本川崎重工合作，引进日本的E2-1000型原型车，生产制造出CRH2型动车组，运营速度时速为200

---

① 贺俊，吕铁，黄阳华，江鸿：《技术赶超的激励结构与能力积累：中国高铁经验及其政策启示》，《管理世界》，2018年第10期。

公里，最高时速 250 公里，分别有 A、B、C、E 四种型号，其中 CRH2A 是 8 辆编车组，CRH2B 是 16 辆编组的座车动车组，CRH2C 是 16 辆编组的卧铺动车组。

唐山轨道客车有限责任公司与德国西门子公司联合，引进 ICE3 动车组原型车，生产制造出 CRH3 型动车组。运营时速为 330 公里，最高时速 380 公里。分别为 C、D 两种型号，其中 CRH3C 是 8 辆编组，CRH3D 是 16 辆编组的座车动车组。长春轨道客车股份有限公司联合法国阿尔斯通公司引进 Pendolino 摆式动车组原型车，由长春厂生产制造 CRH5 型动车组，只有一个型号 CRH5A 运营时速为 200 公里，最高时速为 250 公里。

研发第二代动车组就要在速度上实现时速 300 公里的突破，为此铁道部门成立了"引进消化吸收再创新工作组"，开始了时速 300 公里动车组的技术攻关。而第二代动车组的代表有两个，一个是 CRH2C，一个是 CRH3。其中 CRH2C 是它的前任 CRH2A 型号演化而来的。第二代动车研发始于 2006 年。最后动车在沪杭线上跑出了时速 416.6 公里的成绩。这个系列的动车组后来用于时速 350 公里的高速客运专线之上，诸如京津城际和武广客专上，飞奔的就是这类动车组。而创新的第三代的代表列车型是 CRH380 型系列，包括四个型号，分别是：CRH380A、CRH380B、CRH380C、CRH380D。第三代动车组从 2007 年立项，2008 年开始研发，花费了两年时间便研制成功，京沪高速铁路上运行的就是这个系列。之后，在高铁人的不断攻关下，CRH380A 在京沪高铁的试验段上创造了时速 486.1 公里的世界运营最高时速；2011 年 1 月，北车集团研发的 CRH380BL 在京沪高铁试验跑出了时速达 487 公里的世界纪录。大规模、系统性的技术引进，拉近了中国与世界顶尖技术的差距，为中国高速铁路创新发展注入了新的活力,极大地推动了中国高速铁路基础理论和关键技术研究的全面进步。

在引进研发的高速列车动车组的同时,我们也在加速改造就有线路,探索和修建适合高速列车运行的列车线路与轨道。《中长期铁路网规划》在2008年10月经过调整规划并得到国务院批准。规划明确提出,到2020年,中国铁路营业里程将达到12万公里以上,复线率和电气化率分别达到50%和60%以上;到2020年,中国将新建设高速铁路达1.6万公里以上,形成"四纵四横"高铁为主骨架,由客运专线、城际铁路和快速客货线路构成的快速客运网总规模达到5万公里以上,基本覆盖50万以上人口城市。①

向高铁进军的号角已经吹响!中国铁路紧紧抓住铁路发展的黄金机遇期,以建设高速铁路、区际大能力通道、西部开发性新线路为重大点,开展了新一轮大规模铁路建设②。新的建设目标需要新的质量标准。铁道先后修订和制定了《铁路主要技术政策》《铁路工程建设标准管理办法》《新建时速200~250公里客运专线铁路设计暂行规定》等,完成了京沪高铁和时速200~250公里客运专线铁路桥跨结构标准设计,初步建立客运专线和客货共线分级标准设计体系。经过十年大提速的长期技术积累和一年多的紧张有序的备战,一批国家批准的高铁项目陆续开工建设。在此期间,石太铁路、武广、京津、郑西、武合、合宁、甬台温、温福、福厦、广深港、广珠客运专线全面开工建设,掀起铁路提速和新铁路建设的热潮。

从1997年到2007年,中国铁路经历了六次大提速,成功地走出了

---

① 国家铁路局:《关于印发〈中长期铁路网规划〉的通知》,http://www.nra.gov.cn/jgzf/flfg/gfxwj/zt/other/201607/t20160721_26055.shtml。
② 宣平:《新中国铁路60年成就辉煌》,《铁道知识》,2009年第5期。

一条在既有线路开展提速改造、实施内涵式扩大再生产的创新之路，大提速引发了一场涉及铁路行业深刻的管理创新、技术创新、安全控制创新。它紧紧抓住提高速度、加大密度、增加重量这三个主要环节来提升技术装备水平、扩充运输能力，全面优化营运质量；它充分挖掘潜能扩能提效，以较少的投资、较短的时间解决运输能力的快速释放和扩充。铁路六次大提速，开启了中国高铁发展的恢宏大幕。国际铁路联盟曾定义高速铁路为：通过改造原有线路使其设计时速达到200公里，或新建线路设计时速达到250公里以上的铁路。第六次大面积提速实施后，我国铁路时速200公里及以上线路延展里程达到6227公里，其中时速250公里的线路延展里程达到1019公里，范围之大在世界上绝无仅有。[①]但这毕竟只是既有线路提速，中国还必须拥有新建设的高速铁路。

京津城际高铁的高效建设和成功运营就是典型的代表。从2005年7月4日，京津城际破土动工，经过中国铁路人的拼搏奋战，仅用了1123天时间，就将宏伟蓝图变成了现实，整个世界为之震撼！一位德国专家感慨道："我们修建36公里的高速铁路用了6年时间，中国修建120公里的京津城际铁路只用3年时间，令人难以置信！"[②]

京津城际铁路是中国第一条具有世界一流水平的高速铁路。作为世界上第一条设计时速350公里的高速铁路，在一无样板、二无经验、三无模式可借鉴的情况下，中国铁路人敢为天下先，创造了前所未有的"京津标准"，为中国高铁的发展打造了第一个样板，总结出第一套高铁建设经验以及全新的运营管理模式。在鏖战京津的三年里，中国铁路通过引

[①] 中国政府网：《经典中国·辉煌成就：自主创新为中国铁路"提速"》，http://www.gov.cn/2008lh/content_904393.htm。
[②] 《数次跟领导人"走出去"中国高铁闯荡世界底气何来》，《济南日报》，2015年10月25日。

进、消化、吸收、再创新和建设实践，系统掌握了中国高速铁路路基、桥梁、无砟轨道、测量控制、环境保护、减振降噪等关键技术，建立了包括线路基础、通信信号、牵引供电、调度指挥、旅客服务等技术成果的"京津标准"①，并以此为基础构建起中国高速铁路技术标准体系。

在建设线路基础时，通过引进、吸收与创新，首次应用了无砟轨道系统，轨道沉降误差以毫米计，标准比 F1 赛车跑道还要高。而京津沿线多为松软地质，为解决地质沉降问题，工程技术人员采用松软土路基设计、施工技术；采用"以桥代路"，全面掌握高速整孔箱梁设计、制造、运输、架设等成套技术，有效控制了工后沉降。为确保高铁"高平顺"性能，京津高铁全线铺设无缝钢轨，运用先进的国产 500 米长钢轨工地焊接施工工艺，充分满足高速列车安全平稳运行的要求，提高了列车的舒适度。在高速行车中，车厢内水杯的水几乎纹丝不动！"高平顺、高稳定"性能得到了国际同行一致的赞叹。

高速列车轨道沉降误差以毫米计，标准比 F1 赛车跑道还高。京津城际铁路告别了枕木，研发了国际最先进的、具有自主知识产权的 CRTSII 型板式车无砟轨道系统。全线铺设板式轨道板 34 535 块，精度达到 0.1 毫米。这标志着中国已经完全掌握了无砟轨道设计的建造技术，形成了中国铁路无砟轨道技术标准和规范。无砟轨道使用寿命能达到 60 年，大大降低了综合维护成本。还有集成创新的时速 350 公里的"和谐号"动车组，自主设计的轻量化简单链型悬挂接触网系统等，这些先进技术的运用，实现了不同速度级列车混合运行、地车安全信息连续传输等多项创新，实现了重要设备远程监测、监控和远程操纵。

---

① 苏民，梁成谷：《中国特色高速铁路自主创新之路——写在京津城际铁路通车运营一个月之际（下）》，《经济日报》，2008 年 9 月 3 日。

2008年7月，14名日本高速铁路知名专家在体验了京津城际铁路后非常震惊。他们感叹道："做梦也没想到中国高速铁路发展这么快，技术水平在很多方面已超过日本。"京津城际铁路的成功运营，无疑向世界展示了一张亮丽的"中国名片"。这张名片不仅让国外游客感受到中国铁路建设和发展的"中国速度"，感受到中国铁路的现代化，而且它作为中国高速铁路建设的示范性工程，大规模的高速铁路建设，特别是京沪高铁的建设运营提供了极为宝贵的经验和样板。

（三）自主创新期高铁精神的形成

商务部原部长吕福源谈及市场进入21世纪以来，中国"市场换技术"的内涵时说道，中国必须有自己的骨干企业，合资必须建立在双赢的基础上，按中国的长远利益搞。我们让出巨大的市场，才有资格要技术、要利润。[①]并不是任何"市场"都可以用来换技术的，只有外资企业具有相对技术优势的产品供给，中国企业又无法完全满足的"市场"才能拿来换，这才不会对中国民族企业构成威胁。中国高速铁路技术实现跨越式发展，正是通过"市场换技术"，再通过此后的再创新，实现了核心技术的自主化。在这一阶段，指导性文件是2008年2月由原铁道部和科技部共同签署的《中国高速列车自主创新联合行动计划》。该计划提出在消化吸收和再创新已取得成果的基础上，进一步加大自主创新力度，突破关键技术，集成创新成果，研制新一代时速350公里及以上的高速列车，为京沪高铁提供强力支撑，建立并完善具有自主知识产权和国际竞争力的中国高速铁路技术体系，在此背景下，我国开始独立自主打造三大技术平台，由此我国高铁研发旋即掀起了一场中国科技创新的革命。

---

① 李安定：《引发自主创新话题》，《科技日报》，2006年2月19日。

应该承认，中国制造业在当时整体水平还不如发达国家，像高速动车组这样的多系统、大体量、高技术产品，其制造难度丝毫不亚于设计。如果没有良好的技术集成能力，没有可靠的试验平台，要实现国产化是根本无法想象的。为此我们有必要采取一定的战略，打造自己的研究创新平台。因此，在战略上，中国高铁研发依托重大工程项目，坚持原始创新、集成创新和引进消化吸收再创新相结合的创新模式；资源上，高铁研发打破了部门、行业、院校、企业的体制壁垒，整合了全国的科技资源，打造了战略性产业的公共创新平台。

中国高铁项目把国家战略的号召力，与知识分子的报国之心和兴趣点结合起来，把分散在全国的设备、资金、人才集中整合。最终，高铁项目凝聚了中国 6 家大型中央企业、25 所大学、11 个研究院所、51 个国家重点实验室和国家工程中心的科技资源，68 位院士、500 多名教授，以及数万名普通科技人员，组成了一支响当当的"科研国家队"，既降低了创新的风险与成本，又加快了成果转化效率，使基础研发到产业化生产的时间缩短了十几倍。由此，成功打造了三大技术平台。

平台之一：高速动车组技术平台

高铁，是中国战略性新兴产业之一，而高速列车则是中国创新能力的一个标志性作品。

中国高速动车组技术平台，是建立在引进消化吸收再创新基础上的。在动车组技术引进项目中，作为机车车辆的购买方，铁道部组织中国南车集团、中国北车集团下属 35 家机车车辆制造企业，成立了南车四方、北车长客、北车唐山三个动车组技术引进平台。以中国铁路的整体市场为筹码，铁道部与国家跨国公司达成引进协议，正式开始"引进消化—吸收—再创新"。

国家发改委、科技部率先在南车四方公司建立了高速列车系统集成国家工程实验室和国家高速动车组总成工程技术研究中心，这个当时国内轨道交通行业实验设备最全的实验室，拥有整车滚动试验台、转向架疲劳试验台、电磁兼容试验台、制动试验台及产品虚拟中心等。①

紧接着，在京津、武广、郑西等高铁线路上，研发人员开展了一系列综合试验，对高速条件下的系统行为进行了全面研究，对动车组的牵引性能、车体强度与模态、转向架等方面进行了系统提升与优化，突破了制约速度提升的关键技术。仅用了一年多时间，CRH2C 型时速 300 公里高速动车组便研制完成。

经过几年的努力，基础研发平台、制造平台和产学研联合开发平台在各大企业迅速搭建成型。中国不仅实现了时速 200 公里动车组国产化批量生产，而且搭建起了国际先进的 CRH380 高速动车组技术平台，自主研制生产出了中国首批时速 350 公里的动车组。②

平台之二：高速轨道技术平台

中国铁路自主创新的钢轨、无缝线路、无砟轨道利高速道岔等技术，保证了高速铁路线路的高平顺性，让旅客乘坐平稳舒适。传统轨道都是有砟的，也就是枕木下面垫石砟，而无砟则是将钢轨铺在一个高强度混凝土板上。到底采用哪种技术，有砟在工程建设期能省钱，但车速越高，列车晃动越剧烈，后期养护需大量投资。无砟可以保持列车的高平、高稳，少维修。无砟成本虽是有砟的 1.3 至 1.5 倍，但运营十年左右，这个成本连本带息就都回来了。日、法、德的国土面积小，本国的气候和

---

① 文治：《从跟随者到领跑者——记中国南车青岛四方机车车辆股份有限公司自主创新之路》，《企业文明》，2011 年第 8 期。
② 文治：《从跟随者到领跑者——记中国南车青岛四方机车车辆股份有限公司自主创新之路》，《企业文明》，2011 年第 8 期。

地质条件变化不大。而中国国土面积大，地形复杂，横跨多个不同的气候和地质区域，因此，在高铁线路实际建设中完全照搬引进日、法、德的技术显然行不通，技术必须进行创新。在长期的铁路工程建设中，中国在包括大桥、隧道在内的铁路工程技术方面积累了丰富的经验，有着明显的技术优势，相继成功地实施了秦沈客专、遂渝客专等快速铁路线的建设。铁道部在组织技术人员多次到日本、德国等国考察高速轨道技术的基础上，结合中国的实际情况和技术积累，确立了"充分发挥中国轨道技术优势，引进先进的无砟技术，在国内短线铁路上搭建无砟线路技术平台"的思路。

2007年10月1日，郑西客运专线无砟轨道工程试验段开始施工。规划的这条西部高铁90%线路处于黄土覆盖区，是全世界唯一铺设在黄土地带的高铁。黄土缺少支撑力，遇雨就沉降变形，像水浸过的面包一样。如果固化不好，地基一旦变形，就要毁路重建。在中国工程院院士、铁道部总工程师何华武的率领下，聚集了国内十几位顶尖院士会诊，勘探地形，查阅资料，收集数据，对症下药，终于攻克了这一难题。洛阳龙门高铁站地基，是地质最为湿隆的地方，每隔一米就要打下一个水泥土挤密桩。龙门站建筑面积200万平方米，这种长约10米、直径0.4米的桩子足足打下了50万根。打下这些桩子和灌浆后，要想在上面钉个钉子都不可能。路基面就像大理石一样光滑，甚至在上面可以滑旱冰。充分发挥高速轨道技术平台优势，在接踵而至的武广线岩溶地基、广深港和角台温淤泥池基、合宁线膨胶地基、哈大线高寒软土地基等复杂的地质难题，都被中国铁路人一一破解，实现了中国高铁线路的"零"沉降！

而后，中国又相继攻克了松软土、湿陷性黄土、岩溶、沿海软土、高寒地区等一系列高铁土建关键技术难题；攻克了跨越大江大河和艰险山区的深水基础施工、大吨位钢梁变形控制等高铁桥梁关键技术难题；攻克了大断面黄土隧道、江河水下隧道、高压富水岩溶隧道等复杂地质条件下的隧道设计、风险评估和施工技术高铁隧道关键技术难题；建成了大胜关长江大桥等一批具有世界领先水平的标志性工程，成功地解决地质沉降和轨道热胀冷缩问题，有效控制钢轨全线高低误差。

2012年11月，京广高铁全线开通前夕，铁道部邀请了一大批国内外专家乘坐京广高铁试验车，"列车时速上升到350公里时，车厢内水杯的水几乎纹丝不动"，中国高速铁路的"高平顺、高稳定"性能得到了国际同行的一致赞叹。

轨道技术是中国高铁总体技术达到国际领先水平的一个缩影。经过十几年的努力，通过大量工程试验和实践，中国已经掌握了寒带、热带、大风、沙漠、冻土等不同气候和复杂地质条件下建设高速铁路的技术，对复杂路基、长大桥梁、大断面隧道等工程的设计施工均居于国际领先地位，形成了具有世界先进水平的中国高速铁路技术标准体系和成套工程技术。

平台之三：高铁通信信号技术平台

通信信号是高速铁路的指挥控制系统。在引进消化再创新的过程中，国外高铁通信信号的关键技术不在转让之列。早在2000年，铁道部成功研制了ZPW-2000A型区间自动信号闭塞系统，改进创新了国产信号调度集中行车指挥系统，在秦沈客专等铁路线运用，效果显著。2007年底开始，铁道部组织通号公司、铁科院、北京和利时公司联合攻关组，依托国外先进列控系统技术，结合中国国情，很快搭建起高铁信号技术仿真实验室平台。专家们像开足马力的发动机24小时分班运行，轮回进行模拟试验，查找问题，修改数据，再回归测试，经过了4000多个场景仿真试验模拟。在此基础上,中国成功研制出 CTCS-3 级列控系统。①这一中国高速列车运行控制系统,应用无线传输方式控制列车运行,是目前世界最先进的高铁列控系统,现在已成功运用于国内多条高铁线路。

经过几年的努力,在中国铁路总公司的领导下,联合攻关组成功研制出完全具有自主知识产权的中国列车运行控制系统,简称 CTCS 信号技术系统。该平台以 CTC(调度集中)为核心,以行车指挥自动化为目标,构建起中国铁路现代化的调度指挥系统。

就这样,中国高铁的轨道装备制造企业、土木建筑企业,与国内相关配套企业齐头并进,带动了冶金、机械、建筑、橡胶、电力、信息、计算机、精密仪器等产业的快速发展。据不完全统计,以动车组零部件生产设计为例,催生核心层企业 140 余家、紧密层企业 2500 余家,覆盖 20 多个省市,形成了一个庞大的高新技术研发制造产业链。

就这样,"车、路、信号"这个庞大的高铁体系技术平台,被中国人搭建起来。在有序地引入和持续地消化中,中国高铁已经形成自己的技术领先优势。毫无疑问,无论是决策上,还是技术和管理模式上,中国高铁成就了后来者居上的一个现代性的绝佳解析样板。

目前,中国铁路已经掌握了时速 250 公里和时速 350 公里及以上速度等级,涵盖设计施工、装备制造、系统集成、运营管理等高速铁路成套技术,成功开展了工务工程、通信信号、牵引供电、调度指挥、旅客服务等各专业系统的集成创新,机车车辆制造也具有了比较好的基础。建立起了具有自主知识产权、世界先进水平的中国高铁技术标准体系,成为世界上第四个系统掌握时速 300 公里及以上高铁技术的国家。

---

① 《日夜兼程 穿越梦幻的时空——中国高速铁路发展纪实》,中国政府网:http://www.gov.cn/jrzg/2010-02/28/content_1544158_2.htm。

2016年年初，在中国铁路总公司工作会议上，时任总经理盛光祖表示，经过十几年的高铁建设实践，我们系统掌握了高铁复杂路基处理、长大桥梁工程、大断面隧道工程、轨道工程、牵引供电、通信信号、新客站等高铁建设技术和运营管理维修技术，建成了京津、沪宁、京沪、京广、哈大等一批设计时速350公里、具有世界先进水平的高速铁路，形成了比较完备的高铁技术体系。[①]在此期间，我们不仅自主研发和生产时速350公里及以上的高速动车组"和谐号"（CRH380系列），建立起由系统集成、动车组、线路工程、通信信号、牵引供电、运营调度和客运服务七个子系统组成的中国高速铁路技术标准体系；还成功研发了标志着我国高速动车组技术全面实现自主化、标准化和系列化的中国标准动车组"复兴号"，将中国高铁研发推向了辉煌，极大增强了我国高铁的国际话语权和核心竞争力[②]；以及后来首次在香港运行，并作为中国内地唯一一款出口型高速动车组"动感号"。

（四）走向世界期高铁精神的深化

新中国成立后，我们就一直坚持支援世界上其他国家的建设。无论是过去的无私支援，还是现在的国际化合作，都体现了中国对世界人民的友好帮助，体现了中国政府和人民在世界交往中所持的和平与友好态度。

中国有向世界输出中国铁路的传统。在非洲铁路建设中，中国的援建具有很大贡献，至今还在使用的坦赞铁路（坦桑尼亚至赞比亚）是中非人民友谊的象征。许多坦桑尼亚铁路工人曾到中国参加培训，感受到

---

① 盛光祖：《全面提升铁路科技创新水平　为深入推进铁路科学发展提供重要支撑》，《中国铁路》，2013年第2期。
② 王有军：《纯中国造"复兴号"新一代动车组首发》，《中国经济日报》，2017年6月27日。

了中国人民的友好情谊，他们以不太熟练的汉语向中国建设者表达美好祝福。在坦赞铁路建设中，中国建设者播撒下了一颗颗友谊的种子。这些种子在非洲生根发芽、快速成长，推动中非合作不断前进。

近几年，中国通过向一些国家输出动车设备和援建准高速铁路，不断检验中国的高铁技术。强大的设计团队、过硬的技术标准以及性价比高的高铁产品在国外越来越受到欢迎。随着"一带一路"倡议在共建国家的不断深化，中国高铁将在共建"一带一路"国家或地区开花结果，带动区域内基础设施互联互通水平的提升。以中老铁路、中泰铁路、匈塞铁路、雅万高铁等合作项目为重点的区际、洲际铁路网络建设取得重大进展。泛亚铁路东线、巴基斯坦1号铁路干线升级改造、中吉乌铁路等项目正积极推进前期研究，中国与尼泊尔间跨境铁路已完成可行性研究。中欧班列初步探索形成了多国协作的国际班列运行机制。由中国中铁三局集团有限公司承建的印度尼西亚雅加达至万隆高铁项目瓦利尼隧道于2019年5月14日贯通，标志着雅万高铁建设取得阶段性重要进展，为全线加速建设奠定了坚实基础。[1]

中国高铁之所以能走向世界，与中国高铁的安全可靠、舒适体验是分不开的。如果稍微观察就会发现，越来越多的外国游客热衷于体验中国高铁。中国高铁给他们提供的不仅是种速度体验，也是我国发展速度和综合国力的彰显，是中国文化和中国智慧的象征，也是中国品牌向世界展示的名片。有的外国游客喜欢以不同方式体验中国高铁。一位来自英国的研究中国茶文化的专家，专门在高铁上冲泡一杯中国红茶，在细品慢饮中感受中国高铁的平稳之美。我们也曾在网上看到一则外国人拍摄的关于中国高铁的视频。他以一枚硬币的视角极其形象地表达了搭乘

---

[1]《"硬联通"与"软联通"互促互进》，《经济日报》，2019年9月10日。

中国京沪高铁时的用户体验：他将这枚硬币放在时速为 300 公里的京沪高铁窗边，在长达近 10 分钟的视频里，列车飞速行驶，硬币始终屹立不倒。这位外国人在视频中发表画外音称："现代高速铁路既快又舒适，中国高铁已经成为全球高铁的领导者。"[①]像这样类外国人拍摄的展现中国高铁平稳、快速和舒适的视频我们在网上都能搜索到。正是中国高铁的优质品质带来的体验，让更多国际友人对中国高铁充满兴趣。

中国高铁走向世界有其"物美价廉"的因素。2014 年 7 月，世界银行发布了对中国高铁的分析报告，对中国在 2007—2013 年间建成的 1 万公里高速铁路网（按时速 250 公里计算）的成就进行了解读。世界银行在这份报告中指出，中国的高铁建筑施工企业建设成本大约为其他国家的 2/3，而票价仅为其他国家的 1/5~1/4。具体而言，中国高铁的加权平均单位成本为：速度 350 公里/时的项目为 1.29 亿元/公里；速度 250 公里/时的项目为 0.87 亿元/公里。世界银行分析称，除了劳动力成本较低外，高层规划和规模效应也是中国高铁如此价廉的重要原因。报告举例称，虽然中国引进了德国的板式轨道制造工艺，但由于中国的劳动力成本较低且产重很大，因此中国制造该产品的成本比德国产品低 1/3 左右。[②]时隔 5 年后，世界银行再次发布《中国的高速铁路发展》报告，该报告指出，长期全面的规划和设计标准化是中国高铁成功的关键要素。

中国高铁走向世界更是因为拥有过硬的技术能力。中国高铁建设有着在复杂地质条件下从事各种施工的经验积累；有着现代化工程设计施工的丰富经验，有着在非常气候变化条件下工程施工和列车运营的具体

[①] 优酷网：《老外在京沪高铁上竖立硬币，惊呆了。》，https://v.youku.com/v_show/id_XOTQwMzg0NjMy.html。

[②] 欧杰，宋迪，周楠燕：《中国高速铁路：建设成本分析》，《世界银行中国交通运输系列专题之九》，2014 年第 7 期。

经验,兰新高铁跨越塞北风区,沪昆高铁穿越岭南山川,哈大高铁驰骋东北雪海,宁杭高铁穿梭江南水乡……这些为中国高铁走向世界提供了地域性工程模板和动车运行的基本数据指标,为世界高铁动车运营提供了丰富的实践经验,为中国高铁"走出去"奠定了坚实的技术基础。中国高铁堪称当之无愧的高铁"教科书"。

中国高铁走向世界需要把握阶段性节奏和掌握安全可靠度。一方面,一些发展中国家经济实力相对薄弱,甚至缺少稳定的政治局势,尽管他们期待中国高铁尽快落地,但在这些国家修建高铁要费一些周折。特别是对那些期待以较少投入获得中国高铁技术的国家而言,中国高铁在这些国家如何发展的确需要进一步探讨。另一方面,随着中国高铁影响力的不断加大,一些西方国家宣扬中国高铁"威胁论",加之高铁技术拥有国对中国高铁技术的片面宣传,致使中国高铁在走向世界特别是在走向欧美国家的过程中困难重重,这需要我们具备风险意识,做好中国高铁"走出去"的中长期战略规划,既要谋划好与拥有高铁技术的发达国家之间在国际市场开展的竞争,又要防止在需要建设高速铁路国家由于内部的政治矛盾、政局动荡、经济发展等方面的问题,出现的工程被迫延期,甚至签订的高铁建设合同被撕毁等风险问题。中国高铁走向世界,需要中国铁路人的技术和智慧,也需要我们与世界人民的真诚沟通,以和谐的对话、务实的行动推进中国高铁为世界人民服务。

奔向世界的中国高铁必将拥有美好的未来。中国高铁走向世界势在必行,原因在于中国如今拥有了大量的高铁建设经验。中国高铁的技术集成是集中采纳了众多国家的高铁先进技术特点并创新的成果,更重要的是中国拥有数量可观的高铁工程建设队伍,高铁装备制造队伍,以及高铁运营队伍。这些高铁队伍脱胎于中国传统的铁路企业,有着丰厚的技术经验积淀，同时又经受了苛刻的高铁技术的磨炼。许多中国铁路人不仅有无数条高铁的建设和运营的经验，而且有的铁路人还在其他国家进行了十几年的准高铁建设，拥有丰富的调试经验，这为中国高铁走向世界提供了雄厚的技术基础和人才储备。

二、高铁精神的基本内涵

（一）科学求实、兼容并蓄的创新精神

"日新之谓盛德。"从古至今，故步自封必将被淘汰，只有不断创新才能实现发展。习近平总书记指出："我国自主创新的一个成功范例就是高铁，从无到有，从引进、消化、吸收再创新到自主创新，现在已经领跑世界。"[①]我国高铁起步虽晚，但是能在短时间内实现从"追赶"到"超越"的跨越式发展，创造出令人瞩目的奇迹，这与我国高铁建设者凭借着科学求实的工作方法和兼容并蓄的科研态度并不断进行创新是分不开的。在无数中国高铁建设者的共同努力下，高铁技术突破层层"瓶颈"，实现创新发展，现我国已是世界上运营里程最长、系统技术最全、建设规模最大、且完全具备自主研发能力的国家，中国高铁已经成为一张亮丽的国家名片，也成为世界高铁的标杆。

1. 科学求实的精神

科学求实的精神内涵是由科学精神与求实精神这两个方面有机构成。其中科学精神是指秉持着科学严谨的态度，不断进行探索创新，在创新的过程中坚持科学的方法，并接受实践的检验，在反复的试验中实

---

① 习近平：《中国冰雪运动必须走科技创新之路》，《人民日报》，2021年1月21日。

现进一步的发展；求实精神则是指实事求是，要从客观实际出发来研究和解决问题，要对客观实际有正确的认识，做出的判断和选择要符合实际情况，正如古人所讲："知之愈明，则行之愈笃；行之愈笃，则知之益明。"在高铁的研制过程中，中国高铁建设者一直秉持着科学求实的精神不断进行自主创新，他们深深明白，要发展中国高铁就要立足于中国高铁的实际，从实际出发，以科学的方法、严谨的态度来对待高铁在发展中遇到的问题，这样才能真正突破技术"瓶颈"，掌握核心技术，实现自主创新。

首先在决策上体现了科学求实的精神。中国高铁的发展不是一蹴而就的，而是历经了几十年持续而艰辛的探索，在高铁研制的过程中，科学的决策就是解决实际问题的前提条件与关键一环。高铁建设者坚持实事求是的科学原则，做出审慎理性的科学决断，使得中国高铁迅速腾飞，其中关于京沪高铁修建的论证过程就是对科学求实精神的显著体现。

京沪高铁作为中国高铁真正意义上迈出的第一步，关于它的修建论证历程之久、各种派别争议之激烈、研究勘测之严谨，在中国高铁史乃至世界高铁史都堪称传奇。在今天看来，京沪铁路无论是从沿线人口密集度还是经济发展程度这两方面来看，毫无疑问这一高铁线路的修建是没有争议的。就是这样一条看起来如此理所应当修建的高速铁路，在当时决策是否修建、怎样修建时，具体的论证过程就整整持续了18年。1990年作为时间起点，铁道部组织专家起草了《京沪高速铁路线路方案构想报告》，宣告中国第一条高铁的建设即将开启。随后在1994年，铁道部又联合国家科委、国家计委、国家经贸委和国家体改委组织专家，成立了"京沪高速铁路前期研究课题组"，这个课题组包括了40多个单位的120位专家，实地考察京沪沿线，还前往当时在世界上高铁技术领先的德国、日本、法国进行考察，并多次邀请国外专家开展研讨会，经过了9个多月细致的工作，最终审慎地论证了京沪高铁修建的必要性。作为京沪高铁项目的参与者——中国铁设副总工程师李树德介绍："从北京至徐州铁路段，总共路程长达600多公里，但中国铁设却足足勘察设计了1800多公里，相当于把线路反复勘察设计了三遍。"①在京沪高铁修建前期就开展了科学严谨的论证工作。

　　论证了修建的可行性后，京沪高铁的修建出现了"建设派"与"缓建派"这两种声音的争论，以及后来关于采用哪种技术方案进行修建的"轮轨派"和"磁悬浮派"之争。到底采取何种技术方案，是轮轨还是磁悬浮？两种观点相持不下。在两争之中，中央与铁道部科技部最终决定用实践来检验，让两种方案都各修建一条试验线，根据运营实验结果来确认采取何种技术方案。实践具有直接现实性的特点，是检验真理的标准，京沪高铁在整个修建过程，从决策到具体建设无一不体现了这一唯物辩证法的思想，最终才得以选出科学的修建方案。在这长达18年的论证过程中，高铁建设者对沿线的细致考察，对修建可行性的严谨分析，对修建方案的审慎决策，无一不体现了科学求实的精神，因此京沪高铁也创造了世界上一次建成线路最长、标准最高的高速铁路的记录。

京沪高速铁路南京大胜关长江大桥雄姿

（国家铁路局，http://www.nra.gov.cn/ztzl/hyjc/kjcxx/kp/201605/t20160526_24374.shtml）

---

① 《京沪高铁——中国速度背后的故事》，《中国商报》，2019年5月28日。

其次在技术创新上体现了科学求实的精神。我国高铁技术起步晚，且相较于当时世界上高铁技术发达的"四国"来说，技术相较落后。但是纵观我国高铁技术发展的历程，在较短时间内能实现自主创新的根本性跨越，掌握核心技术，取得突破性进展，科学求实精神发挥着重要作用，其中关于CRH380A头型的研发过程，尤为值得一提。

在研制时速为380公里的新一代高速列车CRH380A动车组时，世界上没有先例可以借鉴，只能完全依靠自主创新。而要实现时速达到380公里的研制目标，首先就需要对制约列车运行速度的气动阻力进行科技攻关，其中优化高速列车外形是减小气动阻力的重要环节，而最要紧的就是设计好它的"头型"。CRH380A头型的研发过程严格遵循了科学的研发流程，从方案的设计到仿真分析，从模拟实验到不断优化层层推进，中车四方股份公司总工程师龚明在接受采访时表示："我们经历了目前历史上规模最大、历时最长的科学研究试验，在这其中，我们设计了20个列车头型，围绕头型的气动性能研究进行了17项75次仿真计算、760个不同运行环境的气动力学试验和60个工况的噪声风洞试验，完成了520个测点的22项线路测试。"[①]为了选择出最适合的新头型，设计人员们开展了实车试验，在郑西和武广高铁进行了大量的试验，最后根据实践情况，结合试验数据，对新头型实现了进一步的优化，最终确定了CRH380A的"火箭"头型。自主研发的新头型，不仅成功减小了高速列车运行阻力，达成了时速380公里的目标，同时还解决了因提速带来的安全性问题，更值得骄傲的是，新头型的各项技术性能优异，达到了国际领先水平。

---

① 矫阳：《"中国面孔"是这样雕塑的》，《科技日报》，2011年10月24日。

工人在中国南车四方股份公司车间制造 CRH380A 车头的车体骨架

(中国政府网,http://www.gov.cn/jrzg/2014-01/06/content_2560278.htm)

在 CRH380A 动车组的研制团队中,还有这样一位女工程师梁建英,也是我国高铁装备行业唯一的女总工程师,她带领团队突破了高速动车组的核心技术,2019 年全国妇联授予她 2019 年度"全国三八红旗手标兵"荣誉称号。在 2006 年,CRH380A 高速动车组的研制工作开始了,梁建英披挂上阵,担任此次研制项目的主任设计师,带领团队开始了长达两年的艰苦试验,梁建英说,"在我们行业有这样一句话,高速列车是试验出来的",意思是只有通过大量的实验,才能准确把握高速列车运行的性能和规律。梁建英不仅这样说了,在研制过程中也坚持这样做,在一次线路试验时,连日劳累的梁建英为检查车辆状况,从车上跳了下去,就在她躬身检查车轮时,腰突然疼痛不已,无法动弹,就算这样她也不愿休息,坚持"必须看到试验结果",于是她忍痛等到第二天凌晨试验结果出炉,并提出改进方案后才休息。在整整一年半的时间内,梁建英带领的研发团队一共做了 2300 多项线路试验,跟车试验里程超过 61 万公里,在试验过程中解决了列车启动时的加速性能、牵引能力、电磁干扰等问题,成功打赢了这场攻坚战,充分彰显了我国高铁建设者科学求实的精神和坚韧不拔的毅力。

CRH380A 型动车组的成功研发,与所有参与研制的人员的辛勤付出是分不开的,在研制过程中他们始终秉持着科学的方法和严谨的态度,反复进行试验,根据试验结果做出的科学的判断,选择出最符合实际要求的方案,并在试验中不断进行优化创新,最终才设计出了性能如此优异的高速列车,铸就了世界最高时速的神话,中国高铁由此推进了实现全面自主创新的步伐。

最后在工程建设中体现了科学求实的精神。我国有着广袤的地域和复杂的自然环境,同时还有因气候多变而引发的自然灾害,因此在修建高铁的过程中,遇见高山河流,就要搭桥修隧道,遇到自然灾害的多发地带,就要不断进行技术攻关,降低恶劣环境对高速列车运行安全的影响,最大限度地保障高速列车的运行安全。我国高铁建设者在建设过程中,能够因地制宜,针对各区域不同的自然条件采取不同的修建方案,其中就有这样一条不同于以往高铁线路的、横穿大漠风区的高铁,也是世界上首条高海拔地区的高铁——兰新高铁。

"兰新高铁穿越新疆烟墩风区、百里风区、三十里风区和达坂城风区,这四大风区大风频发、风速极高,部分区段年均大于 8 级大风的天气达 208 天,最大速度达 60 米/秒,相当于 17 级大风,过去曾发生过吹翻列车的情况。"[①]兰新高铁沿线风力强劲,部分区域年均 8 级风以上,因此要建设兰新线,首要的就是克服戈壁大风这道世界性难题。兰新铁路建设者何文周回忆道:"12 级大风刮起来,长 1.5 米、上百公斤重的涵管都能被吹走,这时候,工人们都戴着防风眼镜,用布包着嘴巴,在大风中仍然不停工,我还记得当时的口号是,'大风小干、小风大干、无风加油干'。"面对这种情况,在修建兰新线的过程中,我国高铁建设者改变

---

① 《兰新高铁穿越四大风区》,《南方日报》,2014 年 12 月 27 日。

了传统的修建方案,有针对性地设计了新方案。设计人员首先针对风区实地建立了大风观测站,并结合已有的气象资料,把线路所经的风区由低到高分成五个区,通过模拟分析与实验得出数据,为高铁修建方案的设计提供了科学依据。紧接着科研人员经过综合试验,根据不同的风力、风向、地形等具体条件,设计了"挡风墙",应对了戈壁大风提出的特殊要求,成功"建成了世界上第一条戈壁大风区高速铁路,解决了世界性技术难题,形成了具有自主知识产权的技术标准,取得了举世瞩目的成就"①。兰新线的成功修建是全体高铁建设者共同努力奋斗的结果,在修建过程中,所有高铁建设者都秉持着科学的方法和求实的态度,针对特殊的自然条件,采取特殊的修建方案,在经历了长期艰苦的探索和细致严谨的试验后,解决了世界级的技术难题,实现技术攻关与自主创新,填补了我国甘肃、青海和新疆三省区的高铁空白史,高铁建设者科学求实的精神对成功推动高铁建设的实践有着不可磨灭的作用。

兰州西站迎来首趟测试动车组,标志着兰新高铁将全线进入最后试跑阶段(中国政府网,http://www.gov.cn/xinwen/2014-11/04/content_2774668.htm)

---

① 国家铁路局:《戈壁大风区高速铁路防风关键技术研究与试验》,http://www.nra.gov.cn/ztzl/hd/kjcxdh/kj_cxcg/zgtdxhkxjsj/201811/t20181105_69466.shtml。

2. 兼容并蓄的精神

"取百家之长,补一己之短",自古以来中华民族就注重与其他文明交流、互鉴、融合,从而博采众长、推陈出新。兼容并蓄的精神展现了我国高铁在研发的过程中具有很强的包容性与吸收消化能力,能够不断开展交流合作,取长补短,最终促进自身的发展。我国高铁在发展初期,为了尽快缩小我国与国际先进技术水平之间的差距,实现"跨越式"发展,并没有采取完全依靠自身现有技术力量来实现对高铁技术突破的方案,而是采取合作研制的方案,通过引进国际上先进的高铁技术,去学习、消化,不断让中国高铁技术与世界先进技术相融,最后在短时间内提升我国高铁技术的研制水平。我国高铁在自主创新的过程中,举全国之力开展合作,发挥各方的长处与优势,高效突破了核心技术,这不仅体现了兼容并蓄的精神,还体现了我国集中力量办大事的制度优势。同时,我国高铁正在积极推进"走出去"的战略,与世界其他区域开展交流合作。

首先,中国高铁在发展初期,与外国的先进技术兼容并蓄。在1999年,铁道部就与国外合作研制了"蓝箭"高速动车组,拉开了"自主+合作"模式的序幕。在"蓝箭"研制的过程中,以欧洲高铁技术为基础进行研发,为我国之后自主研发"中华之星"奠定了技术基础。并且在研究"中华之星"的过程中,也并非闭门造车,而是积极与法国和德国的高铁专家进行沟通交流,学习了法国高速列车动力模式和日本研制的思路,实现了对先进技术的引进、消化和吸收。随后在2004年4月,国务院常务会议召开,会议明确指出"加引进先进技术、联合设计生产、打造中国品牌"[①]的铁路装备现代化总体方针,力争在较短时间内,生

---

① 人民网:《联合设计生产,打造中国品牌》,http://scitech.people.com.cn/n/2013/1201/c1057-23704833.html。

产能力达到世界先进水平。在这次会议后,中国系统性地引进国际上最先进、最成熟、最可靠的高铁技术,使得中国高铁与世界高铁的先进技术成功接轨,进一步提升了我国高铁建设水平。可以说在我国高铁发展的初期,通过引进世界先进高铁技术,与世界高铁先进技术相融合,取长补短,汲取各方优势,实现了弯道超车,为我国高铁技术达到世界先进水平,实现自主创新奠定了良好的基础。

其次,中国高铁在自主创新的过程中,将本国的各方优势兼容并蓄。我国高铁在自主创新的过程中,坚持政产学研用相结合,打破部门和学科的界限,将各部门的优势兼容起来,充分发挥各方长处,实现了我国高铁的创新发展。在2008年,铁道部和科技部计划研发时速350公里以上的中国高速列车,建立具有自主知识产权的中国高速列车装备,于是签署并组织实施了《中国高速列车自主创新联合行动计划合作协议》,积极打造政产学研用联合的局面,在联合计划下,国内众多单位参与其中,打破部门和学科界限。担任此次行动计划的总体专家组副组长和重点专项专家组组长的贾利民感触颇多,他认为中国高铁能有今天坚持自主创最为关键,同时只有海纳百川,发挥社会主义制度"集中力量办大事"的优势,才可能走通中国高铁自主创新的路子,他在接受采访时说道:"据不完全统计,先后参与过高铁研发的有50多个国家重点实验室和国家工程中心、27所全国顶尖高校、500多家企业和上万名科研人员,是大家齐心协力,共同创造了中国高铁今天的辉煌,而我只不过是沧海一粟。"[1]在这次联合行动的计划下,各部门协作沟通、通力配合,把各方优势兼容起来,形成了一支涵盖中国高铁研究、设计、制造及运营管理

---

[1] 新华网:《核心技术只能一步一个脚印干出来"——记中国高铁领军人物之一贯利民》,http://www.xinhuanet.com/politics/2018-10/22/c_1123595266.htm。

的科研团队,充分发挥各自强项,集中力量来推动中国高铁的自主创新,为突破关键技术、提高创新能力提供了保障。作为第二代动车组的杰出代表的CRH380A,无疑就是在自主创新的过程中发挥联合优势的产物。据调查,此次联合行动"在10个方面取得了重大突破,同时获得授权专利596项,其中发明专利143项;制定国家标准26项,行业标准226项,为我国高速列车相关技术的自主化与创新发展奠定了知识产权基础"①。

我国高铁技术能够在短时间内实现自主创新,进入世界高铁技术先进水平前列,联合计划在其中发挥了重要作用,这使得我国高铁在技术追赶的过程中最大程度、最高效地实现了创新发展。

最后,中国高铁积极推动"走出去"战略,体现了兼容并蓄的精神。纵观历史上丝绸之路的发展,在沿线各个民族之间的商贸往来增多的同时,也促进了不同文化之间的相互交流、相互理解,最终呈现出融合共荣的趋势。在今天,我国正积极推进"走出去"战略,高铁紧跟共建"一带一路"国家积极参与的步伐,推动了各区域铁路网络的建设,让便捷、高效的高铁成为纽带,打破了不同地区的时空界限,使得原本缺少交流的各国文明,实现互补交融。中国高铁积极开展的"走出去"战略,不是一朝一夕完成的,而是一个长期积累和发展的过程,《中国铁道建筑报》记者刘英才说道:"通过多年的采访,我了解到,中国铁路最早从坦赞铁路开始,走出去距今已经有50年,这和中国的发展一脉相承。50年来,一代代中国建设者走向国外,走向世界,承担着大国义务。"②目前,共建"一带一路"已经包括60多个国家,上百个民族。高铁不仅促进了各

---

① 国家铁路局:《中国高速列车自主创新重大项目通过国家验收》,http://www.nra.gov.cn/xwzx/xwdt/xwlb/201406/t20140612_6435.shtml。
② 新华网:《刘英才:讲述中国高铁海外故事》,http://www.xinhuanet.com/zgjx/2017-11/08/c_136736242.htm。

个区域之间的资源流动和贸易往来,还推动了各国人民的文化交流,加强了不同文明之间的对话,形成彼此交融与互相学习的"朋友圈"。①当前,中国高铁已经能够更好地"走出去",与不同国家的铁路制度和世界先进的铁路技术体系都具有较好的兼容性,据调查,"中国高铁不仅融合UIC 标准、IEC 标准、ISO 标准、欧洲 EN 标准、日本 JIS 工业标准等国际先进标准,也与德国的西门子(Velaro-E)、日本的川崎重工(E2-1000)、法国阿尔斯通(SM3)、加拿大的庞巴迪(Regina)等完全兼容"②,中国高铁在"走出去"的同时,在文化、科技、技术标准等多个方面体现了兼容并蓄,也促进了与"一带一路"沿线各个国家的交融相通。

(二)自主创新、赶超一流的创业意识

如今,中国开启了建设社会主义现代化国家的新征程。身处新的发展阶段,科技自主创新的核心驱动地位更加凸显。20 世纪 70 年代,我国的主型机车仍是蒸汽机车,到后来的内燃机车、电力机车,再到如今的复兴号,中国铁路技术体系发生了巨大的变化。特别是改革开放以来,铁路装备从最初的技术引进、消化吸收,再到最后的自主创新、赶超一流的创新创业意识。

1. 独立研发"先锋号""中华之星"

作为中国首列动力分散型高铁动车组的"先锋号",被当年国家计委列为"九五计划"的重点科技关注项目。2000 年由浦镇车辆工厂、长春客车厂、大同机车车辆厂、永济电机厂及铁道科学研究院、上海铁道大

---

① 《秉承丝路精神,推动中国高铁走出去》,《光明日报》,2015 年 11 月 29 日。
② 徐飞:《中国高铁"走出去"的十大挑战与战略对策》,《人民论坛·学术前沿》,2016 年第 14 期。

学等联合研制。"先锋号"虽然跟踪的是日本新干线300系技术，但完全是独立研制而成，未有任何技术转让。

"先锋号"高速列车

（黔东南信息港，http://www.qdn.cn/news/sh/201005/33085.shtml）

此外，和"先锋号"一样，"中华之星"高速列车也是国家正式成立的项目，起源是京沪高铁的轮轨与磁浮路线之争。铁道部为了证明轮轨路线的正确，决定研发一款时速270公里的高速动车组项目（当时世界上运营速度最高的高速铁路也只有时速300公里）。在此背景下，铁道部正式将时速270公里高速列车产业化项目上报国家，2000年下半年国家计委就以2458号文件正式批准立项，将其列入国家高新技术产业化发展计划项目，文件明确这是中国具有自主知识产权的高速列车项目，并正式命名为"中华之星"。"中华之星"几乎荟萃了当时最顶尖的机车车辆研发资源，由来自中车株机公司的工程院院士刘友梅担任总设计师，召集了包括四大机车厂（株机公司、大同公司、四方股份公司、长客股份公司），四大研究所（铁科院、株洲所、四方所、戚墅堰所），两家高等院校（西南交通大学、中南大学）在内的众多技术专家参与研发。

作为时代骄傲的代表作品，"中华之星"是绝对的实力派。它采用了更多新技术，大量零部件选用了进口产品，"鸭嘴兽"头型设计更是独一无二。2002年11月27日，测试阶段的"中华之星"试验速度达到321.5

公里/小时,创造了当时中国铁路第一速。这一记录不仅彰显了广大铁路人的创新精神,也充分表明中国独立研发高速列车技术迈向更高水平。

"中华之星"高速列车

(网易,http://news.163.com/special/jinghu_highspeedrailway/?123)

独立研制"中华之星""先锋号"的历史功绩主要是通过科研攻关实现了多种高速列车关键技术的突破(表1),不仅提高了大批技术人员的创新创造能力,同时也为高铁先进制造技术的引进、消化、吸收、再创新做了充分准备。

表1 高速列车技术独立研发阶段所研究的关键技术[①]

动力集中高速列车关键技术	动力分散高速列车关键技术
牵引系统交流传动技术 微机控制直通制动系统 车载微机及网络技术 多方案研究及比较 高速列车轨动力学及转向架技术 高速列车轻量化车体研究 高速列车空气动力学研究及外形设计 高速列车总体技术条件及规范 高速列车综合试验技术	交-直-交电传动系统 动力分散动车组微机控制制动系统 车载计算机控制系统 动力分散型列车总体设计技术

---

① 刘涟清、蒲琪等:《中国高铁发展战略》,上海科学技术文献出版社2019年版,第58页。

时至今日,有关"中华之星"的言论依旧存在,由于大量零部件来自国外,国产化率低,稳定性差,故障频发等弊端,最终难以担当中国高速列车主力车型的重任,但它代表着一个时代的技术高度。2013年历经坎坷的"中华之星"带着记录与传承的历史使命驶进了位于北京的中国铁道博物馆。其实,它只是试验列车,创造过时速321.5公里的速度神话,也蒙受了不公待遇,这些起起伏伏让它的一生沉浮,注定成为时代的符号!

2. 引进消化:打造中国品牌"和谐号"

中国高铁向国外学习集中体现在2004—2006年间。中国在吸取境外引进高铁技术的经验和教训基础上,走出了一条独特的中外合作之路——"以我为主,博采众长,融合提炼,自成一家"。2004年,我国制定《中长期铁路网规划》,绘就了里程超过1.2万公里"四纵四横"快速客运专线网。同年6月,铁道部为了满足中国铁路第六次提速需要,展开了200公里级别的第一轮高速动车组制造技术的引进招标工作。以此为标志,中国开启了高铁动车组的引进消化、再创新的大门。

在2004年第一轮招标中,青岛四方机车车辆股份有限公司与川崎重工等6家日本企业组成的联合体中标3包共计60列动车组,型号统一为CRH2A;庞巴迪公司在中国青岛的合资公司青岛四方庞巴迪铁路运输设备有限公司(BST)中标1包共计20列动车组,型号统一为CRH1A。[①]2005年,广深铁路股份有限公司又向BST另外订购20列时速200公里级别的动车组,以此满足广深铁路第四线于2008年开通后的运营需求。同年,南车四方从日本引进了时速200公里的高速动车组,命名为CRH2。

---

① 高柏、李国武:《中国高铁创新体系研究》,社会科学文献出版社2016年版,第18页。

第六章 高铁精神

2006年9月,时速200公里的国产CRH2型"和谐号"动车组在南车四方下线,最高运营时速为250公里,应用于提速改造后的既有线路。

知识小卡片

CRH表示在引进的平台上打造的中国品牌"中国高速铁路"。
数字1、2、3、5代表生产厂家:
"1"代表青岛四方-庞巴迪-鲍尔铁路运输设备有限公司(BST)
"2"代表中国南车四方机车车辆公司(南车四方)
"3"代表中国北车唐山轨道客车公司(北车唐山公司)
"5"代表长春轨道客车股份有限公司(北车长客)
数字后面则代表速度等级和编组形式:
"A"代表时速200~250公里、8辆编组
"B"代表时速200~250公里、16辆编组
"C"代表时速300~350公里、8辆编组
"E"代表时速200~250公里、16辆编组的卧铺动车组

在引进高铁列车制造技术后,我国铁路的客运能力和质量大大地得到提高。动车组的引进虽然以中国庞大的高铁市场为诱饵来引进国外先进技术,但并非直接采购国外车辆,而是在外方的指导下由中国企业生产制造,这样就保证了中国企业在产权上的独立性和决策上的自主性。2008年,四方南车股份公司开始研制CRH380A高速动车组。设计时速达到380公里的高速动车组,在世界上并无先例可循,科技攻关的难度史无前例。

众所周知,对车体的结构强度设计进行分析,它是轨道交通装备研发的基础。因此,车体结构的设计成为南车人面对的第一道难关。不仅要保持车体本身所具有的轻量化优势,又要满足在时速380公里条件下

车体的刚度、强度要求，这种自相矛盾的问题如何解决？因此，四方公司成立了攻关团队，建立起一流的协同仿真平台，任命田爱琴负责车体分析。田爱琴在接受这一攻关任务后，脑子里只有一件事，那就是CRH380A 的车体。那段时间的她仿佛变了一个人，不管做什么事情，都会不由自主地联想到这个难题。她带领团队一步步建立模型、划分网络、施加载荷，先后对 200 多万个的网络规模重新划分，对门口、窗口、关键承载部位的网络密度，单元的选择以及单元形态，都进行了反复比较、优化、校验。她和科研团队常常为了一个方案的反复求解、论证忙得通宵达旦，为了新头型的问题、车体模态的问题、车体气密强度的问题不眠不休。最终他们艰苦的付出收获了完美的回报，经过多达十数种结构优化设计比对，攻关团队终于拿出了优化设计方案，成功解决了这一技术难题。CRH380A 高速动车组受到了专家们的高度评价，是产学研科技攻关团队集体智慧的结晶，是对广大高铁人自主创新能力的肯定，不仅代表了我国"和谐号"高速动车组的最高水平，也成为我国铁路装备制造业自主创新的典范。①

3. 自主创新："复兴号"高速列车

自从党的十八大提出走中国特色自主创新道路、实施创新驱动发展战略以来，创新已成为经济、科技、文化、教育等各领域谋求发展的第一动力。今日中国高铁取得的辉煌成就，在很大程度上得益于实施了全面自主创新战略。始终坚持自主创新与中外合作相结合，以我为主，博采众长，融合提炼，自成一家，完成赶上世界铁路先进水平、在一部分领域领先的目标。按照党中央关于建设创新型国家的战略部署，我国铁

---

① 戴荣里：《最完美的抵达中国高铁之梦》，百花文艺出版社 2014 年版，第 40 页。

路走出了一条符合我国国情的自主创新之路。

近年来,我国企业在高铁相关领域的授权量呈现快速增长趋势,其中,在铁路基建、高速列车、通信信号、安全监控等领域尤为集中。在消化吸收再创新基础上,我国高铁进入了自主研发创新的新阶段。而"复兴号"标准动车组的横空出世,标志着中国高铁动车技术成功进入了自主创新发展的崭新阶段。

"复兴号"高速列车

(青岛新闻网,http://news.qingdaonews.com/qingdao/2017-06/26/content_12090938_all.htm)

高铁发展的关键,就是持续的创新与超越,高速动车组是各种尖端技术的高度集成,研制过程中,广大科研工作者深入研究,全力创新,保证了中国标准动车组技术可持续地引领世界动车组技术发展。2016年7月15日,两列标准动车组"蓝海豚"和"金凤凰"在郑(州)徐(州)高铁上分别以420公里的时速交会和重联运行,成功完成世界上最高速度的动车组交会试验,是对"复兴号"整体技术性能的考验。此外,由于中国地域辽阔,空气环境等相差较大,为适应长距离、高强度等运行

需要,"复兴号"在各种条件下进行了 60 万公里的运用考核(欧洲标准为 40 万公里)。多次交会试验不仅验证高速列车在不同环境条件下的运营速度,也进一步验证了"复兴号"列车整体的技术安全性能,尤其是首次实现了动车组牵引、制动、网络控制系统的全面自主化,标志着我国已全面掌握高速铁路核心技术。

作为中国装备制造业最具创新性的代表之一,短短十几年间,中国高铁成为全球轨道交通业发展的一面旗帜。令人惊艳的成就离不开中国高铁研发团队不断勇攀高峰、追求卓越的努力。在"复兴号"诞生前,中车长客的高铁研发团队自 2004 年起就参与了"和谐号"系列动车组列车的研发。作为"复兴号"中国标准动车组电气原理系统负责人的张国芹回忆道:盛夏的郑州天气酷热,什么事儿都不做也会大汗淋漓,但现场准备试验的专家在户外一忙就是一整天。铁轨路基地表温度达到 40 摄氏度,车辆裙板及转向架区域辐射温度甚至能达到六七十摄氏度,可负责车下部件状态的同事每天要趴到轨道上进行四五次例行检查。每天早上 6 点上车,晚上 10 点试验结束,临时半夜召集会议也是常事。现场设计团队的 12 个人,平均年龄不到 33 岁。大家每天睡眠时间也就三四个小时,坚持了半个月,逐个分析高压、牵引、制动、转向架……对于任何可能影响高速试验的细节均逐一进行检查。其中包括备品备件、库存物流情况和日常维护等工作也都要干。用张国芹自己的话形容,"那阵子真是干活儿累到'断片'",但又充实得很。

2019 年,为跟进京张高铁智能动车组的型式试验,张国芹再一次来到郑州。可是,一路上坐车所见的街景她都觉得十分陌生,"就跟从没来过这里似的。直到车拐过路口,到了宾馆,她才意识到'哦,我住过这儿'。2016 年在郑州的半个月,我根本没时间多看一眼这个城市。"正是高铁人勇于拼搏，坚持创新的精神攻克了我国高铁研发遇到的种种困难，为中国高铁总体技术跻身世界先进行列做出卓越贡献。

4. 持续创新，赶超一流

当前，随着"一带一路"倡议的持续推进，雅万高铁、莫喀高铁项目顺利开展，我国高铁"走出去"步伐加大。从2016年7月，两列中国标准动车组在郑徐高铁成功开展时速420公里交会和重联综合试验；到2017年9月，复兴号动车组在京沪高铁实现时速350公里商业运营；再到2019年12月，复兴号智能动车组在京张高铁上线运营，在世界上首次实现时速350公里自动驾驶……在此期间，中国高铁攻克层层难关，在核心技术上取得关键性突破，自主研发的"复兴号"高铁更是我自主创新的重要典范。

中国高铁事业的成功，离不开兢兢业业的高铁人。北京交通大学贾利民教授从1995年开始承担高铁相关研发项目至今，参与和见证了我国高铁发展的全过程。他将我国高铁的发展分为4个阶段：20世纪90年代初到2004年为孕育阶段，主要是学习和尝试，研发了一些自己的技术，包括建成"广深准高速铁路""秦沈客运专线"，也研发了我国第一代高铁电力动车组"大白鲨""中华之星"；2004年至2008年为引进消化吸收阶段，以引进日本、德国、法国、加拿大等国的高铁制造技术为主；2008年至2012年为自主创新阶段，以科技部和原铁道部联合发起实施的《中国高速列车自主创新联合行动计划》为标志，该计划诞生了被欧洲人称为"中国高铁革命"的"和谐号CRH380系列"高速列车；2012年至今为持续创新阶段，在"和谐号380系列"平台技术的基础上继续拓展创新。回望我国高铁发展历程，贾利民教授认为："坚持自主创新最

为关键——只有走自主创新的发展道路,中国高铁才能真正变成中国人自己的高铁;只有发挥社会主义制度'集中力量办大事'的优势搞开放创新,才有可能走通中国高铁自主创新的道路;只有中国社会经济高速发展的需求和老百姓对美好生活的向往,才能为高铁发展提供前所未有的动力和机会。"

习近平总书记强调:"真正的大国重器,一定要掌握在自己手里。核心技术、关键技术,化缘是化不来的,要靠自己拼搏。"[①]全面自主创新是中国高铁最重要的战略,高速铁路和高铁列车之所以能成为靓丽的中国名片,主要靠自主创新、兼收并蓄、攻坚克难。我国既能搞好引进、消化、吸收、再创新,又能坚持自主研发、自力更生,有效破解核心关键技术,终于把高铁这一"大国重器"掌握在自己手里。

回顾往昔,展望未来。中国铁路从蒸汽机车、内燃机车、电力机车,再到前期自主发展的"先锋号"动车组、引进吸收的"和谐号"动车组、中国标准国际领先的"复兴号"动车组,伴随新中国一路高歌,这一切的成绩都离不开铁路部门在国家的支持下所付出的持续投入和技术突破及创新,中国铁路也不忘自身使命,在国内经济发展中,起到了无可替代的巨大作用。在新时代的伟大征程上,总结经验、继续努力,坚定不移走自主创新之路,把核心关键技术牢牢掌握在自己手中,我们就一定能继续创造令世界刮目相看的人间奇迹,让追梦之路更加舒畅。

(三)忠诚祖国、拼搏奉献的爱国情怀

提起中国的四大发明,中国人和很多外国人都不陌生。火药、指南

[①] 习近平:《加强改革创新战略统筹规划引导 以长江经济带发展推动高质量发展》,《人民日报》,2018年4月27日。

针、造纸术、印刷术被西方世界广泛认知。而高速铁路、电子商务、移动支付、共享经济,则被称为中国现代"新四大发明",在这一"新四大发明"序列中,排名第一的"高铁"可谓实至名归。交通强国,铁路先行,经过新中国成立70多年来的持续奋斗,我国拥有了现代化程度最高的铁路网和最发达的高铁网,高铁技术世界领先。到2019年年底,我国铁路营业里程超过13.9万公里,其中,高速铁路营业总里程超过3.5万公里,中国成为世界唯一高铁成网运行的国家。高铁成为中国速度的不断刷新者,中国发展的见证者、记录者,习近平总书记、李克强总理称赞中国高铁为"中国高端装备的一张亮丽名片"。不断延伸的高速铁路串起祖国的名山大川,也连接着许多人的梦想。

回顾中国高铁发展的漫长里程,它经历过追赶,也经历过大发展;经历过事故,也经历过质疑;经历过降速,又经历过再提速。在一次又一次的失败后重新再来。历经沧桑,曲折前行,奋发崛起,通过一次次的技术革新与攻关,终于以其安全、高速等诸多元素挺立在世界最前沿,展示出属于中国的亮丽名片。[①]之所以中国高铁能如此霸气崛起,是因为有一种高铁精神深深印刻在每一位铁路人的心中,在这背后,离不开铁路人忠诚祖国、拼搏奉献的爱国情怀。

1. 忠诚祖国

忠诚祖国,即始终把国家和人民的利益放在最高位置,它是中国高铁的价值追求,始终在高铁精神体系中处于重要地位。正是由于这种精神的指引,一代又一代的高铁建设者们将个人前途命运同国家发展和民族复兴紧密相连。"为国家争光,为民族争气,一定要打造出中国品牌",

---

① 周晶晶,康仁伟,高鹏飞:《高铁漫谈》,五洲传播出版社2019年版,第35页。

中国高铁人仅用短短的几年时间,就实现了中国高铁由"追赶者"到"引领者"的历史性转变,将铁路这样一个传统的"夕阳产业"发展为新兴的"朝阳产业"。在中国高速铁路发展的过程中,高铁人的思想在变,铁路工程的品质在变,整个铁路系统的总目标也在变,但始终不变的是一代代高铁人忠诚为国的心,始终不变的是一代代高铁人的爱国情怀。

发展高铁是中国几代人的梦想,在我国经济条件落后、科学水平有限的前提下,中国科学家们不懈努力,将中国的高铁事业发展到世界强国之列。京张铁路是一百多年前中国第一条自行主持、自行勘察、自行设计、自行施工和自行管理的铁路,它和一个伟大的名字分不开——詹天佑。詹天佑是我国第一位铁路工程师,在面对外国人的藐视以及国内技术落后的情况下,他展现出了中国人的勇气、自信和智慧。1909年,詹天佑主持建成京张铁路,彻底打破了"中国人不能自建铁路"的断言。2019年,京张高铁作为世界首条智能高铁引领全球。历经沧桑的京张铁路与动车呼啸而过的京张高铁,一个在百年前解决了世界难题,一个在百年后领先了世界速度。① 它们跨越时空交会,诉说中国铁路百年发展历程。沿着历史轨道,回溯艰难历程,一段逐梦之旅令人难忘。从京张铁路到京张高铁,虽仅有一字之差,但它却意味着中国铁路技术跨越了百年时空。从14.5公里到13.9万公里,从时速35公里到350公里,从一无所有到应有尽有,京张铁路线,彰显了中国百年的发展变化。从自主修建铁路到建设世界领先的工程,在这百年间,变了的不只是外貌,更有速度,京张线记录着中国铁路从落后者到追赶者再到引领者的华丽转身;而不变的是初心和梦想,它书写着中国铁路乃至中华民族爱国、

---

① 罗亚菲:《京张百年风云》,《创新世界周刊》,2020年第9期。

奋斗的精神。京张高铁不仅是对京张铁路历史和文化的传承和接续，更是对其精神的继承，展现出新时代高铁人对祖国的一片赤诚之心。

从"京张铁路"到"京张高铁"，一头是历史，一头是未来

（中国新闻网，http：//www.chinanews.com/sh/2019/12-30/ 9047263.shtml）

忠诚祖国，永远是中国高铁人精神底色，是中国高铁人从未动摇过的坚定信念，是前进道路上激励他们不断向前的精神旗帜。中国高铁腾飞，如今我们能高速、安全地出行，在这背后凝结了一代又一代人的努力，汇集了不同岗位、不同职责的高铁人的努力。有致力于技术突破的科学家、院士，也有很多不知名的普通工作者。正是因为他们的努力，中国高铁才有了今天的发展。

焊接是动车组车体中重要的一个环节，只有让更多的中国工人掌握德国西门子公司的焊接技术，才能实现高铁车厢的国产化。而孙斌斌就是焊接工程师中的一员。她是中国北车集团唐山轨道客车有限公司的铝焊工程师，也是全球第一位取得国际焊接教师资格的女性。2006年至今，她先后获得了"国际焊接技师""国际焊接教师"等资质。2006年4月到9月，她出色地完成了在德国西门子的培训，与此同时，由于技术过硬、业务娴熟被德国专家高度认可，选定她为铝焊教师培养对象的第一人选。2006年10月回国以后,孙斌斌被调入焊接中心担任教师,承担起动车组的铝焊工培训工作。虽然她没有亲自参与到中国高铁列车的焊接工作中,但是看着自己培训的焊工能够达到高速动车组的焊接要求,她深感骄傲和自豪。由于在焊接方面培养出了大批学生,并对中国高铁做出了一定的贡献,她又被中国北车聘任为高铁焊接技术的"资深专家"。[1]"从甘当小学生出国培训学习技术,到现在我们的产品出口到各个国家,这是对我们技术的肯定,我也再次找到了自己的自信。"2008年1月,孙斌斌再次被选拔到世界焊接最高学府——德国SLV进行焊接教师的培训[2];这时她还有另外一个身份,就是作为外籍教师在西门子公司进行学习并培训德国焊工。[3]"作为一名中国人,能够站到讲台上为外国人做焊接展示,感觉特别自豪,心里只有一个想法,就是一定要拿出最高水平为咱们国家和唐车争光。"

孙斌斌——中国北车唐车公司的焊接教练

(中国发展门户网,http://cn.chinagate.cn/webcast/2017-10/09/content_50033722_0.htm)

---

[1] 央广网:《北车集团女电焊工孙斌斌:创造奇迹的"中国高铁人"》,http://china.cnr.cn/xwwgf/201404/t20140416_515310024_1.shtml。
[2] 王广英:《铝焊之花在这里绽放——记中国北车集团资深专家、唐山轨道客车有限责任公司国际焊接教师孙斌斌》,《金属加工(热加工)》,2013年第24期。
[3] 戴荣里:《最完美的抵达 中国高铁之梦》,百花文艺出版社2014年版,第138页。

孙斌斌希望自己一生都能留在铁路机车的制造车间，见证中国铁路机车的发展。她对自己未来的期许，希望通过自己的不断充电、不断钻研，使自己真正成为中国高铁铝合金焊接的领军人物，希望自己的学生能从她那学到精湛的手艺，并且不断超越她，去托举中国高铁更光明的未来。

像孙斌斌这样在高铁工作岗位上工作的还有千千万万，孙斌斌只是万千高铁人中的一个缩影。正是这些高铁人聚集在一起，努力形成一股力量，带动和推动我国高铁事业继续前进，承托起了如今的高铁强国。为国家争光、为民族争气，正是这一精神让高铁人默默奉献、不断奋斗，不空谈爱国，而是将爱国主义真正落到事业报国中，为中国高铁打造出中国标准、中国形象，形成领先世界的"中国造"列车。

高铁引领我们重新审视我们眼前的世界，也给我们重新塑造了未来的世界，让我们在国际上树立起强大的旗帜和友好的形象。高铁，正以它特有的方式描绘着中国的美好未来，也谱写着中国发展的新篇章。

2. 拼搏奉献

中国的高铁技术在世界一直居于领先地位，也成为中国名片，这离不开高铁建设者的辛勤付出。中国高铁梦从一开始就蕴含了无数中国人的人生历程，许多人为了我们自己的高铁而不断拼搏、甘愿牺牲自己的一切。在今天回顾中国高铁的发展历程时，我们会被中国高铁建设者们表现出来的拼搏奉献的精神所感动。在这个令人尊敬的群体中，有忍住失去亲人的悲痛而坚守在设计一线的技术骨干，有为提速成功而累倒在线路上的普通线路工，有每天只睡四五个小时的主要领导，也有在隧道里常年施工落下一身疾病仍坚守岗位的员工。无数高铁人

的努力构成一个整体，一代代高铁人的传承形成了这种拼搏奉献的高铁精神。①

《人类简史》中说："世间一切尽是故事。国家、民族、货币及宗教等都是故事在人类社会的存在形式，是无实体的'想象的现实'。"②习近平总书记也倡导全体中华儿女都要讲好中国故事。在中国高铁的发展史中，上演了无数的故事。有关高铁的故事既是中国故事的一个篇章，也是中国声音的动人旋律，它们都在诉说着高铁工作者的拼搏与奉献。

"一把焊枪，一双妙手，他以柔情呵护复兴号的筋骨；千度烈焰，万次攻关，他用坚固为中国梦提速。"③这是中央电视台"大国工匠 2018年度任务颁奖典礼"上，为来自中国中车长春轨道客车股份有限公司的高级技师李万君公布的颁奖词。转向架制造技术，是高速动车组的九大核心技术之一。我国的高速动车组之所以能跑出如此之高的速度，其主要原因之一就是我们的转向架技术取得了重大突破。④李万君就工作在转向架焊接岗位上。他先后参与了我国几十种城铁车、动车组转向架的首件试制焊接工作，总结并制定了30多种转向架焊接规范及操作方法，技术攻关150多项，其中27项获得国家专利。⑤以李万君为代表的焊接技术工人不等不靠，硬是凭着一股子不服输的钻劲儿、韧劲儿，积极参与填补国内高速列车转向架焊接规范及操作方法的空白，见证了中国高铁事业的发展历程。

---

① 戴荣里：《最完美的抵达 中国高铁之梦》，百花文艺出版社2014年版，第32页。
② 尤瓦尔·赫拉利，林俊宏译：《人类简史》，中信出版社2014年版，第30页。
③ 碛石：《把掌声送给我们的劳模》，《工会博览》，2019年第12期。
④ 《"焊接神枪手"李万君》，《新长征（党建版）》，2014年第7期。
⑤ 央视网：《李万君》，http://news.cctv.com/2019/01/09/ARTIzlbEOxxnCEHaESyEtbby190109.shtml。

第六章 高铁精神

李万君（左）在给徒弟讲解焊接技巧

（中国共产党新闻网，http：//dangjian.people.com.cn/n1/2016/1104/c117092-28834442.html，祝大伟摄）

"自己进步的同时，我更希望为高速动车组生产培养新生力量。"用李万君的话说："技能，传承下去才有价值。"李万君作为国家级技能大师工作室的主持人，开展技艺传承，培养带动出了一批技艺精湛、职业操守优良的技能人才。培养的这些技艺高超的新一代焊接高手，满足了高速动车的生产需要，而他们也成为"大国工匠"的坚实后备力量。

在李万君看来，中国梦圆、中国高铁梦圆、中国百姓梦圆不是口号，而是中国人共同奋斗共同圆梦的"征途"。对他而言，就是紧握手中的焊枪。[①]从一名普通的焊工，到超一流的高铁焊接大师，30年来，李万君用一支焊枪为中国高铁争光。在这样一个平凡的岗位上，李万君做着不平凡的事，并在中国制造走向中国创造的进程中做着自己的贡献。中国高铁从无到有，从追赶到领跑，这一过程中所经历的对国外技术封锁实现的"突围"中，有李万君凭借钻劲儿、韧劲儿取得的重要核心试制数

---

① 中华人民共和国中央人民政府网：《高铁工人李万君代表的"提气"事儿》，http：//www.gov.cn/zhuanti/2017-10/22/content_5233694.htm。

311

据做支撑。他也是一个缩影,在他背后所展示出来的是一幅壮观的中国高铁人努力奋斗、拼搏奉献的美丽画卷。

2010年12月3日,将进行综合试验的"和谐号"CRH380A新一代高速动车组停在京沪高铁徐州东站站台

(中国政府网,http://www.gov.cn/jrzg/2010-12/03/content_1758865.htm)

"请我们记住这一时刻:2010年12月3日上午11点28分,中国新一代动车组CRH380A在京沪高铁创造了时速486.1公里的世界铁路运营试验最高速。这一刻永载历史史册,'中国速度'震惊世界。"这是央视记者现场直播的解说词。CRH380A这一举世瞩目成就的取得,离不开大批科研人员的合作与努力,同时也有一个人值得让我们敬佩。他是车辆钳工高级技师、高铁首席研磨师,是国内第一位从事高铁转向架"定位臂"研磨的工人。①他就是中国中车股份有限公司钳工高级技师宁允展。

宁允展几乎所有时间都无怨无悔地献给了自己热爱的事业,很少顾及自己以及亲人。2010年,是380A型电力动车准备冲高速的关键时期,也就在那时,宁允展身患白血病7年的父亲第三次入院。得知父亲去世

---

① 刘晓林,玉茗:《高铁首席"研磨师"——访南车青岛四方机车车辆股份有限公司车辆钳工高级技师宁允展》,《现代企业文化(上旬)》,2016年第5期。

的消息是在他下班的路上，尽管万分遗憾和痛苦，可是高铁研磨的工作等不得。他把悲痛埋在心里，把对父亲的"子欲养而亲不待"的愧疚化为工作的动力，潜心研究工艺改进和工装发明，将大多数时间和精力放在了怎样实实在在解决问题上，做起了生产线上的"疑难杂症"处理专家。宁允展也是研磨师的杰出代表，他不仅要求自己进步，还一心把自己的所学所获最大化地奉献给企业。他将自己多年总结出来的经验整理出来供大家学习，把摸索出来的技能传授给年轻的同志。[1]

习近平总书记在全国劳动模范和先进工作者表彰大会上的讲话中指出："技术工人是支撑中国制造、中国创造的重要基础。"领跑世界的中国高铁的发展，离不开高铁人的默默付出。从李万君、宁允展等这些普通技师的事例中我们能够体会到的，是他们无一例外地对高铁事业的热爱。高铁建设者们即使面临各种艰难险阻，但是在实现高铁梦想的道路上，他们从未停下过脚步。忘我地工作，无私地奉献，中国高铁人在平凡的岗位上用行动诠释着他们对梦的渴望、对梦的执着。也正是因为千千万万高铁工作者的这种甘于奉献的精神，在他们尽职尽责的坚守下，我国实现了中国高铁梦，也铸成了一条复兴路。

中国高铁是惠及千家万户的大众化的交通工具，也是国民经济发展的动脉，在社会发展中居于重要地位。高速铁路的发展彻底改变了中国铁路运输的面貌，不仅以其高速便捷、舒适安全赢得国人的信赖与赞誉，更是以令世界惊奇的"中国速度"迅速崛起，震惊世界。[2]在中国高铁成功快速发展的背后，有无数高铁建设者在平凡的工作岗位上把青春年

---

[1] 王剑：《中国梦·中国少年不可不读的大国工匠故事》，现代教育出版社 2018 年版，第 40-41 页。
[2] 关仁山：《梁小明、笔锋〈大国工匠〉：报国之心一何壮》，《文艺报》，2021 年 7 月 9 日。

华全部献给了祖国的高铁事业。这种拼搏奉献的爱国情怀，是引领高铁自强不息的鲜红旗帜，是鼓舞高铁人战胜一切困难的坚定信念和精神支柱。①人类发展的历史，就是一部追梦、造梦、让梦想实现的历史，而中国高铁的发展就是最完美的印证。从寻梦开始，一路追梦、织梦、释梦，再到圆梦，中国高铁完成了华丽转身，从一个不起眼的追赶者变成了世人关注的领先者。

在 350 公里时速的幸福中
你最想收藏哪一个
是 30 分钟 120 公里的路程
还是进进出出一车厢的欢笑
不，都不是
我最想收藏眼镜片后面
由图纸到钢轨、道钉
再到今天一声汽笛长鸣的那一滴珠泪②

交通是现代社会经济腾飞的翅膀，高铁作为一种重要的交通枢纽，它是中国产业最耀眼的一颗明星，也是展现在世人面前的一道亮丽风景线。如果有一天我们必须为中国的高铁树一块丰碑的话，我想，它不应该是为某一个人，而应该是像天安门广场上的人民英雄纪念碑一样，是一组群塑。③所有高铁建设的参与者，是一支几百万人的从业队伍，涉及铁路车辆、通信信号、铁路工程建设、供电系统、调度系统等几大系

---

① 韩旭红，陈晨：《中国铁路文化精神的育人价值及实现路径探析》，《石家庄铁道大学学报（社会科学版）》，2020 年第 3 期。
② 中华人民共和国中央人民政府：《日夜兼程 穿越梦幻的时空——中国高速铁路发展纪实》，http://www.gov.cn/jrzg/2010-02/28/content_1544158_4.htm。
③ 冷梦：《国家名片 高铁背后的故事》，东方出版社 2016 年版，第 12 页。

统。每个系统下面又有许多子系统及其分支。没有人能够包罗万象地写清楚一个有关中国高铁的完整故事，但就是这样一支队伍，无时不在打造着既属于自己又属于中国的高铁精神。忠诚祖国、拼搏奉献的爱国精神就是在高速铁路的建设和运营过程中，广大铁路工作者立足本职、爱岗敬业，忠诚于铁路事业、忠诚于我们伟大的祖国，以只争朝夕的态度去做好自己的工作，使高铁不仅在中国开花结果，而且还要走出国门，成为中国铁路事业的骄傲，成为中国对外开放的一张亮丽名片。

毫无疑问，高铁是一种技术创新，也是一种文化符号，而当它成为一个国家名片的时候，它已经具有了某种精神符号的象征意义。它不再仅仅是条路，不再仅仅是辆车，也不再仅仅是一个高铁行业，这其中是创新精神与爱国情怀的结合，更是我国勇往直前的气概和力量。

三、高铁精神的时代价值

中国高铁正像中国大地上的河流，流淌着中华民族的文化血脉，展示着日渐强大的中国实力。国运兴，道路畅。没有国家综合国力的提升，我们无力修建中国高铁，无人建设中国高铁，无财发展中国高铁。中国高铁的应运而生，体现了中国发展到现阶段所拥有的科技实力与经济实力，也展示了党和政府为中国人民谋幸福而做出的巨大努力！中国高铁蕴含了无数中国人的愿望，中国高铁正为走向世界而蓄势待发，中国高铁实现了中国铁路人的振兴祖国之梦，也为国家富强、民族振兴、人民幸福的中国梦增添了新动力！新时代我们应充分发扬高铁精神，为我们落实"十四五"规划，开启全面建设社会主义现代化国家新征程，为中华民族的伟大复兴提供强大的精神动力。

(一) 坚持科学求实精神，扩大对外开放

无论是西方近代的文艺复兴，还是中国新文化运动中的"德先生"和"赛先生"，以及在改革开放年代邓小平提出的"科学技术是第一生产力"的论断都充分展示了对科学求实精神的强烈渴望和呼唤。进入新时代，我国经济转向高质量发展，需要大力弘扬"高铁精神"，突出科学求实，扩大对外开放，为建设现代经济体系提供强大的精神动力。

1. 打造"金名片"，提升国际合作影响力

从无到有、由弱到强，中国高铁走出了一条后来居上的科学求实发展之路。虽然中国高铁已经成为中国展现给世界的一张亮丽的"中国金名片"，但是我国各领域的发展面临着诸多瓶颈。今天，中国装备制造在对外开放格局中拥有至关重要的地位，出口产品向高附加值输出转变，越来越多的中国标准成为国际市场中不可缺少的竞争角色。严峻的国际环境要求我们坚持向东，调整战略，向北、向西、向南，部署对外开放，使区域全面伙伴经济关系和新丝绸之路经济带相得益彰。在新一轮的科技革命到来之际，中国的和平崛起和蓬勃发展需要将发展高铁的成功经验运用到持续扩大对外开放中。一方面，我国装备制造业效率有待提高，技术有待突破，结构有待调整，在很多方面面临着急切的转型需要。在全球价值链和供应链中，高附加值、高端产品不多，与西方国家相比还有很大不足。产业大而不强、全而不优的局面尚未得到根本改变，推动制造业高质量发展、加快建设制造强国，仍然是当前以及今后一段时间重要的战略任务。尽管中国高铁产业得到了许多国际上的认可，但已有的实际生效的合作项目数量并不多。新技术的更迭，国际环境的变化往往对我们知识产权战略发起了挑战。在专利保护上，发达国家常常通过

提前布局来操控、围堵中国。另一方面，一些西方国家和政客贸易保护主义、技术冷战和单边主义抬头，打压并且遏制中国的产业发展。以美国为首的西方国家为了扭转贸易逆差、促进产业与经济发展、保持在全球贸易格局中的优势地位，在最近几年纷纷加大实施贸易保护主义政策的数量和频率。近年来的数据显示，西方国家通过非常手段对中国政府与企业频频发起的双反调查不断扩大范围，并向新兴技术产业、有广阔发展前景的行业集中。美国对中国企业的持续进攻严重影响了世界的贸易进程。为了坚决反对贸易保护主义和单边主义，积极推动国际贸易规则的合理建构，推动世界多极化和国际关系民主化，中国应该坚持以高质量的产品输出来提升国际影响力，加大国际合作。

在当今国际产业链、供应链和价值链都发生变化的情况下，我们要从生产低端产品、低附加值产品走向生产高附加值的产品之路。高质量的产品依赖于高水平科技自立自强，依赖于科学化和民主化的科技体制、科技政策、产业政策。习近平指出："必须把创新作为引领发展的第一动力。"只有处于高水平科技前沿，才能引进培育出更多诸如高铁般的科技"王牌军"、创新"先锋队"、打造出各领域的"金名片"，向世界展示中国的科技制造水平。实现我国高质量发展还面临着许多要攻克的难关和需要解决的现实问题。在精密产业，例如高端芯片等方面与发达国家还有较大的距离。关键核心技术上需全力攻坚，前沿领域还有广阔的探索空间。要实现科技自强，资本、能源、人才等要素缺一不可，产品研发、生产、应用都要向跨越式发展迈进。

打造"金名片"既要坚持独立自主的自主研发路线，又要积极向国外先进的经验学习。习近平指出："任何一个民族、任何一个国家都需要学习别的民族、别的国家的优秀文明成果。中国要永远做一个学习大国，

不论发展到什么水平都虚心向世界各国人民学习,以更加开放包容的姿态,加强同世界各国的互容、互鉴、互通,不断把对外开放提高到新的水平。"①积极推动国际合作是为了实现共赢。如果局限视野、封闭思维,不去吸收先进的思想,汲取有用的经验,将很难在激烈的国际竞争中生存。在当今经济一体化的格局下,我们应该更加注重开放,打造与别国相互学习交流的广阔平台,各自取长补短,实现进步,开辟展示自我、互惠互享的天地。

2. 抓住"一带一路"机遇,积极"走出去"

合作是当前国际形势的主流。中国结合国内外经济发展情况,坚持在竞争中取长补短、在求同存异中共同进步。党的十八大以来,中国积极开展新型大国外交,拓展全球性伙伴关系,推出"一带一路"倡议等。在贸易保护主义新态势凸显的形势下,中国在贸易、金融、投资等多个领域都加大了经济外交的力度,努力维护和支持以现有规则为基础的多边贸易体制,坚决反对贸易保护主义和单边主义,积极推动国际贸易规则的合理建构,推动世界多极化和国际关系民主化,在对外贸易和文化输出上取得了巨大成就,"奋发有为"的态势凸显。中国自对外开放以来,为推动全球贸易进程、提升贸易开放度、维护经贸秩序做了不懈的努力,在增进民生福祉的同时也践行了一个大国的责任和担当。

中国经济由高速增长转向高质量发展,其中装备制造业的高质量发展是非常重要的一项内容。眼下,需要通过支持中国装备"走出去",让中国企业在国际市场上与技术先进、实力雄厚的跨国公司同台竞争,倒逼我们不断提高技术、质量和服务水平,提高企业的整体素质和核心竞

---

① 《习近平关于社会主义经济建设论述摘编》,中央文献出版社2017年版,第289页。

争力,而"一带一路"倡议的推进为我国高端装备制造业高质量"走出去"提供了良好契机。高铁就是我国为了促进经济文化交流而专业性打造和丰富国际骨干通道的一个重要象征,中国高铁如今已经成为"一带一路"建设的"血脉经络"。"一带一路"倡议,顺应了全球化趋势和各国共同合作的愿望,有着良好的发展前景。亚投行等各种金融体系设立的总体目标是服务于实体经济,推进产业、贸易、投资合作的便利性和安全性,因此在建立国际金融合作和金融服务的基础上,还应采取其他措施来推进"一带一路"倡议。并且在"一带一路"的实际推进过程中,可能遇到涉及经济、政治、安全等方面的风险挑战,根据这些风险因素需要从贸易、投资、企业、服务、人员、外交等多方面来采取应对措施,全面深化提升中国投身"一带一路"倡议的发展水平。

国家的政策为中国产业"走出去"创造了良好的机遇,新形势下应该将高铁走向世界的成功经验推广到各个领域。习近平在博鳌亚洲论坛上指出:"中国将建设更加紧密的卫生合作伙伴关系、互联互通伙伴关系、绿色发展伙伴关系、开放包容伙伴关系。"[1]新形势下,应充分发挥亚洲基础设施投资银行、金砖银行等的重要作用,支持以世界贸易组织为核心的多边贸易体系和以国际货币基金组织为核心的国际货币体系的发展,通过深化全球范围的广泛合作,制衡以美国为代表的贸易保护主义的政治意愿和政策冲动,构建更为开放、平等和互惠的全球贸易秩序;应积极地改善对外开放制度中不适应各国发展水平的部分,以公平的原则维护国家参与到开放中的利益,号召全球越来越多的国家树立互鉴互通的信心和理念,共同搭建一个合作便利的平台。并不断通过经济与贸易的流动实现外交、政治领域的稳定与发展。

---

[1] 习近平:《同舟共济克时艰,命运与共创未来——在博鳌亚洲论坛2021年年会开幕式上的视频主旨演讲》,《当代党员》,2021年第4期。

3. 扩大对外开放，构建人类命运共同体

对外开放的四十余年使中国深刻拉近了与世界的关系，不断强化对世界前途和人类命运的责任感与使命追求。在深入扩大对外开放的格局中，中国向世界展示了：中国开放的"大门"只会越来越宽广，开放力度只会越来越强。

被人称为"高铁探路先锋""高铁扫雷兵"的确认车添乘员张镇，不管春夏秋冬、不论风霜雪雨，每天都是凌晨3点多钟起床、4点多钟登上第一趟高铁列车进行"探路"，检查高铁线路是否安全，他在这个岗位上干了7年，2000多个日日夜夜没出一点差错。生于中国后来跟随父母到国外生活、入了瑞士国籍的冯琰，回到中国上大学，看到中国欣欣向荣特别是高铁飞速发展的现状，便毅然留在中国工作，还主动投入到高铁建设中，他说"我发自内心地为中国高铁点赞，同时要努力发挥自己语言和传媒专业的特长，把中国高铁故事传播到国外、传播到全世界"……①中国高铁为世界交通留下浓墨重彩的一笔，高铁人的精神也通过对外开放根植于更多人的心中。

在高质量产品输出方面，华为、联想、海尔、阿里巴巴等一批具有较强竞争力的优势企业脱颖而出，以高铁为代表的基础设施建设行业和以计算机、通信和其他电子设备为代表的制造业以及以电子商务为代表的互联网行业表现不俗。中国发挥在基础设施及相关领域建设的优势，积极推进铁路、公路、港口、电力、通信等互联互通建设，一批铁路、公路、港口、原油和天然气管道、跨境陆路光缆、国际海缆项目建成投入使用，造福各国人民。当下，交通和物流网络逐步扩大，为"一带一

---

① 《高铁故事催人奋进　简评新书〈追风逐梦——中国人的高铁故事〉》，《思想政治工作研究》，2020年第8期。

路"倡议的实施提供了便利。中国制定了一系列政策,来保证贸易合作的顺利开展。例如,设立自由贸易试验区,就是推动建立多边贸易体制的一项有力举措。在自贸区内,市场和政府的作用得到了充分的配合和发挥。中国铁路也是打破贸易地缘障碍的关键链条。中国铁路多次邀请国外的专家与我们交流技术经验,也多次派出国内科研人员去国外学习,格外注重高铁人才的培养。中国不会藏拙,有着充分的意愿与世界分享自己的经验。在国际产业大分工、能源和资源大流通、全球人员大流动的格局中,作为发展中国家的中国在全球减贫合作、医疗卫生、教育等领域提供了大量援助,在全球科技治理中也贡献出了力所能及的力量,成为推动国际科技合作的倡导者和实践者。

高质量的对外开放带动了经济的高质量发展,更把世界各国连接起来,成为利益共同体、命运共同体和责任共同体。作为发展中经济体的杰出代表,中国给全球经济的发展带来了新鲜血液,推动了经济全球化的发展。其中,发展最为强劲的制造业在融入国际分工后迎来了新的发展机遇,加快了技术水平的创新,使中国和新兴经济体在世贸体系里的地位得以上升,也使中国有越来越强大的信心和底气推进人类命运共同体的构建。习近平强调:"中国将继续做世界和平的建设者、全球发展的贡献者、国际秩序的维护者。"[1]在你中有我,我中有你的格局中,中国提出构建共同体的主张,做了合格的表率,尽显大国担当。

不拒众流,方为江海,当今国际国内形势的变化要求持续扩大对外开放,构建人类命运共同体。对内而言,支持以高铁为代表的制造业"走出去"是维护我国境外重要利益、实现能源资源多元化供给的现实需要,

---

[1] 《习近平在博鳌亚洲论坛 2021 年年会开幕式上发表主旨演讲》,《人民日报》,2021 年 4 月 21 日。

也是充分发挥我国装备制造、工程建设富余产能，提升我国在全球资源配置的能力，倒逼企业增强核心竞争力，为我国内去产能去库存、供给侧机构性改革创造有利条件的需要。对外而言，扩大开放是拉紧地缘政治纽带，提升我国政治经济全球影响力的重要手段，有利于提升国家政治和经济影响力，对于发展多边关系，推动构建国际战略新格局，促进世界和平发展起到积极作用。

展望"十四五"，我国对外开放已到了新的历史关头，必须拿出更大气魄、更多举措实施更大范围、更宽领域、更深层次的对外开放。全面提高对外开放水平，推进贸易和投资自由化便利化，统筹推进各类开放平台建设，打造开放层次更高、营商环境更优、辐射作用更强的开放新高地。持续深化商品和要素流动型开放，稳步拓展规则、规制、管理、标准等制度型开放，构建与国际通行规则相衔接的制度体系和监管模式。优化区域开放布局，鼓励各地立足比较优势扩大开放，强化区域间开放联动，构建陆海内外联动、东西双向互济的开放格局。在开放进程中，坚持正确义利观，不搞我赢你输、我多你少，在一些具体项目上照顾对方利益，深化同各国的务实合作，实现同呼吸、共命运、齐发展；坚持与邻为善、以邻为伴，坚持睦邻、安邻、富邻，突出体现亲、诚、惠、容的理念；坚持和平发展道路，推动建设相互尊重、公平正义、合作共赢的新型国际关系，积极实施"共商、共建、共享"的中国方案。

（二）发扬奋斗创新精神，努力铸就中国品牌

1. 奋斗精神永存续

宝剑锋从磨砺出，梅花香自苦寒来。无论是古代四大发明的创造诞生还是近现代"两弹一星"、航空航天、电子通信等科学技术的巨大进步，

无论是历代盛世的更迭变迁还是近代新中国的崛起复兴,中华民族上下五千年来取得的所有历史性成就与历史性变革皆源自一代又一代华夏儿女手胼足胝的砥砺奋进与筚路蓝缕的艰苦奋斗。习近平总书记指出:"一切伟大成就都是接续奋斗的结果,一切伟大事业都需要在继往开来中推进。"①中国高铁作为中国高端装备的一张亮丽名片,在最短的时间内实现了由"追赶者"到"引领者"的艰难跨越,使中国成为世界高速铁路系统的标杆与先锋,缔造出中国创造的"中国品牌",向全世界展现了中国的科技创新实力。这些盛大的荣誉与成就背后,离不开每位"高铁人"真抓实干、夜以继日地坚守与奋斗。

　　汗水浇灌收获,实干笃定前行。自 2004 年国家颁布《中长期铁路网规划》开启大规模建设高铁的新征程以来,从第一条时速 350 公里的京津高铁通车,到技术标准最高的京沪高铁亮相,从复兴号的上线领跑,到京张高铁的自动驾驶,每一条高铁的建造、测试、运营、维护都浸透着无数"高铁人"不畏艰苦、拼搏奋斗的汗水与智慧。2016 年秋,北京至张家口高铁全面开工,刘建林作为领工员随单位中铁五局来到了八达岭长城下的京张高铁项目部,和他随行的还有背上的母亲王万全。作为铁二代的刘建林,在父亲意外伤亡后由母亲含辛茹苦抚养长大,但也让母亲熬垮了身体。王万全在病痛折磨下愈加消沉,独自在家也不愿接受亲朋照顾,自此,刘建林毅然决定背着 72 岁的母亲修建高铁,兼顾爱岗和尽孝。一边上班一边照顾母亲,其中辛苦自不必说,但在刘建林看来"再累也值得"。2019 年京张高铁实现通车,刘建林作为建设者之一觉得十分骄傲,他称:"项目走到哪,我就要去到哪。但无论去哪,都要和母

---

① 《习近平在国家勋章和国家荣誉称号颁授仪式上的讲话》,《人民日报》,2019 年 9 月 30 日。

亲在一起。"①中国高铁建设离不开一线铁路工人的奋斗与付出，他们默默坚守在一线，平凡却伟大，为了高铁事业竭力维护着工作和家庭的平衡与安稳，为了高铁事业可以抛弃暂时的享乐与安逸。

（人民铁道网数字报，肖勇勇供）

为了表彰一线铁路人的艰苦奋斗与无私奉献，2020年中央宣传部、中国国家铁路集团有限公司向全社会公开发布2020年"最美铁路人"先进事迹。包括了邢云堂、刘晓燕、于本蕃、孟照林等10位先进个人和武汉站"头雁"党团员突击队1个先进集体，是铁路行业300万干部职工的优秀代表。②他们分别来自铁路运输、铁路建设、铁路装备制造和铁路公安等各领域，既有动车组司机、轮轴装修工，也有项目部总工程师、研究所研究员。他们成长在基层，建功在岗位，有的潜心钻研高寒高铁操纵方法和作业标准，填补了世界相关技术领域空白；有的坚守在海拔4800米的唐古拉站区，用工作"零误差"保障青藏铁路安全畅通；有的

---

① 毕锋：《追风逐梦——中国人的高铁故事》，中国铁道出版社2019年版，第15页。
② 央视网：《春运现场，他们是最美的身影 —— 致敬2020最美铁路人！》，http://news.cctv.com/2021/01/27/ARTIuOX4wsHBsmPmIGYeLfGE210127.shtml。

在疫情最严重的时候坚守武汉站，成为防疫物资转运的"头雁"……这些人用实际行动诠释了新时代铁路人的担当品格与奋斗精神，正是在无数一线铁路人坚持不懈地奋斗下，才不断推进中国铁路事业、中国高铁建设的进步与发展，才取得了从无到有、从引进、消化、吸收再创新到自主创新，到现在领跑世界的巨大成就。

实现中国高铁在世界范围内的异军突起，除了一线工作者的坚守，还有一大批致力于技术突破的科研人员的付出。唐山客车公司在1976年的大地震中几乎被毁，从此对于制造高速动车组有了特别的期盼。作为第一批探索高速动车组的唐车科研人员，在没有借鉴资料和参考数据的情况下，他们就 CRH3 动车组关键承载部件进行了 1000 万次疲劳试验；在实验台上模拟了 20 余种故障工况试验；在铁科院环形试验线和高速铁路上进行线路运行试验，累计试验里程 11 万公里，相当于绕地球三圈。唐车工作者们以绝对忘我的姿态投入到高铁试验与建设中，他们将自己的血肉汗水都熔铸进了动车组的钢筋铁骨之中。在家庭、个人与国家、集体上，唐车工作者们不约而同地选择了后者，以牺牲小我，而成就大我，倾力为高铁事业奉献一分光、一分热。

作为高铁发展中坚力量的"高铁博士"们也在自己的岗位上坚守着，中国北车长客股份公司的博士们就是其中之一。2012 年，380B 型高寒高速动车组在哈大铁路正式运营，为在动车组待检间隙获取动车组端部异常振动数据，机械制造及其自动化专业博士马梦林和同事们一起在刚从 −40 ℃ 以下低温归来的动车转向架上取试验片。由于要在冻透了的转向架上撬起传感器，手指很快就被冻得没了知觉，而专心数据的马梦林连手指被划了口子也不知道，直到取完试验片才到医院把手指缝了四针。马梦林博士在工作中生动地展现了女高铁工作者们流血不流泪的豪杰形象。同为北车长客的常振臣博士，在2004年受命负责引进的CRH5型高速动车组网络控制系统的消化吸收工作。面对全是意大利文的逻辑图，常振臣只得带领组员从零开始，逐字逐句地查字典进行翻译，然后再通过一步步试验去解析，为掌握这项关键核心技术，常振臣团队可以说一度接近"疯魔"状态。最终在历时8个月通宵达旦的紧张试验、故障分析与反复调试后，终于攻克了网络控制系统集成、整车控制逻辑关系等一系列难题。

我国高铁总体技术水平已然在创新、速度、稳定等各方面彰显出了独特中国优势与中国力量。然而，每一次速度的提升，每一条铁路的运营，每一项技术的革新都是在代代高铁人的接力奋斗下完成。在这项伟大事业的建设中，有饱受亲人分离仍坚守设计一线的技术骨干，有为高铁提速累倒在线路上的普通工人，有花几千个日夜反复试验的科研人员，也有为中国高铁正名、苦心钻研的专家学者。中国高铁不仅展示了国家实力，还展现出中华民族千年积淀下来的奋斗禀赋与精神品质，包含了高铁人的深沉的民族情怀与精神内核。也正是由于心怀不畏艰难的奋斗精神与奋斗意志才使得中国高铁不断超越，不断创新，成为引领世界高铁的新标杆。

2. 自主创新谋发展

"穷则变，变则通，通则久。"创新无疑是实现发展与进步的灵魂所在，唯有把握住科技创新的脉搏，我们才能引领发展，才能占领先机，获得优势。中国高铁发展属"后来者居上"，世界高铁格局曾经历过德国首创，法国高速，日本成型，而目前已迈入中国领先的发展阶段。作为后起者，一味模仿守旧是无法实现超越与领先的，唯有自主创新，拥有有别于他国并优于他国的高速列车技术与高铁轨道技术，才能赢得在高铁这一大国技术上的话语权与影响力。

中国自古就有强大的"为我所有"的天赋与能力，中国高铁的创新之路也不是空喊口号实现的，高速铁路的自主研发中国每一步都走得扎实而稳定，实现了从学习外国高铁技术到完全自主研发的跨越过程。2004年4月9日，在国务院常务会议上，提出了"引进先进技术、联合设计生产、打造中国品牌"的基本方针，决定以高速列车项目运作为突破口，通过引进、消化、吸收、再创新，来实现自主研发。而在这一年的6月17日，我国决定向国外采购铁路电动车组，这意味着中国将采用以市场换技术的模式，来对世界高铁领先技术进行消化与吸收。

当时，有外国专家认为，中国对高铁引进技术的消化吸收至少需要16年。这不仅是因为消化吸收需要时间，还在于引进技术时，外国企业为保持技术优势与长久获利不会转让核心技术，拿到图纸，只有"是什么"，没有"为什么"。这给吸收学习世界高铁先进技术带来很大阻力。但即使在这样受制的情况下，中国高铁研制团队仍然以惊人的学习速度消化吸收外国技术。在2004年的首轮对外招标过程中，我国企业就掌握了时速200~250公里高速列车CRH2A的设计、制造和监测技术。设计师们说这个阶段主要是"照葫芦画瓢"，进行逆向翻版制造，拥有了来图制造能力，但尚未具备自主能力。在2005年第二轮招标中，我国企业已研制出时速为300~350公里的CRH2C高速列车。在这两年里，国产高速列车实现了一系列的技术改进和有条件的技术创新，仅用两年完成了对原有图纸和资料的吸收，并积极进行开拓创新，为后续建立高铁自主研发平台奠定基础。

在消化吸收外国技术后，中国立即投入到自主研发阶段。到2008

年，我国高速列车制造开始进入举全国之力的"全面创新"阶段。CRH380A 高速列车正是在这一阶段下研发成功。在当时，时速 380 公里的高速列车，在世界上没有先例可循，全靠自主研发。无论是从中国长征号火箭得到启发设计出"圆润光滑、线条流畅、形态饱满"的列车头型，还是对车厢采用差压控制模式的全密封加压解决了气压密度这一世界难题，无论是借鉴航天航空成果制作出拍式感压片来测试两车交会时的车外气压，还是对牵引传动系统进行设计提升，都全面体现了 CRH380A 在各项性能上的优异表现，都证明了中国优秀的自主创新能力。

同时，在高速动车组、高速轨道技术、高铁通信信号三大技术平台成功搭建的基础上，我国科研团队继续谋求建立属于自己的高速列车标准体系，按照中国标准研制高速列车，将意味着中国高铁在世界高铁格局中获得属于自己的独立地位与话语权，实现向世界各国提供中国高铁方案，完成自主创新的根本性跨越。研发中国标准的动车组，最主要是掌握有"高铁芯"之称的牵引传动系统和"高铁脑"之称的网络控制系统。2014 年 1 月，中国南车公司采用国产"高铁芯"的超速试验列车，在试验台上创造了时速 605 公里的试验速度，并保持了 10 分钟，南车公司成为国内唯一一家全面掌握牵引传动系统的企业。同年 4 月，国产"高铁芯"通过行业专家评审。而拥有"高铁脑"之称的网络控制系统，也在中国北车 CRH5 动车组列车上实现了自主化，并且获得了批量装车。到 2015 年 1 月，采用"高铁芯"和"高铁脑"的 CRH5A 动车组，进行"30 万公里正线运营考核"试验，并取得成功。这充分表明，我国已完全掌握了高铁核心技术在设计、生产、封装及应用的全部环节。

2015 年，中国已经实现了九大关键技术的自主化研究。从市场换技术引进外国动车组进行消化吸收，到尝试逆向翻版制造，从核心部件的研发、高铁制造的优化提升，到关键技术系统的完全自主化，中国高铁已真正实现"国产化"转向"自主化"，实现"中国制造"到"中国创造"的历史性跨越。这一切都源自千万高铁人坚持自主创新、追求卓越的精神品质，都依托于中华民族对创新意识和创新精神的重视与培育。抓创新就是抓发展、谋创新就是谋未来，"复兴号"高速列车，迈出了从追赶到领跑的关键一步，其研制主持者孙永才，被授予"改革先锋"荣誉称号。孙永才在推进高铁的技术创新上，提出"协同创新"的顶层设计理念，强调抓住自主创新的核心来实现追赶超越。正是在不断实现技术创新下，中国铁路事业才能取得"后来者居上"的成果，也正是在高铁人矢志不移的创新信念与毅力下，中国高铁才得以擦亮高端装备的金色名片，成为中国创造的一大标志。而在强烈的创新信心与决心下，在自力更生、为我所用的民族基因下，中华民族也定能攻坚克难，攀上世界科技的高峰。

3. 发扬奋斗创新精神，努力铸就中国品牌

中国特色社会主义进入新时代的历史方位，要求我们应立足国际国内两个大局进行社会主义现代化建设。实现中华民族伟大复兴的"中国梦"，就要在世界大变局中发扬奋斗创新精神，增强自身品牌实力与影响力，以此推动国内以更稳健的步伐与世界进行深度互动与交流。

经济基础决定上层建筑。改革开放后，中国经济依托于发达资本主义国家主导的经济全球化而得以发展，因此，在改革开放之初，我国凭借着低成本的劳动力、资源、环境等要素，从事低端加工制造业，形成了出口导向型的发展模式。这一发展模式使我国经济得到迅速发展，但也使我国初期在高精尖制造业上只能从事制造、组装等下游生产环节。

随着改革开放的深入，我国逐渐成为世界最大的生产国，在全球产业链中的开始由低端向中端乃至高端进军，但中国在世界经济体系中仍处于被动地位。在大部分关键领域和核心技术上仍有许多受制于人的"瓶颈"。同时，大量出口制造业企业抵御国际市场波动的能力也不强。这样的发展模式或许能使中国实现小康社会，却无法再带领中国的经济行稳致远，完成中华民族的伟大复兴。因此，在实现经济发展常态健康的要求下，全力进行奋斗创新，实现从制造大国向制造强国转变，在全球范围内占据高端制造领域的有利位置，已是迫在眉睫、势在必行。《中国制造2025》行动纲领就明确提出，"要以创新驱动发展为主题，以新一代信息技术与制造业深度融合为主线，以推进智能制造为主攻方向，实现制造业由大变强"[1]。

另一方面，百年未有之大变局的实质就是中国与发达资本主义国家经济实力此消彼长的必然结果。近年来，在经济大发展下的中国日益走近世界舞台中央，但与此同时，西方资本主义受国际金融危机及自身制度缺陷影响开始步入发展下行阶段。随着新冠肺炎疫情的全球大流行，也进一步加剧了国际形势的不稳定性和不确定性。以美国为首的一些发达资本主义国家为保护自身国家利益，高筑贸易壁垒，加紧对中国高端制造业企业的打压，遏制中国向全球产业链的高端进军，阻碍中国发展。华为曾遭到美国全面封杀，一度导致手机芯片停产；美国政府滥用权力，多次以"国家安全"为由要求中国互联网公司昆仑万维出售此前收购的交友软件 Grindr，限期字节跳动和腾讯将旗下的海外业务出售给美国公司；印度也因政治原因在移动端应用商城下架包括 TikTok 在内的大批中

---

[1] 中国政府网：《国务院关于印发〈中国制造2025〉的通知》，http://www.gov.cn/zhengce/content/2015-05/19/content_9784.htm。

国应用程序。这些背后本质都是维护资本主义国家的高科技垄断地位，是逆全球化的政治保护主义和单边主义。就算掌握核心技术的中国高铁在国际订单交易中仍然受到发达国家的为难针对。因此，中国企业和中国品牌要想在海外急流勇进，就要有"十年磨一剑"的毅力，砥砺奋进、大力创新，努力掌握核心技术，增强品牌核心价值与竞争力，要在前沿领域乘势而上、奋勇争先，在更高层次、更大范围发挥科技创新的引领作用。这样才能更有底气和实力抵御发达国家在政治经济上对我国的压制与针对。

科技兴则民族兴，科技强则国家强。中华民族伟大复兴已经进入不可逆转的新征程中，我们比历史上任何时期都更有信心、更有能力实现这个目标。创新是发展的第一动力，现在，我们也比任何时期都更需要建设成世界科技强国，更需要做科技创新的排头兵，以铸就高质量中国品牌，掌握新一轮全球科技竞争的战略主动。同时，我们也应认识到，中华民族的伟大复兴绝不是轻轻松松就能实现的。在大力推进科技创新上，还存在着很多亟待解决的问题需要攻克。例如，国家创新体系整体效能不强，基础科学研究的短板还很突出，科技成果转化能力不强等。这要求我们要继续发扬奋斗精神，以坚定的勇毅与决心啃下硬骨头，坚决破除一切制约科技创新的思想障碍和制度藩篱。要继续传承艰苦奋斗的优良品格，在自主创新的道路上不畏艰难，勇于做栽树人、挖井人，不断推动中国科技产业向中高端迈进。铸就中国式品牌，前景光明，任务繁重，但只要我们发扬奋斗创新精神，中国品牌、中国制造必然可以石以砥焉，化钝为利，中华民族也必将实现伟大复兴的中国梦想。

(三)弘扬爱国奉献精神,助力建设交通强国

2021年3月,《国民经济和社会发展第十四个五年规划和2035年远景目标纲要》(以下简称《纲要》)印发,明确加快建设交通强国。《纲要》就如何加快建设交通强国指出:建设现代化综合交通运输体系,推进各种运输方式一体化融合发展,提高网络效应和运营效率。构建快速网,基本贯通"八纵八横"高速铁路,提升国家高速公路网络质量,加快建设世界级港口群和机场群。党的十八大以来,我国交通运输发展取得重大成就,高速铁路、高速公路里程等首次跃居世界第一,网络化运行达到新水平,"复兴号"高速列车、C919大型客机等装备技术达到世界先进水平,共享经济、移动支付、电子商务等催动的新业态引领世界潮流,我国交通运输规模总量位居世界前列,成为名副其实的交通大国。

在新的历史起点上建设交通强国,努力实现由交通大国向交通强国的转变,意义十分重大。建设交通强国不仅是满足人民美好生活需要的客观要求,也是建设现代化经济体系的内在需要,同时还是全面建成社会主义现代化强国的有力支撑。中国高铁建设者见证了中国速度的诞生,也在建设中国高铁的过程中获得了自身的提升。中国高铁成就了无数工人、技术人员、管理者,中国高铁精神赋予这些建设者更多的创新活力,使他们成为高铁精神的象征。在新时代加快建设交通强国的新征程中,我们应继续发扬高铁人铸就和培育的伟大高铁精神,尤其是广大高铁人爱国奉献的精神,从而为我们加快推进交通强国提供持久的强大精神动力。

中国中铁全面打造高速铁路建设领军企业品牌,出色完成了京津城际、武广客专、沪宁、石太、郑西、哈大、京沪等高速铁路建设任务,在全球范围为中国树立起了高铁强国的旗帜，培育出"拼搏创新、赶超一流"的"高铁建设精神"，成为鼓舞员工斗志、激发员工智慧、推动管理创新的强大动力。各个工程单位的高铁精神虽然不尽相同，但都体现了顽强奋斗、追求完美的精神内涵。长客股份建立起四个世界一流的研发平台，建成了世界一流的高速动车组制造基地和科研基地，为长客股份在高速动车组领域引领世界一流水平奠定了坚实的基础。长客仅用7年时间走完了发达国家几十年的发展道路。长客股份在收获丰硕物质成果，掌握动车组研制的核心技术的同时，也组建起一支适应时代发展、以建设世界一流企业为目标的职工队伍，形成了以"技能报国、为中国梦提速"为核心的中国第一代高铁工人精神。

长客深深地感到，"技能报国、为中国梦提速"的高铁工人精神，来源于国有企业以振兴中国铁路事业为己任的坚定信念，根植于企业为推进中国高铁事业发展而创新奉献的土壤，成长于对世界先进技术引进、消化、吸收、再创新。研制世界一流动车组的实践过程，浓缩了高铁建设过程中典型群体的典型事迹，展现了中国第一代高铁工人以国家建设为己任、创新求实、拼搏奉献的胸怀，具有强烈的时代特征、坚实的实践基础，是中国工人精神的典型代表。"技能报国、为中国梦提速"的中国第一代高铁工人精神，以及"勤学习敢担当、重实干、求精细、勇超越"的品质特征，这些精神和品质源于长客与生俱来地形成以振兴中国轨道交通制造装备业、推进铁路和城铁建设发展为己任，以民族复兴为担当的强烈爱国情怀，也正是这种爱国情怀和责任担当意识在公司被奉行为一种精神文化，并不断地激励着广大员工在各自工作岗位上超越创新、拼搏奉献。

长客最初引进的CRH5动车组在欧洲并没有完全定型，长客需要立足于我国的基本国情、道路状况以及行车环境,对原有动车组进行大规模的改造,更确切地说是要以世界最高标准来重新设计一辆高速动车组列车。长客所面对的各种困难超乎想象,各种矛盾相互交织,各种问题相互叠加,构成了几乎不可逾越的障碍。其中最典型的问题就是复杂的网络控制系统。作为按照欧洲运营条件设计的动车组,CRH5在网络控制系统上对运营环境的要求极其苛刻,安全冗余标准非常之高,安装调试、运营过程中任何微小的问题都会导致整个系统停止工作。而这些都无一例外地表现在产品的试制调试运营过程中。因此,当时长客一直面临着动车组的研制生产和在线运营动车组维护与故障排除的双重任务,承受着来自旅客、客户乃至社会的多重压力。总工程师、国家863项目专家赵明花临危受命担任CRH5型动车组项目经理,全权负责研制工作。以常聚臣博士为首的网络系统研究团队不眠不休地盯着调试和运营现场,分析每一条系统指令,研究每一个系统动作,获取并积累了大量关键运营数据,从最基本的逻辑关系研究入手,为成功掌握动车组网络开发技术奠定了坚实基础。生产单位、调试单位、售后服务部门积极协作,开展技术攻关。经过从设计到修改,从生产调试一项一项地论证,一项一项地摸索,一项一项地试验,认真体会,反复揣摩。经过了无数次失败和挫折,长客终于完成了CRH5型动车组的研制任务,掌握了世界最高端动车组核心技术,积累了宝贵的实践经验。如今的CRH5高速动车组,在同一级的高速动车组中享有技术领先、运行可靠、舒适程度高、故障发生率低的美誉。①

同样,高铁人的爱国奉献精神在唐山轨道客车有限责任公司第一代高铁人身上生动地演绎着。唐山客车公司在1976年唐山大地震中几乎被

---

① 戴荣里:《最完美的抵达中国高铁之梦》,百花文艺出版社2014年版,第153页。

毁，从此之后他们对制造高速动车组就有着特别的期盼。满怀对国家和人民感恩之情的唐车职工，把制造高速动车组当作企业振兴的百年机遇，当作回报国家和全国人民的平台。他们说，党和国家给了唐车人第二次生命，全国人民给了唐车人最大的支持与帮助，高速动车组是国家项目，我们要尽力完成这个项目，绝不给中国人丢脸！宁可舍弃自己的一切，也要完成为国争光的高速动车组项目。

全国劳模张雪松说："我们是第一代高铁工人，盼望自己亲手造出的产品站在世界最高峰，那将是无比的自豪和骄傲！"

张雪松是这样考虑的：我们要比西门子付出更多的努力，西门子工人一天工作6小时，我们必须要每天干满8个小时甚至更多才能超越他们。他们不只在岗位上兢兢业业，还常常在吃饭、睡觉等业余时间琢磨手里的活儿，进行技术攻关。比如用于铝合金板材下料的数控水切割机，其设计结构夹具实现快速装夹很有难度，对薄板卡紧力不足，本身又没有定位基准，准确定位，加工板料浪费很严重，生产效率低下。通过观察和与操作者交流，反复研究设备原有装卡胎具后，张雪松连续试验15次，效果均不理想。其间有人断言，这项攻关最后只能失败。他先后查阅大量理论书籍和设备资料，反复计算各项参数后，大胆推翻以前的设计思路，采用在卡具背面安装定位销和弹簧的办法，成功制作出自己设计的夹紧装置，既解决了工件不易定位的问题，又通过简易工装解决了厚薄板同时压紧的难题，实现薄板加工。改造后的卡具装卡板料快速准确，加工质量达到"零缺陷"，大幅提高了板料取材率，避免了浪费。

正是因为这种刻苦钻研、艰苦奋斗的精神，才有了今天令世界惊叹的"中国速度"。从跟随到超越，再到引领，不付出牺牲和代价，怎么可能实现？如果不是拿拼搏精神与时间赛跑的话，怎么可以从无到有、从小到大？中国第一代高铁工人，正是在不可能的情况下，不但成功地创造出震惊世界的物质成果，而且精彩诠释了同样震惊世界的中国当代工人的优秀品格。

京沪高铁是世界上一次建成线路最长、标准最高、建设速度最快的高速铁路之一。当时为了确保建成世界一流的高速铁路，工程技术专家们提出了"采用的技术必须最先进的、最成熟的，工程质量是最可靠的"的目标标准来设计与施工。高速铁路技术是一个庞大的系统工程，涵盖土建工程、牵引供电、通信信号、电动车组制造、信息化等系统。为了实现这一建设目标，从上到下，从设计到施工，京沪高速铁路的所有建设者都贡献了自己的智慧和力量，在技术上走出了一条自己的道路。经过高速办和筹备同志的努力，在系统总结学习、考察、科研成果的基础上，借鉴别人的经验教训，先形成对京沪高铁技术6大系统3个层次在结构形式、主要技术指标和参数都提出了明确的要求，在此基础上，随着京沪高速铁路建设展开，京沪高速铁路技术体系确定的标准制式，指标参数得到进一步的应用和验证，并得到进一步的丰富完善。关于京沪高速铁路的技术创新，蔡庆华同志将其归结为三个重点：土建工程、"四电工程"、动车组制造。

土建工程方面是我们原始创新、自主创新的成果。在"四电工程"（电气化、通信、信号、信息化）方面，我们是集成创新。在通信技术上，我们确实借鉴了外国的先进经验，人家不会给你核心技术，我们买了一些设备，然后自己研制进行系统集成创新，形成了自己的体系。电气化的导线是我们自己研制的，张力配置是我们自己计算、试验的，只是恒张力架线车是买的。单相变压器是我们自己制造的，外电使用 220 千伏的高压电，这都是我们自己的制造。在信号技术方面也是如此，CTCS 系列是借鉴欧洲系统根据中国的国情创新的，是中国的信号系列。有线传输和无线传输（GSM-R）相结合，解决了速度 350 公里/小时高速列车运行控制问题，所以在"四电"方面，我们是系统集成创新，在动车组制造方面，我们是引进消化吸收再创新，完成了 CRHS80 系列高速列车的研发生产工作。国外不是不给我们核心技术吗？我们工厂坚决贯彻国家确定的"技术引进，联合设计，国内制造"方针，坚持在中国国内批量制造，逐步消化速度 200 公里/小时、250 公里/小时和 350 公里/小时动车设计制造技术，研究生产出速度 380 公里/小时的系列动车组，避免了走汽车引进道路的教训。

南车、北车（现在的中车），在这方面做出了突出的贡献。所以说，京沪高速铁路的技术是"3 个创新"的体现：土建工程是自主创新、四电工程是系统集成创新、动车组制造是引进消化吸收再创新。京沪高铁工程是典型的 3 大创新。京沪高速铁路的技术创新的显著成果，并得到国外一致认可，并获得好评，充分印证了高铁人的坚定信念：只要埋头苦干，扎扎实实地做成每一件事，就能建成一流的京沪高速铁路，就能创造出中国的高速铁路标准体系。[①]

无论是从最初的六次大提速，到"和谐号"京津城际高铁的运行开启中国高铁时代，再到京沪高铁的开通和"复兴号"的成功运行。中国

---

① 蔡庆华，田永秀：《铁路人生——蔡庆华口述做人做事》，西南交通大学出版社 2019 年版，第 198-199 页。

高速铁路的发展演进的历史及其取得的显著成就，无不凝结了一代又一代中国铁路人的辛勤汗水、创新创造。那么，又是什么支撑和促使中国高铁人不断地为中国铁路事业的发展和创新而执着追求、不懈奋斗呢？其中一个重要原因就是无数奋战在铁路行业的无论是普通的建设工人，还是工程技术专家，抑或是从事该行业和领域的主要领导干部，他们有一颗立足本职岗位、不图名利、感恩党和国家、自觉服务祖国和人民的炽热的心。蔡庆华同志在采访中口述自己的人生体念和感悟，可谓是无数奋战和献身在中国铁路事业生动写照一个缩影。他在其口述中这样讲道：

我刚才说，我从技术人员走上领导岗位，那是党的需要。一个人，当没有什么过分要求的时候，不去追求名利的时候，你就能够超脱，就能老老实实做工作，这就是我的一个重要感悟。

任何人在前进的道路中不可能没有别人的帮助，单靠你单打独斗是不可能的。好花需要绿叶扶持，没有组织上发现你，重视你，用你，没有大家支持你，你根本不可能做成工作。所以说，年轻人也好，年老的也好，都要有一种感恩的思想。但是感恩的思想只是简单朴素的感情，关键是要上升到自觉服务社会，从感恩到自觉，自觉去为祖国、为人民做事情。

我自1975年从当副段长做起，一直到2013年办理了退休手续，从没有当过段、处、局的先进，更没有当过部一级的什么模范。我认为你当领导，这就是组织的信任和奖励，你在领导岗位应承担更多更大的责任，单位出了成绩与你的组织领导分不开，但那是大家齐心协力干出来的，提拔你担重任就是最大的荣誉和奖励。我这一生只有一次走上领奖台,并且是国家最高的领奖台,就是在今年1月8日国家召开的2015年度科技奖励大会上,京沪高速铁路获得科技进步特等奖。

下面是他在获得科技进步特等奖之后,当时写下的发表在《人民铁路》一首小诗的节选的部分。

我站在领奖台上[①]

18年,
铁路科技工作者不懈奋斗,
1200个昼夜,
十几万建设者拼搏付出,
从广深准高速探索到全路干线提速,
从中国第一条客运专线——秦沈线修建到京津城际350公里时速,
我们一直在努力,我们一直奋斗在攀登的征途!

修建京沪高速铁路是我们的梦想,
勇攀科技高峰、追求世界一流,我们全身心投入,
制定标准规范、建立中国特色技术体系,
既善于学习、更敢于跨越,迈出新的一步!
不但使"千里京沪一日还",
而且我们创造出了运营动车组的中国速度!(486.1公里/小时)

[①] 蔡庆华:《我站在领奖台上》,《人民铁道》,2016年2月4日。

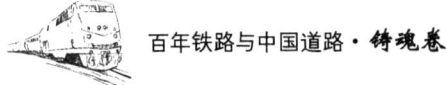

　　从蔡庆华同志这首诗歌中，我们可以深刻体会到中国高铁人为了中国铁路事业的发展与创新的执着、拼搏、爱国、奉献，感受到伟大高铁精神的崇高。

　　今天，建设交通强国的新的使命摆在新一代高铁人面前，回望中国高铁从无到有、从引进模仿，到消化吸收，再到自主创新，再到引领世界的中国标准，这一路走过的艰辛历程和取得的傲人成绩，唯有我们接续发扬高铁人的科学求实、兼容并蓄的创新精神，自主创新、赶超一流的创业意识，忠诚祖国、拼搏奉献的爱国情怀，不仅可以早日实现建设交通强国的梦想，而且可以为全球产业链和价值链提供更多优质的公共产品，贡献中国智慧，提供中国方案。

后 记

习近平总书记指出:"人无精神则不立,国无精神则不强。唯有精神上站得住、站得稳,一个民族才能在历史洪流中屹立不倒、挺立潮头。"无论是国家、民族,还是集体、个人,都离不开精神力量的支撑。一百年来,中国共产党领导中国人民在发展铁路事业、开创中国道路的长期奋斗中,铸就"二七"精神、铁道兵精神、成昆精神、青藏铁路精神和高铁精神等一系列革命精神,这些精神同井冈山精神、长征精神和延安精神等伟大精神一样,与伟大建党精神一脉相承,是中国共产党人精神谱系的重要组成部分,是中华民族和中国人民弥足珍贵的精神财富。

站在新的历史交汇点上,回望过去,中国共产党和中国人民历经百年奋斗,书写了中华民族数千年历史上最恢宏的史诗;展望未来,中国共产党正领导中国人民为实现第二个百年奋斗目标、进而为实现中华民族伟大复兴的中国梦而努力奋斗。党和人民在发展铁路事业中熔铸形成的系列革命精神与其他革命精神一样,在新的历史条件下依然具有强大的精神引领作用。

众所周知,建设交通强国是以习近平同志为核心的党中央立足国情、着眼全局、面向未来作出的重大战略决策,是全面建成社会主义现代化

强国的重要支撑。到本世纪中叶，我们将全面建成人民满意、保障有力、世界前列的交通强国。届时，我们无论是在交通技术装备、科技创新能力、智能化与绿色化水平方面，还是在交通安全水平、治理能力、文明程度、国际竞争力及影响力等方面，都将再一次发生显著性的质的飞跃。但是，前途是光明的，道路是曲折的。在前进的道路上，面对世界百年未有之大变局，面对波谲云诡的国际形势、复杂敏感的周边环境、艰巨繁重的改革发展稳定任务，我们将不得不克服那些可以预料和难以预料的各种困难、风险和挑战。因此，新时代我们仍然需要继续传承和弘扬党和人民在发展铁路事业中熔铸形成的"二七"精神、铁道兵精神、成昆精神、青藏铁路精神和高铁精神，上下齐心、求实创新，攻坚克难，在实现建设交通强国的伟大征程中继往开来、勇往直前。

为了纪念中国共产党成立100周年，为了在新时代更好地弘扬党和人民在发展铁路事业中熔铸形成的系列革命精神，发扬光荣革命传统、赓续红色血脉，西南交通大学组织开展了以"二七"精神、铁道兵精神、成昆精神、青藏铁路精神和高铁精神为重点的"百年铁路与中国道路·铸魂篇"研究，试图做一些抛砖引玉的工作。在研究中，课题组

后 记

主要做了以下三方面的工作：第一，试图深刻凝练精神内涵。"二七"精神、铁道兵精神、成昆精神、青藏铁路精神和高铁精神都是中国共产党人精神谱系中一颗颗璀璨的明珠，每一种精神既有着与伟大建党精神一脉相承的精神内核，又有着时空迥异、特色鲜明的本质特征，本研究试图对其进行精准而凝练的概括。第二，力图深度追溯精神本源。伟大的事业熔铸伟大的精神，伟大的精神指引伟大的事业。中国梦也是铁路梦，交通强国，铁路先行。以"成渝铁路"——新中国第一条自建铁路为发端，中国铁路始终以奋进的先锋力量支撑中国"站起来、富起来、强起来"，时刻见证着、也充分彰显了社会主义制度优越性。这一精神的形成有着深刻的社会历史根源，对此课题研究给予高度关注。第三，着力深层发掘精神价值。历史川流不息，精神代代相传。"二七"精神、铁道兵精神、成昆精神、青藏铁路精神和高铁精神都是中华优秀传统文化、革命文化和社会主义先进文化长河中的重要精神标识，它们不仅代表着中华民族和中国人民最深沉的精神追求，还充分彰显了中国共产党人的理想信念、初心使命、意志品质和工作作风。面对世界百年未有之大变局和中华民族伟大复兴的战略全局，这些跨越时空、历久弥新的伟大革命精神永远是我们未来前行道路上战胜各种风险挑战的动力源泉。

  本书是集体劳动的成果。由西南交通大学抗震救灾精神研究基地承担编写工作，胡子祥教授担任主编，拟定写作框架。各章具体分工如下：第一章，钟勇华；第二章，王丹、胡子祥；第三章，刁成林；第四章，郭海龙；第五章，张利民；第六章，康厚德。胡子祥审读并统稿。西南交通大学文科建设处张雪永、郑澎、曹文翰同志对课题研究给予了具体指导和帮助。西南交通大学出版社给予了大力支持。

  由于本书所涉及内容十分广泛，加之时间也十分有限，成果还存在很多不足之处，欢迎大家批评指正。

编　者
2021 年 12 月 1 日

谨以此书献给

中国共产党成立100周年

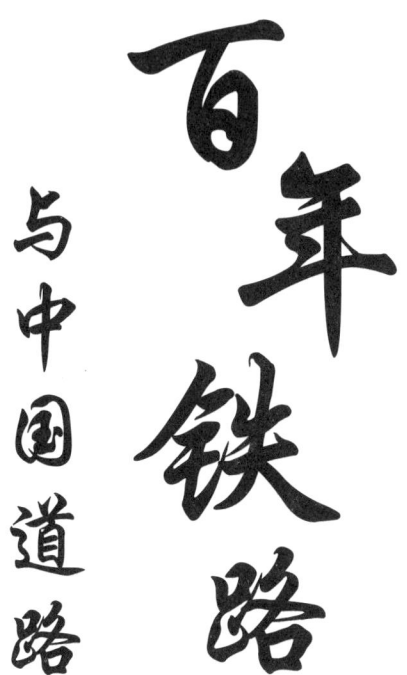

田永秀 崔罡 ◎ 主编

西南交通大学出版社
·成都·

图书在版编目（CIP）数据

百年铁路与中国道路. 2，筑路卷 / 田永秀，崔罡主编. —成都：西南交通大学出版社，2021.12
ISBN 978-7-5643-8404-3

Ⅰ.①百… Ⅱ.①田… ②崔… Ⅲ.①铁路运输建设－概况－中国 Ⅳ.①F532.3

中国版本图书馆 CIP 数据核字（2021）第 245135 号

百年铁路与中国道路

编写委员会

桂富强　沈火明　冯晓云　周仲荣
韩旭东　汪　铮　张雪永　崔　凯
周先礼　林伯海　张军琪　王建琼
阳　晓　易伯伦　吴　迪　罗爱林
郑丽娟

百年铁路与中国道路

（筑路卷）

主编　田永秀　崔　罡
编委　张　铎　刁成林

目 录

序 章

第一章 回归：铁路回到人民手中

第一节　铁路接管：人民铁路在炮火中新生　008
第二节　党的领导：锻造人民铁路之魂　027
第三节　"高大半"：人民铁路的新风貌　047

第二章 筑基：联动祖国的大好河山

第一节　在西南的旅程　070
第二节　大 西 北　084
第三节　东北和华北　098
第四节　跨过长江、奔向大海　107
第五节　返回成都的旅程　118

第三章 砥砺：为人民满意的铁路而奋斗

第一节　挖潜扩能：我们很努力，但我们还可以更努力　127
第二节　走向市场：换个思路再加速　136
第三节　内外开放：换个格局再加速　147
第四节　一张蓝图绘到底：铁路迈向新时代　157
第五节　改革，持续地改革　174
第六节　中国铁路总公司　186

第四章 提速：奋力奔跑的人民铁路

第一节　"三大战役"的进行　200
第二节　大会战序幕的拉开　213
第三节　全国路网的完善　228
第四节　六次铁路的提速　237

第五章 腾飞：独领风骚的中国高铁

第一节　中国铁路的焕能新生　252
第二节　中国高速铁路的标志性工程　262

序　章

说起铁路，我们会想到什么呢？大部分人的脑海中，会浮现出两条永不相交的钢铁线路，它们如同一对亲密的兄弟，托起了奔驰的列车。这个印象肯定不能说错。因为我们的体验就是，乘着列车，沿着铁路线，走向了祖国的四面八方，去拜访壮丽的山河，去品味不同的生活方式。

其实，这个印象是不完整的。

一次完整的火车旅行包括了很多环节。例如，购票时，我们感受到的是票务服务；在车站时，则是站务服务；乘车时，则是乘务服务。火车自然需要"车"。通常来说，我们会把火车分为车头和车厢，严格地讲，它包括了机车和车辆两大部分。火车要运行，就需要线路。火车线路中必不可少地包括了隧道、桥梁。列车要有序运行，还需要调度、信号，还需要安全、卫生……

所以说，铁路是一个异常庞大的系统。作为普通乘客，我们平时接触的仅仅是其中的一小部分而已，仅仅是冰山一角。

铁路呈现给社会和公众的，是客运或货运服务。要支撑起这两大基础业务，就需要客运、货运、车务、车辆、电务、工务、供电……这么

多部门各司其职,步调一致。统筹客货运工作的是铁路局。现在全国有18个地方铁路局,它们是中国国家铁路集团有限公司(铁总)的下属部门。而对铁路发展做出规划、对铁路局进行监管的,是国家铁路局,它是交通运输部的下属机构。

我们要建设铁路,就需要施工部门。这个部门就是铁路工程局。全国有二十五个铁路工程局。这些工程局又分为两个大的集团公司。从铁一局到铁十局属于中国铁路工程集团有限公司(中国中铁,CREC);从铁十一局到铁二十五局则属于中国铁道建筑有限公司(中国铁建,CRCC)。他们的来历是不同的。中国中铁的前身是前铁道部工程总局;中国铁建的前身是光荣的中国人民解放军铁道兵。它们都是国资委管理的大型中央企业。除了修铁路之外,两大集团的工作还包括了勘测、设计、架桥、隧道、工程机械……它们旗下还辖有大桥局、隧道局、电气化局,等等。

有了路,还得有车。负责机车和车辆研发与生产的是中国中车集团有限公司(中车,CRRC)。中车是由中国北方机车车辆工业集团公司(北车)和中国南方机车车辆工业集团公司(南车)合并而成。更早之前,它们是分布在全国各地的38家机车车辆厂。

有了车和路,还要有铁路科技的研发机构,这样才能推动我国的铁路技术不断更新、进步。这就是中国铁道科学研究院集团有限公司(铁科院)。它直属于中国铁路总公司,是铁路行业的核心科研机构。除此之外,与铁路行业有密切合作关系的大学也在提供自己的智慧。其中,部分大学就是以铁路技术为自身发展特色的,如西南交通大学、北京交通大学等；也有部分大学是积极参与专项技术攻关的，比如清华大学、同济大学、中南大学等。

这么一梳理，我们发现，铁路行业是一个至少包括了运营部门、生产部门、施工部门、科研部门等在内的系统。这个超级团队由数百万人组成。他们都骄傲地把自己称作"铁路人"。

但具体情况还不止于此。要建设一条铁路，起码会包括筹划、决策、融资、设计、建设等过程。仅仅"铁路人"是不可能完成所有的工作的。举例来说，要不要修铁路、在哪里修铁路、修什么类型的铁路、资金和物资从何而来，这些重大的事情，必须是由党中央和国务院决策。因此，通常会认为，铁路是现代科学技术的集大成者，其实，严格来说，铁路是现代国家综合国力的集大成者。

这个判断是由中国铁路发展史充分证明了的。从1881年中国有了第一条铁路以来（也有一种说法是1876年）[①]，到2021年，刚好是140年。这140年的中国铁路史，大致可以分为两个阶段。在大约前70年，也就是到1949年中华人民共和国成立之前，我国只有2.2万公里的铁路。其中很大的一部分，还只是能够达到勉强通车。京广线以西只有不到4000公里的线路，西部更是只有1600公里。成都、重庆这样的大城市，甚至一条铁路干线都没有。更不要说贵阳、兰州、西宁、乌鲁木齐了。为何如此呢？因为修筑一条铁路，要动用几十万劳动力，要筹集天文数

[①] 1876年，英国私自修建了从吴淞到上海的"吴淞铁路"，这是中国国土上出现的第一条铁路。随后，清政府把这铁路赎回，并于1877年拆毁。1881年，中国修建了第一条自办铁路"唐胥铁路"。从不同的角度，这两条铁路都可以被看作中国铁路史的开端。

字的资金，要涉及复杂的各种资源的调配。这些事情，必须由政府来出面统筹协调。而在中华人民共和国成立之前，中国近代的三个政府：清政府、北洋政府和南京国民政府都是非常腐朽、效率非常低下的。在这种大环境下，客观而言，旧中国的铁路建设成就其实已经很不错了。

中华人民共和国成立之后，中国铁路的面貌就焕然一新了。到了2021年，也就是中国共产党成立100周年之际，我国的铁路运营里程达到14.4万公里，其中3.6万公里是高速铁路。特别是中国高铁的运营里程数超过了全世界其他国家的总和！国人已经非常习惯了在5个小时之内，从北京抵达上海；在1.5个小时之内，从成都到重庆；在9个小时左右，从北京到广州。在一些关键指标上，比如，我们的铁路旅客周转量、货运量、货物周转量、换算周转量多年稳居世界第一；铁路行业总资产、营业收入世界第一；基础设施、技术装备等硬件现代化程度高，各类设备设施技术性能和可靠性世界领先；铁路速度世界第一；铁路技术创新能力世界领先；铁路安全保障世界第一。总之一句话，我们现在已经是名副其实的铁路大国、铁路强国。

如此一来，中国铁路史呈现出了前后两段截然不同的风貌，前70年，踟蹰难行；后70年，急速跨越。最本质性的变化是什么？那就是我们有了中国共产党的领导。这是唯一的、决定性的因素。

铁路的本质是什么呢？铁路是一种轨道载运工具，更严格地说，是一种轨道载运能力。它像所有的交通方式一样，提供的是"运能"。而这种"运能"是为了满足国家和社会需求的，需求也就是"运量"。一方面，国家社会对运输有多少需求，这是运量；铁路能提供多少能力，这是运能。随着国家的发展，人民对运量的需求是不断提升的，因为需要运送的资源和产品会越来越多，人员流动的需求也越来越强。铁路必须应对这些问题，解决这些问题。但反过来说，假如有了运能，又会刺激地方提高生产，也会激发民众出行的欲望，运能就反过来引领运量了。"运能"和"运量"的关系问题，就是铁路发展的辩证法。世界任何国家都是这样。

因此，本卷的标题虽然是"筑路"，但不能简化为修筑了多少公里的铁路线路。这里的"路"指的是铁路提供的轨道载运能力。从技术角度来讲，它包括了线路、建设、机车车辆、勘测、运营等多个方面。更广义地讲，"筑路"，就是在党的领导下，不断发展、不断提升轨道载运能力的过程。值此全党和全国各族人民喜迎党的百岁华诞之际，值此"两个一百年"历史交汇的关键节点，我们重温这段历史记忆，其实也是从铁路这个角度，重温党如何领导我们"筑起民族复兴之路"的过程。

这段历史大致可以分为三个主题。总体而言，就是在党的领导下，铁路在不同的阶段，不同时期，竭尽全力地解决三个问题。

第一个问题是"有没有"。中华人民共和国成立之后，人民政府接手的是一个百废待兴的摊子。我们刚才提到了，1949年时，只有2.2万公里勉强可以通车的铁路。到了1978年的时候，也就是改革开放之初，我们已经基本建成了全国性的铁路网。全国所有的省会城市，除了拉萨和台北之外，都用铁路连接在了一起[①]。

第二个问题是"够不够"。经过了三十年的发展，中国铁路遇到了新

[①] 当时海南省还没有成立，海口还不是省会城市。

的问题。我国在十一届三中全会之后,进入了改革开放新时期,整个社会以前所未有的速度飞速发展。此时,铁路的运能就滞后于社会需求了。党中央的判断是:"铁路是国民经济的薄弱环节!"1992年,朱镕基同志指出:"铁路是国民经济发展的瓶颈。"其原因包括两个方面,其一是铁路自身存在种种不足,例如,线路布局合不合理、铁路技术是否先进,等等;其二是我们国家的社会经济发展速度,超过了铁路的发展速度。运量超过了运能,运能满足不了运量。在党的领导下,铁路行业不断深化改革,通过改革,解决了这些问题。铁路改革史是我国改革开放史的重要组成部分。

第三个问题是"好不好"。党的十九大报告指出,"中国特色社会主义进入新时代,我国社会主要矛盾已经转化为人民日益增长的美好生活需要和不平衡不充分的发展之间的矛盾"。铁路也是这样。更方便、更快速、更经济适用的铁路同样是我们美好生活的一部分。因此,中国铁路要继续奋斗。

围绕着三个问题,本卷就包括了五个方面的内容。

第一,是铁路"回归",也就是铁路回到的人民手中。党的领导是中华人民共和国铁路发展的前提条件。唯有如此,我们才能够群策群力、团结一心、共同奋斗,把铁路引入发展的正确道路上来。详见本卷的第一章。

第二,是铁路"筑基",也就是中华人民共和国前三十年铁路网的建设过程。英勇且智慧的铁路人,征服了西南的崇山峻岭、西北的大漠风沙、东南的大海波涛,建成了3万公里的铁路。其中的很多工程都堪称铁路建设史乃至人类征服自然史的奇迹。详见本卷的第二章。

第三,是铁路"砥砺",也就是改革开放之后的铁路改革。铁路是现代国家综合国力的集大成者。铁路要应对"够不够""好不好"的问题,就必须与时俱进、不断改革。中国铁路怎样从"瓶颈"状态中摆脱出来,重新成为国民经济发展的"牵引动力"呢?就像所有行业一样,在党的领导下,全面深化改革开放。详见本卷的第三章。

第四,是铁路"提速"。狭义地说,它指的是从1997年到2007年间,铁路的六次大提速。广义地说,它是统筹性的普通铁路的跨越式发展。我们修新线、改旧线、铺复线、架新桥、开隧道、革动力、设路网、建枢纽,最终融为"速度"这一核心指标。详见本卷的第四章。

第五,是铁路"腾飞"。这是我们"黄金名片"中国高铁的发展历程。以高铁为代表,我们一跃成为铁路强国,并大踏步迈向交通强国。这段历史切近而又生动有趣。详见本卷的第五章。

第一章

回归：铁路回到人民手中

中国近现代历史留给我们的印象是什么呢？是截然分明的两段。1949年之前，是灰色的、是血色的；1949年之后，是红色的、亮色的。如果把它想象为一幅画卷的话，以中华人民共和国的成立为界，前段和后段截然不同。

中国铁路的故事也是如此。1949年之前的铁路故事，是中国人民伟大抗争史的重要组成部分。在那个年代，铁路建设的主旋律绝不是殚精竭虑的科学家和工程师，也不是铁路工人的汗水和劳动号子，而是路权、外债、军阀割据、央地矛盾……铁路承载了太多太多不应当由它承载的东西，它负重前行，恰如京张铁路人字形展线上艰难攀爬的蒸汽机车。

直到有一天，铁路回到人民手中，它才"活成"了它应有的样子。

故事就从铁路的新生说起吧。

第一节 铁路接管：人民铁路在炮火中新生

1949年，中华人民共和国成立之初，党和人民政府接手的是一个满目疮痍、百废待兴的烂摊子。我们国家要追赶的不仅仅是三十年、一百年，甚至是几百年的差距。铁路也不例外。祖国的大地上虽有两万多公里的铁路，但却是异常混乱的局面。这就是人民铁路菲薄的家底。

小贴士：旧中国铁路家底知多少

截至1949年，中国共有铁路干支线26 200公里，除去因战争或者其他原因拆毁的3600公里，余22 600公里（不含台湾、香港）。经过人民政府抢修之后，可通车里程是21 810公里。

这些铁路里面，46%在东北，差不多10 000公里，基本上是日本修的。东北铁路是日本掠夺我们资源的工具。到了关内，京广线以东又占了32%。这么一算，京广线以西基本就没铁路了。

这些里程里面，中国自己修的只有36%，剩下的都是列强修的。钱肯定是没有的，基本靠借外债；设备肯定也是没有的，基本靠进口。铁路技术标准如同万国工业博览会，那叫一个五花八门。什么叫轨距？哪个是曲线？通信信号、机车修理，那是各式各样。最薄弱的就是铁路枢纽了。各条铁路各自为政，完全没法全面连续运输。

铁路数量少、自建能力低、布局不合理、标准不统一、缺乏联动力。这就是旧中国铁路的家底了。

（数据来源：《中国铁路建设》）

人民铁路该如何重启呢？

1. 挺进东北：人民铁路的"试验田"

"爬上飞快的火车，像骑上奔驰的骏马……"，提到这首耳熟能详的歌，大家马上就会想起著名作家知侠创作的铁道游击队的故事。作品是

以抗战时期八路军鲁南军区铁道大队的英雄事迹为原型的。在那个年头,我们党把"破路"作为对敌斗争的主要手段之一。在抗战相持阶段,彭德怀元帅组织和领导了百团大战。这场八路军在华北敌后发动的最大规模的反扫荡战役,就是以破坏敌人的交通线为目的。

那么,我党是否有能力管理好、建设好铁路呢?未来中国铁路的跨越式发展,用不争的事实证明了我党无与伦比的执政能力。不过,在抗战刚胜利的时候,在祖国尚未解放的时候,怀疑的声音是不绝于耳的。从历史的角度来看,这里其实存在着一个研究的盲点或者说盲区。也就是,大家似乎对1945年到1949年间,我党的铁路政策与铁路管理建设成就不太了解。

这段历史是党对铁路的接管史。什么是接管呢?顾名思义,接,就是接收,就是从侵略者、旧政府手中接手铁路;管,就是管理,就是管理好接收到手的铁路。接管是人民铁路的基础,是未来铁路强国迈出的第一步。

说到底,铁路还是一种工具。工具能发挥什么功能,关键要看掌握在谁的手中。"当铁路掌握在日寇手中时,它是养育日本法西斯的大动脉,是人民的吸血鬼;当铁路沦陷于蒋介石手中时,它就是中国法西斯残害人民、进行内战独裁的手段。"我们应该从根本上理解这个问题。我党对铁路采取怎样的政策,取决于具体形势的不同,归根结底,取决于哪种方式符合人民群众的利益。抗战时期,铁路掌握在侵略者手里,我们当然要破坏它。到了解放战争时期,情况就不同了。

解放战争时,我党的政策是"破路"与"护路"灵活运用。1945年9月,根据党的七大决议,中共中央确定了"向北发展、向南防御"的战略方针。党中央派出大量的军队和干部挺进东北,占领了东北广大地

第一章 回归：铁路回到人民手中

区。当时东北的工业体系比较完整，也是我国铁路最发达的地区。

东北铁路发展历史非常早，可以追溯到1897年。其实它也是甲午战争给我们带来的创伤之一。甲午战败后，沙俄政府日常性趁火打劫，迫使清政府出让了东北的筑路权，并在1903年建成了东清铁路。东清铁路的中心是哈尔滨，可以说，哈尔滨的繁荣与这条路密不可分。后来就是"伤害性极大、侮辱性极强"的日俄战争。日本从沙俄手中抢走了东清铁路的长春到大连段，改名为南满铁路。此后的几十年里，先是奉系军阀，后是日本侵略者，他们长期经营，不停地修啊修。肥沃的黑土地蕴藏着无穷的宝藏，却被这些侵略者疯狂掠夺。到1945年，东北铁路网基本覆盖了发达区域的所有村镇，运营里程超过11 000公里。

直到今天，东北地区仍然有几十个使用中的百年火车站。它们是东北旅行必然要打卡留念的胜地。

吉林西站

图片来源：本书编写组拍摄。

图片说明：吉林西站位于吉林省吉林市，由林徽因女士设计，梁思成先生审定，建成于1928年。

我军要抢占东北，就必须积极应对和处理东北的铁路问题，更要为将来的建设和发展奠定基础。如此一来，铁路接管就是我军进入东北后的首要任务之一了。

1945年8月15日，日本宣布无条件投降。8月23日，我军解放张家口，对张家口铁路局实行了军事管制。这个铁路局下辖平绥铁路约300公里的路段，这就是中国最早的人民铁路了。党中央对东北铁路的基本原则是"抓到手就管住"。根据中央的要求，1945年9月4日锦州解放，9月24日的时候，辽西专员公署和冀热辽军区命令锦州铁路总工会派人进入伪满锦州铁道局，接管了沈阳至山海关的铁路全线。到了11月，又在承德成立了热河铁路局，管辖辽宁、热河两省交界的锦承铁路区段。这就为我们大批军队和干部顺利出关北上提供了铁路运输条件。12月，东北人民自治军以一部分兵力组成了东北人民自治军护路军，这便是后来功勋卓越的中国人民解放军铁道兵的前身。

在进入东北的过程中，我们控制的铁路不断增加，同时在整个东北地区接连成立各铁路管理系统。1945年11月郭维城受命率部接管齐齐哈尔铁道局，成立西满铁路管理局，位于郑家屯；同月接管北安铁路，成立北满铁路管理局。1945年12月初，东北人民自治军驻通化后，派徐彬筹建通化铁路局；1946年1月东满军区司令部在梅河口成立东满铁路管理局，郭洪涛为局长兼政委。1946年4月苏军撤走时，中共方面以东北人民自治联军的名义立即任命吕正操、郭洪涛为中长铁路军事总代表，并向中长铁路所属各分局派驻军事代表，行使中长路中方所拥有的权力，统管东北铁路干线。后来经过苏联方面的同意，将东北铁路总局与中长局合署办公，统管东北铁路。同年5月，东北民主联军总部进驻哈尔滨，拉滨铁路分局成立，与中长铁路二分局合署办公，刘居英任局长。

为了更好地管理铁路,特别是学习长期管理大规模企业,东北局做出了《关于铁路工作的指示》。7月25日,我们在哈尔滨成立了东北铁路总局。由陈云同志任总局长,李富春同志任政委,吕正操同志主持全面工作。这是党统一管理铁路的开始。在解放战争的炮火与硝烟中,"孕育"着人民铁路。东北铁路就是我党铁路接管工作的"试验田"。党中央还抽调了延安和其他解放区的大批骨干充实总局干部队伍,加强铁路各级工作。在党的领导下,一支既能建设也能战斗的铁道兵队伍成长了起来,他们是未来共和国铁路建设的主力军之一;一批政治坚定、专业过硬的铁路干部队伍得到了培养,为此后全国铁路接管奠定了基础。

所以说,党对东北铁路的基本政策还是以护路为主。但是,战争形势瞬息万变,不能一概而论。1946年3月,四平保卫战爆发。经过将近两个月的苦战,四平失守,我军战略转进,铁路再次落入敌军手中。毛泽东在给东北局的电报中指示说:"鉴于在敌北进以前未能破坏沈阳、四平段铁路,使我吃了大亏,现应动员一切力量昼夜不停彻底破坏长春至四平段铁路,不但搬去铁轨、炸毁桥梁、水塔、车站,而且要广泛掘坏路基,使顽不易修复,此事万不可放松。"这就从"护路"暂时性转向了"破路"。

随着"三下江南、四保临江"等战役的胜利,东北民主联军扭转了局面,转入战略性反攻。1947年5月开始,我军沿着铁路线发动了三大攻势,消灭了国民党军约30万人,解放区不断扩大。1948年1月8日,毛泽东在给东北野战军司令员的电报中指示:"东北与华北敌人愈打愈少,几个月后形势将起变化。请考虑某些铁路不破坏或只作战术性破坏,而不彻底破坏。"这就又转回了"护路"。

东北铁路总局对中国铁路的意义非常重大。在东北解放复杂的战争形势下，总局领导了铁路的斗争，组织了东北铁路的修复，承担了铁路运输的重任，强有力地配合了东北解放。由于战争基本在铁路沿线展开，随着两军的反复争夺特别是国民党军的疯狂破坏，沿线的桥梁、路基等损毁情况非常严重，铁路运输几乎处于半瘫痪状态。东北铁路总局领导了抢修工作，组建了两个铁道团，到1948年6月时，通车里程就恢复到将近8000公里，东北新老解放区的干线均修复通车，这为解放长春和锦州提供了有力的保证。

这个时候，在东北与国民党军进行战略决战的时机逐渐成熟。党中央开始部署辽沈战役。1948年7月，东北人民解放军在护路军的基础上，组建了东北人民解放军铁道纵队。众所周知，辽沈战役的总体思路是"关门打狗"，这里的门，就是锦州。严格地说，"关门"就是要控制北宁路，防止国民党军从此路撤回关内。当时，蒋介石以为我军会在长春与国民党军决战。实际上，我军的真实意图是，置长春、沈阳两敌于不顾，首先歼灭锦州至唐山一线之敌。毛泽东在一封给东北解放军指挥官们的电报中强调，辽沈战役胜利的关键就在于能否一个星期内攻占锦州。

速度！速度是战役胜利的决定性因素，更多的解放军指战员、更多的战备物资要用最快的速度运输到前线。铁道纵队责无旁贷地成为全军的先锋。

1948年8月底，东北铁路总局接到东北野司的命令，要求用最短的时间，把四平以北的三纵、炮纵、二纵5师、六纵17师等部队运送到新立屯等地区，还要从哈尔滨等地运送2000万斤粮食和作战物资到前线。铁道纵队一面迅速调集各类车辆达1224辆，一面紧急抢修新（新立屯）义（义县）铁路。新义线断断续续被破坏了34公里，13座桥梁无法通车，枕木和残留的钢轨被烧毁或被抛弃在路基两侧。铁道纵队在"一切为了前线、一起为了胜利"口号的鼓舞下，冒着敌军的飞机，克服了材料短缺、器械不足等困难，夜以继日向着锦州方向抢修。9月12日，锦州战役打响。短短9天之内，到21日，东北铁路总局发出64趟列车，10万解放军战士如神兵天降，抵达前线。

解放义县，火车就通到了义县北的清河门车站。义县解放后，国民党军的反扑更加凶狠。位于平齐、大郑铁路交汇的郑家屯车站，是前线枢纽。敌军为了切断我军的后勤补给线，对此地进行了疯狂轰炸。特别是1948年10月1日，敌机几乎把车站夷为平地，现场一片火海。敌机还没飞走，我们的铁道纵队战士、铁路员工甚至家属，就投入到抢修工作中，先后有17位铁路人在抢修、抢运的战斗中英勇牺牲。1949年10月1日，郑家屯铁路分局宣布在郑家屯车站站前广场上建立"在解放战争中英勇牺牲的铁路职工纪念碑"，以此缅怀我们的烈士。

同样颇具传奇色彩的是"3005次英雄列车"的故事。1948年9月28日，15位党员和1位积极分子组成了3005次包乘组，列车共32节车厢，8车是炸药，22车是榴弹炮弹和火箭炮弹。临行前，列车成立了临时列车党支部，他们向组织庄严宣誓："人在车就在，不管遇到什么困难，一定要把车开上去。必要时，宁可牺牲自己，也要保证列车的安全。"列车一路顶着枪林弹雨前进。29日夜，列车驶出郑家屯车站，随后就遭到了敌机的空袭。敌机两次俯冲射击，在一辆车皮上留下了20多个弹孔。军火一旦被引爆，必将引发全车的殉爆，后果不堪设想。危急时刻，公路上同时行进的汽车兵战士，打开了汽车的大灯，吸引了敌机的火力。汽车队陷入一片火海，3005次专列得到了保全。在地方和部队的协助下，列车于10月2日运抵西阜新车站，也就是锦州前线。1949年4月，司机长范永同志代表全组同志出席了在西柏坡召开的解放战争特等军功荣获者群英会，受到了党中央领导人的接见。毛泽东握着范永的手说："向铁路工人致敬！"这是党对铁路人最好的认可与赞誉！

在此期间，铁道纵队抢修陶赖昭松花江大桥、吉林第二松花江大桥、K118 大桥等工程，是一场又一场的大胜仗，为辽沈战役的胜利立下了卓越功勋。

辽沈战役胜利后，铁道纵队又投身于平津战役的备战。他们抢修了北宁铁路，到 1948 年底，开出军列 327 列，运送军事装备、武器弹药 24 万吨，东北解放军强势入关，雄壮之师虎视中原，真的是气吞天下如卷席！

2. 全面接管：铁路的"回归"之路

关内铁路的情况要复杂一些，接管的思路也与东北不同。

1946 年 6 月，国民党撕毁停战协议和政协决议，驱 22 万军队进攻中原解放区，解放战争全面爆发。经过一年的艰苦斗争后，以刘邓大军"千里跃进大别山"为标志，我军扭转了局面，解放战争进入了战略反攻阶段。

总体来说，党对关内铁路的政策也是"护路"与"破路"灵活运用，但还是护路为主。1947 年 6 月 4 日，中央明确指示，鉴于"我军作战也已全部由战略防御转变为战略反攻，过去需要破坏的铁路，现在一般地已无此种需要"，"从现在起，除作战时因为战术的某些需要"外，"一切大规模破坏铁路的行动应予以停止。我军所到之处，对于铁员工及铁路上的铁轨、枕木、路基、桥梁、涵洞、车站设备等项，一律加以保护，并劝告人民对其进行保护"。即便是迫不得已必须破坏，也要考虑到修复问题，不要彻底破坏。1948 年 7 月 10 日，毛泽东为中共中央军委起草的给中原野战军司令员刘伯承、第一副司令员陈毅和政治委员邓小平等的电报中,再度就破坏铁路的办法做了详细的指示:"破坏方法,根据美蒋方面反映,他们最怕的是曲线式的破坏路基,即将铁路分作多数小段,不是掘毁其全部路基,而是掘毁路基之一方面;不是掘毁路基之同一方面,而是在各段上掘毁路基之不同方面。例如第一段掘毁左边留下右边,第二段掘毁右边留下左边,第三第五第七段照第一段掘法,第四第六第八段照第二段掘法。敌人修复之后,修复部分和留存部分硬度不同,车行危险,故为敌人所最怕。你们是否已经采用此种办法破路,如尚未采用,望注意采用之。"

1947年3月,晋冀鲁豫野战军发动了豫北战役,战后接管了平汉路段铁路。晋察冀野战军在正太战役后,又接管了正太线路段。1947年11月,我军先后解放了保定和石家庄,晋察冀、晋冀鲁豫两大解放区连成一片。11月10日,晋察冀边区铁路局在石家庄成立。这是我党在关内组建的第一个铁路局。特别值得一提的是,1947年2月,京冀鲁豫中央局决定修筑自邯郸到涉县的邯涉铁路,并于1948年10月通车运营。这条只有103公里的铁路,后来成为京广线的支线。但是,我们要知道,这是解放区的第一条自建铁路,是我党领导自行设计、自行建设的第一条铁路,具有里程碑式的历史意义。

华北、华南地区的铁路总体上按照干线区制进行接收。什么是干线区制呢?简单来讲,就是把全国的铁路干线划分为若干个区,不同区域由不同的路局管理。由于旧中国的铁路基本上是靠借外债修筑的,债权国总会附加各式各样的条件。铁路基本上是按线设局,也就是每条线由不同的权益者进行管理。各路钩心斗角、各自为政。国民政府成立铁道部后,曾经多次想扭转这种局面,想实现全国铁路的统一管理,但都以失败告终。抗战即将胜利的时候，国民政府又进行了一次铁路管理改革，即干线区制。他们把全国铁路分为十个干线区，每个区设立管理局。从理论上来讲，这种管理方式确实更合理，也更有进步性。但从实践上来说，并没有彻底执行下去，因为很快就爆发内战了。国统区和解放区犬牙交错，铁路统一调动自然也就不可能实现。

但是，既然这种管理方式有合理性，我党自然会按规律办事。这里面有两个原因。第一，众所周知，铁路是一个专业性、技术性非常强的行业，熟练的技术工人、管理人员，是铁路运输的保障。不是随随便便找个人过来，就能开火车、管调度，既然如此，尽可能多的铁路职工、尽可能完整的铁路组织机构，就是铁路运营的保障。第二，是社会环境稳定的问题。1949年前后，旧铁路行业大约有30万工人，加上他们的家属、亲戚，就是一个非常庞大的群体了。相对于当时的整个社会来说，这些人有一定的文化，也有较为稳定的收入。如果他们不稳定，社会也就稳定不下来。

怎么安置他们呢？党的政策是"原职原薪"。简单说，原来做什么，现在还做什么；原来赚多少钱，现在还赚多少钱。这样，既保障了铁路员工的生活，也迅速化解了政权交接过程中的慌乱情绪。

1948年10月下旬，我党开始接管郑州区铁路。这是我们在关内接管的第一个大的路局。随着解放形势不断好转，党实现对铁路的全国统一管理的条件已经逐渐成熟。1948年11月，周恩来在西柏坡约见华北军区副司令员滕代远，在谈话中透露想让他以华北人民政府交通部为基础组建铁道部。1949年1月4日，曾兼任过东北铁路总局局长的陈云给中央提出铁路必须统一管理的建议："铁路管理与调度,则凡属通车之处,均需保持统一管理与规定，才能避免由于调度不统一而产生的贻误军运和浪费运输力的现象。"中央很快采纳了陈云的建议。

1949年1月10日,是人民铁路的生日。这一天,中央军事委员会根据中央政治局的决定,成立中国人民革命军事委员会铁道部(简称军委铁道部),由滕代远任部长。2月20日,中共军委铁道部临时委员会成立,由滕代远任书记。铁路行业行政、党政的相继组成,标志着中国共产党领导下的统一管理全国铁路的机构正式成立。这是共和国铁路史的历史起点,同时标志着中国铁路进入了新的发展阶段。在第一次铁路工作会议上,滕代远代表铁路人提出了"解放军打到哪里,铁路就抢修到哪里"的响亮口号!还要提到的一点是,5月16日,四野铁道纵队改编为中国人民解放军铁道兵团。这支特别能战斗、特别能建设的队伍,将会成为人民铁路建设的主力军。

有了党对全国铁路的统一领导,全国性的接管工作得以有条不紊地加速进行。1949年2月1日,郑州铁路管理局成立,对陇海区的接管基本完成。相对于郑州局的分散接管,平津区的整体性则非常强。从1948年12月15日始至1949年4月30日截止,四个半月时间,北平军事管制委员会物资接管委员会交通部铁道处不仅接收了平津铁路管理局的内部行政机构,还接收了晋冀区铁路局驻平办事处、长辛店机车厂、丰台机车厂、天津及张家口办事处、包宁段工程筹备处、各部分联合办事处等铁路工厂和其他铁路局驻平办事处。4月24日,太原解放之后,党接管了同蒲铁路管理局及其下属各职能机构,此外还接管了同蒲路局视察室、督进室、运销部、福利室、生产社、扶轮学校、铁路医院、晋冀铁路管理处及其下属各段以及同蒲路局运输总指挥部和铁甲车司令部。一套成熟有效的接管办法已经形成了。平汉区、京沪区乃至更多地方的接管,在"照方抓药"的基础上"因地制宜",既有统一性,也各有精彩之处。随着10月24日广州解放、11月30日重庆解放，我党已经基本完成了对全国铁路的接管。

旧铁路"新生"为人民的铁路的过程中，先说人的问题。举例来说，青岛铁路分局所有职工5777人，最终留下来在岗的达到5586人，占总人数的97%。其实，大部分职工对我党是高度认同的，但也有一些对新政权心怀顾虑的人，他们要么对我党存在错误认知；要么就是曾经仗势欺人、贪污腐败；甚至干脆就是潜伏下来的国民党特务。所以也出现了一些员工外逃、请假不归、自动离职的情况。众所周知，"实事求是"是马克思主义理论中国化的精髓，在铁路工作中自然也要贯彻这样的思想路线。我们党依靠广大群众，对不同情况的铁路员工进行了评议、政审，剔除和处理了国民党军统、中统、国特、党棍人员，以及在经济上有贪污行为的人，对其他政治面貌不清或不称职者，审查后予以资遣或降薪后继续留用。通过这种方式，一支稳定的人民铁路队伍就初具雏形了。当然，要真正锤炼成我们后来熟知的铁打的队伍，还需要深入的思想政治教育和学习，需要党的坚强领导。

有了铁路工人的支持，对铁路物资的接收就顺畅许多了。战争后期，国民党军队为延缓共产党军队的进攻，同时增大其建设和管理城市的难度，撤退时毁坏了大量的机车车辆和各种铁路器材，为中共接收后的恢复工作增加了不小的难度。为防止国民党军队大量的破坏，接收前在地下党和工人中积极分子的共同努力下，组织了护厂队、纠察队等组织保护了大量机车车辆。1949年上海解放前，为防止国民党撤退时的破坏和战争时期的混乱，中共上海地下党及路局积极分子组织员工纠察队，展开对敌人的政治攻势与生产保护的工作。1949年4月28日上午11时开始进行筹备员工纠察组，成立之初人员缺乏，随着解放军的不断胜利，纠察组工作人数不断增多，几天之后，纠察员人数就达六百人以上了。纠察组以"团结全体职工保护职工利益在中国共产党领导下争取职工解放为宗旨"，具体的工作是"反对迁移、撤退，防止破坏、浪费；调查及监视本路国特反动分子，并搜集其罪行及证据；加强学习，提高技术，随时进行宣传，扩大影响，收集资料，准备协助接收管理；扩大组织，提高觉悟，争取真和平，迎接解放军，领导全体职工参加新民主主义建设"。接管前期纠察组的成立极大地保护了路局资产，稳定了战争过程中车站的秩序，镇压了残余匪特与肃清黑票黄牛等工作，防止了敌特分子对铁路财产的破坏，使接管时没有发生重大事故和财产损失。

在中共地下组织和工厂工人积极分子的努力下，解放战争中各城市、各线路的铁路接管工作中接收了许多完整的器材。1949年5月5日，汉口铁路工人冒险回到平汉路江岸各厂，将被敌人占领的三十多个车头和二十二个车皮全部开走，同时用一晚时间将全厂十分之六的器材全都疏散，保证了能够完整地进行接收。接收的器材迅速成为人民的助力，焕发出新的活力。位于北平的长辛店机车厂，是"二七"大罢工的发源地，是一家有着红色基因的老厂。1958年，我国第一台内燃机车在这里问世。对青岛铁路的接收工作中，包括了对四方机车厂的接收。四方机车厂是未来我国第一台国产蒸汽机车的诞生地，也是我国第一台国产时速300公里高速动车组的诞生地。所以说，接管的这些铁路企业是中华人民共和国铁路工业的基础。

重庆解放后，我党接收了七个在渝铁路机构，包括了成渝铁路工程局、川黔线隆筑铁路工程局筹备处、湘桂黔铁路局重庆办事处、浙赣铁路保管处、东北运渝总局保管处、陇海铁路重庆储运所、中国桥梁公司重庆分公司。它们是国民政府时期为修建成渝铁路、川黔铁路等单位以及经营铁路运输、仓储等机构。正是对这些机构的成功接收，我们才能在两年内建成成渝铁路。

总体来说，截至 1949 年底，共产党领导下的人民铁路系统在全国范围内共有机车（包括死机）4069 台，客车 3987 辆，货车 46 487 辆，这些宝贵的财产都是接收而来。铁路接收，基本上完整地接收了旧中国铁路全部的人事机构，其中就包括了铁路警察、铁路医院、子弟小学等。中国铁路在后来形成了一个异常庞大的、甚至是无所不包的系统，相信很多人对此仍有着深刻的记忆。这是我们铁路的优势，但又逐步成为人民铁路的包袱。这些事情，本书第三章有详细的阐述。

3. 除旧更新：对旧铁路的改造

接收工作的顺利进行，标志着我们开了一个好头。我们的目标是管理好铁路，让它为人民做出更大的贡献。怎么实现这个目标呢？这就需要进行改造。所以说，接是基础，管是重点，改是核心。怎么进行改造呢？简单讲，就是在党组织的领导和帮助下，让几十万铁路职工实现身份转变，从铁路旧职工转变为铁路新主人。只有这样，他们才能够继续为人民铁路建设和新民主主义建设时期国民经济恢复和发展贡献力量。

首先是思想观念上的转变。以上海铁路管理局为例，上海铁路系统有大量职员与工人，他们的收入相对不低，特别是旧技术人员的生活还是相对宽裕的。如何来确定他们的政治归属呢？中华人民共和国是工人阶级领导的、以工农联盟为基础的国家。这些员工心里可能就会犯嘀咕："我们究竟算工人吗？我们是国家的主人吗？"这种顾虑是正常的，也是可以理解的。所以，党组织首先对工人阶级进行了重新界定。党中央指示:"同志们不要以为只有体力劳动的才是工人阶级,只要主要靠体力或脑力赚来的薪资养活自己和家庭,那也是工人阶级的一部分,所以职员也是工人阶级而不是资产阶级,与过去将体力劳动与脑力劳动分开对立的情况不同。"这么一来,技术人员的心态就稳定下来了。不仅如此,党还特别设立了工程师节。在 1949 年军委铁道部纪年工程师节的活动上,滕代远部长指出:要想把人民铁路建设好,必须要依靠工人阶级,同时要依靠脑力劳动者,特别是技术干部。这就从政治上确立了工程师和技术干部及其他脑力劳动者在新政权领导下的身份。工程技术人员在铁路决策、规划、管理、运维等方面的重要作用就能够尽数体现了。这就是帮助铁路技术人员、工程师等重塑身份认同。只有当他们认识到自己不再是铁路的"打工人",而是人民铁路的主人时,他们的工作热情才能得到了释放。

同步展开的是党对铁路行业的思想政治教育工作。党开展了一系列针对员工思想问题的教育宣传活动,通过改造职工旧有思想树立中华人民共和国铁路人的基本观念。例如:经过广泛的教育工作,启发员工的觉悟;开办各种职工学校,加强旧职工学习,如 1949 年上海、杭州、南京、戚墅堰等地也分别举办职工学校或职工训练班,加强被接管员工的政治思想,学员人数分别是:上海两期 900 人,南京四期 1026 人,戚墅堰六期 415 人,杭州 467 人。掌握铁路管理的技术干部,绝大部分是从毕业于训练班、职工学校的工人和下层干部中提拔的,极大地缓解了铁路建设管理人才短缺的问题。

在具体工作中,发挥我党民主集中制的优良传统,开展民主讨论。如 1949 年 12 月天津局工务会议上,定兴道班模范工长王省三和北京工务段石景山区道班工人朱宝贵汇报了他们如何通过民主讨论,开展批评和自我批评,改造自己和工友的经过,且通过民主讨论的方式,明确了领导方式,提高了铁路工务工作效率。

更重要的是,稳步有序地改造旧铁路的组织方式,建立起各级党组织、青年团和工会,加强党在日常工作中的领导。东北地区铁路是最早成立党组织的地区,自抗战胜利接管铁路开始,便对接收的铁路进行组织建构,大力发展党员强化组织领导,摆脱日伪殖民统治思想和国民党腐败僵化管理模式,实现铁路向人民铁路性质的尽快转变。如1946年4月28日东北民主联军解放了哈尔滨,党组织派干部接收了哈尔滨铁路。同年8月,经东北铁路党委批准,建立了中共哈尔滨铁路工作委员会。哈尔滨铁路党工委下属中长铁路总工会党组、哈尔滨铁路党总支,又在党总支的领导下分别建立了各单位的党支部。到了年底,"哈尔滨铁路党委共有党员236人,其中关内来的老党员82人,当年发展新党员154人"。再到1949年底,哈尔滨铁路党委已有党员5914人,占到职工总数的14.5%。前文提到的英雄列车3005次包乘组,就是由党员组成的。上海铁路管理局积极成立各生产单位的基层领导小组,"凡在三人至五人的党员应成立支部,要求每一个党员均不能例外地要过一定的组织生活,执行支部决议与组织制度"。至1949年10月20日,上海铁路管理局共有支部数为96个,党小组数509个,党员2614人。各单位均有支部及党小组,这就为基层党员过组织生活,发挥党员干部的带头作用,引导群众积极进行铁路建设,提供了组织保证。

青年团指的是新民主主义青年团①,这是共青团的前身。铁路系统青年团的建立,提高了青年铁路职工的政治觉悟和工作的积极性。铁路

---

① 1957年,新民主主义青年团改称为中国共产主义青年团。

系统最早普遍建立青年团也是在东北。基于东北铁路系统建团工作所取得的经验，1949年5月31日郑州段新民主主义青年团临时支部在郑州成立，并规定每周四下午十二点半起至三点钟为集体学习时间，周日为团日，下午十二点半至三点为集体活动时间。唐山机车厂青年团举行了二次入团仪式，到1949年8月底，唐山青年团员已由80人发展到249人，建立了14个支部，尚有60人申请入团。培养了大批青年积极分子及工作模范，改善了团群关系，在生产上起到了带头作用，极大地改变了接管前的工作状态。在各地方铁路管理系统建团工作如火如荼进行的同时，1949年6月15日，中国新民主主义青年团中央委员会成立关于建立全国铁道工作委员会的决定，统一全国铁道系统中青年团的领导，开展铁道青年职工工作。全国铁道青年团队的任务是：协同铁道工会开展铁道职工运动，从整个职工运动过程中所涌现出的积极分子中大量发展团员，建立团的组织；以马克思、列宁主义、毛泽东思想教育铁道青年职工，领导他们积极从事人民铁道的建设工作。从此，铁道青年团有了全国性的领导机构，为改造铁路系统，促进人民铁路的继续发展，奠定了良好的组织基础。

作为工人阶级的自治组织，工会在中共革命的历程中有着重要的作用。铁路工人本身就是最早受马克思主义影响的产业工人群体之一，震惊中外的"二七"大罢工就是典型案例。党在铁路接管工作完成之后，充分贯彻依靠工人阶级的工作路线，提高铁路工人在铁路系统的主人翁意识，积极组织建立铁路职工工会。1949年12月23日天津区工会首届代表大会在天津举行，大会建议工会建立互助合作制度，健全工会组织，反对官僚主义，克服形式主义，正式成立天津铁路工会。大家办工会演变出了各种创新：沈阳检车段工会"在（1949年）七月份的政工配合生产竞赛运动中，建立了'干事会'制度，给大家办工会打下了基础。同时，为了避免浪费时间，及时解决问题，又实行了'快会'制度"，并取得了良好的效果。1950年2月12日，中国铁路工会正式成立，经过详细研究通过了中国铁路工会章程草案，决议"在全国铁路开展合理化建议，订立集体合同，建议政府实行统一的劳动保险暂行办法，推广铁路职工互助办法及关于铁路职工教育的决议"。如此，工会成为全国性的真正代表职工利益的机构，为人民铁道建设贡献了重要力量。

军歌嘹亮，战旗飘扬！初生的人民铁路爆发出惊人的战斗力。他们抢修津浦铁路，支援渡江战役；抢修陇海、粤汉、浙赣等干线，支援全国解放。

淮海战役胜利之后，河南解放。为进军大西北，就必须修复陇海铁路。陇海铁路开始筹议于1899年，最初的规划是作为卢（卢沟桥）汉（汉口）铁路支线的汴（开封）洛（洛阳）铁路。1912年，北洋政府与比利时签订《陇秦豫海铁路借款合同》，规划一条东起海州（今连云港海州区）经河南、陕西至甘肃的铁路干线。1945年，陇海线修至甘肃天水。这是当时我国唯一纵贯东西的铁路大动脉。但是，1949年河南解放时，陇海线早已无法通车。陇海线西段的抢修工程异常艰巨，其中重中之重就是八号桥。八号桥位于三门峡，桥长150米，桥墩高达45米，是陇海铁路上最高、也是当时全国最高的铁路桥，是此路贯通东西的关键工程。屡经战争破坏，桥身已被破坏殆尽，惟余5座孤零零的桥墩在风雨中呜咽。于是，"登高英雄"杨连弟利用桥墩上的铁夹板，率领18位勇士攀上45米高的桥墩，仅用一块木板为掩护，实施了100多次爆破，为打通陇海路建立了不朽功绩。

杨连弟桥

图片来源：三门峡文明网。

图片说明：1952年，为纪念在抗美援朝中为国捐躯的杨连弟烈士，铁道部将八号桥更名为杨连弟桥，并在该桥西北侧建立了杨连弟纪念碑。

在党的领导下，人民群众的力量是无穷无尽的。在1948年到1949年间，铁路职工和铁道兵指战员并肩作战，战胜了千难万险，共抢修铁路8178公里，修复桥梁2717座，修复站线828公里，架设通信线路62 758公里[①]。到中华人民共和国成立时，基本恢复了被破坏的铁路。

就这样，人民铁路在解放战争的炮火中新生了。它如同初生的婴孩，向着这个世界发出了自己的声音，它也将在党和人民政府的悉心抚育下，茁壮成长。

第二节　党的领导：锻造人民铁路之魂

中华人民共和国铁路为什么能够在一穷二白的基础上发展成为世界

---

① 数据来源：《中国铁路建设》。

第一？是因为中国共产党的领导。人民铁路为人民，但我们更需要知道，人民铁路怎样实现了为人民的目标呢？是因为中国共产党的领导。板上钉钉的事实是，党的坚强领导和党的思想政治教育，锻造了人民铁路之魂。

铁路行业的党建和思想政治工作，对于铁路人思想的教育、价值观的塑造、工作作风的改进等起到了极为关键的作用，发挥了"育新人"的重要功效。实践表明，铁路工作的每一项成功，都是"思想走在行动前"的结果。

1. 铁路行业各级党组织的全面建立

强化组织领导是中华人民共和国成立初期铁路部门推动党建和思想政治工作的核心举措。一方面，铁路对于恢复和发展国民经济的重要性是不言而喻的；另一方面，铁路是从旧政权中接管过来的行业，其遗留下来的许多陋习恶风不利于"人民铁路"的建设。因此，需要通过强化铁路的组织领导，以确保铁路的各项工作顺利进行。

中华人民共和国成立后不久，在中共中央发布的《关于在中央人民政府内组织中国共产党党委会的决定》文件的指示下，铁道部立即在全路系统地组建和完善各级党组织建设，强化党委领导，并逐步建立起了各种加强党建工作的制度。

在这个过程中，铁道部、政治部发挥了巨大作用。中央军委铁道部成立之初，就按照军队建制设立了政治部。为更好地加强铁路党建和思想政治工作，军委铁道部不断完善政治部的职能设置，尤其是在组织工作、宣传工作、制度建设工作等方面体现得最为明显。如1950年铁道部西南铁路工程局筹备政治部时，其关于组织工作提出的中心任务就是："健全组织、配备干部、建立工作制度、贯彻整风精神、整顿党员思想……

有计划地大量培养干部、加强党的教育、整理党的组织、充实发展青年团的工作、有计划地发展党员。"

中华人民共和国成立后不久,铁道部贯彻落实中央指示精神,健全党组领导工作机制。根据中共中央《关于全党全军进行大规模整风运动的指示》,1950年8月,铁道部政治部在全路系统发布了整党指示,明确指出:"整风主要是整顿党内,而不是整顿党外。……至于党内整风,则亦应首先并着重整顿党员领导干部。"在同月召开的京津全路支部书记联席会上,天津铁路局的政治部代主任叶克明就谈道:"目前要求提高支部在思想战线与生产战线上的战斗堡垒作用,而各个支部威信的提高及其对生产上的作用之大小,决定于支部本身的工作,我们有些党的工作干部,未把工作做好而先要别人服从,或先讲权利,这是不对头的想法。同时还有些干部轻视支部的作用,轻视党的工作,甚至不愿做政治工作,这也是必须加以纠正的。"随着这一深刻认识在铁路系统全面铺开,各铁路局也越来越重视党建和思想政治工作。由此,也使中华人民共和国成立初期铁路党建和思想政治工作获得了良好的开局。

1950年1月1日,党中央发布了《关于在全党建立对人民群众的宣传网的决定》,以强化党对宣传工作的领导。铁路系统的各级党组织迅速贯彻落实了这一决定,强化党委领导,逐步建立起了各种必要的制度,如卡片制、包干制、会议制、检查制等。据东北、天津、济南和衡阳等铁路管理局政治部统计,仅一年时间内,"就已拥有宣传员20 674名,占上述各局职工总数的4.9%强。其中党员占12 809名;团员占4420名;非党积极分子及劳模等占3446名。在2767个支部中,已建立宣传网的有2580个支部"。与此同时,各铁路局也纷纷开展了党领导宣传工作的经验分享会,如北京铁路分局就在1951年12月20日的《人民铁道》报上刊登了一篇题为《中共北京铁路分党委会加强领导宣传工作的几点经验》的文章，详细介绍了该局党委会如何加强领导宣传工作的有效经验。

铁路行业的基层党组织也同步、高效地建立了起来。铁路基层党组织作为铁路系统的战斗堡垒，是党在铁路系统开展全部工作的基础，其在对广大铁路职工贯彻党的路线、方针、政策以及教育提高职工思想觉悟方面发挥着巨大作用，时刻影响着党在铁路系统的号召力、凝聚力和影响力。因此，重视铁路系统基层党组织建设是中华人民共和国成立后铁路党建和思想政治工作的一项重要内容。中华人民共和国成立后不久，在中共中央发布的《关于在中央人民政府内组织中国共产党党委会的决定》这一文件的指示下，铁道部立即在全路系统地组建和完善各级党组织建设，强化党委领导，逐步建立起了各种加强党建工作的制度。如1950年8月，大连铁路工厂机器厂探讨了党总支（过去是支部）怎样加强建设以保证生产工作的顺利进行。他们分别从开展批评与自我批评、发动党员积极性与帮助解决生产工作中重大问题、运用组织力量保证生产、培养典型推动一般等四个方面介绍了宝贵的经验。此后，各铁路局时有关于强化基层党组织建设的有效经验被《人民铁道》报刊登，从而为全路系统开展基层党组织建设提供了借鉴。

1961年初，中共中央在铁道部党组《关于在铁路系统建立政治工作部门和改进管理体制的报告》上批示道："铁路是国民经济大动脉，是高度集中的企业，带有半军事性，必须把一切权力集中在铁道部。在运输生产指挥、物资资金分配、设备调动、干部安排和职工调动等方面，完全由铁道部负责处理。" 这就为铁道部加强党的统一集中领导、建立健全规章制度奠定了强有力的基础。

我党历来对广大青年寄予厚望，注重对广大青年的领导一直以来都是党开展思想政治工作的传统。早在中华人民共和国成立前夕，为了更好地激发广大青年参与建设中华人民共和国的热情和积极性，中共中央决定成立中国新民主主义青年团，以领导全国青年开展新民主主义社会建设。随后不久，鉴于关系国计民生的铁路运输部门主要是以青年人为主力军和建设者，"为了统一和加强领导全国铁道青年工作，中国新民主主义青年团中央委员会特成立'中国新民主主义青年团全国铁道工作委员会'"（以下简称"全国铁道青年团"），从而进一步强化了铁路部门的组织领导。据《人民铁道》报道："全国铁道青年团工作，自一月书记会议确定'以生产为中心''巩固地发展'的方针后，半年来，团在各方面工作上，已有相当的收获。团在生产的组织作用上，已由过去突击性的零星活动，开始进入有组织、有计划的群众性生产活动了……，在青年工人中已涌现出像张忠厚列车包乘组、一〇〇八号机车包乘组、吕春发甲检组、曹世铭调车组等模范典型。……1949年底，全国铁路团员，仅有29 185名，至今年6月，已达5万人。"毋庸讳言，发挥全国铁道青年团的组织作用，对于领导铁道青年职工进行生产工作是有极大帮助的。那么，全国铁道青年团如何团结领导广大铁道青年进行生产工作呢？对此，《人民铁道》专门设置了专栏"铁道青年"进行长期性的宣传报道。如1950年2月26日发行的《人民铁道》第二版就曾整版地介绍了铁道青年团怎样领导青年进行生产工作的，同年7月22日《人民铁道》头版对此问题亦进行过报道。总之，关于如何发挥全国铁道青年团的组织作用，加强对铁道青年的领导工作是铁路党建和思想政治工作长期关注的重点问题，值得我们深入探究。

2. 加强思想政治教育，提升铁路职工思想觉悟

加强思想政治教育是铁路思想政治工作的主体内容，亦是中国铁路文化建设的一大特色。中华人民共和国成立初期，铁路系统围绕着党的中心工作开展了一系列思想政治教育活动，主要体现在加强马克思主义理论学习、爱国主义教育、政治思想宣传等三个方面。

（1）加强马克思主义理论学习

理论是实践的先导，只有学好了理论，才能在理论的指导下更好地开展实践活动。中国共产党作为马克思主义的政党，无论是在革命时期还是在中华人民共和国建设时期，都始终强调要毫不动摇地坚持以马克思主义理论为指导，并要求全体党员必须不断地加强理论学习，以提高自身的理论修养和思想觉悟。1951年，中共中央在《关于加强理论教育的决定（草案）》中明确指出："现在国内战争已经基本上结束，党正面临着建设新中国的复杂任务，全党有系统地学习理论，比较过去任何时候都有更好的条件，也更加迫切需要。"

根据这一决定的要求，铁路系统也开始加强了马克思主义理论学习。如"上海局去年（1952年）下半年建立了16所业余党校，连同短期党训班，总计有19 978人受过关于共产主义与共产党的初步教育，加上现场各单位的业余政治学校、轮训班、政治课、党课以及各种学校和业余训练班的政治课，全局80%以上的职工参加了学习"。又比如中国长春铁路的领导干部就号召学习列宁—斯大林式的作风，他们指出："同志们必须考虑和永远注意到，只有那些通常努力提高自己的政治思想水平，掌握马克思、列宁主义理论，而且在中国人民伟大的领袖毛泽东同志英明领导下深入研究，在适应着中华人民共和国的具体条件的原则下来实践这一理论……才能保证把工作中的革命胆略和布尔什维克严格的实事求是精神结合起来。"此外,有的地方还结合铁路系统路线长、单位多、人员分散、专职教员少、兼职教员质量低等现实问题,建立了工人政治理论教育传授制度,切实提高铁路职工理论学习的效果。通过加强马克思主义理论学习,使广大铁路职工的思想觉悟有了较大的提升,从而在具体的生产实践过程中更加主动和积极。正如《人民铁道》在介绍昂昂溪机务段机车乘务组的铁路职工加强政治理论学习经验时所写的那样,通过加强理论学习,"提高了乘务员政治水平,加强了党员的组织生活,使之了解到党的基本知识,并培养52名群众入党。由党员政治水平的提高,也团结了群众,在工作上得到二分局管内调度、车站的好评,提高了小修、操纵、焚火的技术",进而极大地提升了大家参与工作的热情。

随着铁路系统理论学习的不断深入,学习的方式方法越来越多样,学习的内容也越来越丰富,逐渐培养了一大批政治素养过硬、业务水平高超的政工队伍,并形成了一套行之有效的思想政治教育体系。与此同时,需要强调的是,"坚持不懈地用党的创新理论武装铁路职工,是贯穿铁路思想政治工作的一条红线",尤其是在开展理论学习的过程中,更是如此。在社会主义过渡和建设时期,铁路系统用马克思列宁主义、毛泽东思想来武装广大铁路职工,以提升大家的思想觉悟,树立共产主义信仰,从而极大地激发了铁路职工参与国家建设的热情。

(2)加强爱国主义教育

中华人民共和国成立初期,全党思想政治工作的主题就是加强爱国主义教育。同样,铁路系统也不例外,为了加强对广大铁路职工的爱国主义教育,各铁路局纷纷采取了形式多样的教育措施。如齐齐哈尔局三棵树工务段的南养路工区,在经过认真执行《爱国公约》教育后,由最

初作为该段最落后的工区摇身一变成为了先进典型工区。其具体做法就是：首先通过工会组织大家每天召开碰头会，会上集中检查大家当天执行《爱国公约》的情况，并布置好第二天的执行工作；其次在碰头会上开展批评与自我批评，相互监督、相互教育；最后实行按条"包干制"，制订了包干责任制，每件事由专人负责检查、监督，对未按要求执行《爱国公约》的人进行批评和帮助。这样一来，铁路职工不仅加强了爱国主义教育，同时也转变了工作态度，使得大家在开展生产工作时干劲十足。又比如铁道部直属通信段在总结自身之前执行《爱国公约》时存在不足的基础上，结合段内工作的具体实际，开展了有领导、有计划、有步骤地检查和修订《爱国公约》运动，并提出"今后必须大力地开展宣传鼓动工作，继续深入爱国主义思想教育，加强爱国公约运动的经常的政治思想领导"。从而不仅保证了生产任务的顺利完成，而且还使优抚工作和捐献武器运动较前有了很大的进步。

1950年抗美援朝运动开始后，铁路系统为了引导全体铁路职工用实际行动来支持抗美援朝战争，由铁道部政治部和中国铁路工会全国委员会文教部联合编写了《抗美援朝政治课本》，通过"深入开展爱国主义教育，提高员工阶级觉悟，使工人对美帝国主义本质有进一步认识，进一步树立仇视、藐视和鄙视美帝国主义的思想"。1951年11月，中国铁路工会中长区委员会做出《关于深入进行爱国主义思想教育，争取及时完成捐献任务的决议》，要求全区在捐献武器运动中开展爱国主义思想教育，从而完成支持抗美援朝战争的捐献任务。

在铁路系统开展爱国主义教育的主要目的是更好地发挥铁路推动经济发展的作用，尤其是在各种资源十分匮乏的中华人民共和国成立初期，在铁路系统加强爱国主义教育不仅仅具有政治性色彩，也具有经济性现实需要。1953年,中共丰台机务段总支就通过对铁路职工进行爱国主义,加强思想领导,结果使该路段94%的包车组实现了省煤。据报道:"全段省煤机车一月份只有44.6%,三月份就达到了73.8%,到七月份达到94.4%,超出了铁道部70%的规定。"这一时期,对"节约就是爱国行为,铺张浪费就是损害国家利益"的宣传报道随处可见,甚至在当时还有民歌这样唱道:"勤俭是咱们的好传统,社会主义建设离不了,不管是一寸钢还是一粒米,咱们都要用得巧。"此外,铁路系统还将爱国主义教育融入铁路的路风教育、安全教育、生产教育等各项思想教育活动之中,使其成为铁路党建和思想政治工作的一种常态教育。

(3) 加强政治思想宣传

注重政治思想宣传工作一直都是中国共产党开展思想政治工作的主要方法。利用形式多样的宣传方式,借助功能各异的宣传媒介,开展丰富多彩的宣传活动,向人民群众宣传共产党主导的意识形态和思想观念,使人民群众在政治思想上与其保持一致,以增强共产党的凝聚力和影响力,从而形成建设中华人民共和国的合力。这对于铁路系统也同样如此,需要通过加强对铁路职工的政治思想宣传,使全体铁路职工能够在思想上与党中央保持高度一致,从而达到"心往一处想,劲往一处使"的目的。

为了提升宣传效果,《人民铁道》作为铁道部开展宣传工作的主阵地,还专门刊发了几篇关于介绍宣传工作经验的文章。如大连铁路工厂模范宣传员于湘九进行宣传的特点就在于"他善于抓住生活和工作中的一些具体问题,进行爱祖国、爱人民和抗美援朝保家卫国等时事政策的宣传教育"。而柳州分局政治处宣传科许华则针对列车宣传员这一特殊宣传岗位,介绍了他的几点宣传经验,他说:"列车宣传面向旅客,使来自不同

区域、阶层的每个人都能受到抗美援朝的教育。如果这一工作作得好，更可由受过宣传教育的旅客，把抗美援朝运动，扩展到全国每个角落里去，无形中，旅客又作了宣传员的工作，因之列车宣传是值得介绍和推广的一种很好的宣传形式。"事实上，本身就作为一种宣传媒介的《人民铁道》也经常性地刊发一些宣传政治思想的文章，如《永远跟着中国共产党走！》《在党的培养下我要永远保持着光荣》《毛主席给我们带来了幸福》等。

1953年初，铁路系统召开了全路宣传工作会议，传达了中央宣传工作指示，从而确定了1953年铁路宣传任务是"继续加强抗美援朝、加强基本建设、贯彻经济核算制的宣传，保证完成和超额完成1953年的国家生产财务计划"。同时，提出"铁路宣传工作要为生产服务，为经济建设服务，解决运输生产中的思想问题，反对忽视质量、忽视成本、忽视经济效果的思想，树立高度自觉的劳动态度，建立和加强社会主义的管理思想"。这就为铁路系统今后的宣传工作布置了任务、奠定了基调、明确了方向。

3. 实行典型教育，引导铁路职工的思想和行为

开展党建和思想政治工作最有效的方法之一便是实行典型教育。通过树立正面典型、批判反面教材来引导人的思想和行为，能够有效地达到思想政治工作的目的。

中华人民共和国成立后，铁路系统在树立正面典型方面做了大量的工作，激发了广大铁路职工向先进学习的热情，取得了显著的成效。

例如，第一，宣传模范机车的成绩。"八八四号"机车"从1948年3月到49年4月共13个月，突破两个甲检期，达到110 500公里，在1、2、3、4个月日车平均450.9公里，抢点154个小时，牵引1720吨。突破全国铁路历史上新纪录"。此外，还有包括突破了两个甲检期，行程达

到100 000公里的绥化"铁牛号"机车、安全走行350 000公里的"一〇〇八号"机车、日行1135公里创造全国日车公里最高纪录的"六二〇号"机车等。这些模范机车的重要功绩鼓舞了全路职工的生产热情，纷纷开展学习模范机车运动，推动了铁路运输工作的大发展。

第二，宣传模范集体的先进事迹。北黑线上的铁路工人，在中华人民共和国成立前夕，为了支援解放军南下，响应"解放军打到哪，铁路就修到哪"的号召，前往黑龙江的国境线上收集日本当年扔下的铁路器材，面对恶劣的自然条件，一百多名铁路工人毫不畏惧，经过不懈的努力，终于将丢弃在深山里的铁路器材运出来了，据统计"约有钢轨3万9千多根，钢樑60孔，机车26台，客货车431辆。……所有这些，全部支援了前线的进军建设了关里的铁道"。他们的先进事迹在中华人民共和国成立初期点燃了全路职工的劳动热情。而抗美援朝战争爆发后，王吉魁包乘组十一名乘务员冒着生命危险，将机车开到了朝鲜战场运送战斗物资以支援志愿军抗击美帝国主义，其间他们面对敌人的枪林弹雨以及敌机的狂轰滥炸，在朝鲜战场的铁路线上七战七捷，立下了不朽的功勋。"小东站精神"也是典型，这个四等小站代表性地彰显了人民铁路倡导的"一点不差，差一点也不行"的铁路建设精神。

第三，宣传先进个人的模范事迹。如善于团结工人和农民群众的铁路公安干警董福顺、领导生产的能手田蕴华、在朝鲜战场上奋勇抢救弹药车的关长海、创造了向全路系统推广先进经验——李锡奎调车法的李锡奎等。1951年10月，《人民铁道》甚至在一期报纸中用了两个版面来逐一介绍全国铁路劳动模范代表。1956年3月，铁道部召开了全国铁路先进生产者代表大会，向全路宣传先进生产者的模范事迹，以激励广大铁路职工以更加高涨的热情投入中华人民共和国的建设中去。

小东站

图片说明：位于中国辽宁省锦州市黑山县的小东站，是中国铁路沈阳局集团有限公司管辖的四等站。自1948年回到人民手中，至今70余年安全生产无事故。2021年，受到中央组织部"全国先进基层党组织"表彰。

在表彰先进的同时，也对反面教材进行批判。主要是两类。一种是思想观念上的反面教材。中华人民共和国成立初期，铁路系统在思想观念上的批判主要是围绕思想麻痹现象、不问政治现象以及出现资产阶级思想倾向等问题展开的。1952年上半年，铁路系统又针对路内出现的资产阶级思想倾向多次开展了激烈的思想斗争。其中以《青年团全国铁路工委机关向资产阶级思想展开尖锐斗争 各级工作干部在运动中认识普遍提高》《资产阶级是怎样向我人民铁路进攻的》《为彻底肃清一切陈腐的资本主义的经营、管理及其技术思想而斗争》等文章批判得最为深刻。另一类是行为作风上的反面教材。尽管全党范围内开展"三反"运动是从1951年底才开始的，但在铁路系统内，自中华人民共和国成立之初便开始了反对贪污、反对浪费、反对官僚主义作风的斗争。1950年3月，铁道部对张家口铁路分局进行了大检查，发现了严重的贪污浪费现象。

对此，铁路系统予以严厉的处分，并刊文指出：这些行为"均不是人民铁路的员工应有的作风，人民的铁路是总不允许这种恶劣的非法行为存在的。张家口铁路分局鉴于其对人民祖国交通事业的严重破坏性，业已给予这些渎职的员工以应受的处分"。

4. 开展工人运动，激发铁路职工的工作积极性

铁路系统在中华人民共和国成立后，开展了不同形式的工人运动，从而激发了铁路职工参加生产建设的积极性。

1950年，在"二七"铁路工人大罢工27周年的时候，中华全国总工会就发出了《关于纪念"二七"的通知》，要求在继承"二七"革命精神的基础上，各地工会"要切实说明国家主人翁的重大责任，因此在目前革命战争尚未结束，恢复与发展生产又刻不容缓，国家财政困难的时候，工人阶级要以忍苦耐劳的模范带头作用，领导并团结全国人民，帮助国家克服困难，发展生产，创造自己幸福的将来"。每年的劳动节、建党日、国庆节等具有纪念意义的日子，铁路系统都会开展相应的纪念运动，并借助纪念运动开展生产劳动竞赛。

早在中华人民共和国成立后不久，铁路系统就已经开始组织开展铁路职工的生产劳动竞赛运动了。如1950年东北铁路普遍开展的"五百公里"运动、1951年为支援抗美援朝战争而开展的爱国增产节约运动、1952年全路系统开展的"满载、超轴、五百公里"运动等。1953年9月，中国铁路工会就号召全路职工要"进一步开展爱国劳动竞赛 保证完成增产节约计划"。1955年，铁道部要求要进一步开展"满载、超轴、五百公里"运动，并召集全路先进司机开展座谈会。1956年4月15日，中国铁路工会全国委员会向全路职工发出《关于加强社会主义竞赛的领导，

广泛开展先进生产者运动的指示》,要求"在全国社会主义革命的高潮中,全国铁路职工的积极性和创造性空前高涨……先进生产者的队伍正在不断扩大,全路的社会主义竞赛更加广泛地开展起来"。随后,全路各部门开展了轰轰烈烈的先进生产者运动,使铁路生产运输超额完成了国家计划。

此外,还开展了爱国政治运动。中华人民共和国成立初期,铁路系统开展的所有工人运动都是围绕着党的中心任务来进行的,因此,在国家政权还没有得到根本性巩固时,特别是来自国内外各种颠覆政权的威胁还很强大时,开展爱国政治运动是一项极为有效的铁路思想政治工作手段。1951年,朝鲜战争爆发后,为了支持抗美援朝运动,铁路系统结合自身工作的特点,开展了"爱国公约"运动,通过这一运动教育广大职工在开展生产劳动时必须要注意政治与生产相结合,要通过努力工作,支援国家进行抗美援朝战争。而针对铁路系统内部出现的贪污浪费现象,1952年,铁道部部长滕代远号召广大铁路职工深入开展"反贪污浪费"运动,他指出:在运动中"各级干部应以身作则,带头检讨,只要首长在群众面前的检讨作好了,群众就一定能够很快地热烈地发动起来"。此外,铁路系统还开展了爱国卫生运动,以保障铁路职工和旅客的健康。总之,铁路系统开展了形式多样的爱国政治运动,其目的就在于引导和教育广大铁路职工要做到爱国和敬业!这也是中华人民共和国成立后开展主流价值观教育的一种探索。

5. 整顿铁路路风,推动铁路事业健康发展

1950年中共中央发布的《关于全党全军进行大规模整风运动的指示》这一文件精神的指导下,铁路系统开展了轰轰烈烈的铁路路风整顿

运动和加强铁路职工劳动纪律教育活动。

中华人民共和国成立初期,由于大部分铁路都是从国民党手中接收过来的,因此很多原来就在铁路系统的工作人员被保留了下来,其中不乏一些带有资产阶级思想残余的人也混在其中。加上中华人民共和国成立后,铁路工作直接与经济利益挂钩,使得一些手中握有权力的党员干部思想出现了问题,特别是贪图享受、官僚主义,甚至贪污腐败等问题突出。针对这些现象,铁道部政治部发布了整党指示,东北铁路系统率先开始了路风整顿运动,将"检查并贯彻经济核算制和改善党群关系及对外关系,作为整风运动的重点"。随后不久,铁路工会全国委员会扩大常委会议也围绕"整顿组织、整顿作风、改进工会工作"这一主题进行了讨论和工作部署,要求"从整风中纠正各种脱离群众的不良作风,整顿和健全基层组织,健全部门工作,加强工会工作的理论与政策的学习,工会干部必须使自己成为执行会章与工会法的模范,使工会工作真正起到共产党与工人群众间的桥梁作用,使铁路工会在人民铁路建设事业中发挥更大的作用"。至此,全路系统的路风整顿工作全面展开,使广大铁路职工受到了深刻的教育,并形成了铁路系统今后加强部门建设的一项常规工作,为后来开展整顿铁路运输秩序、整顿铁路职工行为等工作提供了借鉴。

1961年,为了进一步整顿铁路路风问题,铁道部又开展了"安全正点四爱"立功运动,尤其强调了"四爱"内容,即爱车、爱路、爱设备、爱货物,使得铁路路风建设成效显著。如这一时期的新民车站,就把"尊客爱货"理念体现得淋漓尽致:该车站职工"见到年老体弱的旅客就搀扶上车出站;对患病旅客热心护理;对盲人旅客热情迎送;为了解决聋哑旅客乘车旅行的困难,还学会了聋哑手语。……他们十分珍惜人民的财产，对于存在车站的物资，不论白天黑夜，刮风下雨，也不论是否办理了交付手续，都是精心保管。在装卸搬运中洒落的东西，也都一点一滴的收集起来，送还货主"。

路风建设的重要内容是加强劳动纪律教育。

加强劳动纪律教育是中华人民共和国成立初期全国所有生产系统思想政治工作的一项重要任务，关系国民经济命脉的铁路部门更应如此。1950年2月，铁道部针对职工劳动纪律松弛而造成严重安全事故的问题发布命令，规定九项办法号召全体职工贯彻执行。命令要求："各路局必须广泛深入地进行关于劳动纪律技术管理规程的教育，务使全体铁路员工确定正确的为人民服务的劳动态度，使之具备铁路技术管理上的必要知识。"同年4月，天津铁路局公安处对该局公安部队进行了检查，发现部分人员存在"生活散漫、警惕性不够及严重的无组织无纪律的现象"。天津铁路局对此提出了严厉的批评，对相关人员进行了严肃处理，并将该现象刊登在了《人民铁道》上，引以为戒。1953年，为了进一步加强对铁路职工劳动纪律的教育，《人民铁道》专门发表了一篇题为《加强教育整顿劳动纪律》的社论，明确指出："我们应该吸收铁路内外成功的经验，纠正与防止某些单位已经发生和可能发生的偏向，正确地进行巩固劳动纪律工作，以保证生产财务计划与新线建设计划顺利完成。"此后，各铁路局加大了对劳动纪律教育的重视程度，经过不懈努力，形成了各具特色的劳动纪律教育经验，并在全路系统进行经验交流，从而推动了铁路事业的健康发展。

即便是在"大跃进"时期，铁路系统还是表现出了难能可贵的冷静：1958年12月，在铁路工务安全监察工作规划中明确指出："遵守劳动纪律，进一步掀起群众性的反违章、反事故运动，同时协助研究重点病害，改进作业方法,消灭线桥薄弱环节,提高设备质量,防止事故于未然。"如柳州铁路局就在这一时期开展了"四无一少"(无责任重大、大、恶性事故和工伤事故,减少一般事故)安全正点活动,以扭转铁路安全状况恶化的局面,使得行车安全有所好转。1961年,在认真反思和总结了三年"大跃进"惨痛教训的基础上,铁路系统全面开展了安全运输大调整工作,恢复了铁路安全业务学习和考试制度,并在全路系统恢复和新设了安全监察室,逐步形成了铁路"大安全意识",即"处处有监察,人人保安全"。1962年,为进一步恢复铁路安全工作,铁道部在《铁路安全运输条例(草案)》中,明确提出要"大搞群众性安全运动"。在这一文件的指导下,铁路系统提出了"时时讲安全,处处讲安全,事事讲安全,人人讲安全"的口号,通过总结推广安全经验,树立榜样标兵,开展比、学、赶、帮的安全竞赛等各种喜闻乐见的形式,使得铁路安全"老带新""师带徒""一帮一"等蔚然成风,从而再一次强调了铁路劳动纪律问题。经过几年的努力,"到1964年达到顶峰,当年的各项安全指标都是建国以来安全成绩最好的一年,成为以后若干年全路干部职工赶超的目标"。

6.铁路党建和思想工作锻造了人民铁路之魂

在党的领导下,铁路行业的党建和思想工作形成了许多特色鲜明且成效显著的经验,正是这些经验塑造了中国铁路的整体形象,锻造了人民铁路的精神内核。其中,有大量的内容是我们亲身感受过的。

首先是"人民铁路为人民"为价值导向。

中华人民共和国成立前夕,在毛泽东提出的"全心全意为人民服务是党的根本宗旨"这一思想的指导下,时任中华全国总工会副主席的李

立三在平津铁路管理局召开的工人代表座谈会上做出了一个重要判断，他认为解放以后铁路的性质已经根本变化了，铁路已经是人民的铁路。这就明确了中华人民共和国成立后在中国共产党领导下的铁路是"人民的铁路"这一根本性质。与此同时，董必武也在《人民铁道》报的创刊号上鲜明指出："建设人民铁路的任务，必须发挥铁路最大的效用，服务于人民。"而时任铁道部部长的滕代远也同样在《人民铁道》报的发刊词中强调：把为人民服务的决心，贯彻到精通业务，贯彻到具体的日常工作里来。

中华人民共和国成立之初，旧中国的铁路在中国共产党的接收和改造过程中，逐步实现了向人民铁路性质的转变。尽管在社会主义曲折发展时期，铁路建设也走了一些弯路，"人民铁路为人民"的价值取向受到了一定的影响，但在改革开放后迅速被恢复。无论是在全面探索改革过程中，还是在市场化改革浪潮里，抑或是在跨越式发展历程中，"人民铁路为人民"的价值导向始终贯穿于铁路党建工作的全过程，即便是当前铁路系统大力倡导的新时代铁路精神"安全优质，兴路强国"中也依然如此。

其次是以"严字当头，铁的纪律，团结协作，优质服务"为基本要求。

铁路党建和思想政治工作具有军队政治工作的特点，即政治部作为一个极其重要的组织机构，在其党建和思想政治工作中发挥着不可替代的重要作用。针对铁路的这一形态，早在1950年2月，铁道部就曾发布命令，要求各路局必须广泛深入加强劳动纪律教育。这为中华人民共和国的党建和思想政治工作奠定了"严守纪律"的基调。改革开放后，万里同志还专门针对这一问题鲜明指出："你们这次会议提出严字当头，铁的纪律，团结协作，优质服务。在整党中要解决好领导不力，软弱涣散的问题，只有这样才能做到这四句话。"只有这样才能保证铁路能够高效、安全、畅通地运作。基于铁路党建和思想政治工作的基本要求，中华人民共和国成立以来铁路系统开展了诸如狠抓不正之风、整顿运输纪律、严查违法乱纪、加强廉政建设等一系列党建和思想政治工作，使广大党员干部受到了深刻教育，从而增强了铁路系统党员队伍的先进性和纯洁性。

再次，是以"当好带头人，争做先行官"为奋斗目标。

早在中华人民共和国成立之初，周恩来就明确指出，铁路是恢复和发展国民经济的"先行官"。他说："交通运输是建设中一种先行部门，不发展交通运输业，工业也无法有大的发展。"紧接着，他继续解释道：修筑铁路是发展经济实现工业现代化的先决条件，只有铁路运输业得到了发展，才能带动公路、水运等运输业的发展，从而加快产品流转速度，促进国民经济的增长。叶剑英也曾强调过铁路"先行官"的身份，他指出："铁路工作非常重要，一定要搞好。它好像人的神经系统，血管动脉。铁路搞好了，就会促进整个国民经济的发展。……如果铁路运输跟不上，缺煤、缺铁、缺原料、缺材料，直接影响国民经济的发展，直接影响人民生活。"从历史发展的事实来看，铁路作为恢复和发展国民经济"先行官"的身份是毋庸置疑的。正是因为铁路的这一身份，决定了铁路党建和思想政治工作要以"当好带头人，争做先行官"为奋斗目标。

最后，是以"弘扬革命传统，塑造铁路精神"为核心内容。

中国铁路最鲜明的特色就在于其具有强烈的历史情感，"路权即主权"的铁路情怀早已深入人心。正是在长期的伟大斗争过程中，铁路建设与民族独立相生相伴，从而在国人心中形成了以"路权即主权"为代

表的独具特色的铁路革命情怀。"铁路与共和国同呼吸、共命运,一代代铁路人敬业奉献、团结拼搏,走过了一条自力更生、艰苦奋斗的发展之路,走过了一条锐意进取、改革发展的创新之路,改变了铁路的落后面貌,担当起了国民经济先行官的重任。"伴随着民族的振兴与国家的兴盛,一代代英勇的铁路人在传承革命斗争精神的基础上用自己的实际行动不断地凝练和丰富着铁路建设精神的内涵。这一浓厚的历史情感,决定了中华人民共和国的铁路党建工作制度建设必将坚持以"弘扬革命传统,塑造铁路精神"为核心内容。这是不忘初心的必然要求,也是中国铁路事业实现现代化的动力之源。

中华人民共和国成立后,面对复杂多变的国际国内环境,中国铁路发展并非一帆风顺,反而遇到了许多阻碍和羁绊,但一大批铁路人始终不忘来时,继承革命传统,弘扬革命精神,从而塑造了一系列可歌可泣的铁路精神,激励了广大铁路职工参与铁路改革和建设的积极性,推动了中华人民共和国铁路事业的大发展。而这正是铁路党建工作制度建设始终坚持以"弘扬革命传统,塑造铁路精神"为核心内容的重要体现。在中华人民共和国成立后,事实上,纪念詹天佑诞辰、保路运动、"二七"罢工运动以及庆祝建党建国等活动是每年铁路党建工作制度建设的常规活动,其目的就是在社会主义建设进程中继续弘扬革命传统,缅怀先烈,激励后人。也正是在这些不朽的革命精神的激励下,中华人民共和国成立后,广大铁路人积极投身于中国铁路建设事业,不畏艰险、奋力拼搏、百折不挠,从而创造了诸如"为有牺牲多壮志,敢教日月换新天"的成昆铁路精神、"艰苦奋斗、志在四方"的铁道兵精神、"挑战极限,勇创一流"的青藏铁路精神等一系列鼓舞人心、催人奋进的精神硕果,为新时代实现"交通强国"的战略目标提供了强大的精神动力。

第一章 回归：铁路回到人民手中

第三节 "高大半"：人民铁路的新风貌

人民铁路有一个不雅不俗、不贬不褒的别号：铁老大。这位铁老大的标准形象是"高、大、半"。这里的"高"，指的是"高度集中"；这里的"大"，指的是"大联动机"；这里的"半"，指的是"半军事化"。有人说，这是中国铁路的优点、优势，也有人说，这是中国铁路的缺点、缺陷。

为什么会这样呢？这是由铁路的本质决定的。归根结底，铁路就是轨道载运能力。要最大化地给社会提供运能，全国一盘棋、系统性统一调度就是必不可少的。在本书开篇的时候，我们曾经提到过，"筑路"指的就是党如何领导人民铁路不断提高运能。我们还是了解一下人民铁路的管理体制、管理机制是怎么形成的，或者说先了解一下"高大半"是怎么形成的，然后再来看看它给我们的国家提供了什么。

1. 1930 年的铁路玄幻之旅

某位生活在 1930 年上海的旅客，出于某个原因，需要去北平。从上海到北平有火车吗？有。行程大约是从上海登车，沿着沪宁线到南京。沪宁铁路是清政府向英国贷款修筑。1908 年正式通车运营时，根据贷款条约，成立了"沪宁铁路管理局"，管理权其实掌握在英国人手中。而当时的南京站就是今天的下关火车站。然后，我们只能乘船过江。雄壮的南京长江大桥要在 38 年之后的 1968 年才会建成。过江后，在浦口火车站再次乘车，沿着津浦线到天津。津浦铁路是清政府向英国、德国贷款修筑，于 1911 年正式通车。这条路由津浦铁路管理局管理。而天津到北京间的铁路,则是北宁铁路的一段。这条铁路的建设历史是非常坎坷的。1881年建成的唐胥铁路——中国的第一条铁路,也是著名的马车铁路,即它的一段。1894年,天津到卢沟桥的铁路建成,京津两地有了铁路连接。1930年时,这条路由北宁铁路管理局管理。

从上述描述可知,旅行的过程绝非说起来那么简单,不是说在上海买一张车票,在浦口、天津换乘而已。实际情况是,这是三条铁路,旅客要三次购票、三次乘车。这就是前文曾经提到过的"分线设局",也叫"分段运营"。每个路局的运输规章和运价都不一样,管理自然也不一样。如果还有大件行李或者货运的话,事情就更麻烦了。比如,到了天津,货物转运就涉及北宁、津浦两个路局。两个路局自然是两套人马、两套设备、两套手续。

并且,如果去了东北,还得换外币。日本控制的南满铁路,用日金元核算;东省铁路,则是用金卢布核算。

实际上,民国时期,中国铁路被人讽刺为"国际铁路博览会"。光设计标准和设备型式,就有英、法、德、日、俄、美等各种标准。就拿轨距来举个例子。什么是轨距呢?简单说,就是两条钢轨之间的距离。严格来说,就是钢轨顶面 16 mm 范围内两股钢轨作用之间的最小距离,允许误差在 6~8 mm 之间。标准轨距是 1435 mm,比它宽的就是宽轨,反之则是窄轨。比如说,沙俄政府修筑的东省铁路就是宽轨;法国政府修筑的正太路、滇越路就是窄轨。如果想从北平货运到太原,对不住,就必须在石家庄换装。

不难看出,这样的铁路管理就是一团混乱。为了解决这些问题,清政府、北洋政府和南京国民政府都还是做过一些努力和尝试的。反过来讲,实际控制着线路管理权的列强,也希望中国铁路能够实现相对统一的运营管理，因为这样他们才能利益最大化。不过，这个事情涉及非常复杂的路权问题，那就不是铁路部门能处理的。1900 年，清政府在邮传部下设置了路政司，这是最早的管理全国铁路的中央机构。"一战"之后，作为巴黎和会的一部分内容，其实是列强重新瓜分在华利益的分赃内容，由一个英国人设计了统一铁路管理的办法。1921 年，北洋政府在列强的压力下，推行了所谓"九路联运"。1928 年，国民政府铁道部成立。1931 年，铁道部开始尝试性恢复联运业务。抗战胜利后，国民政府又推行了干线区制。

事情虽然复杂，但道理是清楚的。铁路作为交通工具，它本质上需要统一高效的管理体制。旧中国铁路的一切问题，都是由当时孱弱无能的政府造成的，可以说，铁路人不应当为此负任何责任。只有铁路回到人民手中之后，它才活成了自己想要的样子。

2. "铁老大"到底有多大？

1949 年 10 月 1 日，根据 9 月 27 日中国人民政治协商会议第一届全体会议通过的《中华人民共和国中央人民政府组织法》第十八条规定，设置中央人民政府铁道部。19 日，中央人民政府第三次会议任命滕代远为铁道部部长。军委铁道部改称人民政府铁道部，隶属于政务院财经委员会，11 月 1 日，铁道部正式挂牌。此后，铁道部就成为中国铁路最高管理机构，统一管理全国铁路规划、运营、建设、发展等事务，一直到 2013 年撤销。

铁道部从军队"转业"到地方，标志着军委铁道部基本完成了其历史使命，人民铁路的主要职能从配合解放战争的胜利，正式转变为服务于中华人民共和国的建设。人民铁路终于可以做自己想做并且是应该做的事情了。

不过，中华人民共和国铁路管理体制的建立，则是在军委铁道部时期就稳步开始了。

中华人民共和国铁路体系的核心是党的领导。军委铁道部刚成立一月，中共中央决定成立中共军委铁道部临时委员会，并由滕代远、吕正操、武竞天组成常委会，滕代远为书记，并规定"在军管时期，铁路党的组织尚未健全或正在建立，为了加强铁路党的工作，全国铁路成立统一的铁路党部，军委铁道部成立党委，受中央领导。铁道部以下各总局、管理局、分局均成立党委会，受上级党委会领导"。在铁道部下属各单位的领导体制上，基本上采取军队的首长与党委并存的集体领导制度。有关方针原则委派重要干部及重大问题，一般由党委会按民主集中制的原则经过讨论决定付诸执行。同时设立政治部，作为党委会的办公机关，列入行政系统。这样，就确立了自上而下党委对铁路的集中领导体制，并将党组织成功嵌入铁路体系。党委领导体制的确立，确保了党对铁路的完全领导权。由于铁路需要无数人的合作，因此权威的确立是铁路运输内在要求。在中华人民共和国，党委领导下的铁道部就是这个权威，代表着党和国家的意志，作为"强有力的指挥机构"，也是铁路掌控在人民手中的根本体现。在任何时候，党的领导都是人民铁路最大的特色和优势，是我们取得辉煌成就的根本原因。

在党的领导下，铁道部按业务设立了纵向业务垂直管理子系统。可以想象，铁路最核心的业务就是运输，旅客运输和货物运输。所有的其他工作，都服务和服从于它。要完成运输，就必须"内外兼修""软硬兼施"。什么是内？就是铁路运输的"软件"，包括客运组织、货运组织、装卸作业组织、行车组织等，就是要运输系统的管理。什么是外？就是铁路运输的"硬件"，包括线路、车辆、通信信号等，就是要铁路运输系统的设备。两手抓，两手都要硬。尽管民国时期，中国铁路的硬件是跟不上的、有问题的，但是，那时候的管理系统问题更大，就连这些现有设备的能力都发挥不出来。反过来说，中华人民共和国成立之后，在相当长的时间内，又是设备落后于管理。总之，在铁路系统内部，管理和硬件之间的辩证关系，可以说是影响铁路运能的主要矛盾。

在中央人民政府铁道部成立之后，实行了集中统一的领导体制。这个体制是以运输为中心，铁路运输、铁路工业、基本建设三业并举，科研、教育、生产相结合，医疗卫生自成体系的产业结构。

再划分的话，铁路的核心业务子系统主要有四个：

（1）运输管理系统

分线设局肯定是错误的，这是清政府时期就意识到的问题。但要改变这种局面，又非旧中国政府能够办到的。军委铁道部成立之后，根据中央指示，军委铁道部以华北人民政府交通部为基础，抽调东北铁路的行政干部和专业人员，建立起了运输局、机务局、工务局、工程局、材料局、财务局、人事局、公安局等职能机构。军委铁道部对全国铁路的统一指挥、统一管理初步形成了。大家非常熟悉的"铁道部—铁路局—铁路分局—基层站段"的管理模式在这个时候就形成了。严格来说，人民铁路采取的是党领导下的由集中领导和分级领导相结合的统一的分区管理制。总体的思路是，既有利于加强集中统一领导、提高专业管理水平，同时还有利于提高工作效率。从大的结构来看，直到今天还是如此。此后的七十多年里，铁路系统发生过很多微调，比如，路局和分局在不断增减，甚至在2013年铁道部都撤销了，但总体思路没有改变。

（2）铁路建设系统

建设系统解决的是路的问题。我们说到铁路建设成就时，最直观的数据就有拥有了一定公里数的铁路。火车离不开钢轨,这是"鱼水之情"。实际上,铁路建设不仅仅是筑基、铺轨,还有必不可少的桥梁、隧道、车站、枢纽、供电以及相关的附属设备。总之,我们在乘车的时候能够看到的、固定的设备,都可以算作这个系统之内的部分。承揽这个工作的就是工程局了。

人民铁路的工程局系统大致有两大渊源。第一个渊源是铁道兵。这支部队的前身是东北民主联军护路军,后来改组为东北人民解放军铁道纵队。1953年,中国人民志愿军铁道兵团和志愿军6个铁道工程师统一整编为中国人民解放军铁道兵,由中央军委直接领导。相当长的时期内,铁道兵是铁路建设的主力军。在中华人民共和国成立之初的铁路抢修、旧路改造中,在抗美援朝的硝烟中,在中华人民共和国铁路新线建设的工程中,铁道兵将士们屡建奇功。第二个渊源是原铁道部的工程局。其中,既有旧中国铁路接管而来的,也有中华人民共和国陆续成立的。举例来说,中铁一局的前身的铁道部第一工程局,再前身是1950年组建的西北铁路干线工程局,成立的最初目标就是建设天兰铁路。中铁二局、中铁五局都从西南铁路工程局中改组而来。西南铁路工程局的前身是人民铁路接管的位于重庆的成渝铁路工程局等7个旧铁路机构。

1952年10月,中财委正式发出"把基本建设放在首要地位"的指示,铁路新线建设加速。为加强新线建设,1952年9月,铁道部成立基本建设局(又叫工程总局),下陆续设立工程局,形成了铁道部(工程总局)—工程局(工程公司)的两级垂直管理体系。

(3)铁路工业系统

铁路工业系统解决的是设备问题。很多时候,我们对它是"只闻其名,不见其人"。铁路建设要"遇山开路、遇水架桥",没有工具可办不到。这就需要铁路工业系统出马了。旧中国的时候，也建设了一些铁路工业。比如，前文提到的长辛店机车厂（二七厂）、青岛四方厂等。铁路工业系统有很多百年老店，它们在党的领导下，重新焕发出了活力。我党在接管旧铁路后，就设立了工厂局对铁路工业统一管理，形成了"铁道部（工厂局）—铁路工厂"的两级垂直管理系统。

（4）勘测设计系统

除了三大业务之外，还有一个相对独立的勘测设计系统。理论上来说，勘测设计是新线建设的先行工程，应该属于建设系统。但是呢，在具体工作中，中央发现，它确实太重要了。1953年年初，铁道部"部设设计局，附设厂房、大桥、电务、经济调查等四个设计事务所，下设华北、西北、西南、中南、东北五个设计分局，形成了"铁道部（设计局）—勘测设计分局—勘测设计总队"的格局。

除了四大核心子系统之外，中华人民共和国铁路系统还包括一些附属系统，它们也是人民铁路必不可少的组成部分。

（1）铁路教育系统

铁路教育承担着培养一代又一代各类铁路专门人才的重要任务，同时还承担铁路技术研发的工作。早在1896年，清政府在山海关成立了山海关北洋铁路官学堂，这是中国铁路高等教育的开始。后来，这所学校发展演化成为今天的西南交通大学和北京交通大学，在100年左右的时间内，都由铁路主管部门管理，并称铁路高校双子星。1921年，北洋政府交通部改组交通大学，由唐山（今西南交大）、北平（今北京交大）、上海（今上海交大）三校合并而成，是中国第一所工科大学。中华人民共和国成立之后，党对铁路院校同样进行了接管，并逐步建立起了包括高校、大专、职业技术学院、中专、成人高校等在内的庞大铁路教育系

统,其中也包括了铁路警察学校、铁路卫生学校。这个系统为中华人民共和国铁路的发展做出了巨大贡献。

(2)铁路公检法系统

铁路行业形成独立的公检法系统与中国铁路发展的历史密不可分。铁路警察系统承担的是铁路沿线、车站地区和旅客列车的治安任务。早在晚清时期,就陆续设立了铁路护勇、巡查等人员。由于铁路自身的特殊性,这些人员由铁路系统管辖。1949年,铁道部成立后,成立了铁道部公安局,负责领导全路的铁路公安保卫工作。5年后,铁道部公安局并入公安部。但到了1970年代,再次归入交通部(1975年之后是铁道部)管辖。铁路公安的设置和铁路局的设置结构完全一样。铁路局设置公安局,铁路分局设置公安处,段站设置派出所。它们由铁道部公安局垂直管辖,业务上由地方公安局指导。铁路运输检察院和铁路运输法院是在党的领导下成立的。1954年,成立了铁路沿线专门法院;到1956年,铁路运输检察院也陆续成立。几年后,国务院将其撤销。到了1980年代,又重新设置。两者都按照铁道部、铁路局、铁路分局三级设置。2009年,铁路公检法系统转制改革开始,相关机构重回公安、法院、检察院系统。

(3)铁路卫生防疫系统

铁路卫生系统应当是与铁路建设同步发展的。实际上,中国的铁路卫生系统直到1909年京张铁路通车运营才正式开办。铁路卫生防疫主要是两大功能,一个是处理公共卫生的相关事务;一个是铁路职工的健康管理。旧中国的铁路卫生水平如同整个铁路管理水平一样,令人一言难尽。不过,由于中华人民共和国成立之初,全国的卫生防疫系统非常薄弱、几近于无,铁路沿线的卫生防疫站反而有更好的覆盖面。所以,铁路卫生系统在建国初的疫情防治和全国性卫生防疫体系的建立过程中,起到了很大的作用。中华人民共和国成立后,铁路系统建立起了比较全面的卫生机构,包括了医疗保健、预防、环保、计划生育、疗养、医学教育等。卫生系统的设置同样匹配铁路管理系统。路局有中心医院,分局有医疗机构,站段有保健站和卫生所。还有一些其他的辅业,这里就不一一介绍了。

> 小贴士:曾经的"铁老大"到底有多大?
>
> "铁老大"到底有多大呢?出于各种统计口径的不同,似乎很难给出一个明确的答案。中国铁路总公司的资产是4万亿元,职工约300万。但这是拆分之后的状况。
>
> 拆分之前的铁道部,下辖十二个司、局,主业是铁路运输、铁路建设和铁路工业,同时还拥有独立的教育、卫生、公检法系统。此外,还有汽油、液化气、铁路通信、电视台、电报所、疗养院、投资公司、物业公司、房地产公司、幼儿园、中小学、文工团、体协,等等。
>
> 不仅是铁路职工,包括职工家属,也全都在这个系统内被安置。总人数应该不少于1000万。从它的体量来看,不小于世界上许多国家。

人民铁路的庞大系统是中国铁路发展的结果,是有其历史原因的,在相当长的时期内,是积极的、有效的。为什么这么讲呢?中国毕竟是一个后起国家,底子薄、起步晚。而铁路又是现代化技术的集成产物,是现代国家最重要的交通运输工具(甚至没有之一)。可以这么说,中国铁路的建设有力地促进了国家统一,是中华人民共和国社会发展的牵引动力。随着铁路线的延伸，历史上交通异常困难的地区紧密地联系在了一起。但是，这就带来两个问题。第一，在历史上相对落后的区域和拥有较高文化水平的铁路员工之间，是存在着生活方式的落差的。第二，有许多铁路线路是荒无人烟，生活不便的。不管出于管理的目的也好，还是出于提升效率的目的也好，铁路行业必须为广大员工提供相应的保障。这就自然要求了铁路系统必须有相应的配套设置。这些辅业、配套，当然是铁路行业不得不承担的负担。所以说，我们不能只看到铁路员工享受到的待遇，更要看到铁路行业承担的巨大代价。随着我国社会的不断发展，前述的两个问题也就渐渐不存在了。既然不存在了，我们也就自然而然看到了铁路行业的拆分和改革。

3. 旧琴新弹：铁路管理体制的形成

1949年1月28日，在军委铁道部第一次全国铁道会议上，滕代远部长这样形象地描述了新型人民铁路的建设要求："像钢琴一样的合拍，每个音节都配合得很好，弹起来就像和谐的音乐一样。"铁路这架旧钢琴，如何弹出新乐曲呢？滕部长说："只有一条，就是苏联先进经验与工人阶级热情结合起来。"

这个结合的产物就是负责制，这也是东北铁路管理的主要经验。什么是负责制呢？就是一组工人经常固定使用一定的机器或机车，那么他们就要负责相应的设备与工作。负责制的内容包括了很多方面，如乘务负责制、车务负责制、固定编组制、联合劳动制等。说起负责制，就必须提到被誉为"火车头中的火车头"的"毛泽东号"。在整个中国铁路系统里，只有三辆特殊命名的机车，分别是"毛泽东号""朱德号"和"周恩来号"。1946年，为了支援解放战争，哈尔滨机务段的工人们在党的领导下，开展"死车复活"活动。10月30日，一台被工人修复的莫特瑶1-304号蒸汽机车，经中共东北局同意，被命名为"毛泽东号"。在东北解放的岁月里，"毛泽东号"安全走行13.9万公里，每月超额完成任务，运送我们的子弟兵和战略物资奔赴战场。它是东北铁路乘务负责制的一面旗帜。1949年3月，"毛泽东号"被调到北京的丰台机务组。机车组现身说法，在北京、郑州、济南等多地帮助工作，成为推行负责制的先锋。1949年之后，负责制在铁路系统得到全面推广。

不过，在后来的工作中，负责制并没有被铁道部以文件的形式确定下来，它是作为铁路行业的一种运动在全国范围内推广和开展。最重要的是，在这个过程中，铁路工人形成了主人翁的责任感，彻底改变了旧铁路的不良风气，形成了"人民铁路为人民"的新精神、新风尚。这是铁路人最包括的、代代传承的精神财富。

为了迅速恢复运输秩序，军委铁道部出台了一系列的文件、制定了一系列的制度。1949年4月，军委铁道部召开了首次全国铁路运输会议。面对积极配合解放军南下作战、即将迎来全国解放的大形势，根据中央的要求，铁道部就如何统一调配军运机车车辆等问题，制定了相关办法。

5月16日，铁道部召开了全国铁路调度会议。从铁路管理的角度来看，这个会议的意义重大、影响深远。会议主要讨论了两个方面的内容。第一个是建立全路统一的调度系统。这个系统是什么样子的呢？车辆全路通用、制度全路统一。具体来讲，就是由铁道部集中领导和统一指挥，各级铁路局、铁路分局进行分级管理，要对自身辖区内的机车车辆运用调度，对列车运行进行指挥，要建立起24小时值班制度，从而建立稳定、高效的运输秩序，做到安全正点。第二个是建立计划运输制度。简单来说，就是要按月来编订货物运输计划、机车车辆运用计划，明确了货车

周转时间以及有关的技术指标。

6月1日,铁道部颁布了《铁路调度统一办法》。这标志着中国铁路终于开始实施统一的、全国性的、有计划的调度与管理。人民铁路管理的基本原则、基本思想,都是在这个时候确定的,一直沿用到了今天。把全国铁路有效联动起来,本来是铁路自身属性的要求。但不是旧中国的铁路人不知道应该这么做,而是压根做不到。铁路人梦想了几十年的行车组织方式,到这个时候终于化为了现实,终于可以客货车直通运输了!

关于运价,中华人民共和国成立之后,肯定没有曾经令人欲哭无泪的币种问题了。中央人民政府在1948年12月1日,发行了第一套人民币。1951年,中央政府收回东北币,全国币制实现统一。1949年5月,铁道部召开了首次全国铁路运价会议。基本的原则和目标是全路运价统一。当时的铁路主要分为三块,一是东北铁路,这是党领导时间长、管理相对成熟的地区;二是北方铁路,基本完成了接管;三是南方铁路,特别是上海铁路。考虑到各地区的差异,铁道部采取了逐步推进、稳妥解决的方式来处理。直到1952年,关内外直通旅客列车开行后,全路客运运价实现统一。

货运运价的情况要复杂一些。到1950年3月国家统一全国财政经济管理之前,铁路货运运价较高,运价多次波动。这与解放战争的形式以及平抑各地物价的现实需求有关。1950年之后,采用了统一的货物运价分等表和品名分类表,货物运价等级分为了30级。全路运价大幅度下降,特别是对于煤炭、粮食、水泥等货物的运价基本等于运价成本,对援朝物资的运价也是特价。但是,各地运价仍存在差异,特别是关内外采取了不同运价率,直通货运以山海关为界分段计算。此时的运价制度,贯彻了国民经济恢复时期发展生产、加强社会主义经济对市场的领导、积极改善人民生活水平等要求。随着"一五计划"的有序进行,全路统一货运运价的条件基本具备了。1955年6月1日起,全路实行统一的货物运价制度。这次货运运价调整和改革的影响非常深远。此次改革的基本原则是区分货物品类。举例来说,全国统购统销、统一调拨的大宗货物占货运量的80%。这部分货物的运价升降只是国营经济内部的利润分配问题,由于不影响市场物价,所以关内外运价拉平。另外,按照生产与消费意义来区分货物的运价,提出了"提高近距离运价、适当缩小远距离递远递减程度"的原则。用《人民日报》的话来评价,由于统一了运价,各个企业就能够好地制定生产计划、更正确地核算产品成品。因此,铁路运价在实际上起到了经济杠杆的作用,是社会主义计划经济体制的重要组成部分。

从1955年之后,铁路客货运运价就保持了基本稳定。随着国民经济的不断发展,随着劳动生产率的不断提高,铁路运价自然就在相对下降。中国铁路的运价一直是非常低廉的,故20世纪80年代,铁路系统的负担就越来越重了。

为什么铁路系统没有正式推行负责制呢?是因为采用了经济核算制。经济核算制被列宁称为"所有国家工业进行工作的基本原则",是管理社会主义企业的基本方法。社会主义经济核算制的基本原则是:有计划按比例地发展生产,一方面控制成本、减少劳动消耗;另一方面,产出更多更好的社会产品,是提高生产率。它是一种国家统一领导和企业独立经营相结合的经营管理方式。也可以把它理解为社会化大生产的方式,它能够执行的前提,自然是社会主义生产资料公有制。

其实,我们的国有企业基本都实行的是这种经营管理制度。不过,它是从铁路开始逐渐推广到各个行业的。我们的党员干部最早接触并参与管理的大型企业，就是中长铁路。也就是说，我们最初开始学习如何管理大型企业，是从铁路开始的。铁路行业运行的很多原则，与社会主义计划经济的原理高度吻合。我们常说，中国铁路飞速发展最大的优势就是社会主义制度的优越性，就是因为它们有内在的逻辑一致性。

军委铁道部成立之初，积极主动学习苏联的铁路管理经验，翻译了大量相关的著作，派遣干部和学生到苏联求学，同时，还邀请苏联专家来华指导工作。特别在共建、共管中长铁路期间，我们更是直接学到了很多宝贵的经验。1951年8月，铁道部做出《关于加强向社会主义苏联铁路建设先进经验学习的决定》。中长铁路模式在全路乃至全国的公有制企业推广。从1950年起，全路就开始推行经济核算制了。大体来说，铁路的经济核算体系与铁路管理体系一致，铁道部根据统一领导和分级管理的原则，给予各个路局一定的权限，同时明确它们的责任，从而使得路局能够在规定权限范围内进行相对独立的经营，并独立核算。

1950年，铁道部出台了《铁路技术管理规程》（下文简称《技规》）。《技规》是铁路技术管理的基本法规。它明确了铁路运输设备的设计新建、保养维修、验收交接和使用管理方面的基本要求和标准，也明确了铁路工作人员的主要职责和必备的基本条件。作为一个大联动机，铁路部门的各个工作环节一定要紧密联系、协同作战。所以，在技术管理、行车智慧上，必须要有集中统一的基本规章制度，才能使得线路桥梁、机车车辆和各种行车设备的标准、尺寸、技术条件以及质量要求相互适应，才能保证客货运输任务安全有效地完成。此后，又陆续颁布了一系列《设计规范》。

大体来讲，铁路管理的基本模式，在1950年代就初步形成了。铁路管理的具体制度还有很多。例如，学习中长铁路的 12 条经验、1960 年代制定的《铁路工作条例》(《铁路六十条》)等。总之，铁路人一边学习，一边摸索，在工作中不断总结经验，不断提升铁路运能。旅客发送量、旅客周转量、货物发送量、货物周转量等运输的关键指标，都不断增长。我们都知道，随着国内外形势的不断变化，我国的社会主义建设也发生过一些波折，铁路行业自然也受到影响。

1961 年，中央在《关于在铁路系统建立政治工作部门和改进管理体制的报告》上批示："铁路是国民经济的大动脉，是高度集中的企业，带有半军事性质。"这就是"高、大、半"的正式由来，也是对中国铁路最精准的定性。

4. 火车二三事

我们对火车的认识，通常是前面那个叫作火车头，后面拖挂的用来乘客或载货的叫作车厢。这里理解不算错，火车主要分为机车和车辆。不过，严格来说，应该表述为牵引动力和客货车辆两大类，不能按照它的"工作岗位"划分。举个例子，我们乘坐的动车车厢，它就既能载客，又有动力装置，但它不是火车头。

铁路行业有两句俗话，能够很准确地描述两者间的关系。第一句是："火车跑得快，全靠车头带。"第二句是："火车能移山，全靠车辆搬。"我们有了好的管理制度，同时还要有好的运输设备。所以，铁路设备主要解决两个问题，一个是牵引动力，一个是客货车辆。

先说机车的事。机车按照结构不同，也就是动力来源不同，分为蒸汽机车、内燃机车和电力机车。它们的牵引能力也照此排序。最早的机车就是蒸汽机车。

旧中国只有蒸汽机车。中国最早的、可以被看作是"部分"国产的机车，是1881年用在唐胥铁路上的一台简易机车。它诞生于开平矿务局胥各庄修车厂，这家工厂是我国首家机车厂，是今天中车集团唐山机车车辆公司的前身。这台简易机车用的原材料是煤矿旧机器的零部件，由英国工程师设计，中国工人动手制成。它因为"惊动了遵化清东陵"，未能成功实行。再后来就是马拉火车的神奇故事了。我们虽然没有机车设计能力，但组装和制造能力还是有的。成立于1899东清铁路制造所（今中车大连机车车辆有限公司）一度是中国规模最大、技术最先进的机车工厂。

中华人民共和国成立时，人民铁路一共接管了4069台蒸汽机车。这些机车中的大部分是从外国进口，来自英、美、法、德、日、比、俄等8个国家的30多家工厂，光机车型号就有198种，即前文提到的"万国机车博览会"。

接管东北铁路之后，在党的领导下，铁路工人们积极开展了"死车复活"运动，修复了大批机车。到1950年时，这些旧机车能修的都修了，能用的都用上了。前面提到的"毛泽东号"和"朱德号"的第一代机车，都是这么来的。除了修复之外，铁路工人按照通用化、简单化的原则，有计划、有步骤地进行了机车的技术改造。前文曾提到铁路统一调度，车辆全路通用的问题。如果车的型号都不同，显然是没法通用的。国家还先后从苏联进口1050台蒸汽机车，以满足日益增长的铁路运输需要。

但是，任何时候，我们党的方针始终是"独立自主、自力更生"。机车国产化的部署很早就开始了。1952年，青岛四方厂制成了我国首台蒸汽机车，命名为"八一号"，定型后改称"解放型"（JF）。

解放型"八一号"

图片说明：中国第一台货运蒸汽机车，共制造 455 台，于 1960 年停产。现陈列于中国铁路博物馆。

1956 年，大连机车厂制成了我国第一台客运蒸汽机车，命名为"胜利型"（SL）。"解放型"和"胜利型"机车都是仿制，但它们标志着中华人民共和国机车制造业迈出了坚实的第一步。此后，在"解放型"机车基础上进行改进设计，制造出"建设型"（JS），在"胜利型"机车基础上改进设计，制造出"人民型"（RM）。

1965 年，大连厂设计制造完成了"前进型"（QJ）机车。这是我国独立设计制造出的第一款蒸汽机车。它是中华人民共和国铁路上功率最大的蒸汽机车，自然就成为我国干线货运的主力车型。1988 年停产时，它一共生产了 4672 台机车。

国产蒸汽机车家族里还有"工建""上游""跃进""星火"等型号。1988 年，大同厂生产了最后一辆前进型机车，我国的蒸汽机车正式停产。2005 年，最后一批前进型机车退役。蒸汽机车彻底告别了人民铁路的运输干线。如今，蒸汽机车的爱好者们，只有带着怀古的幽思，去机车博物馆看望这些曾经立下汗马功劳的蒸汽机车了。

前进型机车

图片说明：前进型机车是我国第一台自行开发的货运机车，功率大、性能好，是我国干线货运的主力车型。

在积极研发蒸汽机车的同时，早在1956年，铁道部就提出了牵引动力改革的构想。在《铁路十二年科技发展规划》中提出："要迅速地有步骤地由蒸汽机车转到电力机车和内燃机车上去。"在世界范围内，这个时间点只是比美国晚，和其他发达国家基本同步。

1958年，捷报频传。二七厂试制成功"建设型"直流电传动调车内燃机车，这是我国首台自制内燃机车。戚墅堰厂、大连厂、四方厂也均有车型试制成功。1962年，铁道部确定了"内燃电力并重，内燃为主"的动力改革方案。1963年，国务院批准成立了"国家大功率牵引动力内燃化、电力化领导小组"，组织了9个部委和100多个企业及科研单位，充分发挥我们的集中力量办大事的制度优势，发起了科技攻关。铁道部把西南三线建设与内燃机车试制并列为工作重点，提出了会战"三线一机"的口号！

在举国之力的支持下，内燃机车的研制很快取得了重大突破。国产的内燃机车主要包括了"三大家族"，分别是东风型、东方红型和北京型。

东风型内燃机车的前身是大连机车厂于 1958 年试制的巨龙型内燃机车，1963 年投入批量生产，1960 年代中期开始正式服役。1966 年更名为"东风"，名字典出毛泽东同志著名的"东风压倒西风"的讲话。1970 年代，为缓解客运牵引动力不足的问题，生产了东风 3 型客运内燃机车。

东风型内燃机车

图片说明：东风型内燃机车是我国第一代电传动内燃机车的代表车型，从 1960 年代到 1980 年代，它一直是主力车型之一，被车迷昵称为"老东风"。

不同于东风型主要用于货运，东方红型内燃机车最初就是设计为客运机车的。它的前身是 1958 年四方厂试制的卫星型客运机车。1966 年正式投产。此后，东风红家族包括了中国铁路使用的 8 个型号和用于出口的 4 个型号，其中东方红 1 型和 3 型，曾经是客运机车的主力。

东方红 1 型内燃机车

图片说明：东方红 1 型内燃机车是我国第一代液传动内燃机车的代表车型。

北京型内燃机车称得上是"后来居上"。它于1968年开始研制，1975年正式定型。它是中国铁路史上最成功的液力传动内燃机车车型。"入列"之后，它一直是华北、华中地区的主力客运车型，各大铁路干线都留下了它忙碌的身影。北京型家族包括了重联货运机车、口岸机车、专运机车等。

北京型内燃机车

图片说明：北京型内燃机车是中国铁路史上最成功的液力传动内燃机车车型，车迷们称之为"小北京"。

内燃机车是铁路行业的"标兵"，哪里苦就去哪里。这和它自身的优势分不开。内燃机车的动力来自柴油发动机，停水、停电、高温、严寒都不影响它。所以，从一开始它就被安排在了缺水、沙漠等地区使用。

机车中功率最大、热效能最高的是电力机车。电力机车牵引力强、运行平稳、没有污染，但是它需要电气化配套设置，即电力机车自身不携带动力，其能量来自电网。电力机车能被广泛运用于基础的电气化铁路建设。电力机车是铁路牵引动力的未来和发展方向。这是铁路行业早就达成的共识。今天所有的高铁都是电力机车。

第一章 回归：铁路回到人民手中

人民铁路的电力机车研发制造最初是和内燃机车同步的。它的代表作就是韶山型电力机车。韶山1型电力机车于1958年试制成功。但由于种种具体原因，直到1980年才开始量产。我国最早的电气化铁路是宝成铁路的宝凤段，此后，电气化改造和电气化铁路建设都基本停滞，到改革开放前，电气化铁路总共也只有1000公里左右，其中宝成铁路就占了600多公里。使用的电力机车主要是进口自法国阿尔斯通的$6Y_2$型。

火车车辆的技术含量同样非常高，中国没有独立设计生产车辆的能力。客货车辆有些很有意思的特点，比如说，"一切行动听指挥"，它的行进方向靠车轮带，而车轮安装在转向架上，转向架的车轮就是方向盘。又比如说"从不单独行动"，客货运列车永远是集体上阵，客车会有多达25节车厢，火车甚至会达到200节车厢以上。再比如"一来就是一家人"。客车包括了硬座、软座、硬卧、软卧、餐车、行李车等。几乎每一个车型都会让"一家人"整整齐齐的。

22型客车

图片说明：22型客车是人民铁路的主型客车，被称为"绿皮车"，是国人对火车最深刻的记忆。

1953年，大连机车厂生产出21型客车，这是我国自主生产的第一代主型客车。1958年，青岛四方厂生产出22型客车，这就是大家非常熟悉的绿皮车了。到了1964年，四方厂开始研发25型客车，但直到1990年才开始量产。这是大家同样熟悉的红白相间的车型。绿皮车是"慢车"，红皮车是"快车"，这应该是大多数人对火车最基本的认知了。

相比客车而言，货车的类型就更多了。这主要还是取决于运输货物的类型。不怕风吹雨打的货物用敞车，怕淋雨的用棚车，气体液体用罐车，原木钢材用平车，易腐货物用保温车，等等。

最后，大致了解一下中华人民共和国成立后三十年机车和车辆的保有情况，如表1-1所示。

表1-1　中国铁路机车车辆数据表（截至1975年）

年份	机车总数	机车分类数量			货车	客车
		蒸汽机车	内燃机车	电力机车		
1949	4069	4069	—	—	46 487	3987
1957	4251	4251	—	—	90 249	8566
1960	6053	6039	12	2	136 379	9715
1965	6238	6142	66	30	146 308	10 752
1970	7504	6878	566	60	178 816	11 279
1975	9376	7824	1352	191	235 175	13 715

数据来源：《中国铁路运输》，苗秋林，主编，中国铁道出版社1994年版。

第二章

筑基：联动祖国的大好河山

从西南到西北，从东南到华北，无边的铁轨在祖国的大地上延展，犹如身躯内的血脉。在中华人民共和国新生的前三十年里，在党和国家的领导下，人民铁路基本形成了一个遍及祖国各地的铁路网，把除了拉萨之外的所有省会城市连接在了一起。

什么是铁路网呢？它指的是为了满足轨道运输的需求，建设而成的相互连接的网状结构的铁路系统。它包括了铁路的干线、支线、联络线，还有车站、枢纽等很多要素。这么来说吧，如果我们要进行一次旅行，但不能完全乘坐火车完成，那就说明铁路网是缺失的。似乎对于旅客来说，这不算大问题，可以改乘其他交通工具。但对于货物来说，那可就麻烦了。火车有很多优点，例如，全天候、运量大、运价低等。如果一批货物不得不上车、卸车、再换水运或汽运，显然就会增加许多的时间成本和运营成本。

我们可以理解，铁路只有成网，才能最大化地提供轨道载运能力。人民铁路在前三十年全部成就的突出体现，就是初步建成了全国铁路网。

古老的华夏神州，就像一位刚刚苏醒的巨人，嘎吱嘎吱地扭动着她庞大的身躯，感受了新的滋养，焕发出了新的活力，她返老还童，她青春再现。

那是一个热血沸腾的、狂飙突进的年代！

这个好长好长的人民铁路的故事，从哪里开始讲起呢？它如此精彩纷呈，却又千头万绪。既然如此，我们就背起行囊，登上奔驰的列车，带着捕捉美好画面的眼睛和品味历史的心灵，来一段说走就走的旅行吧。在路上，我们将看到被无比伟力劈开的崇山峻岭，将看到被无上智慧征服的复杂地貌；在路上，我们将听到铁道兵战士击碎的巨石的铁锤声响，将听到农民工兄弟肩挑背扛的劳动号子；在路上，我们将领略东南大海的波涛、西南高山的雄奇、西北沙漠的辽远。

第一节　在西南的旅程

共和国铁路网的体验之旅，从成都出发。成渝铁路是中华人民共和国成立后建成的第一条铁路干线，是中华人民共和国铁路的"长子"。

蓉城成都是一座"来了就不想走"的城市。在更早之前，它也许是一座"来了就走不了"的城市。大家都知道李白的名句"蜀道难，难于上青天"。其实，四川在历史上，更有"天下未乱蜀先乱，天下已治蜀后治"的名声。富饶的成都平原孕育了闲适的成都文化，但四川盆地也造成了成都与中原的疏离。

自从铁路这个现代性的交通工具传入中国以后，四川人民就满怀修建铁路的憧憬。1903年时，当时的四川总督锡良会同湖广总督张之洞向清政府提议修筑川汉铁路，也就是从汉口到成都的铁路干线。令人扼腕的是，这条路迟迟无法动工，且在1911年引发了声势浩大的四川保路运动。众所周知，这场运动是武昌起义的导火索。直到今天，在成都市中心的人民公园，依然矗立着"辛亥秋保路死事纪念碑"。这座纪念碑是四川人民铁路梦的象征，也是中国人民自由梦的象征。

成渝铁路是中国近代史的缩影，是近代中国政局乱象的具象，也是中华民族新生的代表。它经历了中国社会的三种形态：半殖民地半封建社会、新民主主义社会、社会主义社会；它经历了近代以来中国的四个政权：清政府、北洋政府、南京国民政府和我们的人民政府。它见证了摧毁中国封建专制时代的辛亥革命；见证了四川军阀混战、民不聊生的苦难岁月；见证了抗战期间四川人民前赴后继建设抗战大后方的不懈努力；见证了南京国民政府的腐朽和无能；更重要的是，它见证了中国共产党伟大的执政能力。

从1903年到1949年，成渝铁路经过了7次筹议、4次勘测、2次开工和2次停工，结果是寸轨未铺。重庆解放之后，以邓小平同志为第一书记的中共中央西南局做出的第一个重大决策就是："以修建成渝铁路为先行，带动百业发展，帮助四川恢复经济。"党中央把成渝铁路作为打开治理四川局面的突破口，看做了一把让西南社会迅速稳定的钥匙。1949年底，成都迎来了解放。1950年6月15日，人民的成渝铁路正式开工，邓小平同志亲临典礼现场。中国人民解放军西南军区抽调的3万名战士，组成了军工筑路总队。贺龙元帅把一面"开路先锋"的锦旗授予了筑路一队。这面旗帜引领西南铁路工程局（今中铁二局）从一个胜利走向下一个胜利，拉开了中国人民自力更生建设铁路的历史大幕。

开路先锋旗帜

从工程的组织方式来看,这次筑路分为两个阶段。第一个阶段是军队筑路。人民解放军再次在新的战场上为人民披荆斩棘。战士们一手拿工具,开山筑路,推进工程;一手拿钢枪,剿匪除害,守卫地方。同时还为民众挑水、劈柴、看病、收庄稼。正是在这样的过程中,四川民众看到了工程竣工的希望,看到了新政权为人民服务的宗旨。军民之间结下了深厚的鱼水之情,为下一阶段的工作打下了坚实的基础。1950年11月,筑路军队陆续归建。但此时,民众投身于铁路建设的热情已经被完全激发起来了。从11月底开始,短短1个月时间内,人民政府就动员了超过10万民工大军。工程进入第二个阶段。用经历了国民政府时期的工程师萨福均的话来说:"人民政府一声号召,从最高级的政府到最下级的政府一齐动员,几十万民工马上集合到路线上来。过去国民党抓都抓不来,现在他们是争着来,干了还不肯回去。川东一个地区就有四千多民工自动要求永远留在铁路上做工人。"这种场面深深地影响和鼓舞了铁路工程的专家们。

成渝铁路工程的兴建，直接提供了超过9万个工作岗位，与此同时，仅"川南沿着铁路线的五个县有十五万人直接间接靠着修路生活。沿线各地的石工全部参加了修路，铁工、木工制作筑路家具，许多妇女和小孩锤道碴石子、为路工打算鞋、洗衣服；还有数十万人运输枕木"。也就是说，通过兴建工程，解决了大量失业人员的就业问题，改善和提高了沿线民众的生活水平，带动了地方经济的恢复和发展，从而使得四川社会迅速稳定下来。在建设过程中，人民群众接受了党的教育，改变了以往的认知，提高了自身的觉悟。反过来，这种教育经历，又转化为工作中的热情。筑路工程中，涌现出了许多功臣模范，还出现了"哑巴"开口等感人的例子。

这是怎么回事呢？这位川东民工叫刁绍周，他是贫农出身。解放前，他为了躲壮丁被恶霸打伤，生了一场大病，失去了说话的能力，过了两年多才渐渐能说话。但是，刁绍周怕再抓去当兵，仍旧装成哑巴，就这样装了八年，以至于所有人都认为他就是哑巴。解放后，他得到了一连串的好处。这次参加筑路，又亲眼看到人民政府处处为人民着想，很是感动。在讨论会上他突然站起来说话了。他说："我不能完成任务，决不回家。如今的世界翻了底，我们苦命人也敢讲话了。"后来，在成渝铁路建设中，他表现突出，还获得了特等模范的荣誉称号。其他民工也纷纷表示："自己的铁路自己修，要对得起毛主席啊。""没有看到火车冒烟，绝不回家。"许多年轻人，家里来信催他们回去结婚，领导上也劝他们回去，他们却一定要等到全线通车才肯回家。

不光人是这样，甚至机器也"改头换面"了。旧中国铁路的钢轨全部依靠进口，以至于国人已经默认我国没有自制钢轨的能力。实际情况是这样的吗？中华人民共和国成立之后，制造钢轨的任务交给了重庆

101厂，即今天的重钢集团。101厂的前身是汉阳钢铁厂，1938年，从武汉迁到了重庆。工人们接到任务后，从厂里几乎报废的设备中，"发现"了一台轧钢机。这台机器是清朝光绪年间从英国买来的，已经躺着厂里的杂草丛中60多年。就这么一台老机器，在苏联专家的帮助下，在工人们的群策群力的努力下，101厂成功地铸造出中国铁路史上第一根钢轨！回头想来，不是我们没有自制钢轨的能力，而是没有正确的领导。就这样，成渝铁路上铺设了国产钢轨。

1952年7月1日，沿着成渝铁路驶来的列车鸣响了进站的汽笛，四川人民半个世纪的苦苦追寻，终于成为现实。

乘坐成渝铁路，我们的方向是东南！

伴着或隐或现的沱江水，列车驶过绵延的丘陵，满载着新都的白米内江的糖，自贡的井盐永川的煤，经过简阳、资中、内江、隆昌、荣昌、永川、江津，到达重庆。沉寂在四川盆地无数年的丰饶物产运抵长江，输送到祖国各地，有力地支持了国家的建设，彻底地改变了四川人民的生活。

山城重庆地处长江、嘉陵江两江交汇，是天然的良港。它是长江上游航运的中心，也是西部最大的内陆港口城市，并形成了举世闻名的码头文化。与发达的水运相比，历史上重庆的陆路交通异常艰难。自古巴蜀一体，四川天然是形胜之地，就因为北有秦岭，东有重庆，进可以席卷东南，退可以割据一方。

抗战时期，重庆是战时陪都。国民政府想方设法改善重庆交通，最终也只修成68公里的綦江铁路。电视剧《潜伏》中，余则成乘坐火车前往南京执行刺杀任务，这是一个历史硬伤。因为重庆根本没有火车。他唯一可能的乘车路线是：从重庆乘船到武汉，由武汉转卢兰铁路到郑州，由郑州转陇海线到徐州，从徐州再转津浦线到南京浦口，然后乘船过江……这一路都是日军占领区。成渝铁路通车之后，在三线建设时期又陆续建成了联系湖北的襄渝铁路和沟通贵州的川黔铁路，重庆才成为铁路枢纽。

早在 1911 年，清政府就开始筹划修筑连接四川和贵阳的铁路。从 1929 年后，南京国民政府就对川黔铁路进行了多次勘测和选线。1942 年开工修筑的綦江铁路就是其中的一段，事实上也只有这一段。中华人民共和国成立之后，先是抢修了綦江铁路，随后又将线路延伸 59 公里修到了赶水。成渝铁路通车之后，铁道部就开始了对川黔铁路的勘测设计。1956 年，分南北段开工。北段是改建，南段是新建，于 1965 年正式通车。2018 年，渝贵铁路通车后，老川黔路已经不再承担客运任务了。

列车离开重庆站，一路向南。最初闯入眼帘的就是 810 米长的白沙沱长江大桥。这座大桥于 1955 年开工，1959 年投入使用。它是万里长江第二桥，是长江上游第一座铁路大桥，也是长江上第一座铁路专用桥。它如同黑色的巨蟒，匍匐在长江之上，连接起了成渝铁路和川黔铁路。

重庆白沙沱长江大桥（小南海大桥）

图片说明：万里长江第二桥于 2019 年 4 月 23 日正式退役，不再通行火车。

列车在溯綦江至贵州桐梓,这一段是川黔古盐道的綦岸盐道。历史上,这是川黔两地盐业的黄金通道之一,也是贵州人民的生命线,留下了无数民族融合的文化记忆。此行是赏花之旅。特别是草长莺飞的暮春时节,适合观赏川黔线百里花海的盛景。到了蒙渡之后,地势陡然上升,壮观的马蹄形大河坝展线跃入眼帘。

什么展线呢?铁路展线就是火车的盘山路,可以理解为线路的延展、延长。但是,火车的情况比汽车要复杂,有两个主要原因。第一,火车太大了,客车就拖挂十几节到二十几节车厢,客车就更多了,如此庞大的火车要爬坡,那就需要足够的牵引动力。第二,火车是运行在铁轨上的。在所有的火车技术里面,最核心的就是轮轨技术,就是车轮和轨道之间的关系问题。如果摩擦系数高了,那火车就跑不快;如果摩擦系数低了呢,那就会脱轨,刹不住车,当然也跑不快。这么一想,要么就是牵引动力特别猛,要么就是线路又平又直。但实际上,这是不可能的。在我们的牵引动力不足且桥隧能力还比较差的时代,就只能采用降低坡度、延长线路的方式来解决问题了。

旧中国最著名的展线就是詹天佑设计的京张铁路人字形展线了。21世纪的今天,铁路上的大部分展线都不用了,因为火车的牵引动力和桥隧技术有了飞速的发展。所以,绝大多数的旧的展线成为铁路爱好者的打卡胜地。

再向前行,是4270米的凉风垭隧道。这是1950年代修筑的最长的隧道,老川黔公路以惊险闻名的"七十二拐"是它的背景板。这是我国第一座采用平行导坑施工的隧道,也最早使用了巷道式施工通风,首次使用了电动空压机、轴流式通风机等设备。因此,它标志着我国铁路隧道施工从人力开挖过渡到小型机械化施工的新阶段。在1959年推广凉风垭隧道施工经验的现场会议上，胡耀邦同志风趣地对代表们说："你们是属蛇的，会钻洞。"

过了桐梓，就是2147米厂的娄山关隧道。毛泽东同志当年留下了"雄关漫道真如铁"的诗句，铁路工人"而今迈步从头越"。越过雄关，抵达革命圣地遵义，再跨乌江天险，经息烽抵达筑城贵阳。

如果说成都疏离于中原文化，那么历史上的贵阳堪称封闭。《史记·西南夷列传》记载"夜郎侯问汉与我孰大"故事的发生地，就在贵州毕节一带。惊闻将被谪贬夜郎，李白哭诉"北阙圣人歌太康，南冠君子窜遐荒"。贵州民谚有"天无三日晴、地无三里平、人无三分银"的说法，可见其交通之难、生计之艰。1949年中国铁路通车示意图上，我们是看不到贵阳的。

贵州的第一条铁路是黔桂铁路，建成于1959年。川黔铁路通车后，贵州终于进入了全国铁路网。依托铁路，贵州东可下海，北能入江，逐渐发展成为资源大省和旅游大省。

我们回头再走黔桂铁路，先行向西，造访春城昆明。

贵昆铁路于1958年开工，1966年建成，1970年交付运营。它的建设者铁道兵贵昆、湘黔、浙赣、沪杭相连，共同构成了祖国长江以南由东海之滨到西南边陲的东西干线。在建成四十六年之后，它们会共享"沪昆铁路"之名。

列车在壮丽的云贵高原上行驶，将从海拔1100米的贵阳，攀升至1800米的昆明。窗外是石灰岩山地和水田，绿白相间。随后进入磅礴的乌蒙山。三十年前，乌蒙山被红军战士视作"泥丸"；三十年后，铁道兵战士再次征服了它。乌蒙山区的六枝、盘城和水城储藏了丰富的煤炭资源。在中央的统筹下，它们于1964年"组团出道"，西南最大的能源城市之一的六盘水便是由此而来。

再行向西，窗外是连绵不绝的峡谷峭壁，河流时明时暗，隧道接踵而至，火车却行走在群山之巅。全长 3986 米梅花山隧道从海拔 2700 多米的梅花山腹中穿过 5 处大断层破碎带和 14 条暗流河。在这里，贵昆、内昆两线胜利会师。北盘江在这里转为暗河，远望细流如缕，近观峡谷千仞。随即是 20 公里的 S 形荷马岭至背开柱展线。过宣威，到曲靖，风景再变。大片大片的马铃薯、烟叶中，错落着煤矿和电厂。

春城昆明坐落在滇池之侧，群山之间，是低纬度、高海拔，四季如春的鲜花之城。云南是全国第一个拥有国际铁路的省份。20 世纪初，法国殖民者为扩大自己的势力范围，迫使清政府接受了把越南境界的铁路延伸至昆明的计划，遂启动了滇越铁路工程，工程历时 9 年，于 1910 年建成通车。后来成为"云南十八怪"之一的"火车不通国内通国外"。云南有山川之险，也难挡列强的狼子野心。滇越铁路和未能建成通车的滇缅铁路，共同承载了英法列强争夺云南的侵略史，也承载了云南人民反抗殖民的抗争史。1946 年，中国政府收回滇越铁路云南段的所有权，1958 年改名为昆河铁路。昆河铁路是中国铁路网中唯一的一段米轨铁路，就是说，它的轨距是 1000 mm。2003 年时，昆河已经停止客运。不过，其中的部分路段陆续改为观光线路。闲暇时乘老火车出游，也是一件乐事。

昆明向北而行，我们走成昆铁路返回成都。用铁路连接昆明与中原腹地的筹划，最早也是殖民者提出来的。早在 1898 年，英国人就踏勘叙昆铁路线路，要求修筑昆明至叙府（今宜宾）的铁路。1900 年，法国人也私自踏勘线路，并设计了筑路方案。1905 年，云南士绅不堪其辱，仿照川汉铁路公司的前例，筹议修筑滇蜀铁路。在波谲云诡的历史变局中，这三个方案最终都未能实现。抗战期间，仅修成昆沾线米轨 173 公里。这段线路的铁轨未来被拆除，并成为贵昆铁路的一部分。

第二章 筑基：联动祖国的大好河山

1952 年，成渝铁路刚刚通车，成昆铁路的修筑就开始筹议和勘测。同年成立的铁道部西南设计分局（今铁道第二勘测设计院）承担了主要的勘测工作。在此后几年时间里，技术人员徒步勘测了大约 11 000 公里的山川河流，这个数据是铁路线长度的 10 倍，前后派出了 5000 多位测绘人员和技术人员，形成了 300 多个不同的草案。当时川西地区解放不久，匪患不断，加上气候恶劣，地形险要，以至于不少勘测人员牺牲了。最终，设计院提出了三个设计方案。东线从内江起，经自贡、宜宾、宜良、威宁到昆明，全长约 889 公里。中线从成都起经眉山、乐山、宜宾、巧家、东川、嵩明到昆明，全长 810 公里。西线从成都出发，经眉山、乐山、峨边、喜德、西昌、德昌、会理、广通到昆明，长度约 1167 公里。

三线方案形成之后，引发了一场激烈的选线之争。从线路长度、施工条件等各项技术指标来看，西线方案都是最不合理的，而中线方案最优。苏联专家的建议就是中线。1954 年，西南设计分局按照苏联铁路技术标准初步设计出《成昆铁路中线方案》。这是中国第一部按照总体设计规定编制的长大干线初步设计。就在中线方案已经几乎被选定的时候，南京大学的徐克勤教授探明攀枝花地区有丰富的矿藏资源。中线方案暂时搁置。在经过又一年反复勘测、权衡之后，周恩来总理亲自敲定了西线方案。

为什么西线方案在技术上不合理呢？我们从地图上俯瞰最终建成通车的成昆铁路线路，会发现它呈 C 字形，跨越了横断山脉，划出了一道弧形，海拔从成都的 500 米，攀升到昆明的 1800 米。这里是地质上著名的深大断裂带，属于基本烈度 7 度至 9 度的强震区，常见崩坍、岩堆、泥石流、滑坡、粉沙等，被称为"地质博物馆"，被国外专家视作"修路禁区"。方案选定后，几乎全世界都在等着看我们的笑话，认为这是一项不可能完成的任务。工程于 1958 年开工，几经波折，三上三下。到了 1964 年，"三线建设"战略全面实施之后，"两基一线"对国家的重要性前所未有地凸显了出来。"两基"指的是攀枝花为中心的钢铁基地和重庆为中心的常规兵器基地，"一线"就是成昆铁路线。毛泽东指示："铁路修不好，我睡不好觉，没有钱，把我的工资拿出来，没有路，骑毛驴去，没有铁轨，把沿海铁路拆下来，一定要把成昆铁路打通。"完全可以这样来理解，三线是全国战略布局的核心，而成昆是三线的核心。

列车沿滇池地区的丘陵和淤泥地带西行，至禄丰县的广通转而向北。此后，列车 49 次跨过龙川江，海拔由 1900 米降至 1000 米，进入金沙江河谷。江水东流，铁路北往，进入安宁河谷，列车再次上山。安宁—金沙河谷是古老的西南丝绸之路故地，是西南彝族为主体的少数民族人民聚居区域。列车将 8 次跨越安宁河，攀升至 2200 米海拔，至喜德，火车将从县城上空飞过。由此往北，又是岷江和雅砻江的分水岭。我们将 13 次跨过牛日河，看到 4 次盘山展线，行至甘洛。这里是金口大峡谷，被誉为"地质天书、旷古优美"。从埃岱至金口河 58 公里的线路中，竟建有隧道 44 公里，成为"地下铁道"。

正是为克服复杂的地形，成昆铁路是我国铁路工程中展线技术的极致运用。全路有七大展线，各有盛景，都称得上是天下奇观。

以沙马拉达隧道群为主体，北口是乐武展线，南口是韩都路展线和两河口展线。沙马拉达隧道是 1960 年代修筑的最长的铁路隧道，长达 6338 米，成昆铁路的制高点就在该隧道内。乐武展线位于牛日河上游，在尼波站和红峰站之间，直线距离只有 7 公里，但海拔落差达到 142 米。为了让火车爬山这个坡，最终采用的是眼镜型展线 14.32 公里，开掘了隧道 11 座，共长 5532 米，建造了大、中桥 6 座，共长 648 米。

第二章 筑基：联动祖国的大好河山

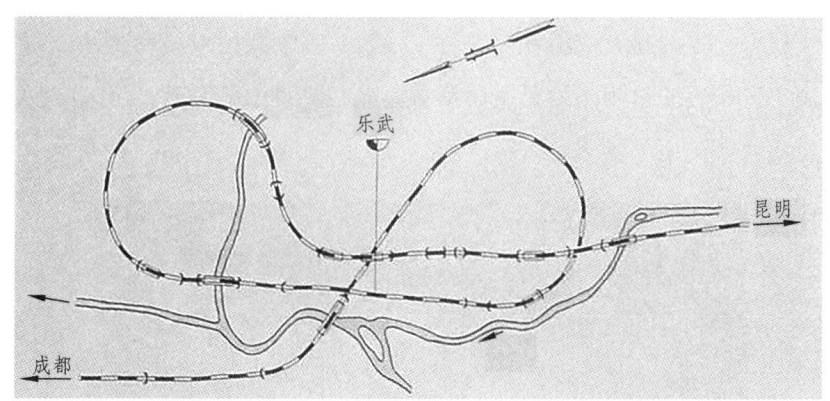

乐武展线示意图

图片说明：乐武展线以眼镜型闻名于世。

上山之后，还要下山。从沙马拉达最高点到两河口站的直线距离只有 4 公里，但海拔落差达到 215 米。韩都路—两河口展线群就是为了化解这个问题。两河口展线让人眼花缭乱，有 2 个马蹄形，分为 3 层线路。从最上层的铁口站和最下层的新凉村站步行速度甚至比火车都快。这就是"三路穿一村，一村设两站"的奇观。

韩都路—两河口展线群

图片说明：视野辽阔的展线群。

值得一提的是，成昆铁路关村坝隧道，首创我国双口各百米成洞快速施工记录。关村坝车站是全国第一座建在隧道中的车站，全国唯一的铁道兵博物馆也坐落于此。

铁道兵博物馆

图片说明：铁道兵博物馆落成于2008年，陈列着大量成昆铁路的珍贵历史文物和资料。

与关村坝比邻而居的是一线通石拱桥。它是我国跨度最大的空腹式铁路石拱桥，全长63.14米，是中国传统石拱桥技艺与现代技术结合的作品。

成昆铁路于1970年建成通车，为了这一天，30万铁道兵战士奋斗了12年。先后有2100多位战士为此付出了生命。在1083公里的线路上，每公里就有两位铁道兵的英魂在守护。全线修筑了22座烈士陵园。直到今天，每一列经过龙骨甸大桥的火车，都要鸣笛30秒，向铁道兵英烈致敬。成昆铁路被联合国评为"二十世纪人类征服自然的三大奇迹之一"，与它并列的是苏联卫星上天和美国登月。

1952年7月，成渝铁路通车之日，就是宝成铁路动工之时。宝成铁路最早的筹议是1913年同（大同）成（成都）铁路的一部分，北洋政府曾派员勘测。南京国民政府在1936年到1948年间，也多次勘测，并初步选定了天（天水）成（成都）线。从成都到略阳间的线路没有大的分歧，分歧在于选择宝略线还是天略线。最终的方案是宝略线。宝成路选线的问题远没有后来成昆线那么复杂，但它是人民铁路第一次处理相关问题，对我们的勘测设计工作具有里程碑意义。

宝成铁路还是中华人民共和国第一条工程艰巨的铁路。由温婉的成都平原一路向北，从平原到丘陵，过江油而进入山岳地带。地形渐趋复杂。剑门山、巴山和秦岭三山耸立。两岸山势险峻、河谷曲折。广元以北，就是李白留下"尔来四万八千岁，不与秦塞通人烟"的蜀道。因此，宝成铁路是中国人民对蜀道的征服和挑战。

其中最为艰难的是宝凤（凤州，今陕西凤县）段。这段线路只有91公里，却穿过了史称"九州之阻"的秦岭。从宝鸡南行到杨家湾站后，列车开始爬坡。杨家湾站到秦岭站间的直线距离只有6公里，但高度落差达到817米，线路呈3个马蹄形和1个钳子形迂回上升，蜿蜒27公里。这就是举世闻名的"秦岭8字形展线"，也叫"观音山展线"。观音山车站设在陡峭的山腰上，向西望去，可以看到铁路三层重叠，桥隧相连，极为壮观。由观音山继续前行，穿过11座隧道，到达"云霄车站"青石崖站。当年筑路的时候，铁路工人在苏联专家的指导下，采用定向爆破办法，炸掉了26万立方米的土石，挖掉了两个山头，填平了两个深沟。再穿3个隧道，就进入了宝成铁路的最高点、长达2364米的秦岭大隧道。

上坡时，三辆机车前拉后推，下坡时，一路刹车，火花四起，蔚为壮观。最初行驶在宝成路上的是解放型蒸汽机车。但是，它能力有限，实在无法胜任牵引的工作。由于宝成铁路是当时连接西南和西北的唯一干线，也是当时唯一的出川通道，1958年通车后不久，铁道部就开始对宝凤段进行电气化改造。我国第一支电气化铁路施工队伍就是在边学习边施工的过程中逐步成长了起来。国家从法国进口的电力机车，也被分配到宝凤段使用。1961年，改造完成，从此拉开了中华人民共和国铁路电气化的序幕。

第二节　大　西　北

宝鸡自古就是交通要塞。1936年，陇海铁路宝西段通车后，遂成为西部铁路枢纽。陇海铁路是"陇秦豫海铁路"的简称，是联系甘肃（陇）、陕西（秦）、河南（豫）至海州（今连云港）的横亘祖国东西部的大干线。陇海线的前身是1903年起开始筹议的汴洛铁路。1912年，北洋政府与比利时政府签署《陇秦豫海铁路借款合同》，正式得名。在规划中，它的西端就是兰州。

1945年，宝天段通车。宝天段在抗战期间施工，资金材料都极度短缺，困难重重，国民政府的建设方案又一改再改，最后不得不因陋就简，降低标准。后来被称为西北铁路的"盲肠"。中华人民共和国成立之后，对这段路进行了修复、改善、补强，1955年开始进行大改建。但由于基础太差，始终事故不断。这也是宝成铁路改线的原因之一。直到2020年，宝天段灾害治理改线工程彻底圆满完成之后，问题才得到根本性解决。

1946 年，国民政府开工修建天兰铁路。但到 1949 年兰州解放时，仅仅打通了几条隧道，开挖了一点土方，完成全部工程的 13%。1950 年 5 月 1 日，西北铁路干线工程局，人民政府重启天兰铁路工程。这是中华人民共和国第一条开工兴建的铁路干线，略早于成渝铁路。列车出天水，蜿蜒于山岳地带，六跨渭河至陇西，经过深沟暗穴的黄土地带，穿过曲儿岔分水岭进入宛州河谷，上溯黄河而抵兰州。天兰铁路全长 348 公里，施工条件艰苦，设备极度短缺，几乎都是靠人力完成。渭河 3 号桥长 400 米，是天兰路最长的铁路桥，也是当时全国最长的铁路桥。它后来登上了第一套人民币 5000 元纸币的背景，迄今仍是车迷热捧的"网红桥"。曲儿岔分水岭是工程必须克服的难点，原曲儿岔隧道长 1973 米，基本依靠人工掘进，曾创造日进 8.5 米的记录，受到铁道部表彰。开通时是全国最长的隧道。

天兰铁路 1952 年开始铺轨，1954 年 8 月投入运营。它是在国民经济恢复时期完成的大型工程。正因为它的开通，"一五"期间，国家将 156 个重点项目中的 16 个大型骨干工业项目建在甘肃省内。毫不夸张地说，天兰铁路打开了甘肃工业化的大门，也是西北工业化的加速器。至此，筹议了 50 年的陇海铁路终于完工。人民铁路延伸向茫茫戈壁。

金城兰州"联络四域、襟带万里"，是陆上丝绸之路的枢纽。这里是古代的雍凉之地。尽管在汉代就纳入了行政区划，但它是边地要塞，唯有在封建王朝中央强盛时，才能有效管理。唐代卢照邻有诗云："骢马照金鞍，转战入皋兰。塞门风稍急，长城水正寒。"唐代边塞诗大多咏唱的都是甘肃、敦煌一带，可见这里杀伐气之重。兰州西行，便"西出阳关无故人"，甚至"春风不度玉门关"。若要将青海、新疆与祖国更紧密地连接为一体，就必须先行连接兰州。所以，早在 1906 年，为抵抗沙俄对新疆的侵略,清政府就有修筑兰新铁路的筹议。

1952年10月,天兰铁路铺轨通车后,毛泽东同志题词:"庆贺天兰路通车,继续努力修筑兰新路。"兰新铁路立即开工兴建。这一次,人民铁路挑战的不仅有高原和山脉,还有戈壁、水害和狂风。

离开兰州35公里,列车驶过河口黄河大桥,这是中国首次设计和施工的第一座黄河大桥。

河口黄河大桥

图片说明:中国首次设计和施工的第一座黄河大桥。

几小时后,列车行至乌鞘岭。乌鞘岭海拔逾3500米,是河西走廊的门户,祁连山的东南端,我国三阶地形中第一阶与第二阶的分界,我国三大高原和三大气候的交汇点,终年积雪、有"盛夏飞雪,寒气砭骨"之说。乌鞘岭展线从天祝县的打柴沟站为起点,绕行于山岭之间,至古浪县的龙沟站结束。窗外由黄变黑,黑色巨峰冲天而起,如同刺破天空的巨剑。爬升前,列车要清炉加水,两台蒸汽机车前拉后推,浓烟滚滚,只见灯光昏暗，气味刺鼻，几至难以呼吸。下山时，火光四溅，列车如同脚踏风火轮。不过，这种奇致奇绝的景观现在已经看不到了。2006年长达20公里新乌鞘岭隧道建成通车后，列车过岭只要15分钟。乘客的体验变为了：天一黑、天一亮，结束了。

乌鞘岭隧道

图片说明：隧道全长967.8米，是乌鞘岭展线的一部分。

过岭后进入古浪峡谷，车速降至10余公里，真可谓步履蹒跚。气候水文大变，进入了内陆间隙性河流地带，水系紊乱，流向无常，平时干枯，涝时成灾。过乌鞘岭，进入水草肥美的河西走廊。列车与古长城相伴而行，经武威、张掖、酒泉，出嘉峪关。

复杂多变的地质条件是兰新铁路面临的最大挑战之一。全路以戈壁滩为主，部分线路要经过盐渍土、石膏、沼泽、沙漠等不良地质地段。应对这些问题的就是路基工程。

火车线路的轨道部分有点像"叠罗汉",一层摞一层。最上面是钢轨,它是和车轮"亲密接触"的部分。钢轨下面是枕轨,就是我们常说的"枕木"。最初的枕轨主要是木质的,现在主要是混凝土居多。枕轨下面是道床,就是我们看到撒着碎石头的部分。现在主要是用无砟道床了。道床下面的就是路基。

扎实的基础是成功的必要条件,路基就是轨道基础。在天然的地面上建成满足铺轨要求的长条土木建筑物,就是路基工程了。这种情况非常复杂。除了地质问题之外,还必须充分计算包括风、雨、雪、气温、地震、水流……随着我国综合国力的发展,铁路施工技术越来越高,路基工程还承担了更多的要求,比如环境保护、文物保护、水土保持,等等。毕竟金山银山不如绿水青山,可见兰新铁路工程有多了不起。

出了嘉峪关,绿洲渐渐变为戈壁,车过玉门,跨疏勒河、红柳河,进入新疆哈密。疏勒河与哈密烟墩间338公里是严重的缺水区,干旱少雨。戈壁和荒漠为铁路路基建设带来了严峻的考验。紧接着是"风吹石头跑"的大风区。哈密了墩至鄯善红旗坎是"百里风区"。因为吐鲁番盆地气候炎热、天气干燥,一旦形成冷空气,气压梯度就必然会产生大风。不仅仅是这样,这里还有海拔落差。更关键的是,天山在这里刚好有一个隘口。这几个要素一组合,8级以上的大风说来就来,一年要刮300多天,就连12级的大风也不是罕见的事。对火车的影响可以严重到什么程度呢?2007年的时候,一整列火车的11节车厢被大风掀翻了!

再往前走,就到了"火洲"吐鲁番。吐鲁番全年的平均气温只有13.9 °C,但当地每年高于35 °C的炎热日子超过了100天,最热的时候,气温是49.6 °C。地表温度就更高了,动辄就上了70 °C,甚至还出现过82.3 °C的纪录。这个叫"沙窝里烤熟鸡蛋""石头上烤熟面饼"。反过来,到了冬天，气温又很低，最低可以到了 –28.7 ℃。特殊气候产生了特殊的风景，带来了特殊的物产。但这冷热两重天，给路基的压力非常大。

过了吐鲁番又是"三十里风区"，这一段位于吐鲁番到达坂城之间。1961 年的时候，特强大风突袭，三个泉站到天山站之间发生严重事故，10 多节车厢被吹翻，电线杆吹倒几百根。三个泉站值班室的玻璃常年"千疮百孔"，石子射过玻璃留下的孔洞，就像子弹的痕迹一样。

吐鲁番海拔 34 米，列车至后沟站进入天山隧道群 10 公里间，拔升至 1100 米。

火车行驶在天山

图片说明：以天山为背景的兰新铁路。

兰新铁路全长 1903 公里，分段交付运营，于 1965 年全线通车。迄今为止，兰新铁路依然是中华人民共和国新修的、一次性完工的最长铁路干线。

新疆自古就是我国的领土,古称西域,随着封建王朝中央政府统治力的变化,地域或广或狭,以都护府或都督府的方式管理。18世纪中期,乾隆帝改名"新疆",意为"新的疆土";19世纪末,左宗棠征西,定名为新疆省,新疆与祖国的命运更加亲密地联系在了一起。但是,新疆地处祖国西北边陲,地域辽阔,交通困难,坐拥宝地,却无力开发。兰新铁路通车后,结束了新疆地区没有铁路的历史,大型的工业设备输入了,丰富的物产输出了,新疆人民的好日子来到了。

中华人民共和国成立之后,筹划的兰新铁路东起兰州,西达与苏联接壤的阿拉山口。这也是为什么它叫"兰新铁路"而不是"兰乌铁路"。今天的兰新铁路是其中的兰乌段或东段。1958年,由乌市至国境的铁路开工建设,但受到中苏国际关系变化的影响,于1961年停工。当时已经完成了部分路基和桥涵的主体工程。"兰新铁路"的名号就这么被沿用了下来。

1985年,原兰新铁路西段复工,名为"北疆铁路"。全线长460公里,与哈萨克斯坦德鲁日巴间的线路连接。1992年全线通车运营。至此,一座横跨亚欧大陆的铁路干线最终成型。这条大铁路长达10 800公里,东起连云港,西至荷兰的阿姆斯特丹。乌鲁木齐从边陲"美丽的牧场",一跃成为面向中亚、西亚的中心城市,享有"亚心之都"的美誉。

新疆境内的另一条干线是南疆铁路。南疆铁路最早的构想是孙中山先生的《建国方略》。1927年,北洋政府派员进行过初步踏勘。它第一次开工是在"大跃进"时期,1962年国民经济调整时停工。1974年,一期工程吐鲁番到库尔勒段开工,1979年完成铺轨。1996年,南疆铁路二期工程启动。1999年,库尔勒至新疆最西部的喀什间铁路通车。南疆铁路全长1446公里,线路基本上是古丝绸之路的中线。在吐鲁番与兰新铁路相连，大致沿着西南方向，抵达柴达木盆地北部的库尔勒，再行向西到达喀什。喀什地区与塔吉克斯坦、阿富汗、巴基斯坦接壤，是我国的西部边陲之地。

南疆铁路的气候条件同样异常恶劣。由吐鲁番至鱼儿沟斜穿吐鲁番盆地西缘100公里的戈壁滩，此处是中国最热的地方，夏季最高气温可达47℃。唐代诗人岑参有诗云："火云满山凝未开，飞鸟千里不敢来。"进入天山中部和乌拉斯塔沟峡谷后，列车由海拔800米逐渐爬升至3000米，旋即下降至1200米，形成了240公里的长达坡道，其中，22‰的大长坡就有182公里之多。铁路要在这狭窄的河谷中"耍龙灯"似的来回穿梭，蜿蜒曲折。长达6252米的奎先隧道，建在海拔3000米以上的冰达坂上，是我国海拔最高最长的隧道之一。再前行30公里，又是上新光3号隧道，这是南疆线7条曲线隧道的代表。隧道长2754米，是螺旋形套线隧道，列车在隧道内旋转360°，出入口几乎在同一垂线上，高低相差50多米。

南疆铁路的隧道修建有几个难点。第一是作为展线工程一部分都要克服的坡度问题。第二是高海拔问题。驻地没有水，铁道兵战士凿冰取水；没有生活的燃料，战士们要扒雪地找牛粪；饭煮不熟，战士们不得不长期吃夹生饭。开工不到两个月，竟有30%的战士病倒。第三是冰达板上的路基问题。所谓"达板"就是山顶的隘口，而"冰达板"指的是冰川消融后形成的隘口，由于地面的石头已经被冻得粉碎，岩石层就像"千层饼"似的，看起来一层一层，但是很脆。在上新光隧道的施工中，有25位烈士牺牲；在整个南疆铁路的线路上，268位烈士的英魂与天山融为了一体。

南疆铁路全线达1446公里，是连接新疆南部4地州的黄金通道，彻

底改变了南疆的生产生活状况,强有力地推进了团结新疆、保卫新疆、开发新疆。雄伟天山埋藏着的无数宝贵资源,真正转化为祖国发展的财富。

乘南疆铁路经吐鲁番再回兰州,我们转向西行,再去拜访"夏都"西宁。

西宁"东接陇秦,北护甘凉",地处青藏高原东口,自古便是扼守河西走廊的咽喉要地。西宁古属甘肃,但因为它是青藏高原最大的城市,清代之后,青海大臣驻此逾 200 年,早已密不可分。1928 年,设置青海省,西宁由甘肃分出,正式成为青海省会。历史和地理位置决定了西宁是中原连接青藏高原的不二选择。

兰青铁路和青藏铁路可以算得上"双生兄弟"。1950 年代,铁道部对青藏高原铁路的筹划与勘测。从兰州至西宁后,向西挺进,在航垭站以西的全吉东分线,一路向西北,经大柴旦、鱼卡直至冷湖,全长 1133 公里,这是兰青铁路。从全吉东一路向西南,经格尔木至拉萨,全长 1296 公里,这是青藏铁路。

原规划的兰青铁路是为开发柴达木盆地的石油资源而建。终点冷湖是中华人民共和国成立之后最早发现的油田之一,是当时全国四大油田之一。1958 年兰青铁路东西两段同时开工,东段即兰西段。1959 年,兰西段通车,全线 188 公里,这是通向青藏高原的第一条铁路。线路 8 跨湟水,除 20 公里的高山峡谷外,绝大多数路基铺设在黄河及湟水河谷台地上,地质状况同样复杂。

今天在追溯青藏铁路建设史时,要从 1958 年开始,其实就是西宁到海晏段、关角隧道等重点工程的土方施工等。严格来说，这些属于原兰青铁路的西段工程。同时，全吉东到伏沙梁段的部分桥隧、格尔木等地的站房等也开工了。西格段则开始了勘测工作。1961年，青藏铁路工程全线停工。这次停工属于全面整顿工作的一部分。1974年，青藏铁路工程重启。由于冷湖油田已不再具备当初重要的资源战略地位，原兰青铁路方案废止，由西宁至拉萨的铁路统称青藏铁路。不过，到了1978年，格拉段再次停工。西格段于1979年铺轨，1984年投入运营。格拉段的再次开工就到2001年了。雪域天路最终在2006年通车，火车终于驶上世界屋脊。

格拉段的故事属于21世纪的中国铁路。西格段则是改革开放前的铁路故事。"西格段"沿线经过的地区"高寒风旱"。高指的是海拔高，全线经过的大部分地段海拔都达到3000米以上，空气稀薄，含氧量低。寒指的是气温低，最低温度达到了－40 ℃，六月飞雪是常态。风指的是高原的风沙，8级以上大风常刮不断。旱指的是缺水，全线有350公里是无水区。地质环境异常恶劣，铁路人面临着高山、沙漠、戈壁、草原、沼泽、盐湖等各种地质条件的轮番挑战。

盐湖路基是西格段施工的重大技术创新。科研人员最终采用了打挤密砂桩的方式解决。简单来说，就是用砂桩机把大量的砂砾挤到路基地下，以增加土层的密实程度。铁道兵战士们在10个月的时间内，硬生生打进了砂桩5.6万根，总长度达到13万米。这条长32公里的盐湖铁路，获得了国家科技进步二等奖。

西格段最著名的重点工程莫过于关角隧道。关角，在藏语里是"天梯"的意思。关角隧道全长4010米，最高海拔3690米，在昆仑山隧道、风火山隧道修通之前，它是全国海拔最高、世界第二的隧道。它是我国铁路隧道史上的代表性工程之一，既有经验，也有教训。隧道建筑在变质石灰岩和软质片岩上，最大深埋达到525米。由于中间停工了14年，隧道遭遇衬砌裂损、漏水结冰、道床上鼓等病害，仅病害整治工程就用了6年的时间，导致每延米造价超出预算80%。这也是我国铁路隧道病害工程中的典型案例。从1958年算起，隧道经过了24年才最终通过验收，这也是极为罕见的。

关角隧道

图片说明：关角隧道是中华人民共和国铁路隧道建设史上的代表性工程，2014年，被新关角隧道取代。

"格尔木"的含义是"河流密集的地方"，原本只是哈萨克族人民的

第二章 筑基：联动祖国的大好河山

牧场。西格段通车之后，它成为青、藏、新、甘四省区的交通枢纽，现已成为青海省第二大城市。进藏的物资和柴达木盆地的物产、矿产均在这里疏散。围绕西格段，国家先后修建是十几条支线。青海省交通困难的状况得到了彻底改变。

再次返回兰州，转向东行。列车将奔驰在包兰铁路线上。

包兰铁路是连接西北与华北的铁路干线，是中华人民共和国第一条沙漠铁路。1923年，京包线建成通车之后，北洋政府开始勘测连接包头与银川的铁路。直到中华人民共和国成立，仍然没有动工。宁夏解放后，人民政府开始筹议包兰铁路。但是，面临的最大技术问题就是沙漠的问题。因为无论怎么样设计线路，都必须穿越腾格里沙漠，而当时我国毫无在沙漠铁路建设的经验。

国家把包兰铁路列入"一五"计划重点工程。1955年，包兰铁路东段即包银段开工；1957年，西段即兰银段开工。1958年7月30日，两段在银川接轨。

包兰铁路可以说是中国人民向沙漠宣战之路，其中以沙坡头段为典范。位于宁夏回族自治区中卫县（今中卫市）的沙坡头，是包兰铁路建设时的难点工程之一。1956年，这里成立了国营中卫固沙林场，是西北第一个治沙前沿阵地。林场技术人员开始使用的是"平铺式沙障"，也就是平铺麦草固沙的方法，结果毫无作用。随后，苏联专家建议采用"沥青铺盖法"，就是用沥青来固沙，但当时并不具备相关条件，也无法承受相应的成本。经过一年多地反复摸索，林场工人在偶然的情况下发现了

"麦草方格固沙法"。这种方法是把麦草植入沙中，组成一个又一个1平方米的格子，再在格子中种植沙生植物，再引入黄河水灌溉，最终沙漠变成土壤。1958年，中共中卫县委、县政府组织动员了上万名群众，用人民战争的汪洋大海向沙漠发起冲锋。短短两年间，就在40公里的铁路两侧扎设麦草方格1.6万亩，封沙育草达到了33.8万亩。施工时完成了护栅栏43 000米，铺设了防护卵石12万平方米。

但是，包兰铁路与沙漠的斗争是漫长而艰苦的。铁路建成时，外国专家曾预言，线路在30年之内，必将被沙漠吞噬。事实上，60多年过去了，包兰铁路仍然是我国西北的铁路干线之一。这充分表明，我们的固沙治理取得了伟大成功。中卫人民在党的领导下，从沙漠中夺回了1.6万万亩的绿洲，彻底改变了当地的生态环境。在艰苦的治沙斗争中，我们形成了"坚守、创造、团结、奉献"的沙坡头"麦草方格"精神。

铁路人逐渐摸索，形成了"五带一体"的综合治沙体系。"五带"指的是卵石防火带、灌溉乔木带、草障治沙带、前沿阻沙带和封沙育草带，五者密不可分，所以称为"一体"。包兰铁路的治沙经验为国家治理沙漠化问题做出了巨大的贡献。

包兰铁路战大漠，战黄河。东线的三盛公和三道坎黄河大桥是控制工期的关键工程。三盛公黄河大桥全长682.5米，由12孔55米下承式钢桁梁组成。桥梁基础施工采用蒸汽打桩机射水沉桩法，入土深度30至50米，全桥使用了钢筋混凝土管桩408根，总长达到15公里。西线的东岗镇黄河大桥是 3 孔 53 米上承空腹式钢筋混凝土拱桥,是我国首次采用这种技术建造的大跨度铁路拱桥。

包兰铁路通车,银川进入了铁路网内。"凤凰城"银川自古就有"塞上江南"的美誉,历史上曾为西夏的国都。但在中华人民共和国成立之初,宁夏的交通状况衰败到了极致,航空已经中断,黄河水运衰败不堪,全省的营运汽车也只有 20 辆。真的是坐拥宝山却无计可施。包兰铁路建设是党中央发展宁夏的核心举措之一。筹备中的宁夏回族自治区人民政府同样把包兰铁路作为自己的核心工作。包兰铁路通车后,宁夏的资源实现了大规模开采和外运。自治区政府成立后,一大批新兴工业和祖国各地支援建设的大军来到了宁夏。完全可以这么认为,包兰铁路让宁夏获得了重大的发展机遇,彻底改变了其落后的局面。

中华人民共和国成立时,整个西北地区,将近 300 万平方公里的国土上,只有陇海线潼关到天水间这一段铁路。1950 年 1 月,西北军政委员会刚刚成立,就把修建铁路、建设交通作为发展西北的第一要务。同年 10 月,西北局发出《关于加强西北修建铁路工作的指示》,要求各级党委必须广泛地在干部和群众中进行宣传教育,认识修筑铁路工作的重要性及其与人民经济生活的关系,积极予以各种必要的协助。正是在党的领导下,短短 10 年间,西北铁路发生了翻天覆地的变化。到"二五计划"完成之时,西北各省全部结束了没有铁路干线的历史。西北铁路改变的不仅是地区的交通状况,而且前所未有地深化了西北和祖国的联系,巩固了新生的人民政权,也为中华人民共和国赢得了更为广阔的战略空间。

第三节　东北和华北

京包线通车于1923年，时称"平绥铁路"。"平"指的是北平，"绥"指的是归绥，即今天的呼和浩特。它是旧中国建成的为数不多的东西向干线之一。它的最东段是中国自行设计修筑的第一条铁路、詹天佑先生主持的京张铁路。线路多次向西延展，先阳高，再大同，再丰镇，再归绥（今呼和浩特），再至包头，全长817公里。1915年，又向东与京奉铁路连接。大致来说，构成了从包头经北京、沈阳到哈尔滨的连续线路。中华人民共和国成立之后，对平绥线进行了修复，并正式定名为京包线。"一五"期间，京包线进行了技术改造和复线建设，大大提升了它的载运能力。

北京，这座古老而又年轻的城市，是党中央的所在地，是全国人民向往的地方。中华人民共和国成立之后，人民铁路形成了以首都为中心的旅客运输网。这是我党铁路统一管理的表现之一。

这个事情说起来复杂，其实我们每个人都有体会。有经验的乘客，只要一看"车次"，就能懂列车的行驶方向。比如说，从成都开往北京的列车是T8，而从北京开往成都的则是T7。因为铁路系统规定，凡是向北京方向运行的，都叫作"上行"，用偶数来表示；凡是离开北京方向的，都叫作"下行"，用单数来表示。有的列车有两个车次。比如，从成都到上海的1354/1351次。它怎么会有两个车次呢？道理还是一样的。因为从成都到郑州段，是上行；而从郑州到上海段，是下行。两个编号就表明了列车行驶中发生了一次"转向"。

在前面的旅行中,我们体验了不同线路的不同风景,却没有注意到铁路的一个非常非常重要的组成部分,那就是车站。"火车站"在中国有一个独特的地位。比如说,当我们只说"成都站"时,大家一定清楚,它就是火车站,而不是汽车站或者其他什么站。这也是铁路对国人影响力的表现之一吧。从功能来说,车站分为很多种,比如客运站、货运站、客货运站、编组站、区段站、工业站、港湾站、换装站,等等。我们平时接触最多的只是承担客运业务的车站而已。在这个大团队里,没有那些默默奉献的"无名英雄",火车是跑不起来的。从级别上来看,中国铁路车站分为六个等级,最高是特等,最低是五等。等级主要是按照客货运量和作业量的大小来划分的。很多的小站坐落在荒无人烟的地方,几乎是我们平时完全接触不到的。它们虽然小,却像铁路系统的毛孔,是必不可少的。守护这些小站的铁路人,同样是共和国的"守夜者",在他们身上,能够特别体现铁路行业的奉献精神。

中华人民共和国成立初期最有代表性的火车站,当然是北京站。曾几何时,北京站就像天安门一样,在国人心目中拥有崇高地位,是首都地标之一。

1901年,唐胥铁路逐渐延展到北京正阳门,这就是北京站的雏形了。1903年,北京正阳门东站落成,欧式的尖塔建筑与中式的正阳门城楼比邻而居,似乎暗示着这个古老国度正在经历的大变局。它坐落于京城繁华之地,步行至天安门广场和前门也只要十几分钟。建成时,它就是中国最大的火车站。在此后的岁月中,它见证了无数重要历史瞬间。中华人民共和国成立后,随着人民铁路载运能力的不断提升,北京站逐渐无法适应新的要求。

1958年,为庆祝共和国成立十周年,同时也向全世界展现新中国的新面貌和实力,党中央决定,在北京兴建"十大国庆工程"。十大工程,十大地标,十大经典。北京站的新建正是其中之一。

从破土动工,到通车运营,北京站建设一共只用了7个月零20天。周恩来同志亲自关心工程进展,北京站的角楼、钟塔设计中,都有他的智慧。1959年9月15日,北京站建成。毛泽东等党和国家领导人亲自到站视察,并亲笔题名。这是当时全世界第一流的客运站,是我们的"国门""首都迎宾门"。

北京站

图片说明:1959年落成的北京站是共和国十周年庆典的献礼之作,北京十大地标之一。

除了情怀和象征意义之外,只说铁路系统内部的功能的话,北京站是北京铁路枢纽的组成部分。从铁路系统运行的角度来看,车站是枢纽的一部分。什么是铁路枢纽呢？根据定义，"在多条铁路交叉汇合的地方，往往又是在大中城市所在地，必然有大量人流聚散、物流聚散、车流中转，必然需要设置多个功能不同的车站来服务。而车站之间用平面线路或者立体跨越等方式来连接。这些车站和相关线路的整体就是铁路枢纽"。

在北京站落成的时候，有多少条线路进入北京呢？向西的京包线、丰沙线，向东北的京哈线，向南的京广线、京原线，向东南的京沪线等，这些都是大干线。这些干线都要经过北京，有客运，有货运，旅客要周转，货物要装卸，车辆要通过……这些事情千头万绪。但归根到底，要保证列车能够以最快的速度通过。这就需要配套的设备设施。所以呢，在北京市的范围内，先后修建了北京站、北京南站、北京西站（1995年建成运营）等三个特大型客运站。还有特大型网络性编组站丰台西站。这个站建于1956年，是中华人民共和国建设的第一个编组站。编组站的工作只能是调车。货车要在这里解列和重新编组，货物也要"上下车"。此外，还有辅助性的客运站北京北站，辅助性货运站北京东站，辅助性编组站丰台站、双桥站……不止如此，还有机务、站务、车辆整备，还有铁路与公路的跨线桥。所有这些组织起来，构成了全国最大的北京铁路枢纽。

沿着京哈线出关，很多都是有着百年历史的线路。京哈线的第一段是原京奉（奉天，今沈阳）铁路或者叫北宁（辽宁）线，它的终点是沈阳皇姑屯站，也就是奉系军阀张作霖被日军刺杀的所在。这条线是在中国第一条铁路唐（唐山）胥（胥各庄）铁路的基础上，不断延展建设而成的。京哈线的第二段是原南满铁路的一部分，而南满铁路又是原东清

铁路的一部分。日俄战争后,日本与沙俄以宽城子(今长春)为界,切分了东清铁路,长春以南经沈阳到大连,叫南满铁路;长春以北以哈尔滨为中心,西至满洲里,东至绥芬河的部分,叫北满铁路,也叫中东铁路(中国东省铁路);1935年,苏联把路权转让给了日本;1945年后,抗战胜利后,苏军进驻东北,又改名中长铁路(中国长春铁路)。京哈线的第三段就是长春到哈尔滨段了。整个东北铁路干线网如同一个不规则的倒三角形。最北边是滨州—哈绥线是一条边;从哈尔滨一路向东南至大连的哈大线是第二条边;从齐齐哈尔到四平的平四线,构成了第三条边。正因为四平地处东北铁路网的枢纽,在解放战争中,我军才会与国民党军在此地反复争夺。这些干线中的绝大多数都是日军占领东北时建成的。事实上,日军为了掠夺我国的资源并满足其不断扩张的野心,可以说是丧心病狂地在其占领区筑路。

从解放战争后期开始,我们就开始了对东北铁路的修复,中华人民共和国成立后,又进行对部分线路进行了改造。总体来说,对东北铁路这个基础比较好的"优等生",国家的思路是线路改造。

但是,1959年,在松嫩平原一个叫大同的小镇附近,一个改变中国石油史乃至改变中国工业史的大事件发生了。这就是大庆油田的发现。1963年,大庆油田进入全面建设开发时期。由于此时的大庆只是位于滨洲线上的小站,源源不断产出的石油,必须绕道京哈线或者平齐线才能运送到祖国的各条生产线上,国家决定修筑更便捷的运油线路,这就是通让铁路。"通"是内蒙古通辽,"让"是让胡路,今天的大庆。通让线1964开工,两年后通车运营,全长421公里。从线路走向看,通让线几乎取一条直线。除了运油之外,它还有效缓解了哈大线和平齐线的货运压力，成为东北第三条南北向铁路干线。

列车到通辽，再转京通线回到北京。京通线开工于 1972 年，1977 年通车。京通—通让线，是北京出入关的三大铁路干线之一。而另一条是建成于 1960 年的京承线。

京通线从北向南运来石油，又从南向北运出煤炭。这就涉及中国铁路史上的一个关键词："晋煤外运。"

山西是全国煤炭储藏量最大的省份，有"煤都"的美誉。早在明清时期，官商就开始了大规模开采煤炭。晚清时期，随着近代工业在中国陆续创办，各行业对煤炭的需求迅速增大。1907 年，清政府为运送山西的煤、铁资源，与法国合作建成了正（正定，今石家庄）太（太原）铁路。正太铁路穿过太行八陉之一的井陉口，也就是当年韩信"背水一战"的故地。这条铁路是作为卢汉铁路支线设计的，采用的是米轨，并且筑路标准极低。所有进山西的列车，都要在石家庄换装。当然，不管怎么说，山西也算较早地进入了铁路时代。石家庄这座城市也因为晋冀两省的密切联动而繁荣了起来。日军占领山西后，对正太线进行扩轨改造，并修筑了石德（德州）铁路，将正太线延展至于津浦路连接。抗战时期，威震敌胆的"百团大战"就是正太线的破袭战为主要目标的。

1911 年，京张铁路向西延展，并于 1914 年修至大同，平绥铁路在晋北穿境而过，是民国时期主要的运煤通道。这是山西的第二条铁路。到了 1930 年代，阎锡山主政山西时，组织晋绥军修筑了同（大同）浦（蒲州，今山西运城永济市蒲州镇）路。这条路是米轨。中华人民共和国成立之前，山西境内的铁路干线一横一纵，再加上林林总总的运煤支线，构成了一个落后的树形路网。但因为轨距的问题，外边进不来，里边出不去，独立于全国铁路网之外，割据之势一目了然。

中华人民共和国成立之后，帮助山西人民脱贫致富，把山西丰富的煤炭资源转化为各条工业战线急需的能源，都是党和国家重点考虑的问题。

首先是旧线改造。1956年，南同蒲铁路改造先行开始。改造后，按标准轨距实现全线拨宽，限制坡度由原来的16‰降为6‰，最小曲线半径由100米增至300米。1957年，北同蒲铁路改造也开始了。改造中的重点工程是段家岭隧道。隧道全长3350.2米，于1959年建成运营，是当时全国仅次于川黔线凉风垭隧道的第二长隧道。虽然同浦路的运能被大大提升，但仍然无法满足晋煤外运的需求。把山西丰富的煤炭转化为各条工业战线急需的能源，是人民铁路责无旁贷的工作。事实上，中华人民共和国成立之后，在华北地区新建的绝大多数铁路线，都与能源有关，其中的绝大多数，就是用来解决山西煤炭外运问题的。

其实，鸟瞰山西的地形，不难看出山西呈是"两山夹一川"，东有太行，西有吕梁，汾河自北向南穿境而过。它是中华文化的发源地之一，有"五千年华夏看山西"的美誉。但历史上，它向来是兵家必争之地，民生凋敝，积贫积弱。

1952年，人民政府开始筹建第二条穿越太行山的铁路，这就是太焦（焦作）铁路。太焦线的前身是晚清曾一度筹议的道泽铁路，即连通河南安阳（起点道口镇由安阳管辖）和泽州（今山西晋城）的线路。太焦线全长434公里，于1957年开工，直到1974年才全线通车运营。线路由太原出发，向晋东南蜿蜒而行，穿过古太行八陉之一的太行陉，至焦作。甫一建成，便是晋煤外运的主要通道，密度达到每20分钟一趟运煤列车的程度。

太焦线建设的同时，侯西铁路也开工建设。侯西铁路以南同蒲路的侯马为起点，由禹门口过黄河，经太史公司马迁的故乡韩城，到达陕西阎良，与咸（咸阳）铜（铜川）铁路接轨。咸铜线建成于1941年，是陇海铁路的支线，也是旧中国陕西省仅有的铁路支线，是为开发铜川的煤矿而建。在设计时，侯西铁路至西安，是晋煤向西的通道。但1958年开工之后，状况不断，直到1984年才完工运营。

1958年，国家又开始筹议第三条穿越太行山的铁路，即京原（原平）铁路。京原铁路沿线为五台山台地和燕山地槽区，水文复杂，地壳运动频繁，是地震多发地带。一路行来，有二道河、云采岭、孤山等多个大断层，还有永定河、滹沱河等河流。建设的难点工程莫过于驿马岭隧道和平型关隧道。

驿马岭隧道

图片说明：驿马岭隧道建成时是全国最长的铁路隧道，是共和国隧道建设史上的代表性工程之一。

驿马岭海拔高达1571米，是太行八陉之一的飞狐陉要地，也是晋冀两省的必经之地。1937年，作为平型关战役的一部分，杨成武独立团（原红一团）奉命在此阻击日军第九旅团第一联队。阻击战早于主战场爆发，这是全面抗战以来，我军向日寇打响的第一枪。整整30年后的1967年，铁道兵战士重回平型关,再战驿马岭。为穿越天险,技术专家们前后设计了6个方案,做了153平方公里的大面积地质测绘,最终选定了7032米的隧道越岭方案。隧道地形复杂,工程艰巨,溶洞多,涌水量大,多次遭遇塌方等问题。工程采用了平行导坑作为施工辅助坑道,最终于1971年完工。平型关隧道全长6190米,隧道出口标高1250米,是全线的最高点。

随着侯西铁路的交付运营,山西的晋煤外运通道包括了京包、京原、石太、太焦、侯西、邯长等六条。不仅如此,在此期间,还修筑了多条支线,如介西支线(介休到阳泉曲,原计划修至孝义市西泉镇)、宁岢支线(宁武到岢岚)等。然而,山西的煤炭储藏量实在是太丰富了。从大的分布来看,就包括了大同煤田、沁水煤田、河东煤田、霍西煤田等四大板块。随着勘探与开采技术不断发展,晋煤产量越来越大,晋煤外运的问题非但没有解决,反而越来越严峻。20世纪90年代,甚至出现了"以运定产"的状况。

石太路过石家庄,经石德线至德州,再沿京沪线南下,抵达济南。说起来似乎令人难以置信,中华人民共和国成立时,山东省只有两条铁路。一条是穿境而过的津浦铁路,另一条是胶济铁路。胶济铁路于1906年建成通车,是德国人抢夺山东半岛财富的殖民线路。德国人还在青岛建了四方机车厂,这是继唐山、大连之后,我国的第三个铁路工厂。第一次世界大战爆发后,日本即抢走了铁路所有权。中华人民共和国成立后,对线路进行了双线工程改造,但一直到1990年才最终完成。1950年,为从侧翼支援抗美援朝,国家决定修建蓝(青岛蓝村镇)烟(烟台)铁路。线路几经波折,到1956年通车运营。

第四节 跨过长江、奔向大海

徐州古称彭城，地处苏鲁豫皖四省交界处，素有"五省通衢"的便利，自古就是南国门户，商贾云集之地。徐州是我国铁路上最早有两大干线连接的城市之一。陇海铁路徐州站建成于1909年，而津浦铁路的徐州北站则晚6年。在旧中国，两站分属两条干线，各自为政。虽然如此，徐州车辆的编组、装卸货物、铁路水路驳载、车辆维修、火车驾驶仍异常忙碌，形成了独特的徐州火车文化，因而被誉为"徐州通则天下通"。也正因为其独一无二的地位，徐州成为兵家必争之地。1938年的徐州会战，彰显了中华儿女浴血奋战的不屈精神。十年后，我军和国民党军在此最后决战，一举奠定了人民军队的胜局。

徐州是全国第二大铁路枢纽，它也是为数不多的、不是省会城市的特大型铁路枢纽。1969年，国家动工兴建孟家沟编组站，到1976年时，建成单向二级四场机械化驼峰编组站，有52根股道，编组能力达到每天6559辆。1975年，邓小平同志主持国务院工作，决心整顿国民经济，恢复社会秩序。他以铁路作为突破口，而铁路又以徐州为突破口。时任铁道部部长万里同志亲自坐镇徐州，指挥和领导铁路整顿，并迅速取得了成效。徐州铁路枢纽恢复正常运转，保证了南北畅通，为全面整顿奠定了基础。仅此一事，就足见徐州枢纽之重要。

继续登车南行，津浦线强行拐了一个弯，转向了西南方向的安徽宿州。津浦线原来的规划是津镇线，是从天津到江苏镇江的。改线的事也是近代铁路史上众所纷纭的一桩公案。有说是淮系的官员起到了主导作用；有说是苏北地区湖泊太多，不利于修路；也有说是沪宁线通车后，要修通到南京的铁路。总之这么一改线，就促成了蚌埠的繁荣。蚌埠刚好位于津浦路的中段，这个位置使得南来北往的列车都要在此处加煤加水，它就渐渐发展成为铁路枢纽，是一个近代因铁路而新兴的城市。

从蚌埠再向西南，经水蚌线到淮南，再经淮南线抵达安徽省会合肥。"安徽"的"安"，指的是安庆，古皖国所在地，也是安徽省简称的由来；"徽"指的是徽州，今天的黄山市，著名的徽商集聚地。近代之后，蚌埠、芜湖的发展很快。合肥似乎显得"底气不足"。1936年，淮南铁路通车后，合肥进入了铁路时代。不过，淮南线北起淮河南岸的田家庵（今淮南市田家庵区），南至长江北岸的裕溪口（今属芜湖市鸠江区），是为运输淮南煤矿局煤矿的专线。合肥只是其中的一站。而芜湖与南京之间，又有宁芜线相连，交通比合肥便利多了。1952年，中央正式把合肥定为安徽省会之后，合肥才得到了更好的发展。

民国时期"京沪线"与今天不同，它其实指的是沪宁铁路。1905年，上海至南京的铁路通车，名为沪宁线。1928年，南京国民政府铁道部把它改名为京沪铁路，因为南京是当时的首都。中华人民共和国成立后，又恢复了原名。直到南京长江大桥通车，京山、津浦、沪宁三段才终于连为一体，成为实至名归的"京沪线"。

说到南京长江大桥。在津浦、沪宁两线通车之后，有识之士就开始呼吁建造跨越长江的铁路桥了。南京国民政府也曾请外国专家进行勘测，得出了浦口、下关间"水深流急，不宜建桥"。于是，1933年，两个车站间开通了中国第一个火车轮渡，号称"四不渡"，也就是"夜不渡，雾不渡，涨潮不渡，台风不渡"。中华人民共和国成立后，浦口轮渡运能由每日20渡增至每日100渡，但远远无法满足火车运行之需求。因此，在武汉长江大桥工程正如火如荼进行之际,国家就开始筹备南京长江大桥的建设工作了。

南京长江大桥(1号桥)

图片说明:南京长江大桥是我国1960年代建造的规模最大的一座桥梁,也是我国自行设计施工的第一座特大型长江铁路公路两用桥,以"世界最长的公铁两用桥"被载入《吉尼斯世界纪录大全》。

1956年,铁道部设计局大桥设计事务所接受了大桥设计的任务。1960年,从武汉凯旋的铁道部大桥工程局正式开始主体工程的施工。但大桥的建设却一波三折。

南京长江大桥是钢桁架桥,大桥的正桥为九墩十孔菱形钢桁梁,公路全长4588米,铁路全长6788米。"桁架"是一种由多个三角形组成的平面或者立体的架构,它的优点是能够充分利用材料的刚度,同时还能够减轻自重。在桥梁建设史上,钢桁架的出现,使得桥梁的跨度第一次越过了500米,因此,是现代铁路桥梁运用很广的架桥工艺。武汉、南京两座大桥,都是这种工艺在中国铁路桥梁史上的代表作。但是,由于南京的江面宽达1500米,普通的碳钢就不能被用来做桥梁,而必须采用合金钢。刚开始建设的时候,这些合金钢是从苏联进口的。但工程进行到一半时,中苏关系恶化了。怎么办呢?鞍山钢厂"受命于危难之际",接过了钢材生产的任务,结合本地的资源,攻克了锰钢的制造技术。这批钢材不仅解决了建设原料问题,更大大提振了国人的士气,被称为"争气钢"。

有了"争气钢",我们来建"争气桥"。由于大桥地处长江下游,平均水深达30米,各个桥墩的地质水文条件都不一样。就修桥来说,最关注的是三点:水深、覆盖层厚度和岩基面强度。盖房子要打好地基,修桥自然也是如此。但地基归根到底是要落在岩石上的,这就是岩基面了。虽说都是岩石,但岩石的强度各不相同。覆盖在岩石面上就是覆盖层了。桥基必须穿过覆盖层才能稳当。我们当时没有经验,没有数据。建设者们采用了最稳妥的方式,就是一个一个修筑桥墩,修好一个,总结它的经验教训,再来设计下一个。最终,9个桥墩的桥基采用了4种不同的建设方式,分别是重型混凝土沉井、钢沉井加管柱、浮式钢筋混凝土沉井、钢板桩围堰管柱。桥墩是露在水面上我们能够看到的放桁架的设施。桥基则是在水下的、支撑着桥墩的基础。桥基不稳,桥墩就是空中楼阁了。怎么来造水下桥基呢?方法有很多种。这里提到的沉井,就是制造一个混凝土的、看起来像井一样的圆柱体,把它沉到江里面去,然后再在井内施工挖土,利用沉井的自重,让它沉到指定位置,再用混凝土填充。而这里提到的管柱法,是在修筑武汉长江大桥时首创的。它是桩基础的一种,基本原理是把建筑路自重的荷载传递给桩,由桩向下传递并荷载。管柱法就是建造混凝土或钢空心圆柱体,再在孔内用钻机钻到合适的深度,然后用钢筋混凝土填充。武汉长江大桥施工时,管柱直径是1.55米,到南京时,就已经达到3.6米了。

在桥基建设的时候，曾经出现过一次特别惊险的状况。1964 年 9 月，5 号桥墩沉井正在紧张的施工过程当中。5 号桥墩的横截面有一个篮球场那么大，有 20 多米高，重 5100 吨。当时，入水 14 米，还剩三分之一在水面上，正处在悬浮状态。长江上的一波洪峰来了。洪水一冲击沉井，竟然把一根 4 厘米粗的钢缆给绷断了！随后，这座沉井开始不停晃动，越晃越厉害。为了让它冷静下来，当时想尽了办法，但几天之内，钢缆先后绷断了 9 根。假如这座沉井挣脱了钢缆的束缚，毫不夸张地说，不仅仅是大桥此前建成的工程毁于一旦，而且整个码头、船只乃至下游都会遭遇重大损失。后来，施工科技组设计出了一种叫作"止摆船"的设备，整整一个月之后，终于消停了下来。

除了材料和技术上问题之外，大桥建设过程中，也遇到了一些外在的原因。国家正在经历三年困难时期，与苏联关系恶化，然后又是三线建设……大桥常常面临材料短缺、资金困难的局面。在党中央的多方调度和努力下，大桥终于建成。在中华人民共和国科技史上，南京长江大桥工程写下了浓墨重彩的一笔。它标志着社会主义的中华人民共和国有了依靠自己的人力和物力，应用现代科学技术解决重大、复杂工程的能力。我们的队伍在实践中得到飞快成长，我们在勘测设计、科学试验、施工技术、建筑材料、设备制造等方面，达到了新的水平。所以，大桥在 1985 年获得了"国家科学技术进步特等奖"。

上海是中国最大的城市，不过，它的繁荣主要还是在 1843 年开埠之后。这座以日新月异的速度发展的城市，自 1920 年代，就被称为"魔都"。1896 年，盛宣怀督办铁路总公司，把总部设在了上海。但是，在中华人民共和国成立时，上海只有两条铁路干线，一是沪宁线，一是沪杭甬线。沪杭甬线最初分为沪杭（杭州）和杭甬（宁波）两段，像一个小于号的

形状。线路从1907陆陆续续开工，一直到1937年才基本通车。

为什么叫基本通车呢？是因为火车无法跨过钱塘江，只能靠轮渡过江。是不是我们没有实力建造大桥呢？恰恰相反。钱塘江大桥是中国人自己设计监造的第一座公铁两用桥，它的设计者和监造者都是茅以升先生。钱塘江位于入海口，举世闻名的钱塘江大潮为人间绝美盛景，但对修桥者来说就不是那么友好了。所以，杭州人曾经有句俗话，叫作"在钱塘江造桥"，形容那些不切实际、不可能做到的事情。现在，铁路人来了。茅以升在美国康奈尔大学攻读硕士学位时，主攻的就是桁架桥技术。他在学位论文中的创见被称为"茅式定律"。毕业后，他把这种当时最先进的技术带回了祖国。

1934年，大桥正式开工建设。当时桥基建设的主要方法是气压沉箱法。什么是沉箱呢？类似于我们把一个杯子倒扣进水里，一直扣到江底的覆盖层。下一步，向这个箱子里输入空气，用空气把里面的水排出来，变成一个空箱子。工人再进入箱子里，进行挖土施工。下面越挖，箱子就越下沉，一直沉到指定的位置为止。最后注入混凝土，桥基就建成了。这个方法的发明者同样赫赫有名，他就是中国铁路之父詹天佑先生。最早用在了唐胥铁路的滦河大桥工程上。沉箱法的建筑过程中，危险性还是非常大的。由于工人深水作业，气压和水压对身体影响极大，很容易患上一种致命的血液病，俗称"沉箱病"。因此，每位工人每天在工作时间也无法超过2个小时。但这种方法又是比较基础且适用性较广的方法。随着无人技术的发展，新型沉箱法不再需要人工施工，改为机械施工了。

转回到钱塘江来。钱塘江的覆盖层非常厚，当时的沉箱法是无法到达岩面的。就必须先在泥沙下面打桩。打桩要把30米长的木桩敲击打入江底的岩石层，然后再在上面沉箱。但是，泥沙太厚、太硬了。茅以升几经周折，发明了激水式打桩法，就是用高压水桥冲击江底，等到水龙把泥沙冲出深洞后，迅速打桩。这个问题解决了，大潮又来了。有一次，江水和潮水合力，竟然把6个固定沉箱的铁锚全部拔起，沉箱顺水而下，几乎要飘到海里了去。刚刚把它给拖回来，潮水又来了，这次是逆流而上，飘了300多米，跑到之江大学去了。时任铁道部次长曾养甫急得直跳脚，红着眼睛对茅以升说："大桥修不好，咱跳江去！"幸好茅以升后来想出了"涨潮落箱、落潮定位"的方法，否则，这两位铁路"大佬"就要上演一出新的"曹娥投江"了。

技术上的问题，铁路人总是能搞定的。国家和民族的命运，才是他们遭遇的最大危机。卢沟桥事变爆发了，茅以升产生了一种连自己都不愿意想象的不良预感。他修改了桥梁设计，在2号桥墩里留下了一个长方形的大洞，并且没有向任何人解释。淞沪会战爆发后，局势已经不在茅以升的掌握之中。1937年8月13日，淞沪会战爆发。第二天，当茅以升正在水下30米的沉箱里检查木桩，忽然断电了，箱内一片漆黑。原来，日本飞机突然来袭，工地全体疏散。幸亏有一位工人，迎着敌机的炸弹，把工地上所有的电灯关闭，才保护工程没有被敌机炸毁。

就在战火弥漫的9月26日，铁路桥建成通车了。没有任何的典礼，只有一列运载军用物资和逃难百姓的列车，缓缓驶过。11月16日，茅以升接到南京政府指令，要准备炸毁大桥。茅以升在2号桥墩预留的大洞中，埋下了炸药，并亲自接好了引线。这一天也是公路桥通车的日子。这座大桥怀揣着炸药出生，如同当时每一个向死而生的国人。在此后的一个月多中，不计其数的国人通过这座桥赢得了一线生机。12月23日，最后的时刻来临了。日军的先头部队出现在了桥头，茅以升引爆了炸药。这座大桥仅仅通行了89天，就倒下了。茅以升先生满怀悲愤，写诗自勉：

"不复原桥不丈夫!"研究中国抗战史的很多专家都曾经评价,如果不是就此斩断了沪杭线,类似南京那样的灾难有很大可能会在杭州发生。

1948年,在茅以升的主持下,大桥全面修复。到了1949年,国民党军再次炸毁了大桥部分铁路线。客观来说,国民党军不是不想炸毁大桥,而是做不到。由此可见,1937年炸桥时,茅以升是如何一处一处地标注出了桥梁的薄弱点。中华人民共和国成立后,茅以升再次修复了大桥。时至今日,它依然是铁路网中的重要组成部分。

钱塘江大桥

图片说明:中国第一座现代化铁公两用桥,不仅是桥梁史的代表作,更谱写了一曲悲壮的抗战之歌。

从杭州西行,踏上浙赣线。虽然它叫浙赣铁路,其实一直延伸到了湖南株洲,所以,它包括了杭玉(玉山)段、玉萍(萍乡)段和株(株洲)萍段,全长1005公里。线路横穿江西省,打通了浙、赣、湘三省的关山险阻。

福建位于祖国的东南,是东海和南海的要冲。从地形上看,它三面环山,一面向海,隔台湾海峡与台湾相互守望。直到1885年台湾独立建省之前，它始终由福建省管辖。由于它是古代闽越之地，故简称闽。唐代合福州、建州两府设福建经略军使，遂有福建之名。福建是海上丝绸之路的起点，到了宋代，这里的外贸就非常繁荣了。1843年，厦门开埠。福建省是全国最早被卷入近代资本主义发展浪潮中的省份之一。1906年，清政府成立了福建全省铁路有限公司，开始在福建筹办铁路。公司最终筹得银圆170万两，只修成28公里长的厦漳铁路。

厦漳铁路"东不到海、西不到江"，就是说，既没有修到厦门岛（修至海边的嵩屿），也没有到漳州（修至九龙江边的江东桥），名不符实，有一个著名的笑话是，某位农民乘车时，斗笠被风刮跑了，于是他马上跳车，捡回斗笠，完事又跳上车，继续出发。这叫"乘客不满四十人，载货不过两千斤"。就这样勉强经营了二十多年，它就关门大吉了。再后来，国民党军队把剩下的钢轨、器材什么的都拆了卖掉，就连嵩屿车站的地皮也没留下。

所以说，在中华人民共和国成立时，福建也是一个没有铁路的省份，而且是我国整个中部、东部地区唯一一个没有铁路的省份。这当然无法与它的经济、历史地位匹配。1949年，著名爱国华侨陈嘉庚先生在第一次全国政治协商会议上，提出了修建福建铁路的提案，并得到通过，但因朝鲜战争的爆发而暂时搁置。1951年，时任福建省委第一书记的张鼎丞同志向中央建议修筑鹰潭到南平的铁路，解决福建出省通道的问题。次年，中央从台海问题的高度出发，决定启动福建铁路工程，起点是与金门一衣带水的厦门。经过了两年左右的勘测选线之后，中央最终选定了东线，这就是鹰厦铁路线了。

从鹰潭向东南而行，列车穿过武夷山脉、戴云山脉，一路上高堤深堑，工程艰难，负责施工的正是英勇的铁道兵战士。考虑到鹰厦铁路建设的特殊背景，线路上选择了尽量减少长、大、重工程，尽一切可能减少施工时间。武夷山中的大禾山隧道是重点工程之一。隧道穿越地层主要是花岗岩。用岩石坚固性系数来表示的话，它的 F 值在 20 以下，也就是属于最坚硬的那一类，真的是坚如磐石。大禾山隧道于 1955 年开工，最初的两个月里，每天的进展不过 1～2 米。铁道兵司令员王震同志亲自到工地与指战员们共同研究改进施工的办法，后来，采用了修筑斜井增加工作面、全部机械化掘进、四班作业制等办法，创造出日进 34 米的最高纪录。

要说鹰厦铁路最有代表性的工作，那就是必然是海堤工程。

鹰厦铁路海堤

图片说明：鹰厦铁路海堤是我国铁路史上第一长大海堤工程。

鹰厦铁路的重点是厦门岛，要到厦门岛，就要跨过 3 公里宽的海峡。要么修桥、要么隧道、要么修堤。就我国当时的技术能力来说，修堤是最可行的方案。这一次，铁道兵战士和厦门劳动群体一起要移山填海了。

一方面是"移山"。成千上万的石匠不断从附近的高山和岛屿上运来石料。全堤共使用石料七百多万方,都是石匠用钢钎、炸药开山,船工们在国民党飞机的监控下运到工地的。另一面是"填海"。填海的主要方式是抛石填海。施工人员以铁路中心线为基准线,以控制抛填位置。抛筑作业利用潮汐进行,强潮时抛浅滩,弱潮时抛深水,普通潮位时抛深滩。工人们在实践中,创造出了"条石插砌法""竹笼捆石快速抛撒法"等技术。集杏海堤最终于1957年1月竣工,同年4月,火车的汽笛声第一次鸣响在了美丽的鹭岛。

鹰厦铁路的通车对国防的意义尤为重大。1958年开始,金门炮战爆发,源源不断的军事物资正是由此路运到了厦门。

在鹰厦铁路建设的同时,外(外洋,隶属南平市来舟镇)福(福州)铁路也开工兴建。1958年,它与鹰厦铁路同时正式交付运营。

我们重返鹰潭,继续浙赣线上的旅程。再往西行,就是南昌。既然到了这里,就必须提到一条与党史密切相关的铁路——南浔铁路了。南浔铁路建成于1916年,北起九江(简称浔),南至牛行(隶属于今南昌市东湖区)。1927年,国民革命失败后,中共中央决定联合国民革命军第二方面军张发奎重新南下广州,二次北伐。但张发奎态度暧昧,在汪精卫与我党间摇摆不定,同时,也遣散他部队中的中共党员。7月底,起义主要领导人在九江集结,决心利用第11军第24师进驻南昌、国民革命军第二方面军第20军进驻德安的机会,将部队直开南昌,举行起义。两支部队都经南浔铁路南下。南浔铁路工会在党的领导下,将货运棚车、平板车集中起来充当军列。铁路工人创下了单日运兵1万人的记录。26日,贺龙元帅领导的20军拒绝在德安下车,引起了国民党军的注意。敌军破坏了永修与徐家埠间的铁路桥。铁路工人连夜抢修,保障了军队的

顺利通过。8月1日，我军南昌打响了武装反抗国民党反动统治的第一枪，这标志着我党独立领导武装革命战争和创建人民军队的开始。

第五节　返回成都的旅程

株洲是一座"被铁路拖来的城市"。说起来，甚至有一点机缘巧合。1890年，张之洞开始动工兴建湖北铁厂，这是洋务运动兴办近代军工企业的成果之一。同年，他又开办了大冶铁矿。有了矿，有了厂，没有燃料是不行的。1898年，张之洞、盛宣怀又开办了"萍乡等处煤矿总局"，俗称安源煤矿，这里是1927年秋收起义的主要爆发地之一。萍乡的煤、大冶的矿、汉阳的厂，在1908年合并为"汉冶萍煤铁厂矿有限公司"，这是近代中国钢铁工业的摇篮，也是当时亚洲最大的钢铁联合企业。但是，三地毕竟是有距离的。于是，1894年，张之洞建成了一条矿山运道，也叫大冶铁路。这条路长约30公里，从时间上看，是黄河以南的第一条铁路。而萍乡的煤炭，则要先专运到长江水系，因而修筑了萍醴（醴陵）铁路。但是，醴陵的渌江无法满足水运的需求，线路再次延伸至湘江边的株洲。当时的株洲只是湖南湘潭县下面的一个小镇。

1905年，株萍铁路通车后，株洲成为水路转运的枢纽，设有"汉冶萍公司株洲转运局"，这个曾经的小地方就迅速发展起来了。1911年，粤汉铁路长株段通车，再到1936年，粤汉铁路全线通车，株洲成为两条铁路干线的交汇点。不止于此，1934年，南京国民政府筹划的湘黔铁路也以株洲为起点，并且湘桂铁路的起点衡阳距离株洲也不过100多公里。就这样，株洲发展成为旧中国南方最大的铁路枢纽型城市。1936年，南京国民政府考虑到株洲在铁路网中的特殊地理优势,在此处筹建了"铁道部株洲总机厂"。这是今天中车株洲电力机车有限公司的前身,国产电力机车韶山系列的诞生地。由于铁路的建设,株洲是20世纪以来中国重要的新兴工业城市。

再往南便是广州。中华人民共和国成立时,广州只有三条铁路线,分别是粤汉铁路、广九(香港九龙)铁路和广三(三水)铁路。花城在中国铁路史上的独特魅力,要到改革开放之后才彻底绽放出来。所以,我们就转而北上,前往武汉。

江城武汉是九省通衢之地。粤汉铁路的北端是武昌站。它与卢汉铁路的南端汉口站隔江相望,就像南京的浦口与下关。直到武汉长江大桥建成,火车才结束了轮渡的历史。

长江古称天堑。江边有民谣"黄河水,治不了;长江桥,修不了"。跨越长江天堑,可以说是中国人民自古以来的梦想。卢汉铁路通车后,清政府曾有过在武汉建桥的想法,当然,后来自然不了了之。1913年,北京大学师生对武汉大桥进行了第一次实地勘测,并设计了三种方案。1929年,南京国民政府铁道部邀请美籍专家再次勘测。这是第二次筹划。1936年,正在主持钱塘江大桥工程的茅以升先生发起筹建武汉长江桥方式,次年,时任武汉市工务科科长的桥梁专家梅旸春先生再次勘测,并设想出桁拱组合的建桥方案。抗战胜利后,1946年,湖北省重提建桥之事,并设计了武汉大桥筹建委员会,由茅以升任总工程师。委员会提供出了五孔悬臂拱桥的方案。这是中华人民共和国前的四次筹划。

在1949年第一届全国政治协商会议上,梅旸春和茅以升再次提出了修建大桥的提案,并获得同意。1950年,铁道部设计局成立武汉长江大桥设计组,由梅旸春任组长。设计组会同地质委员会的专家,用3年的时间，完成了初步设计。随后，大桥局携带设计资料，前往莫斯科请苏联专家帮助鉴定。1954年，先后25位苏联专家来到武汉，他们对大桥的设计和建设起到了很大的作用。

武汉长江大桥

图片说明："一桥飞架南北，天堑变通途"，武汉长江大桥在中国桥梁史乃至共和国史上的地位尽在不言中。

经过了长达4年的勘测、设计和准备，大桥于1955年开始全面施工。这个漫长的准备过程是为了把安全设计达到极致。武汉长江大桥设计的极端情况是，在同一时刻发生下列所有的事情：① 两列双机牵引火车以最快的速度同向开到桥中心且同时紧急刹车；② 公路桥上满载汽车并以最快速度停车且同时紧急刹车；③ 长江刮起大风暴；④ 武汉大地震；⑤ 300吨水平冲力撞到桥墩……

桥基建设采用的是管柱钻孔法。这是由苏联专家西林首创的桥梁水下基础工法，也是当时最先进的深水基础施工法。其实，这个方法对西林而言，也只是理论可行。用他回答滕代远同志的话来讲，就是"苏联没有用过，因为苏联没有长江"。经过了多次试验之后，特别是考虑到这种方法不需要伤害工人的健康之后,我们决定使用。但到了施工现场,管柱却沉不下去。落锤把管柱都砸碎了,也无法沉到指定高度。在这种情况下,苏联专家和我方技术人员紧急研发了震动力达到90吨的震动打桩机。"苏联经验"与"中国智慧"相结合的震动打桩法,成功解决了施工中最大的拦路虎。几十年之后,我们的高铁技术也通过这种"引进、消化、吸收、再创新"模式得到突飞猛进地发展。

在大桥的设计与建设过程中,毛泽东同志先后6次视察工作。1956年6月,他畅游长江,并游到了桥墩间击水。之后,他留下了气势磅礴的《水调歌头·游泳》,其中的两句广为传颂,乃千古名句:"一桥飞架南北,天堑变通途!"

大桥于1957年10月建成通车,它是万里长江第一桥,是中国人民第一次跨越长江天堑的伟大胜利。武汉三镇从此连为一体,卢汉铁路和粤汉铁路也连为一体,并更名为"京广线"。

至于京广线,在前面的叙事中,我一直用"卢汉铁路"来称呼"它"。严格来说,这是不对的。这条铁路最初叫"卢汉铁路",即北起卢沟桥,南到汉口。1906年全线之后,在张之洞和袁世凯的力主之下,改名为"京汉铁路"。南京国民政府名义上统一全国后,把北京改名为北平,这条路自然也就叫"平汉铁路"了。线路全长1214.49公里,是清政府向比利时借款修成的。在施工过程中,比利时方面主导了所有事项,各种偷工减料,使得线路的整体质量偏低。即便这样,通车后比方还获得了30年的经营权。在1909年收回路权的运动中,清政府迫于内外压力,又把路权给赎回来了。

线路上最大的难点工程就是郑州黄河特大桥。这是黄河上的第一座铁路桥,也是由比利时人设计施工的。桥长3015米,采用的是钢桁梁结构,是单轨桥。这座大桥继承了比方"偷工减料"的作风,桥基浅,只是立在了淤泥里面,甚至没有到达岩石层,而设计时速非常低,只有5公里。1906年,大桥通车之后,运行了大约10年就开始老化。1925年,发生了两节车厢落水的重大事故。再后来,直奉战争时,奉军炸了一次;中原大战,冯军又炸了一次;抗战时,国民党军再炸一次,还把钢梁拆下来送到湘桂和黔桂线的建设中去了。中华人民共和国成立之后,对桥梁进行了修复,到1952年时,可以满足60公里时速的火车通过。

但是,旧桥实在是基础太差了,1958年,它被洪水冲垮了。于是,铁道部在它的旁边修了新黄河大桥。新桥全长2889.8米,分71跨,每跨长40米,是双轨铁路桥,并于1960年通车。旧桥在1969年被改建成了公路桥,1987年被拆除。

由郑州换陇海线向西,行至洛阳,在洛阳换乘焦柳铁路,再转而南下。焦柳铁路是第二条建成的纵贯南北的大干线。说起中国铁路网,最常见的说法是"三横五纵"。其中贯穿了华北、华中、华南的是三条,分别是京广线、北同蒲—太焦—焦柳线以及20世纪90年代建成京九线。

焦柳线分为焦枝(枝城)线和枝柳线两段,由长江第四桥枝城长江大桥连接和分界。在太焦线尚未建成的时候,焦枝线就开始动工了。焦枝线全长753公里,从太行山南麓起,经过豫西山地,穿南阳盆地,抵达长江南岸。一路上,穿越了邙山、伏牛山、荆山,跨过了黄河、沁河、北汝河、汉水、长江等河流,线路的桥梁有188座之多,地形主要是山地、冲积平原和丘陵地带。焦枝线从动工到铺轨通车,一共只用了8个多月,动员了河南、湖北两省的民工达到115万人之多。这两项数据都创造了历史新高。但修路这件事情,速度不是唯一的因素,质量才是。所以,在通车之后,又进行了多次整治、增补。

湖北枝城本身是"鄂西门户",是宜昌的东大门,也是荆江的起点。焦枝铁路通车后,它成为长江流域九大水铁联运枢纽之一,同时是国家煤炭配送的重要支点之一。

枝城长江大桥是连通焦枝、枝柳两条铁路的全线控制性工程,于1956年开工,1971年建成通车,铁路线全长1742.7米,是公铁两用钢桁梁桥。大桥的修建基本在武汉长江大桥结束之后就开始了,与南京长江大桥差不多同时,不过由于桥址选择的问题,工程难度相对要低一些。但几经波折,施工时间却更长了。在施工过程中,我们的技术人员又探索了高低刃脚及圆形浮式钢沉井、曲线形钢轨伸缩调节器等新技术,它是我国第一座使用了斜拉索法伸臂架梁的铁路桥。

过了枝城大桥,就是枝柳线了。枝柳线在焦枝线通车后就开工建设,纵贯鄂、湘、桂三省,通过了云贵高原的东部,横穿武陵山、雪峰山,跨过了复杂多样的水系,一路上完成了桥梁476座,隧道396座,桥隧合计225公里,正线铺轨883.9公里。

焦柳线最初的设计是北煤南运线,它连接起了京包、陇海、沪昆(通车时叫浙赣—湘黔)三大横线,来自内蒙古、山西、河南、贵州等地的煤炭资源运到了华东乃至东部各地。枝城港的货运中,煤炭运量就占到了90%。但通车之后,它发挥的能量远远超出了煤炭运输,特别是极大地分流了京广线的客货运压力,也连通了湘西、广西的诸多少数民族地区,是民族团结和共同富裕之路。

柳州在相当长的时期内,一直是广西最重要的铁路城市和铁路枢纽。2007年,柳州铁路局迁到南宁,此前它一直是全国唯一的所在地非省会城市的铁路局。说起来,这件事和广西铁路的发展历史有关。广西铁路兴办的历史可远溯到1884年。法国在占领越南后,企图把势力范围延伸至广西。中法战争中，中国不败而败，法国不胜而胜，根据《中法新约》，法国获得了在我国西南地区的经营权，其中就包括了广西部分路段的筑路权。随着广西的开发，特别是国防和外贸上的因素，南宁的地位不断上升，并在1912年取代了桂林，成为广西首府。在这个过程中，也就是收回利权运动中，广西士绅决心自发修路，且筹议的基本思路都围绕南宁展开。不过，筹议多年，基本没有什么进展。

全面抗战爆发前后，南京国民政府开始筹划铁路与战备的大问题。总体的设想是，从重庆经川黔铁路到贵阳，再经黔桂铁路到南宁，再由南宁至镇南关，同时从湘桂铁路的黎塘到广东湛江。也就是在考虑到东部失守的情况下，保留法国控制下的越南方向的陆地交通线以及南海的海上交通线。在这种大布局下，柳州的地理位置就突显了出来了。湘桂铁路是抗战爆发后修建的第一条铁路，自1937年开工，用了大约不到3年的时间，到1939年时，建成了从衡阳经桂林到柳州大约600公里的线路。但是，战局的崩坏速度超过了南京国民政府想象。这个大构想完全没有实现。中华人民共和国成立之后，先是修复了湘桂铁路，然后以修复和新建相结合的方式，建成了湘桂铁路的来（来宾）睦（睦南关，今友谊关）段，再修筑了黎（黎塘）湛（湛江）铁路。柳州就成为广西的铁路枢纽，乘势而上，成为南方重要的工业城市。

抗战期间，南京国民政府曾修筑了柳州到都匀段。1944年，柳都段约460公里的线路勉强可以通车。但同年发生了令人痛心扼腕的豫湘桂大溃退，日军沿着粤汉铁路、湘桂铁路一路南下，南京国民政府经营多年的铁路竟成日寇之助力。桂柳会战后，柳都段几乎全毁。战后，国民党政府对部分路段进行了修复。中华人民共和国成立后，于1955年全线修复交付运营，并开始修筑都匀到贵阳段。线路全长146公里，自都匀西行，跨剑河而上，到清泰坡后升高，用1745米长的东山坪长隧道穿过云雾山脉，再以1369米长的贵定隧道通过大关坡，再跨新安河，最后抵达贵阳。线路于1959年通车。这是贵阳第一条出省铁路，也是日后修筑川黔铁路和贵昆铁路的基础。

湘黔铁路开工于1937年12月，经过了大约两年的施工，只建成了株洲到湘潭、湘潭到蓝田两小段，总共170公里。两小段之间的连接工程湘江大桥未能建成。第一次长沙战役之后，湖南其实已经不具备继续修路的条件了，工程也就终止了，建好的线路也被拆除。

1953年，湘黔铁路全线开工。线路全长820公里，从株洲田心（株洲机车厂所在地）出发，跨过湘江，经湘潭、娄底、新化、玉屏、凯里而到达贵定，与黔桂铁路接轨。全线于1972年正式通车运营。

汉丹铁路原先是湖北的地方铁路，建设它的目的是服务于丹江口大坝的工程。早在1952年，毛泽东同志就提出了"南水北调"的设想。经过了多年的论证研究之后，水利专家们设计了丹江口特大型水利枢纽工程，后来，丹江口水库是亚洲第一大人工淡水湖，也是南水北调中线工程的水源地。1958年，丹江口大坝工程开始动工。为了配合工程的物资运输，铁道部、湖北省、水利电力部联合投资，从汉口西站引出一条支线，直达丹江口。线路全长412公里。因为线路最初是作为支线设计的，所以标准较低。1966年之后，汉丹铁路交还铁道部管理，逐渐进行了改造，并发挥出了干线的功能。

襄渝铁路是从汉丹铁路的襄樊站引出的。连接武汉到成都的铁路，最初的构想是川汉铁路。中华人民共和国成立之后，毛泽东同志曾提出建设川汉铁路的构想。川汉铁路的线路走向大致分为三段，即成都到重庆间的成渝段、重庆到宜昌间的宜万段、汉口到宜昌间的汉宜段。中间多次改线。实事求是地说,从施工条件来看,宜昌到万州段的修路难度非常高。实际上,直到 2010 年,宜万段才正式建成通车。可以想象,在 21 世纪我国铁路的施工条件下,我们仍然付出了巨大的代价才建成的路,怎么可能在 1910 年建成!

线路建设的构想一直搁置到 1968 年。在三线建设的大背景下,经过重新勘测,连接湖北和四川的线路改为襄渝线。线路全长 840 公里,从汉丹铁路的莫家营出发,经过十堰、安康、达县等地,到达重庆。

襄渝铁路是三线建设的代表性工程之一,线路穿过武当山和大巴山,跨过汉江和嘉陵江两大水系,这一路史称"险隘连千里,秦塞路难行"。仙人渡、旬阳、紫阳三座汉江大桥均为铁路桥梁史的佳作;武当山隧道和大巴山隧道也是隧道建设史的名作。工程依然由英勇的铁道兵复制施工,施工最高潮时,全线投入了铁道兵 8 个师、6 个半团,组织动员了民工和学生 60 多万人,最顶峰时,全线施工人数达到 82.5 万人。

第三章

砥砺：为人民满意的铁路而奋斗

改革开放四十多年以来，如果问我们中国社会最大的共识是什么？那一定是坚定不移地在党的领导下，通过改革解决发展中的一切问题。国人身上有一股特有的冲劲儿、闯劲儿、敢为天下先的劲儿，这也是我们伟大的民族为什么能够在今天稳步走向中华民族伟大复兴的精气神。

中国铁路自然也不例外。今天的中国是无可争议的头号铁路强国。那么，这是怎么实现的呢？这就涉及铁路改革，这段历史很复杂，故事也很多，得从1975年开始说起。

第一节 挖潜扩能：我们很努力，但我们还可以更努力

为什么从1975年开始说起呢？因为这一年的年初，中央发布了一个对中国铁路影响非常深远的文件，文件的全称是《中共中央关于加强铁路工作的决定》，因为它的编号是中发〔1975〕9号，所以，又被叫作九号文件。

在九号文件里面,中央认为:"铁路是国民经济的薄弱环节。"中央的判断是正确的。还记得前文提出的"基本原理"吗?铁路的核心问题是"轨道载运能力和国家社会需求的双向互动"。不是中国铁路跑得不够快,而是我们的国家社会发展得更快。铁路的载运能力在快速提升,可国家社会需求在飞速增长!1990年,朱镕基同志在《在全国铁路领导干部会议上的讲话》中指出:"铁路是国民经济发展的瓶颈。"

在没有12306实名购票的时代,在没有像公交一样发车的高铁时代,晃晃悠悠的绿皮车带来的不是轻松惬意的浪漫旅行,而是拥挤、疲惫,浑浊的空气,肿胀的双腿,挤满了过道的乘客,堆积如山的行李,还有在任何时候都能找到空隙的售货小车……

实际上,最苦的是铁路人。怎么讲呢?乘客坐火车每年次数多是有限的,而铁路人天天都在车上、站上。乘客抱怨的时候,多没注意到乘务人员、调度人员有多么疲惫不堪,甚至就连机车和车辆都长年习惯性地超负荷运转。有一位铁路人曾这样深情地说:"铁路传统体制的长期有效运行,得益于我国数百万铁路职工的奉献精神和牺牲精神;得益于中国铁路职工传统的铁的纪律和对上级指令的坚决贯彻执行;得益于他们对低水平平均工资制度的长期承受。"党的领导和党的思想政治教育,赋予了铁路人打不垮的坚强的精神内核。

铁路人的心气是:我们一直很努力,但既然人民需要更多的运能,那我们就更努力!砥砺前行,为人民满意的铁路而奋斗!

这个原则叫作"挖潜扩能"。

所谓"挖潜扩能",意即"通过挖掘潜力,扩大运输能力"。1979年,华国锋同志在五届人大二次会议《政府工作报告》中指出:"我们要实现四个现代化,当然要建设一批必要的新企业,但是主要必须依靠对大量的现有企业实行挖潜、革新、改造，使它们逐步接近或达到现代化的水平。"这是中央正式提出"挖潜"的经济发展策略，它属于"整顿"方针的一部分，简称为"挖革改"。

铁路行业的"挖潜扩能"，是对中央"挖革改"方针，以及"内涵型扩大再生产"理论的行业性解读，也曾被称为"挖潜提效"或"扩能提效"，意即"挖掘运输潜力，提高作业效率"。1982年铁道部125号文件要求："搞好企业整顿，加强技术管理，整顿车站基础工作，也是挖掘运输潜力，提高作业效率，适应运输形式的有效措施。"1983年铁道部全路客运工作会议上，把"精神文明建设和挖潜扩能"总结为1982年铁路客运工作的两项核心任务。此后，"挖潜扩能"就成为铁路行业的"专属名词"。应该说，这是改革开放新时期铁路工作中最重要的指导性原则之一，也是铁路人最深刻的行业记忆之一。

根据中央的精神，铁道部把当时铁路运输的问题总结为"三个比例失调"："第一，工农业生产的发展同铁路运输能力的增长比例失调。第二，新线建设和旧线改造比例失调。第三，铁路技术设备的增加和改造，同不断增长的客货运量比例失调。"

仔细琢磨一下，这三个问题不是平行的。第一个比例失调是症状，后两个则是导致前者的病因。根据经济学家和铁路运输专家的测算，工业品生产每增长1吨，交通运输部门的货运量就得相应增长2~3吨。为什么呢？其实道理很简单。因为工业生产需要原料，那就得运进来；工业品得投放到市场，那就得运出去。但实际上，我们的交通运输能力增长只有0.9。这还是全国算总账的数据。在一些运输薄弱的地区，运输能力可能只达到需求的40%。总之，问题就两个：第一，线路不够；第二，设备不够。

但是当时线路不够又不能修新线，因为当时国家实在是底子薄弱，没什么钱，所以解决线路的问题，就是"旧线改造"，即"加快主要铁路干线的技术改造，提高运输能力"。铁道部在旧线改造方面提出的方案主要是四条：大力提高复线率；适应列车重量和速度提高的要求，延长站线，改善线路的平纵断面，增加线路的强度；加强枢纽和编组场的现代化改造；对运量大的主要干线电气化，电气化改造会直接决定牵引动力电气化。

设备不够，主要就是牵引动力改革，调整不同机车之间的比例，也就是蒸汽机车、内燃机车和电力机车之间的比例。机车的基本情况前文提到过，这里就不再重复了。1977年，铁道部确定了"内电并举，以电为主"的思路，到1983年的《铁路主要技术政策》中，明确了"用牵引性能更好、热效率更高的电力、内燃机车逐步取代蒸汽机车。从发展看，铁路牵引动力应以电力牵引为主，电力机车担负运量的比重要逐步增加"。

除了两大核心工作之外，铁路系统还进行了机构体制改革、管理体制改革、多渠道融资改革、整顿路风、运输组织改革等多方面的工作。从绝对数量而言，这一时期的建设成就颇为乐观。铁路行业"捷报频传"，在铁路职工付出艰辛努力之后，各项重要指标都以可观的速度增长，每年、每季度都可以如期甚至超额完成相关运输与创利任务。但另一面是，党和国家的领导人在历次重要的会议上，以越来越严峻的口气指出铁路运输存在的问题。

为什么呢？补充两个情况。一个叫"利改税"，一个叫"拨改贷"。

在我国改革开放初期的国有企业改革中，先后实行了三种主要的财务管理体制改革，分别是"企业基金制""利润留成制"和"税后利润递增包干"。前两种都和"经济核算制"有关。前两项改革,都是以第三项为目标的。"税后利润递增包干"就是俗称的"利改税"。顾名思义,国有企业不再向国家上缴利润,而是上缴利税,足额纳税之后,剩下的都由企业支配,用于企业自身发展。这个改革的思路当然是正确的,因为绝大多数的国有企业确实由此焕发出了活力。

但对铁路来说,却遇到麻烦了。其中最核心的就是中国铁路的性质问题。铁道部究竟算国家职能部门,还是算国有企业?如果是职能部门,它就不应该负责盈利,但它确实又是一个庞大的经济体;如果是企业呢,它就应该以盈利为目的,但它又没法自主地为自己的产品定价。中华人民共和国成立前三十年,我们在西部修了大量的铁路,但是,在修路的时候,党和人民政府却从未算过"西部需要这么多运能吗?""这些铁路能盈利吗?"为什么不算呢?人民需要的,就是党要做的。在这个意义上,人民铁路是公益性而不是盈利性的。但现在的"利改税"要按照国有大型企业来上缴利税,利税额度甚至可能达到最高80%。

在这种盈利窘迫的情况下,"拨改贷"又来了。这个是国家基本建设投资领域的改革。1952年,中财委发布了《基本建设拨款暂行办法》和《基本建设财务计划交由中央审核批准并重申拨款预付原则》两个文件,标志着我国基本建设计划拨款的投资体制的建立。直到1979年之前,我国的建设项目投融资都只有财政拨款这一种制度安排。这种投资方式在其特定的历史时期,发挥了巨大的作用。进入改革开放新时期之后,国家拨款的这种投资方式逐渐无法适应新的需求,尤其存在着企业无偿使用投资资金、缺乏权责利相统一的自我约束机制,出现了国家投资资金使用浪费、投资效益低下等问题。1984年12月,国家计委、财政部、中国人民建设银行下达了《关于国家预算内基本建设投资全部由拨款改为贷款的暂行规定》，决定从 1985 年起，国家预算内安排的基本建设投资，全部实现拨款改贷款。

这下铁路的处境更加艰难。修路需要巨额的费用，而且周期长、见效慢。此前，铁路建设都是国家财政拨款，铁路行业上缴 85% 的收入，留下 15% 企业自己支配。这叫作"收支两条线"。现在不同了，修路的钱要铁道部"贷款"了，要花钱的地方更多了，可赚钱的渠道没增加。在这种背景下，铁道部主动提出了一揽子改革计划，即以路建路的经济承包责任制方案，俗称"大包干"。

大包干是十二届三中全会决定以增强企业活力为重点的经济体制改革在铁路领域的具体体现，也是铁道部主动争取的经济体制改革探索。时任铁道部部长丁关根强调，改革头等大事，铁道发展必须"坚持把改革放在首位。要把运输能力搞上去，就要坚持改革"。改革是完成"七五"计划的必由之路，"要实现'七五'计划的奋斗目标，必须坚持改革，不断探索新的路子，把铁路工作提高到新的水平"。

为推进铁路的改革，1985 年 5 月 20 日，铁道部撰写了"紧急报告"第一稿，请求中央对铁路进行密集投资、改革以摆脱铁路运能与运量的尖锐矛盾。7 月 1 日，部长丁关根再度向国家领导人汇报铁路的严重状况，请求允许铁道部实行经济承包。国家领导人指示铁道部提出承包方案，并进行广泛论证。铁道部 8 月 6 日提出方案，经过论证后于 9 月 20 日上报中央，获得了中共中央高度重视。邓小平在听过丁关根的改革汇报后，沉默半晌道："让铁路闯一闯。"胡耀邦总书记 10 月 14 日批示说，我赞成大包干，并且赞成明年就干。在中共中央的直接关怀下，在国务院各部委的支持下，大包干方案于 1986 年 3 月被正式批准。国务院认可了铁道部提出的改革理由，认为其经济承包方案是"增加铁路自我改造自我发展活力的一项重要改革","是积极的,有潜力的",批准了铁道部的承包方案,"从1986年起实行,一定五年不变"。因此,从1986年起,铁路开始全面推行大包干。

大包干,包什么?一言概之,包投入产出、以路建路。铁道部提出"包运输任务""包机车车辆生产任务""包铁路建设规模和形成运输能力""包基本建设投资和机车车辆购置费"等六项具体任务,具体规定了"七五"期间保证完成的客、货运量,每台运量和增长幅度,应生产的机、客、货车数量,要建成的复线、电气化铁路和新线的里程,到1990年形成的运输能力,"七五"期间用于基本建设的投资和机车车辆购置费数额,应向国家交纳的税款,以及从1886年起运输部门实行换算吨公里工资含量的分配原则。《方案》还提出了承包后,"对物资供应、铁路运价、铁路基本折旧率和大修折旧率等事项的政策和规定"。这些指标经过国务院核准,成了国家的指令性计划。

作为一种改革的方案,大包干改在什么地方呢?最主要的有以下两处。

第一,铁路有了更多的主动权,包括了两个层面。第一个层面是对国家而言,铁路有了更大的主动权。投入产出承包,收支一条线,铁路除了向财政部交纳一定比例的营业税、定量的能源交通建设基金以外,所得税和税后利润全部留给铁道部使用。铁路开始以路养路,不再依靠向国家要投资,铁路建设资金的来源渠道完全发生了变化。为了促进铁路建设,国家也给了铁道部一些优惠政策。第二个层面对铁道部下属各运输局和各个工业企业而言,企业也有了更多的主动权。大包干则将责权利下发各路局和各企业,实行"包死基数,定额上交,超收多留,欠收自补"的政策,也让其有了更多的发展主动权。

第二，铁路经营成果与每个铁路职工挂钩。大包干也在分配上实施了改革。铁路运输部门实行换算吨公里工资含量包干，多劳多得，进一步调动铁路企业和职工的积极性，更多地完成运输生产任务。每位铁路职工都能真切地感受自己的劳动与铁路发展息息相关，劳动主动性、积极性、创造性被激发。只有越来越多职工的积极性能被有效地调动起来，参与生产和管理，才能产生更大的经济效益。

承包的具体办法是，铁道部向国家承包。然后铁道部将承包指标分配到运输、工业、基建等系统，与之签订承包协议，各系统再分配指标与下属部门签订承包协议，如此一级一级分包，最后落实到基层。铁路工作以运输为中心，因此大包干也首先从运输系统开始，然后扩展到工业、施工等系统。5月6日，在全路局长会议上，铁道部将1986年指标分配到各路局，各路局将任务"背"回去后，于5月19日到29日之间，全部到分配落实到各分局。1986年12月，铁道部成功与下属12个路局签订了承包合同。

铁路是国家的经济动脉，除了经济效益外，还有社会效益。大包干后，容易产生只顾包干单位利益，而损害国家利益的现象。为了兼顾经济效益和社会效益、局部利益与整体利益，1986年4月，在部长办公会上，铁道部部长丁关根"约法三章"。这"三章"是：第一，坚持社会主义方向和人民铁路为人民的宗旨，把国家利益和社会效益放在第一位，决不做只利于局部不利于全局的事情。第二，坚持"精打细算，节约投资，改进经营，扩大运量"的方针，开源节流，勤俭建路，讲求投资效益，制止铺张浪费。第三，严格执行纪律，有令则行，有禁则止，廉洁奉公，遵章守法，严禁乱涨价，乱收费，以路谋私，滥发奖金。这是铁路实行大包干后处理整体与局部、经济效益与社会效益的基本准则，也是保证铁路改革的重要措施。丁关根强调:"'约法三章'是高标准的,也是实事求是的,是能够做到的。"

随着大包干的实施,铁路很快出现了新气象。但随着改革的深入,再次遇到了一些始料未及的问题。

我们国家的"七五"期间,随着价格的放开,工资的改革和职称的评定,基本建设的大力投资,中国社会对货币需求大规模地增长。这是中国改革开放遇到的巨大问题。因为通货膨胀,铁路支出增加,自身的积累大幅度下降。但与此同时,运价却没有增长。1985—1986年,国家已经开始逐步放开计划外工业品价格,由企业根据市场情况自行定价。铁路也被定性为国有大型企业,但是铁路提供的产品——运输的价格却并没有放开,甚至铁路完全没有定价权。1988年物价早已巨幅上涨,但1989年9月国务院才批准调整客运运价,到1990年3月才批准调整货运运价。这个情况叫作"死运价对活市价、低运价对高物价",铁路行业难以完成"养路"的任务。除此之外,在行车安全、承包指标等问题上,也出现了状况。

1990年底,"七五"大包干结束,1991年1月12日,国务院发出通知,"'八五'期间铁路将继续对国家实行承包"。在"八五"承包方案确定前,按原方案承包。铁道部本着"尽可能地为各铁路局创造一个稳定的经营环境,使铁路局运输主业的活力有所增加"的原则,在"七五"方案基础上进行了调整和完善。但是调整并没有切中大包干的最大问题:铁路自身积累无法解决建设资金的巨大缺口。在当时的情况下,不大规模地建设新线,就无法大幅度地提高运能,也就不能有效地解决运能与运量的尖锐矛盾。

虽然如此,铁路行业的成绩单还是非常漂亮。铁路完满完成了承包

任务:"七五"期间运输收入增加 102 亿元,再加上客货运调价增加运输收入 100 亿元,合计运输收入 1502 亿元,比"六五"增长 96%,比 1986 年承包时预测的 1300 亿元增加 202 亿元。与此同时,铁路经济管理由生产型向生产经营型转变,经营结构步入以运为主、多种经营的新格局,改变了传统的运输组织和管理方式,向适应市场经济的方向发展。

第二节　走向市场:换个思路再加速

1992 年,邓小平同志南方谈话解决了中国改革开放中的一系列理论问题。党的十四大明确我国经济体制改革的目标是建立社会主义市场经济体制。中国经济发展转入市场经济轨道,中国国民经济跃上了一个新台阶。努力干活的中国铁路,既面临着更大的挑战,也迎来了自己的机遇。

铁道部落实国务院领导指示,提出了铁路"改革迈大步,运输上台阶,建设大发展"的总体思路。1992 年 7 月 14 日至 18 日,铁道部在北京召开全国铁路领导干部会议,研究缓解铁路运输紧张和解决铁路发展滞后问题的办法。在此次会议上,铁道部初步形成改革的总体思路:将铁路工业、基建两大系统逐步放开搞活,运输系统除了运输组织和指挥实行高度集中以外,经营上也将适应市场经济的需要放开搞活。到了 1993 年 1 月,铁道部在北京召开全国铁路领导干部会议,铁道部部长韩杼滨在会上发表了题为《深入贯彻十四大精神,加快改革开放步伐,为实现铁路历史性大发展而努力奋斗》的讲话,强调国民经济上新台阶和建立社会主义市场经济体制,一方面给铁路发展带来了严峻的考验,但同时也给加快铁路发展带来了机遇。"加快铁路改革,必须紧紧围绕发展社会主义市场经济这个全局性的战略目标,解放思想,大胆开拓,走向市场,建立起适应社会主义市场经济的铁路新体制和运行机制,走出一条有中国特色的铁路发展的路子。"

就是在此次会议上,铁道部依据十四大精神,总结十多年来铁路改革的实践经验,从铁路部门的实际出发,制定了铁路走向市场的基本思路。也就是,以发展社会主义市场经济为导向,以"三个有利于"为标准,转变观念,转变职能,转换机制,实现政企分开、宏观调控、多元经营、集团发展、强路富民,建立有中国特色的铁路新的管理体制和运行机制。这个基本思路的核心是把铁路从传统的计划经济体制转换成市场经济新体制,从而成为社会主义市场经济体制的有机组成部分。这是铁路改革理论上的新突破。

有了改革的基本方向,但具体怎么进行改革呢?1994年1月,在全路领导干部会议上,铁道部制订了《关于贯彻党的十四届三中全会(决定),深化铁路改革若干问题的意见》(即"铁路改革三十条"),并于1994年4月22日上报国务院后下发全路。这是在"大包干"之后,人民铁路的又一个宏观的改革方案。

"三十条"详细阐述了深化改革是铁路实现历史性大发展的必由之路,铁路深化改革的总体目标是,"在国家宏观调控下,发挥市场对铁路运力等资源配置的基础性作用,建立适应社会主义市场经济的铁路管理体制和运行机制,加快铁路建设,扩大运输能力,改善经营管理,提高经济效益,更好地为国民经济和社会发展服务"。其主要内容包括:一是转换铁路企业的经营机制,建立现代企业制度;二是转变政府职能,完善宏观调控体系;三是改革投资体制,多渠道筹集资金,加快铁路发展;

四是大力发展多元化经营，优化配置铁路资源；五是深化铁路科技、教育体制改革；六是加强思想政治工作和路风建设。"三十条"是对铁道部1993年1月提出的铁路改革基本思路的阐发和完善，确定了铁路改革的总体目标和基本方针，进一步明确了铁路改革的市场取向，提出了确立铁路企业的市场主体地位等基本任务，构筑了此后一段时间深化铁路改革的基本框架。文件所提出的改革任务，不同程度上都有所推进。其中比较主要的两个举措，是推进"网运分离"和"主辅分离"。

1．"网运分离"

网就是国家铁路网；运就是铁路承担的客货运任务。顾名思义，"网运分离"就是国家铁路网管理和客货运经营相分离。人民铁路一直有"公益性"和"企业性"双重特性。很多的问题，就是因为这两者之间关系模糊导致的，于是干脆把它拆分得了，这就是铁路运输体制改革的基本模式。具体思路是：把具有自然垄断性的国家铁路网基础设施与具有竞争性的铁路客货运输经营区分开，组建一个统一的国家铁路路网公司及若干个有较强实力的客运公司和货运公司，实行分类管理。国家的"十五"规划、"十一五"规划，都把铁路"网运分离"改革写入了其中。

改革的切入是客运公司的组建。1999年8月20日，铁道部下发《关于直管站段铁路局组建客运内部客运公司的指导意见》，具体提出组建客运公司的指导思想和构架设计等要求。9月起，呼和浩特、南昌、柳州、昆明4个直管站段的试点局以客运列车段、客车车辆段客货混合车辆段的客车部分为主体组建，实行内部独立核算、自主经营，模拟企业法人运作。客运公司的业务包括：客运市场调查和营销策划、确定管内旅客列车开行方案、列车编组方案和票额分配方案，负责列车旅客服务和行包运送、客车车辆调度、运用和维修,客票管理和销售组织及列车餐饮、广告业务等。时任铁道部副部长王兆成指出:"客运公司实行独立核算,是中国铁路改革里程碑式的变革。"2000年4月18日,铁道部发出《关于深化客运公司改革试点若干意见的通知》,要求把解放思想、更新观念摆在重要位置,贯穿改革全过程,同时要求4个客运公司试点局落实好客运公司经营权责,尽快实现一级管理——即强调人劳财计等综合管理要集中在公司本部,公司是利润中心,要完善财务清算办法,深化人事、用工和分配制度改革,强化"三乘一体"列车乘务员、检车乘务员、列车乘警管理,加强对客运公司的监督力度等。

2000年12月2日,广铁集团客运公司在广州正式挂牌成立。这是全路第一个在有分局的铁路局体制下进行的组建客运公司的改革试点。时任铁道部部长傅志寰评价说:"这是中国铁路运输体制改革的突破口,是构建铁路客运市场竞争主体的新起点。"广铁集团客运公司的成立,正式揭开了铁路网分离改革的序幕。2001年,铁道部又选定了上海、济南、郑州3个铁路局作为客运公司改革扩大试点单位。2002年9月28日,随着北京铁路局客运公司的正式成立,全路14个铁路局已全部完成了组建内部客运公司的工作。

按照"网运分离"的改革思路,在客、货运公司全部重组到位时,再组建统一的国家铁路路网公司,实行一级法人管理,下设分公司,分公司经分离客货的铁路局适当重组后组成。路网公司统一管理国家铁路的线路、桥梁、隧道、信号、供电设备和车站等资产,承担经营责任。

除了"网运分离"的尝试外,铁道部在其他运输管理体制的改革上也做出了努力。第一个是分级管理体制"从四到三",也就是铁路局直接管理站段。这是从1996年8月开始试点的。南昌局、呼和浩特局体制改革的实践证明，铁路局管理跨度适中，实行直接领导指挥站段的模式，是一种成功的探索，具有效率高、指挥灵、反应快的良好效果。此后，这种铁路局直接管理站段的新体制逐渐得到推广应用。另一个方面是铁路资产经营责任制。它是铁路运输企业建立现代企业制度的重要途径。1998年，铁道部首先在呼和浩特、南昌、柳州、昆明4个铁路局、广州铁路（集团）公司及部属的非运输企业中开展了资产经营责任制试点。1998年末，铁道部正式下发了《铁路局资产经营责任制实施办法》，决定自1999年开始，对全路运输企业实施资产经营责任制。1999年4月5日，铁道部部长傅志寰与全路14个铁路局局长和党委书记签订了为期两年1999—2000年的资产经营责任书。1999年6月4日，铁道部又与6个部直属企业中国土木工程集团公司、中国铁路对外服务总公司、中铁进出口公司、华运旅游集团、中铁集装箱运输中心、中铁特种货物运输中心签订了1999年至2000年的资产经营责任书。至此，铁道部直属企业成为自主经营的竞争主体，自担风险的决策主体，自我发展的投资主体，自负盈亏的责任主体。

2. 主辅分离

"主"就是铁路运输，所以与客货运直接相关的工作属于主业。其余的都是辅业。辅业又分为两类。一类是和铁路有关的，主要是建筑、工业、设计三大系统；一类是和铁路基本无关的但曾经归属于铁路的服务性企业，如装卸公司、旅游公司、运代公司、烟草公司等。总之，铁路要轻装上阵。

这个思路在1994年进行部机关改革时就已经提出来了。直到2000年，中国铁路工程总公司、中国铁道建筑总公司、中国铁路机车车辆工业总公司、中国铁路通信信号总公司、中国土木工程集团公司这五大公司与铁道部脱钩。同年，10所高校被交到教育部或各省教育厅管理。西南交通大学和北京交通大学就是在这时归为教育部直属的。全国铁路职工总数由320万人缩减到248.8万人。到2002年年底，系统内从事"主业"的职工数一共148.76万人，占铁路职工总数的59.8%；"辅业"内，包括了铁路系统的公检法、教育、卫生等部门的职工100.1万人，占铁路职工总数的40.2%。在国家铁路的6800亿元总资产中，"主业"运输业使用资产占86%，"辅业"非运输业使用资产占14%。

2003年，铁道部党组提出了实现铁路跨越式发展的战略目标，并把加快铁路主辅分离、辅业改制作为实现铁路跨越式发展的一项重要任务。根据铁道部出台的《关于推进铁路主辅分离辅业改制和做好再就业工作的指导意见》（铁办〔2003〕117号），铁道部要求从2003年7月开始，力争在两年内基本完成铁路企业教育卫生机构的移交工作，五年内基本实现铁路主辅分离和辅业改制。

2003年6月28日，在铁路跨越式发展研讨会上确定了主辅分离、辅业改制的总体目标：按政企分开的要求，将企业承担的政府职能回归政府；按社企分开的要求，将企业承担的社会职能回归社会；以产权制度改革为核心，进行辅业改制，实现辅业与运输主业的彻底分离。而推进铁路主辅分离工作的基本思路是：一对铁路公检法和卫生防疫单位移交政府管理；二是对铁路学校、医院实行属地化管理；三是对非运输企业进行改制分流。铁路主辅分离改革的大幕正式拉开。随后，部属4个勘察设计院、铁路局所属38家设计施工企业和中国铁路物资总公司、铁路通信信息有限责任公司移交国资委管理，铁路所属中学、医院全部移交给地方人民政府。

在进行主辅分离的同时,发展多元经营,也是铁路企业在激烈的市场竞争中求生存、求发展的战略选择。1994年铁道部成立"多种经营集体经济发展中心",对全路多种经营进行宏观规划、政策指导和管理。铁道部所属各单位也成立相应的管理机构。到20世纪90年代末,铁路多元经营取得了一定发展,但也存在不少问题。1999年,铁道部做出建立铁路运输企业多元经营新格局的战略决策。

建立铁路多元经营新格局,概括地说就是:突破运输企业传统的管理模式,把工附业、建筑业、生活后勤服务业等所有产业,与运输业分离,同多种经营企业、劳服企业一起实行资产重组,构造运输企业多元经营体系,并推进企业体制公司化,产业发展规模化,经营管理规范化,进而形成铁路运输业与多元经营产业互为依托、协调发展的新局面。这不仅是管理关系的调整,更重要的是推动多元经营资产重组,调整产业结构,促进多元经营建立适应社会主义市场经济的新体制和新机制。

在建立多元经营新格局的基础上,2001年铁道部又印发《关于非运输企业建立现代企业制度有关问题的通知》,要求全路运输企业与多元经营企业实行"企业分设、财务分账、人员分开"的"三分开"措施。即运输企业与多元经营企业要资产关系清晰,建立投资与被投资的关系,明确各自权责,建立规范的利润分配和投资回报制度,转变原有的行政管理方式;运输企业与多元经营企业各自实行严格独立核算,贯彻等价交换原则,按法规、制度、合同处理相互间的经济往来;运输企业与多元经营企业人员按从业岗位分开,做到人员、岗位、劳动合同相一致,规范劳动工资管理。通过"三分开",明确了多元经营企业与运输业的经营业务界面,促进了多元经营企业产权的明细,规范了运输与多元经营的财务管理、劳资管理，为建立多元经营新格局、促进多元经营企业健康发展提供了制度上的保障。

3. 多元融资体制探索

包袱卸下了，关系理顺了，经营多元了，但资金还是不够。根据国家"八五"规划要求，在"八五"期间，铁路应年均新增运能 5000 万吨，这不仅要进一步强化旧线改造，而且需要建设相当数量的新线。按 1990 年价格计算，共需投资 1000 多亿元，而已有的筹资方法和渠道很难筹集这么巨额的建设资金，建设资金将严重短缺。根据铁道部估计，缺口达 40%，约 600 亿元。进入"九五"期间，由于铁路建设里程增加，以及刚好进入铁路建设贷款还本付息高峰期等原因，据测算铁道部 5 年内（1996—2000 年）需还本付息 1370 亿元，这个缺口就接近"八五"铁路建设的投资总额了。

我们可以理解为，要加快铁路发展，最根本、最有效的办法是增加对铁路的投资，以加快铁路建设。但现在国家的投资不足，于是探索多元化多渠道投资体系的呼声出现了。在铁路的问题上，从上到下、从政府到民间大致有一个基本共识，就是要改变单一由国家投资的现状，逐步建立国家、铁路、地方、企业多方投资和征收铁路建设基金、扩大国内外借款、发行债券、实行合资、股份制等多渠道筹资的多元化投资体制。

第一项是铁路建设资金。所谓"基金制"，指的是通过一定的经济和行政手段集中一定的资金，并专门用于某一项社会经济事业的建设和发展。铁路建设基金是通过"价外加价"的方法筹措的。经国务院批准，从 1991 年 3 月 1 日起，以货运价格平均每吨公里 0.2 分的名义出台了对货主征收铁路建设基金的政策。1992 年 7 月 1 日起，每吨公里再加征 1

分。逐年加增之下，1998年时，达到了每吨公里3.3分。当然，所有涉及人民生活的基本消费品和农业生产资料是免缴的。几年下来，总共筹集了1724亿元，全部投入铁路建设。铁路建设基金的设立，对铁路建设和发展起到了一定的作用，在政府投资和社会融资不到位的情况下，铁路建设基金为使铁路建设提供了一个较稳定的资金来源。

第二项是铁路建设贷款。铁路建设贷款主要以铁道部为债务主体，以政府应用作为债务契约支撑，通过向银行交付一定费用取得建设资金。虽然在20世纪80年代的"拨改贷"曾让铁路几乎难以为继，但步入90年代后，随着铁路建设基金政策的出台，铁路筹资渠道也开始发生变化，铁路建设贷款由早期单一的国家政策性银行，逐渐发展为国家政策性银行、商业银行并举，有效缓解了铁路建设资金压力。为适应国民经济和铁路发展需要，我国铁路自"七五"以来使用银行贷款资金的规模不断扩大，到"八五"时期，我国铁路累计银行贷款已达到571亿元，年均超过100亿元，成为我国铁路发展的重要资金来源。1993年上半年，建设银行利用各种方式筹措资金，共向铁路建设发放贷款37.1亿元，有力保证了京九、侯月、宝中、南昆和北京西客站等铁路建设项目的资金需要。1994年国家开发银行成立，铁路成为开行支持的重点领域。从1994年至1996年，国家开发银行对铁路行业49个项目累计发放硬贷款328.2亿元，其中大中型项目贷款额326.8亿元，占99.6%，用于中西部铁路建设贷款额为262.4亿元，占总贷款额的80%。1998年，国家开发银行积极支持铁道部"决战西南，强攻煤运，扩展路网，突破七万"的战略目标，与铁道部签署《加快铁路建设贷款协议》，仅1998年就发放铁路行业贷款444亿，较1997年增长70%。到"八五"中期以后，铁道部部属单位使用银行贷款已成为普遍现象。

第三项是发行债券。随着社会主义市场经济体制的确立和发展，20世纪90年代初，我国金融市场开始逐渐活跃起来，通过发行铁路建设债券和铁路投资债券来实现铁路融资已成为可能。1992年，经国家经委、人民银行批准，铁道部首次发行中国铁路投资债券20亿元，债券期限3年，年利率9.5%，并于1995年8月按期完全兑付本息。1995年12月，铁道部发行"1995年中国铁路建设债券"，总额为15.3亿元，期限3年，年利率为15%，该债券主要面向中国国内企事业单位和个人发行，所筹集资金用于弥补京九线等建设项目的建设资金短缺。1997年，经国家计委及中国人民银行批准，铁道部发行铁路建设债券21.3237亿元。所筹资金主要用于南疆线、西安安康线、宝成复线、成昆电化等铁路建设项目。据统计，从1992年到1998年，铁道部总共发行了6期债券，总额为107.65亿元，为加快铁路建设发挥了重要作用。

第四项是利用外资贷款。我国铁路使用外资贷款也是我国积极拓宽铁路建设多元融资渠道的重要方式之一。在国家做出改革开放的重大决策背景下，1979年铁道部开始使用日本政府贷款，1984年，开始使用世界银行贷款，1994年开始使用亚洲开发银行贷款和双边政府贷款。到1995年末，我国铁路使用日本政府贷款共3批，约22.68亿美元，世界银行贷款共7批，约20.3亿美元，亚洲银行贷款2亿美元。另外，还使用德国政府贷款1亿美元，澳大利亚政府贷款1500万美元。以上总计为46.13亿美元。

第五项是合资铁路。合资铁路是指铁道部与地方政府、企业和其他投资单位共同投资建设、经营的铁路路网干线和重要支线，是发挥中央和地方两个的积极性，广泛筹集建设资金、加快我国铁路发展的一个重要途径。1992年8月，国务院国发〔1992〕44号文件批准了国家计委、

铁道部《关于发展中央和地方合资建设铁路的意见》，在此基础上，1993年11月，国家计委和铁道部又发布了《〈关于发展中央与地方合资建设铁路的意见〉实施办法》，有力推动了合资铁路的建设。"八五"期间一批合资铁路纷纷开工建设，包括集通线、南昆线、西延线、广梅汕线、向吉线、合九线、孝柳线、宝中线、成达线等。

由于合资铁路实行"谁投资谁受益，多投资多受益"的原则，有利于调动各方面建设和管理铁路的积极性，因此合资铁路往往投资省、工期短、经营活、效益好。例如，北疆铁路就是国家、地方集资修建的，地方成了建路主体，降低造价2亿元，带来的效益不可估量。兰新复线同样是国家和地方合资修路，按正常周期需8到10年才能建成，但由于地方的政策优惠，资金投入和原材料充分保证，在3年内即可投产。广东为修三茂铁路，曾请求世界银行和亚洲开发银行给以贷款，由于西方制裁，该行一度停止拨付，广东省政府毅然用行政经费垫上，保证继续施工，然后要广东发展银行发行债券，向各市县推销，同时要广东发展银行发放贷款周转。如果没有广东省政府采取断然措施，实行合资修路的模式，三茂铁路就可能流产。仅截至1998年底，全国建成、在建的合资铁路项目共有29项，分布在全国21各省、市、自治区，总长达到8400公里，其中投入运营的为4897公里。合资铁路已成为中国铁路网建设中一个极其重要的组成部分。

总之，在国家批准建立铁路建设基金，实行新路新价的基础上，大力发展合资铁路，逐渐形成的国家、地方、企业为投资主体，以集资、贷款、发行债券等多种融资手段为筹资形式的铁路建设投资新机制，很大程度上缓解了由于国家投入不足而造成的铁路建设资金短缺，是此一时期中国铁路建设能够取得巨大成就的重要原因。

第三节　内外开放：换个格局再加速

改革开放，有改革，也有开放。两者是相辅相成、自成一体的。如果非要讨论它们之间的关系的话，改革是社会主义制度的自我完善和自我发展，开放既是改革的一部分，也是为改革寻求更多的外部推动力。

铁路自然也不例外。其实，前面提到的"走向市场"，也包含了开放的意思。就铁路自身来说，开放包括了向路外开放和向国外开放。向路外开放，指的是由国家垄断经营、垂直领导、半军事化管理的传统体制向社会主义市场经济体制转变；向国外开放，指的是在对内改革的同时，面向世界市场，开始利用外资，开展对外合作，引进先进技术和设备，发展外经外贸业务，以及进行对外运输等。

一、向路外市场开放

向路外市场开放，主要是地方行政参与铁路建设与管理，涉及铁路系统和地方之间的关系，也涉及中央和地方的关系。当然，在党的领导下，双方并没有根本性的矛盾。但是，由于思路和视角的不同，在具体事情上会有分歧。中央考虑问题肯定是放眼全国，统筹规划；地方在执行中央的路线、方针的时候，也会结合自己的实际情况与实际问题。

铁路也是这样。铁路系统虽然是全国垂直管理，但又必须和地方打交道。改革开放之前，铁路都是铁道部独家来修，资金都是财政拨款。但是，在实际修路的时候，线路要跨过很多个省，这就需要和地方合作。比如，一条线路要经过某个县，这就要涉及土地、拆迁，甚至还可能涉及动员民工等很多问题。而且,铁路建设是有规划、有进度的,工期是有要求的。从态度来说,地方政府肯定是愿意配合的,但这个事就像去别人家做客一样,主人是愿意热情接待,可还有一个主人方便不方便的问题。在具体时间段,省里怎么安排?市里怎么安排?县里怎么安排?铁路的事情在地方工作中占什么位置?这都很具体。当初修黎湛铁路的时候,就遇到了这个问题。黎湛铁路遂溪到海安段,全部都在广东省境内,行政上属于广东;可是,按铁路系统来看,黎湛线归柳州局管理,柳州局又大部分在广西壮族自治区内。这么一来,广东的积极性会受到影响。

既然这样,换个思路,大家合作如何?这就是合资铁路。

最早探索合资铁路模式的,是南(南宁)防(防城港)铁路建设。这条铁路是云、贵、桂三省的重要出海口。它开工于1978年,因为受到建设资金的限制,于1980年停工,最终于1987年通车。通车后,各项设置设施都跟不上,铁路难以产生效益。1990年,广西壮族自治区和铁道部共同探索了合作途径,组建了广西南防铁路公司对该路实现管理。1991年通车的广东三茂铁路由广东省政府与铁道部共同出资,是我国第一条央地合资建设的铁路。初步探索的成功,使得合资铁路这一方式得到了中央的肯定。1992年,国务院对合资铁路建设提出了"统筹规划、条块结合、分层负责、联合建设"的方针,并颁发了《关于发展中央和地方合资建设铁路的意见》,指出中央和地方合资建设铁路史改革开放中出现的新事物,是调动中央和地方积极性,广泛筹集建设资金,加快我国铁路发展的一条途径。

合资铁路的代表,是"八五"期间建设的京九铁路。京九铁路于1993年4月20日全线正式开工,1996年9月1日全线开通运营,全长2553

公里，是继京广铁路、京沪铁路后中国第三条南北铁路干线。它的建设打破了以往"一家独办"的传统模式，以中央投资为主，地方集资和外资贷款为辅，中央与地方联合建设。除了国家队铁路实行重点倾斜政策和征收铁路建设资金外，有关省市承担了各自境内铁路建设的部分投资，按年度拨付资金，从而充分调动了地方的积极性，保证了京九铁路建设基金。

为了推进合资铁路发展，1993年11月，国家计委和铁道部又发布了《〈关于发展中央与地方合资建设铁路的意见〉实施办法》，明确了合资铁路的性质、组织形式、投资方式、投资各方的权利和义务、合资铁路建设管理原则、运营管理方式、合资铁路公司享受的优惠政策等。这一时期先后有达成、广大、广梅汕、合九、石长、横南等13个合资铁路项目开工建设，并建成了合资铁路中最长的集通铁路。截至1996年底，全国合资铁路累计完成投资124.6亿元，其中，投入运营的合资铁路有9条，3316公里，在建的8条，1966公里。到2001年底时，我国合资铁路营业里程达到6162公里，成为中国铁路的重要组成部分。

合资铁路的建设，也使得铁路建设经营格局发生了变化。1993年12月31日，我国第一个按现代企业制度组建的合资铁路公司——湖南石长铁路总公司成立。该公司负责石长铁路的建设和经营管理，实行自主经营，独立核算，自我发展，自负盈亏。2004年，伴随《中长期铁路网规划》的出台，铁路建设掀起了新的高潮，地方政府投资铁路的积极性空前高涨。铁道部先后与31个省、市、自治区签署了合资建设铁路协议，合资铁路的发展进入了前所未有的高潮。

地方参与铁路建设与管理的另外一个表现是地方铁路的发展。地方铁路是由地方自行投资修建或与其他铁路联合投资修建，担负地方公共

旅客、货物短途运输任务的任务。与国家铁路相比，地方铁路的管理主体发生了变化，由地方人民政府管理，代表地方本地区的经济利益。

根据铁道部统计中心的统计，我国铁路基本建设投资中，首次出现地方铁路投资统计数据是1971年，当年投资额为1.16亿元，进入80年代后，地方铁路投资金额持续增加，但幅度并不大，到"七五"末达到4.66亿元。20世纪90年代，特别是1992年后，地方铁路投资金额明显加大，开始从1992年的5.58亿元增加到2003年时达到18.61亿元，增长了3.3倍。其中，"八五"期间投资总额为45.82亿元，"九五"期间投资总额为57.19亿元。到"九五"末期，全国共建地方铁路1.2万公里，其中3100多公里建成后移交给国铁管理；有3500多公里以地方铁路立项、开展前期工作、开工建设后，转入合资铁路。

为引导和推动地方铁路投资体制改革，提高投资效益，2000年12月8日，铁道部制定《铁道部投入地方铁路建设资金管理办法》，授权中铁建设开发中心为铁道部的出资者代表，并规范铁道部投入地方铁路建设资金的使用和管理。随后，中铁建设开发中心以资金为纽带，2001年成功对广东省惠州至澳头、黑龙江省绥阳至东宁、河南省临汝至登封、四川省金沙湾至筠连、山西省沁源至沁县、山东省桃村至威海等13个项目进行了改制，地方铁路改革取得了突破性进展。铁道也加大了对铁路建设资金的投入，2001年投入总额达31 850万元，相当于铁道部"九五"期间对地方铁路投资3.21亿元的五年总额。

二、向世界市场开放

除了向路外市场开放外，我国铁路向世界市场开放的步伐也不断迈进。在1993年铁路领导干部会议上，时任铁道部部长韩杼滨强调，铁路

"要积极参加国内、国际两个市场的竞争,利用好国内、国际两种资源"。铁路的对内改革与对外开放应同时推进,这与十一届三中全会后中国经济发展的脉络相一致。正如经济学家吴敬琏指出:"中国改革以后经济发展的一个显著特点,在于对内改革和对外开放,也就是市场取向改革和对世界市场开放同时进行和相互促进。"

1996年4月,铁道部又制定了《铁路"九五"扩大对外开放规划》,明确"九五"期间铁路对外开放的奋斗目标、主要任务,以及提出要加强对铁路对外开放工作的宏观管理、归口管理和队伍建设等要求。

这一时期,我国铁路对外开放的表现主要集中体现在以下几个方面:

一是引进利用外资和先进技术设备。1993年开始,我国铁路建设出现了一个投资热潮,1993年铁路建设完成投资235.5亿元,是"七五"期间年均投资的4.2倍,1994年铁路建设投资完成322亿元。但是,由于"八五"期间铁路建设规模的需要,铁路建设资金仍存在巨大缺口。外资的引进和利用,有效地解决了这一问题,也促进了我国铁路对外开放工作的推进。日本从1979年开始向中国提供日元贷款,主要用于援建包括铁路、水利、港口等在内的基础设施,以及农林、城市建设、环保等领域的项目。其中,"八五"以来,我国铁路共利用日本政府贷款1320亿日元,用于新建宝中、衡商、南昆、胶黄4条新线共计1828公里,同时将国家三批日元余款197亿日元用于西安—安康新线电气化的施工准备,用于购置材料和引进隧道掘进机。从1989年开始到1995年,我国铁路还利用世界银行贷款共四批(即第四、五、六、七批),累计金额20.2亿美元,用于四方机车车辆厂工厂改造、浙赣铁路复线建设、徐州枢纽改造、成都至昆明铁路电气化改造和铁路通信网建设、武广铁路电气化改造等项目。除此以外,我国铁路贷款渠道不断拓宽。1994年开始

利用亚洲开发银行贷款共计2亿美元，用于京九铁路购置通信、信号、轨料及养路机械等。1995年开始利用澳大利亚贷款1500万美元，用于兰新复线通信项目。1998年底，我国用于铁路发展的外资贷款协议总金额达65.5亿美元。

在引进利用外资的同时，中国铁路也注重国外先进技术装备的同步引进，包括内燃电力机车及其制造技术、铁路信息化技术、电气化铁路成套设备及技术、大型养路机械配套技术及软件、关键加工设备及检测仪等多个方面。如铁路车辆及制造技术的引进，早在1986年5月，中国铁路就利用世行贷款1000万美元，通过国际投标，与英国铁路工程公司签订了改造长客厂技术咨询和引进新型客车技术合同，使其产量由750～800辆增至1500辆，且技术性能优良，速度为140公里/小时。1994年又利用衡广复线日元贷款余额3000万美元，与韩国公司合造30辆时速200公里不锈钢客车，1994年利用德国贷款从德国公司引进96辆地铁车厢。这些铁路关键技术的引进对中国铁路技术的发展都起到了积极的推动作用。

"八五"初期，铁道部特别强调在引进国外设备时需要加大引进技术含量和提高引进技术起点，同时，要重视加快引进技术国产化的进程。在这一个过程中，建筑总公司所属昆明机械厂便是一个典型的事例。该厂利用世行贷款，采用技贸结合方式，引进奥地利普罗塞公司大型捣固车和清筛及制造技术，通过消化吸收，研制、开发、改进了动力稳定车和配碴车。这些大型养路机械，已达到90年代国外同类产品的水平，可以替代进口。1995年亚行贷款招标采购15台养路机械，昆明机械厂中标13台，创汇1265万美元。

二是进行中外合资合作生产。中外合资合作生产是我国铁路扩大对外开放的一个重点。铁道部部长韩杼滨指出:"利用企业存量资产吸收外商投资合作,是盘活存量资产、调整产业结构、转换企业经营机制、扩大对开外放的一条有效途径。建立合资企业,进行合作生产,不仅可以解决资金问题,更重要的是可以引进我们急需的关键技术,实现产品的更新换代,提高生产水平和产品档次。"

较早兴办中外合资企业的是广州铁路局。早在20世纪80年代初,广州铁路局便积极引进外资,到1989年末,合资、合作企业已有7家,包括深圳车站旅行服务有限公司、广州车展旅行服务公司、广州无线电对讲机维修中心、深圳铁路塑料餐具制品公司、通达竹叶有限公司等,年营业收入6042万元,上缴税金288万元中方税后分成利润313万元。其中,最早的是与美国费城国际贸易公司及香港聚利发有限公司合作经营的深圳车站旅行服务有限公司。由深圳车站提供经营场所,港商投资240万港元供装修工程及购置设备所需费用,合作经营餐厅、酒吧、商场等业务。

卡斯柯信号有限公司(CASCO)是中国铁路系统的第一家中外合资企业,由中国铁路通信信号公司和美国铁路信号公司合资兴办,总投资480万美元,公司总部设在上海,于1986年3月14日开业。该公司主要引进和采用美国20世纪80年代水平的先进技术、制造工艺和管理方法,生产铁路通信信号设备及适合中国和国际市场的其他产品,包括技术服务和维修。产品50%出口到美国、新加坡和韩国等国家和地区。到1997年末时,通号总公司共成立了15家中外合资企业,引进外资1076.07万美元,其中14家生产铁路产品如数字程控交换机、超速防护设备、计轴设备、微机连锁等,特别如S12程控交换机、S700K电动转辙机及外闭锁装置的技术引进,在京九铁路建设、铁路提速中都发挥了重要作用。

据统计，截至1998年末登记注册的218家外商投资企业中，投资规模在100万美元以下的123家，占总数56.42%；100万～1000万美元的75家，占总数34.14%；1000万美元以上的占总数9.17%。因此，这一时期中外合资合作生产企业还普遍规模较小，仍需更多发展空间。

三是扩大对外运输。国际联运是铁路对外开放的一个重要方面。中国铁路国际联运始于20世纪50年代初，最早开班的国际联运是1951年4月实施的中苏铁路联运。此后又与朝鲜、越南、蒙古、罗马尼亚、保加利亚、匈牙利等国实施了铁路联运，并签订了相应的国际客货联运协定。随着改革开放不断扩大，中国铁路国际联运呈良好发展趋势，到1991年，铁路国际联运进出口货运量达到698.31万吨，国际列车和直通客车完成客运量达到16.5亿万人。

1992年以后，铁路国际联运和对香港运输进一步加快发展。铁路对外开放口岸扩大，增加了阿拉山口等口岸，办理国际联运的口岸已达到9个，分别与俄罗斯、哈萨克斯坦、蒙古、朝鲜、越南铁路相连。这些口岸担负着通过铁路进出境（过境）货物的交接和国际联运业务。与此同时，开行国际旅客列车和直通客车也逐渐增多，如1992年6月20日，首列阿拉木图至乌鲁木齐直通国际列车开行；同年12月，中哈国际铁路货物联运开通；1993年1月8日开行了佛山—九龙直通客车。1994年10月底，七国铁道运输部长会议在北京召开，进一步推动了国际联运合作的开展，1995年阿拉山口完成进出口货运量111.6万吨，是1994年的2.3倍。从1978年开始中断的中越间国际联运也于1996年2月12日恢复，开行了北京至河内的换乘直通客车。此外，乌鲁木齐—阿拉木图，呼和浩特—乌兰巴托，哈尔滨—伯力、符拉迪沃斯托克（海参崴）间，沈阳—莫斯科，昆明北—河内等也开行了国际列车或直通客车。

四是发展外经外贸。改革开放前,我国铁路在对外经济技术援助方面已取得巨大成就。从20世纪50年代到80年代初,受援国包括朝鲜、越南、坦赞尼亚、赞比亚等16个国家,对外援助总金额达26.93亿元,选派出国人员8.7万人次(不包括援朝)。十一届三中全会后,铁道部在1979年成立中国土木工程公司,开展对外承包工程和劳务合作业务。截至1991年底,中国土木工程公司新签并实施合同840多项,合同金额达9.3亿美元,营业额6.9亿美元,取得了较好的经济效益和社会效益。1980年,中国铁路对外服务公司正式成立,主要业务包括承揽商业广告,组织旅游,利用火车车厢组织商品流动展览、举行技术座谈等。截至1991年,中国铁路对外服务公司已在香港、泰国、深圳等地设立了14个分公司和办事处,先后同美国、英国、香港等30多个国家和地区的200国家企业建立了业务联系。从1981年到1991年,公司累计创利3057万元,累计创汇5250万美元。

20世纪90年代,我国铁路对外经贸快速发展,具有对外经贸权的单位迅速增加,到1994年时,铁道部有各对外经营权的单位共13个。"八五"期间,我国铁路对外承包工程、劳务合作和设计咨询等对外经济技术合作业务新签合同额累计达18.5亿美元,完成营业额累计7.4亿元。其中,中国土木工程公司于1995年底与尼日利亚交通部签署《尼日利亚铁路修复改造项目的合作合同》,金额达5.3亿美元,是当时我国铁路历史上最大的国际经济合作项目。

"九五"时期,我国铁路对外经贸出现全新局面,中土集团公司、建筑总公司、哈尔滨铁路局对外经济技术合作公司,先后扩大了对外经营权,成为具有全方位对外经营资格的外经贸公司。"九五"前期,有各类经营权的企事业单位已增加到45家,铁路外经贸业务规模和绩效也不断

扩大,业务范围主要包括对外承包工程、劳务合作、设计咨询、进出口贸易等。据统计,从1991年至1998年,全路劳务合作、对外承包工程和设计咨询等经济技术合作项目合同金额累计达到29.78亿美元,完成营业额19.04亿美元。与此同时,铁路产品出口也是逐年增长,机车车辆产品是铁路出口的重点,仅1995年机车车辆工业产品出口成交额就达2.1亿美元,超过了前4年成交额的总和。

五是充分利用加入世界贸易组织(以下简称WTO)机遇。2001年中国加入WTO,也给中国铁路改革与发展带来新的机遇和挑战。2001年12月10日,经过长达15年的艰苦谈判,中国正式加入WTO,标志着我国对外开放进入一个新阶段,将在更大范围、更广领域、更高层次上参与国际经济竞争与合作,更好地适应经济全球化发展趋势。

铁路运输属于服务贸易,根据《中华人民共和国加入议定书》附件9《服务贸易具体承诺减让表》,我国政府做出了分阶段开放铁路货运市场及与铁路货运有关的仓储和货运代理业务的承诺。第一阶段,自加入WTO之日起,允许外资参股中外合营铁路货运企业,外资比例不超过49%;第二阶段,加入WTO后3年内,允许外资在铁路货运公司中控股;第三阶段,加入WTO后6年内,允许设立外商独资的铁路货运公司。

对中国铁路来说,"入世"开放铁路运输市场,是一个难逢的机遇,也是一个有力的挑战。根据2002年铁道部经济规划研究院孙林、徐明露研究,加入WTO将给我国铁路的改革和发展带来以下几方面的机遇:一是加入WTO将加快我国铁路运输和经济体制改革,特别是国有铁路企业的改革步伐,为实现铁路体制改革重大突破注入新的动力;二是加入WTO有利于吸引外资,加快铁路技术进步,促进铁路经营管理水平的提高;三是加入 WTO 有利于促进竞争性铁路运输市场的形成和铁路运输企业效率的提高;四是加入 WTO 有利于铁路开拓新市场,开发新业务;五是加入 WTO 有利于我国企业在国际市场上享受公平待遇的权利,积极参与跨国竞争与合作。

同时,随着国内市场逐步开放,铁路运输业也将面临严峻挑战。主要表现在:既有的铁路管理体制、组织体制和经营管理方式不适应市场经济的需要;缺乏对外对内开放铁路运输业的法律法规,可能与 WTO 所要求的透明度原则相左;外方可能采取"挑奶皮"战术,更多地进入那些盈利高、市场潜力大且刚刚起步的专业性运输市场,对我国铁路货运新的增长点构成威胁;加剧铁路繁忙干线在需求高峰期的运输能力紧张状况;外资企业在我国从事公路运输,对铁路形成替代性竞争;与直接从事货运业务相结合,外方公司可能从事相应的仓储和货运代理业务,从而会对我国铁路仓储和货运代理,尤其是国际货运代理产生较大影响;外商进入会加剧对国铁高素质技术、经营管理人才和熟练技术工人的争夺,从而会进一步引起国铁人才的流失。因此,正如时任铁道部部长傅志寰所指出那样,我国铁路在面对机遇与挑战并存的情况下,一是政府管理铁路的职能与方式必须转变;二是铁路运输体制改革需要加快;三是在人才培养、使用和激励等方面迎接挑战。

第四节 一张蓝图绘到底:铁路迈向新时代

中国铁路不断砥砺前行,终于到彻底冲破"瓶颈"的时候了。随着国家综合国力不断提升,对全国路网进行中长期规划的时机逐渐成熟了。

什么是铁路网呢？根据定义，"铁路网是在一定空间范围内（全国、地区或国家间），为满足一定有历史条件下客货运输需求而建设的相互联结的铁路干线、支线、联络线以及车站和枢纽所构成的网状结构的铁路系统"。从其形成和发展的具体过程来看，一般"首先在一个地区内根据运输需要和自然条件，以重要的政治经济中心、大工业城市、能源材料供应基地、矿产开发基地、河海港口等为控制点，设置必要的车站，并在这些车站间修建铁路线进行连接，然后逐步扩展到其他地区，形成地区间的客货运输通道。随着这些地区间纵横交错的运输通道的相互沟通，就形成了四通八达的铁路网"。中国铁路网的形成自有其特点，改革开放以来中国铁路网的建设与发展历程，是与国民经济社会的发展同步、同向的过程。铁路通过挖潜扩能、扩大规模、完善结构、优化布局等系统性改革，为国家现代化建设提供了充足的运输保障；全面物质生产体系建立、国际地位持续提高、全面融入世界经济体系、经济快速稳健增长、人民生活水平显著改善等对内经济改革和对外开放的巨大成就，又为铁路成网建设能力的不断提升提供了强有力的牵引和支撑。

一、《中长期铁路网规划》出台

进入21世纪，进一步加快满足客货运需求的铁路网建设迫在眉睫，构建与社会主义现代化建设相适应并适度超前的现代化铁路网迫在眉睫！只有将中国铁路的发展从负重前行的被动式发展，转变为"科学规划""系统规划""超前规划"的主动式发展，才能从根本上解决"瓶颈"一再出现的问题，彻底冲破"瓶颈"的铁路改革才能持续走向深入。

铁路在国内的"供不应求"和与国际的"巨大差距"，都预示着中国铁路在进入全面建设小康社会的新的历史阶段，必须实现更大范围、更高质量的自我跃升，来融入社会主义现代化建设的时代洪流。2001年发布的《中华人民共和国国民经济和社会发展第十个五年计划纲要》中，就已经对进入新世纪后的铁路建设进行了全新的总体部署，指出交通建设要建立健全畅通、安全、便捷的现代综合运输体系。"铁路部门将投资2700亿元，比'九五'多240亿元，建设以'八纵八横'铁路主通道为重点的铁路路网；到2005年，我国铁路营业总里程将达到7.5万公里左右，比2000年新增7000公里，超过'九五'新修6000公里的水平。"

实际上，经过1997年、1998年、2000年、2001年以及2004年的五次大提速，特别是2004年4月18日零时第五次大面积提速调图开始实施之后，"新的列车运行图客运能力提高18.5%，货运能力提高15%左右，但是，我国路网规模总量与我国人口、国土面积和经济发展水平相比仍不相称；技术装备水平、列车运行速度与国际先进水平相比差距仍不小；主要干线能力紧张没有得到根本性缓解。要根本解决铁路'瓶颈'制约，用铁路部门的话讲：必须实现跨越式发展"。为适应国民经济发展的总体形势，2003年6月28日至7月1日，铁道部召开铁路跨越式发展研讨会，正式确立并开始实施以"运输能力快速扩充、技术装备水平快速提高"为内涵的"铁路跨越式发展"，进一步推动铁路彻底摆脱"瓶颈"，并将建设发达的铁路网作为核心任务之一。

2004年1月7日，时任国务院总理温家宝主持召开国务院常务会议，讨论并原则通过了《中长期铁路网规划》(简称"04规划")，"会议认为，铁路具有大运力、低成本优势，在运输中占有重要地位。制定中长期铁路网规划，加快铁路发展，对于促进国民经济持续快速增长，全面建设小康社会，是十分必要的，会议原则同意这个规划"。这是中华人民共和

国历史上第一个《中长期铁路网规划》，也是国务院通过的第一个行业规划，它揭开了中国铁路"成网建设时代"的大幕。

"04规划"紧随"铁路跨越式发展"出台，从主要内容、发展目标等来看，"就是一个跨越式发展的规划"。"它对实现铁路跨越式发展，促进国民经济持续快速增长，满足全面建设小康社会目标的要求具有重要意义。"中国铁路的发展既要立足现实、借鉴世界铁路成功经验，也要瞄准前沿趋势、前瞻性构筑合理发展路径，从而缩短支撑工业化进程的发达铁路网建设时间，才能实现跨越式发展。通过行业规划的形式，顶层设计中长期铁路建设方案、技术创新方案，以满足国民经济建设主战场的中长期需求，体现了铁路以更加科学的方式彻底冲破"瓶颈"的改革思路；规划明确了高标准加快新线建设，快速扩大路网规模，逐步发挥路网规模、结构和质量的协同效应的发展方向，则为铁路实现跨越式发展提供了行之有效的实施蓝图。"04规划"的诞生，既是"瓶颈"倒逼，又是"发展"引领，既对接了现实发展需要，又体现了未来发展布局；"04规划"是突破铁路制约、加快铁路改革，保证我国经济和社会全面协调可持续发展的政策性文件，也是中国全面缩小与世界发达国家铁路差距、准确把握世界铁路发展趋势的指导性文件。

"04规划"是指导中国铁路走向2020年的总体建设规划，以扩大路网规模、完善路网结构、提高路网质量为主攻方向，加快建设发达和完善的铁路网，使运输能力适应国民经济持续快速协调健康发展和全面建设小康社会的需要。规划确定了到2020年，全国铁路营业里程达到10万公里，主要繁忙干线实现客货分线，复线率和电气化率均达到50%，运输能力满足国民经济和社会发展需要，主要技术装备达到或接近国际先进水平。具体而言，其规划的重点集中在以下四个方面：

一是实施客货分线,提升路网质量。2004年以前,除秦沈客专,我国铁路均是客货混跑,快速与重载难以兼顾,客货运输需求不能满足又影响旅客运输质量提升。"04 规划"明确提出要实施客货分线,并高技术标准建设"四纵四横"客运专线,形成环渤海地区、长江三角洲地区、珠江三角洲地区三个城际快速客运系统,满足省会城市及大中城市间等经济发达的城市密集群客运需要。建设客运专线 1.2 万公里以上,客车速度目标值达到每小时至少 200 公里。客货分线这一铁路运输组织模式的概念是首次明确提出。一般所熟知的客货共线铁路,又简称客货铁路或客货共线,在中国是指旅客列车与货物列车共线运营、设计速度 200 公里/时及以下的铁路。而客货分线运输是多线铁路运输模式中的一种,德国、法国、英国等国家早在 20 世纪中后期就已经开始研究,在部分繁忙通道修建双线或多线铁路,实行客货列车分线运输的组织方案。许多发达国家铁路主要通道在当时已经实现四线甚至多线客货列车分线运行。客货分线运输的提出,从一定程度上反映出我国铁路在建设规模不断增加的同时,铁路运输组织能力也在不断提升,铁路网络正向着兼顾运输效率、效益和质量的铁路交通立体网络不断优化。

二是加强连接通道建设,完善路网布局。2002年,西部铁路里程约 26 000 公里、路网密度约 38 公里/万平方公里;东中部地区铁路里程约 46 000 公里、路网密度约为 169 公里/万平方公里;西部运网稀疏、运能不足、与中西部联通差的问题在西部大开发的背景下更加凸显。"04 规划"规划建设新线约 1.6 万公里,提出以西部为重点建设一批西部开发性新线,在加快青藏铁路建设的同时,集中力量加强东西部通道建设,形成西北至华东、华北,西南至中南、华东的路网骨架;在东中部建设必要联络线以增强运输灵活性;新建、改扩建西北、西南进出境国际铁

路通道、满足对外开放的陆路联系。铁路网建设既包括改造既有线也包括修建新线,二者必须统筹兼顾,协调发展。时任国务院副总理黄菊在2005年1月12日举行的全国铁路工作会议上指出:"从根本上解决中国铁路运能问题,还应加快铁路建设步伐;要把加快新线建设作为从根本上缓解煤电油运紧张状况,促进国民经济发展的一项重要任务。"铁道部有关负责人也指出,连续五次大提速后,中国铁路的潜力已经基本被挖掘,处于超饱和状态,如果不尽快增加铁路通车里程,铁路很快又将出现大的"瓶颈"。"像中国这样一个国土面积辽阔、人口众多的国家,究竟需要多少公里铁路,是一个颇费思量的问题。在'八五'铁路会战开始时,有专家分析认为,中国至少需要20万公里的铁路才能适应社会经济发展的需要。"而到2003年底,我国铁路营业里程虽已达到73 002公里,但与20万公里的预测里程相去甚远。

三是提升既有线能力,突出协调发展。通过技术改造、扩大运能、增建二线、电气化改造等提升既有主要主干线运能,规划既有线增建二线1.3万公里,既有线电气化1.6万公里。针对煤运径路实际,形成18亿吨煤运通道运输能力;系统安排枢纽建设,与其他交通方式有机衔接,加强机车车辆检修基地等运输保障性设施协同建设,实现点线能力协调发展。

四是推进技术创新,提高装备国产化水平。21世纪初我国铁路技术装备水平总体上相当于发达国家20世纪80年代的水平,特别是高铁动车技术仅处于研发阶段。"04规划"以高速、重载为重点,将提高装备国产化水平作为努力方向,明确200公里以上机车车辆和动力组要尽早实现国产化,提升重载设计制造水平,同步提升线桥隧、牵引供电、通信信号等技术,实现铁路信息化。

"04 规划"的批准与实施,标志着我国铁路新一轮大规模建设即将展开。"2005 年,一大批铁路建设项目的立项和可行性研究获得批准,建设投资总规模超过 5000 亿元。大丽铁路、铜九铁路(安徽段)等 23 个铁路重点项目相继开工,13 个铁路重点建设项目相继竣工,建成新线 1085 公里,复线 662 公里,电气化 562 公里。"2007 年,在"04 规划"指引下,"全年全国铁路固定资产投资(含基本建设、更新改造和机车车辆购置)完成 2520.7 亿元,比上年多 432.3 亿元,增长 20.7%;全国铁路营业里程达到 7.8 万公里,比 2006 年增加近千公里,里程长度位居世界第三。全国铁路复线里程 2.71 万公里,复线率 34.7%;电气化里程 2.55 万公里,电化率 32.7%。路网密度 81.2 公里/万平方公里,比 2006 年增加 0.9 公里/万平方公里。以动车组开行为标志的全国铁路第六次大面积提速成功实施,时速 120 公里及以上线路延展里程达到 2.4 万公里;时速 160 公里及以上线路延展里程达到 1.6 万公里;时速 200 公里及以上线路延展里程达到 6227 公里,其中时速 250 公里线路延展里程达到 1019 公里"。地方各级人民政府对"04 规划"也表现出极高的参与热情。"铁道部采取走出去、请进来的方式,先后与 20 多个省市自治区签署了铁路建设战略合作协议。"广西、浙江、东北等地不断解放思想、创新方式,以联合出资、负责拆迁及全部费用、国内外招商等多种路地合作模式,加快铁路建设;如:哈大客运专线由铁道部和东北三省政府投入资金 50% 以上,其中三省以征地拆迁入股,其余资金向国内外投资者招商,并组建哈大铁路客运专线股份有限公司。

从 2004 年到 2008 年的五年中,中国铁路进入加快发展的黄金机遇期,高速铁路、客运专线、城际铁路、煤炭运输通道、区际铁路干线和西部铁路相继开工,"累计批复项目投资规模 2 万多亿元,累计完成基本建设投资8090亿元,是前五年的3倍,地方及企业投资(地方政府及企业投资1400亿元)是前五年的5.2倍;仅2008年一年就完成铁路投资达3375.54亿元,是"十五"基本建设投资总额的1.1倍"。中国铁路在神州大地不断延展,向世界展示着中国经济与社会蓬勃发展的新景象。2006年7月1日,世界上海拔最高、线路最长的高原铁路——青藏铁路正式通车运营;2007年12月27日,"中国重载第一路"——大秦铁路实现年运量超3亿吨,突破世界单条重载铁路年运量不超过2亿吨的理论极限;2008年8月1日,环渤海地区城际轨道交通网的重要组成部分——最高时速350公里的京津城际铁路在北京奥运会前夕开通运营,开辟中国高速铁路新纪元;京沪高速铁路、京广客运专线和兰渝铁路、贵广铁路等重点工程开始建设。"2008年底,铁路营业里程达8万公里,完成客运量14.6亿人、货运量33亿吨,较2003年年均分别增长8.4%和8.2%。"可以说,"这是中国铁路建设规模最大、标准最高、发展最快的几年,不仅在中国铁路建设史上前所未有,在世界铁路发展史上也绝无仅有"。

这一时期,随着铁路大规模建设实践,中国铁路在理论创新、技术创新、管理创新、机制创新上也不断取得新突破,特别是通过原始创新、集成创新和引进消化吸收再创新的"中国模式",实现了铁路自主创新能力在高速铁路建设、机车车辆设计制造、重载运输、安全技术装备等领域的快速跃升。

二、《中长期铁路网规划》调整

2006年,《中华人民共和国国民经济和社会发展第十一个五年规划纲要》基于"与国民经济社会发展对铁路运输的需求相比,铁路网整体能力和服务质量的瓶颈制约仍未根本改善，供需之间的根本矛盾仍然深刻地影响着人民群众的生产生活"的判断，提出要"加快铁路发展"，强调要"加快发展铁路运输。重点建设客运专线、城际轨道交通、煤运通道，初步形成快速客运和煤炭运输网络"。同年，铁道部在国家发展改革委的支持协调下，结合国情、路情，科学借鉴发达国家铁路发展的成功经验，集聚各方面专家、学者和国家有关部门、各省区市意见建议，统筹协调、系统优化，开始启动对2004年版《中长期铁路网规划》的调整工作。

2007年11月，国务院批准《综合交通网中长期规划》（发改交运〔2007〕3045号），提出了到2020年铁路营业里程达到12万公里、复线率和电气化率达到50%和60%的铁路发展新目标。在这一规划指导下，铁道部加紧推进研究、论证、审批等《中长期铁路网规划》调整工作。国家发展和改革委员会于2008年10月31日正式批准《中长期铁路网规划（2008年调整）》（以下简称"08规划"）。

2004年以来，在科学发展观"五个统筹"的指引下，区域经济协调发展战略开始实施，工业化、城镇化、市场化、国际化进程加快，对各个国民经济建设主战场的可持续发展提出了新的、更高的要求，在这样的背景下，"04规划"已经不适应新形势对铁路发展提出的新要求，铁路网建设的外部环境和发展条件也发生了快速的、积极的、深刻的变化。为什么要出台"08规划"呢？主要基于如下五个方面的原因。

一是国家宏观经济政策的重大调整。2008年金融危机爆发并在世界范围内蔓延，世界经济增速明显放缓，出口贸易、钢铁、房地产、汽车等我国实体经济受到较大的影响。为此，国家及时调整宏观经济政策，进一步扩大内需，按照温家宝总理"出手要快、出拳要重、措施要准，

工作要实"的指示，出台了加快铁路公路和机场重大基础设施建设、加快地震灾区灾后重建等促进经济平稳快速增长的10项措施，10项措施对应的10大工程到2010年底将累计投资约4万亿元。一方面，从落实国家政策的角度，这一重大政策调整为铁路带来了大量的、新的建设资金投入，要求铁路必须加速改革步伐，阶段性调整发展思路，主动以新的产出"消化"新的投入。另一方面，从发挥行业作用的角度，在国家总体应对金融危机的宏观经济政策调整背景下，适时加快铁路建设步伐，科学调整铁路规划，将为加大固定资产投资、扩大内需、保证经济平稳快速增长起到积极作用，为金融危机的世界背景下我国经济社会的快速发展提供强有力的基础支撑。

二是中国城镇化进程的不断推进。城镇化过程包括人口职业的转变、产业结构的转变、土地及地域空间的变化。推动城市化发展的动力，一种是推力，一种是拉力。推力是使人群离开乡村的因素，拉力是指吸引人群进入城市的因素。拉力包括社会服务资源丰富、交通便捷、文化设施齐全等。2008年中国城镇化率达45.68%，逼近50%。快速的城镇化进程迫切需要便捷的、大众化的交通方式作为牵引动能，随着技术装备水平的逐渐提升，铁路特别是城际铁路日渐成为强化城市化发展"拉力"的新型"引擎"，连接大中型城市圈、高密度、公交化的城际铁路等新型城市轨道交通方式急需新建和增线。

三是加快铁路建设积极性的空前高涨。2006年10月召开的中国共产党第十六届五中全会上，中央正式将建设资源节约型和环境友好型社会确定为国民经济与社会发展中长期规划的一项战略任务。我国虽幅员辽阔，但人口众多、资源短缺、能源结构不均衡，铁路具有大运量、辐射面大、能源适用范围广等技术经济优势，在资源节约型、环境友好型社会建设中是国民经济较为理想的运输方式,随着资源环境约束日益加剧,社会对发展铁路认识的提高,特别是各级地方政府对以铁路为主的枢纽建设积极性空前高涨,部分地方要求建设的铁路项目已经超出了"04 规划"的范畴,交通运输业的可持续发展需要铁路在其中发挥更大作用。以地处西部的四川为例,2007 年年底,四川省委九届四次全会科学审视四川省情和发展阶段性特征,做出了建设贯通南北、连接东西、通江达海的西部综合交通枢纽的重大战略决策;提出通过突出南向、加强东向、扩大北向、畅通西向,逐步建成 18 条铁路、21 条高速公路、2 条水运航道等,形成全方位开放的综合交通运输大通道;"十二五"时期全省交通建设拟完成投资突破 7000 亿元,其中铁路就占到 2800 亿元。

四是客货运输需求持续稳定快速增长。2002—2007 年,国民经济(以下简称 GDP)以年增超过 10% 的速度持续增长,铁路换算周转量的年均增速达到 8.5%,远远超过了原规划预测的运量增长速度(4.7%),但原规划路网新增铁路里程年均增长仅为 2%,由于我国铁路长期滞后发展,客货运输需求持续稳定快速增长的背后是铁路网规模总量的明显不足。加之,我国对外开放程度不断加深,对外合作与经贸往来逐年增加,必要的港口、口岸后方铁路运输通道需求快速增长。

"08 规划"根据国家经济社会发展、区域经济发展战略和 2007 年《中长期综合交通网规划》,在"04 规划"和《铁路"十一五"规划》基础上,对接区域发展、能源战略、对外贸易、国土开发以及运输需求等实际,统筹考虑其他运输方式和能源等相关行业发展,对《中长期铁路网规划》中的铁路建设规模和布局进行适当调整:将 2020 年全国铁路营业里程规划目标由 10 万公里提升为 12 万公里以上,其中高速铁路由 1.2 万公里提升为 1.6 万公里,电气化率由 50% 提升为 60%,主要繁忙干线实现客货分线，基本形成布局合理、结构清晰、功能完善、衔接顺畅的铁路网络，运输能力满足国民经济和社会发展需要，主要技术装备达到或接近国际先进水平。同时，还在2004年"四纵四横"客运专线及城际铁路系统的骨架上，延伸和扩大了客专及城际客运系统覆盖面，明确将形成连接所有省会及50万人口以上的城市，覆盖全国90%以上人口，总里程达到5万公里以上的快速客运网，省会城市间总旅行时间节省50%以上。

按照"08规划"要求，从2008年到2020年将新开工建设4.1万公里铁路，其中时速250公里以上的高速铁路1.6万公里，中国高速铁路建设计划规模相当于世界已经建成并投入运营时速250公里以上高速铁路总里程（6350公里）的3倍；铁路总投资将在3.5万亿元人民币以上，共需消耗数千万吨基建用钢、700万吨重型钢轨、数亿吨水泥、上千列高速列车组、数百万施工人员及数以万计的施工机械，投资额超过中华人民共和国建国59年铁路投资总和。规划完成后，我国"人便其行、货畅其流"的铁路基础网络布局将形成。

在"08规划"的引领下，2009年12月，武广高铁投入运营，我国开始全面掌握高铁技术；2011年6月，中华人民共和国一次建设里程最长、投资最大、标准最高的高速铁路——京沪高铁正式通车运营；2012年12月，世界上第一条高寒高铁哈大高铁开通运营；到2015年底，我国铁路营业里程达到12.1万公里，居世界第二位。其中，高速铁路1.9万公里，居世界第一位。尤其是"十二五"期间，铁路建设创造了历史最高水平，全国铁路固定资产投资完成3.58万亿元，比"十一五"时期多完成1.15万亿元，增长47.3%；新线投产3.05万公里，比"十一五"多完成1.59万公里，增长109%，是历史投资完成最好、投产新线最多的5年。我国铁路运输量稳居世界第一。

三、《中长期铁路网规划》修编

2016年6月29日,国务院总理李克强主持召开国务院常务会议,原则通过《中长期铁路网规划》修编,以交通大动脉建设支撑经济社会升级发展。这次修编的主线是进一步修正铁路发展目标,增强铁路建设对经济发展的支撑作用,主要的内容是扩大铁路基础设施网络,构建与公路、水路、航空等有机衔接的综合交通运输体系,主要目标是增加铁路有效供给,提升运输服务保障能力。规划修编后,到2020年,我国铁路网规模将达到15万公里,其中高速铁路3万公里,覆盖80%以上的大城市。到2025年,铁路网规模将达到17.5万公里,其中高速铁路3.8万公里左右。展望2030年,基本实现内外互联互通、区际多路畅通、省会高铁连通、地市快速通达、县域基本覆盖。

这次修编是经济新常态背景下的铁路网规划升级。

在2004版、2008版《中长期铁路网规划》引领下,我国铁路建设进展顺利,铁路营业里程等部分2020年目标在2015年就已提前完成。截至2016年年底,我国铁路营业总里程达到12.4万公里、高速铁路营业里程已达2.2万公里(2010年仅为8358公里)。我国铁路运能紧张状况基本缓解,瓶颈制约基本消除,基本适应经济社会发展需要。铁路网的完善,促进了铁路服务社会能力的提升,当年"一票难求""一车难要"的日子已经一去不返。但出人意料的是,国家发改委公布数据显示,2015年,全国铁路累计完成货运量33.6亿吨,同比下降11.9%;全年全国铁路完成货运周转量23 754亿吨公里,同比下降13.7%;同期,全社会完成货运量450.2亿吨,增长4.4%,完成货物周转量180 583亿吨公里,下降0.5%。铁路货运所占份额降幅较大。铁路货运量和货物周转量不增

反降的原因何在？中国铁路是否已经出现产能过剩？

2015年11月，习近平总书记主持召开的中央财经领导小组第十一次会议中强调，推进经济结构性改革，是贯彻落实党的十八届五中全会精神的重要举措，要实行"宏观政策要稳，产业政策要准、微观政策要活，改革政策要实，社会政策要托底"的五大政策，并指出"在适度扩大总需求的同时，着力提高供给侧体系质量和效率，增强经济持续增长力，推动我国社会生产力水平实现整体跃升"。这被认为是中国供给侧改革的"路线图"，是中国实现经济新常态和创新、协调、绿色、开放、共享发展理念的必然要求。供给侧结构性改革的主要做法是在适度扩大总需求的同时，去产能、去库存、去杠杆，减少无效供给，扩大有效供给。诸如钢铁、煤炭、石油石化、有色金属等我国产能过剩严重产业，正是供给侧结构性改革的重点领域，也是传统铁路货运的主要货源。不难看出，供给侧改革才是真正导致中国铁路面临"无货可运"窘境的"看不见的手"。2015年，铁路货运量的下降，是中国经济进入新常态、实现经济转型在市场上的真实反映，供给侧结构性改革是铁路从"瓶颈"压力中解脱出来后进一步深化改革的推动力量，是中国铁路面临的全新改革任务，这也预示着在市场作用与政府作用有机统一的中国特色社会主义市场经济新格局中，"铁老大"逐步向现代企业转变的必然。

需要看到的是，铁路货运量的下降并不意味着中国要停止大规模铁路建设。就国际而言，从铁路密度看，中国人口是美国的4倍，铁路里程尚不到美国的三分之一，铁路密度仍远低于发达国家。就国内而言，从铁路分布看，路网布局仍不完善，路网覆盖仍需进一步扩大，尤其是中西部铁路发展不足；从运行效率看，通而不畅、通道能力紧张仍然存在；结构性矛盾较突出，网络层次不够清晰，城际客运系统发展缓慢，交通运输方式衔接有待加强。特别是在经济新常态的特定历史时期，铁路建设对经济发展的支撑作用更加凸显，铁路这一国民经济大动脉，既稳增长、更调结构，既增加有效投资、更扩大消费，深化铁路供给侧改革是一举多得的利当前、惠长远的重要举措。

一方面，按照原有的《中长期铁路网规划》，各项核心任务提前完成，铁路自身建设步入科学轨道，需要基于现状和2025年、2030年更长时期的发展需求，对铁路网建设进行再规划；另一方面，中国经济社会发展的新形势对铁路发展提出了新要求、新目标，中国铁路逐步从硬实力建设进入软硬实力协同建设的新阶段，铁路网规划的层次、内涵和作用需要进一步提升；同时，与过去追求数量增长以应对"瓶颈"不同，未来铁路建设更强调质量和效率，来适应经济社会的高质量发展。以上不仅是2016年《中长期铁路网规划》修编的背景，也是规划内容调整的总体思路。

另一个原因是铁路改革进入转型发展黄金时期。

习近平总书记指出，"'十三五'是交通运输基础设施发展、服务水平提高和转型发展的黄金时期"。这个黄金时期，不是规模速度型大发展时期的简单延续，而是一个质量效率型发展时期的全新开始，也是一个综合交通运输基础设施加速成网、交通运输业加快转型升级、现代综合交通运输体系加快构建的黄金机遇期。《2016年政府工作报告》要求，2016年我国要完成铁路投资8000亿元以上。2016年3月17日发布的《中华人民共和国国民经济和社会发展第十三个五年规划纲要》，从构建内通外联的运输通道网络、建设现代高效的城际城市交通、打造一体衔接的综合交通枢纽、推动运输服务低碳智能安全发展四个方面，勾勒出国家"十三五"期间以网络化布局、智能化管理、一体化服务、绿色化发展，

建设综合交通运输体系的宏伟愿景。加快推进高速铁路成网，加快中西部铁路建设，在城镇化地区大力发展城际铁路、市域（郊）铁路，提升全国性、区域性和地区性综合交通枢纽水平，加强联程联运系统、智能管理系统、公共信息系统建设等内容，彰显了国家以"铁公机"多种交通方式互联互通构建综合交通、绿色交通、智能交通、平安交通的"大交通""大动脉"发展理念。根据规划，"十三五"交通建设重点工程包括，贯穿哈尔滨至北京至香港（澳门）、连云港至乌鲁木齐、上海至昆明、广州至昆明高速铁路通道，建设北京至香港（台北）、呼和浩特至南宁、北京至昆明、包头银川至海口、青岛至银川、兰州（西宁）至广州、北京至兰州、重庆至厦门等高速铁路通道，高速铁路营业里程达到 3 万公里，覆盖 80% 以上的大城市。可以发现，"十三五"铁路建设重点已向中西部转移，尤其是高速铁路网建设。与此同时，多省市也陆续出台铁路投资建设规划。"十三五"期间，四川铁路建设计划投资 2000 亿元以上，到 2020 年，全省铁路运营里程将达 6000 公里以上，高速铁路达 2100 公里。福建省将投入 7500 亿元打造现代交通运输体系的升级版，其中，2020 年底前，福建省将有 7 条铁路建成通车，新增通车里程超过 1200 公里。

从前后关系来看，《中长期铁路网规划》修编是对《中华人民共和国国民经济和社会发展第十三个五年规划纲要》的具体落实，将"四纵四横"提升为"八纵八横"，第一次明确提出了"高速铁路网"并规划其与"普通铁路网"形成"互联网"；通过在线上优化多种交通方式布局、共同通道资源，在面上发展多式联运，实现交通方式有效衔接和融合；规划配套保障直指铁路供给侧改革核心，要求加快建立现代企业制度，盘活现有资产，用市场化的方式多渠道进行融资，放宽市场准入，鼓励支持地方政府和广泛吸引包括民间投资、外资等在内的社会资本参与铁路投资建设;最大的特色则在于第一次明确提出了发展高铁经济的理念,注重培育壮大高铁经济新业态,以高速铁路通道为依托,以高速铁路的站场为支点,促进沿线区域交流合作和资源优化配置,加速产业梯度转移,带动制造业和整个经济转型升级,这也代表着以"八纵八横"高速通道为标志,分层次统筹规划、互联互通的大交通网络布局形成,中国铁路经济时代已经到来,铁路与经济社会发展的融合将进一步深入。

十九大报告基于中国特色社会主义进入新时代的重大政治论断,提出了2035年、2050年"分两步走"的新目标,并明确提出要建设"交通强国"。围绕这一系列新时代命题,国家和地方也随之都对原有的铁路中长期规划进行再次修编,将目标设定到2035年;有铁路规划专家认为,在高质量增长的要求下,这样的修编尽管铁路里程目标有可能增加,但相较于2016年《中长期铁路规划》的修订,规划目标不会增加几万公里。2017年11月20日,国家发展改革委、交通运输部、国家铁路局、中国铁路总公司联合印发《铁路"十三五"发展规划》。《规划》提出,到2020年,路网布局优化完善。全国铁路营业里程达到15万公里,其中高速铁路3万公里,复线率和电气化率分别达到60%和70%,基本形成布局合理、覆盖广泛、层次分明、安全高效的铁路网络。中西部路网规模达到9万公里;城际和市域(郊)铁路规模达到2000公里;基本实现客运"零距离"换乘和货运"无缝化"衔接;实现北京至大部分省会城市之间2~8小时通达,相邻大中城市1~4小时快速联系,主要城市群内0.5~2小时便捷通勤;为推进"八纵八横"主通道建设,实施一批客流支撑、发展需要、条件成熟的高速铁路项目。从设定的具体指标来看,"十三五"

期间,高铁营业里程年均增速为11.6%,远高于4.8%的铁路整体增速。这是自2004年《中长期铁路网规划》出台以来中国铁路的第三个五年发展规划(2009年"十一五"铁路规划、2012年"十二五"铁路规划),中国铁路贯彻落实《国民经济和社会发展第十三个五年规划纲要》《"十三五"现代综合交通运输体系发展规划》和《中长期铁路网规划》的阶段性发展文件。中国铁路将在规划引领下,从交通大国迈向交通强国。

第五节　改革,持续地改革

在中国铁路网的快速形成期,铁路网规划不断扩大、日趋成熟,"以提高铁路运费的铁路建设基金和国家开发银行的政策性贷款为主的铁路建设资金来源渠道,已无法满足年均上千亿元的投资需求"。

有学者认为21世纪初中国铁路项目投资经历了"平稳发展期、快速发展期、高速发展期和调整期四个阶段"。2004年以前为平稳发展期;2004年以《中长期铁路网规划》颁布为标志进入快速发展期;2008年受金融危机影响国家出台4万亿经济刺激计划,铁路建设投资力度进一步加大,进入高速发展期;2011年,受国家宏观经济政策调控及"7·23甬温线特别重大铁路交通事故"影响,铁路建设资金紧张,铁路投融资进入调整期。与铁路投资规模发展相对应的投融资改革历程,受到外在及铁路自身复杂因素的影响,则呈现出从以多元方式解决建设资金来源问题,向以调整投融资结构、提升投融资效率转变的演进特点,破除体制机制障碍、创造良好内外部环境则是这一时期推进铁路投融资改革向纵深发展的主要手段。

一、铁路投融资改革的开创性进展

铁路投融资体制改革是自上而下的强制性制度变迁。由于铁路改革深度不够,从市场上大举筹措建设资金受制于体制束缚,与其他行业相比,明显滞后。"1997年到2002年的五年间,公路投资达1.4万多亿元,铁路则不足3000亿元;2002年公路一年的投资额就超过了铁路近5年投资额的总和。"巨大反差的背后是铁路落后的投融资体制。

2004年前后,国家层面指导性政策以及市场化融资、社会资金投资铁路建设的一系列规定陆续出台,国家投资体制改革的深化、铁路准入政策的放宽等一系列"转轨"与"开放"的重大战略性决策为铁路投融资改革创造了前所未有的良好政策环境;铁路被国家列为拉动经济增长的重点行业之一,中央和地方支持铁路建设的力度也持续加大。2003年10月14日,党的十六届三中全会通过了《中共中央关于完善社会主义市场经济体制若干问题的决定》,首次提出大力发展国有资本、集体资本和非公有资本等参股的混合所有制经济,实现投资主体多元化,使股份制成为公有制的主要实现形式等许多新思想和重大理论观点。明确要大力发展包括资本市场在内的现代市场体系,使企业成为市场投资主体,这也是实现从计划经济向市场经济"转轨"的最重要的标志之一。2004年1月发布的《国务院关于推进资本市场改革开放和稳定发展的若干意见》把大力发展资本市场作为一项重要的战略任务、推出了九个方面的重大举措("国九条")。2004年8月,国家发布《国务院关于投资体制改革的决定》,规定今后凡是不使用政府投资建设的项目,一律不再实行审批制,区别不同情况实行核准制和备案制;企业项目核准、境外投资项目核准等配套办法也密集出台。此外,按照我国2001年入世时对开放

铁路货运市场的"三步走"承诺：入世之日起，外商进入仅限于合资企业，外资股比不超过49%；加入3年后，允许外资拥有多数股权；加入6年后将允许设立外资独资子公司。在2004年修订的《外商投资产业指导目录》中铁路产业已经没有了禁止投资领域。

2005年，国家发布《国务院关于鼓励支持和引导个体私营等非公有制经济发展的若干意见》等一系列政策措施，鼓励和引导民间资本进入法律法规未明确禁止准入的行业和领域。正是在国家大的改革措施推动下，原来相对封闭的铁路市场也获得了对内对外开放的全新改革土壤。这一时期，专项资金也开始准许进入铁路投资领域。2004年6月1日起实行的《保险资产管理公司管理暂行规定》中明确，保险资金的管理运用限于银行存款、买卖政府债券、金融债券和国务院规定的其他资金运用形式。2006年3月出台的《保险资金间接投资基础设施项目试点管理办法》规定保险资金可通过委托给受托人，以信托关系设立投资计划间接投资基础设施项目，投资范围则主要包括了交通、通讯、能源、市政、环境保护等国家级重点基础设施项目。

当时，铁道管理部门已经意识到了"投资主体单一、筹资渠道单一、融资方式单一、投资管理方式落后"铁路投融资体制改革中四个方面的突出问题，如由于历史原因，中国铁路所有制结构比较单一，铁路产权比较单一，国家铁路几乎是清一色的国有制，即使在合资铁路、地方铁路中，国有经济成分也占绝对控制地位，最高占比在95%以上。在2003年铁路跨越式发展提出时，铁路主管部门就组织力量进行专题调研形成了"三多两分三结合"的投融资体制改革思路。"三多"是构建多元投资主体、拓宽多种筹资渠道、形成多样融资方式；"两分"是制定分类投资政策、实行分层决策制度；"三结合"是投融资体制改革与建立现代企业制度相结合、与建设管理创新相结合、与加快铁路技术装备现代化相结合。时任国务院副总理黄菊在两次全路工作会议上也多次强调了上述改革思路。接下来铁路一系列投融资具体改革对策也是围绕"三多两分三结合"的指导思想展开的。

2004年7月16日铁道部下发《铁道部转发〈国务院关于投资体制改革的决定〉的通知》(铁政法〔2004〕98号),确立了"政府主导、多元化投资、市场化运作"的投融资改革总体思路,明确提出实行铁路投资主体多元化,鼓励社会投资铁路,探索多样化的市场融资方式,要求政府通过注入资本金、投资补助、转贷及贷款贴息等方式,鼓励和引导社会投资建设铁路。"这一思路符合中国国情和铁路特征,得到了各级地方政府、企业和社会各界的欢迎与支持。"2005年7月,铁道部颁布《关于鼓励支持和引导非公有制经济参与铁路建设经营的实施意见》,将建设、客货运输、装备制造和多元经营等领域对社会资本开放,鼓励社会资本以合资铁路等方式参与铁路客运、货运、能源通道等重大项目建设和国铁企业重组。在这两个重要改革文件的推动下,铁路对社会资本的吸引力有所增强。为进一步凝聚共识、集聚智慧,铁道部于2005年9月在北京国际饭店首次召开了中国铁路投融资改革大型国际性会议——"中国铁路投融资改革论坛",围绕政府作用、吸引社会资本投资铁路、铁路融资方式等三大主题展开研讨。与其同时,"十五"期间,铁道部要求"进一步推进政企分开,社企分开,事企分开和减员增效,并依据重组运输企业,引入竞争机制,构建市场主体的思路,从组建自我经营、参与市场竞争的客运公司入手,逐步形成适应社会主义市场经济的铁路管理体制和经营机制,使政府、企业、市场的关系真正转到社会主义市场经济体制要求的轨道上来"。主辅分离基础性改革、铁路局直接管理站

段体制改革、运输企业经营业绩考核等管理重大改革举措相继铺开，在一定程度有力助推了铁路投融资改革的实施。

扩大合资铁路规模、拓展市场化融资平台，是"十五"期间铁路投融资体制改革最主要的内容。其中，合资建路又是改革中力度最大、最有实效的。仅2004—2005年的两年间，铁道部与地方政府签署战略合作协议拟修建的铁路项目就达到158个。2005年4月，铁道部对社会推出的43个项目，全部实施多元化融资，到2006年6月，就已与70多家社会机构、路外国有和民营企业签署协议，落实了其中的煤运通道、客运专线等20多个项目，并筹集社会权益性投资共计440亿元，民营资本达到25亿多元。在市场化融资体制改革方面，2004年10月28日，中国铁路建设投资公司注册成立，标志着铁路市场化融资重要平台的构建，从根本上改变了政府直接筹资、建设、经营铁路项目并承担无限责任的状况，为铁路行业引入市场机制奠定了体制基础；公司成立不久就在武广客运专线建设、三茂铁路公司产权转让等重大项目上开始发挥作用。

为进一步扩大股权融资，2004年铁道部按照"存量换增量"的思路，确定了大秦铁路、广深股份公司、铁龙公司、中铁快运、焦济蓝烟铁路等5个股权改革试点项目，致力于为股权融资闯出一条新路。"十五"期间的一系列投融资改革举措为下一步大规模铁路建设启动了"崭新机制"，具有试验性和开创性的意义。但我们也发现，尽管铁路建设的资金渠道多了，但从总量上看社会资本大规模进入铁路的局面并未形成；尽管与地方政府合资建路的规模上去了，但铁道部仍处于绝对控股地位，政府作为投资主体的现象并未得到根本性改变。

在"十一五"的开局之年，铁道部即出台《"十一五"铁路投融资体制改革推进方案》，预示着铁路投融资体制改革力度的进一步加大。方案按照"政府主导、多元化投资、市场化运作"的基本思路,提出要以多种途径扩大铁路权益性融资、债务性融资,持续融资、滚动发展,大力吸引地方政府和境内外各类社会资本直接投资铁路建设;方案中也出现了如"战略投资者""滚动发债""产业投资基金""融资租赁"很多新的投融资术语,并明确了"建立适应社会主义市场经济发展要求的铁路投资新机制"的改革目标。在改革实践层面上,从"十五"开始的新世纪铁路投融资改革在"十一五"期间继续发力,铁路投资的多元化格局基本形成。

2006年8月1日,大秦铁路公司A股成功上市,募集资金150亿元,铁路企业首次亮相国内资本市场,铁路股权改革实现里程碑式的重大突破;随后的2006年12月22日,广深铁路公司也首发A股成功,募集资金103亿元。这不仅坚定了铁路系统内部的改革信心,也为更多的社会资本进入铁路市场分享经济效益提供了经验借鉴。2006年9月7日,铁道部和国家开发银行签署《关于"十一五"期间开发性金融合作会谈纪要》,"十一五"期间铁路获得国家开发银行提供的2500亿元政策性贷款,以适应中长期铁路网建设的融资需要。2007年12月27日,京沪高速铁路股份有限公司在北京创立,标志着京沪高铁建设市场化融资方案的落实。2008年铁道部开始发行中期票据筹集资金。同时,中央财政通过国债及预算内资金不断加大了铁路建设支持力度,铁路建设基金每年稳定增长,地方政府和其他投资人也采取直接投资或承担征地拆迁费用的方式积极参与铁路建设;部分铁路项目地方政府出资达到30%~50%;另外,铁路部门还通过发行铁路企业债券、国内外贷款等多渠道筹集建设资金。据统计,2002—2008年,各类企业投资铁路建设运营超过600亿元;社保基金、中国石油、德国铁路集团等150余家国内外知名企业出资参与铁路建设。

二、铁路投融资体制改革的演进与深化

"十一五"期间,铁路基本建设投资达到了1.97万亿元,投资总规模是"十五"期间的6.3倍。大批铁路新项目上马,面对资金缺口,铁道部主要依靠银行贷款补充投资,贷款份额占铁道部铁路建设资金的50%以上,由于还贷能力有限,形成了大量负债并持续攀升,而这种负债水平与铁道部的经营状况和盈利能力严重不匹配。到2010年底,铁道部负债总额为1.89万亿元,同期全年的运输收入为4500亿元,净利润仅为1500万元。

2011年是"十二五"的第一年,对于中国铁路而言也是一个极其特殊的年份。年初铁道部曾宣称当年铁路建设投资要与2010年基本持平,保持在7000亿元左右的规模,但到年底实际完成的基本建设投入3500亿元左右,与此同时2011年年底铁道部的资产负债率从上半年的58.5%一跃攀升至80%。这一年,受国家宏观政策紧缩、铁道部内部党风廉政问题以及"7.23"动车事故的影响,铁路融资遇到较大困难,铁路支付能力减弱,铁路建设资金出现困境。2011年4月,胡锦涛同志在海南出席金砖国家领导人第三次会晤和博鳌论坛2011年年会期间和会后,专门视察铁路工作并做重要指示,指明铁路发展的方向,"要把科学发展主题和加快转变发展方式主线贯穿到铁路建设和运营的各个方面,并特别强调了调整优化结构,改进运输服务,不断提高铁路发展的质量和效益,更好地为经济社会发展服务、为人民群众服务"。这体现了在特殊时期,党中央对铁路工作的重视以及对广大铁路工作者的鼓励与鞭策。面对铁路融资问题,政府也动用"有形的手"主动出面进行调控,一是在2011年10月国家发改委将中国铁路建设债券确定为"政府支持债券",利用

"国家信用"提振铁道部债券的认可度,随后发行的三期短期铁道债券获得了 10 多倍的认购;二是 2011 年 11 月,国家发改委和财政部、银行系统为铁道部提供了 2000 亿元救急资金的融资支持。在国家扶持下,铁道部资金困境得以暂时缓解,但在中国高铁建设的高峰期,上万亿的铁路投资如持续得到保证,对严重滞后的铁路部门投融资体制进行改革显得愈发迫切。

2011 年 12 月 12 日至 14 日召开的 2011 年中央经济工作会议指出,2012 年要保持适度的投资规模,优化投资结构,重点抓好在建和续建项目,确保国家已批准开工的水利、铁路、重大装备等项目的资金需求。在 2011 年 12 月 23 日召开的 2012 年全国铁路工作会议上,铁道部也进一步强调铁路领域要"保在建、上必须、重配套",要求对已开工的重点项目必须确保。同时,"要积极争取国家有关部门支持","积极争取地方政府投资,吸引民间资本,拓宽铁路建设资金来源"。地方政府在铁路投资中的作用进一步明确;也就在 2012 年,铁道部积极调整地方政府的铁路投资政策,逐渐加大地方政府对铁路的投资责任,让地方政府提高出资比例,铁道部则积极退出区域铁路投资。

2013 年,新一轮国务院机构改革正式启动,3 月份中国铁路总公司成立。历史上,公路、民航、港口等诸多行业都曾实行"政企合一"的体制,通过多年持续的市场化改革,各行业基本全部完成了"政企分开",铁路则是我国唯一一个一直保留"政企不分"行业,这也是改革开放的前 30 年,铁路运营里程、市场份额都远远落后于公路、民航、港口等其他交通运输方式的重要原因。组建中国铁路,毫无疑问是社会主义市场经济体制下深化铁路管理体制改革、实现政企分开、破解铁路投融资难题、推动铁路建设和运营健康可持续发展的重要举措。同年 8 月 16 日国

务院出台《关于改革铁路投融资体制加快推进铁路建设的意见》，要求按照"统筹规划、多元投资、市场运作、政策配套"的基本思路，完善铁路发展规划，全面开放铁路建设市场，对新建铁路实行分类投资建设。向地方政府和社会资本放开城际铁路、市域（郊）铁路、资源开发性铁路和支线铁路的所有权、经营权，鼓励社会资本投资建设铁路。研究设立铁路发展基金，以中央财政性资金为引导，吸引社会法人投入。该《意见》还进一步指出，增加运价弹性，建立铁路货运价格随公路货运价格变化的动态调整机制；建立铁路公益性、政策性运输补贴的制度安排，为社会资本进入铁路创造条件；加大力度盘活铁路用地资源，鼓励土地综合开发利用；银行等金融机构要根据自身承受能力继续积极支持铁路重点项目建设。在银行贷款、发行债券仍然是铁路投资资金主要来源的背景下，创造条件对社会资本进一步"松绑"，加速其进入铁路建设领域，成为"十二五"后半段铁路投融资重点的改革方向。这也释放出铁路投融资改革希望通过扩大社会资本占比来调整投资结构、提升资金效益的强烈改革意愿。在当年底国家发改委在河南召开的铁路投融资调研座谈会上，有关负责人谈到要本着"稳中有进、稳中有为"的原则，建立"多元化、控风险、可持续"的铁路投融资体制机制。这样的表述，既说明铁路还要继续扩大投资、加快建设，也要注重规模扩张的科学性和对投融资风险的防控，要解决铁路"资金先天不足"的问题，根本上还是要从投融资体制的改革上入手，以可持续的机制作为保障，拓宽资金来源、提高多元化融资在整个铁路投资中的比例。

2014年4月2日，国务院总理李克强主持召开国务院常务会议，确定设立铁路发展基金。6月25日，根据国务院《关于铁路发展基金设立方案的批复》（国函〔2014〕52号），国家发展改革委会同财政部、交通运输部制定了《铁路发展基金管理办法》。基金主要投资国家规定的项目，社会投资人不直接参与铁路建设、经营，但保证其获得稳定合理回报。一方面，社会资本大量闲置，对进入铁路领域抱有兴趣，另一方面铁路项目急需资金，但二者之间缺乏有效对接。有中央政府背景的政府性投融资平台的铁路发展基金的推出被认为是铁路投融资体制改革迈出的实质性步伐，成为搭建民间资本可投资铁路的投资平台，发展基金的建立更是加快了铁路系统完善法人治理结构、自动与市场对接、政企分开改革的加速。随后，各省铁路发展基金争先建立。2014年江苏省铁路建设发展基金设立，2015年贵州铁路发展基金管理有限公司正式、广东省铁路发展基金在工商部门登记造册，2016年山东铁路发展基金有限公司成立，2017年京津冀城际铁路发展基金在北京举行签约仪式。

2015年国家出台《关于进一步鼓励和扩大社会资本投资建设铁路的实施意见》，明确全面放开铁路投资与运营市场，规定列入中长期铁路网规划、国家批准的专项规划和区域规划的各类铁路项目，除法律法规明确禁止的外，均向社会资本开放。2015年9月，铁路总公司再推铁路投融资体制改革新举措，出台《中国铁路总公司关于规范非控股合资铁路建设项目管理的指导意见》，进一步鼓励和扩大社会资本投资建设铁路，规范铁路分类投资建设。对于非国铁控股合资铁路建设项目，按照《公司法》及铁路总公司与地方政府合作协议，由各方出资人或其授权的出资人代表依法组建铁路建设项目合资公司。项目公司作为铁路建设项目法人，对铁路建设项目的策划、前期工作、资金筹集、建设管理、运输经营、还本付息、资产保值增值全过程负责。铁总旗下三大上市公司中国铁建、中国中铁、中铁二局，成为该意见出台后最直接的受益者。

总的来说，"十二五"期间的铁路投融资改革更加注重政府间、行业间、部门间、市场间协同,更加注重运价改革、企业制度、分类指导、激励机制、资源利用等配套保障,更加注重企业自我发展能力的培育与提升、与其他国家经济政策的衔接互补。这一改革特点契合了当时铁路建设的实际,也体现了铁路领域希望通过更实、更大、更科学的改革举措,扭转铁路投融资困局的决心。从"十五"期间主动开创投融资改革局面,到"十一五"期间的多元化投融资格局基本形成,再到"十二五"期间探索以吸引社会资本进入铁路领域为重点的多种投融资方式平衡发展,铁路投融资体制改革的思路与路径都逐渐清晰,改革的深度和广度呈现出链式递进的特点,尽管还很不完善、还存在很多难点,但与中国经济社会发展的形势、中国铁路从弱到强的历史进程总体保持着一致性。进入"十三五",我国经济已由高速增长阶段转向高质量发展阶段,党中央做出了"坚持以供给侧结构性改革为主线贯彻新发展理念推动高质量发展"重大决策;铁路投融资改革也伴随着铁路供给侧结构性改革进入了崭新阶段。

2015年9月,为加快国有企业供给侧结构性改革,国务院印发《关于国有企业发展混合所有制经济的意见》,为社会资本进入铁路领域注入了一剂强心针。2016年为打通社会资本投资建设铁路"最后一公里",国家发改委推出了8个铁路领域首批社会资本投资示范项目,包括3个高速铁路项目、4个城际铁路项目和1个地方铁路项目。示范项目进一步鼓励和扩大社会资本对铁路的投资,社会资本重点以合资、独资或政府和社会资本合作(PPP)等方式参与铁路建设及营运。2016年《中长期铁路规划》修编,进一步强调要继续深化铁路投融资、价格等改革,提高中央资金对中西部铁路建设投入比重,培育多元投资主体,放宽市场准入,鼓励支持地方政府和广泛吸引包括民间投资、外资等在内的社会资本参与铁路投资建设。2016年5月30日,四川省人民政府印发了《关于深化铁路投融资体制改革的指导意见》(川府发〔2016〕27号),该《意见》明确:"全面放开铁路建设市场,实施铁路站线土地资源综合开发,鼓励社会资本进入铁路投资、建设和运营领域。"在这一文件影响下,2016年地处西部的四川省铁路建设投资计划377.7亿元,实际完成投资382.9亿元,铁路建设投资额位居全国第一。

2017年中央经济工作会议上,中央特别要求铁路领域的"混改"要在2017年迈出实质性步伐;2017年1月3日召开的中国铁路总公司2017年工作会议,铁总将推进铁路资产资本化经营和开展混合所有制改革作为2017年重点改革任务。2017年2月23日中共中央政治局委员、国务院副总理马凯23日在部分地区铁路建设工作会议上又再次强调,要深化铁路投融资体制改革,推进分类分层建设,多渠道筹集建设资金,加快形成铁路总公司、地方政府、社会投资者优势互补、合作共赢、可持续发展的铁路建设新格局。伴随中国铁路供给侧结构性改革的不断深化,股权投资多元化的混合所有制改革成为中国铁路投融资改革落实中央经济工作要求、创新市场化融资模式的全新探索。"十三五"期间,地方和社会资本以新模式进入铁路建设领域的成功个案不断出现,如山东省占股比例为80%的济南到青岛高铁,四川省与中国铁路总公司分别出资90%和10%的川南城际铁路;绵阳经遂宁至内江铁路作为四川首个面向社会资本开放的铁路项目2017年向社会资本开放;浙江省台州市发布了国内首个市域铁路PPP项目预中标公示,其中政府方出资20%,社会资本方出资80%;广佛江珠城际铁路积极探索创新"城际铁路+土地开发"投融资及建设模式,以"同股同权"的投资理念成功吸引社会资本进驻。特别值得一提的是,在政府举债融资机制改革的大背景下,私营企业、

民营资本与政府进行合作参与公共基础设施建设的"PPP"模式作为撬动社会资本的有效方式,成为缓解铁路债务压力、推进铁路"混改"的重要途径。2016年年底开工建设、总投资409亿元的杭绍台高铁项目,因民营资本首次在国内铁路投资领域实现控股地位,标志着铁路投融资体制改革迈入新阶段,成为民营资本进入铁路领域的"破冰工程"。然而,由于国内PPP模式投资回报机制不够成熟,特别是铁路PPP项目前期投资规模大且回报周期长、整体收益低,这也成为压抑社会资本介入热情的重要因素,下一步如何提高项目收益、增强对社会资本的吸引力成为铁路"混改"的重要突破口。

据中国铁路总公司财务报告显示,公司债务由2010年底的1.89万亿元增至2018年9月底的5.28万亿元,尽管这期间铁路投融资体制改革不断推进,但铁路高负债的问题依然没有解决;投融资改革作为铁路系统性改革中的重要一环,要通过"混改"实现调整投融资结构、提升投融资效益的目的,还需与铁路"政企分开""网运分离"等综合改革同步推进,改革之路任重而道远。十九大报告提出形成面向全球的贸易、投融资、生产、服务网络,加快培育国际经济合作和竞争新优势。这一新表述折射中国经济新动向,为中国铁路建设在全球范围内优化资源配置提出了新要求。未来,中国铁路投融资改革之路还将持续深入。

第六节　中国铁路总公司

关于中国铁路总公司的源起与发展,前文多有论及,但皆概而论之。本节对其进行详细梳理,更好地了解铁路的历史。

一、铁道部的撤销

因历史及铁路自身原因,铁路机构改革一直被视为中国铁路能否真正走向市场的关键,也是解决铁路与政府、铁路与市场、铁路组织与其他交通运输方式之间诸多突出矛盾的关键;而铁路机构改革的核心在于如何在不同历史阶段准确定位铁道部及其下属组成部门在国家政治和经济中的地位与作用。就中国铁路机构改革与职能转变的实践来看,最主要的工作便是围绕铁道部政企分开这一问题展开的。

改革开放后,铁道部的国防色彩相对减弱,铁路作为国民出行、能源运输、货物流通的交通运输"大动脉"作用逐渐加强。然而,相当长的时间里,铁路供需关系却严重紧张,造成这种紧张关系的直接原因是铁路运能与运量的不足,无法满足经济社会发展的需要;但究其更深层次的原因,则在于铁路自身的垄断性体制限制了行业的发展,使得铁路行业无法顺应市场经济发展的要求,这种"滞后性"必然导致供给与需求之间不匹配、不平衡现象出现。改革开放之后的很长一个时期,铁道部一直保留"政企合一、政监合一、政资合一"的体制,因此也被称为"计划经济的最后一个堡垒"。改革开放之前,铁路"政企合一"的体制确实在特殊的历史阶段促进了铁路发展,但随着经济体制的全方位改革、社会主义制度的自我完善和发展,这一体制却成为束缚铁路持续健康发展的巨大阻碍。

事实上,政企是否分开决定了铁路企业作为国有资产的经营者在市场经济条件下能否作为独立的法人实体而存在。简单来讲,政企分开就是政府职能与企业职能分开,使政府和企业各司其职、各行其权,体现

在铁路行业就是政府担负管理、监督职能,制定铁路发展战略、规划,制定各种监督法规、条例等,铁路企业作为经营者则负责具体的生产运输职能,并承担相应责任。改革开放四十年来,中国经济体制改革大跨步前进,与之相适应的政治体制改革也朝着有利于市场经济发展和体制建设的方向稳步推进。为适应社会主义市场经济发展,作为计划经济时代重要代表的铁路系统亦需通过自身体制变革来完成职能转变,实现铁路政企分开成为必然。国家和社会关于铁路系统改革的呼声一直存在,但究竟如何改,铁路内部在很长时间没有形成共识。

细数铁路机构改革与职能转变的历程,与中国政府体制改革紧密相关,以其特有的形式朝着"走向市场"的方向不断演进,逐步实现政企分开。1998年3月10日,九届全国人大一次会议审议通过了《关于国务院机构改革方案的决定》,提出了机构改革的目标,即:"建立办事高效、运转协调、行为规范的政府行政管理体系,完善国家公务员制度,建立高素质的专业化行政管理队伍,逐步建立适应社会主义市场经济体制的有中国特色的政府行政管理体制。"改革遵循的基本原则是:"按照社会主义市场经济的要求,转变政府职能,实现政企分开;按照精简、统一、效能的原则,调整政府组织机构,实行精兵简政;按照权责一致的原则,调整政府部门的职责权限,明确划分部门之间职责分工,完善行政运行机制;按照依法治国、依法行政的要求,加强行政体系的法制建设。"为实现改革的目标,改变计划经济体制下形成的政企不分、政府直接干预企业生产经营活动的状态,在改革原则的指导下,铁道部推进机关机构改革,转变机关职能,以加快铁路政企分开。为此,铁道部党组确定了"四个有利于"的改革原则:"有利于实现政企分开,转变职能,落实企业的市场主体地位;有利于机关精兵简政,提高行政效率;有利于优化人员结构和干部人事制度改革;有利于新时期铁路建设和改革两大任务的完成。"在这一原则指导下,铁道部制定并实施了机关改革方案。特别针对铁路改革中遇到的难点问题,如运输和建设如何管理等,研究决定成立两个新的机构,一是成立运输指挥中心,统管"车机工电辆"工作;二是组建铁道部工程管理中心,理顺铁路建设管理体系。经过这一轮改革,取得了一些阶段性成果:第一,实现了机关职能的转变;第二,理顺了部门职责;第三,精简了机构人员;第四,优化了人员结构。这也成为铁道部从计划经济时代的"政企合一"模式,主动求变,实行政企分开的初步尝试,一定程度上推进了铁路行业的政企分开。然而,长期的管理惯性、特殊的行业背景、复杂的内部关系、巨大的工作量等都决定铁路体制改革并不是短时期内能够完成的,这既是铁路改革的难点,也是导致铁路改革"改而不变""效果甚微"甚至失败的重要原因;铁道改革涉及范围广、牵扯面大、影响因素多,无论是横向职能转变、机构改制和人员调整,还是纵向的层级缩减、单位剥离都是"大手术",如2003年宣告失败的"三分改革"(路网分离、网运分离、客货分离)就为铁路改革提供了宝贵的试错经验。但不论面临多少困难,围绕"政企分开"的铁路相关改革一直都在进行,尽管任重而道远,国家要求和推动铁道部改革的决心也一直都未动摇。

2008年3月15日十一届全国人大一次会议通过了《关于国务院机构改革方案的决定》,此次国务院机构改革的主要任务是:"围绕转变政

府职能和理顺部门职责关系,探索实行职能有机统一的大部门体制,合理配置宏观调控部门职能,加强能源环境管理机构,整合完善工业和信息化、交通运输行业管理体制,以改善民生为重点加强与整合社会管理和公共服务部门。"此时,按照大部制成立大交通部的趋势已经十分明显,但铁道部并未与民航、邮政等部门一道被并入大交通部,中央"考虑到我国铁路建设和管理的特殊性,保留铁道部。同时,要继续推进改革"。之所以暂时没有将铁道部撤销,国家主要是基于两个判断,一是铁路改革还不尽成熟,随着国家综合交通体系建设的发展,国家迫切需要将铁路与公路、民航、水运等多种交通运输方式统筹考虑,但此时铁路改革落后于其他行业,"怎么改"的问题还有待铁路自身进一步探索。二是当时中国铁路正处于大规模建设的上升期,铁路基础网络还在形成当中,客货两线铁路的各项指标都存在短板、还没有达到构建综合交通运输网络的要求,"保留铁道部,有利于发挥体制优势、资源优势、机制优势,最终是为了又好又快地办大事",更有利于集中专门力量、发挥专业优势确保在一定时间段内铁路的大发展,以尽快适应我国经济社会发展的需要。但从国家机构改革的大势来看,将铁道部并入大交通部已是必然趋势,撤销铁道部只是时间早晚的问题。

2013 年第十二届全国人民代表大会第一次会议关于国务院机构改革和职能转变方案的决定:"为推动铁路建设和运营健康可持续发展,保障铁路运营秩序和安全,促进各种交通运输方式相互衔接,实行铁路政企分开,完善综合交通运输体系。将铁道部拟订铁路发展规划和政策的行政职责划入交通运输部。交通运输部统筹规划铁路、公路、水路、民航发展,加快推进综合交通运输体系建设。组建国家铁路局,由交通运输部管理,承担铁道部的其他行政职责,负责拟订铁路技术标准,监督管理铁路安全生产、运输服务质量和铁路工程质量等。组建中国铁路总公司,承担铁道部的企业职责,负责铁路运输统一调度指挥,经营铁路客货运输业务,承担专运、特运任务,负责铁路建设,承担铁路安全生产主体责任等。"在此基础上,鉴于铁路仍处在建设发展的重要机遇期,国家需要铁路企业承担更多的公益性任务,在兼顾基础性、经营性和网络性的基础上,遂提出国家继续支持铁路的建设和发展,推进铁路投融资改革和运价调整,建立健全规范的公益性线路和运输补贴机制。同时,继续深化铁路企业改革,建立现代企业制度。业界普遍认为,铁道部的"摘牌不是结束,意味着更好的开始"。撤销铁道部,是铁路系统真正实现"政企分开"的革命性变革。

铁道部的撤销拉开了中国铁路自上而下根本性、系统性改革的新序幕,展现了党中央审时度势、与时俱进,科学改造铁路、更好发展铁路的勇气和决心。铁道部撤销后,交通运输部承担的拟定铁路发展规划和政策的行政职责,摆脱了以往铁道部自行拟定发展规划和政策所产生的"单一化""垄断性"弊端,能够更好地促进多种交通运输方式的综合发展,优化结构布局,实现各种交通运输方式统一规划、协调发展和"无缝"连接,形成真正意义上的大交通格局;新成立的国家铁路局隶属于交通运输部,这一体制改变了原铁道部"自己监督自己"的怪象,真正实现了政府监管、企业生产、社会监督的良性互动。中国铁路总公司的成立代表着一个新型"巨无霸"国有企业的诞生,铁路真正开始

"走进市场"。对于铁路经营和管理而言,最主要的转变体现在铁总两个"主体地位"的确立,一是铁总成为市场主体,具有了社会主义市场经济体制内的经营自主权,铁路企业活力将进一步激发;二是铁总成为铁路安全生产的主体,明确了铁路系统的安全生产主体和安全监管的第一责任人,有利于从制度上保障铁路运营的秩序和安全。总之,中国铁路总公司的建立打通了铁路引入竞争实施企业化、市场化改革的"最后一公里"。

二、后铁道部时代铁路现代企业制度的构建

2013年铁道部撤销之后,围绕机构改革和职能转变,铁路总公司继续开展了一系列持续性的改革。

铁道部撤销的第二年,为在新的管理体系下理顺现有内部机构关系,铁路总公司即下发了《中国铁路总公司关于明确两级企业管理关系的规定》,并推进"1+23+N"管理制度体系建设,要求根据构建新体制下运行机制的基本要求,按照"1+23+N"管理制度体系框架加快制度建设。"1"即《中国铁路总公司关于明确两级企业管理关系的规定》,是管理制度体系的母文件,文件界定总公司和铁路局的职能定位,确定两级企业法人管理权责划分的基本原则,明确总公司对所属企业的管理方式。"23"文件是各业务领域的基本管理制度,"N"文件是与相关业务领域基本管理制度配套衔接的若干实施办法。以全新制度体系建设的方式,明确铁路总公司与铁路局的职能定位和权责划分,来加强铁总对铁路局的运行管理。

2015年5月24日,铁路总公司出台《中国铁路总公司关于深化铁路企业改革的意见》,意见明确了企业改革的基本原则、思路和任务,提出主要在6个方面深化铁路企业改革:"全面加强运行机制建设,增强企业发展活力;深化铁路运输组织改革,提升市场竞争力和运输服务水平;加强资产经营开发,提高铁路资源利用效率和效益;落实铁路投融资体制改革政策措施,为优质高效完成铁路建设提供保障;深化合资铁路管理改革,促进合资铁路规范有序运行;实施铁路'走出去'战略,提高铁路企业国际竞争力。"该《意见》总体上确立了铁路企业改革的基本方向和主要方式,为现代企业制度的构建奠定了重要的政策基础。

2018年12月5日,中国国家铁路集团有限公司正式完成更名登记,中国铁路企业改革进一步深化,标志着中国铁路总公司及其下属机构的一次市场化的系统升级。这一改革酝酿已久,先是铁路总公司所属中国铁路建设投资公司、铁道科学研究院、《人民铁道》报社等17家非运输企业进行改制;而后是2017年11月,中国铁路总公司所属18个铁路局正式完成公司制改革工商变更登记,各铁路局相继更名为铁路局集团有限公司,各铁路运输主体正式走向市场;最后,铁总自身进行公司制改革,成立中国国家铁路集团有限公司。长远来看,实行公司化的治理结构,则是铁路构建现代企业制度、与传统发展模式彻底"脱钩"的重大战略决策;公司制改革也是中国铁路企业从传统运输生产型企业向现代运输经营型企业转型发展的必然选择。

铁道部撤销后中国铁路改革取得了长足的进步,特别是十八大以来的改革成效显著。以2018年为例,8月份铁总披露的集团2018年半年报显示,上半年,铁总收入合计4988.31亿元,税后亏损3.68亿元,较去年同期29.68亿元的税后亏损额减少了87.6%。虽然仍在亏损,但亏损额却在大幅减少,收入也在持续增加。未来,中国国家铁路集团有限公司的改革还将持续进行,铁路只有加快市场化、公司化改革步伐,才能尽快融入新时代现代综合交通体系建设。

三、铁路与综合交通运输体系建设

进入21世纪后,工业化、城镇化和经济全球化、区域一体化不断加速,新一轮交通基础设施大规模建设实施,以铁路为代表的多种交通运输方式发展势头愈发强劲,进入完善路网布局、提升结构层次的现代化发展阶段,多种交通运输方式全面发展格局已经形成,甚至超出了原有各运输方式规划的设想。2001年"十五"计划指出,交通建设要扩大网络,建立健全畅通、安全、便捷的现代综合运输体系。国内综合交通运输研究与实践也从最初的强调按照各自分工发展到后来的综合发展,进一步升级到根据多元化、个性化交通运输需求融合发展的新阶段,多种运输方式之间的衔接、组合、渗透成为全新的交通发展模式,交通与经济的互动呈现出利用市场手段不断优化资源配置、发挥比较和组合优势的协调发展格局。

2007年10月31日,国务院第195次常务会议审议并原则通过《综合交通网中长期发展规划》。这是中华人民共和国成立以来第一个全国性的,综合衔接铁路、公路、水路、民航及管道等五种运输方式的总体交通空间布局规划。正如国家发改委综合运输研究所原所长郭小碚先生所说,《综合交通网中长期发展规划》的出台是交通基础设施总量发展的产物、是经济社会发展新阶段的产物、是时代造就的条件和机会的产物,是综合运输实践的新飞跃。

就交通运输的顶层设计而言,层级从高到低一般可包括国家总体发展战略、交通发展战略、综合交通发展规划、各种运输方式发展规划四个主体框架构成,从总体依据、行业纲领性文献、行业指导性规划、各运输方式实施规划等维度,形成完备的规划体系。而综合交通规划又至少包括综合交通网络规划和综合交通系统规划,涵盖交通基础设施、流动设施、运营管理及控制系统三个主要内容,其中交通基础设施网络是解决综合交通问题的基础,这也突显了综合交通网规划编制的重要性和先导性。《综合交通网中长期发展规划》的定位在于实现以综合运输大通道和综合交通枢纽为重点的国家交通网主骨架的空间布局,统筹各种运输方式对《规划》中提出的"五纵五横"运输大通道按照需求进行建设,完善通道中自身的系统网络,合理配置和有效利用交通运输资源,发挥综合运输的整体优势,实现多式联程联运。其实质是提高交通运输系统的整体效率,用最小的成本实现运输服务,为经济社会发展服务。

《规划》的核心任务在于构筑国家陆域范围内交通网络的主要框架,即国家主要交通干线,解决全国范围内大区域的人员与物资交流问题。虽然规划时间只到2020年,但我国未来国家层面的综合交通运输大通道在规划中已基本定型,经过大约15年的持续大规模交通建设,全国区域间的交通问题将得到基本解决,后续综合交通网的建设任务将逐步转向补充和完善。正是基于综合交通运输网的构建,《规划》对铁路建设提出

了全新的发展目标,特别是在"五纵五横"运输大通道建设中,铁路都扮演了重要角色,这也直接加速了相关主管部门对2004年《铁路网中长期发展规划》调整工作的进度,作为"04规划"的升级版,2008年调整后的《铁路网中长期发展规划》是以科学发展观为指导,着眼国家长远发展大局制定的具有前瞻性、系统性和科学性的路网规划,也是在综合交通网总体布局下指导今后一个时期我国铁路建设发展的纲领性文件,体现了"衔接""高速""绿色""创新"等特点,充分彰显了中国特色综合交通网构建和铁路现代化建设的最新趋势和方向。围绕优化交通运输结构、发挥铁路技术经济比较优势,着眼于综合交通运输大通道建设,按照《综合交通网中长期发展规划》提出的任务,2008年《铁路网中长期发展规划》调整时将一批布局合理、开发作用明显的线路约2.9万公里补充纳入了规划;同时,按照综合交通枢纽布局和城市发展规划,加强主要客货枢纽建设,更加注重铁路与城市轨道交通以及公路、民航和港口等其他交通方式的衔接,致力于实现旅客运输"零距离换乘"、货物换装"无缝衔接"和交通运输一体化。

2016年12月29日,《中国交通运输发展》白皮书发表,这是中国政府首次就中国交通运输建设发展发表白皮书。白皮书指出"经过多年改革发展,我国多节点、网格状、全覆盖的综合交通运输网络已经初步形成,'五纵五横'综合运输大通道基本贯通"。白皮书分别对五种交通运输方式的阶段性发展成就进行了总结;截至2015年底,我国多层次铁路网络初步形成,铁路营业总里程世界第二、高速铁路里程世界第一;建立了广覆盖的公路网,高速公路里程世界第一;初步建成干支衔接的水运网，内河航道里程世界第一；民用机场体系基本成型；快递业务量世界第一，初步形成油气管道骨干网络等。经过改革开放以来特别是党的十八大以来的系统谋划与科学发展，我国综合交通基础设施网络已初步形成。在综合交通基础设施网络问题基本得到解决的情况下，以提高发展质量和综合效率、加速综合运输网络转型升级的我国综合交通系统规划的编制工作也具备了基础和前提。

2017年2月28日，国务院正式发布了《"十三五"现代综合交通运输体系发展规划》（国发〔2017〕11号），标志着我国综合交通运输进入了一个新的发展阶段。该《规划》的出台有着鲜明的时代背景与特色，中国社科院2014年发布报告称，未来5年中国潜在增长区间为6.4%～7.8%；从2014年开始，中国经济发展进入新常态，从高速增长转向中高速增长，经济发展方式从规模速度型粗放增长转向质量效率型集约增长；交通运输在支撑经济转型升级方面的作用突出且责任重大。随着交通运输结构不断改善，个性化交通需求、智能交通需求、新兴交通需求等急剧增长，与此同时交通运输的功能性、结构性、区域性问题依然突出，如何在新的经济形势下，为全面建成小康社会提供交通运输保障，更好地服务中国经济发展，是该《规划》重点解决的问题。需要注意的是，该《规划》首次提出"现代综合交通运输体系"，相较于过往"综合交通运输体系"的提法是一次质的飞跃，"主要突出构建管理方式、市场需求、发展模式的现代性；进行综合布局、实现综合衔接、提供综合服务的综合性；打造客货运系统、完善保障系统的系统性"。

中国特色社会主义进入新时代，我国社会主要矛盾的转化对交通运输发展提出了新的更高要求,"在交通领域表现为供给能力质量效率不能满足人民日益增长的美好生活需要"。党的十九大明确提出建设交通强国,赋予了交通运输在新时代的新使命。2018年1月2日召开的中国铁路总公司工作会议上,中国铁路总公司首次提出了奋勇担当"交通强国、铁路先行"历史使命的号召;2019年1月2日召开的中国铁路总公司工作会议上,中国铁路总公司进一步提出了"三个世界领先、三个进一步提升"的铁路先行目标。明确指出:"从铁路在综合交通运输体系中的地位和作用进一步提升看,必须着力推动铁路枢纽与其他交通方式无缝衔接,促进现代化综合交通运输体系建设。"铁路作为国民经济大动脉、国家重大基础设施和新时代民生工程,在深入推进现代综合交通运输体系建设过程中,必须更好发挥铁路比较优势和骨干作用。实现铁路与现代综合交通运输体系融合发展,成为新时代铁路改革与开放的主旋律。中国铁路总公司现已改为"中国国家铁路集团有限公司"。

伴随中国高铁从追赶到并跑再到领跑的跨越式发展,铁路特别是高铁动车组的客运量逐年增长。据全国交通运输行业发展统计公报及国家统计局显示,2016年,全国客运总量为190.02亿人次,同比下滑2.2%;2017年客运总量184.86亿人,同比下降2.7%;2018年客运总量179亿人次,继续呈现下滑趋势。但这三年铁路客运量总体表现出稳步增长态势,2016年全国铁路客运量为28.14亿人,同比增长11%;2017年铁路客运量达30.8亿人,同比增长9.6%;2018年铁路客运量累计达33.7亿人,同比增长9.4%。在公路客运方面,受高铁分流、私家车增长等因素影响,以及人口红利不断消失,公路客运量下降趋势也较为明显,2016

年公路客运量为154.28亿人,同比下滑4.7%;2017年145.68亿人,同比下滑5.6%;2018年1~11月我国公路客运量126亿人,累计同比下降6.4%。如果在综合交通运输体系中各种运输方式客运量占比来分析,2016年铁路占比14.8%、公路占比81.1%,2017年铁路占比16.6%、公路占比78.8%,2018年铁路占比18.82%、公路约为71.5%。随着高速铁路与其他铁路共同构成的快速客运网不断完善,高铁成网运行、高铁运能提升、铁路产品供给优化等形成的客流拉动效应还将不断扩大,高铁客运将继续保持高速增长。在现代综合交通运输体系建设中,铁路客运与公路、水路、民航等其他客运运输方式,将相互影响并持续优化形成一个在特定发展阶段相对适应的客运量份额分担机制,特别是综合交通枢纽建设的联通中,各自发挥比较优势和协同效应,为人民出行提供便捷、快速、绿色、安全、智能的多元化出行方式组合。

第四章

提速：奋力奔跑的人民铁路

第一节 "三大战役"的进行

在改革开放的新形势下，全国各地要求建设铁路的呼声日益强烈，但是铁路建设资金却非常短缺。为了解决这一问题，从1985年起，凡是由国家预算安排的铁路建设投资，由财政部拨款改为贷款，开始推行"以路养路"模式。如此一来，铁路用于新线建设的资金主要来源于自身的积累，铁路有了更大的主动权，但铁路也必须根据国家的计划来安排新线建设："国家计划是国家宏观控制的依据，铁路基本建设的规模、结构和效益，要服从国家计划这个大局，把提高社会经济效益放在第一位；铁路的发展要考虑整个交通结构的需要和协调；铁路基建的规模要与国力相适应，决不能因为有了自主权，口袋里有了钱，可以随意上项目，超过国家规定的建设规模，或者在投资方向、项目决策和投资效益上，只考虑本企业的利益，不考虑国家利益，那样会把事情办糟的。按国家计划进行，绝不是对铁路基本建设的限制，而是使铁路得到更好的发展，更好地为国民经济发展服务，发挥更大的社会效益和运输效益。"因此，根据国家计划安排，"七五"时期的铁路建设总体部署，决定"以改造旧线为主并修建急需新线"的方针，集中力量强化改造繁忙干线的同时，加快晋煤外运铁路和路网干线建设，改造扩建枢纽、客站，从而提高综合运输能力。

这一时期，铁路建设主要集中在国民经济最需要、铁路运输最为紧张之区域，"目前全国铁路最被动、最适应不了的地区有三大块，一是晋煤外运，二是进入广州，三是通向华东。打通这三条通路，对缓和铁路运输紧张状况，促进全国经济发展和满足人民生活需要，将起重要的作用"。因此，这三块区域就成为20世纪80年代中后期的集中建设之地，铁路人形象地概括为"三大战役"——南攻衡广，北战大秦，中取华东。

一、南攻衡广

在衡广复线铁路修建之前，内地通入广东的铁路有两条：一条从西广南部通入湛江市；一条是纵贯我国南北的经济大动脉京广铁路，全长2300公里，其中北京至衡阳早已建成复线，而衡阳至广州间的520公里仍是1936年以前建成的单线，不仅线路坡度大，而且曲线多达629个，有4成线路，弯曲迂回绕过南岭脚下，又沿着壑谷深渊之畔，悬崖绝壁的山间延伸。当时的历史情况，决定了这一段线路先天不足。在这条单线轨道上，列车沿着九泷十八滩只能缓慢爬行。特别是改革开放以来，商品经济日益发达，运量和运能的矛盾更加突出了。据统计，到1982年，通过坪石口下行运量只有1100万吨，只能满足需要的40%左右，成为南北运输的"卡脖子"区段。

于是，建设衡广复线就被提上了日程。原本在1978年时国家就已将衡广复线列入国家基建计划，开始动工修筑这条铁路，但是由于投资不足，一直修修停停，直到1982年复工，又因投资不足而不能全面施工。

如此工程浩大的衡广复线建设，受当时国家的经济实力所制约。随着改革开放日益深化，我国综合国力不断增强，几经周折的复线终于在"七五"期间结束了"八年徘徊"的局面，"南攻衡广"被铁道部将作为铁路建设的"三大战役"之一，拉开了建设的序幕。

衡广复线全长526.6公里，较原来的线路缩短26.4公里，为国家一级铁路干线，其中郴州至韶关155公里是电气化铁路，设计能力为5000万吨/年。整个工程规模极大，有隧道61座，大中桥139座，路基土石方6000多方。1985年12月，万里、胡启立到广州召开了衡广复线建设现场办公会议，决定集中优势兵力加强衡广复线建设，要求1988年底全线开通，1990年前完成全部配套施工。会上，万里副总理做了总结发言，他强调要集中力量打歼灭战，人力、物力、财力都要支持，钱要给够，料要拨足，地方开绿灯，各方齐努力；要下决心，在保证质量的前提下加快进度，三年决战，全线铺通，只准提前，不得推后。会议还决定成立衡广铁路复线建设领导小组，由铁道部部长丁关根任组长，负责解决建设中的重大问题，为衡广复线建设提供了有力的领导组织。12月24日，铁道部在北京召开衡广复线建设工作会议，决定成立铁道部衡广复线建设指挥部，调整了建设部署，并将施工力量由2.35万人增加到5万余人。

衡广复线工程复杂，一是复线穿越南岭山脉，沿线地形复杂，岩溶发育，施工难度大。二是重点工程多，技术要求高。大瑶山隧道全长14.295公里，是当时国内最长的双线铁路隧道，也是世界十大长隧道之一。三是施工与运输干扰大。衡广线是最繁忙的路线之一，必须在保证运输畅通的情况下进行线路改造和修筑复线，施工与运输矛盾突出。四是征地、拆迁任务重，工程占地约2.9万亩，涉及面广，尤其是站场改建，拆迁工作量大。

然而，党中央、国务院一声令下，10个单位调集5万筑路大军挺进千里工地。湘粤两省政府一路"绿灯"，在征地、拆迁等方面大开方便之门。在原有单线上，运输部门采取有效措施，确保施工运输两不误，创造了我国铁路建设史上，在既有线旁边修建复线不但不减运量还增运量的奇迹。在这之前的8年，复线只修建50.2公里，完成工程量不及总量的4成。而"三年决战"，星罗棋布的重点工程——被攻克，线路铺轨、开通复线里程，相当于前8年的5.6倍和9.5倍。

大瑶山隧道位于衡广复线广东省坪石至乐昌之间双绕改线地段，全长14.294公里，是衡广复线建设头号控制工程，也是当时我国最长的双线电气化铁路隧道。该隧道于1980年8月开始施工。在大瑶山隧道中，分布有11条断层，影响范围长达2.7公里。由于断层地带岩层破碎，有的已变成松软的泥土，加之岩溶地下水的影响，致使常出现大量坍塌的状况，施工难度极大。为了解决这一问题，中铁铁四院负责勘测设计的科技人员，采用地面钻探、物探、航测遥感技术综合勘探等，查明了深埋地下的复杂地质情况，摸清楚了断层和溶洞的分布状况。

在隧道的诸多断层中，九号断层及其影响带宽达465米，埋藏深，涌水大，压力大，岩石软弱破碎，是特别困难的施工地段。为了解决施工问题，铁道部组织全路50多位专家、教授和工程技术人员，组成现场攻关小组，开展专项研究，实时监测变化情况。在不断的实践中，最终总结形成了"钎深探、管超前、预注浆、小断面、留核心、短进尺、弱爆破、强支护、紧封闭、勤测量"等一套科学施工方法，攻克了软弱围岩大断面掘进的技术难关。

在开挖大瑶山隧道中，除进口、出口为掘进工作面外，为了加快建设进度，施工队伍还开凿了三座斜井和一座竖井作为辅助，实现了"长隧短打"，极大缩短了工期。同时，在大瑶山隧道中还推行了当时国外最先进的设计和施工的方法——"新奥法"，采用当时国内外最先进的大型机械，实现了主要工序——钻爆、支护、装运三条机械化作业线，使得进出口月成洞平均超过百米，全隧月成洞最高达520米，全隧平均年进度2.4公里。隧道中，开挖使用的全液压钻孔台车是按照大瑶山隧道的设计断面，从国外引进的大型机械，在国内铁路隧道施工第一次使用。

党和国家领导人对大瑶山隧道建设也十分关心，万里、习仲勋、李鹏、吕正操等都先后到工地视察，万里还曾亲笔为铁路建设者题词"开路先锋"，使得广大铁路建设者精神上受到极大鼓舞。广大铁路建设者也不负国家和人民的期待，在条件纪委艰苦的铁路工地上奋斗了5年，靠着他们的聪明才智与坚韧不拔的精神，破岩、装运、支护、注浆，攻断层、堵涌水、战塌方，先后战胜了97次塌方和39次涌水突泥，闯过了重重难关，涌现出一大批无私奉献、成绩卓著的先进集体和模范人物，也培育出了一支掌握着现代隧道技术的铁路施工队伍。

1987年5月6日，衡广复线的关键性工程——大瑶山隧道正洞贯通。万里、胡启立在铁道部部长丁关根等人的陪同下，来到大瑶山隧道出口工地参加贯通典礼和庆祝大会。1988年8月4日，大瑶山隧道双线全部铺通。12月6日，郴州至韶关155公里电气化铁路顺利开通。至此，衡广复线宣告全线通车，比计划提前了36天。新线开通当日，试运行以每小时45公里速度的3600吨长大货物列车通过。12月16日，衡广复线通车典礼在韶关新站举行，国务院总理李鹏参加了通车典礼。李鹏在讲话中指出："这条铁路复线，施工难度大，技术要求高。它的建成，标志着我国铁路建设已经具备了较高的水平，反映了广大建设者坚持改革、依靠科学、顽强拼搏、团结协作、创新开拓的精神，为我国铁路干线的技术改造树立了一个成功的范例。"

1989年12月27日，经过一年多的安全运营，衡广铁路复线通过国家验收，从1990年1月1日起交付广州铁路局使用。与1988年相比，列车运行速度每小时提高3.4公里，机车牵引力从2400万吨增加至3500吨，通过坪石口入粤的货物，从1870万吨增加到2570万吨，增长37%。因此，衡广复线的开通，对湘粤及华南地区经济发展具有重要意义。

二、北战大秦

大秦铁路全长653公里，西起大同，东至秦皇岛，是我国第一条单元重载列车双线电气化铁路，是晋煤外运的重要通道。改革开放后，我国经济发展迅速，对能源需求量剧增。华东华北缺电严重，不少城市的工厂不得不开三停四，以电待产。缺电的一个直接原因在于发电厂缺煤，无法发电，只好拉闸限电。能源不足已经严重影响了整个国民经济的发展。与此同时，山西盛产煤炭，煤炭被开采出来，堆积如山，甚至发生自燃，煤都大同不得不以运定产。如何将山西的煤运到国民生产的需求地，成了改革开放后摆在国家面前的一个巨大难题。修建晋煤外运的铁路通道，就成为国民经济发展的急切要求。如此情况之下，中央做出了修建大秦铁路的重要决定，用以将晋陕蒙煤炭运往秦皇岛，再充分利用海运能力南下，以缓解铁路运力不足的矛盾。

但是，也有专家对修建大秦铁路持有不同意见，认为煤炭应该直接由铁路运达东部或者南方，而不是先到秦皇岛再转海运。对于这个问题，时任铁道部副部长的孙永福认为："铁路运煤直达用户最为理想，现在实

际情况是铁路运输能力不足,特别受长江天堑影响过江能力有限,难以实现直达用户的愿望。修建大秦铁路,充分利用海上运输能力,是缓解东部地区煤炭紧张的有效措施。"可见,修建大秦铁路,对于这一时期缓解煤炭运输紧张状况是具有战略意义的。经过反复论证,终于形成了建设一条运煤的重载铁路的共识。随后,铁道部派员先后前往美国、加拿大、澳大利亚等国对重载单元列车进行了考察,也对苏联的组合式重载列车进行了考察,最终经过充分技术论证,决定大秦铁路开行适合大宗散装货物运输的重载单元列车。大秦铁路设计年运输能力1亿吨,而20世纪80年代初整个晋煤年外运量1.4亿吨,因此大秦铁路可以根本解决晋煤外运难题。于是,建设大秦铁路被提上了建设日程。1983年9月,国务召开常务会议,决定了修建大秦铁路、增加晋煤外运通道的战略决策,大秦铁路被列为国家"七五"重点建设项目。

这条铁路需穿行于桑干河谷,沿燕山山脉南麓,于古长城脚下蜿蜒,地质复杂,地形起伏,全线需架设桥梁370座,隧道54座,工程任务艰巨。此次"北战大秦",分两期进行。一期工程投资近40亿元,从大同到大石庄,通过联络线和京秦线上的段甲岭相接,包括大秦线引入大同枢纽、韩家岭至茶坞段、茶坞段至大石段及其与京秦联络线、引入秦皇岛三期煤码头等四项工程,按双线电气化铁路修建。正线全长410.788公里。二期工程自大石庄至秦皇岛,正线全长242.232公里,按单线电气化铁路修建,预留复线。

1985年1月,大秦铁路正式开工。为了统一领导大秦铁路建设工作,11月,铁道部成立"铁道部大秦铁路建设办公室",主要负责大秦铁路的设计、科研、技术设备引进、施工和建设的归口管理工作。参加大秦铁路建设的有铁道部第一、三、十六、十七、十八、隧道、电气化工程局、北京、哈尔滨铁路局等，全线7万多建设者。一期工程浩大艰巨，地质情况复杂，重点控制工程28项。

重载铁路的路基，所受动荷载强度、振动及疲劳作用加剧，担负比普通线路路基更大的负担，较容易产生变形，因此需要采取一系列特殊的防范措施，必须保证坚固稳定，在运营中杜绝发生破坏性变形。针对这一问题，铁科院、铁三院等单位，在多年实验研究和大秦铁路试验段的基础上，确定了重在铁路路基的主要技术条件，对铁路路基的基床结构、路基填料和填料标准等提出了具体要求。重载铁路路基施工技术主要由铁一局来承担，通过路内外联合攻关，总结出了重载路基"四区段"（填土、平整、碾压、检验）、"八流程"（施工准备、基底处理、分层填筑、摊铺平整、震动碾压、检验签证、整修路面、边坡夯实）的新工法，使得路基表层密实度达到97%，成为我国铁路路基工程的新标杆。

大秦铁路的隧道为双线隧道，数量多，且地质复杂，建设难度大。位于延庆县境内的军都山隧道是大秦铁路的咽喉，隧道长达8460米，其长度仅次于衡广复线上的大瑶山隧道。隧道成洞宽10米，顶部为弧形，洞高也是10米。为了加快工程进度，施工人员采取"长隧短打"的举措，在隧道中间和山顶之间增开了3个斜井，增加了挖掘的工作面。同时，在该隧道进口端，有625米的浅埋黄土段，拱顶覆盖土较厚，且地下水位较高，在这样的土质地层开凿，历史上没有先例，如果按照传统施工方法，需用明挖修建明洞，会使得地表拆迁工作量大。面对这一困难，当时在铁道部隧道工程局科研所工作的王梦恕带领相关技术人员，经过无数次失败、再尝试，终于在1986年5月，成功实验黄土段浅埋暗挖。这一科研成果标志着我国地下工程施工领域新的施工方法浅埋暗挖法的诞生。在桥梁工程方面，大秦铁路采用V形桥墩，16米先张法部分预应力混凝土梁、连续刚架旱桥、混凝土基桩无缺检测法，发展了桥梁技术。

大秦铁路重载装备的研制也十分关键，特别是电力机车，不仅要有强大的牵引力，也需要强大的制动力。在国务院领导下，从1986年开始，大秦铁路重在列车成套设备领导小组即开始组织动员各方力量，形成跨部门、跨行业、跨地区的联合攻关，先后研究提出了91项成套技术装备。由株洲电力机车工厂主持、铁科院等单位参加研制出的SS_4改进型电力机车，实现双机牵引1万吨。同时，通过分布在14个部门和省市的50多个单位共同努力，成功研制出低速恒速控制装置、安全测控系统、红外线轴温检测系统、C_{63}新型运煤专用敞车、车辆集中修设备等。在引进设备问题上，以"研制为主、引进为辅"为原则，坚持"技贸结合"的方针，以市场换技术，对引进技术进行消化吸收，逐步实现设备国产化。

1988年12月28日，大秦一期工程正式通车。国务院总理李鹏、国务委员邹家华出席了通车典礼。国务院的贺信中指出"大秦铁路一期工程的建成，为我国修建重载运输铁路和新线一次复线电气化创造出新的经验，是我国铁路建设的又一重大成就"。大秦铁路一期工程的开通，"使我国铁路向重载技术装备与运输组织指挥现代化迈出了可喜的一步。这对于开发山西煤炭基地，促进国民经济发展具有重大作用"。经过一年的试运营，1989年12月，大秦一期交付北京铁路局运营。大秦铁路二期工程投资20多亿元，于1988年6月正式开工，1992年12月21日，二期工程全线铺通。至此，晋煤外运通道建成，"北战大秦"取得圆满胜利。大秦铁路成为我国第一条重载铁路，它的建成通车，开启了我国重载铁路运输的新纪元。

大秦铁路开通后，极大地缓解了晋煤外运的紧张状况。大秦一期工程开通后，1989年试运煤2000多万吨，1990年运煤3380万吨，1991

年运煤 3666 万吨，1992 年运煤 4259.9 万吨。从 1992 年 8 月 1 日起，大秦铁路每天开出 6 列单机牵引 72 辆 6000 吨的重载专列，创全路单车牵引纪录。二期工程开通后 1993 年、1994 年，分别完成煤运量 4665.9 万吨和 5085.5 万吨。接近设计初期目标 5500 万吨的水平，为解决我国燃煤运输的燃眉之急发挥了重要作用。

三、中取华东

华东地区是改革开放后经济发展最迅速的地区。其中，上海铁路局管理范围内的上海、江苏、浙江、江西、安徽、福建五省一市的人口占全国 22%，1985 年工农业总产值占全国的 31%，但该区域的铁路里程仅占全国铁路里程的 10%，复线率仅为 13%，远低于全国平均复线率 19% 的水平。"铁路运输能力与华东经济发展极不适应，旅客严重超员，货物经常停装待装，全国铁路的四个最突出的运输能力限制口，有三个在华东地区（指符离、鹰潭、醴陵）。"在客运上，买票难、乘车难、严重超员成为常态，在货运上，接不进、卸不下、装不上，致使不得不采取停装或限装的措施。所以，提高华东铁路运输能力，解决"通道不畅""消化不良"问题，已成当务之急。

正是在这样的背景下，中央做出了加快建设华东铁路的重要决策，铁道部也随即进行"中取华东"的具体部署，将"中取华东"作为三大战役的重点，"七五"期间，"中取华东"计划投资 70 亿元，占"七五"铁路投资的 1/5。1986 年 2 月，铁道部部长丁关根在全国铁路工作会议上强调，要把"中取华东"作为"七五"期间铁路建设"三大战役"之一，铁道部组织专家进行了充分论证。1986 年 8 月，铁道部部长丁关根在山海关主持会议，要求专家专门就华东地区铁路建设进行论证。专家们认为，一方面要加强京沪线技术改造，挖潜扩能，"必须强化改造京沪线，积极采用现代化的技术，以扩大通向华东的运输能力"。但是，华东的运输紧张状况仅靠改造京沪线并不能真正解决，"要尽快开辟通向华东的第二通道。由于仅仅依靠改造京沪线不能在近期将华东路网由限制型运输转为适应型运输，而且实现京沪线现代化有许多技术难点，尚需一定的时间攻关。所以，开辟通向华东的第二通道非常紧迫"。

国务院对华东铁路建设也十分重视。1986年10月，国务院副总理万里主持了召开了华东地区铁路建设会议。万里指出："华东地区是我国经济上比较发达的地区之一……华东经济区是既面向全国，又面向全世界。""华东经济要发展，首先就需要把交通搞好。"同时，他强调，"搞建设不只是解决现实紧迫问题，同时要考虑现实发展需要，在投资有限的情况下，务必很好地处理二者之间的关系"。因此，在华东铁路建设中，既要解决当下通行紧张的问题，又要有前瞻性、战略性眼光，既要面向现实，又要面向未来。国务院华东地区建设会议批准铁道部"中取华东"的建设部署，整个工程有大中型项目17个，修建新线473公里、复线740公里、电气化513公里。

工程包括强化京沪第一通道，增辟第二通道，加快东西通道建设。强化京沪第一通道包括建成徐州枢纽，修建符高集立交，南京东编组站增建下行出发场，修建南京至南京东第三线等。通过改造，京沪线货运量将从1986年的4500万吨达到7000万吨。南北第二通道是铁路"中取华东"战役中投资最多、规模最大、战线最长的建设项目，包括开辟商丘—阜阳、阜阳—淮南、宣州—杭州等新线，增建淮南—合肥—芜湖复线，打通芜湖铁路枢纽以及改造火龙岗—宣州、长兴—杭州段既有铁路线。全线开通后,北方的物资可以从商丘直达杭州,商阜线和裕溪口过江年输送能力达1600万吨。改造东西第一通道包括沪杭线复线建设,新建钱塘江大桥,修筑浙赣线复线等工程。沪杭复线修通后运输能力将由1986年的1700万吨达3200万吨,浙赣线的紧张状况也可局部缓解。开通东西二通道包括大冶—沙河街—南昌—向塘铁路线建设,改造南昌至九江的南浔线。这条通道开通后,从武汉到东南沿海的距离,比绕道株洲要缩短350公里,可分流经醴陵口进入浙赣线的货运量400万吨。同时加快鹰厦线电气化改造,使进入福建的年运输能力从1986年960万吨提高到1800万吨。

在组织模式上,"中取华东"采取铁路和华东六省共同组成建设协调小组,协同安排各阶段的规划,解决建设中的各种问题的模式。在该协调小组的工作下,征地费用标准、航道通航标准、重点工程建设方案等长期存在的难点,一一得到了解决。12月,铁道部成立了华东铁路建设指挥部,由铁道部第四设计院负责编制施工组织,下设五个子系统:京沪线的强化改革,从徐州到上海;南北第二通道,从商丘到杭州;东西通道,从上海经杭州到株洲;从武汉经大沙线到向塘;鹰潭到厦门,再加上外福线。这五个子系统的施工组织设计分别由上海铁路局、铁道部工程承包公司和第四设计院承担。1987年6月,华东铁路建设指挥部在无锡召开会议。7月,华东铁路建设协调小组在苏州召开了有五省一市省、市长参加的第一次会议。这两个会议分别审议了"中取华东"的建设规模、投资、项目、工期,讨论通过了《中取华东施工组织方案》。

"中取华东"建设分段招标由铁道部第四局、二局、三局、五局、十四局、十六局、二十局、大桥局、电化局9个单位中标,调集了10万建设大军。在建设中,采取了"商民合办"的方式,与地方政府合作。铁道部只集中财力保干线、保畅通、保重点工程、保安全设施。地方铁路和部分客货运输设施,则主要由地方集资或由铁路和地方共同集资修建。五个子系统之间互相协调,点(车站、枢纽)、线(线路)配套,建设与设计、施工单位之间、运输与施工部门之间,铁路与地方之间协同配合。

在南北通道建设上,通过京沪通道的改造,徐州铁路枢纽的改扩建,商阜线、大沙线的修建,以及淮南复线、合肥枢纽、芜湖枢纽等相关铁路的改造,大大加强了华东铁路南北通道,使得陇海铁路以北的广大区域与华东地区之间的联系不断得到加强。在东西通道建设上,通过强化沪杭、浙赣等既有铁路通道,新建包括大沙铁路、改造南浔铁路等东西第二通道的构建,使得京广铁路南段华南、华中和部分西南地区与华东地区的联系得到加强。在铁路建设者的共同努力下,"中取华东"进展顺利。到1991年底,完成投资83亿元。修建了新路473公里,电气化铁路513公里,复线620公里。"中取华东"完成后,有效地缓解了华东地区的交通紧张状况。1990年与1985年相比,华东区通往外区的客车由每天38对增加到47对,货车由85对增加到111对,从各交接口运入华东的货物增加了2455万吨,比1985年增加了40.3%,货运周转量增加了229亿吨公里,比1985年增加了19.4%。

在"七五"期间"中取华东"铁路建设完成强化改造南北第一通道、开辟南第二通道等17项大中项目后,华东铁路北口基本打开,列车通行能力有所提高,"中取华东"虽然在相当程度上解决了铁路运输多年所欠的"老帐",但深化改革和扩大开放又给铁路带来新的压力,出现了许多"新帐"。针对这一新形势,1992年下半年,铁道部做出了"再取华东"的战略决策,华东铁路迎来了又一轮建设高潮。这次建设,总投资160亿,包括22项大中工程;京九铁路商阜段复线、九江至向塘复线以及吉安至江西省边界段新建铁路共 618 公里，浙赣复线续建工程 389 公里；鹰厦电气化铁路漳厦段 191 公里；阜淮复线，淮南复线以及阜阳、合肥等四大枢纽站工程。1993 年上半年，"再取华东"之战已开通复线 39.5 公里，开通单线 18 公里，完成投资 9 亿元。

第二节　大会战序幕的拉开

邓小平南方谈话和党的十四大召开之后，我国改革开放和现代化建设事业进入了一个新的阶段。随着社会主义市场经济体制的建立，国民经济上新台阶，人民生活水平提高，本来就不适应的铁路运输，紧张状况进一步加剧。因此，改变铁路发展严重滞后状况，使铁路能够满足运输需要，已成为时代和人民的企盼。党中央、国务院高度重视铁路发展严重滞后状况。党的十四大把加快铁路建设作为国民经济发展的重点，以此为契机，铁路进入一个历史性大发展的新时期。早在 1975 年，邓小平就提出："当前的薄弱环节是铁路。"1989 年他又强调："多搞一点铁路、公路、航运，能办很多事情。""宁肯欠债，也要加强。"于是，加快铁路建设和发展，成为这一时期全党全国人民的共识。

为了贯彻中共中央、国务院关于加快铁路发展的方针决策，1992 年 9 月，铁道部确立了"近筹缓解适应，谋远适度超前，闯出发展新路，真正当好先行"的铁路发展总体思路。1992 年底，中共铁道部党组做出了开展铁路建设大会战的总体部署，提出通过"强攻京九、兰新，速战宝中、侯月，再取华东、西南，配套完善大秦"，打一场"八五"后三年铁路建设大发展的大会战。

这场大会战主要围绕京九、兰新、宝中、侯月、浙赣、南昆、大秦一亿配套、京广扩能、成昆电气化改造、西康线、广深准高速和北京西站十二项重点工程进行。面对异常繁重和艰巨的建设任务，铁道部打破常规，积极组织会战，加强领导，统筹部署，集中力量，保证重点；数十万铁路建设者团结奋战，顽强拼搏，谱写了一曲新时期艰苦创业的壮丽篇章。

一、一线穿南北：京九铁路

修建北京南下通往香港九龙的大通道，是中国人百年来的梦想，而京九铁路建设经历了长期的酝酿过程。早在20世纪初，孙中山在《建国方略》中就提出设想：在九江建设长江大桥，使它成为"中国南北铁路之一中心"。虽然孙中山并没有详细描述京九铁路走向，但在九江建设长江大桥，进而形成南北铁路，无疑与今天的京九铁路不谋而合。中华人民共和国成立初期，京九铁路建设即进入中国共产党的决策视野。1958年，根据毛泽东的指示，铁道部首任部长滕代远提出了在京广和京沪两大干线之间再修建一条南北通道的战略性设想，即：从北京修至江西九江。随后，铁道部将北京至九江铁路纳入路网发展规划。但是后来受"大跃进"和"文化大革命"影响，这条铁路的建设暂时被搁置。20世纪70年代初，京九铁路的前期准备工作进入实施阶段，九江长江大桥于1973年开工，但建设进程十分艰难。1975年，邓小平复出主持中央工作，再次提出修建北京至九江铁路，安排开展初测设计工作，但是后又因形势变化，未能实现。

直到20世纪90年代初，中央才正式做出建设京九铁路的决定，这期间经过了 30 多年的酝酿、论证和不同意见的争论。有的人认为,铁路是"夕阳产业",不宜多修;有的人认为,铁路应以运煤为主,客货运应分流给其他运输方式;有的人认为既有京沪铁路、京广铁路运能尚未完全利用,没有必要新建南北通道。实属不易。由于长期的争论,使得国家决策受到不小的影响。如此情况之下,国家有关部门决定采取"化整为零"的办法,分段进行部分修建。1987 年,商丘至阜阳一段铁路,作为缓解华东运输紧张的需要先行开工建设,并于 1991 年底开通运营。

1992 年伴随邓小平南方谈话和党的十四大召开之后,我国改革开放和社会主义现代化建设进入了新的历史时期。国民经济的快速发展,对铁路运输提出了更高的要求,特别是南北铁路运输能力不足,成为严重制约国民经济发展的"瓶颈"。在这一背景下,国家做出了加快建设京九铁路的重大战略决策。1992 年 7 月,全国铁路领导干部会议在北京京西宾馆召开,朱镕基副总理"破例"参加了这次会议。会上,他指出:"铁路运输已经成为国民经济的一个卡脖子瓶颈。今后国民经济能不能上台阶,就得看铁路运输了。南北铁路运输特别紧张,大量物资过不去,京九铁路是矛盾的焦点,应该集中力量打歼灭战。"于是,他要求京九铁路提前一年到一年半建成。

铁道部也将京九铁路列为"八五"铁路建设"重中之重"。1992 年,铁道部在北京京西宾馆召开了京九铁路建设工作会议,韩杼滨在会上做了建设京九铁路的动员报告,确定了"奋战三年,普通全线"的奋斗目标。国务院也十分重视京九铁路建设,充分发挥中央和地方的积极性,成立了以国务院副总理邹家华(后为吴邦国)为组长、国务院有关部门和沿线省市负责人参加的京九铁路建设领导小组,负责协调解决建设过程中的重大问题。

这条铁路北起北京西站，南至深圳，与香港九龙相连，全长2536公里，总投资近400亿元，跨越海河、黄河、淮河、长江、赣江等，穿越京、津、冀、鲁、豫、皖、鄂、赣、粤九省市，所经之地有平原、丘陵和山区，是我国铁路建设史上规模最大、投资最多、次建成里程最长的铁路干线。

1993年4月20日，京九铁路全线正式开工建设，数万名建设者（施工高潮期将超过20万人）怀着"为国出力，为民造福，为局增光"的崇高目的，在"不是比赛的比赛，不是竞争的竞争"的背景下，从全国各地分赴施工现场。在京九铁路沿线的各级指挥部墙上，施工队伍营区，桥梁隧道工地，大型机械身上，到处都能见到"全力以赴，会战京九，大干三年，铺通全线"的标语口号。

在京九全线126座隧道中，岐岭隧道位于江西省信丰县和南康县交界处，全长2536米，是京九铁路的咽喉工程，重点难点工程之首。此段地质复杂，泥岩、泥质砂岩、粉砂岩、页岩、粉砂岩互层等比比皆是，Ⅰ、Ⅱ类软弱围岩占70%以上，而且隧道从两座水库中间穿过，水面比洞底高出32米，涌水量大，断层密布，塌方频繁，施工难度很大。打隧道怕软不怕硬，岐岭隧道的软弱围岩使得隧道施工队伍有劲使不上，1993年4月，岐岭隧道进口开工后，接连遇上流泥涌水，开工半年多都未能进洞。而且，大量流泥涌水所导致的山体移动则预示着更为严重的后果。岐岭隧道之难实为中外铁路建设史上所罕见。是时，岐岭隧道成为国内外关注热点。西方新闻传媒甚至质疑说："岐岭隧道是中共'滑铁卢'之战，京九铁路1997年通车无望！"

困难面前，铁路建设者们并未退缩。1994年元旦初，铁道部40位专家聚集现场召开研讨会，为岐岭隧道"会诊"。经过现场调研后，专家们提出了 10 条建议，制定了一个综合治理方案。而在攻克岐岭隧道过程中，也涌现出了许多先进集体和个人。为解决隧道泥流涌水问题，铁道部高级工程师刘增耀在患有冠心病的情况下请缨出山，带着药到了施工现场，他和承担隧道进口施工的铁十四局技术人员因地制宜，广泛吸收和借鉴国内外隧道施工先进科技成果，提出了九大技术保证措施。后来，专家们以此为蓝本，确定了有中国特点的软弱围岩隧道开挖的科学方案。就在岐岭隧道进口最艰难地段安全通过那天，刘增耀因异常兴奋，未来得及掏出随身携带的药就晕倒在现场，后经医院紧急抢救才得以脱险。

中铁十八局原来只承担津霸联络线的施工任务。当得悉岐岭隧道工程遇到困难时，这支当年在引滦济津工程中屡建功勋，被誉为"大山腹中的尖刀"的队伍主动请战，立下"强攻岐岭，再展引滦济津雄风"的豪迈誓言，承担了出口 2000 米的施工任务，占整个隧道工程量的 4/5。这支队伍充分发扬铁道兵时期的革命精神，奋战在隧道施工前线。十八局施工科技处处长康秀江，不顾自己患有高血压和脑血管硬化，一直吃住在工地组织科技攻关，分析石质，查找资料，制订方案。一个名叫杨顺银的青年工人，在隧道立花拱架挂网时，被突然掉下来的石头砸破了头，鲜血直流，他被送进医院缝了三针，可第 3 天他就偷偷地跑出了医院，又回到工地投入了施工。一个名叫杨秀坤的 980C 装载机司机，负责岐岭隧道一号支洞的装渣任务，一人顶两个人的班，每天坐在气温高达 40 多摄氏度的驾驶室里，一干就是十几个小时，身上整天是湿漉漉的，臀部长了褥疮。为了早日贯通岐岭隧道，中铁十八局三处的职工们说："洞子不通不休假，洞子不通不回家。"全处有 300 多人推迟了假期，有 100 多人一年多没回家，加班加点 3.5 万多小时。指挥长张明泉自从上岐岭隧道一年多没有休过一天正常假。就是这样，经过一年多的努力，中铁十八局的铁路职工战胜塌方、涌水、泥石流、断层等困难，攻克了岐岭隧道这座重点难点工程，为京九铁路的提前铺通扫平了障碍。1994年10月14日，岐岭隧道顺利贯通，并于1995年4月15日铺轨通过。

最终，经过10多万筑路大军的共同努力，1995年11月16日京九铁路全线提前实现铺通的决战目标。1996年9月1日，京九铁路正式开通运营。这条跨越九省市铁路的建成通车，为我国开辟了一条新的纵贯南北的运输大通道，对于完善路网布局，缓解南北运输紧张状况，带动沿线地方资源开发，形成一条新的经济增长带，推动革命老区经济发展，加快老区人民脱贫致富，促进港澳地区的稳定繁荣，都具有十分重要的意义。

二、龙腾大西北：宝中铁路、兰新复线

茫茫戈壁，慢慢荒漠。一说起西北，常给人"春风不度玉门关"的既视感。中华人民共和国成立前，西北地区只有陇海铁路潼关至天水一段，以及咸铜支线一段铁路，共长456公里，且质量低劣，经常断道停运。中华人民共和国成立后，中国共产党在成渝铁路通车后便立即着手修筑天兰铁路。1952年10月，天兰铁路建成通车。至此，从东海之滨的连云港起，西到甘肃省会兰州的陇海线才真正形成。随后，兰新、包兰、兰青、南疆等铁路相继建成，改变了过去西北交通闭塞的落后状况。改革开放，给西北经济发展带来了新的契机，也对西北铁路建设提出了新的要求。1990年9月12日，中国兰新铁路西段与苏联土西铁路在中苏边境的新疆阿拉山口站和苏联德鲁日巴站之间胜利接轨，第二座亚欧大陆桥宣告全线贯通。

宝中铁路是亚欧第二大陆桥的重要组成部分。这条铁路地处西北腹地，是连接陕甘宁三省（区）的一条大动脉，是西北通往华东、中南、西南地区的一条新的骨干通道，在路网中占有极其重要的位置。宝中铁路建成后，与兰新复线相匹配，构成大能力运输通道，对改善西北路网布局，缓解运输紧张状况，推动沿线经济发展，带动沿线人民脱贫致富，加强民族团结和巩固国防、都具有非常重要的意义。

铁道部所属 13 路"铁军"的 3.5 万名建设者，沿着当年红军长征的足迹摆开了建设大西北的新战场。他们当中的许多人尚未得到施工间隙的片刻喘息，来不及掸去在"七五"铁路三大战役施工中落下的征尘，便风尘仆仆地来到大西北，来到陕甘宁，来到宝中铁路，在千里建设工地的两千多个施工点上，揭开了决战大西北的序幕。

宝中铁路线路迂回曲折，工程难度极大。其中陕西虢镇到宁夏固原段，山高谷深，沟梁相间，地势险峻，石质松散，需要多次穿越和通过泥石流、滑坡体、断层、崩塌、湿陷性黄土和膨胀岩等不良地质结构区。建设者就是要在如此复杂多变的地理环境中，铺架一条相对平坦笔直而又畅通无阻的钢铁通道，要凿穿 66 座绵延起伏的大山，跨越 310 多条纵横交错的河谷，铺平 1307 个沟渠，掘土移石 3200 多万立方米。全长 489.19 公里的正线上，仅隧道、桥涵的长度即达 23%。

浩大的工程，紧迫的工期，激励着每一个建设者。全长 5240 米的六盘山隧道是全线最艰巨的工程。承担这一艰巨任务的是"兵改工"多年的铁道部第 16 工程局的 1000 多名职工。他们为了加快进度，早日打通这座走出封闭、走出贫困、走出落后的"希望之门"，除从进出口两端同时向中间推进之外，又拦腰打入 3 条斜井，从中分头掘进，等于正反两面增加 6 个掌子面。六盘山一带干旱缺水，可进洞几十米就有大量的裂隙水夹着碎石烂泥往外涌，把刚打下来的泥岩泡成泥浆，工人们只好一步三滑地用水桶往外拎。满身泥水，出洞被风一吹就是一层冰，裤腿冻得硬邦邦的，迈不开步。进入正洞后，打眼放炮，喷锚支护，出渣进料，一天一个循环，有时两天3个循环。白天黑夜连续作战，上道工序干完了，下道工序紧紧跟上。数九隆冬，井上滴水成冰，井下穿单衣干活儿能拧出水来。他们干得这么苦，这么累，可是毫无怨言。

中卫黄河特大桥是宝中铁路的北端门户。这座大桥全长1314.7米，34个墩台、76根桩基，最大跨度48米，是当时我国第一座采用顶推技术施工的跨度最大、单联最重、连续顶推最长的现代化铁路桥梁。为早日打开北端门户，创全路国优工程，承担大桥施工任务的铁13局1处的几百名建设者，日夜奋战在巍巍贺兰山下。1992年，为了在黄河汛期到来之前完成76根桥桩基础的灌注任务，即便是在举国欢庆、万家团聚的除夕之夜，工地上的建设者们仍在挑灯夜战。陪伴他们的是钻机的隆隆轰鸣和塞上的阵阵寒风。秋季，他们在国内没有成功先例，缺少可资借鉴经验的情况下，成功地完成了重逾千吨的两联7×48米钢筋混凝土预应力箱式连续梁的分段浇灌多点顶推的施工，在大西北的滔滔黄河上打出了一张中国铁路桥梁大跨度顶推技术的王牌！

就在筑路大军会战宝中线的同时，翻过乌鞘岭，穿越河西走廊，千里戈壁滩炮声隆隆，风钻声声，一场修建兰新复线的大会战正在这里展开……

兰新铁路东起黄河之滨的甘肃省省会兰州市，西至天山北麓的新疆维吾尔自治区首府乌鲁木齐市，全长1903公里，1966年全线开通运营。这条铁路东连陇海铁路，西经北疆铁路与独联体土西铁路相接，在兰州与包兰、兰青铁路交会，在武威与干武铁路相通，是西北地区及西北与内地沟通的主要通道，是亚欧大陆桥的重要组成部分，承担着西北地区主要客货运量和绝大部分进出疆物资的运输任务。

20世纪90年代初，伴随中央沿边开放战略的提出，国家石油产地西移，第二条欧亚大陆桥全线开通，随之而来的是西北物流、人流、信息流的迅猛增长，既有的兰新铁路虽经连年挖潜改造，运力提高120%，1992年超饱和运转也只满足了1100万吨货物的运输量，仍旧不能满足西北地区经济发展以及新疆石油资源开发的需要。但是，如果把兰新线改建成复线，则可提高运力1倍以上，近期运力2500万吨，远期可达5000万吨。于是，"希望在复线""强攻兰新复线"成为国务院、国家计委、铁道部、新疆维吾尔自治区、甘肃省的共识。

1992年9月中旬，兰新复线正式开工。铁道部第一、十五、二十工程局、兰局工程处、乌局工程处、新疆生产建设兵团工一师2万筑路大军迅速向荒无人烟的兰新铁路沿线挺进。帐篷还未支起，推土机、挖掘机、铺架机已往来穿梭；锅灶还未垒就，翻斗车、振动碾、煤电钻已轰轰鸣响。

这条铁路东起武威南，西至乌鲁木齐西，全长622公里（其中兰州铁路局管段635公里，乌鲁木齐铁路局管段987公里），全线需架设大中桥梁151座，凿通隧道12座，是我国铁路建设史上一次完成复线改造里程最长的项目。线路穿越千里戈壁和天山山脉，经过百里风区、沙害和盐渍土地段以及著名的"火洲"吐鲁番盆地，跨越达坂城沼泽地。气候多变，风沙干旱，酷暑严寒，自然条件十分恶劣。沿线人烟稀少，缺水缺电，施工条件异常艰苦，而且又是在运输繁忙干线上全面展开施工，工程难度很大。在如此恶劣的环境下，数万名筑路大军，顶烈日、战严寒、穿沙漠、越戈壁，打通天山山脉，跨越达坂沼泽，仅用两年时间就保质保量地完成了这条铁路复线，创造了我国铁路建设史上又一奇迹。

三、大西南的期盼：南昆铁路

大西南是我国腹地最为深广，资源最为富集，潜力最为巨大的地区。全世界已探明矿产 140 多种，这里有 130 余种，其中钒、钛、锡储量居世界首位，铅、锌、铝、铜等几十种居全国前列。这里有"江南煤海"之称，已探明储量约 100 亿吨，远景储量是已探明储量的 2.5 倍。这里还是我国第二大林区和两大热带作物基地之一。由于历史的原因，特别是由于长时间的交通不便，大西南与东部沿海发达地区相比，经济、社会的发展相对落后，我国农村还没有完全解决温饱问题的人口中，有相当大一部分生活在这个地区。要改变西南地区经济落后的现状，打通大西南的出海通道，关键环节就是加快修通南昆铁路。

其实，修建南昆铁路，是大西南人民的百年梦想。早在 20 世纪初，孙中山在《建国方略》中就提出，要修一条与现在的南昆铁路走向相似的铁路。中国共产党秉承孙中山的这一宏愿，在中华人民共和国成立后不久便决定修建手南昆铁路。1958 年南宁至百色段曾部分开工，但后来由于种种原因，被迫"下马"。伴随改革开放步伐的加快，党中央和国务院提出了加快中西部经济发展，确定云南、贵州、广西、四川南部、广东西部和海南省为一个经济区，从而把地域辽阔、资源丰富但无出海口岸的西南内陆，与有绵长海岸、便捷通道和有利于发展外向型加工工业的华南部分地区连成一体。正如时任国务院副总理邹家华在云南考察时所说的那样，"过去讲发展西南经济只讲云、贵、川三省，从贯彻改革开放政策以及长远发展来说，四川的中部和北部可以通过长江与海外相通，而四川的西部和南部以及云、贵地处内陆就受到制约。所以，现在我们讲发展西南地区经济，就不能只从一个省的范围内来考虑了，要放眼云、贵、川和广西、广东、海南等广大地区，这大片地区有资源，有市场，还有出海口岸，经济上有很大的互补性。通过各种形式的联合与合作，对这个地区和各省的经济开发，特别是少数民族经济的发展都将大有好处，也是有可能的。联合的基础和条件首先是交通和能源。南昆铁路是联接这一地区出海的主要干线，要尽可能加快建设。没有交通就谈不上流通"。所以，南昆铁路被列为"八五"国家重点建设工程，是为大西南地区经济社会发展"雪中送炭"。

这条铁路东起广西南宁，西至云南昆明，北接贵州红果，全线长899.68公里，是沟通西南与华南沿海的重要通道，也是我国通往东南亚的最便捷通道。贵州煤、云南磷、广西铝和石油，经由南昆铁路东运，分别比经由现有铁路线外运缩短800公里到1000公里。但是，南昆铁路沿线的地形地质条件极为复杂，它要从海拔70多米的滨海盆地，爬上海拔2000多米的高原，其间为跨越江河还有8次大的起伏，沿线溶岩、断层、坍塌、滑坡、泥石流、膨胀土、强地震区遍布。因此，要修建南昆铁路，实非易事。早在20世纪60年代，南昆铁路的勘测设计工作就已开始进行，中铁二院3代技术人员经过近40年的努力，先后做了8个大的线路走向和上百个线路局部方案。为了精选出一条最好、最可行的线路，当时作为总体设计负责人，已年近60的中铁二院选线高级工程师汪识义，在南昆铁路沿线的荒山野岭和工地上度过了17年。为了设计广西境内的米花岭隧道，他和线路总体设计组成员一起，在人烟稀少的深山老林过了6个月"野人"般的生活；为了具体设计好桥高183米、属"世界之最"的清水河大桥，他和桥梁总体组的成员，在陡峭的河谷两岸爬上爬下100多天；在贵州境内的南昆北段，为了完善穿越瓦斯地层的家竹箐隧道的设计，他和隧道总体设计组的成员一道，在山上山下勘察了

50多天。最终，确定了一条科学、经济的线路。

1990年12月24日，南昆铁路东段率先动工，1991年12月19日，西段开工。1993年4月18日，贵州段开工。来自原铁道部第二、五、十一、十五、十六、十七、十八、二十工程局、隧道局及柳州、成都铁路局的两个工程处，共11路筑路大军，从全国各地，迅速汇集南昆线，连营千里，摆开了战场。

位于广西境内的米花岭隧道，全长9392米，是当时我国最长的单线铁路隧道，有南昆铁路东大门之称。担任进出口施工的分别是中铁二局二处和隧道局三处。这是两支队伍的前身都是中铁二局，是中华人民共和国刚成立就组建的老工程局，几十年来，南征北战，承担了我国大部分铁路的修建工作。隧道局三处刚完成衡广复线大瑶山隧道的施工，征尘未洗，即又投入了米花岭隧道的施工。为了早日打通这一隧道，中铁二局投资4000万元购置了来自六个国家的精良设备，包括全路只有两台的四臂凿眼台车，形成了开挖装运、初期支护、铺底、衬砌四条机械化作业线。另一方面，隧道局则严格按新奥法有效组织施工，在光面爆破上狠下功夫，打出的隧道内实外美，滴水不漏。高级工程师谭曼怡自豪地说："这充分体现了我们隧道专业局的优势。"在中铁二局和隧道局的共同努力下，1994年12月，两局共同创造了双口月成洞769米的全国最高纪录。1995年8月，随着全隧的贯通，诞生了我国90年代长隧机械化配套快速施工模式。

位于贵州省红果附近的家竹箐隧道，全长4975米，是南昆铁路的第二长大隧道和第一难点工程，号称南昆铁路的"北大门"。该隧道是一座高瓦斯隧道，将穿过1085米的煤系地层，占隧道全长的1/4，预测瓦斯含量最大为19.5 m^3/t，瓦斯压力为1.9 mpa，瓦斯含量、压力和相对涌出量都是我国、甚至是亚洲铁路隧道修建史所罕见。承担这一隧道工程任务的是中铁五局四处。为了给隧道设计出一条合理的便道，四处南昆线指挥长齐康平带领10名工程技术人员从人迹罕至的山路翻过海拔2190米的家竹箐，劈荆棘、爬悬崖，徒步往返60公里，患有心脏病的指挥长几次呕吐，工程师张利平脚上磨起了血泡，索性脱下胶鞋打赤脚，施工科长何荣康强忍高原反应，始终冲在最前面……20多天里，每天仅靠一壶水、几个干馒头，起早贪黑，取得了第一手资料，做出了比较科学、经济的便道设计。

在南昆铁路建设的工地上，6万名铁路建设者发扬"为造福人民勇于攻难克险，甘愿吃苦奉献"的精神，克服各种艰难险阻，科学施工，风餐露宿，日夜奋战。广西、贵州、云南三省、区的广大干部和群众，也因为"南昆铁路是中国最大的扶贫项目"而多方支持。最终，在铁路、地方的积极努力和协同配合之下，1997年3月18日，南昆铁路胜利铺通。这是我国继60年代修建成昆铁路之后，在艰险山区成功修建的又一条长大干线铁路。它不仅在铁路建设史上占有重要地位，而且对包括云南、贵州、广西、四川南部、广东西部和海南省在内的广大地区以至全国的经济、社会发展，都具有十分重要的意义。

四、再造京门：北京西站

北京作为全国政治、文化和国际交往中心，来往进出的客流很大。20世纪50年代令北京人自豪的北京站，按设计标准，每天接发30对列车，客流量为5万人次。如今，随着国门的敞开，北京变大了，北京站却显小了。来自专家的统计，1981年，北京站年客流量为2772万人次，

1992年猛增到5400万人次，预测1995年将增至8000万人次，2000年则达到1亿人次。面对激增的人流，北京原有的三个客站运营能力已经饱和。尽管铁路部门靠扩大列车编组，靠列车超负荷运载，使北京的客运量增加了一倍多，但仍不能满足要求。修建北京西客站，已成为首都发展的迫切需要。

1989年2月，北京市政府正式提出建设北京西客站的建议。经过大量的前期工作、精心设计和方案论证遴选，1993年1月19日，北京西站正式开工建设，总投资为23.5亿元，是我国20世纪规模最大的铁路客站工程，其整个设计融合了现代建筑和民族风格，反映了我国90年代新的建筑水平。按常规，建成西客站需要4年时间，但工程总指挥部依然将工期缩减为两年半。"北京西客站是首都的大门，一定要建成功能齐全、设备一流的现代化车站。"这是党和国家领导人的嘱托，也是首都人民的期待，激励着上万名建设者。铁道部建厂局、铁3局、铁16局、北京市城建集团、北京市建工集团等10大施工单位开始了一场与时间赛跑的顽强拼搏。10路大军，各领风骚，喊出了"奋战西客站，打出'中华牌'!"的口号。

铁道部建厂局的开工时间本来定在1993年7月1日，可这支铁道部的代表队，硬是克服困难，提前两个月开进施工现场。刚开进工地时，这里除了拆迁留下的一片碎砖头，这儿什么都没有!工人们用污水和泥施工，找附近居民要水喝，架起几块砖头烧火做饭，在凳子上拼木板睡觉。就这样，承建南行包房工程，按常规施工需要160天，他们只用了68天，就干净漂亮地打胜了第一仗。

北站房及综合楼的建筑面积占西客站的60%，担当这一重任的是北京市建工集团总公司。这支在北京建设中屡建奇功的队伍，五六十年代，李瑞环、张百发带领的青年突击队，曾以敢打硬仗著称。而今，被誉为"爱国立功标兵班组"的马兴明青年突击队，18名队员战严寒斗酷暑，仅用9个月时间，就高速、优质完成现浇注混凝土4万立方米。惊人数字背后，是他们的日夜奋战。为了工期，为了保证浇注质量，他们经常一干就是20多个小时。被评为"三八红旗手"标兵的王玉兰更是巾帼不让须眉，她带领青年突击队的100名队员，披星戴月，用6天完成了原本11天工期的360吨钢筋编扎任务。

南站房与北站房相距217米，连接两个站房的地铁工程，构成控制南北站房施工进度的咽喉要冲。承建地铁工程的城建集团三公司，是基建工程兵集体转业的队伍。他们搞地铁是拿手好戏，打混凝土更是强项。令人叹服的是，公司上千名职工，办公、住宿全在简易房内。这支脱掉军装10多年的队伍，仍保持着训练有素的军人作风。他们所承建的双层双岛4线地铁工程封顶，整整比正常工期提前了半年。

在西客站工地，工人们每天都要工作10个小时以上。工地、宿舍、上班、睡觉，构成了西客站建设者每天的"四部曲"。苦和累，脏和险，伴随着建设者们度过朝朝夕夕。1996年1月21日，北京莲花池畔，一个现代化的大型建筑群正拔地而起，2万多名建设大军经过近1000个日日夜夜的奋力拼搏，终于建成了我国铁路建设史上规模最大、设备最先进的大型客站——北京西客站。

经过"八五"铁路建设的大发展，我国铁路运输能力有了较大提高，一定程度上缓解了铁路发展滞后对国民经济发展的制约：西北通路运输紧张状态有较大的缓解，南北通路和华东地区铁路有一定的改善，"三西"（山西、陕西、内蒙古西部）煤运通路有了一定的加强。但西南通路和东北通路依然紧张，新建的主要干线尚未完全配套。因此，从总体上讲，

中国铁路运输能力和需要的矛盾仍十分尖锐，中国铁路"从总体上仍然没有摆脱限制型运输的状况，发展任务十分艰巨"。特别是从1997年下半年出现的东南亚开始出现金融危机，对亚洲国家和世界其他地区形成了冲击。

为有效应对金融危机带来的影响，实现国民经济8%的增长目标，中共中央、国务院采取了一系列重大举措，其中重要一条就是加快包括铁路在内的基础设施建设。一方面进一步推动铁路建设，发展和完善路网结构，提高铁路现代化水平，另一方面可以增加国内有效内需，拉动经济增长。国家决定，从1997—2002年每年投资500亿元，用于铁路建设。

在这种形势下，铁道部制定出"九五"期间铁路建设发展的总体部署和目标，即"决战西南、强攻煤运、建设高速、扩展路网、突破七万"，集中力量建设一批对国民经济全局有重要影响，在路网中起骨干作用的大能力干线和对完善路网布局、加快区域发展有重要影响的工程项目。

第三节　全国路网的完善

从20世纪90年代开始，全国铁路网建设重点是加强大能力通道建设。经过"八五"期间的铁路建设，我国铁路路网规模有所扩大，铁路装备水平也有所提高，一定程度上缓解了部分地区和通道铁路运输紧张的状况，但仍不能满足国民经济发展的需要。因此，进一步加快铁路建设势在必行。在此情况下，"九五"开始时，铁道部根据国家五年计划编制了铁路建设计划，做出了"大战西南、强攻煤运、打通限制口、配套大干线"的战略部署，进一步强化西南、煤运、东北、西北五大通道建设。然而，1998年亚洲金融危机给中国经济发展带来了严峻挑战，为了抵御这场危机给中国经济带来的冲击，党中央、国务院果断做出了加快基础设施建设，拉动国民经济增长的重大决策。在这一背景下，铁路作为国民经济发展的大动脉，又迎来新的建设契机。铁道部随即做出了"决战西南、强攻煤运、建设高速、扩展路网，突破七万"的跨世纪铁路建设战略部署。

在此基础上，2001年1月召开的全国铁路工作会议上，铁道部副部长孙永福郑重宣布：铁路"十五"计划的一个最重要内容，是强化"八纵八横"路网主骨架。这就意味着"十五"期间，我国铁路建设将在目前"四纵两横"既有路网的基础上继续扩大铁路路网规模，加快西部地区铁路建设，继续实施提速战略，提高运输能力和质量。所谓"八纵"，即京哈通道、东部沿海通道、京沪通道、京九通道、京广通道、大湛通道、包柳通道、兰昆通道；所谓"八横"，即为京兰通道、煤运北通道、煤运南通道、陆桥通道、宁西通道、沿江通道、沪昆通道、西南出海通道。这16条铁路通道，涵盖了我国绝大多数大中型城市、主要旅游点和大部分产品的产销地，基本包括了目前我国运输能力最大、运营条件最好、技术装备最强、现代化程度最高的铁路线，不仅在中长途客运、大宗物资等铁路传统优势运输方面占有重要地位，同时也是未来客运快速网、货运快速网、重载网、集装箱网等现代化铁路运输网络的重要载体。

一、内昆铁路

内昆铁路，一条西南人民期盼了近百年的铁路。民国初年，孙中山先生曾在他的《建国方略》中提出修建内昆铁路的计划。中华人民共和国成立后,党和国家十分重视内昆铁路建设。1956年2月,内昆铁路开工,1960年北段内江至安边建成。而中段梅花山至水富县的358公里,因地质条件复杂,施工设备陈旧和技术落后等种种原因而停工。1995年10月,1995年10月,时任副总理的朱镕基同志视察云南昭通地区,看到当地群众因交通落后而十分贫困时曾流下热泪,指示铁道部修完南昆就立即上马内昆,为贫困地区雪中送炭。

1998年6月26日,内昆铁路全线正式开工。在开工典礼上,铁道部建设司司长王麟书说道:"内昆铁路是我国本世纪在建铁路项目中,地质最复杂、地形最艰险、技术难度最大的铁路干线,也是我国跨世纪铁路建设大会战中一场最为艰巨的攻坚战。"典礼结束后,铁道部第十七工程局的数十台大型机械开始施工作业,标志着内昆线正式开工。中国铁路工程总公司、中国铁道建筑总公司的17支基建施工队伍,5万建设大军,拉开了鏖战内昆的序幕。

这条铁路穿过当年红军"磅礴走泥丸"的乌蒙山区,沿线峡谷之深、峭壁之陡,奇险惊人。这里地质断层集中,瓦斯、泥石流、滑坡严重。如果说成昆线是"地质博物馆"、南昆线是"地质迷宫",那么内昆线就是"地质百科全书",工程建设难度为世界罕见。同时,该段线路起伏较大,从四川盆地边缘爬升到云贵高原,海拔高程相差1800米,线路爬行坡度23.5‰,为当时中国铁路建设之最,当地有"摔死山羊弯死蛇"的说法。全线有隧道140座,总长148.468公里,占新建线路长度的41%;有桥梁254座,总长50.319公里,占新建线路长度的14.1%,使得一半以上线路靠桥隧相连。而隧道口不是地处悬崖峭壁,就是陡坡河谷。

超常的困难吓不倒建设者。"老李段"被称为"内昆第一难",虽然只有13公里,可正常情况下只有沟谷低洼地带才会出现的软土地质居然长距离、大面积出现在高高的乌蒙山巅。斜坡软土遇水即软化、干燥后又变得非常坚硬。铁路专家从四面八方赶来会诊；铁十四局变更了400多次设计方案；近6000人进驻高海拔的施工现场，使用锚圆桩、桩板墙、骨架护坡等30多种技术手段，征服了软土路基。

李子沟特大桥长1031.86米，被称为"亚洲第一桥"。乌家坪1号大桥建在斜跨落差800多米的V形大峡谷上。花土坡大桥是我国目前连续跨度最大的铁路桥，其8号墩台高110米，为亚洲之最。建设者采用大刚度托架和110米高墩送混凝土等新技术，凭借过人的胆略勇气和智慧，征服了一只只"拦路虎"。

因为内昆铁路的建设圆了革命老区和少数民族地区人民世世代代盼望的"铁路梦"，沿线广大彝、回、苗等兄弟民族同胞热烈欢迎和大力支持内昆铁路建设。他们激动地说：国家为我们建设脱贫路，我们要积极配合铁路建设者共同架起致富的金桥。

2001年9月18日，内昆铁路全线铺通，犹如一条钢铁长龙，从四川内江逶迤向南，直达昆明。2002年5月12日，内昆铁路全线开通运营。它的建成对改善沿线交通状况，完善西南路网布局，实施西部大开发战略，促进西南地区经济和社会发展，加快沿线人民脱贫致富，增进民族团结具有重要意义。

二、西康铁路

秦岭，莽莽苍苍，东西延绵1500多公里，横亘于中原大地。它北揽八百里秦川，南瞰四川盆地，势拔五岳，沟壑纵横，素有"南北之阻"之称。中华人民共和国成立初期，为了解决因秦岭而形成的"蜀道难"

的问题，1952年国家便开始修建宝成铁路，并于1957年建成通车。但是，未能从根本上解决陕西交通落后的状况。陕西境内只有一条横跨东西的陇海铁路穿境而过，周边虽有襄渝、宝成和宝中铁路"擦肩而过"，但缺少一条纵贯南北的像脊梁骨一样支持陕西经济的发展的铁路。修建西康（西安—安康）铁路，这条连接我国西北、西南的铁路运输新通道，成为陕西人民的期盼。

早在1959年，铁道部就组织勘测西康线，但因三年困难时期国民经济调整"下马"。后勘测设计工作又历经30多年，几经曲折。直到1992年党中央、国务院做出加快西康铁路建设的战略决策。这条铁路全长267.8公里，全线有隧道97座，桥梁160座，桥隧占线路总长的60%，其桥隧密集程度在我国铁路建设史上罕见。特别是作为西康铁路8大控制性工程之首的秦岭隧道长18 456米，是当时全国铁路隧道之最。它穿越地段的地质条件十分复杂，有高地应力、岩爆、地热、断裂带涌水、围岩失稳等不良地质灾害，工程建设任务非常艰巨。

1995年1月18日，经铁道部与国家计委批准，秦岭隧道在莽莽大山中破土动工。1996年12月18日，西康铁路全线全面开工。中国铁路工程总公司所属的第一、二、三、四、五工程局，隧道局、电化局，中国铁道建筑总公司所属的第十一至二十工程局等组织精兵强将，5万建设大军从祖国的四面八方齐聚西康，参加这项跨世纪工程的大会战。

西康铁路的难点在穿越秦岭。要打通的秦岭隧道，位于陕西省长安县和柞水县交界处，是西康铁路的头号重点难点工程，隧道所在区间长21.4公里，是当时我国最长的隧道。为了打通秦岭，"快速、有序、优质、高效"完成筑路任务，铁道部确立了6大类24项重点科研攻关项目，组织了设计、施工、科研、院校等23个单位联合攻关。在隧道施工方案上，一开始有掘进机法、钻爆法、混合法等8个施工方案，分歧较大。最终经过多次讨论，铁道部决定采用全断面隧道掘进机方案，并引进了当时世界最先进的TBM掘进机施工，创造了最高月进尺509米和最高日进尺35.2米的生产记录，平均月进尺312米。

1999年9月，当时我国目前里程最长、埋深最大的铁路隧道——西康铁路秦岭隧道胜利贯通，为西康铁路全线早日建成奠定了坚实的基础。为了西康线的早日通车，从科技攻关小组，到深山里最基层的作业班，从鬓染霜雪的老工程师，到青年突击队员，无不全身心投入，拼搏钻研，甘于奉献。终于，经过4年多的奋战，2000年8月18日，西安安康铁路南北两路铺架大军在接轨点胜利会师，全线提前半年铺通。西北人民为这一消息欣喜万分。西康线，连通了陕北乃至整个大西北入川南下的通道，将激活三秦大地的灵秀富饶，敞开大西北又一扇热情的大门。

三、南疆铁路

一座天山横亘新疆中部，把新疆分成了南疆、北疆。南疆地处天山与昆仑山之间，地域辽阔，面积106万平方公里，西边与塔吉克斯坦、吉尔吉斯斯坦、巴基斯坦、阿富汗、印度5国接壤，在对西开放中具有重要地位。这里有全国最大的塔里木盆地，蕴藏着丰富的石油、天然气资源；这里水土光热资源丰富，粮食、棉花产量分别占自治区的43%和56.6%；其他矿产资源如铜、铁、铅、锌、金、石膏、蛭石等也十分丰富，开发潜力很大。但是，在南疆广阔的国土上，却只有1984年才建成通车的吐鲁番至库尔勒476.49公里铁路。南疆铁路西延工程（库尔勒至喀什）尽快上马，是从根本上改变南疆地区落后面貌的首要条件。

1995年9月，时任国务院副总理的朱镕基，在视察新疆时亲自部署南疆铁路建设，他说：这个钱是一定要花的，现在要按基建程序抓紧办理手续，越快越好。1996年3月，在全国人大八届四次会议通过的"九五"计划和2010年远景目标纲要中，南疆铁路被列为"九五"国家重点项目。1996年9月6日，南疆铁路正式开工。

在戈壁滩施工有"三恼"：一晒、二风、三虫咬。炎炎烈日下的戈壁滩地表温度平均可达40～50摄氏度，如果皮肤长时间暴露在强烈紫外线下，很快发红、灼热、起泡、脱皮。而且这里三天两头刮五六级大风，隔三岔五来一场沙暴。沙暴袭来时满天沙土飞扬，能见度只有几米，人根本无法行走。同时，这里的红柳丛中、砾石堆里有成群结队的蚊虫孳生。为了防晒、防风、防虫咬，铁路建设者们日常除了穿长袖上衣和长裤、戴长舌帽之外，还要再用一块透明的纱巾蒙住面部和脖子。

为了把铁路修进戈壁滩，铁十五局、铁一局、新疆生产建设兵团工一师等建设单位的建设者们，奋战在无水、无电、无房住的塔里木盆地，迎风沙、顶烈日、战严寒。终于，1999年12月6日，南疆铁路建成通车。它的建成，对塔里木油气资源的开发，带动南疆地区广大农牧民脱贫致富，加快新疆维吾尔自治区对外开放，增强民族团结，均具有重要意义。

四、青藏铁路

西藏自治区地处中国西南边陲，是全国唯一不通铁路的省级行政区，进出西藏主要依靠公路和航空运输。已有的青藏、川藏、滇藏、新藏公路，能常年不中断通车的仅有青藏公路。随着西藏经济社会的快速发展，作为高原交通运输"生命线"的西藏公路运输，受消耗大、运力低、效益差、经济运距短等自身缺陷的制约，已远不能适应西藏改革开放和区域经济发展的需要。因此，在实施西部大开发战略下，修建一条经济、安全、便利的进藏铁路十分必要。

早在20世纪50年代初，党和国家就着手研究进藏铁路建设问题。1958年，在毛泽东、周恩来、邓小平同志的关怀下，我国第一条高原铁路干线——青藏铁路的第一期工程——西宁至格尔木段开工建设，全长834.5公里。其中西宁至哈尔盖段181公里，于1975年通车。从哈尔盖至格尔木的653.5公里铁路，从1974年开始修建，1984年7月30日正式交付运营。但是，囿于当时经济实力和高原、冻土等筑路技术问题尚未解决，青藏铁路格尔木至拉萨段停建。不过，对青藏铁路高原、冻土问题的科研工作一直没有停止。

1994年7月19日，江泽民在第三次西藏工作会议上，要求做好进藏铁路建设的前期准备工作。根据这个指示精神，1996年八届人大四次会议通过的《国民经济和社会发展"九五"计划和2010年远景目标纲要》，对进藏铁路方案研究提出明确要求。2000年11月，他又做出重要批示指出，修建青藏铁路是十分必要的，对发展交通、旅游、促进西藏地区与内地的经济文化交流是十分有利的。据此，铁道部对进藏铁路重新开展了规划研究，提出了青藏、滇藏、甘藏、川藏共4个进藏铁路方案。经过综合比较，滇藏、甘藏、川藏方案沿线地形陡峭，地质复杂，工程艰巨，新建线路较长，投资大，建设工期长等缺点比较明显。权衡利弊，青藏铁路以投资少、工期短、地形较为平坦作为首选方案。

2001年6月29日，青藏铁路正式开工。但是，这条铁路要穿越的是世界"第三极"的青藏高原，是世界上海拔最高、线路最长的高原冻土铁路，工程建设面临多年冻土、高寒缺氧、生态脆弱等三大工程技术难题，能否攻克这些难题，成为推动青藏铁路建设的关键环节。

冻土是青藏铁路建设面临的最大技术难题。青藏铁路沿线地质情况极为复杂，线路经过连续多年冻土地段长达550公里。冻土遇热融化，遇冷膨胀，造成铁路变形。为解决多年冻土地区的筑路难题，铁道部自1960年就成立了青藏高原铁路科学技术研究所，组织力量在海拔4780米的风火山常年冻土地区开展路基、桥涵、房屋试验工程，并连续进行40多年的观察、研究。在建设过程中，工程技术人员探索出"主动降温、冷却地基、保护冻土"的设计思想，在试验研究和理论分析的基础上，形成了包括片石气冷措施、通风管措施、碎石护坡措施、热棒措施、遮阳篷措施、隔热保温措施等成套冻土工程措施，有效解决了冻土冻胀融沉病害，使列车通过冻土地带时路基基本保持稳定。

高寒缺氧，是工程建设必须面对和解决的首要问题，这关系到建设人员的身体健康和生命安全。青藏铁路格拉段沿线地处雪域高原，海拔4000米以上地段960公里，占线路总长的84%，翻越唐古拉山的铁路最高点海拔5072米。沿线高寒、缺氧、气压低，且干燥、风大、强紫外线辐射，可饮用水缺乏，处于鼠疫自然疫源地，属于"生命禁区"。为了确保建设人员上得去、站得稳、干得好，铁道部、卫生部联合制定了青藏铁路卫生保障措施和公共事件应急预案。一方面实行体检准入和"三检一习一巡"，组织高原专家成立高原生理咨询组，建立覆盖全线的三级医疗保障网络。另一方面，在供地意愿配备3900多台常规医疗设备，高海拔工地配置25台高压氧舱，且医护人员和职工比例为1.5%～2.0%。

另外，青藏高原生态环境敏感、脆弱，建设开发与环境保护矛盾突出。因此，保护环境被贯穿于青藏铁路修建全过程。在建设过程中，青藏铁路首次推行环境监理制度，首次建立"四位一体"（建设、施工、工程监理和环境监理）的环境保护管理制度，首次为野生动物修建迁徙通道，首次成功在高海拔地区种草和移植草皮等，还实施了湖泊湿水污染防治工程、固体废物防治工程等，使高原生态环境得到有效保护。

经过10多万筑路大军历时5年的艰苦奋战，2005年10月15日，青藏铁路全线铺通，2006年7月1日正式通车运营。10月15日，首批援藏物资通过青藏铁路运抵拉萨。这标志着西藏正式结束不通铁路的历史，也标志着我国所有省、市、区全部通上铁路。在5年的建设过程中，全体参建人员奋战在条件异常艰苦的雪域高原上，以惊人的毅力和勇气战胜了各种难以想象的困难，用自己的心血和汗水谱写了人类铁路建设史上的辉煌篇章，孕育出了"挑战极限，勇创一流"青藏铁路精神。青藏铁路建成通车，对于青藏两省区加快经济社会发展、改善各族群众生活，对于增进民族团结和巩固祖国边防，都具有十分重大的意义。

第四节　六次铁路的提速

20世纪70年代，我国铁路最高运行时速不足80公里，平均时速仅约40公里，出行难、运行慢，铁路运力不足成为制约经济发展的主要"瓶颈"。直至提速前的1993年，中国列车平均旅行时速也仅有48.1公里。而1994年初，世界上已有25个国家的旅客列车最高时速达到或超过时速140公里，旅行时速超过了100公里。

那么，为什么我们的火车跑不起来？1996年时任铁道部副总工程师、全路提速领导小组副组长周翊民说，因为我们的线路、车辆负荷太沉重了。据介绍，目前世界上铁路运输有三种模式：一种是基本以货运为主，没有客运，比如美国、加拿大等国家；一种是以客运为主，基本没有货运，如日本及欧洲一些国家。而我国属于客货混合运输的第三种模式。我国机车数量少，任务重，平均每台机车负荷3000~4000吨，负荷量是世界上最大的，再加上线路的大面积失修，火车根本跑不起来。客运、货运你中有我，我中有你，谁也提高不了速度。然而，面对着其他运输方式尤其是高速公路的强烈冲击，火车不能再慢下去了。慢下去就要失去市场！

那么，列车提速究竟有什么意义呢？

第一，列车提速是适应国民经济发展，满足人民生活水平日益提高需要的客观要求。20世纪90年代铁路在运输市场中的占有份额之所以减少，除了能力、价格、服务质量等原因外，还有一个很重要的因素，就是速度比较低，与旅客、货主的要求越来越不适应。因此，实施提速战略才能适应我国目前城市化进程加快的趋势。同时，实现全面提速的铁路运输业，将以符合我国基本国情的资源节约型和环保型的运输体系而成为我国交通运输的骨干，也完全符合国民经济可持续发展的战略要求。

第二，列车提速是提高铁路市场竞争力的重要措施。现代交通运输业运输市场的生存法则是：更高的速度、更多的顾客、更好的效益。我国社会主义市场经济体制的确立，为交通运输业发展激发出前所未有的活力。改革开放以来，在铁路加快发展的同时，其他运输方式也迅猛发展，运输市场形成了激烈竞争的格局。铁路、公路、民航和水运等多种交通运输方式突飞猛进，打破了运输市场原有的平衡，也揭示了现代交通工具间彼此的竞争原则：在保障安全的前提下，谁能提供快捷、舒适、方便、经济的服务，谁就会在竞争中取得优势。

第三，列车提速是世界铁路发展的潮流。早在20世纪50~60年代，欧洲已有多种系列的高速机车车辆问世。50年代，西欧各国已开始对既有主要干线进行电气化改造，以提高旅客列车运行速度。1957—1964年，日本就已完全按照高速行车的技术条件建成了世界第一条高速铁路东海道干线，并进入商业运营。80年代，法国巴黎东南线和大西洋线又相继建成，以牵引动力和列车功能适应地形条件，使运营速度跃上270~300公里的新台阶。因此，同发达国家相比，我国铁路差距还比较大。为跟上世界铁路发展的潮流，发挥我国铁路在综合交通运输体系中的骨干作用，必须较快实施列车提速战略。

不过，列车"提速"是一项牵涉铁路内部外部诸多方面的系统工程，并不是想提就提的。第一，牵引机车和被牵引的车辆要构造合理、性能先进、功率较大、质量较好。第二，线路的曲线半径要大，坡度要小，桥涵要坚固，道岔要灵便，路基、轨枕要坚实，通信、信号要可靠。第三，道口管理要严格，特别是无人看守的平交道口要尽可能减少。第四，对运输组织指挥能力和职工的标准化作业水平要求也很高。上述任何一个因素出了问题，就不能保证快速列车的行车安全，列车"提速"也就无从谈起。铁道部领导正是基于这种考虑，才把既有线上列车"提速"工作，当作我国铁路实现经济增长方式从粗放型向集约型转变的一条捷径。

1994年6月，铁道部提出"大力提高列车质量，积极增加行车密度，努力提高行车速度"的技术政策。12月22日，广州至深圳间修建的我国第一条准高速铁路正式开通运营，最高运行时速为160公里，为我国铁路提速迈出了重要一步。广深铁路的修建，在机车牵引动力上，线路、桥隧修建上，通信信号的试验等方面，都为全国铁路提速做了一定的物质准备。1995年6月铁路主管部门召开部长办公会议，成立了提速领导小组，迅速组织全路大力实施中国铁路提速战略，主攻繁忙干线的既有线提速。

1995年9月，铁道部在沪宁线（上海—南京）首次进行客、货列车提速试验，货车在牵引5000吨货物时，最高时速达到96.4公里，客车时速由90公里提高到173.5公里。中国铁道科学研究院100多名科技人员参与了列车、地面的测试工作，采集了10亿个以上数据，圆满完成了首次提速试验任务。首次客货列车提速试验在沪宁线进行后，各大干线的提速试验此起彼伏，重载列车提速试验、电气化铁路提速试验也相继宣告成功。

1996年4月2日，一列蓝白相间的双层旅客列车在欢快的鼓乐声中徐徐驶离上海站，这是我国对现有铁路进行技术改造后开行的首趟快速列车。这列由铁道部命名的"先行号"列车以140公里的时速直驶南京，全程仅2小时48分钟，开了中国铁路繁忙干线提速的先河。3个月后，北京站开出的时速达140公里的"北戴河号"列车飞驰在京秦线上，将北京至秦皇岛运行时间由原来的3小时38分缩短为2小时30分。10月8日，北京至大连开行了中国第一条跨区域、长距离快速旅客列车，最高时速达到140公里。11月，郑州铁路局组织在郑州至漯河间进行了既有电气化铁路上的提速，最高试验时速达到185公里。

一、第一次大面积提速

1997年4月1日零时，京广、京沪、京哈三大干线全面提速，中国铁路第一次大面积提速调图全面实施,也是铁路部门加快两个转变、主动走向市场的一项重大举措。此次提速,时速120公里以上的线路为1398公里,其中,时速140公里的线路为588公里,时速160公里的线路为752公里。第一次大面积提速后,铁路旅客列车最高时速达到140公里,打破了我国铁路列车运行速度长期低水平徘徊的局面。我国铁路开始融入了世界既有铁路提速浪潮,缩短了与发达国家既有线列车运行速度的距离。

同现行列车运行图相比,新的列车运行图对旅客列车的开行结构进行了重大调整:开行了11对带"K"字头的快速列车(最高时速140公里,全程旅行速度90公里以上);以北京、上海、广州、成都、郑州、武汉、西安、沈阳等大城市为中心,开行"夕发朝至"列车(当日16时至23时始发,次日5时至11时终到)78列;增开直通客车,在客流量大的主要铁路干线上,新开了23对直通特别快车;在客运能力较为紧张的西南地区新增4对进出云、贵、川的直通客车。新的列车运行图对货车的开行结构也进行了全面调整,新开定点、定线、定车次、定时、定价的"五定"班列515列,迈出了"货运客车化"的步伐。

这一天,京九铁路线上捷报频传,所有列车全部安全正点运行。这一事实向世人表明,举世瞩目的京九大动脉全部达到优良水平;这一天,铁路上海站首次开出上海至苏州、上海至常州、上海至南京西、上海至宁波的4趟特级旅客列车,4趟列车将每天开行,这在我国铁路运史上尚属首次;这一天,为迎接香港回归而准备开行的上海至九龙99次沪港特快旅客列车从上海站驶出首列,安全到达广州东站。

二、第二次大面积提速

进入1998年,铁道部在组织新一轮铁路大会战的同时,对既有线提速战略依然咬定不放，明确提出"进一步实施提速战略，编制和实行新的列车运行图"。于是，既有线的提速改造工程紧锣密鼓，制造提速机车车辆的工厂你追我赶，新的提速试验一波接着一波。

1998年10月1日，中国铁路第二次大面积提速调图开始实施。这次提速以京广、京沪、京哈三大干线为重点，时速120公里以上的线路为6449公里，其中时速140公里的线路为3522公里，时速160公里的线路为1104公里。

一方面，提速线路进一步延长，列车速度进一步提高。快速列车最高运行速度达到了时速160公里，非提速区段快速列车最高速度达到了时速120公里。京九、浙赣、侯月、宝中、南昆线和兰新线武威至乌鲁木齐段列车运行速度也有一定幅度提高。旅客列车旅行速度和技术速度与1997年相比，也都有了一定幅度的提高，直通快速、特快客车平均时速达到71.6公里，提高了4.5公里。

另一方面，客货运输品牌进一步得到增加和优化。根据市场需求，铁道部增加了快速列车和夕发朝至列车数量，快速列车增至80对。夕发朝至列车增加到228列。满足城际间客流需求，开行了北京—天津、北京西—石家庄等大城市间的城际客车，并且适当安排了短途客车、假日列车、民工专列等客车。首次开行了北京—厦门、哈尔滨—武昌等旅游热线直达列车，吸引了大量旅游客流。根据行包运输需求不断增长的实际情况，首次开行8对行包专列，实现了行包运输由广州、福州、沪杭等地区向乌鲁木齐、成都、北京、哈尔滨、沈阳等地区辐射的快速通道，受到货主的普遍欢迎，铁路行包运输收入大幅度增加。为适应较大企业货主对大宗物资的运输需求，开行了大宗货物直达列车119列。为方便货主对高附加值货物和适箱货物快捷运输的要求，"五定"班列数量进一步增加。

铁路新一轮的提速，进一步满足了旅客出行需求，提升了货运量，全路仅提速后的3个月，日均发送旅客达到240万人次，同比增长3万多人次；货运装车日均回升到76 310辆；运输收入完成239.4亿元，同比增长23.2亿元，增长10.7%。经过两次提速，也为铁路提前实现扭亏为盈做出了贡献。铁路旅客周转量3年年均增长率达到6.8%，超过了公路、民航、水运的增长速度，直通客运量每年递增10.2%，客票收入每年增长率达11.9%。3年累计增加收入近500亿元。

三、第三次大面积提速

世纪之交，在中央做出西部大开发战略后，2000年10月21日，铁道部又做出了第三次大面积提速的决定。令人振奋的是，这次提速的重点是西部地区，主要集中在亚欧大陆桥的陇海铁路和兰新线，以及京九铁路和浙赣线。提速后，时速120公里以上的线路为9581公里，其中时速140公里以上为6458公里，时速160公里以上为1104公里。

一直以来，西部铁路在路网中始终处于弱势，突出表现是速度慢。通过第三次提速，一定程度扭转了这种状况，东部和西部其他主要城市之间的提速列车运行时间都大幅度压缩。例如，原来从乌鲁木齐到北京需72小时，虽然通过前两次提速，已将运行时间缩短至60小时，但仍不利于东西部人员和物资的交流，严重制约国民经济的发展。此次提速后，北京至乌鲁木齐的T60/70次列车全程旅行时间分别为47小时52分和47小时56分，比提速前的旅行时间分别压缩12小时54分和13小时12分，比1997年提速前分别压缩19小时36分和20小时31分。在提速后的新运行图中，跨及西部地区特快列车13对，占全路特快列车的30%，可见向西部倾斜力度之大。尤其是陇海、兰新线最高时速达到140公里。

之所以做出这样的决策，一是支持和服务西部大开发，方便我国东西部之间人员的往来和物资的交流；二是有利于加快经济结构的调整，为我国西部地区加快技术进步，改变传统产业结构创造运输条件；三是使亚欧第二大陆桥成为一条安全快捷的铁路大通道，加强对外经济贸易和往来，促进对外开放。

此外，1997年和1998年的两次提速都集中在我国东部地区，尤其是京哈、京广、京沪三大干线，从地理位置讲它们都是纵向的，即谓"三纵"。而此次提速的线路，除京九铁路是纵向的以外，陇海、兰新（亚欧大陆桥）、浙赣线（与汀黔、贵昆连成横向东西大通道）均是横向的。如此一来，中国铁路就形成了"四纵两横"提速网络，覆盖全国主要地区，尤其为东西部人员和物资交流创造了快捷的大通道。这是落实党中央西部大开发战略的重要举措。

四、第四次大面积提速

2001年10月21日，铁道部又对中国铁路进行了第四次大面积提速，提速范围主要是京九线、武昌至成都（经汉丹、襄渝、达成）、京广线南段、浙赣线沪杭线和哈大线，涉及17个省市和9个铁路局。线路允许时速达120公里的线路延长达13 166公里，其中时速140公里的线路延长为9779公里，时速160公里的线路延长为1104公里。至此，四次铁路提速，使我国铁路提速网络总里程达1.3万公里，基本覆盖了全国较大城市和大部分地区。通过提速，全国铁路旅客列车平均旅行时速达到

61.92公里，比2000年平均提高2公里/小时，其中特快列车平均技术速度为92.67公里/小时。

不少列车运行时间进一步压缩。提速后，京九线北京西至深圳全程2372公里，运行23小时58分，比过去压缩5小时51分；武昌至成都全程1598公里，运行16小时30分，压缩5小时36分；浙赣线杭州至株洲全程954公里，运行11小时50分，压缩2小时49分；哈大线大连至哈尔滨全程944公里，运行9小时25分，压缩2小时30分。

同时，此次提速扩大了长途旅客列车能力。全路共开行旅客列车1194.5对，其中，特快列车188.5对。为方便旅客出行，全路开行夕发朝至列车达到118对。夕发朝至列车的始发时间调整为17：00至23：00，终到时间调整为5：00至10：00。新运行图还安排跨局旅游专列运行线28对，开行14对行包专列按最高运行时速为120公里运行。

此次，此次提速还有一大特点，就是在引入竞争机制。在实施的新列车运行图中，北京至上海间开行的T13/14、T21/22次，以其豪华的硬件设备和优质的服务，引起了人们的注意。不过，这两对实行全程8分钟间隔追踪运行方式的列车，分属北京铁路局和上海铁路局。竞争机制的引入，给旅客提供了更多选择的空间：谁的服务好，我就乘谁的车。

五、第五次大面积提速

2004年4月18日，中国铁路在已经全面掌握了既有线160公里时速的客货共线技术基础上进行第五次大面积提速，铁路几大干线的部分地段线路基础达到时速200公里的要求，提速网络总里程将达到16500多公里，其中，时速160公里及以上的提速线路将达到7700多公里。第五次提速后,主要城市间客车运行速度进一步提高,旅行时间大幅压缩,旅客列车平均旅行时速达到65.7公里,比2001年运行图提高每小时4.3公里,其中直达特快列车每小时119.2公里,特快列车每小时92.8公里,货车速度也有所提高。

此次提速后,铁路客运能力得到了提升。新列车运行图共安排旅客列车1172对,客车总标记定员达到242万座,增加18.5%。其中,开行直通客车407对,增加44对,直通客车由80.4万座增加到91万座,占总客车对数的比重从30%提高到35%。

在能力提升的同时,铁路还精心设计、推出了一批运输新产品。新增开19对直达特快旅客列车,最高运行速度达到每小时160公里,途中一站不停,点到点运输。其中北京至上海、哈尔滨等11对直达特快列车首次全列编挂软席车。进一步优化了夕发朝至列车的开行结构,将始发时间全部调整在17点至23点,到站时间全部安排在次日5点至10点,直通夕发朝至列车由118列增至169列,管内夕发朝至列车由119列增至136列。同时,为满足旅游经济、假日经济强劲增长需要,还增加了旅游专列运行线,跨局旅游专列由28对增加到39对。

提速还给铁路提供了改进软硬件环境的良机。在服务硬件方面,新增338辆庞巴迪和520辆25T型客车,不仅运行速度快,而且在内部服务设施上有了更多人性化的设计:宽大的玻璃窗视野开阔,缓解了车内空间狭小造成的局促感;软卧房间设有温度、灯光明暗和声音调节;车内厕所门等改为推拉式、门边加包了软质边条;部分客车使用了集便器,有效地保护了旅客健康和铁路沿线环境。

提速后,铁路还推出了一批货运新产品。增开了北京至哈尔滨、上海、广州3对特快行邮专列,全程按直达特快列车等级运行;新增开北京至乌鲁木齐、广州至上海 2 对快速行邮专列，全程按快速旅客列车等级运行；新增加固定车底的冷藏快运专列和集装箱快运专列。此外，还进一步优化了五定班列的开行方案，安排五定班列 92 列，包括 9 列冷藏快运专列和 1 对双层集装箱快运专列，初步形成了覆盖全国 80 个主要货物集散地的班列运输网络。此外，提高了三趟供应港澳鲜活快运列车的运行速度。

当然，提速之后，服务也在提升。以 19 对直达特快列车为先导，全路旅客列车服务水平将上一个新台阶。在直达特快列车上，服务标识将更加完善，列车包房配有服务指南，向旅客告知旅行常识、安全注意事项、服务场所及设施位置、设备使用方法。车厢里推行免干扰服务，列车运行中乘务员只对环境卫生进行保持性清理，列车工作人员也将实行"悄声服务"，禁止穿梭叫卖等影响旅客休息的不文明行为。车上饮食供应服务的档次也得到提升，列车餐车实行全程服务，提供形式多样的中西餐、酒吧、茶吧、夜宵，并提供送餐、点餐等服务。用时任铁道部副部长胡亚东的话说，作为铁路提出全面实施跨越式发展战略后的第一次大面积提速调图，此次提速将集中体现铁路运输生产力发展的新水平，集中展示铁路部门坚持以人为本、诚信服务的新理念。

六、第六次大面积提速

2007 年 4 月 18 日，全国铁路实施了第六次大面积提速调图，无论是广泛性还是先进性，都是以往历次提速调图所不可比拟的。提速后，实现了我国铁路既有线时速 200 公里及以上提速资源零的突破，线路延展里程一次达到 6003 公里，分布在京哈、京沪、京广、陇海、五九、浙赣、胶济、广深等干线，其中，时速250公里线路延展里程达846公里，分布在京哈、京广、京沪、胶济线部分区段；时速120公里以上线路延展里程达到2.2万公里，比第五次提速增加6000公里，其中，时速160公里及以上提速线路延展里程达1.4万公里，这样大的既有线提速规模在世界铁路发展史上是空前的。提速后，铁路货运能力增长12%，客运能力增长18%，特别是在主要干线开行时速200公里及以上动车组、大面积开行5000吨级货物列车和一大批先进技术装备投入运用，标志着我国铁路既有线提速水平已跻身世界先进行列。通过第六次大面积提速，我国已全面掌握了时速200公里及以上线路的成套技术，进入世界铁路既有线提速先进行列，我国铁路跨入高速时代。

这次提速调图后，全路旅客列车速度普遍有较大提高，主要城市间旅行时间总体压缩了20%~30%。其中旅行时间压缩幅度最大的是上海到南昌、长沙的列车，提速后上海到南昌列车运行5小时08分、压缩5小时45分，到长沙7小时30分、压缩7小时30分，压缩幅度都在一半以上。旅行时间压缩最多的是北京到福州的列车，全程运行19小时40分，压缩近3小时45分。北京到上海、青岛、汉口、南昌等城市的旅行时间分别压缩2个小时左右。北京到哈尔滨压缩2小时40分，到沈阳压缩1小时33分。北京到济南、郑州也比原来压缩近1小时。武汉到杭州、上海的旅行时间分别比原来压缩3~4小时。除此以外，其他旅客列车运行时分都有不同程度的压缩，列车到达和开行时刻普遍得到优化，广大旅客出行更加便捷。

此次提速最大的亮点就是在环渤海、长三角、珠三角三大区域和主要干线开行时速200公里及以上的"和谐号"国产化动车组，部分区段运行时速将达到250公里。那什么是动车组？通常电力机车和内燃机车的动力装置都集中安装在机车上，但如果把动力装置分散安装在每节车厢上，使其既具有牵引动力，又可以载客，这样的客车车辆便叫作动车。而动车组就是几节自带动力的车辆加几节不带动力的车辆编成一组。我国时速200公里及以上动车组统一命名为国产"和谐号"CRH动车组，其中"CRH"是"中国铁路高速"（China Railway High-speed）英文字母的缩写，意为"中国铁路高速列车"。动车组都是采用流线型设计，共由8辆车组成，其中5辆动力车，3辆拖车；首尾车辆都设有驾驶室，无须调挂车头即可双向驾驶，全列车定员668人。

动车组的车厢内明亮、宽敞、舒适 门均为电动门，开关时噪音低。车窗车窗采用减速玻璃材料全封闭结构制成，乘客可以放心欣赏窗外的景色，而不必担心感到头晕目眩；座椅：均为软座，可随意调节宽度和斜度，只要轻踩椅下踏板，座椅就能旋转掉头；卫生间内有感应式水龙头、冷热水供应，厕所坐便器垫板能感应控温，有残疾人专用卫生间和专门供携带婴儿者用的卫生间；车内配备有快餐食品和各种饮料的酒吧休闲区；部分动车组的车顶配有液晶电视和旅客信息系统，可向旅客提供车内外的信息显示及实现各车之间通话等功能。可以说，"和谐号"的设计同欧美等发达国家的类似列车相比，毫不逊色，甚至更先进，更人性化。"坐上了这样的火车，出行也可以变成一种享受。"

车站提升服务应对大提速。为给旅客提供舒适的候车环境，北京站新改造建成了"和谐号"专用候车室，面积达1800平方米，并为旅客提供新型自助式站车查询系统。铁路上海站、上海南站共开辟了8000多平方米的专用候车室。广州火车东站原来的广深"准高速"候车区也已经辟为"D"次列车专用候车区。在售票组织上，北京站开设了动车组售票专区，提前20天或21天发售动车组车票。铁路上海站、上海南站也开设了动车组专用售票处,乘客可分别提前20天或21~30天购票。通过电话,也可预订24小时内各车次动车组车票。此外,上海动车组还将首次发行优惠卡,持该卡购票可享受相应折扣。为了让动车组旅客快速进站上车,铁路上海站、上海南站安排旅客专用通道,进站、候车、上车实行封闭式管理。为实现广深线动车组与其他交通工具的无缝对接,广州火车东站建立了旅客进出站与地铁、公交、口岸的接续系统,旅客从地铁站出口可以直接乘手扶电梯进入广州东站。广深两地动车组早班车提前到早上5时56分始发,晚班车延至凌晨1时。

第五章

腾飞：独领风骚的中国高铁

铁路是现代国家经济与社会发展的"主动脉"，是国家综合治理能力和科技发展水平的"集大成者"。早在1825年，英国就建成了世界上第一条铁路，有力推动了国家现代化，并引领了西方国家争先发展铁路的大潮。从19世纪后半叶开始，中国先进分子就开始将铁路视为"利国利民"的民族复兴武器。但是，从1881年我国建成第一条铁路起，到1949年，中国拥有的勉强能通车的铁路只有2.2万公里，其中西部仅1600公里，火车平均时速也不过三四十公里，远远无法满足国家社会的发展需求。

中华人民共和国成立以来，在中国共产党的领导下，人民铁路建设成就辉煌。至2020年，中国拥有14.6万公里铁路，建成了世界上最大的铁路网和运输体系，在铁路技术创新、基础设施硬件和绿色安全运营等核心指标上，全面领先世界，已经成为名副其实的铁路强国。尤其是，被习近平总书记称为国家"黄金名片"的高速铁路，通车里程达3.8万公里，占世界高速铁路总量的2/3以上，超过所有其他国家的总和，稳

居世界第一,是世界上为数不多的高铁成网运行的国家;高速铁路技术更是中国"自主创新的典型成功范例"。

第一节 中国铁路的焕能新生

一、中国高铁的缘起

中国高速铁路发展历程是一部连续的历史,其起点可以追溯到20世纪60年代,当时在原铁道部批准的北京枢纽规划总图中预留了未来北京到天津的高速铁路。1978年,邓小平访问日本并乘坐日本新干线,不久后国内开始启动高速铁路人才的培养和储备工作,但限于当时中国经济社会发展的现状,特别是在技术、资金等条件方面的制约,高速铁路建设并没有纳入国家正式议事日程。伴随中国改革开放事业的展开,铁路"瓶颈"愈发凸显,供需矛盾日益突出。1990年在原铁道部的一份报告当中,正式提出了建设高速铁路的构想:"在大城市间有计划地修建高速客运专线,实行客货分线运行,满足日益增长的客货运输的需要势在必行。这将是我国提高主要干线繁忙区段运输能力,最终解决大城市间旅客运输问题的主要途径。"同时,还借鉴西方发达国家最初修建高速铁路的线路选择原则,将经济最发达、人口最密集、运力最紧张的北京到上海铁路线作为首条高速铁路的建设线路。1990年铁道部制定的《铁路科技发展十年规划和"八五"计划纲要》中关于铁路科技发展方针的描述,也体现了对于高速技术的攻关任务:"以改革为动力,以提高运输能力为中心,以保证运输安全为前提,以现代化管理为基础,以货运重载的配套扎根和提高客运装备水平、进行客运高速技术的研究开发为主攻方向，以机车车辆和信息技术为重点发展领域，根据不同的运输需要，采取不同层次的技术和装备，按照资金上可能、技术上可行、经济上有利的原则，使新技术尽快转化为强大的生产力。"1990年底，在原铁道部的组织下，完成了《北京至上海旅客列车专用高速铁路方案研究初步设想》。

关于技术标准、线路走向、资金筹措等一系列相关问题的深入研究持续展开；1994年"四委一部"正式推出《京沪高速铁路重大技术经济问题前期研究报告》；同年10月，原铁道部向国务院分管领导报送了《关于组织开展京沪高速铁路预可行性研究工作的报告》；1996年4月，完成《京沪高速铁路预可行性研究报告（送审稿）》。1997年4月，完成《京沪高速铁路预可行性研究报告补充研究报告》，并据此上报了项目建议书。这标志着中国高速铁路的实质性建设进入了正式决策程序。

从1990年铁道部向国务院呈送《开展高速铁路技术攻关的报告》到2008年国家批准《京沪高速铁路开工报告》，在历时18年的京沪高铁决策过程中，国家围绕是否新建高速铁路和用什么技术来建设高速铁路两个问题开展了长时间的论证。关于第一个问题，虽然有来自原铁道部内部反对在京沪线修建高速铁路的声音，但随着论证不断深入以及各种方案的反复比选，"四委一部"认为："建设京沪高速铁路是京沪铁路扩能和现代化的最佳选择，技术可行，经济合理，国力能够承受，建设资金有可能解决。"尽管此后仍然有不同意见，但建与不建的问题已经不是主要讨论的焦点了。关于第二个问题，集中在高速铁路建设"轮轨"和"磁悬浮"两个技术方案的选择上，同样经历了漫长的争论，采用磁浮技术建设京沪高铁实际上是在1998年才作为一个技术选项提出的，中科院三位院士坚持主张以时速500公里左右的"磁悬浮"列车取代"轮轨"列

车。后经过我国代表团对德国磁悬浮运输系统、法国高速铁路技术的考察，以及国内专家、有关部委几轮次技术研讨分析、论证比选，有时甚至是激烈的辩论，最终在2003年9月1日至5日受国务院委托、国家发改委会同中咨公司召开的京沪高速铁路技术方案论证比选会议上，形成了以下论证意见，即："采用高速轮轨应当成为京沪高速铁路的首选"，"高速轮轨和高速磁悬浮都是高新技术，在中国都有一定的基础，都有发展的空间。这样两种技术的发展不是非此即彼，互不相容的，我们应当相互促进、互动互补、共同推动中国轨道交通的现代化"。2006年2月22日，国务院常务会议讨论并原则通过了《京沪高速铁路项目建议书》，京沪高铁正式立项，并明确"京沪高速铁路采用高速轮轨技术建设"。

与高速铁路决策同步的，是对高铁技术的储备。我国自20世纪90年代开始对高速铁路基础理论和关键技术进行研究试验，经过二十余年的发展，依托大规模高铁建设和运营，大力开展原始创新、集成创新和引进消化吸收再创新，走出了一条具有中国特色的高铁发展之路。中国在21世纪初掌握了高铁技术，得益于改革开放后和铁路发达国家日益密切的技术交流与合作。关于后者，无论铁道部还是铁路企业都不否认，在总结高铁技术自主创新经验时，把"引进消化吸收再创新"作为其中的重要方式。"再创新"的基础当然是"引进消化"。另一个广为讨论的问题是，尽管高铁已经遍布十几个国家和地区，为什么只有中国成为日、法、德等技术原创国外唯一形成了自身高铁技术体系的国家？学者们从不同的角度、不同的学科提出多种解释，并不断有新的主张被提出。中国高铁不仅是中国铁路的大事件，也是改革开放的大事件。在技术之外，还可以从经济、政治、文化、社会等多个维度进行解读。可以预见，关于中国高铁如何实现的讨论在多年后仍会存在。实际上对中国高铁从无到有历史发展脉络的系统梳理,也将渐进式地呈现出在中国共产党的领导下中国高铁、人民铁路成功领跑世界的基本逻辑。

二、中国高铁的伟大成就

在中国铁路改革开放历程乃至整个中国交通发展历程中,高速铁路的出现和快速发展无疑是不能忽略的大事件。甚至可以说,正是大规模的高速铁路建设才从根本上改变了公众心目中中国铁路落后的形象,高铁时代大幕的开启,也令中国铁路的崛起之路焕能新生,铁路现代化事业进入了全新的快速跃升阶段。目前,我国已成为世界上高速铁路发展最快、系统技术最全、集成能力最强、在建规模最大、运营里程最长、运营速度最高的国家,高速铁路总体技术水平跻身世界先进行列,部分技术领域达到世界领先水平。

习近平总书记多次在重要场合高度赞扬中国高铁的发展成就。2015年7月17日,在长春市考察中国中车长春轨道客车股份有限公司时指出:"高铁是我国装备制造的一张亮丽的名片。"2017年12月31日,在2018年新年贺词中讲到"复兴号奔驰在祖国广袤的大地上"。2018年5月28日,在两院院士大会讲话中强调"复兴号高速列车迈出从追赶到领跑的关键一步"。2018年6月8日,在陪同俄罗斯总统普京乘坐京津城际铁路高铁列车时说:"我现在很喜欢坐火车。"近年来,不少外国政要到访中国,也都会乘坐中国高铁、感受中国速度。2012年8月31日,德国总理默克尔乘坐京津城际高铁后表示中国的高铁之旅让她感受到了中国的快速发展。2013年,文莱苏丹应邀出席博鳌亚洲论坛年会时,率代表团全体成员体验中国高铁,并称赞中国的高铁技术世界一流。2013

年 7 月 6 日，巴基斯坦总理谢里夫乘坐京沪高铁亲身体验中国高铁的建设成果。2014 年 12 月 23 日，泰国总理巴育访华期间体验了京津城际列车，当列车时速达到 306 公里时巴育说："我喜欢很快的速度。"2015 年 3 月 28 日，斯里兰卡总统西里塞纳及夫人在参加完博鳌亚洲论坛 2015 年年会开幕式后乘坐高铁前往三亚，西里塞纳赞扬中国高铁高速、舒适，并表示，他是在习近平主席的建议下选择乘坐高铁的。2015 年 11 月 25 日，李克强总理与中东欧 16 国领导人共同登上从苏州开往上海的高铁列车，匈牙利总理欧尔班和塞尔维亚总理武契奇在途中表示，中国的发展令人印象深刻，他们对此很钦佩。2016 年，马来西亚纳吉布总理乘坐了京津城际高铁。2017 年，新加坡总理李显龙在接受媒体采访时分享了自己在中国两次乘坐高铁的经历，并表示，"非常方便，很平稳，很舒服。"2018 年 6 月 8 日，在"上海合作组织成员国元首理事会第十八次会议"在青岛举办的前一天，习近平主席同俄罗斯总统普京共同乘坐高铁从北京前往天津，他向普京介绍了高铁的时速、规划等情况，普京表示坐火车有种浪漫的感觉。2018 年 8 月 17 日，马来西亚总理马哈蒂尔结束中国之旅后，为体验中国高铁，临时调整行程，从杭州搭乘高铁到上海。

从高铁建设实践看，中国高速铁路发展的成就较为集中体现在现代化高铁运营网络和集成化技术创新体系的构建两个方面。

一是世界规模最大和最繁忙的高铁运营网络。2004 年，国家《中长期铁路网规划》首次系统描绘了"四纵四横"高铁网蓝图，正式将高速铁路建设纳入国家铁路发展战略；2008 年和 2016 年，国务院先后两次批准对中长期铁路网规划进行调整，大力推进高速铁路发展。2019 年底，我国高速铁路运营里程就达到了 3.5 万公里，位居世界第一。不仅如此，根据 2016 年调整的《中长期铁路网规划》，我国将在"四纵四横"高速铁路的基础上，进一步构建形成以"八纵八横"主通道为骨架、区域连接线衔接、城际铁路补充的高速铁路网，到2025年，我国高速铁路将达到3.8万公里。2021年2月中共中央、国务院印发的《国家综合立体交通网规划纲要》，明确到2035年，铁路网总规模将达到20万公里，其中高速铁路包含部分城际铁路，将达到7万公里，建设"八纵八横"高速铁路主通道以及区域性高速铁路，形成高效的现代化高速铁路网。

在大规律线路建设的同时，我国同步建立了适应国情路情、安全高效的高铁运营管理体系，实现了复杂路网条件下不同速度等级、不同编组形式、不同运行距离高铁的高密度、跨线运行。中国是世界上高速列车运行数量最多、运营场景最复杂的国家，每日开行动车组超过5500列，动车组年旅客发送量从2008年的1.3亿人增长到2019年的22.9亿人，年均增长29.8%；截至2019年一季度末，累计运输旅客超过100亿人次，累计完成旅客周转量3.34万亿人公里。2016年7月15日，两列复兴号动车组在郑徐高铁实现时速420公里交会和重联运行，创造了世界新纪录；随后，复兴号动车组相继在京沪、京津高铁实现时速350公里商业运行，为世界高速铁路树立了新标杆。

二是世界领先的高铁技术创新体系。2016年发布的《中长期铁路网规划》如此描述中国高铁创新能力："以高速、高原、高寒铁路发展为依托，工程建造、装备制造、系统集成等创新成果显著，自主发展能力与核心竞争力不断增强，我国铁路总体技术水平进入世界先进行列，高铁成为我国走出去的亮丽名片。"依托大规模高铁建设和运营，我国构建了涵盖动车组、工务工程、列车控制、牵引供电、运营管理、风险防控等六个方面完备的高速铁路技术体系，研制和应用了大量自主化新装备，积极推进大数据、人工智能等新技术应用，智能高铁技术装备研发取得新成效,高速铁路关键技术达到世界领先水平。

动车组方面,系统掌握了动车组九大关键技术和十大配套技术,构建了时速200~250公里、时速300~350公里动车组研发制造平台,形成了4种技术平台20余种型号动车组产品。复兴号系列化动车组等重大技术装备研发和应用取得新进展,初步形成覆盖时速350公里、时速250公里、时速160公里等不同速度等级,涵盖不同编组形式和动力牵引模式的产品体系。

工务工程方面,研发了具有自主知识产权的CRTSⅢ型板式无砟轨道、高精度精测网和高强度轨道配件,形成了具有自主知识产权的聚氨酯固化道床结构、材料制备、施工装备及工艺和标准等。研发了1800吨架梁吊机,自主研制了"彩云号"岩石隧道掘进机(TBM)——开挖直径9.03米,填补了国内9米以上大直径硬岩掘进机的空白。

列车控制方面,突破车载(ATP)和无线闭塞中心(RBC)关键技术,研制了具有世界领先水平的自主化C3列控系统核心装备,基于无线通信网络系统实现地面与动车组控车信息的双向实时传输,可满足动车组列车时速350公里、最小追踪间隔3分钟的安全运行要求,适应我国高速铁路高速度、高密度及不同速度等级动车组跨线运行等特点。

牵引供电方面,研制了25~40千牛系列大张力接触网系统、特种接线牵引变压器和牵引供电综合自动化系统,填补了世界高铁牵引供电技术的空白。

运营管理方面,研发构建了12306售票系统,日售票能力达到1500万张,高峰时每秒售票量达700张,网页浏览量超过1500亿次/天。互联网售票占铁路售票总量的82.8%,12306已经成为世界上规模最大的实时票务交易系统。

风险防控方面，建立了由高速综合检测车、沿线检测传感装置等设备组成的线路设备监测系统，自主研发了风雨雪等自然灾害监测、异物侵限报警和地震监测预警系统，地震监测预警系统在试验中成功实现天然地震检测预警。建成了覆盖高铁全线的综合视频监控系统，实现对设备状态、自然灾害和治安风险的立体防控，确保高铁运行安全。

智能高铁方面，京张智能高铁于2019年12月30日正式开通运营，围绕京张高铁推进了智能高铁关键技术攻关和综合试验，智能车站大脑、智能导航系统、高铁地震预警系统、智能售票组织策略等取得新突破。成功研制智能型复兴号动车组，在世界上首次实现时速350公里自动驾驶功能，我国成为世界智能高铁发展的重要引领者。

三、高速铁路发展的"中国经验"

习近平总书记指出："我们最大的优势是我国社会主义制度能够集中力量办大事。这是我们成就事业的重要法宝。"中国高铁在较短时间内取得令世界瞩目的成就，最根本的原因在于社会主义制度集中力量办大事的体制优势，在中国共产党的领导下，从国家战略层面统筹制定高速铁路发展蓝图，出台了一系列推动高速铁路建设发展的关键政策制度，以举国体制统筹全国力量和资源，在实践中不断探索、完善和定型中国特色的高铁发展模式。

一是科学顶层设计引领高铁成网发展。2004年1月，国务院常务会议讨论通过了中华人民共和国历史上第一个《中长期铁路网规划》，提出铁路网要扩大规模，完善结构，提高质量，快速扩充运输能力，迅速提高装备水平；这也是国务院批复的第一个中长期行业专项规划。在规划指引下，2005年，中国高铁大规模建设开始起步，武广客专、郑西客专、石太客专、京津城际等11个高铁项目陆续开工建设。2008年，国务院根据我国综合交通体系建设的需要，以及国家总体发展战略和建设资源节约型、环境友好型社会的根本要求，对《中长期铁路网规划》确定的铁路网总规模和布局进行了优化调整，明确了我国高速铁路发展以"四纵四横"为重点，构建快速客运网的主要骨架，规划到2020年建设客运专线1.6万公里以上。2016年底，我国高铁开通线路已50多条。2016年6月，为适应经济发展新常态，落实新发展理念，国务院第139次常务会审议并原则通过了新的《中长期铁路网规划》，规划到2020年建成高铁3万公里，2025年建成高铁3.8万公里左右，2030年建成高铁4.5万公里左右。到2019年底，全国铁路营业里程已达到13.9万公里，其中高铁3.5万公里，占世界高铁总量的70%。

二是新型举国体制推动高铁技术创新。习近平总书记反复强调："科技是国之利器"，"只有把核心技术掌握在自己手中，才能真正掌握竞争和发展的主动权，才能从根本上保障国家经济安全、国防安全和其他安全"，"不能总是指望依赖他人的科技成果来提高自己的科技水平，更不能做其他国家的技术附庸，永远跟在别人的后面亦步亦趋。我们没有别的选择，非走自主创新道路不可"。在世界范围内，中国高铁技术是通过"原始创新""集成创新""引进吸收消化再创新"等自主创新成功实现技术超越的典范，是改革开放和社会主义现代化的重要成果；中国高速铁路技术的创新历程，用不可争辩的发展事实再一次证明了中国特色社会主义制度的优越性，是党中央推动国家治理体系和治理能力现代化的重要体现。中国高铁技术在创新过程中逐渐形成了由原铁道部操盘，企业、科研院所通力合作、铁路内外科技工作者协同攻关、具有鲜明中国特色的国家高速铁路创新体系。这也是中国高铁技术成功实现由落后到领先的关键所在。高铁技术虽不是中国首创，但在全世界范围内，中国高铁规模最大、高铁系统的普及率最高，在短短的二十余年内完成了技术选择、路径选择和成套发展的过程，一体化组织路内外政产学研用单位、形成协同创新大团队，一体化统筹安排技术创新方向、科研管理体系进一步完善健全，一体化推进科研和试验、科技成果转化迅速有效，通过独具特色的高铁技术创新组织和管理，造就了中国高铁完成度、抗变性、影响力处于行业第一、世界一流的地位。

三是多元投资体制确保高铁工程实施。中国通过国铁集团举债、政府投资以及逐步吸引社会资本进入高铁建设领域等多元化方式，为保持大规模高铁建设提供大量的资金支持。国铁集团举债方面，在中央政府统筹规划和融资支持下，国铁集团通过铁路建设基金、铁路建设债权、专项建设基金、银行融资等多元化融资方式筹集资金，大规模投资铁路建设。地方政府投资方面，中央和地方政府明晰事权划分原则，全面推行铁路分类分层建设，地方政府主要采取直接出资和征地拆迁补偿费用入股两种支持方式投资建设高铁；2013年以来，以地方投资为主的铁路项目达到20个。社会投资方面，国家出台多项政策吸引社会资本进入高铁建设领域，通过PPP、TOD等模式支持铁路投资建设运营，不断路地、路企合资合作的铁路建设模式。以总投资2209.4亿元人民币的京沪高铁为例，项目融资灵活采用货币、实物、知识产权、土地使用权等多种出资方式，吸引了平安资产管理有限责任公司、江苏交通控股有限公司、天津铁路建设投资控股（集团）有限公司等多家公司参与建设。2019年，高铁建设投融资体制改革持续深化，雄安高铁等项目吸引社会投资达117亿元。

高铁作为国家重要的基础设施，是社会经济发展的大动脉、大众化

的交通运输工具。有安全可靠、方便快捷、运力强大、全天候运输等比较优势的高铁不断适应人们商务、旅游、探亲等出行需求,已经成为人民群众更便捷出行的最佳选择之一。此外,中国高铁不仅增加了对钢材、水泥等基础建材的有效需求,还有力拉动了冶金、机械、电力、信息、计算机、精密仪器等上游产业的快速发展,并与微支付、电子商务、快递服务、在线投资产品、智能手机、水利、发电和人类基因组测序等先进行业一道领先于全球各国,已然成为民族国家的产业支柱、中国超越民族和国家的必备产业配置。毫无疑问,中国高铁的技术力量是强大的国家硬实力。从社会创生型塑造观点来看,高铁正是技术力量和非技术力量共同完成对人和人交互方式改变,从而完成社会创生型塑造的典型实例:一方面,中国高铁的硬实力即技术力量,加速了中国城镇化和现代化的发展进程;另一方面,中国高铁的软实力即非技术力量,正在逐步改变着中国社会的发展进程。兰新高速铁路开通运营后,嘉峪关全面融入西宁、兰州、乌鲁木齐三个省会城市的经济圈,高速铁路开通的前9个月全社会旅游收入就实现同比增长36%,旅游人数同比增长38%。沪昆高速铁路在江西段开通前,江西新余仙女湖的旅游一般固定在"3小时车程圈",高速铁路开通后,客源市场半径明显扩大,来自新疆、西藏、宁夏等地的游客数量增长显著。高铁作为国之重器,已经实质性地改变了中国乃至世界的生产和生活方式。中国高铁技术的创新发展,及其所引发的经济社会发展效应,不仅是中国也是世界历史发展中的重大事件。

第二节　中国高速铁路的标志性工程

我国地大物博,幅员辽阔,人口、资源分布极其不均,高铁建设环境困难和运营场景复杂，但是中国高铁始终服从服务国家发展战略，为完成国家部署的铁路建设任务，尤其是解决中西部铁路发展不平衡、东部地区铁路发展不充分的问题做出了巨大努力和贡献。2008年8月1日，我国第一条设计时速350公里的新建高速铁路——京津城际铁路开通，拉开了高铁大规模建设和运营的序幕。此后，我国陆续攻克在山区、沿海、高原、戈壁、沙漠、大风、高寒等各种复杂地质条件和气候环境下高速铁路建造成套技术，相继建成了京沪、京石、哈大、兰新、沪昆、徐兰、京沈、西成、京张等一批具有国际领先水平的标志性高铁线路。

一、中国第一条高速铁路：京沪高速铁路（2008—2011年）

按照国际铁路联盟标准，新建时速250公里铁路为高速铁路。按照这个标准，秦沈客运专线是我国第一条高速铁路。秦沈客专之后，京津城际铁路、郑西高铁、武广高铁也建成在京沪高速铁路之前。但在标志中国高速铁路技术体系形成、彰显中国高速铁路形象的意义上，京沪高速铁路被公认是我国第一条高速铁路。上述其他几条铁路，其意义更在于为建设京沪高速铁路而做的技术准备和技术验证。京津高速铁路以支持北京奥运会的名义提出，并作为京沪高速铁路的一段而准备。考虑到当时京沪高速铁路还未获批建设，就以城际铁路命名建设。京津城际铁路2005年开工，在2008年8月北京奥运会开幕前夕通车运营。2005年9月25日，郑州至西安铁路客运专线开工建设；2010年2月6日，正式开通运营。2005年6月23日，武广高速铁路正式开工建设；2009年12月26日，开通运营。

京沪高速铁路全线正线长度约1318公里，是目前世界上一次建成线路最长、标准最高的高速铁路；批复总投资2209.4亿元，也是中华人民共和国成立以来投资规模最大的建设项目。从1990年铁道部提出京沪高速铁路建设构想，到2008年1月16日国务院第205次常务会议批准京沪高速铁路开工报告，决策过程历时18年。2008年4月18日，国务院总理温家宝在北京出席京沪高速铁路开工典礼并宣布京沪高速铁路全线开工。2011年6月30日15时，京沪高速铁路正式开通运营，设计速度为350公里/小时，初期运行时速300公里。线路穿越海河、黄河、淮河、长江四大水系及相关河流39次，途经华北、长江中下游两大平原和环渤海、长江三角洲两大经济区，贯穿北京、天津、河北、山东、安徽、江苏、上海等7省市，桥隧比81.6%，规划运输能力为单向8000万人/年，形成了连接华北、华东地区高速铁路网的主骨架。

京沪高速铁路开辟了世界铁路建设的新纪元。2010年12月3日试验列车速度达到486.1公里/小时，创造了中国高速铁路第一速度纪录。其中，南京大胜关长江大桥荣获四项世界第一，是世界首座六线铁路大桥，其主跨336米的长度名列世界同类级别铁路桥之首，是目前世界上设计荷载最大的高速铁路大桥，桥上京沪高速铁路的设计速度为300公里/小时，为世界先进水平，京沪高速铁路也是中国铁路客运专线、高速铁路中第一个通过国家验收的建设项目。

京沪高铁工程具有系统技术新、设计标准高、安全责任重、架设规模大、环保要求高等特点。其筹建和建设过程，也是中国高速铁路技术体系的形成过程。京沪高铁创新了中国高速铁路技术发展和建设管理模式，构建了中国高铁的标准与技术体系，支撑了中国高速铁路的快速发展，引领了中国大规模、高标准高速铁路网的建设，打造了技术先进、安全可靠、性价比高的中国高铁品牌。

二、首条高寒地带客运专线：哈大高速铁路（2007—2012年）

哈大高铁是国家"十一五"规划的重点工程，是国家《中长期铁路网规划》"四纵四横"客运专线网中京哈客运专线的重要组成部分，是我国在最北端的严寒地区设计建设标准最高的一条高速铁路。哈大高铁于2007年8月23日开工建设，2012年12月1日正式开通运营。哈大高铁是世界上第一条投入运营的穿越高寒地区的高速铁路，设计时速350公里，北起黑龙江省省会哈尔滨，南至辽宁省滨海城市大连，纵贯东北三省，全线共设营业里程921公里，设计时速350公里。哈大高铁纵贯辽宁、吉林、黑龙江三省，全线设23个车站，分别为哈尔滨西、双城北、扶余北、德惠西、长春、长春西、公主岭南、四平东、昌图西、开原西、铁岭西、沈阳北、沈阳、辽阳、鞍山西、海城西、营口东、盖州西、鲅鱼圈、瓦房店西、普湾、大连北、大连站等23个车站，是《中长期铁路网规划》"四纵四横"快速铁路网京哈高铁的重要组成部分。

哈大高速铁路沿线气候属中温带大陆性季风气候，冬长夏短，四季分明。3~5月份为春季，气温回升快而且变化无常，升温或降温一次可达10℃。6~8月份为夏季，9~11月份为秋季，昼夜温差变幅较大，9月份平均气温为10℃，10月份北部地区已到0℃，南部地区2℃~4℃。12月份~次年2月份为冬季，漫长而寒冷干燥，雪覆大地，1月平均气温-30℃~-15℃，最低气温曾达-39.9℃。哈大高速铁路沿线常出现极端天气，为解决冰冻带来的安全隐患，动车组研究人员在列车专线道岔和部分轨道设置了电加热融冰除雪装置，能在极端天气下自动开启融雪功能，解决冰冻带来的行车安全问题。与此同时受沿线气候影响，冷暖气流交替产生的"冷凝水"极易导致动车零件损坏，威胁列车运行安全，如何跳出"冷凝水陷阱"也成为摆在动车组研究团队面前的巨大难题。哈大动车研发组运用最新技术对冷凝水进行处理，同时为列车穿上高级"防护衣"确保列车从高温环节迅速进入低温环节时不被"冻伤"。为了减少严寒天气对线岔设备的影响，该段技术科与沈阳铁路局科研部门在哈大高铁沿线选择了有代表性的23处地点安设了土壤水分计，用于监控断面路基不同部位和深度的含水量，分析路基内水分场的变化规律，同时还在高铁沿线安设了59处温度计和路基监控装置，用于监控地温变化和路基纵向、横向变化。

哈大列车专线冬季极端气温接近-40°，做好列车保温工作也成为提高哈大列车专线质量的重要工作。CRH380B型高寒动车组的隔热材料相对于京沪高铁的CRH380BL高速动车组车辆有所升级，CRH380BL采用的是玻璃丝棉，而CRH380B采用的是聚酯纤维棉，在低温环境隔热性能更高、保温性能更好。此外，CRH380B车窗也加了一层LOWE膜，提高了隔热系数。从地板夹层、侧墙到车顶，是全体系的防护，这样就解决了采暖热负荷的问题，在不增加采暖功率的情况下，车内环境也能达到人体舒适指标的22℃。

哈大高铁实现冬季300公里/时运营，树立了世界严寒地区高铁建设运营新标杆。哈大高铁使用的动车组进行多项防寒技术改造，且设置了道岔融雪装置，研制了针对动车转向部位的自动融冰除雪设备。哈大高铁采用中国北车长春轨道客车股份有限公司专供哈大高铁的CRH380B型高寒动车组列车，能适应环境温度-40℃～40℃，同时增强了抗风、沙、雨、雪、雾等恶劣天气的能力。根据不同天气情况，哈大高铁建立了高寒气候下多系统应急预案，通过采集大量运行数据，建立预警保护系统，为风雪天气动车组列车安全运行提供了保证。在风雪考验面前，哈大高铁坚持站车互联、互帮、互补，以严密的组织、科学的调度和有力的指挥，合力确保旅客安全出行。

哈大高铁贯穿黑龙江、吉林、辽宁3省，形成以哈尔滨、沈阳、长春、大连等城市为中心的2小时经济圈；穿越东北平原粮食主产区，辐射黑龙江双城和吉林德惠、四平等国家重要的东北粮食生产基地，为东北大粮仓铺就一条高速"绿色人流传输带"。

三、中国东西向线路里程最长、速度等级最高、经过省份最多的高速铁路：沪昆高速铁路（2009—2016年）

沪昆高铁于2009年开工，历经6年建设，于2016年建成通车，列车专线长度为2264公里，是我国东西向线路里程最长的铁路客运专线。运行的最高时速达350公里，是目前中国速度等级最高的列车。高铁线路设计由东向西经过上海、江西、湖南、贵州、云南等多个省份，也是经过省份最多的高速列车专线。

沪昆高速铁路包括三段客运专线，其中沪昆客专沪杭段于2015年建成通车，沪昆高铁建成后上海到昆明最快仅需10个小时，比原来的沪昆铁路节约了20多个小时的车程，极大程度上缩短了两地的"距离"。

专家估算，沪昆高铁杭州——长沙段项目投资预估算总额为1161亿元，正线每公里造价1.31亿元，湖南省境内投资约140亿元（包括长沙枢纽），计划2009年底开工建设，总工期4年。沪昆高铁长沙——昆明段项目投资预估算总额为1616亿元，正线每公里造价1.42亿元，计划2009年底开工建设，总工期5年。这两段客运专线的牵引种类为电力。沪昆客运专线沪杭段于2009年2月26日开工，正线全长约158公里，共设 9 个车站。其中浙江省境内长度约 105 公里。

沪昆高铁专线途经地形复杂的山区，建设难度大，其中由铁三院承担勘察设计任务的长昆段桥隧比达 83.15%，其中隧道长度为 193.7 公里，占正线长度的 46.56%。尤其值得一提的是长昆段新化至怀化间的 120 公里线路所处地质环境为中山地貌，山体陡峭。该路段桥路隧大范围相连，桥隧比更是高达 94%，其中隧道长度为 91.23 公里，占正线长度的 76%。

中国铁建二十二局集团公司承建了沪昆铁路的部分路段，数千名员工投入到沪昆专线贵州段的建设中，此段线路全长 48.32 公里，地势变化复杂，建设难度大，不到 50 公里的标段中隧线比达到了 66.7%，桥隧比更是高达 87.2%，其中还包含三座高风险隧道，全程隧道数量达到 13 座，隧道里程超过 3 万米。

数据显示，沪昆高铁云南段桥隧比达 70.72%，有隧道 39 座，共 75.9 公里。云桂铁路云南段桥隧比高达 81%，434 公里的线路有隧道 306 公里，89 座隧道中 10 公里以上的特长隧道 11 座。

高铁专线自然条件较差，气候变化大，列车研究组为确保对列车运行安全对运行的 CRH380AM 动车组进行了多个关机技术的实验，CRH380AM 动车组首次采用了风阻制动装置，主要由车顶风翼装置、电控装置和液压驱动装置等部分构成，为在更高速度条件对我国高速动车组制动方式的创新提供了新思路，为分析高速度下的非黏着制动方式风阻制动的制动特性、制动能力及对风阻制动能力的影响因素，掌握风翼板制动能力与动车组速度的关系，设计了 15 种试验工况。

昆明是连接中国和中南半岛的经济链条，沪昆铁路建设落助力昆明成为连接东盟各国和长江经济带的关键点，同时有利于加强中国东部地区和东南亚国家的交流来往沪昆铁路带来的一系列变化，不仅仅在经济上，同时也会使昆明在城市化发展上借取其他国家的经验形成新的格局，不断在生态结构上进行优化、不断在人口资源上进行调整、不断在区域空间集聚上进行深化，不断提高资源有效生产力的提高，从而实现可持续发展。

沪昆高铁的通车也验证了我国高铁技术创新能力进一步提升，高速铁路设备的设计、制造等核心技术领先，高难度的高铁修建工程为我国提供了宝贵的高速铁路修建经验。

四、世界上第一条高原高速铁路：兰新高速铁路（2009—2014年）

2014年11月16日兰新高铁乌鲁木齐南到哈密段建成运行，此段高速铁路通车标志着乌鲁木齐南到哈密的车程只需3小时，比原来整整缩短两个小时。同时哈密至兰州路段的高速铁路于2014年年底建成通车，意味着兰新高铁全线贯通。兰新高铁是我国一次性建成营运的最长高铁线路，连接兰州、西宁、乌鲁木齐三个省会、首府城市，并随着不久后西安—兰州高铁的贯通，将西北地区的主要城市连接起来，进而和首都北京以及上海等沿海城市连接起来，彼此通达基本可在一天之内实现，距离不再遥远。

兰新高铁作为国家西部大开发的重点工程，承担着促进西北地区经济发展的重要任务，是实现西部地区交通现代化的关键一步。全长1 776公里的兰新高铁自兰州西站引出，经青海省西宁，甘肃张掖、酒泉、嘉峪关、哈密、吐鲁番，引入乌鲁木齐站，其中甘肃境内799公里、青海境内267公里、新疆境内710公里，是我国一次性建成运营的最长高铁线路。兰新高铁的建成改变了新疆和兰州的运输现状，新建成的兰新专线承担着客运的职责，而旧兰新铁路则作为货运的主要路线，客货分离有利于极大程度上提升交通运输效率，据相关调查显示，兰新铁路的运能有望在原来的基础上翻一番，达到 1.5 亿吨。

兰新高铁的建设需要跨越处于甘肃、青海交界处的祁连山，祁连山平均海拔 4000~5000 米，地势情况复杂多变，生态环境脆弱，为修建高速铁路的勘测工作增加了难度。比如祁连山越岭段控制线路方案的主要工程地质问题是地质构造、"碎屑流"地层、危岩落石和岩堆、高地应力和自然保护区，其中地质构造、"碎屑流"地层是控制方案选择的主要因素。勘察中通过对方案的不断细化和完善，从地质构造、隧道洞口条件和不良地质、隧道围岩条件三个方面对工程的影响进行分析，综合比选出受地质构造和"碎屑流"地层影响最小、围岩条件最好的 DK 方案。合适的方案促进了整个勘察工作和高铁建造工作的顺利进行。

兰新高铁列车设计时速为 200 公里以上，专线途经地区常出现大风天气，其中包括安西风区、百里风区、三十里风区等，其中新疆的百里风区因风力最强、跨度最长、起风速度快、起风持续时间长著称。极端大风天气危害行车安全，风灾对既有兰新铁路的危害主要体现在影响车站作业，造成路基风蚀和沙埋、毁坏铁路设备、影响电气化区段接触网稳定和受流、干扰线路正常运输、吹翻列车等方面，给铁路运输造成巨大损失，大风对铁路列车运行安全及运输畅通已构成严重威胁。高铁修建团队综合考虑提出措施化解风害对高铁列车造成的影响。修建不同结构的挡风墙作为路基挡风的主要途径，增加必要的防沙措施，增强挡风能力。挡风墙采用钢筋混凝土结构，结构形式主要有悬臂式挡风墙、扶臂式挡风墙、柱板式挡风墙等。路堑挡风墙原则上设置于路堑堑顶，其力臂均采用浅埋基础结构。考虑列车倾覆力矩，路堤挡风墙的最优高度应为路肩以上 3.5～4.0 米，顶部挡风板均采用挑檐结构，路堤挡风墙原则上设置于迎风侧路肩外侧。

兰新高铁的修建克服了高温、高寒、大风等极端天气，专线基础设施正常运行，高速铁路的建成不仅为沿线人民带来高效安全的出行方式，也增强了沿线城市的交流，兰州到西宁的车程缩短至 2 个小时，形成了 2 小时都市经济圈。高效便捷的出行方式也促进了沿线城市旅游业的迅速发展，西部和中东部地区联系更加紧密。既有兰新铁路货运能力得到快速提升，进一步拓宽新疆、甘肃、青海三省区及中亚等地煤炭、棉花、瓜果等优势资源的运输通道，成为助推丝绸之路经济带建设和产业结构优化升级的新引擎。

五、中国首条穿越秦岭的高速铁路：西成高速铁路（2012—2017 年）

2017 年 12 月 6 日，随着两列 CRH3A 型动车组从成都、西安两地相对开出，标志着自 2012 年开建的西安至成都高速铁路正式开通运营。西成高铁 2012 年底开工建设，是国家中长期铁路网规划"八纵八横"高铁网中京昆通道的重要组成部分，全线 643 公里，设计时速 250 公里，途经我国地理上最重要的南北分界线秦岭，为世界首条穿越艰险山脉的高速铁路。不仅翻越了秦岭，西成高铁"出了隧道就是桥梁，过了桥梁又进隧道"，充分体现出了西成高铁的建设难度。线路北起西安，向南经安康、汉中、广元、绵阳、德阳至成都，换句话说，西成高铁自北向南穿越关中平原、秦岭山区、汉中平原和大巴山区，其间的地质条件极为复杂。关中、汉中盆地高程为400~500米,而秦岭横亘其间,山体厚度120公里以上,岭顶海拔1800~3767米,山势巍峨高耸;整体上北陡南缓,北坡沟谷狭窄短陡,沟谷自然纵坡30‰以上,形成逾越十分困难的自然屏障。作为首条穿越秦岭的高铁,科学地穿越秦岭成了西成高铁的一大亮点,同时也是一大难点,而作为西成高铁唯一一座穿越秦岭山主脉的隧道,大秦岭隧道就成了西成高铁秦岭区段建设最关键的重点、难点控制性工程。西成高铁全线桥隧占比93%,穿越秦岭的隧道群全长134公里,其中超过10公里的特长隧道有7座,规模为全国之最,在中国高铁建设史上也属首例。

大秦岭隧道位于西安市户县涝峪乡和安康市宁陕县新场乡,以秦岭东梁山岭脊为界。隧道线路坡度位列全国高铁之最,并且隧道范围平均海拔1300~2638米,为西成高铁之最,此外,大秦岭隧道还是全线第二长隧道,全长14.84公里。这众多"头衔"更加凸显了大秦岭隧道作为西成客专重点控制性工程地位。隧道穿越地段位于秦岭褶皱带,地质构造极其复杂,变形强烈,地下水极为丰富,是全线6座Ⅰ级风险隧道之一。施工团队就合理翻越秦岭的选线问题开展了多次专题研究:针对沟谷高差大的特点,提出现代高速铁路越岭走向选择规律为:因曲线半径大难以展线,越岭采取特长隧道,大坡道顺直穿越高山深涧;针对沟谷狭窄短陡,沟谷自然纵坡大的特点,采用最大坡度25‰越岭,克服自然纵坡大的难点;针对山体厚的特点,经研究最终全线隧道均采用单洞双线方案,解决穿越秦岭山体隧道工程选择。

除了首次翻越秦岭,西成高铁备受关注的原因还在于它对沿线地区经济发展的巨大带动作用。2017年12月6日通车的西成高铁,被誉为成都到西安的"新蜀道"。它不仅拉近了两座西部重镇的时空距离,还改变了两座城市的城际关系。西成高铁开通以前，从成都到西安坐火车普遍需要十五六个小时，火车提速后也需要 11 个小时。而现在乘高铁自陕西至成都只需 3 个小时。2017 年末，西成高铁全线通车后，立马促进了沿线人口的规模性流动，尤其是陕西和成都两地的游客流动。2018 年元旦小长假，西安、成都、汉中等西成高铁沿线城市就遭遇了一大波旅游热潮。用西安市民的话说："在成都宽窄巷子吃火锅的到处是说陕西方言的人，一回到西安钟鼓楼广场，耳朵听到的几乎都是四川口音。"游客之众多，似乎两座城市居民发生了调换一般。西成高铁在对促进沿线脱贫攻坚工作的开展方面也发挥了其积极作用。例如，得益于西成高铁，秦巴山区迎来了脱贫良机。秦巴山片区是中国涉及省份最多、国土面积最大、内部发展差距最大的集中连片特困地区，也是扶贫开发的重点区域。四川广元市是秦巴山区集中连片贫困地区，7 个县区有 3 个国定贫困县、4 个省定贫困县。广元本身有着丰富的旅游资源，但由于其地理位置较闭塞且交通不便，导致这一地区的经济潜力未能得到充分开发。当地政府也在积极把旅游产业作为战略性支柱产业来培育，而西成高铁的修建和贯通无疑助力和加速了广元的脱贫攻坚工程。与广元的发展理念相似，陕西通过景区景点带动，让农民主动参与乡村旅游、生态观光、特色种植，比如"秦岭四宝"图样的"五彩水稻"就是特色种植的佳作之一。此外，佛坪县还引导贫困户以土地入股的方式，建设皇庄、秒家庄高山水稻公园，稳固利益联接机制，实现贫困人口持续增收脱贫。

缩短旅程时间改变了两个城市的城际关系。除了资金的流动外，西安和成都两个城市之间的产业互补性也得到体现，比如航天军工、电子制造和汽车等都具有一定的互补性。西成高铁作为华北至西南铁路新干道，一方面将西部南北两个板块连接在一起，以成都、重庆、西安三大

城市为中心的"西三角"经济区。另一方面,西成高铁为客运北出提供支撑,释放了包括中欧班列西线在内的铁路货运能力。

六、世界第一条山区高速铁路:成贵高铁(2013—2019年)

成贵高速铁路,又名成贵客运专线,是一条连接四川省成都市与贵州省贵阳市的高速铁路,是《中长期铁路网规划》(2016年版)中"八纵八横"高速铁路主通道之一"兰(西)广通道"的重要组成部分。2008年12月29日,成贵高速铁路成都至乐山段正式开工,2019年12月16日,宜宾至贵阳段开通运营,标志着成贵高速铁路全线建成通车。成贵高铁是国家重点工程,正线长515千米,西起四川成都,经云南省昭通至贵州贵阳市,全线穿越云贵川三省,设计为双线高速铁路,行车速度250千米/时,同时也是西部出海快速大通道。铁路沿线穿过5套煤系地层,共37座隧道穿过煤层,而煤系地层软质岩发生围岩变形风险较高。

成贵高速铁路从海拔260米的四川盆地,爬升到海拔2400米的云贵高原,经过53个大褶曲构造,有138千米穿越气田及煤系地层,197千米穿越喀斯特地貌。成贵高速铁路乐山至贵阳段桥隧比重达到78.6%,其中桥梁365座,共计151千米,占线路总长的29.69%。金沙江特大桥、吊南河大桥、上河坝隧道、落脚河大桥、南广河双线特大桥、香坝河特大桥和西溪河大桥7个点是成贵高速铁路乐山至贵阳段的难点工程。成贵高速铁路在极其特殊的山区场景中,发展和验证了中国高速铁路技术,涌现了多个世界级创新:建成了世界上最大跨径中承式钢混结合提篮拱桥——鸭池河双线特大桥;建成了中国国内首座分离式桥面的金沙江公铁两用特大桥;首座钢管混凝土转体拱桥——西溪河大桥,实现了双向空中转体;铺设了中国完全自主知识产权的 CRTSⅢ型板式无砟轨道;"暗河改道,溶洞回填,桥梁跨越",破解了玉京山隧道难题。

成贵高速铁路云贵段玉京山隧道全长 6306 米,是一条集瓦斯突出、大溶洞、软弱围岩、特大涌水等复杂地质条件于一体的隧道,是成贵高速铁路全线一级高风险隧道。玉京山隧道建设中的一大难题就是溶洞。2016 年 7 月,就在隧道开挖约 2 千米后,施工人员发现了一个纵向长约 100 米、横向长约 230 米、高度约 120 米的巨大溶洞,更加令人头大的是岩溶大厅坡脚底部还有一条长约 20 千米、宽约 5 米至 15 米的暗河。这个巨型溶洞在隧道建设时为中国高速铁路建设史上体量最大、地质水文最复杂、处理难度最大的溶洞。为使暗河水系不被破坏,施工方经过长达 6 个月的反复论证,经多位专家现场勘察,最终确定了溶洞的总体处理方案为暗河改道、溶洞回填、溶洞顶板处理、隧道暗挖、桥梁跨越。其中共完成 142 万立方米的回填任务。对如此复杂的溶洞处理史无前例,玉京山隧道的顺利完工不仅解决了成贵高铁"卡脖子"工程,帮助实现了铁路年底通车,更为重要的是,这为我国铁路隧道巨型暗河溶洞处理提供了实践样板。

鸭池河特大桥由中国中铁大桥勘察设计院承担设计,是成贵高速铁路主要控制性工程之一,主跨 436 米,为成贵高速铁路最大跨度的桥梁,该桥桥址为典型的喀斯特高原、峡谷地貌类型,河道两岸地势险峻,部分岩崖与河面夹角达到 90 度。成贵铁路鸭池河特大桥是世界首座山区铁路钢桁—混凝土结合拱桥,拱座混凝土采用分台阶斜向推移式连续浇筑工艺施工,施工解决了山区场地小,混凝土工厂规模小、产量受限的问题。该桥结构形式新颖、跨度大,是世界上第一座用于双线高速铁路上的中承式空腹钢混结合提篮拱桥，在桥跨和结构上均有多项创新，对世界同类桥梁设计施工具有指导性意义。

成贵高铁的经济意义非凡。成贵高速铁路作为四川省第一条南向快速客运铁路通道，实现了成都和贵阳两大省会城市的互通，而且就更广的意义来说，其建成通车将形成四川省至粤港澳大湾区、北部湾经济区的高速大通道。这对进一步缩短中国西南、西北地区与华东、华南地区的时空距离，带动区域经济的联合发展具有重要意义。此外，成线路在成都枢纽与西成高速铁路、成渝高速铁路连接，在贵阳枢纽与贵广高速铁路、沪昆高速铁路连接，沿途的川南宜宾、滇北昭通、黔西毕节等地区结束了没有高速铁路的历史，助力区域脱贫攻坚，加快城市群建设，推动西部大开发等具有重要意义。并且，成贵高速铁路也是四川省连接泛亚铁路和出海的对外进出口货物主通道，这对帮助四川作为一个内陆且不临疆的省份发展对外贸易具有重要作用。

七、世界首条智能高速铁路：京张高速铁路（2016—2019年）

北京至张家口高速铁路2019年12月30日正式开通运营，习近平总书记做出重要指示："1909年，京张铁路建成；2019年，京张高铁通车。从自主设计修建零的突破到世界最先进水平，从时速35公里到350公里，京张线见证了中国铁路的发展，也见证了中国综合国力的飞跃。回望百年历史，更觉京张高铁意义重大。"京张高铁是我国《中长期铁路网规划》中"八纵八横"高速铁路网北京至兰州通道的重要组成部分，首次全线采用智能技术建造，是我国在建智能化程度最高的智能铁路，是中国高铁从世界先进水平向世界领先水平迈进的标志性工程，全面展示了我国智能铁路创新发展的最新成果。同时,京张高铁也是 2022 年北京冬奥会的交通保障线,促进京津冀地区一体化协同发展的经济服务线,还是传承老京张铁路百年历史的文化线,展示中国铁路建设成果尤其是高铁建设成果的示范线。

老京张线建成于 1909 年,是中国人在积贫积弱中奋起,自主勘测、设计、施工的第一条铁路,时速 35 公里;新京张线,即京张高铁,于 2016 年 3 月 29 日开工,在老京张线建成 110 周年的 2019 年底实现全线通车。京张高铁是世界上第一条最高设计时速 350 公里的智能、抗高寒、大风沙高速铁路,连接北京市和河北省张家口市,使两地运行时间由 3 个多小时缩短到 1 小时之内。京张高铁着力打造"智能高铁",从线路基础到动车组设计,云计算、物联网、大数据等高新技术充分运用,开启了中国铁路的 2.0 时代。这不单单是技术的进步,更是中国铁路思考方式的转变和对待世界的自信。百年"京张",蕴含着全国人民的复兴梦想、强国情怀。重构"京张",再现百年工程,必将极大激发全国人民的爱国热情,竖起中国铁路建设发展的又一丰碑。

京张智能高铁作为我国智能铁路最新成果的首次集成化应用,首次采用了时速 300～350 公里高速铁路自动驾驶技术(CTCS + ATO),该技术在世界上尚属空白。在列车自动驾驶、智能调度指挥、故障智能诊断、建筑信息模型、北斗卫星导航、生物特征识别等方面实现重大突破。采用的智能动车组列车是以"复兴号"动车组为基础,分为"瑞雪迎春""龙凤呈祥"两款,在安全舒适、绿色环保、智能化、综合节能等方面进行全面提升优化。在调度指挥方面,构建基于人工智能的高速铁路智能调度指挥系统,实现智能动态调度、智能协同控制、智能换乘调度、智能故障诊断等功能。在运营维护方面,应用大数据、深度学习、故障预测与健康管理（PHM）、增强现实等先进技术，实现技术装备的全过程管理，提高动车组等技术装备维修的智能化水平，降低装备的全生命周期成本，提高运输效率和安全水平。在供电系统方面，配备由智能供电设备、智能供电调度、智能供电运行管理及通信网络组成的智能供电系统，实现智能故障诊断、预警、自愈重构等功能，形成供电系统健康评估体系。在旅客服务方面，全面完善12306网站及自助服务设施；支持多国语言国外银行卡支付；拓展票种形式（定期票、联程票、常旅客票等）；实现全面电子客票、一证通行、刷脸进站及检票；提供行程规划及资讯服务，以及站车 WiFi 全覆盖、站内导航服务；配备行李搬运机器人，并提供个性化及无障碍服务等。在自然灾害防护方面，能够对风级、雨量、雪深等自然环境自动监测与报警，实现快速应急处置。还能实现地震预警及自动应急处置，并对沿线非法侵入自动报警防范等。

除了"智能京张"外，京张高铁还有另一张标签——"绿色京张"。京张高铁穿越众多历史、人文景点，是一条传承老京张铁路百年历史的文化线。在坚持绿色发展理念，全力推进生态文明建设的新时代，京张高铁自然被赋予了打造一条绿色、景观、人文铁路的历史使命。京张高铁绿色设计在"贯彻生态文明思想，践行绿色交通理念，支撑交通强国建设"的思想指导下，从节约资源和保护环境和提升景观三方面展开。以提升景观为例，京张高铁在区间景观设计上统筹兼顾了生态效益、环境功能和美学特征，例如：在大风、寒冷、干燥的气候特点下，开展了寒冷地区城市景观观赏性灌木适应性研究，"五彩冬梦""继往开来""飞越四海"等路基植物景观设计，充分将此地区寒冷、干燥的气候特点同具有观赏性的灌木进行结合，将奥运精神和奥运文化通过植物景观融入京张高铁。再如：秉承"天人合一，效法自然，和谐包容"设计理念，八达岭长城景区九仙庙中桥采用最具历史文化特色的拱桥设计将京张高铁融入自然环境。

智能京张的建设，开启了中国智能铁路建设的新篇章，使百年京张铁路重新焕发了生机，具有划时代的重要意义。未来智能京张在服务2022年冬奥会的同时，更加注重对增进西北地区与京津冀地区人员的交流往来，促进西北地区与京津冀地区协同发展将发挥重要作用。而绿色京张的构建，充分体现和促进了我国经济可持续发展的内在要求及其落实，也是提升中国高铁国际竞争力的重要举措。